Orlando Syrg Taschenbuch 72018

RAT ACBO

Reihe

Alte Tradition

Azurcelesteblueoscuro

herausgegeben

von

Joerg K. Sommermeyer & Orlando Syrg

Exemplarische Werke der Weltliteratur

herausgegeben von

Joerg K. Sommermeyer

Über dieses Buch

Alle Texte dieser Anthologie kreisen zentral, neben einer Fülle von philosophischen und kulturellen Fragen und Betrachtungen, einem Allerlei von Scherzen, Anekdoten und satirischen Ansichten, um die Sinn- und Identitätssuche des genialen Künstlermusikers im Spannungsfeld von Wahnsinn und Vernunft, sein Leben und Leiden an der realen Gesellschaft, der er nicht zu entkommen vermag. (Siehe auch das Nachwort von JS, unten S. 375 ff.)

Die Autoren

Denis Diderot

* 5. Oktober 1713, Langres/Champagne - † 31. Juli 1784, Paris; Abbé, Übersetzer, Dichter, Philosoph, Aufklärer, Literatur- und Kunsttheoretiker, Bibliothekar der Zarin Katharina II., Mitherausgeber und Autor der „Encyclopédie"; detaillierter Lebenslauf siehe Nachwort des Herausgebers Joerg K. Sommermeyer, unten S. 375 ff.

Johann Heinrich Wackenroder

* 13. Juli 1773, Berlin - † 13. Februar 1798, ebenda; Jurist, Schriftsteller, Mitbegründer der deutschen Romantik; detaillierter Lebenslauf siehe Nachwort des Herausgebers Joerg K. Sommermeyer, unten S. 378 ff.

E. T. A. Hoffmann

* 24. Januar 1776, Königsberg/Ostpreußen - † 25. Juni 1822, Berlin; Jurist, Komponist, Kapellmeister, Musikkritiker, Zeichner, Karikaturist, Schriftsteller der Romantik; detaillierter Lebenslauf siehe Nachwort des Herausgebers Joerg K. Sommermeyer, unten S. 380 ff.

Der Herausgeber

Joerg K. Sommermeyer (JS), * 14.10.1947 in Brackenheim, Sohn des Physikers Kurt Hans Sommermeyer (* 23. März 1906, Schleusingen/Thüringen - † 13. Februar 1969, Freiburg i. Brsg./Bd.-Wrtt.). Kindheit in Freiburg. Studierte Jura, Philosophie, Germanistik, Geschichte und Musikwissenschaft. Klassische Gitarre bei Viktor v. Hasselmann und Anton Stingl. Unterrichtete in den späten Sechzigern Gitarre am Kindergärtnerinnen-/Jugendleiterinnenseminar und in den Achtzigern Rechtsanwaltsgehilfinnen in spe an der Max-Weber-Schule in Freiburg. 1976 bis 2004 Rechtsanwalt in Freiburg. Setzte sich für eine Stärkung des Rechtsschutzes bei Grundrechtseingriffen ein (Unterbringungsrecht, Untersuchungshaft, Durchsuchungsrecht). Veröffentlichungen in juristischen Fachzeitschriften, Artikel in Musikblättern. Gründer und Vorsitzender der Internationalen Gitarristischen Vereinigung, Organisator und Künstlerischer Leiter der Freiburger Gitarren- und Lautentage, Herausgeber und Redakteur der Zeitschrift *Nova Giulianiad: Saitenblätter für die Gitarre und Laute.* Juror beim Schlesischen Gitarrenherbst in Tychy und Internationalen Gitarrenkongress Freiburg/Basel/Straßburg. Songs, Liedtexte, Arrangements, Instrumentalmusik. 7 CDs, u. a.: *Total Overdrive*, *Those Rocks & Lieders*, *Nel Cuore Romanzo Rock*, *Ergo, 7 Celebrities*. Herausgabe des Lyrikbandes *Leben Will Ich* von Josefa Gerhäuser, 2002. *Anton Unbekannt, Pathoaphysischer Antiroman, Tragigroteskenfragment*, 2008/2009. Edition *Nikunthas, König der Miami* von Franz Treller in der Bearbeitung durch Georg J. Feurig-Sorgenfrei, 2009/2010. Edition *Balleinrubin: Ball, Einstein, Rubiner*, 2017. *Vernimm mein Schreien*, 2017. Edition *Lieblingsmärchen*, 2017/2018. Edition *Franz Kafkas Romane*, 2017. Edition *Franz Kafkas Erzählungen*, 2018. Edition *Heinrich von Kleists Erzählungen, Anekdoten und Essays*, 2018. Edition *Christian Morgensterns Galgenlieder und Palmström*, 2018. Edition *Robert Müllers Tropen. Der Mythos der Reise. Urkunden eines deutschen Ingenieurs*, 2018. Edition *Taugenichts et cetera: Eichendorff, Chamisso, Büchner*, 2018.

Orlando Syrg, Berlin, 28. Mai 2018

Joerg K. Sommermeyer (Hg.)

Künstlerbetrachtungen

Diderot, Wackenroder, Hoffmann

Rameaus Neffe

Joseph Berglinger

Johannes Kreisler

Kater Murr

Durchgesehen, revidiert und mit einem Nachwort herausgegeben
von
Joerg K. Sommermeyer

Orlando Syrg

MMXVIII

1. Auflage 2018

Orlando Syrg, Berlin **(vormals Freiburg i. Brsg.)**

Orlando Syrg Taschenbuch

ORSYTA 72018

Reihe Alte Tradition Azurcelesteblueoscuro

RAT ACBO 6

Revision, Herausgabe und Nachwort:
Joerg K. Sommermeyer

Umschlaggestaltung (unter Verwendung des Aquarells von Paul Klee, *"Eine Art Katze"*, 1937, auf der Vorderseite, und der Zeichnung von E. T. A. Hoffmann *"Johannes Kreisler"* auf der Rückseite): JS

Lektorat, Satz und Layout: Bruno Bauer, JS, Karin Nowgo, Ton Unbe, Hanni Namirek, Don Salpius, Hans Ohnson, Lars Penath

Herstellung, Verlag BoD - Books on Demand, Norderstedt

Made in Germany

ISBN 9783752878783

Inhalt

Denis Diderot

Rameaus Neffe

(*Le Neveu de Rameau*. Satire seconde)

Entstanden 1761, mehrmals überarbeitet bis 1774 / 1775. Erstdruck (Ein Dialog von Diderot; deutsche Übersetzung, aus dem Manuskript nach einer von Diderot durchgesehenen Abschrift aus dem Besitz der russischen Zarin Katharina II., von Johann Wolfgang von Goethe) bei Göschen, Leipzig 1805.
[Erstdruck in französischer Sprache (Rückübersetzung aus dem Deutschen) in: »Oeuvres«, Bd. 21, Paris 1821. Erstdruck nach einer (anderen) von Diderot revidierten Abschrift: Paris 1823]

»... Vertumnis, quotquot sunt, natus iniquis«
Horat. Liber II. Satyr. VII.

Es mag schön oder hässlich Wetter sein, meine Gewohnheit bleibt auf jeden Fall um fünf Uhr abends im Palais Royal spazierenzugehen. Mich sieht man immer allein, nachdenklich auf der Bank d'Argenson. Ich unterhalte mich mit mir selbst von Politik, von Liebe, von Geschmack oder Philosophie und überlasse meinen Geist seiner ganzen Leichtfertigkeit. Mag er doch die erste Idee verfolgen, die sich zeigt, sie sei weise oder töricht. So sieht man in der Allée de Foi unsre jungen Liederlichen einer Kurtisane auf den Fersen folgen, die mit unverschämtem Wesen, lachendem Gesicht, lebhaften Augen, stumpfer Nase dahingeht; aber gleich verlassen sie diese um eine andre, necken sie sämtlich und binden sich an keine. Meine Gedanken sind meine Dirnen.

Wenn es gar zu kalt oder regnicht ist, flüchte ich mich ins »Café de la Régence« und sehe zu meiner Unterhaltung den Schachspielern zu. Paris ist der Ort in der Welt, und das »Café de la Régence« der Ort in Paris, wo man das Spiel am besten spielt. Da, bei Rey, versuchen sich gegeneinander der profunde Légal, der subtile Philidor, der gründliche Mayot. Da sieht man die bedeutendsten Züge, da hört man die gemeinsten Reden. Denn, kann man schon ein geistreicher Mann und ein großer Schachspieler zugleich sein, wie Légal, so kann man auch ein großer Schachspieler und albern zugleich sein, wie Foubert und Mayot.

Eines Nachmittags war ich dort, beobachtete viel, sprach wenig und hörte so wenig als möglich, als eine der wunderlichsten Personnagen zu mir trat, die nur jemals dieses Land hervorbrachte, wo es doch Gott an dergleichen nicht fehlen ließ. Es ist eine Zusammensetzung von Hochsinn und Niederträchtigkeit, von Menschenverstand und Unsinn, die Begriffe vom Ehrbaren und Unehrbaren müssen ganz wunderbar in seinem Kopf durcheinandergehn: denn er zeigt, was ihm die Natur an guten Eigenschaften gegeben hat, ohne Prahlerei, und was sie ihm an schlechten gab, ohne Scham. Übrigens ist er von einem festen Körperbau, einer außerordentlichen Einbildungskraft und einer ungewöhnlichen Lungenstärke. Wenn ihr ihm jemals begegnet, und seine Originalität hält euch nicht fest, so verstopft ihr eure Ohren gewiss mit den Fingern, oder ihr entflieht. Gott, was für schreckliche Lungen!

Und nichts gleicht ihm weniger, als er selbst. Manchmal ist er mager und zusammengefallen, wie ein Kranker auf der letzten Stufe der Schwindsucht; man würde seine Zähne durch seine Backen zählen; man sollte glauben, er habe mehrere Tage nichts gegessen, oder er käme aus La Trappe.

Den nächsten Monat ist er feist und völlig, als hätte er die Tafel eines Financiers nicht verlassen, oder als hätte man ihn bei den Bernhardinern in Kost gegeben. Heute, mit schmutziger Wäsche, mit zerrissenen Hosen, in Lumpen gekleidet und fast ohne Schuhe, geht er mit gebeugtem Haupt, entzieht sich den Begegnenden, man möchte ihn anrufen, ihm Almosen zu geben. Morgen, gepudert, chaussiert, frisiert, wohl angezogen, trägt er den Kopf hoch, er zeigt sich, und ihr würdet ihn beinah für einen ordentlichen Menschen halten.

So lebt er von Tag zu Tag, traurig oder heiter, nach den Umständen. Seine erste Sorge des Morgens, wenn er aufsteht, ist, sich zu bekümmern, wo er zu Mittag speisen wird. Nach Tische denkt er auf eine Gelegenheit zum Nachtessen, und auch die Nacht bringt ihm neue Sorgen. Bald erreicht er zu Fuß ein kleines Dachstübchen, seine Wohnung, wenn nicht die Wirtin, ungeduldig, den Mietzins länger zu entbehren, ihm den Schlüssel schon abgefordert hat. Bald wirft er sich in eine Schenke der Vorstadt, wo er den Tag zwischen einem Stück Brot und Kruge Bier erwartet. Hat er denn auch die sechs Sous fürs Schlafgeld nicht in der Tasche, das ihm wohl manchmal begegnet, so wendet er sich an einen Mietkutscher, seinen Freund, oder an den Kutscher eines großen Herrn, der ihm ein Lager auf Stroh neben seinen Pferden vergönnt. Morgens hat er denn noch einen Teil seiner Matratze in den Haaren. Ist die Jahreszeit lind, so spaziert er die ganze Nacht auf dem Cours oder den Elyseischen Feldern hin und her. Mit dem Tage erscheint er sogleich in der Stadt, gekleidet von gestern für heute, und von heute manchmal für den Überrest der Woche.

Dergleichen Originale kann ich nicht schätzen; andere machen sie zu ihren nächsten Bekannten, sogar zu Freunden. Des Jahres können sie mich einmal festhalten, wenn ich ihnen begegne, weil ihr Charakter von den gewöhnlichen absticht und sie die lästige Einförmigkeit unterbrechen, die wir durch unsre Erziehung, unsre gesellschaftlichen Konventionen, unsre hergebrachten Anständigkeiten eingeführt haben. Kommt ein solcher in eine Gesellschaft, so ist er ein Krümchen Sauerteig, das das Ganze hebt und jedem einen Teil seiner natürlichen Individualität zurückgibt. Er schüttelt, er bewegt, bringt Lob oder Tadel zur Sprache, treibt die Wahrheit hervor, macht rechtliche Leute kenntlich, entlarvt die Schelme, und da horcht ein Vernünftiger zu und sondert seine Leute.

Diesen kannt ich seit langer Zeit; er kam öfters in ein Haus, wo ihm sein Talent den Eingang verschafft hatte. Die Leute hatten eine einzige Tochter. Er schwur dem Vater und der Mutter, dass er ihre Tochter heiraten würde. Diese zuckten die Achseln, lachten ihm ins Gesicht und versicherten ihm, er sei närrisch. Doch sah ich den Augenblick kommen, wo die Sache gemacht war. Er verlangte von mir einige Taler, die ich ihm gab. Er hatte sich, ich weiß nicht wie, in einigen Häusern eingeschlichen, wo sein Couvert bereitstand, aber man hatte ihm die Bedingung gemacht, er solle niemals ohne Erlaubnis reden. Da schwieg er nun und aß vor Bosheit: es war lustig, ihn in diesem Zwang zu sehen. Sobald er es wagte, den Traktat zu brechen und den Mund aufzutun, sogleich beim ersten Wort riefen alle Gäste: »O Rameau!« Dann funkelte die Wut in seinen Augen, und er fiel mit neuer Gewalt über das Essen her.

Ihr wart neugierig, den Namen des Mannes zu wissen, da habt ihr ihn. Es ist der Vetter des berühmten Tonkünstlers, der uns vor Lullys Kirchengesang gerettet hat, den wir seit hundert Jahren psalmodieren. Ein Vetter des Mannes, der so viel unverständliche Visionen und apokalyptische Wahrheiten über die Theorie der Musik schrieb, wovon weder er noch sonst irgendein Mensch jemals etwas verstanden hat; in dessen Opern man Harmonie findet, einzelne Brocken guten Gesangs, unzusammenhängende Ideen, Lärm, Aufflüge, Triumphe, Lanzen, Glorien, Murmeln und Viktorien, dass den Sängern der Atem ausgehn möchte; des Mannes, der, nachdem er den Florentiner begraben hat, durch italienische Virtuosen wird begraben werden, wie er vorausfühlte, und deshalb missmutig, traurig und ärgerlich ward. Denn niemand hat bösere Laune, nicht einmal eine hübsche Frau, die morgens eine Blatter auf der Nase gewahr wird, als ein Autor, der sich bedroht sieht, seinen Ruf zu überleben, wie Marivaux und Crébillon, der Sohn, beweisen.

Er tritt zu mir: »Ach, mein Herr Philosoph, treff ich Euch auch einmal! Was macht Ihr denn hier unter den Taugenichtsen? Verliert Ihr auch Eure Zeit mit Holzschieben?« (So nennt man aus Verachtung das Schach- oder Damenspiel.)

ICH: Nein, aber wenn ich nichts Besseres zu tun habe, so ist's eine augenblickliche Unterhaltung, denen zuzusehn, die gut schieben.

ER: Also eine seltne Unterhaltung. Nehmt Légal und Philidor aus; die übrigen verstehn nichts.

ICH: Und Herr von Bissy, was sagt Ihr zu dem?

ER: Der ist als Schachspieler, was Demoiselle Clairon als Schauspielerin ist; beide wissen von diesen Spielen alles, was man davon lernen kann.

ICH: Ihr seid schwer zu befriedigen. Ich merke, nur den vorzüglichsten Menschen lasst Ihr Gnade widerfahren.

ER: Ja im Schach- und Damenspiel, in der Poesie, Redekunst, Musik und andern solchen Possen. Wozu soll die Mittelmäßigkeit in diesen Fällen?

ICH: Beinahe geb ich Euch recht. Aber doch müssen sich viele auch auf diese Künste legen, damit der Mann von Genie hervortrete. Er ist dann der eine in der Menge. Aber lassen wir das gut sein. Seit einer Ewigkeit habe ich Euch nicht gesehen. Ich denke niemals an Euch, wenn ich Euch nicht sehe. Aber es freut mich jedes Mal, wenn ich Euch wiederfinde. Was habt Ihr gemacht?

ER: Das was Ihr, ich und alle die andern machen, Gutes, Böses und nichts. Dann hab ich Hunger gehabt und gegessen, wenn sich dazu Gelegenheit fand. Ferner hatt ich Durst, und manchmal hab ich getrunken; indessen ist mir der Bart gewachsen, und da hab ich mich rasieren lassen.

ICH: Daran habt Ihr übel getan: denn der Bart nur fehlt Euch zum Weisen.

ER: Freilich! Meine Stirn ist groß und runzlich, mein Auge blitzt, die Nase springt vor, meine Wangen sind breit, meine Augenbrauen breit und dicht, der Mund wohl gespalten, die Lippen umgeschlagen und das Gesicht viereckig. Wisst Ihr wohl, dieses ungeheure Kinn, wäre es von einem langen Barte bedeckt, es würde sich in Erz oder Marmor recht gut ausnehmen.

ICH: Neben Cäsar, Mark Aurel, Sokrates.

ER: Nein, ich stünde lieber zwischen Diogenes und Phryne. Unverschämt bin ich wie der eine, und die andern besuch ich gern.

ICH: Ihr befindet Euch immer wohl?

ER: Ja, gewöhnlich; aber heute nicht besonders.

ICH: Und wie, mit Eurem Silenenbauch, mit einem Gesicht –

ER: Einem Gesicht, das man für die Rückseite nehmen könnte. Wisst Ihr, dass böse Laune, die meinen Onkel ausdorrt, wahrscheinlich seinen Neffen fett macht?

ICH: Apropos! Den Onkel; seht Ihr ihn manchmal?

ER: Ja, manchmal auf der Straße vorbeigehn.

ICH: Tut er Euch denn nichts Gutes?

ER: Tut er jemanden Gutes, so weiß er gewiss nichts davon. Es ist ein Philosoph in seiner Art; er denkt nur an sich, und die übrige Welt ist ihm wie ein Blasebalgsnagel. Seine Tochter und Frau können sterben, wann sie wollen, nur dass ja die Glocken im Kirchsprengel, mit denen man ihnen zu Grabe läutet, hübsch die Duodezime und Septdezime nachklingen, so ist alles recht. Er ist ein glücklicher Mann! Und besonders weiß ich an Leuten von Genie zu schätzen, dass sie nur zu einer Sache gut sind, drüber hinaus zu nichts. Sie wissen nicht, was es heißt, Bürger, Väter, Mütter, Vettern und Freunde zu sein. Unter uns, man sollte ihnen durchaus gleichen, aber nur nicht wünschen, dass der Same zu gemein würde. Menschen muss es geben, Menschen von Genie nicht. Nein, wahrhaftig nicht! Sie sind's, die unsre Welt umgestalten, und nun ist im Einzelnen die Torheit so allgemein und mächtig, dass man sie nicht ohne Händel verdrängt. Da macht sich's nun zum Teil, wie sich's die Herren eingebildet haben, zum Teil bleibt's, wie es war. Daher kommen die zwei Evangelien, des Harlekins Rock! Nein! die Weisheit des Mönchs im Rabelais, das ist die wahre Weisheit für unsre Ruhe und für die Ruhe der andern. Seine Schuldigkeit tun, so gut es gehn will, vom Herrn Prior immer Gutes reden und die Welt gehn lassen, wie sie Lust hat. Sie geht ja gut, denn die Menge ist damit zufrieden. Wüsst ich Geschichte, so wollt ich Euch zeigen, das Übel hier unten ist immer von genialischen Menschen hergekommen; aber ich weiß keine Geschichte, weil ich nichts weiß. Der Teufel hole mich, wenn ich jemals was gelernt habe, und ich befinde mich nicht schlechter deshalb. Ich war eines Tags an der Tafel eines königlichen Ministers, der Verstand für ein Dutzend hat. Er zeigte uns klar, so klar wie zweimal zwei vier ist, dass nichts den Völkern nützlicher sei als die Lüge, nichts aber schädlicher als die Wahrheit. Ich besinne mich nicht mehr auf seine Beweise, aber es folgte sonnenklar daraus, dass die Leute von Genie ganz abscheulich sind und dass man ein Kind, wenn es bei seiner Geburt ein Charakterzeichen dieses gefährlichen Naturgeschenks an der Stirne trüge, sogleich ersticken oder ins Wasser werfen sollte.

ICH: Und doch! diese Personen, die vom Genie so übel sprechen, behaupten alle, Genie zu haben.

ER: Im stillen schreibt sich's wohl ein jeder zu; aber ich glaube doch nicht, dass sie sich unterstünden, es zu bekennen.

ICH: Das geschieht aus Bescheidenheit. Und also habt Ihr einen schrecklichen Hass gegen das Genie gefasst?

ER: Für mein ganzes Leben.

ICH: Aber ich erinnre mich wohl der Zeit, da Ihr in Verzweiflung wart, nur ein gemeiner Mensch zu sein. Ihr könnt nie glücklich werden, wenn Euch das eine wie das andre quält. Man sollte seine Partie ergreifen und daran festhalten. Wenn ich Euch auch zugebe, dass die genialischen Menschen gewöhnlich ein wenig sonderbar sind, oder, wie das Sprichwort sagt, kein großer Geist sich findet ohne einen Gran von Narrheit, so lässt man die Genies doch nicht fahren. Man wird die Jahrhunderte verachten, die keine hervorgebracht haben. Sie werden die Ehre des Volks sein, bei dem sie lebten. Früh oder spät errichtet man ihnen Statuen und betrachtet sie als Wohltäter des Menschengeschlechts. Verzeihe mir der vortreffliche Minister, den Ihr anführt, aber ich glaube, wenn die Lüge einen Augenblick nützen kann, so schadet sie notwendig auf die Länge. Im Gegenteil nutzt die Wahrheit notwendig auf die Länge, wenn sie auch im Augenblick schadet. Daher käm ich in Versuchung, den Schluss zu machen, dass der Mann von Genie, der einen allgemeinen Irrtum verschreit oder einer großen Wahrheit Eingang verschafft, immer ein Wesen ist, das unsre Verehrung verdient. Es kann geschehen, dass dieses Wesen ein Opfer des Vorurteils und der Gesetze wird; aber es gibt zwei Arten Gesetze: die einen sind unbedingt billig und allgemein, die andern wunderlich, nur durch Verblendung oder durch Notwendigkeit der Umstände bestätigt. Diese bedecken den, der sie übertritt, nur mit einer vorübergehenden Schande, einer Schande, die von der Zeit auf die Richter und Nationen zurückgeworfen wird, um ewig an ihnen zu haften. Sokrates oder das Gericht, das ihm den Schierling reichte, wer von beiden ist nun der Entehrte?

ER: Das hilft ihm auch was Rechts! Ist er deswegen weniger verdammt worden? Ist sein Todesurteil weniger vollzogen? War er nicht immer ein unruhiger Bürger, und indem er ein schlechtes Gesetz verachtete, hat er nicht die Narren zur Verachtung der guten angeregt? War er nicht ein kühner und wunderlicher Mann, und seid Ihr nicht ganz nah an einem Geständnis, das den Männern von Genie wenig günstig ist?

ICH: Hört mich, lieber Mann, eine Gesellschaft sollte keine schlechten Gesetze haben. Hätte sie nur gute, sie käme niemals in Gefahr, einen Mann von Genie zu verfolgen. Ich habe nicht zugegeben, dass das Genie unauflöslich mit der Bosheit verbunden sei, noch die Bosheit mit dem Genie. Ein Tor ist öfter ein Bösewicht als ein Mann von Geist. Wäre nun auch ein Mann von Genie gewöhnlich in der Unterhaltung hart, rau, schwer zu behandeln, unerträglich, wäre er auch ein Bösewicht, was wolltet Ihr daraus folgern?

ER: Dass man ihn ersäufen sollte.

ICH: Sachte, lieber Freund! So sagt mir doch! Nun ich will nicht Euern Onkel zum Beispiel nehmen, das ist ein harter und roher Mann, ohne Menschlichkeit, geizig, ein schlechter Vater, schlechter Gatte, schlechter Onkel; und dabei ist es noch nicht einmal ganz entschieden, dass er ein Mann von Genie sei, dass er es in seiner Kunst sehr weit gebracht habe, dass man sich in zehn Jahren noch um seine Werke kümmern werde. Aber Racine, der hatte doch Genie und galt nicht für den besten Mann. Aber Voltaire?

ER: Drängt mich nicht: denn ich weiß zu folgern.

ICH: Was würdet Ihr nun vorziehen, dass Racine ein guter Mann gewesen wäre, völlig eins mit seinem Comptoir wie Briasson, oder mit seiner Elle wie Barbier, ein Mann, der regelmäßig alle Jahre seiner Frau ein rechtmäßiges Kind macht, guter Gatte, guter Vater, guter Onkel, guter Nachbar, ehrlicher Handelsmann und nichts weiter; oder dass er schelmisch, verräterisch, ehrgeizig, neidisch gewesen wäre, aber Verfasser von »Andromache«, »Britannicus«, »Iphigenia«, »Phädra« und »Athalia«?

ER: Hätte er zu der ersten Art gehört, das möchte für ihn das beste gewesen sein.

ICH: Das ist sogar unendlich wahrer, als Ihr selbst nicht empfindet.

ER: Ja so seid ihr andern! Wenn wir etwas Gutes sagen, so soll es, wie bei Narren und Schwärmern, der Zufall getan haben. Ihr andern nur versteht euch selbst. Ja,

Herr Philosoph, ich verstehe mich und verstehe mich ebenso gut, als Ihr Euch versteht.
ICH: Nun, so lasst sehen, warum denn für ihn?
ER: Darum, weil alle die schönen Sachen, die er da gemacht hat, ihm nicht zwanzigtausend Franken eingetragen haben. Wäre er ein guter Seidenhändler in der Straße St. Denis oder St. Honoré gewesen, ein guter Materialienhändler im großen, ein besuchter Apotheker, da hätte er ein großes Vermögen zusammengebracht und dabei alle Arten Vergnügen genossen. Er hätte von Zeit zu Zeit einem armen Teufel von Lustigmacher, wie mir, ein Goldstück gegeben, und man hätte ihn zu lachen gemacht, man hätte ihm gelegentlich ein hübsches Mädchen verschafft, um eine ewige langweilige Beiwohnung bei seiner Ehefrau zu unterbrechen. Wir hätten bei ihm vortrefflich gegessen, großes Spiel gespielt, vortrefflichen Wein getrunken, vortreffliche Liköre, vortrefflichen Kaffee, man hätte Landfahrten gemacht. Ihr seht doch, dass ich mich darauf verstehe. Ihr lacht? Schon gut! Nur werdet Ihr doch zugeben, so wäre es auch besser für seine Umgebungen gewesen.
ICH: Ganz gewiss. Nur musste er den durch ein rechtmäßiges Gewerbe errungenen Reichtum nicht auf eine schlechte Weise verwenden. Alle die Spieler musste er von seinem Hause entfernen, alle diese Schmarotzer, alle diese süßlichen Jaherrn, alle diese Windbeutel, diese unnützen, verkehrten Menschen. Mit Stockprügeln musste er durch seine Lehrburschen den dienstbaren Gefälligen totschlagen lassen, der, durch eine saubere Mannigfaltigkeit, den Ehemann von dem Abgeschmack einer einförmigen Beiwohnung zu retten sucht.
ER: Totschlagen? Herr, totschlagen? Niemanden schlägt man tot in einer wohl polizierten Stadt. Es ist eine ehrbare Beschäftigung; viele Personen, sogar mit Titeln, schämen sich ihrer nicht. Und wozu in Teufels Namen soll man denn sein Geld verwenden, als auf einen guten Tisch, gute Gesellschaft, gute Weine, schöne Weiber, Vergnügen von allen Farben, Unterhaltungen aller Art? Ebenso gern möchte ich ein Bettler sein, als ein großes Vermögen ohne diese Genüsse besitzen. Nun aber wieder von Racine. Dieser Mann taugte nur für die Unbekannten, für die Zeit, wo er nicht mehr war.
ICH: Ganz recht! Aber wägt einmal das Gute und das Böse. In tausend Jahren wird er Tränen entlocken, er wird in allen Ländern der Erde bewundert werden, Menschlichkeit wird er einflößen, Mitleiden, Zärtlichkeit. Man wird fragen, wer er war, wo gebürtig, man wird Frankreich beneiden. Einige Wesen haben durch ihn gelitten, die nicht mehr sind, an denen wir beinahe keinen Teil nehmen. Wir haben nichts mehr zu fürchten, weder von seinen Lastern noch von seinen Fehlern. Besser wär es freilich gewesen, wenn die Natur zu den Talenten eines großen Mannes auch die Gesinnungen des Rechtschaffenen gegeben hätte. Er war ein Baum, der einige in seiner Nachbarschaft gepflanzte Bäume verdorren machte, der die Pflanzen erstickte, die zu seinen Füßen wuchsen: aber seinen Gipfel hat er bis in die Wolken erhoben, seine Äste sind weit verbreitet, seinen Schatten hat er denen gegönnt, die kommen und kommen werden, um an seinem majestätischen Thron zu ruhen. Früchte des feinsten Geschmacks hat er hervorgebracht und die sich immer erneuern. Freilich könnte man wünschen, auch Voltaire wäre so sanft wie Duclos, so offen wie

der Abbé Trublet, so gerade wie der Abbé d'Olivet; aber, da das nun einmal nicht sein kann, so lasst uns die Sache von der wahrhaft interessanten Seite betrachten. Lasst uns einen Augenblick den Punkt vergessen, wo wir im Raum und in der Zeit stehen. Verbreiten wir unsern Blick über künftige Jahrhunderte, entfernte Regionen, künftige Völker; denken wir an das Wohl unserer Gattung, und wenn wir hierzu nicht groß genug sind, verzeihen wir wenigstens der Natur, dass sie weiser war als wir. Gießt auf Greuzens Kopf kaltes Wasser, vielleicht löscht Ihr sein Talent mit seiner Eitelkeit zugleich aus. Macht Voltairen unempfindlicher gegen den Tadel, und er vermag nicht mehr in die Seele Meropens hinabzusteigen, Euch nicht mehr zu rühren.

ER: Aber wenn die Natur so mächtig als weise war, warum machte sie diese Männer nicht ebenso gut als groß?

ICH: Seht Ihr denn aber nicht, dass mit solchen Federungen Ihr die Ordnung des Ganzen umwerft: denn wäre hierunten alles vortrefflich, so gäb es nichts Vortreffliches.

ER: Ihr habt recht: denn darauf kommt es doch hauptsächlich an, dass wir beide da seien, Ihr und ich, und dass wir eben Ihr und ich seien: das andre mag gehen, wie es kann. Die beste Ordnung der Dinge, scheint mir, ist immer die, worein ich auch gehöre, und hol der Henker die beste Welt, wenn ich nicht dabei sein sollte. Lieber will ich sein, und selbst ein impertinenter Schwätzer sein, als nicht sein.

ICH: Jeder denkt wie Ihr, und doch will jeder an der Ordnung der Dinge, wie sie sind, etwas aussetzen, ohne zu merken, dass er auf sein eigen Dasein Verzicht tut.

ER: Das ist wahr.

ICH: Nehmen wir darum die Sachen, wie sie sind, bedenken wir, was sie uns kosten und was sie uns eintragen, und lassen wir das Ganze, das wir nicht genug kennen, um es zu loben oder zu tadeln, und das vielleicht weder böse noch gut ist, wenn es notwendig ist, wie viele Leute sich einbilden.

ER: Von allem, was Ihr da vorbringt, verstehe ich nicht viel. Wahrscheinlich ist es Philosophie, und ich muss Euch sagen, damit gebe ich mich nicht ab. So ganz, wie ich bin, möchte ich wohl gern ein anderer sein, selbst auf die Gefahr, ein Mann von Genie zu werden, ein großer Mann. Ja! Gesteh ich's nur, hier ist etwas, das mir es sagt! Ich habe niemals einen dergleichen loben hören, dass mich dieses Lob nicht heimlich rasend gemacht hätte. Neidisch bin ich. Wenn ich etwas von ihrem Privatleben vernehme, das sie heruntersetzt, das hör ich mit Vergnügen, das nähert uns einander, und ich ertrage leichter meine Mittelmäßigkeit. Ich sage mir: Freilich, du hättest niemals »Mahomet« oder die Lobrede auf Maupeou schreiben können. Und so war, so bin ich voller Verdruss, mittelmäßig zu sein. Ja ja, mittelmäßig bin ich und verdrießlich. Niemals habe ich die Ouvertüre der »Galanten Indien« spielen hören, niemals singen hören: »Profonds abymes du Ténare, nuit, éternelle nuit«, ohne mir mit Schmerzen zu sagen, dergleichen wirst du nun niemals machen. Und so war ich denn eifersüchtig auf meinen Onkel, und fänden sich bei seinem Tod einige gute Klavierstücke in seinem Portefeuille, so würde ich mich nicht bedenken, ich zu bleiben und er zu sein.

ICH: Ist's weiter nichts als das, was Euch verdrießt, das ist doch nicht sehr der Mühe wert.

ER: Nichts, nichts! Das sind Augenblicke, die vorübergehen. (Dann sang er die Ouvertüre der »Galanten Indien«, die Arie »Profonds abymes« und fuhr fort:) Da seht! das Etwas, das hier mich anspricht, sagt mir: Rameau, du möchtest gern die beiden Stücke gemacht haben; hättest du die beiden Stücke gemacht, du machtest mehr dergleichen. Hättest du eine gewisse Anzahl gemacht, so spielte man dich, so sänge man dich überall. Du könntest mit erhobenem Kopfe gehen, dein Gewissen würde von deinem eigenen Verdienste zeugen. Die andern wiesen mit Fingern auf dich. Das ist der, sagte man, der die artigen Gavotten gemacht hat. (Nun sang er die Gavotten. Dann mit der Miene eines gerührten Mannes, der in Freude schwimmt, dem die Augen feucht werden, rieb er sich die Hände und sprach:) Du hättest ein gutes Haus (er streckte die Arme aus, um die Größe zu bezeichnen), ein gutes Bett (er sank nachlässig darauf hin), gute Weine (er schien sie zu kosten, indem er mit der Zunge am Gaumen klatschte), Kutsch und Pferde (er hob den Fuß auf hineinzusteigen), hübsche Weiber (er umfasste sie schon und blickte sie wollüstig an). Hundert Lumpenhunde kämen täglich, mich zu beräuchern. (Er glaubte sie um sich zu sehen. Er sah Palissot, Poinsinet, die Frérons, Vater und Sohn, La Porte, er hörte sie an, brüstete sich, billigte, lächelte, verschmähte, verachtete sie, jagte sie fort und rief sie zurück. Dann sprach er weiter:) So sagte man dir morgens, dass du ein großer Mann bist, so läsest du in der »Geschichte der drei Jahrhunderte«, dass du ein großer Mann bist: du wärst abends überzeugt, dass du ein großer Mann bist, und der große Mann Rameau, der Vetter, schliefe bei dem sanften Geräusch des Lobes ein, das um sein Ohr säuselte. Selbst schlafend würde er eine zufriedene Miene zeigen, seine Brust erweiterte sich, er holte mit Bequemlichkeit Atem, er schnarchte wie ein großer Mann. (Und als er das sagte, ließ er sich sanft auf einen Sitz nieder, schloss die Augen und ahmte den glücklichen Schlaf nach, den er sich vorgestellt hatte. Nach einigen Augenblicken eines solchen süßen Ruhegenusses wachte er auf, streckte die Arme, gähnte, rieb sich die Augen und suchte seine abgeschmackten Schmeichler noch um sich her.)

ICH: So glaubt Ihr, dass der Glückliche ruhig schläft?

ER: Ob ich's glaube? Ich armer Teufel, wenn ich abends mein Dachstübchen erreicht habe, wenn ich auf mein Lager gekrochen, unter meiner Decke kümmerlich zusammengeschroben bin, dann ist meine Brust eng, das Atemholen schwach, es ist eine Art von leiser Klage, die man kaum vernimmt, anstatt dass ein Financier sein Schlafgemach erschüttert und die ganze Straße in Erstaunen setzt. Aber was mich heute betrübt, ist nicht, dass ich nur kümmerlich schlafe und schnarche.

ICH: Traurig ist's immer.

ER: Was mir begegnet, ist noch viel trauriger.

ICH: Und was?

ER: Ihr habt an mir immer einigen Anteil genommen, weil ich ein armer Teufel bin, den Ihr im Grunde verachtet, aber der Euch unterhält.

ICH: Das ist wahr.

ER: So lasst Euch sagen. (Ehe er anfängt, seufzt er tief, bringt seine beiden Hände vor die Stirn, dann beruhigt er seine Gesichtszüge und sagt:) Ihr wisst, ich bin unwissend, töricht, närrisch, unverschämt, gaunerisch, gefräßig.

ICH: Welche Lobrede!

ER: Sie ist durchaus wahr. Kein Wort ist abzudingen, keinen Widerspruch deshalb, ich bitt Euch. Niemand kennt mich besser als ich selbst, und ich sage nicht alles.

ICH: Euch nicht zu erzürnen, stimme ich mit ein.

ER: Nun denkt, ich lebte mit Personen, die mich eben sehr wohl leiden konnten, weil ich auf einen hohen Grad diese Eigenschaften sämtlich besaß.

ICH: Das ist doch wunderbar. Bisher glaubte ich, man verbärge sie vor sich selbst, oder man verziehe sie sich, aber man verachte sie an andern.

ER: Sie sich verbergen, könnte man das? Seid gewiss, wenn Palissot allein ist und sich selbst betrachtet, sagt er sich ganz andre Sachen. Seid gewiss, sein Kollege und er, einander gegenüber, bekennen sich offenherzig, dass sie zwei gewaltige Schurken sind. An andern diese Eigenschaften verachten? Meine Leute waren viel billiger, und mir ging es vortrefflich bei ihnen. Ich war der Hahn im Korbe. Abwesend ward ich gleich vermisst; man hätschelte mich. Ich war ihr kleiner Rameau, ihr artiger Rameau, ihr Rameau der Narr, der Unverschämte, der Unwissende, der Faule, der Fresser, der Schalksnarr, das große Tier. Jedes dieser Beiwörter galt mir ein Lächeln, eine Liebkosung, einen kleinen Schlag auf die Achsel, eine Ohrfeige, einen Fußtritt, bei Tafel einen guten Bissen, den man mir auf den Teller warf, nach Tische eine Freiheit, die ich mir nahm, als wenn es nichts bedeutete: denn ich bin ohne Bedeutung. Man macht aus mir, vor mir, mit mir alles, was man will, ohne dass es mir auffällt. Die kleinen Geschenke, die mir zuregneten – dummer Hund, der ich bin! Das habe ich alles verloren. Alles habe ich verloren, weil ich einmal Menschenverstand hatte, ein einziges Mal in meinem Leben. Ach, wenn mir das jemals wieder begegnet!

ICH: Wovon war denn die Rede?

ER: Rameau, Rameau! hatte man dich deshalb aufgenommen? Welche Narrheit, ein bisschen Geist, ein bisschen Vernunft zu haben! Rameau, mein Freund, das wird dich lehren, das zu bleiben, wozu Gott dich gemacht hat und wie deine Beschützer dich haben wollen. Nun hat man dich bei den Schultern genommen, dich zur Türe geführt und gesagt: »Fort, Schuft, lass dich nicht wieder sehen!« Das will Sinn haben, glaub ich, will Vernunft haben? »Fort mit dir! Dergleichen haben wir übrig.« Nun gingst du und bissest in die Finger. In die verfluchte Zunge hättest du vorher beißen sollen. Warum warst du nicht klüger? Nun bist du auf der Gasse, ohne einen Pfennig, und weißt nicht wohin. Du warst genährt, Mund, was begehrst du? Und nun halte dich wieder an die Höker. Gut logiert, und überglücklich wirst du nun sein, wenn man dich wieder ins Dachstübchen lässt; wohl gebettet warst du, und Stroh erwartet dich wieder zwischen dem Kutscher des Herrn von Soubise und Freund Robbé. Statt eines sanften und ruhigen Schlafs hörst du mit einem Ohr das Wiehern und Stampfen der Pferde, und mit dem andern das tausendmal unerträglichere Geräusch trockner, harter, barbarischer Verse. Unglücklich, übel beraten; von tausend Teufeln besessen.

ICH: Aber gäb es denn kein Mittel, Euch wieder zurückzuführen? Ist denn Euer Fehler so groß, so unverzeihlich? An Euerm Platz suchte ich meine Leute wieder auf. Ihr seid ihnen viel nötiger, als Ihr glaubt.

ER: O gewiss! Jetzt, da ich sie nicht lachen mache, haben sie Langeweile wie die Hunde.

ICH: So ging' ich wieder hin. Ich ließ' ihnen keine Zeit, mich entbehren zu lernen, sich an ehrbare Unterhaltung zu gewöhnen: denn wer weiß, was geschehn kann.

ER: Das fürchte ich nicht, das kann nicht geschehen.

ICH: So vortrefflich Ihr auch sein mögt, ein andrer kann Euch ersetzen.

ER: Schwerlich!

ICH: Das sei! Aber ich ginge doch mit diesem entstellten Gesicht, diesem verirrten Blick, diesem losen Hals, diesen zerzausten Haaren, in diesem wahrhaft tragischen Zustand, wie Ihr da steht. Ich würfe mich zu den Füßen der Gottheit, und ganz gebückt sagte ich mit leiser, schluchzender Stimme: »Vergebung, Madame, Vergebung! Ich bin ein Unwürdiger, ein Nichtswürdiger. Es war ein unglücklicher Augenblick: denn Ihr wisst, es begegnet mir niemals, Menschenverstand zu haben, und ich verspreche Euch, es soll in meinem ganzen Leben nicht wieder geschehen.« (Lustig war es anzusehen, wie er, unterdessen ich so sprach, die Pantomime dazu spielte. Er hatte sich niedergeworfen, sein Gesicht an die Erde gedrückt, er schien mit beiden Händen die Spitze eines Pantoffels zu halten, er weinte, er schluchzte, er sagte: »Ja, meine kleine Königin, ja das versprech ich, in meinem ganzen Leben soll mir's nicht wieder begegnen.« Dann sprang er auf und sagte mit ernstem und bedächtigem Ton:)

ER: Ja, Ihr habt recht, das ist wohl das beste. Herr Viellard sagt, sie sei so gut; ich weiß wohl, dass sie es ist; aber sich vor einer solchen Meerkatze zu erniedrigen, eine kleine, elende Komödiantin um Barmherzigkeit anzuflehen, eine Kreatur, die dem Pfeifen des Parterres nicht ausweichen kann – ich, Rameau, Sohn des Herrn Rameau, Apotheker von Dijon, ich, ein rechtlicher Mann, der niemals das Knie vor irgendjemand gebeugt hat, ich, Rameau, der Vetter dessen, den man den großen Rameau nennt, dessen, der nun grade und strack und mit freier Bewegung der Arme im Palais Royal spazieren geht, seitdem ihn Herr Carmontelle gezeichnet hat, wie er gebückt und die Hände unter den Rockschößen sonst einherschlich; ich, der ich Stücke fürs Klavier gesetzt habe, die niemand spielt, aber die vielleicht allein auf die Nachwelt kommen, die sie spielen wird, ich, genug, ich! Gehen sollt ich? Nein, Herr, das geschieht nicht! (Nun legte er seine rechte Hand auf die Brust und fuhr fort:) Hier fühle ich etwas, das sich regt, das mir sagt: Rameau, das tust du nicht. Es muss doch eine gewisse Würde mit der menschlichen Natur innig verknüpft sein, die niemand ersticken kann. Das wacht nun einmal auf, um nichts und wieder nichts, ja um nichts und wieder nichts: denn es gibt andre Tage, da mich's gar nichts kostete, so niederträchtig zu sein, als man wollte. Tage, wo ich für einen Pfennig der kleinen Hus den H-n geküsst hätte.

ICH: Ei, mein Freund! sie ist weiß, niedlich, jung, festlich. Zu so einer Demutshandlung könnte sich wohl einer entschließen, der delikater wäre als Ihr.

ER: Verstehn wir uns. Es ist ein Unterschied zwischen H-n küssen. Es gibt ein eigentliches und ein figürliches. Fragt nur den dicken Bergier, er küsst Madame de la M- den H-n im eigentlichen und figürlichen Sinne, und wahrhaftig, das Eigentliche und Figürliche würde mir da gleich schlecht gefallen.

ICH: Behagt Euch das Mittel nicht, das ich Euch angebe, so habt doch den Mut, ein Bettler zu sein.

ER: Es ist hart, ein Bettler sein, indessen es so viel reiche Toren gibt, auf deren Unkosten man leben kann, und dann sich selbst verachten zu müssen ist doch auch unerträglich.

ICH: Und kennt Ihr denn dieses Gefühl?

ER: Ob ich es kenne? Wie oft habe ich mir gesagt: Wie, Rameau, es gibt zehntausend gute Tafeln zu Paris, zu fünfzehn bis zwanzig Gedecken eine jede, und von allen diesen Gedecken ist keins für dich? Tausend kleine Schöngeister ohne Talent, ohne Verdienst, tausend kleine Kreaturen ohne Reize, tausend platte Intriganten sind gut gekleidet, und du liefest nackend herum, so unfähig wärst du? Wie, du solltest nicht schmeicheln können wie ein andrer, nicht lügen, schwören, falsch schwören, versprechen, halten oder nicht halten wie ein andrer? Solltest du nicht können auf vier Füßen kriechen wie ein andrer? Solltest du nicht den Liebeshandel der Frau begünstigen und das Briefchen des Mannes bestellen können wie ein andrer? Solltest du nicht einem hübschen Bürgermädchen begreiflich machen, dass sie übel angezogen ist, dass zierliche Ohrgehänge, ein wenig Schminke, Spitzen und ein Kleid nach polnischem Schnitt sie zum Entzücken kleiden würden? Dass diese kleinen Füßchen nicht gemacht sind, über die Straße zu gehen, dass ein hübscher Mann, jung und reich, sich finde, mit galoniertem Kleid, prächtiger Equipage, sechs großen Lakaien, der sie im Vorbeigehen gesehn habe, der sie liebenswürdig finde, der seit dem Tag weder essen noch trinken könne, der nicht mehr schlafe, der daran sterben werde? – »Aber mein Vater?« – »Nun nun, Euer Vater, der wird anfangs ein wenig böse sein.« – »Und meine Mutter? Die mir so sehr empfiehlt, ein ehrbares Mädchen zu bleiben, die mir immer sagt, über die Ehre gehe nichts in der Welt.« – »Alte Redensarten, die nichts heißen wollen.« – »Und mein Beichtvater?« – »Den seht Ihr nicht mehr, oder wenn Ihr auf der Grille besteht, ihm die Geschichte Eures Zeitvertreibs zu erzählen, so kostet es Euch einige Pfunde Zucker und Kaffee.« – »Es ist ein strenger Mann, der mir schon wegen des Liedchens ›Komm in meine Zelle‹ die Absolution verweigert hat.« – »Nur weil Ihr ihm nichts zu geben hattet. Aber wenn Ihr vor ihm in Spitzen erscheint.« – »Spitzen also soll ich haben?« – »Gewiss! Und von aller Art! mit brillantenen Ohrgehängen.« – »Brillantene Ohrgehänge?« – »Ja!« – »Wie die Marquise, die manchmal bei uns Handschuhe kauft?« – »Völlig so. In einer schönen Equipage mit Apfelschimmeln, zwei Bediente, ein kleiner Mohr hintendrauf und ein Läufer voraus; Schminke, Schönpflästerchen und die Schleppe vom Diener getragen.« – »Zum Ball?« – »Zum Ball, zur Oper, zur Komödie.« – Schon schlägt ihr das Herz vor Freude. Nun spiel ich mit einem Papier zwischen den Fingern. – »Was ist das?« – »Nichts, gar nichts.« – »Ich dächte doch.« – »Ein Billett.« – »Und für wen?« – »Für Euch, wenn Ihr ein bisschen neugierig seid.« – »Neugierig? ich bin es gar sehr, lasst sehn.« – Sie liest. – »Eine Zusammenkunft? Das geht nicht.« – »Wenn Ihr in die Messe geht.« – »Mama begleitet mich immer. Aber wenn er ein bisschen früh käme. Ich stehe immer zuerst auf und bin von allen zuerst im Comptoir.« – Er kommt, er gefällt, und ehe man sich's versieht, zwischen Licht und Dunkel, verschwindet die Kleine, man bezahlt mir meine zweitausend Taler. »Und ein solch Talent besitzest du ebenso gut, und dir fehlt's an Brot? Schämst du dich nicht, Unglücklicher?« Da erinnerte ich mich eines Haufens Schelme, die mir nicht an den Knorren reichten, strotzend von Vermögen. Ich ging im Surtout von Baracan; sie waren mit Samt bedeckt, sie lehnten sich auf ein Rohr mit goldenem Schnabelknopfe, sie haben Aristoteles und Plato am Finger. Und was waren sie früher? Die elendesten Lumpenhunde; jetzt sind sie eine Art Herren. Auf einmal fühlte ich Mut, die Seele erhoben, den Geist subtil und fähig zu allem. Aber diese glücklichen Dispositionen dauern, scheint es, nicht lange: denn bis jetzt habe ich keinen besondern Weg machen können. Dem sei, wie ihm wolle, dies ist der Text zu meinen öftern Selbstgesprächen. Paraphrasiert sie nach Belieben, nur ziehet mir den Schluss daraus, dass ich die Verachtung meiner selbst kenne, diese Qual des Gewissens, wenn wir die Gaben, die uns der Himmel schenkte, unbenutzt ruhen lassen. Es wäre fast ebenso gut, nicht geboren zu sein.

Ich hörte ihm zu, und als er diese Szene des Verführers und des jungen Mädchens vortrug, fühlte ich mich von zwei entgegengesetzten Bewegungen getrieben: ich wusste nicht, ob ich mich der Lust zu lachen oder dem Trieb zur Verachtung hingeben sollte. Ich litt. Ich war betroffen von so viel Geschick und so viel Niedrigkeit, von so richtigen und wieder falschen Ideen, von einer so völligen Verkehrtheit der Empfindung, einer so vollkommenen Schändlichkeit und einer so seltnen Offenheit. Er bemerkte den Widerstreit, der in mir vorging, und fragte: »Was habt Ihr?«

ICH: Nichts.

ER: Ihr scheint verwirrt.

ICH: Ich bin es auch.

ER: Aber was ratet Ihr mir denn?

ICH: Von etwas anderm zu reden. Unglücklicher! Zu welchem verworfenen Zustand seid Ihr geboren oder verleitet.

ER: Ich gesteh's. Aber lasst Euch meinen Zustand nicht allzu sehr zu Herzen gehn; indem ich mich Euch öffnete, war es meine Absicht nicht, Euch weh zu tun. Ich habe mir bei diesen Leuten etwas gespart. Bedenkt, dass ich gar nichts brauchte, ganz und gar nichts, und dass man mir für kleine Vergnügen noch so viel zulegte ...

Hier findet sich im Manuskript eine Lücke. Die Szene ist verändert, und die Sprechenden sind in eins der Häuser beim Palais Royal gegangen.

Da fing er an, die Stirne sich mit der Faust zu schlagen, die Lippe zu beißen und mit verwirrtem Blick an der Decke herzusehen. Dabei rief er aus: »Nein, die Sache ist richtig; etwas habe ich beiseite gebracht, die Zeit ist vergangen, und das ist so viel gewonnen.«

ICH: Verloren wollt Ihr sagen.

ER: Nein, nein! gewonnen. Jeden Augenblick wird man reicher. Ein Tag weniger zu leben oder ein Taler mehr ist ganz eins. Der Hauptpunkt im Leben ist doch nur, frei, leicht, angenehm, häufig alle Abende auf den Nachtstuhl zu gehn. O stercus pretiosum! Das ist das große Resultat des Lebens in allen Ständen. Im letzten Augenblick hat einer so viel als der andre, Samuel Bernard, der mit Rauben, Plündern, Bankrott machen siebenundzwanzig Millionen in Gold zusammenbringt und zurücklässt, so gut als Rameau, der nichts zurücklässt, Rameau, dem die Wohltätigkeit das Leichentuch schaffen wird, womit man ihn einwickelt. Der Tote hört kein Glockengeläut; umsonst singen sich hundert Pfaffen heiser um seinetwillen; umsonst ziehen lange Reihen von brennenden Kerzen vor ihm und hinterher; seine Seele schreitet nicht neben dem Zeremonienmeister. Unter dem Marmor faulen oder unter der Erde, ist immer faulen. Um seinen Sarg rote und blaue Kinder oder niemand haben, was ist daran gelegen? Und dann sehet diese Faust an, sie war strack wie ein Teufel, diese zehn Finger, zehn Stäbe in eine hölzerne Handwurzel befestigt, diese Sehnen, alte Darmsaiten, trockener, straffer, unbiegsamer als die an einem Drechslersrad gedient haben. Aber ich habe sie so gequält, so geknickt, so gebrochen. Du willst nicht gehen, und ich, bei Gott! ich sage dir, gehen sollst du, und so soll's werden.

Und wie er das sagte, hatte er mit der rechten Hand die Finger und die Handwurzel der Linken gefasst, er riss sie herauf und herunter, die Fingerspitzen berührten den Arm, die Gelenke krachten, und ich fürchtete, er würde sich die Knochen verrenken.

ICH: Nehmt Euch in acht. Ihr tut Euch Schaden.

ER: Fürchtet nichts, das sind sie gewohnt. Seit zehn Jahren habe ich ihnen schon anders aufzuraten gegeben. So wenig sie dran wollten, haben die Schufte sich doch gewöhnen müssen, sie haben lernen müssen, die Tasten zu treffen und auf den Saiten herumzuspringen. Aber jetzt geht's auch, jetzt geht's.

Sogleich nimmt er die Stellung eines Violinspielers an. Er summt mit der Stimme ein Allegro von Locatelli; sein rechter Arm ahmt die Bewegung des Bogens nach, die Finger seiner linken Hand scheinen sich auf dem Hals der Violine hin und her zu bewegen. Bei einem falschen Ton hält er inne, stimmt die Saite und kneipt sie mit dem Nagel, um gewiss zu sein, dass der Ton rein ist. Dann nimmt er das Stück wieder auf, wo er es gelassen hat. Er tritt den Takt, zerarbeitet sich mit dem Kopfe, den Füßen, den Händen, den Armen, dem Körper, wie ihr manchmal im Concert spirituel Ferrari oder Chiabran oder einen andern Virtuosen in solchen Zuckungen gesehen habt, das Bild einer ähnlichen Marter vorstellend und uns ungefähr denselben Schmerz mitteilend. Denn ist es nicht eine schmerzliche Sache, an demjenigen nur die Marter zu schauen, der bemüht ist, uns das Vergnügen auszudrücken? Zieht einen Vorhang zwischen mich und diesen Menschen, damit ich ihn wenigstens nicht sehe, wenn er sich nun einmal wie ein Verbrecher auf der Folterbank gebärden muss.

Aber in der Mitte solcher heftigen Bewegungen und solches Geschreis veränderte mein Mann sein ganzes Wesen bei einer harmonischen Stelle, wo der Bogen sanft auf mehreren Saiten stirbt. Auf seinem Gesicht verbreitete sich ein Zug von Entzücken. Seine Stimme ward sanfter, er behorchte sich mit Wollust. Ich glaubte so gut die Akkorde zu hören als er. Dann schien er sein Instrument mit der Hand, in der

er's gehalten hatte, unter den linken Arm zu nehmen, die Rechte mit dem Bogen ließ er sinken und sagte: »Nun, was denkt Ihr davon?«
ICH: Vortrefflich!
ER: Das geht so, dünkt mich. Das klingt ungefähr wie bei den andern.
Alsbald kauerte er, wie ein Tonkünstler, der sich vors Klavier setzt. »Ich bitte um Gnade für Euch und für mich«, sagte ich.
ER: Nein, nein! Weil ich Euch einmal festhalte, sollt Ihr mich auch hören. Ich verlange keinen Beifall, den man gibt, ohne zu wissen, warum. Ihr werdet mich mit mehr Sicherheit loben, und das verschafft mir einen Schüler mehr.
ICH: Ich habe so wenig Bekanntschaft, und Ihr ermüdet Euch ganz umsonst.
ER: Ich ermüde niemals.

Da ich sah, dass mich der Mann vergebens dauerte: denn die Sonate auf der Violine hatte ihn ganz in Wasser gesetzt, so ließ ich ihn eben gewähren. Da sitzt er nun vor dem Klavier mit gebogenen Knien, das Gesicht gegen die Decke gewandt, man hätte geglaubt, da oben sähe er eine Partitur. Nun sang er, präludierte, exekutierte ein Stück von Alberti oder Galuppi, ich weiß nicht von welchem. Seine Stimme ging wie der Wind, und seine Finger flatterten über den Tasten. Bald verließ er die Höhe, um sich im Bass aufzuhalten, bald ging er von der Begleitung wieder zur Höhe zurück. Die Leidenschaften folgten einander auf seinem Gesichte, man unterschied den Zorn, die Zärtlichkeit, das Vergnügen, den Schmerz, man fühlte das Piano und Forte, und gewiss würde ein Geschickterer als ich das Stück an der Bewegung, dem Charakter, an seinen Mienen, aus einigen Zügen des Gesangs erkannt haben, die ihm von Zeit zu Zeit entfuhren. Aber höchst seltsam war es, dass er manchmal tastete, sich schalt, als wenn er gefehlt hätte, sich ärgerte, das Stück nicht geläufig in den Fingern zu haben. Endlich sagte er: »Nun seht Ihr«, und wandte sich um und trocknete den Schweiß, der ihm die Wangen hinunterlief, »Ihr seht, dass wir auch mit Dissonanzen umzuspringen wissen, mit überflüssigen Quinten, dass die Verkettung der Dominanten uns geläufig ist. Diese enharmonischen Passagen, von denen der liebe Onkel so viel Lärm macht, sind eben keine Hexerei. Wir wissen uns auch herauszuziehn.«
ICH: Ihr habt Euch viel Mühe gegeben, mir zu zeigen, dass Ihr sehr geschickt seid. Ich war der Mann, Euch aufs Wort zu glauben.
ER: Sehr geschickt! Das nicht. Was mein Handwerk betrifft, das verstehe ich ungefähr, und das ist mehr als nötig: denn ist man denn in diesem Lande verbunden, das zu wissen, was man lehrt?
ICH: Nicht mehr, als das zu wissen, was man lernt.
ER: Richtig getroffen, vollkommen richtig! Nun, Herr Philosoph, die Hand aufs Gewissen, redlich gesprochen: es war eine Zeit, wo Ihr nicht so gefüttert wart wie jetzt.
ICH: Noch bin ich's nicht sonderlich.
ER: Aber doch würdet Ihr im Sommer nicht mehr ins Luxemburg gehn – Erinnert Ihr Euch? im –
ICH: Lasst das gut sein. Ja! ich erinnre mich.

ER: Im Überrock von grauem Plüsch.
ICH: Ja doch!
ER: Verschabt an der einen Seite, mit zerrissenen Manschetten und schwarzwollenen Strümpfen, hinten mit weißen Faden geflickt.
ICH: Ja doch, ja! Alles, wie's Euch gefällt.
ER: Was machtet Ihr damals in der Allee der Seufzer?
ICH: Eine sehr traurige Gestalt.
ER: Und von da ging's übers Pflaster.
ICH: Ganz recht!
ER: Ihr gabt Stunden in der Mathematik.
ICH: Ohne ein Wort davon zu verstehen. Nicht wahr, dahin wolltet Ihr?
ER: Getroffen!
ICH: Ich lernte, indem ich andre unterrichtete, und ich habe einige gute Schüler gezogen.
ER: Das ist möglich. Aber es geht nicht mit der Musik wie mit der Algebra oder Geometrie. Jetzt, da Ihr ein stattlicher Herr seid –
ICH: Nicht so gar stattlich.
ER: Da Ihr Heu in den Stiefeln habt –
ICH: Sehr wenig.
ER: Nun haltet Ihr Eurer Tochter Lehrmeister.
ICH: Noch nicht: denn ihre Mutter besorgt die Erziehung. Man mag gern Frieden im Hause haben.
ER: Frieden im Hause, beim Henker! Den hat man nur, wenn man Knecht oder Herr ist, und Herr muss man sein. Ich hatte eine Frau, Gott sei ihrer Seele gnädig! aber wenn sie manchmal stöckisch wurde, setzte ich mich auch auf meine Klauen, entfaltete meinen Donner und sagte wie Gott: es werde Licht, und es ward Licht. Auch haben wir in vier Jahren nicht zehnmal im Eifer gegeneinander unsre Stimmen erhoben. Wie alt ist Euer Kind?
ICH: Das tut nichts zur Sache.
ER: Wie alt ist Euer Kind?
ICH: In Teufels Namen, lasst mein Kind und sein Alter! Reden wir von den Lehrmeistern, die sie haben wird.
ER: Bei Gott! So ist doch nichts störriger als ein Philosoph. Wenn man Euch nun ganz gehorsamst bäte, könnte man von dem Herrn Philosophen nicht erfahren, wie alt ungefähr Mademoiselle seine Tochter ist?
ICH: Acht Jahre könnt Ihr annehmen.
ER: Acht Jahre! Schon vier Jahre sollte sie die Finger auf den Tasten haben.
ICH: Aber vielleicht ist mir nicht viel daran gelegen, in den Plan ihrer Erziehung ein solches Studium einzuflechten, das so lange beschäftigt und so wenig nützt.
ER: Und was soll sie denn lernen, wenn's beliebt?
ICH: Vernünftig denken, wenn's möglich ist, eine seltene Sache bei Männern und noch seltner bei Weibern.
ER: Mit Eurer Vernunft! Lasst sie hübsch, unterhaltend, kokett sein.

ICH: Keineswegs! Die Natur war stiefmütterlich genug gegen sie und gab ihr einen zarten Körperbau mit einer fühlenden Seele, und ich sollte sie den Mühseligkeiten des Lebens aussetzen, eben als wenn sie derb gebildet und mit einem ehernen Herzen geboren wäre? Nein, wenn es möglich ist, so lehre ich sie das Leben mit Mut ertragen.
ER: Lasst sie doch weinen, leiden, sich zieren und gereizte Nerven haben wie die andern, wenn sie nur hübsch, unterhaltend und kokett ist. Wie, keinen Tanz?
ICH: Nicht mehr, als nötig ist, um sich schicklich zu neigen, sich anständig zu betragen, sich vorteilhaft darzustellen und ungezwungen zu gehen.
ER: Keinen Gesang?
ICH: Nicht mehr, als nötig ist, um gut auszusprechen.
ER: Keine Musik?
ICH: Gäbe es einen guten Meister der Harmonie, gern würde ich sie ihm zwei Stunden täglich anvertrauen, auf ein oder zwei Jahre, aber nicht länger.
ER: Und nun an die Stelle so wesentlicher Dinge, die Ihr ablehnt –
ICH: Setze ich Grammatik, Fabel, Geschichte, Geographie, ein wenig Zeichnen und viel Moral.
ER: Wie leicht wäre es mir, Euch zu zeigen, wie unnütz alle diese Kenntnisse in einer Welt, wie die unsrige, sind. Was sage ich unnütz, vielleicht gefährlich. – Aber dass ich bei einer einzigen Frage bleibe: muss sie nicht wenigstens ein oder zwei Lehrer haben?
ICH: Ganz gewiss.
ER: Ah, da sind wir wieder. Und diese Lehrer, glaubt Ihr denn, dass sie die Grammatik, die Fabel, die Geschichte, die Geographie, die Moral verstehen werden, worin sie Unterricht geben? Possen, lieber Herr, Possen. Besäßen sie diese Kenntnisse hinlänglich, um sie zu lehren, so lehrten sie sie nicht.
ICH: Und warum?
ER: Sie hätten ihr Leben verwendet, sie zu studieren. Man muss tief in eine Kunst oder eine Wissenschaft gedrungen sein, um die Anfangsgründe wohl zu besitzen. Klassische Werke können nur durch Männer hervorgebracht werden, die unter dem Harnisch grau geworden sind. Erst Mittel und Ende klären die Finsternisse des Anfangs auf. Fragt Euern Freund Herrn d'Alembert, den Chorführer mathematischer Wissenschaften, ob er zu gut sei, die Elemente zu lehren. Nach dreißig oder vierzig Jahren Übung ist mein Onkel die erste Dämmerung musikalischer Theorie gewahr worden.
ICH: O Narr! Erznarr! (rief ich aus,) wie ist es möglich, dass in deinem garstigen Kopf so richtige Gedanken vermischt mit so viel Tollheit sich finden?
ER: Wer Teufel kann das wissen? Wirft sie ein Zufall hinein, so bleiben sie drinne. So viel ist gewiss: wenn man nicht alles weiß, so weiß man nichts recht. Man versteht nicht, wo eine Sache hinwill, wo eine andre herkommt, wohin diese oder jene geordnet sein will, welche vorausgehn oder folgen soll. Unterrichtet man gut ohne Methode? Und die Methode, woher kommt sie? Seht, lieber Philosoph, mir ist, als wenn die Physik immer eine arme Wissenschaft sein würde, ein Tropfen Wasser, mit einer Stecknadelspitze aus dem unendlichen Ozean geschöpft, ein Sandkörn-

chen, von der Alpenkette losgelöst. Und nun gar die Ursachen der Erscheinungen! Wahrhaftig, es wäre besser, gar nichts zu wissen, als so wenig so schlecht zu wissen. Und da war ich gerade, als ich mich zum Lehrer der musikalischen Begleitung aufwarf. Woran denkt Ihr?

ICH: Ich denke, dass alles, was Ihr da sagt, auffallender als gründlich ist. Es mag gut sein. Ihr unterwiest, sagtet Ihr, in der Begleitung und Tonsetzung?

ER: Ja!

ICH: Und wusstet gar nichts davon?

ER: Nein, bei Gott! Und deswegen waren jene viel schlimmer als ich, die sich einbildeten, sie verstünden was. Wenigstens verdarb ich weder das Urteil noch die Hände der Kinder. Kamen sie nachher von mir zu einem guten Meister, so hatten sie nichts zu verlernen, da sie nichts gelernt hatten, und das war immer so viel Geld und Zeit gewonnen.

ICH: Wie machtet Ihr das aber?

ER: Wie sie's alle machen. Ich kam, ich warf mich auf einen Stuhl. – »Was das Wetter schlecht ist! Wie das Pflaster ermüdet!« – Dann kam es zu einigen Neuigkeiten. – »Mademoiselle Le Mierre sollte eine Vestalin in der neuen Oper machen, sie ist aber zum zweiten Mal guter Hoffnung; man weiß nicht, wer sie dublieren wird. Mademoiselle Arnould hat ihren kleinen Grafen fahren lassen. Man sagt, sie unterhandelt mit Bertin. Unterdessen hat sich der kleine Graf mit dem Porzellan des Herrn von Montamy entschädigt. Im letzten Liebhaberkonzert war eine Italienerin, die wie ein Engel gesungen hat. Das ist ein seltner Körper, der Préville. Man muss ihn in dem ›Galanten Merkur‹ sehen. Die Stelle des Rätsels ist unbezahlbar. Die arme Dumesnil weiß nicht mehr, was sie sagt, noch was sie tut ... Frisch, Mademoiselle, Ihr Notenbuch!« – Und indem Mademoiselle sich gar nicht übereilt, das Buch sucht, das sie verlegt hat, man das Kammermädchen ruft, fahre ich fort: »Die Clairon ist wirklich unbegreiflich. Man spricht von einer sehr abgeschmackten Heirat der Mademoiselle ... wie heißt sie doch? Einer kleinen Kreatur, die er unterhielt, der er zwei, drei Kinder gemacht hat, die schon so mancher unterhalten hatte.« – »Geht, Rameau, das ist nicht möglich.« – »Genug, man sagt, die Sache ist gemacht. Es geht das Gerücht, dass Voltaire tot ist. Desto besser.« – »Warum desto besser?« – »Da gibt er uns gewiss wieder was Neckisches zum besten. Das ist so seine Art, vierzehn Tage, ehe er stirbt ...« Was soll ich weiter sagen? Da sagte ich nun einiges Unanständige aus den Häusern, wo ich gewesen war: denn wir sind alle große Klatscher. Ich spielte den Narren, man hörte mich an, man lachte, man rief: »Er ist doch immer allerliebst.« Unterdessen hatte man das Notenbuch unter einem Sessel gefunden, wo es ein kleiner Hund, eine kleine Katze herumgeschleppt, zerkaut, zerrissen hatte. Nun setzte sich das schöne Kind ans Klavier, nun machte sie erst allein gewaltigen Lärm darauf. Ich nahte mich dann und machte der Mutter heimlich ein Zeichen des Beifalls. – »Nun, das geht so übel nicht«, (sagt die Mutter,) »man brauchte nur zu wollen; aber man will nicht, man verdirbt lieber seine Zeit mit Schwatzen, Tändeln, Auslaufen und mit Gott weiß was. Ihr wendet kaum den Rücken, so ist auch schon das Buch zu, und nur, wenn Ihr wieder da seid, wird es aufgeschlagen. Auch hör ich niemals, dass Ihr einen Verweis gebt.« – Unterdessen, da doch was geschehen musste, so nahm ich ihr die Hände und setzte sie anders. Ich tat böse, ich schrie: »Sol, sol, sol, Mademoiselle, es ist ein Sol.« – Die Mutter: »Mademoiselle, habt Ihr denn gar keine Ohren? Ich steh nicht am Klavier, ich sehe nicht in Euer Buch und fühle selbst, ein Sol muss es sein. Ihr macht dem Herrn eine unendliche Mühe, behaltet nichts, was er Euch sagt, kommt nicht vorwärts.« – Nun fing ich diese Streiche ein wenig auf, zuckte mit dem Kopfe und sagte: »Verzeiht, Madame, verzeiht! Es konnte besser gehen, wenn Mademoiselle wollte, wenn sie ein wenig studierte; aber so ganz übel geht es doch nicht.« – »An Eurer Stelle hielt' ich sie ein ganzes Jahr an einem Stücke fest.« – »Was das betrifft, soll sie mir nicht los, bis sie über alle Schwierigkeiten hinaus ist, und das dauert nicht so lange, als Mademoiselle vielleicht glaubt.« – »Herr Rameau, Ihr schmeichelt ihr; Ihr seid zu gut. Das ist von der Lektion das einzige, was sie behalten und mir gelegentlich wiederholen wird.« – So ging die Stunde vorbei. Meine Schülerin reichte mir die Marke mit anmutiger Armbewegung, mit einer Reverenz, wie sie der Tanzmeister gelehrt hatte. Ich steckte es in meine Tasche, und die Mutter sagte: »Recht schön, Mademoiselle! Wenn Javillier da wäre, würde er applaudieren.« – Ich schwatzte noch einen Augenblick der Schicklichkeit wegen, dann verschwand ich, und das hieß man damals eine Lektion in der Begleitung.

ICH: Und heutzutage ist es denn anders?

ER: Bei Gott! das sollt ich denken. Ich komme, bin ernsthaft, werfe meinen Muff weg, öffne das Klavier, versuche die Tasten, bin immer eilig, und wenn man mich einen Augenblick warten lässt, so schrei ich, als wenn man mir einen Taler stähle. In einer Stunde muss ich da und dort sein, in zwei Stunden bei der Herzogin Soundso, mittags bei einer schönen Marquise, und von da gibt's ein Konzert bei Herrn Baron von Bagge, Rue-Neuve- des-Petits-Champs.

ICH: Und indessen erwartet man Euch nirgends.

ER: Das ist wahr!

ICH: Und wozu alle diese kleinen niederträchtigen Künste?

ER: Niederträchtig? Und warum, wenn's beliebt? In meinem Stand sind sie gewöhnlich, und ich erniedrige mich nicht, wenn ich handle wie jedermann. Ich habe sie nicht erfunden, und ich wäre sehr wunderlich und ungeschickt, mich nicht zu bequemen. Wohl weiß ich, dass Ihr mir da gewisse allgemeine Grundsätze anführen werdet von einer gewissen Moral, die sie alle im Munde haben und niemand ausübt. Da mag sich denn finden, dass schwarz weiß und weiß schwarz ist. Aber, Herr Philosoph, wenn es ein allgemeines Gewissen gibt, wie eine allgemeine Grammatik, so gibt es auch Ausnahmen in jeder Sprache. Ihr nennt sie, denk ich, ihr Gelehrten – und nun, so helft mir doch! –

ICH: Idiotismen.

ER: Ganz recht! Und jeder Stand hat Ausnahmen von dem allgemeinen Gewissen, die ich gar zu gern Handwerksidiotismen nennen möchte.

ICH: Richtig! Fontenelle spricht gut, schreibt gut, und sein Stil wimmelt von französischen Idiotismen.

ER: Und der Fürst, der Minister, der Financier, die Magistratsperson, der Soldat, der Gelehrte, der Advokat, der Prokurator, der Kaufmann, der Bankier, der Hand-

werker, der Singmeister, der Tanzmeister sind sehr rechtschaffene Leute, wenn sich gleich ihr Betragen auf mehreren Punkten von dem allgemeinen Gewis-sen entfernt und voll moralischer Idiotismen befunden wird. Je älter die Einrichtun-gen der Dinge, je mehr gibt's Idiotismen. Je unglücklicher die Zeiten sind, um so viel vermehren sich die Idiotismen. Was der Mensch wert ist, ist sein Handwerk wert, und wechselseitig am Ende was das Handwerk taugt, taugt der Mensch. Und so sucht man denn das Handwerk so viel als möglich geltend zu machen.
ICH: Soviel ich merken kann, soll all das Redegeflecht nur sagen, selten wird ein Handwerk rechtlich betrieben, oder wenig rechtliche Leute sind bei ihrem Handwerk.
ER: Gut! Die gibt's nicht. Aber dagegen gibt's auch wenig Schelme außerhalb ihrer Werkstatt. Und alles würde gut gehen, wenn es nicht eine Anzahl Leute gäbe, die man fleißig nennt, genau, streng ihre Pflichten erfüllend, ernst, oder was auf eins hinauskommt, immer in ihren Werkstätten, ihre Handwerke treibend von Morgen bis auf den Abend, und nichts als das. Auch sind sie die einzigen, die reich werden und die man schätzt.
ICH: Der Idiotismen willen.
ER: Ganz recht! Ihr habt mich verstanden. Also der Idiotism fast aller Stände: denn es gibt ihrer, die allen Ländern gemein sind, allen Zeiten, wie es allgemeine Torheiten gibt; genug, ein allgemeiner Idiotism ist, sich so viel Kunden zu verschaffen als möglich; eine gemeinsame Albernheit ist's zu glauben, dass der Geschickteste die meisten habe. Das sind zwei Ausnahmen vom allgemeinen Gewissen, denen man eben nachgeben muss, eine Art Kredit, nichts an sich, aber die Meinung macht es zu was. Sonst sagte man: Guter Ruf ist goldnen Gürtel wert. Indessen nicht immer hat der einen goldnen Gürtel, der guten Ruf hat. Aber das ist heutzutage gewiss, wer den goldnen Gürtel hat, dem fehlt der gute Ruf nicht. Man muss, wenn's möglich ist, den Ruf und den Gürtel haben. Das ist mein Zweck, wenn ich mich geltend mache, und zwar durch das, was Ihr unwürdige, niederträchtige, kleine Kunstgriffe scheltet. Ich gebe meine Stunde, gebe sie gut, das ist die allgemeine Regel. Ich mache die Leute glauben, dass ich deren mehr zu geben habe, als der Tag Stunden hat; das gehört zu den Idiotismen.
ICH: Und Euern Unterricht gebt Ihr gut?
ER: Ja! nicht übel, ganz leidlich. Der Grundbass meines Onkels hat das alles sehr vereinfacht. Sonst stahl ich meinem Lehrling das Geld. Ja, ich stahl's, das ist ausgemacht. Jetzt verdien ich's wenigstens so gut als ein andrer.
ICH: Und Ihr stahlt es ohne Gewissensbisse?
ER: Was das betrifft, man sagt, wenn ein Räuber den andern beraubt, so lacht der Teufel dazu. Die Eltern strotzten von ungeheurem, Gott weiß wie erworbenem Gute. Es waren Hofleute, Finanzleute, große Kaufleute, Bankiers, Makler. Ich und viele andre, die sie brauchten wie mich, wir erleichterten ihnen die gute Handlung des Wiedererstattens. In der Natur fressen sich alle Gattungen, alle Stände fressen sich in der Gesellschaft, wir strafen einer den andern, ohne dass das Gesetz sich drein mische. Die Deschamps sonst, wie jetzt die Guimard, rächt den Prinzen am Finanzmann; die Modehändlerin, der Juwelenhändler, der Tapezierer, die Wäscherin, der

Gauner, das Kammermädchen, der Koch, der Sattler rächen den Finanzmann an der Deschamps, und indessen ist's nur der Unfähige, der Faule, der zu kurz kommt, ohne jemand verkürzt zu haben, und das geschieht ihm recht, und daran seht Ihr, dass alle die Ausnahmen vom allgemeinen Gewissen, alle diese moralischen Idiotismen, über die man so viel Lärm macht und sie Schelmstreiche nennt, gar nichts heißen wollen und dass es überhaupt nur darauf ankommt, wer den rechten Blick hat.
ICH: Den Euern bewundere ich.
ER: Und dann das Elend! Die Stimme des Gewissens und der Ehre ist sehr schwach, wenn die Eingeweide schreien. Genug, wenn ich einmal reich werde, muss ich eben auch wiedererstatten, und ich bin fest entschlossen wiederzuerstatten, auf alle mögliche Weise, durch die Tafel, durchs Spiel, den Wein und die Weiber.
ICH: Aber ich fürchte, Ihr kommt niemals dazu.
ER: Mir ahnt auch so etwas.
ICH: Wenn's Euch aber doch gelänge, was würdet Ihr tun?
ER: Machen wollt ich's, wie alle glücklichen Bettler, der insolenteste Schuft wollt ich sein, den man jemals gesehen hätte. Erinnern würde ich mich an alles, was sie mir Leids getan, und ich wollte ihnen die schlechte Behandlung redlich wiedererstatten. Ich mag gern befehlen, und befehlen werd ich. Ich will gelobt sein, und man wird mich loben. Das sämtliche Klatschpack will ich im Sold haben, und wie man mit mir gesprochen hat, will ich mit ihnen sprechen. Frisch, ihr Schurken, man unterhalte mich, und man wird mich unterhalten. Man zerreiße die rechtlichen Leute, und man wird sie zerreißen, wenn's ihrer noch gibt. Dann wollen wir Mädchen haben, wir wollen uns duzen, wenn wir betrunken sind, wir wollen uns betrinken und Märchen erfinden, an allerlei Schiefheiten und Lastern soll es nicht fehlen. Das wird köstlich sein. Dann beweisen wir, dass Voltaire ohne Genie sei; dass Buffon, immer hoch auf Stelzen herschreitend, aufgeblasen deklamiere, dass Montesquieu nur ein schöner Geist sei; d'Alembert verweisen wir in seine Mathematik und gehen solchen kleinen Catonen, wie Ihr, über Bauch und Rücken weg, Euch, die Ihr uns aus Neid verachtet, deren Bescheidenheit nur Stolz andeutet und deren Enthaltsamkeit durch die Not geboten wird. Und was die Musik betrifft – hernach wollen wir erst Musik machen!
ICH: An dem würdigen Gebrauch, den Ihr von Eurem Reichtum zu machen gedenkt, sehe ich, wie sehr es schade ist, dass Ihr ein Bettler seid. Ihr würdet, merk ich, auf eine für das Menschengeschlecht sehr ehrenvolle Weise leben, auf eine Euern Mitbürgern, Euch selbst höchst rühmliche Weise.
ER: Ihr spottet wohl gar, Herr Philosoph, und wisst nicht, mit wem Ihr's vorhabt. Ihr merkt nicht, dass ich in diesem Augenblick den beträchtlichsten Teil der Stadt und des Hofes vorstelle. Unsre Reichen aller Stände haben sich dasselbe gesagt oder haben sich's nicht gesagt, dasselbe, was ich Euch soeben anvertraute. So viel ist aber gewiss, das Leben, das ich an ihrer Stelle führen würde, ist ganz genau ihr Leben. So seid ihr nun, ihr andern! Ihr glaubt, dieselbige Ehre sei für alle gemacht. Welch wunderliche Grille! Eure Art von Ehre verlangt eine gewisse romanenhafte Wendung des Geistes, die wir nicht haben, eine sonderbare Seele, einen eignen Geschmack. Diese Grillen verziert ihr mit dem Namen der Tugend, ihr nennt es Philo-

sophie; aber die Tugend, die Philosophie, sind sie denn für alle Welt? Wer's vermag, halte es, wie er will; aber denkt Euch, die Welt wäre weise und philosophisch gesinnt, gesteht nur, verteufelt traurig würde sie sein. Leben soll mir dagegen Salomons Philosophie und Weisheit, gute Weine zu trinken, köstliche Speisen zu schlucken, hübsche Weiber zu besitzen, auf weichen Betten zu ruhen; übrigens ist alles eitel.

ICH: Wie? Sein Vaterland verteidigen?

ER: Eitelkeit! Es gibt kein Vaterland mehr. Von einem Pol zum andern sehe ich nur Tyrannen und Sklaven.

ICH: Seinen Freunden zu dienen?

ER: Eitelkeit! Hat man denn Freunde? Und wenn man ihrer hätte, sollte man sie in Undankbare verwandeln? Beseht's genau, und Ihr werdet finden, fast immer ist's Undank, was man für geleistete Dienste gewinnt. Die Dankbarkeit ist eine Last, und jede Last mag man gern abwerfen.

ICH: Ein Amt haben und dessen Pflichten erfüllen?

ER: Eitelkeit! Habe man eine Bestimmung oder nicht, wenn man nur reich ist; denn man übernimmt doch nur ein Geschäft, um reich zu werden. Seine Pflichten erfüllen, wohin kann das führen? Zur Eifersucht, zur Unruhe, zur Verfolgung. Kommt man auf solche Weise vorwärts? Seine Aufwartung machen, die Großen sehen, ihren Geschmack ausforschen, ihren Phantasien nachhelfen, ihren Lastern dienen, ihre Ungerechtigkeiten billigen, das ist das Geheimnis.

ICH: Um die Erziehung seiner Kinder besorgt sein?

ER: Eitelkeit! das ist die Sache des Lehrers.

ICH: Aber wenn der Lehrer nach Euern eignen Grundsätzen seine Pflichten versäumt, wer wird alsdann gestraft?

ER: Ich doch wohl nicht? Aber vielleicht einmal der Mann meiner Tochter oder die Frau meines Sohns.

ICH: Aber wenn sie sich ins liederliche Leben, ins Laster stürzen?

ER: Das ist standesmäßig.

ICH: Wenn sie sich entehren?

ER: Man mag sich stellen, wie man will, man entehrt sich nicht, wenn man reich ist.

ICH: Wenn sie sich zugrunde richten?

ER: Desto schlimmer für sie.

ICH: Und wenn Ihr Euch nicht nach dem Betragen Eurer Frau, Eurer Kinder erkundigt, so möchtet Ihr auch wohl Eure Haushaltung vernachlässigen.

ER: Verzeiht, es ist manchmal schwer, Geld zu finden, und drum ist es klug, sich von weitem vorzusehen.

ICH: Und um Eure Frau werdet Ihr Euch wenig bekümmern?

ER: Gar nicht, wenn's beliebt. Das beste Betragen gegen seine liebe Hälfte bleibt immer, das zu tun, was ihr ansteht. Doch geschähe im ganzen, was Ihr wünscht, so würde die Gesellschaft sehr langweilig sein, wenn jeder nur darin an sich und sein Gewerbe dächte.

ICH: Warum nicht? Der Abend ist niemals schöner für mich, als wenn ich mit meinem Morgen zufrieden bin.

ER: Für mich gleichfalls.

ICH: Was die Weltleute so delikat in ihrem Zeitvertreib macht, das ist ihr tiefer Müßiggang.

ER: Glaubt's nicht. Sie machen sich viel zu schaffen.

ICH: Da sie niemals müde werden, so erholen sie sich niemals.

ER: Glaubt's nicht. Sie sind immer außer Atem.

ICH: Das Vergnügen ist immer ein Geschäft für sie, niemals ein Bedürfnis.

ER: Desto besser. Das Bedürfnis ist immer beschwerlich.

ICH: Alles nutzen sie ab. Ihre Seele stumpft sich, und die Langeweile wird Herr. Wer ihnen mitten in dem erdrückenden Überfluss das Leben nähme, würde ihnen einen Dienst leisten, eben weil sie vom Glück nur den Teil kennen, der sich am schnellsten abstumpft. Ich verachte nicht die Freuden der Sinne, ich habe auch einen Gaumen, dem durch eine feine Speise, durch einen köstlichen Wein geschmeichelt wird; ich habe ein Herz und Auge, ich mag auch ein zierliches Weib besitzen, sie umfassen, meine Lippen auf die ihrigen drücken, Wollust aus ihren Blicken saugen und an ihrem Busen vor Freude vergehn. Manchmal missfällt mir nicht ein lustiger Abend mit Freunden, selbst ein ausgelassener; aber ich kann Euch nicht verhehlen, mir ist's unendlich süßer, dem Unglücklichen geholfen, eine kitzlige Sache geendigt, einen weisen Rat gegeben, ein angenehmes Buch gelesen, einen Spaziergang mit einem werten Freunde, einer werten Freundin gemacht, lehrreiche Stunden mit meinen Kindern zugebracht, eine gute Seite geschrieben und der Geliebten zärtliche, sanfte Dinge gesagt zu haben, durch die ich mir eine Umarmung verdiene. Ich kenne wohl Handlungen, welche getan zu haben ich alles hingäbe, was ich besitze. »Mahomet« ist ein vortreffliches Werk; aber ich möchte lieber das Andenken des Calas wiederhergestellt haben. Einer meiner Bekannten hatte sich nach Cartagena geflüchtet. Es war ein nachgeborner Sohn aus einem Lande, wo das Herkommen alles Vermögen dem ältesten zuspricht. Dort vernimmt er, dass sein Erstgeborner, ein verzogner Sohn, seinen zu nachgiebigen Eltern alle Besitzungen entzogen, sie aus ihrem Schloss verjagt habe, dass die guten Alten in einer kleinen Provinzstadt ein kümmerliches Leben führen. Was tut nun dieser Nachgeborne, der in seiner Jugend hart von den Eltern gehalten, sein Glück in der Ferne gesucht hatte? Er schickt ihnen Hilfe, er eilt, seine Geschäfte zu ordnen, er kommt reich zurück, er führt Vater und Mutter in ihre Wohnung, er verheiratet seine Schwestern. Ach, mein lieber Rameau, diesen Teil seines Lebens betrachtete der Mann als den glücklichsten. Mit Tränen im Auge sprach er mir davon, und mir, indem ich es Euch erzähle, bewegt sich das Herz vor Freude, und das Vergnügen versetzt mir die Stimme.

ER: Ihr seid wunderliche Wesen!

ICH: Ihr seid bedauernswerte Wesen, wenn Ihr nicht begreift, dass man sich über das Schicksal erheben kann und dass es unmöglich ist, unglücklich zu sein unter dem Schutze zwei so schöner Handlungen.

ER: Das ist eine Art Glückseligkeit, mit der ich mich schwerlich befreunden könnte: denn man findet sie selten. So meint Ihr denn also wirklich, man müsste rechtschaffen sein?
ICH: Um glücklich zu sein, gewiss!
ER: Indessen sehe ich unendlich viel rechtschaffne Leute, die nicht glücklich sind, und unendlich viel Leute, die glücklich sind, ohne rechtschaffen zu sein.
ICH: Das scheint Euch nur so.
ER: Und warum fehlt's mir heute Abend an Nachtessen, als nur darum, weil ich einen Augenblick Menschenverstand und Offenheit zeigte.
ICH: Keineswegs, sondern weil Ihr sie nicht immer hattet; weil Ihr nicht beizeiten fühltet, dass man sich vor allen Dingen einrichten sollte, unabhängig von Knechtschaft zu sein.
ER: Unabhängig oder nicht. Meine Einrichtung ist wenigstens die bequemste.
ICH: Aber nicht die sicherste, die ehrenvollste.
ER: Aber die passendste für meinen Charakter eines Tagediebs, eines Toren, eines Taugenichts.
ICH: Vollkommen.
ER: Und eben weil ich mein Glück machen kann durch Laster, die mir natürlich sind, die ich ohne Arbeit erwarb, die ich ohne Anstrengung erhalte, die mit den Sitten meiner Nation zusammentreffen, die nach dem Geschmack meiner Beschützer sind, übereinstimmender mit ihren kleinen besondern Bedürfnissen als unbequeme Tugenden, die sie von Morgen bis Abend anklagen würden. Es wäre doch wunderlich, wenn ich mich wie eine verdammte Seele quälte, um mich zu verrenken, um mich anders zu machen, als ich bin, um mir einen fremden Charakter aufzubinden, die schätzbarsten Eigenschaften, über deren Wert ich nicht streiten will, aber die ich nur mit Anstrengung erwerben und ausüben könnte und die mich doch zu nichts führten, vielleicht zum Schlimmern als nichts: denn darf wohl ein Bettler wie ich, der sein Leben von reichen Leuten hat, ihnen solch einen Sittenspiegel beständig vorhalten? Man lobt die Tugend, aber man hasst sie, man flieht sie, man lässt sie frieren, und in dieser Welt muss man die Füße warm halten. Und dann würde ich gewiss die übelste Laune haben: denn warum sind die Frommen, die Andächtigen so hart, so widerlich, so ungesellig? Sie haben sich zu leisten auferlegt, was ihnen nicht natürlich ist. Sie leiden, und wenn man leidet, macht man andre leiden. Das ist weder meine Sache noch die Sache meiner Gönner. Munter muss ich sein, ungezwungen, neckisch, närrisch, drollig. Die Tugend fordert Ehrfurcht, und Ehrfurcht ist unbequem; die Tugend fordert Bewunderung, und Bewunderung ist nicht unterhaltend. Ich habe mit Leuten zu tun, denen die Zeit lang wird, und sie wollen lachen. Nun seht: die Torheit, das Lächerliche macht lachen, und also muss ich ein Tor, ich muss lächerlich sein. Und hätte mich die Natur nicht so geschaffen, so müsste ich kurz und gut so scheinen. Glücklicherweise brauche ich kein Heuchler zu sein. Es gibt ihrer ohnehin von allen Farben, ohne die zu rechnen, die sich selbst belügen.

Seht doch einmal den Ritter de la Morlière, der seinen Hut aufs Ohr drückt, die Nase in die Höhe trägt, der den Vorbeigehenden über die Schulter ansieht, dem ein langer Degen auf die Schenkel schlägt, der für jeden Unbewaffneten eine Beleidigung bereit hat, der jeden Begegnenden herauszufordern scheint, was tut er? Alles, was er kann, um sich zu überreden, dass er herzhaft ist; aber feig ist er. Bietet ihm einen Nasenstüber an, er wird ihn sanftmütig empfangen. Soll er seinen Ton herabstimmen, so erhebt den Eurigen, zeigt ihm Euern Stock, oder gebt ihm einen Tritt in H-n. Ganz erstaunt, sich so feig zu finden, wird er Euch fragen, wer's Euch gesteckt hat, woher Ihr es wissen könnt, dass er eine Memme sei: denn im Augenblick vorher war es ihm selbst noch unbekannt. Durch eine lang gewohnte Nachäffung mutvollen Betragens hatte er sich selbst überzeugt. Er machte so lange die Gebärden, dass er glaubte, die Sache zu haben.

Und jene Frau, die sich kasteit, Gefängnisse besucht, allen wohltätigen Gesellschaften beiwohnt, mit gesenkten Augen einhergeht, keinen Mann gerade ansehen kann, immer wegen Verführung ihrer Sinne besorgt; brennt ihr Herz deshalb weniger? Entwischen ihr nicht Seufzer? Entzündet sich nicht ihr Temperament? Ist sie nicht von Begierden umlagert, und wird nicht ihre Einbildungskraft zu Nacht von gewaltsam verführerischen Bildern ergriffen? Und nun, wie ergeht's ihr? Was denkt ihre Kammerfrau, die aus dem Bett springt, um einer Gebieterin Hilfe zu leisten, die gefährlich krank scheint? Oh! Gute Justine, leg dich wieder zu Bette, dich rief sie nicht in ihrem Wahnsinn.

Sollte es nun Freund Rameau jemals einfallen, das Glück, die Weiber, das gute Leben, den Müßiggang zu verachten, zu katonisieren, was wäre er? Ein Heuchler. Rameau sei, was er ist, ein glücklicher Räuber unter reichen Räubern, nicht aber ein Tugendprahler oder ein Tugendhafter, der sein Krüstchen Brot allein verzehrt oder in Gesellschaft von Bettlern. Kurz und gut, Eure Glückseligkeit, das Glück einiger Schwärmer wie Ihr, kann mir nicht gefallen.

ICH: Ich sehe, mein Freund, Ihr wisst nicht, was es ist, und seid nicht einmal imstande, es kennenzulernen.

ER: Desto besser für uns, desto besser! Ich stürbe vor Hunger, vor Langeweile und vielleicht vor Reue.

ICH: So rat ich Euch denn, ein für allemal, geschwind in das Haus zurückzukehren, woraus Ihr Euch so ungeschickt habt verjagen lassen.

ER: Um das zu tun, was Ihr im eigentlichen Sinne nicht missbilligt und was mir im figürlichen ein wenig zuwider ist?

ICH: Welche Sonderbarkeit!

ER: Ich finde nichts Sonderbares daran. Ich will mich wohl wegwerfen, aber ohne Zwang; ich will von meiner Würde heruntersteigen ... Ihr lacht?

ICH: Ja! Eure Würde macht mich lachen.

ER: Jeder hat die seinige. Ich will die meine vergessen, aber nach Belieben und nicht auf fremden Befehl. Sollte man mir sagen: krieche, und ich müsste kriechen? Der Wurm kriecht wohl, ich auch, und wir wandern beide so fort, wenn man uns gehen lässt; aber wir bäumen uns, wenn man uns auf den Schwanz tritt. Man hat mir auf den Schwanz getreten, und ich werde mich bäumen. Und dann habt Ihr keinen Begriff von dem konfusen Zustand, von dem die Rede ist. Denkt Euch eine melancholische, verdrießliche Figur, von Grillen aufgefressen, den weiten Schlafrock zwei- oder dreimal umhergeschlagen, einen Mann, der sich selbst missfällt, dem alles missfällt, den man kaum zum Lachen brächte, wenn man sich Körper und Geist auf hundert verschiedene Weisen verrenkte, der mit Kälte die neckischen Gesichter betrachtet, die ich schneide, und die noch neckischern Sprünge meines Witzes. Denn unter uns, der Père Noël, der hässliche Benediktiner, so berühmt wegen seiner Grimassen, ist ungeachtet seines Glücks bei Hofe, ohne mich und ihn zu rühmen, gegen mich nur ein hölzerner Pulcinell. Und doch muss ich mich plagen und quälen, um eine Tollhauserhabenheit zu erreichen, die nichts wirkt. Lacht er? Lacht er nicht? Das muss ich mich mitten in meinen Verrenkungen fragen, und Ihr begreift, was eine solche Ungewissheit dem Talente hinderlich ist. Mein Hypochonder, den Kopf in die Nachtmütze gesteckt, die ihm die Augen überschattet, sieht völlig aus wie eine unbewegliche Pagode, mit einem Faden am Kinn, der bis auf den Sessel herunterhinge. Man passt, der Faden soll gezogen werden, er wird nicht gezogen. Oder wenn die Kinnlade sich öffnet, so buchstabiert sie ein Wort, das Euch zur Verzweiflung bringt, ein Wort, das Euch lehrt, man habe Euch nicht bemerkt und alle Eure Affereien seien verloren. Dieses Wort ist eine Antwort auf eine Frage, die Ihr vor vier Tagen an ihn tatet. Es ist gesprochen, die Muskularfeder spannt sich ab, und die Maschine schließt sich.

(Nun machte er seinen Mann nach. Er hatte sich auf einen Stuhl gesetzt, den Kopf unbeweglich, den Hut bis auf die Augbrauen, die Augen halb geschlossen, die Arme hängend, die Kinnlade bewegend, wie ein Automat. Er sagte:)

»Ja, Mademoiselle, Sie haben recht, das muss mit Feinheit behandelt werden!« – Und so entscheidet unser Mann, entscheidet immer in letzter Instanz, morgens und abends, am Putztisch, bei Tafel, beim Kaffee, beim Spiel, im Theater, beim Abendessen, im Bette und, Gott verzeih mir! Ich glaube in den Armen seiner Geliebten. Diese letzten Entscheidungen zu vernehmen, hatte ich nicht Gelegenheit; aber die übrigen bin ich verteufelt müde. Traurig, dunkel, schneidend wie das Schicksal, so ist unser Patron. Ihm gegenüber ist eine Närrin, die wichtig tut, der man wohl sagen möchte, sie sei hübsch, weil sie es noch ist, ob sie gleich im Gesicht hie und da einige Flecken hat und sich dem Umfang der Madame Bouvillon nähert. Ich liebe hübsches Fleisch, aber zuviel ist zuviel, und die Bewegung ist der Materie so wesentlich. Item, sie ist boshafter, eingebildeter, dümmer als eine Gans; item, sie will Witz haben; item, man muss ihr versichern, dass man überzeugt ist, sie habe mehr als jemand; item, das weiß nichts, und das entscheidet auch; item, man muss diese Entscheidungen beklatschen, mit Händ' und Füßen Beifall geben, für Behagen aufspringen, für Bewunderung sich entzücken. Ach, was ist das schön, zart, gut gesagt, fein gesehen, vorzüglich empfunden! Wo nehmen die Weiber das her? Ohne Studium, einzig durch die Gewalt des Naturtriebs, durch natürliche Gaben. Das grenzt ans Wunder, und dann sage man uns, Erfahrung, Studium, Nachdenken, Erziehung täten was dabei – und mehr solche Albernheiten. Dann für Freuden geweint, zehnmal des Tags sich gebückt, ein Knie niedergebogen, den andern Fuß nachgeschleift, die Arme gegen die Göttin ausgestreckt, ihre Wünsche in ihren Augen suchend, abhängend von ihren Lippen, ihre Befehle erwartend und wie ein Blitz gehorchend. Wer möchte sich nun einer solchen Rolle unterwerfen, als der Elende, der zwei-

oder dreimal die Woche die Tribulation seiner Eingeweide an einem solchen Orte besänftigen kann. Was soll man aber von andern denken, von solchen wie Palissot, Fréron, Poinsinet, Baculard, die nicht arm sind, deren Niederträchtigkeiten sich nicht durch die Borborygmen eines leidenden Magens entschuldigen lassen?

ICH: Ich hätte Euch nicht so schwierig geglaubt.

ER: Auch bin ich's nicht. Anfangs bemerkte ich, wie es die andern machten, und ich machte es wie sie, ja ein wenig besser. Denn ich bin unverschämter, besserer Schauspieler, hungriger und mit bessern Lungen versehen. Wahrscheinlich stamm ich in gerader Linie vom berühmten Stentor ab.

(Und um mir einen völligen Begriff von der Gewalt dieses Eingeweides zu geben, fing er an so gewaltig zu husten, dass die Gläser des Kaffeezimmers zitterten und die Schachspieler die Aufmerksamkeit für ihr Spiel einen Augenblick lang unterbrachen.)

ICH: Aber wozu soll das Talent?

ER: Ratet Ihr's nicht?

ICH: Nein! ich bin ein wenig beschränkt.

ER: Lasst einmal den Streit im Gang sein, den Sieg ungewiss. Ich stehe auf, entfalte meinen Donner und sage: »Die Sache verhält sich völlig, wie Mademoiselle behauptet, das heißt urteilen! Hundert von unsern schönen Geistern sollen es besser machen. Der Ausdruck ist genialisch ...« Aber man muss nicht immer auf gleiche Weise Beifall geben, man würde eintönig werden, man würde als Heuchler gelten, man würde abgeschmackt. Dies lässt sich nur durch Urteilskraft und Fruchtbarkeit vermeiden. Man muss diese mächtigen und abschließenden Töne vorzubereiten und wohl anzubringen wissen, Gelegenheit und Augenblick ergreifen. Wenn z. B. die Meinungen geteilt sind, wenn der Streit sich bis zum höchsten Grade der Heftigkeit erhoben hat, wenn man sich nicht mehr versteht, wenn alle durcheinander reden, so muss man sich besonders halten im Winkel des Zimmers, entfernt vom Schlachtfeld. Den Ausbruch muss man durch ein langes Stillschweigen vorbereitet haben und dann schnell wie eine Bombe mitten unter die Streitenden hineinfallen. Niemand versteht diese Kunst besser als ich; aber wo ich überrasche, das ist im Gegenteil. Ich habe kleine Töne, die ich mit einem Lächeln begleite, eine unendliche Menge Beifallsmienen besitze ich. Bald bring ich die Nase, den Mund, die Stirne, die Augen mit ins Spiel. Ich habe eine Gewandtheit der Hüften, eine Art, das Rückgrat zu drehen, die Achseln auf und ab zu zucken, die Finger auszurecken, den Kopf zu biegen, die Augen zu schließen und mich so verwundert zu zeigen, als hätte ich vom Himmel eine englische und göttliche Stimme vernommen. Das ist es, was schmeichelt. Ich weiß nicht, ob Ihr die ganze Kraft dieser letzten Stellung einseht; aber niemand hat mich in der Ausübung übertroffen. Seht nur, seht her!

ICH: Das ist wahr, es ist einzig.

ER: Glaubt Ihr, dass es ein Weiberhirn gibt mit einiger Eitelkeit, die das aushalte?

ICH: Nein! Man muss gestehen, Ihr habt das Talent, Narren zu machen und sich zu erniedrigen, so weit als möglich getrieben.

ER: Sie mögen sich stellen, wie sie wollen, alle, so viel ihrer sind, dahin gelangen sie nicht. Der Beste unter ihnen, zum Beispiel Palissot, wird höchstens ein guter

Schüler bleiben. Aber wenn eine solche Rolle uns anfangs unterhält, wenn man einiges Vergnügen findet, sich über die Dummheit derer aufzuhalten, die man trunken macht, am Ende reizt es nicht mehr, und dann, nach einer gewissen Anzahl Entdeckungen, ist man genötigt, sich zu wiederholen. Geist und Kunst haben ihre Grenzen. Nur vor Gott und einigen seltnen Geistern erweitert sich die Laufbahn, indem sie vorwärtsschreiten. Bouret gehört vielleicht darunter. Manchmal lässt er einen Zug sehen, der mir, ja mir selbst, von ihm den höchsten Begriff gibt. Der kleine Hund, das Buch von der Glückseligkeit, die Fackeln auf dem Weg von Versailles sind Dinge, die mich bestürzen, erniedrigen, das könnte mir gar das Handwerk verleiden.

ICH: Was wollt Ihr mit Eurem kleinen Hund?

ER: Woher kommt Ihr denn? Wie, im Ernste, Euch ist nicht bekannt, wie es dieser außerordentliche Mann anfing, einen kleinen Hund von sich ab und an den Siegelbewahrer zu gewöhnen, dem er gefallen hatte?

ICH: Mir ist's nicht bekannt.

ER: Desto besser. Das ist eins der schönsten Dinge, die man erdenken kann. Ganz Europa war darüber erstaunt, und jeder Hofmann hat ihn beneidet. Ihr habt doch auch Scharfsinn, lasst sehen, was Ihr an seiner Stelle getan hättet. Bedenkt, dass Bouret von seinem Hunde geliebt war, bedenkt, dass das seltsame Kleid des Ministers das kleine Tier erschreckte, bedenkt, er hatte nur acht Tage, um diese Schwierigkeiten zu überwinden. Man muss die Bedingungen der Aufgabe gut kennen, um das Verdienst der Auflösung genugsam zu schätzen. Nun denn?

ICH: Nun denn! Ich bekenne gern, dass die leichtesten Dinge dieser Art mich in Verwirrung setzen würden.

ER: Hört (sagte er, indem er mir einen kleinen Schlag auf die Achsel gab, denn er ist zudringlich), hört und bewundert. Er lässt sich eine Maske machen, die dem Siegelbewahrer gleicht, er borgt vom Kammerdiener das faltenreiche Gewand, er bedeckt das Gesicht mit der Maske, er hängt das Kleid um. Nun ruft er seinen Hund, streichelt ihn, gibt ihm Kuchen. Dann auf einmal Veränderung der Dekoration. Es ist nicht mehr der Siegelbewahrer, Bouret ist's, der seinen Hund ruft und peitscht. Nach zwei, drei Tagen von morgens bis abends fortgesetzter Übung lernt der Hund vor Bouret dem Generalpächter fliehen und sich zu Bouret dem Siegelbewahrer gesellen. Aber ich bin zu gut. Ihr seid ein Ungläubiger, der nicht verdient, die Wunder zu erfahren, die neben ihm vorgehen.

ICH: Dem ungeachtet, ich bitte Euch, wie war's mit dem Buch und den Fackeln?

ER: Nein, nein, wendet Euch ans Straßenpflaster, das wird Euch solche Dinge erzählen, und benutzt den Umstand, der uns zusammenbrachte, um Dinge zu erfahren, die niemand weiß als ich.

ICH: Ihr habt recht.

ER: Gewand und Perücke zu borgen! Ich hatte die Perücke des Siegelbewahrers vergessen. Sich eine Maske, die ihm gleicht, zu verschaffen! Die Maske besonders dreht mir den Kopf um. Auch steht dieser Mann in der größten Achtung, auch besitzt er Millionen. Es gibt Ludwigskreuze, die das Brot nicht haben, was laufen sie aber auch nach dem Kreuz mit Gefahr ihrer Glieder und wenden sich nicht zu einem Stand, der ohne Gefahr ist und niemals ohne Belohnung? Das heißt man sich ums Große bemühen. Diese Muster nehmen einem den Mut, man bedauert sich selbst und hat Langeweile. Die Maske! Die Maske! Einen meiner Finger gäbe ich drum, die Maske gefunden zu haben!

ICH: Aber mit diesem Enthusiasmus für die schönen Erfindungen, mit dieser Gewandtheit des Genies habt Ihr denn nichts erfunden?

ER: Verzeiht! zum Beispiel die bewundernde Stellung des Rückens, von der ich Euch sprach, die seh ich als mein eigen an, ob sie mir gleich durch Neider könnte streitig gemacht werden. Man mag sie wohl vor mir angewendet haben; aber wer hat wohl gefühlt, wie bequem sie sei, eigentlich über den Toren zu lachen, den man bewundert? Ich habe mehr als hundert Kunstgriffe, ein junges Mädchen an der Seite ihrer Mutter zu verführen, ohne dass es diese merkt, ja sogar mit dazu beiträgt. Kaum trat ich in die Laufbahn, als ich alle die gemeinen Manieren, Liebesbriefe zuzustecken, verachtete. Ich habe zehn Mittel, mir sie entreißen zu lassen, und unter diesen Mitteln gibt's manches neue, darf ich mir schmeicheln. Besonders besitze ich das Talent, junge schüchterne Männer aufzumuntern. Ich habe manchen angebracht, der weder Geist noch Gestalt hatte. Wäre das alles geschrieben, ich glaube, man würde mir wohl Genie zugestehen.

ICH: Für einen außerordentlichen Mann würdet Ihr gelten.

ER: Ich zweifle nicht.

ICH: An Eurer Stelle würf ich das alles aufs Papier. Schade für die schönen Sachen, wenn sie verlorengehen sollten!

ER: Es ist wahr. Aber Ihr glaubt nicht, wie wenig mir Unterricht und Vorschriften gelten. Wer einer Anweisung bedarf, kommt nicht weit. Die Genies lesen wenig, treiben viel und bilden sich aus sich selbst. Bedenkt nur Cäsarn, Turenne, Vauban, die Marquise Tencin, ihren Bruder, den Kardinal, und seinen Sekretär, den Abbé Trublet – und Bouret? Wer hat Bouret Lektionen gegeben? Niemand. Die Natur bildet diese seltnen Menschen. Glaubt Ihr denn, dass die Geschichte des Hundes und der Maske irgendwo gedruckt sei?

ICH: Aber in verlornen Stunden, wenn die krampfhaften Bewegungen Eures leeren Magens oder die Anstrengungen des überfüllten Magens den Schlaf abhalten –

ER: Ich will darauf denken. Besser ist's, große Sachen zu schreiben, als kleine zu tun. Da erhebt sich die Seele, die Einbildungskraft erhitzt, entflammt, erweitert sich, anstatt dass sie sich zusammenzieht, wenn man sich in Gegenwart der kleinen Hus über die Albernheit des Publikums verwundern soll, das sich nun einmal in den Kopf setzt, den Zieraffen, die Dangeville, mit Beifall zu überhäufen, die so platt spielt, gebückt auf dem Theater einhergeht, die immer dem in die Augen sieht, mit dem sie spricht, und ihre Grimassen für Feinheit hält, ihr Trippeln für Grazie; des Publikums, das die emphatische Clairon ebenso begünstigt, die magrer, zugestutzter, studierter, schwerfälliger ist als möglich. Das unfähige Parterre beklatscht sie, dass alles brechen möchte, und merkt nicht, dass wir ein Knäuel von Zierlichkeiten sind. Es ist wahr, der Knäuel nimmt ein wenig zu, aber was tut's, haben wir nicht die schönste Haut? Die schönsten Augen, den schönsten Schnabel, freilich wenig

Gefühl, einen Gang, der nicht leicht ist, doch auch nicht so linkisch, wie man sagt. Aber was die Empfindung betrifft, da ist keine, der wir nachgeben.
ICH: Was soll das heißen? Ist es Ironie oder Wahrheit?
ER: Das Übel ist, dass die Teufels-Empfindungen alle inwendig stecken und dass doch auch keine Dämmerung durchscheint. Aber ich, der mit Euch rede, ich weiß, und weiß gewiss, sie hat Gefühl. Und ist's nicht gerade das, so ist's etwas von der Art. Seht nur, wenn wir böser Laune sind, wie wir die Bedienten behandeln, wie die Kammermädchen Ohrfeigen kriegen, wie wir mit heftigen Fußtritten die zufälligen Teile zu treffen wissen, die sich einigermaßen vom schuldigen Respekt entfernen. Das ist ein kleiner Teufel, sage ich, ganz voll Gefühl und Würde ... Nun! Wie sieht's aus? Ihr wisst wohl nicht, woran Ihr seid. Nicht wahr?
ICH: Lasst mich bekennen, ich unterscheide nicht, ob Ihr redlicher- oder boshafterweise redet. Ich bin ein gerader Mann, seid so gut und geht aufrichtig mit mir zu Werke, lasst Eure Kunst beiseite.
ER: So sprechen wir von der kleinen Hus, von der Dangeville und der Clairon, hie und da mit einigen Worten gemischt, die aufreizen. Mögt Ihr mich doch für einen Taugenichts halten, aber nicht für dumm. Nur ein dummer Teufel oder ein äußerst verliebter Mensch könnte im Ernst so viel Albernheiten vorbringen.
ICH: Und wie entschließt man sich, sie zu sagen?
ER: Das macht sich nicht auf einmal; aber nach und nach kommt man dazu. Ingenii largitor venter.
ICH: Man muss aber grimmigen Hunger haben.
ER: Das ist möglich. Indessen, so stark Euch das auch scheinen mag, jene sind mehr gewohnt, dergleichen zu hören, als wir, es zu sagen.
ICH: Ist denn einer, der sich untersteht, Eurer Meinung zu sein?
ER: Was heißt Ihr einer? Das ist die Gesinnung, die Sprache der ganzen Gesellschaft.
ICH: Die muss also aus Taugenichtsen und aus Dummköpfen bestehen.
ER: Dummköpfen? Ich schwöre Euch, es ist nur einer darunter, und zwar jener, der uns gastiert, damit wir ihn zum besten haben sollen.
ICH: Wie dürft Ihr es aber so grob machen? Denn die Talente der Dangeville und Clairon sind entschieden.
ER: Man schlingt die Lüge, die uns schmeichelt, in vollen Zügen hinab und kostet Tropfen für Tropfen die Wahrheit, die uns bitter ist. Und dann haben wir auch so durchdrungene Mienen, ein so wahrhaftes Aussehen.
ICH: Und doch müsst Ihr einmal gegen die Grundsätze der Kunst gesündigt haben. Es müssen Euch einmal aus Versehn einige bittre Wahrheiten entwischt sein, von solchen, die verletzen. Denn ungeachtet Eurer Rolle, die so elend, verworfen, niederträchtig und abscheulich ist, habt Ihr im Grunde eine zarte Seele.
ER: Ich? Keineswegs. Der Teufel hole mich, wenn ich im Grunde weiß, was ich bin. Im ganzen habe ich den Geist rund wie eine Kugel, und den Charakter frisch wie eine Weide, niemals falsch, wenn es mein Vorteil ist, wahr zu sein, niemals wahr, wenn ich es einigermaßen nützlich finde, falsch zu sein. Ich sage die Sachen, wie sie mir ins Maul kommen, vernünftig, desto besser; ungehörig, man merkt nicht

drauf. Ich spreche frei vor mich hin, ich habe niemals in meinem Leben gedacht, weder vor dem Reden, noch im Reden, noch nach dem Reden. Auch findet sich niemand beleidigt.

ICH: Aber das ist Euch doch mit den braven Leuten begegnet, mit denen Ihr lebtet und die für Euch so viel Güte hatten?

ER: Was wollt Ihr? Es ist ein Unglück, ein falscher Augenblick, wie es ihrer im Leben gibt. Kein Glück hält an. Mir ging es zu gut, das konnte nicht dauern. Wir haben, wie Ihr wisst, die zahlreichste, ausgesuchteste Gesellschaft, es ist eine Schule der Menschlichkeit, eine Erneuerung der alten Gastfreundschaft. Alle Poeten, die fallen, wir raffen sie auf. Wir hatten Palissot nach seiner »Zarès«, Bret nach dem »Faux-Généreux«, alle verschrienen Musiker, alle Schriftsteller, die man nicht liest, alle ausgepfiffenen Schauspielerinnen, alle ausgezischten Schauspieler, ein Haufen verschämter Armen, platte Schmarotzer, an deren Spitze ich mich zu stellen die Ehre habe als wackrer Anführer eines furchtsamen Haufens. Das erste Mal, wenn sie sich zeigen, muntre ich sie auf. Ich verlange zu trinken für sie. Nehmen sie doch gar so wenig Platz weg! Abgerissne junge Leute, die nicht wissen wohin, aber die eine Figur haben. Andre Schelmen, die den Patron streicheln, um ihn einzuschläfern, um alsdann die Patronin zu umschweben. Wir scheinen munter, aber im Grunde haben wir alle bösen Humor und gewaltigen Appetit. Wölfe sind nicht heißhungriger, Tiger nicht grausamer. Wir verzehren wie Wölfe, wenn die Erde lange mit Schnee bedeckt war; wir zerreißen wie Tiger alles, was Glück macht. Manchmal vereinigen sich Bertin, Montsauge und Vilmorien; dann gibt es erst einen schönen Lärm im Tiergarten. Niemals sah man so viel traurige, übelwollende, übeltätige und erzürnte Bestien. Da hört man nur die Namen Buffon, Duclos, Montesquieu, Rousseau, Voltaire, d'Alembert, Diderot und Gott weiß mit welchen Beinamen begleitet. Niemand hat Geist, wenn er nicht so abgeschmackt ist wie wir. Und so ist der Plan des Schauspiels »Die Philosophen« erfunden worden. Die Szene des Büchertrödlers habe ich selbst geliefert, nach Anlass der Rockentheologie, und Ihr seid nicht mehr geschont als ein andrer.

ICH: Desto besser! Vielleicht erweist man mir mehr Ehre, als ich verdiene. Ich wäre gedemütigt, wenn sie, die so viel Übles von geschickten und ehrlichen Leuten sprechen, sich einfallen ließen, von mir Gutes zu reden.

ER: Wir sind viele, und jeder muss seine Zeche bezahlen. Wenn die großen Tiere geopfert sind, dann kommt es an die andern.

ICH: Wissenschaft und Tugend angreifen, um zu leben, das ist sehr teures Brot.

ER: Ich sagte es Euch schon: wir sind ohne Konsequenz. Wir lästern alle Menschen und betrüben niemand. Manchmal findet sich auch bei uns der schwerfällige Abbé d'Olivet, der dicke Abbé Le Blanc, der Heuchler Batteux. Der dicke Abbé ist nur boshaft vor Tafel, nach dem Kaffee wirft er sich in einen Sessel, die Füße gegen den Kaminsockel gestemmt, da schläft er ein wie ein alter Papagei auf der Stange. Wird aber der Lärm gewaltsam, dann gähnt er, dehnt sich, reibt die Augen und sagt: »Nun, nun, was gibt's?« – »Es fragt sich, ob Piron mehr Geist habe als Voltaire?« – »Verstehn wir uns, Geist sagt Ihr, von Geschmack ist nicht die Rede. Denn vom Geschmack ahnt Piron nicht das mindeste.« – »Nicht das mindeste?« – »Nein ...«

Und nun geht eine Abhandlung über den Geschmack los. Der Patron macht ein Zeichen mit der Hand, dass man ihn höre: denn auf Geschmack glaubt er sich besonders zu verstehen. – »Der Geschmack«, sagt er, »... der Geschmack ist ein Ding ...«, fürwahr, ich weiß nicht, für welch ein Ding er es ausgab, er wusste es selbst nicht.

Manchmal haben wir Freund Robbé, der tischt uns seine zynischen Märchen auf von konvulsionären Wundern, wovon er Augenzeuge war. Manchmal auch einen Gesang seines Gedichtes über einen Gegenstand, den er gründlich kennt. Ich hasse seine Verse, aber ich höre ihn gerne lesen. Er hat das Ansehn eines Besessenen. Alle schreien um ihn her: »Das heißt doch ein Poet!« ... Unter uns, diese Poesie ist nichts als ein Charivari von allerlei konfusen Klängen, ein barbarisches Tongemisch der Erbauer des babylonischen Turmes. Auch kommt manchmal ein Pinselgesicht von plattem und dummen Aussehn, der aber Verstand wie ein Teufel hat und boshafter ist als ein alter Affe. Es ist eine von den Figuren, die zu Spöttereien und Nasenstübern reizen, die aber Gott zur Züchtigung der Menschen geschaffen hat, die nach der Gesichtsbildung urteilen und die ihre Erfahrung hätte belehren sollen, dass es ebenso leicht ist, ein Mann von Geist zu sein und das Aussehn eines Dummkopfs zu haben, als den Dummkopf unter einer geistreichen Physiognomie zu verbergen. Es ist eine gemeine Niederträchtigkeit, andern zum Zeitvertreib einen Gutmütigen aufzuopfern, und gewöhnlich fällt man auf diesen. Dies ist eine Falle, die wir den Neuankommenden legen, und ich habe fast niemand gefunden, der nicht hineingetappt wäre.

Manchmal bewunderte ich die Richtigkeit der Bemerkungen dieses Narren über Menschen und Charaktere und gab es ihm zu verstehen. – »Aus der schlechten Gesellschaft«, antwortete er mir, »lässt sich Vorteil ziehen wie aus der Liederlichkeit. Hier entschädigt uns der Verlust der Vorurteile wegen des Verlustes der Unschuld; in der Gesellschaft der Bösen, wo das Laster sich ohne Maske zeigt, lernt man sie kennen.« – Er hat recht; aber ich habe auch ein wenig gelesen.

ICH: Was habt Ihr gelesen?

ER: Gelesen habe ich und lese und unaufhörlich lese ich wieder Theophrast, La Bruyère und Molière.

ICH: Das sind vortreffliche Bücher.

ER: Sie sind viel besser, als man denkt, aber wer versteht sie zu lesen?

ICH: Jedermann, nach dem Maß seines Geistes.

ER: Fast niemand. Könnt Ihr mir sagen, was man darin sucht?

ICH: Unterhaltung und Unterricht.

ER: Aber welchen Unterricht? Denn darauf kommt es an.

ICH: Die Kenntnis seiner Pflichten, die Liebe der Tugend, den Hass des Lasters.

ER: Ich aber lerne daraus alles, was man tun soll, und alles, was man nicht sagen soll. Also, wenn ich den »Geizigen« lese, so sage ich mir, sei geizig, wenn du willst, nimm dich aber in acht, wie ein Geiziger zu reden. Lese ich den »Tartuffe«, so sage ich mir, sei ein Heuchler, wenn du willst, aber sprich nicht wie ein Heuchler. Behalte die Laster, die dir nützlich sind, aber bewahre dich vor dem Ton, vor den Äußerungen, die dich lächerlich machen würden. Und dich vor diesem Ton, diesen Äußerungen zu bewahren, musst du sie kennen. Nun haben sie dir diese Autoren vortrefflich geschildert. Ich bleibe, was ich bin, aber ich handle und rede, wie sich's geziemt. Ich bin nicht von denen, die den Moralisten verachten. Es ist viel zu lernen, besonders bei denen, die die Moral in Handlung gesetzt haben. Das Laster beleidigt die Menschen nur von Zeit zu Zeit, die lasterhaften Charaktere beleidigen sie von morgens bis abends. Vielleicht wäre es besser, insolent zu sein, als so auszusehn. Ein insolenter Charakter verletzt nur manchmal, ein insolentes Ansehn verletzt immer. Übrigens bildet Euch nicht ein, dass ich der einzige Leser meiner Art sei. Ich habe hier kein andres Verdienst, als systematisch, durch richtigen Blick, eine vernünftige und wahre Ansicht das geleistet zu haben, was andre aus Instinkt tun. Daher kommt, dass ihr vieles Lesen sie nicht besser macht als mich und dass sie noch dazu lächerlich bleiben wider ihren Willen, anstatt dass ich's nur bin, wenn ich will, und sie alsdann weit hinter mit zurücklasse. Denn dieselbe Kunst, die mich lehrt, bei gewissen Gelegenheiten das Lächerliche vermeiden, lehrt mich bei andern, es glücklich erwischen. Dann erinnre ich mich an alles, was andre gesagt haben, an alles, was ich gelesen habe, und dann füg ich noch alles hinzu, was auf meinem Grund und Boden wächst, der in dieser Art ganz erstaunliche Früchte trägt.

ICH: Ihr habt wohlgetan, mir diese Geheimnisse zu eröffnen, sonst hätte ich glauben müssen, Ihr widersprächt Euch selber.

ER: Ich widerspreche mir nicht: denn für einen Fall, wo man das Lächerliche zu vermeiden hat, gibt es glücklicherweise hundert, wo man sich's geben muss. Es gibt keine bessre Rolle bei den Großen als die Rolle der Narren. Lange gab es einen wirklich betitelten Narren des Königs; niemals hat jemand den Titel eines Weisen des Königs getragen. Ich bin der Narr Bertins und mehrerer andern, Eurer vielleicht in diesem Augenblick, vielleicht seid Ihr der meine. Wer weise wäre, hätte keine Narren, wer einen Narren hat, ist nicht weise, und ist er nicht weise, so ist er ein Narr, und vielleicht wäre der König der Narr seines Narren. Übrigens bedenkt, dass in einer so veränderlichen Sache, wie die Sitten sind, nichts absolut, wesentlich und allgemein wahr oder falsch ist, außer dass man sei, was unser Vorteil gebietet, gut oder böse, weise oder närrisch, anständig oder lächerlich, ehrbar oder lasterhaft. Wenn zufälligerweise die Tugend zum Glück geführt hätte, so wäre ich tugendhaft gewesen oder hätte die Tugend geheuchelt, wie ein andrer. Man hat mich lächerlich haben wollen, und dazu habe ich mich gebildet. Bin ich lasterhaft, so hat die Natur allein den Aufwand gemacht. Wenn ich lasterhaft sage, so rede ich nur Eure Sprache. Denn wenn wir uns erklären wollten, so wäre wohl möglich, Ihr hießet Laster, was ich Tugend nenne, und was ich Laster nenne, Tugend.

So kommen auch zu uns die Autoren der Komischen Oper, ihre Schauspieler und Schauspielerinnen, öfter aber die Unternehmer, Corbie und Moette, alles Leute von Geschick und vorzüglichen Verdiensten.

Ach, ich vergaß die großen Kritiker der Literatur: »L'Avant-Coureur«, »Les Petites Affiches«, »L'Année littéraire«, »L'Observateur littéraire«, »Le Censeur hebdomadaire«, das ganze Gezücht der Blättler.

ICH: Die »Année littéraire«, der »Observateur littéraire«? Das ist nicht möglich, die verabscheuen sich.

ER: Das ist wahr, aber alle Bettler versöhnen sich um den hölzernen Suppennapf. Der verfluchte »Observateur littéraire«, dass der Teufel ihn und seine Blätter geholt hätte! Das ist der Hund, der kleine geizige Priester, der stinkende Wucherer, der die Ursache ist meines Unglücks. Gestern erschien er zum ersten Mal an unserm Horizont, zur Stunde, die uns alle aus unsern Löchern treibt, zur Stunde des Mittagessens. Glücklich, wenn schlechtes Wetter ist, glücklich derjenige unter uns, der ein Vierundzwanzigsousstück in seiner Tasche hat, um den Wagen zu bezahlen. Da spottet man wohl über seinen Mitbruder, der bis zum Rückgrat schmutzig und bis auf die Knochen durchnässt erscheint, und kommt abends doch wohl selbst ebenso zugerichtet in seine Wohnung zurück. Ja, es war einmal einer, der vor einigen Monaten einen heftigen Streit mit dem Savoyarden unserer Türe hatte. Sie standen auf Rechnung miteinander, der Gläubiger wollte bezahlt sein, der Schuldner war nicht bei Gelde und konnte doch nicht hinauf, ohne durch jenes Hände gegangen zu sein.

Es wird aufgetragen, man erweist dem Abbé die Ehre, ihn obenan zu setzen. Ich trete hinein und werde ihn gewahr. – »Wie«, sagte ich, »Abbé, Ihr präsidiert? Das ist gut für heute; aber morgen, wenn's Euch beliebt, rückt Ihr um einen Teller herunter, und so immer von Teller zu Teller, bis Ihr von dem Platz, den ich auch einmal eingenommen, Fréron einmal nach mir, Dorat einmal nach Fréron, Palissot einmal nach Dorat, bis Ihr endlich stationär werdet neben mir armen platten Schuft Euresgleichen, che siedo sempre come un maestoso c-o fra duoi c-i.«

Der Abbé, ein guter Teufel, der alles leicht nimmt, lachte dazu, auch Mademoiselle, von der Wahrheit meiner Bemerkung und der Richtigkeit meiner Vergleichung durchdrungen, lachte gleichfalls. Alle, die neben ihm zur Rechten und Linken saßen oder die er um einen Kerbschnitt heruntergedrängt hatte, fingen an zu lachen. Alle Welt lacht, ausgenommen der Herr, der böse wird und mir Reden hält, die nichts bedeutet hätten, wenn wir allein gewesen wären. – »Rameau, Ihr seid ein impertinenter Bursche.« – »Ich weiß es: denn auf diese Bedingung hin habt Ihr mich aufgenommen.« – »Ein Schuft.« – »Wie ein andrer.« – »Ein Bettler.« – »Wäre ich sonst hier?« – »Ich werde Euch hinauswerfen lassen.« – »Nach Tische werde ich von selbst gehen.« – »Das rat ich Euch ...« Man speiste, und ich verlor keinen Bissen. Nachdem ich gut gegessen und reichlich getrunken hatte: denn im ganzen wäre es nicht mehr noch weniger gewesen, Messer Gaster ist eine Person, mit der ich niemals getrutzt habe, jetzt entschloss ich mich und schickte mich an zum Weggehen: denn ich hatte doch in Gegenwart von so vielen mein Wort verpfändet, dass ich's wohl halten musste. Ich brauchte viel Zeit, um im Zimmer herum nach Hut und Stock zu suchen, wo sie nicht waren. Immer dacht ich, der Patron würde sich abermals in Schimpfwörtern auslassen, jemand würde als Mittelsperson auftreten und wir würden uns zuletzt vor lauter Zanken wieder versöhnen. Ich drehte mich und drückte mich: denn ich hatte nichts auf dem Herzen. Aber der Patron, düstrer und schwärzer als Apollo beim Homer, da er seine Pfeile unter das Heer der Griechen schießt, die Mütze noch einmal so tief als gewöhnlich eingedrückt, ging im Zimmer hin und wider, die Faust untem Kinn. Mademoiselle nahte sich mir: »Aber, Mademoiselle, was gibt's denn besonders? War ich denn heute von mir selbst verschieden?« – »Ihr sollt fort.« – »Ich will fort; aber ich habe den Patron nicht beleidigt.« – »Verzeiht mir, man lädt den Herrn Abbé und ...« – »Der Patron hat gefehlt, dass er den Abbé einlud, dass er mich aufnahm, und mit mir so viele schöne Wesen, als ich bin.« – »Frisch, kleiner Rameau, Ihr müsst mir den Herrn Abbé um Verzeihung bitten.« – »Was brauch ich die?« – »Fort, fort! das wird sich alles geben.« – Sie nimmt mich bei der Hand, sie zieht mich zum Sessel des Abbé. »Abbé«, sage ich, »das ist alles doch sehr lächerlich, nicht wahr?« – Und dann fang ich an zu lachen, und er auch. Da war ich nun von einer Seite entschuldigt, nun musste ich aber zur andern, und was ich da zu sagen hatte, war von andrer Sorte. Ich weiß nicht recht mehr, wie ich meine Entschuldigung wendete: »Mein Herr, hier ist der Narr ...« – »Schon zu lange ist er mir beschwerlich, ich will nichts mehr von ihm wissen.« – »Man ist erzürnt.« – »Ja, sehr erzürnt.« – »Das soll nicht mehr begegnen.« – »Beim ersten Schuften ...« – Ich weiß nicht, war er gerade diesen Tag von solcher Laune, wo Mademoiselle ihn nur mit Samthandschuhen anzurühren traut, oder verstand er nicht recht, was ich sagte, oder sprach ich nicht recht? Genug, es war schlimmer als vorher. Was Teufel, kennt er mich denn nicht, weiß er denn nicht, dass ich wie die Kinder bin und dass es Umstände gibt, wo ich alles unter mich gehen lasse? Und, Gott verzeih mir! Soll ich mir's denn nicht auch einmal bequem machen? Eine Gliederpuppe von Stahl könnte man abnutzen, wenn man von Morgen bis in die Nacht am Faden zöge. Ich muss ihnen die Zeit vertreiben, das ist meine Bedingung; aber ich muss mir manchmal doch auch einen Spaß machen. Mitten in dieser Verworrenheit ging mir ein unglücklicher Gedanke durch den Kopf, ein Gedanke, der mir Trutz einflößte, ein Gedanke, der mich zur Kühnheit, zur Insolenz erhob, nämlich, dass man mich nicht missen könne, dass ich ein wesentlicher Mann sei.

ICH: Ja, ich glaube, dass Ihr ihnen sehr nützlich seid, aber dass sie es Euch noch mehr sind. Ihr findet nicht, wenn Ihr wollt, ein so gutes Haus wieder; aber sie, für einen Narren, der ihnen abgeht, finden sie hundert.

ER: Hundert Narren wie mich, Herr Philosoph, die sind nicht so gemein! Ja, platte Narren. Aber in Betreff der Narrheit nimmt man's genauer als bei Talent und Tugend. Ich bin selten in meiner Art, ja sehr selten. Jetzt, da sie mich nicht mehr haben, was machen sie? Sie haben Langeweile wie die Hunde. Ich bin ein unerschöpflicher Sack von Albernheiten. Alle Augenblick tat ich einen Ausfall, der sie bis zu Tränen lachen machte. Ich war für sie ein ganzes Tollhaus.

ICH: Auch hattet Ihr Tisch, Bett, Kleid, Weste und Hosen, Schuhe und eine Pistole monatlich.

ER: Das ist die schöne Seite, das ist der Gewinn. Aber von den Lasten sagt Ihr nichts. Erhob sich ein Gerücht, ein neues Theaterstück sei im Werke, was für Wetter auch war, musste ich in allen Pariser Dachstuben herumstöbern, bis ich den Verfasser gefunden hatte. Ich musste mir das Stück zum Lesen verschaffen und ganz künstlich merken lassen, darin sei eine Rolle, die eine meiner Bekanntschaften vortrefflich spielen würde. – »Und wer denn? Wenn's beliebt.« – »Wer denn? Schöne Frage! Es sind die Grazien, die Zierlichkeit, die Feinheit.« – »Mademoiselle Dangeville, wollt Ihr sagen. Solltet Ihr sie vielleicht kennen?« – »Ja, ein wenig; aber sie ist es nicht.« – »Und wer denn?« – Ganz leise sprach ich den Namen. – »Sie!« –

»Ja, sie«, versetzt ich ein wenig beschämt, denn manchmal hab ich auch Schamhaftigkeit, und bei dem Namen hätte man sehen sollen, wie das Gesicht des Poeten sich verlängerte, und manchmal, wie man mir ins Gesicht lachte. Indessen, er mochte wollen oder nicht, sollte ich meinen Mann zum Mittagessen herbeischaffen, und er, der sich vor Verbindlichkeiten fürchtete, zog sich zurück, dankte. Und dann musste man sehen, wie ich behandelt ward, wenn ich das Geschäft nicht glücklich durchsetzte. Da war ich ein Tropf, ein dummer, schwerfälliger Bursche, zu nichts nütze, das Glas Wasser nicht wert, das mir gereicht ward. Schlimmer ging's noch, wenn's zur Aufführung kam und ich unerschrocken mitten unter dem Hohngeschrei des Publikums, das richtig urteilt, man mag sagen, was man will, mein einzelnes Klatschen musste vernehmen lassen. Alle Blicke fielen dann auf mich, und ich leitete manchmal das Pfeifen von der Schauspielerin ab und auf mich herunter. Da hört ich neben mir lispeln: »Das ist einer von den verkleideten Bedienten ihres Liebhabers. Der Schuft! wird er schweigen?...« Niemand weiß, was dazu bestimmen kann, man glaubt, es sei Albernheit, indessen es ein Beweggrund ist, der alles entschuldigt.

ICH: Und selbst die Übertretung der bürgerlichen Gesetze.

ER: Am Ende lernte man mich kennen und sagte: »O es ist Rameau ...« Mein Rettungsmittel war, einige ironische Worte drein zu werfen, die mein einzelnes Klatschen vom Lächerlichen retteten. Man legte es im Gegensinn aus.

ICH: Warum wendetet Ihr Euch nicht an die Wache?

ER: Das kam auch vor, doch nicht gern. Ehe es zum Richtplatz ging, musste man sich das Gedächtnis mit glänzenden Stellen anfüllen, wo es Zeit war, den Ton zu geben. Begegnete es mir, sie zu vergessen oder mich zu vergreifen, so hatte ich das Unglück bei meiner Rückkehr. Das war ein Lärm, wovon Ihr keinen Begriff habt. Und dann immer eine Koppel Hunde zu füttern! Es ist wahr, ich hatte mir albernerweise dieses Geschäft selbst aufgelegt. Nicht weniger die Katzen, über die ich die Oberaufsicht hatte. Ich war nur zu glücklich, wenn Micou mich mit der Tatze begünstigte und mir die Manschette oder die Hand zerriss. Criquette hat oft Kolik, und da reib ich ihr den Bauch. Sonst hatte Mademoiselle Vapeurs, jetzt sind's die Nerven. Ich rede nicht von andern leichten Indispositionen, derenthalben man sich vor mir nicht Zwang antut. Das mag hingehen. Meine Sache war's niemals, jemand lästig zu sein. Ich las, ich weiß nicht wo, dass ein Fürst mit dem Namen der Große manchmal über die Rücklehne des Nachtstuhls seiner Mätresse gebeugt stand. Man macht sich's bequem mit seinen Hausgenossen, und das war ich damals mehr als jemand. Ich bin der Apostel der Familiarität, der Bequemlichkeit, ich predigte sie durch Beispiel, ohne dass man es hoch aufnahm, ich konnte mich nur gehenlassen. Nun hab ich Euch den Patron zum besten gegeben. Mademoiselle fängt an, ein wenig schwer zu werden, man erzählt die lustigsten Märchen.

ICH: Ich hoffe doch nicht Ihr?

ER: Warum nicht?

ICH: Es ist wenigstens unanständig, seine Wohltäter lächerlich machen.

ER: Aber ist es nicht noch schlimmer, sich durch Wohltaten berechtigt glauben, den Begünstigten zu erniedrigen?

ICH: Aber wenn der Begünstigte nicht schon von selbst niedrig wäre, nichts würde dem Gönner diese Macht verleihen.
ER: Aber wenn die Personen nicht lächerlich von selbst wären, so gäb es keine hübschen Märchen. Und ist es denn mein Fehler, dass sie sich mit Lumpen bepacken, und wenn sie mit Lumpen bepackt sind, dass man sie verrät, sie in den Kot schleift? Entschließt man sich, mit Leuten zu leben, wie wir sind, und man hat nur Menschenverstand, so muss man sich auf den schwärzesten Undank gefasst machen. Wenn man uns aufnimmt, kennt man uns nicht als das, was wir sind, als eigennützige, niederträchtige, treulose Seelen? Kennt man uns, so ist alles getan. Es besteht nun eine stillschweigende Übereinkunft, dass man uns Gutes tun wird und dass wir, früher oder später, das Gute mit Bösem vergelten werden. Diese Übereinkunft, besteht sie nicht zwischen dem Menschen und seinem Affen und seinem Papagei?

Was erhebt Le Brun für ein Geschrei, dass Palissot, sein Tischgenoss, sein Freund, gegen ihn Spottreime gemacht hat! Palissot hat Spottreime machen müssen, und Le Brun hat unrecht. Poinsinet erhebt ein lautes Geschrei, dass Palissot ihm die Reime gegen Le Brun aufbürdet. Palissot hat Poinsineten die Reime aufbürden müssen, die er gegen Le Brun gemacht hat, und Poinsinet hat unrecht. Der kleine Abbé Rey erhebt ein lautes Geschrei, dass sein Freund Palissot ihm seine Mätresse weggeschnappt hat, zu der er ihn einführte. Er hätte Palissot nicht bei seiner Mätresse einführen sollen, oder er musste sich gleich entschließen, sie zu verlieren. Palissot hat seine Schuldigkeit getan, und der Abbé Rey hat unrecht. Mag Helvétius ein lautes Geschrei erheben, dass Palissot ihn als einen schlechten Mann aufs Theater bringe, ihn, dem Palissot noch Geld schuldig ist, das er ihm borgte, um sich kurieren zu lassen, sich zu nähren, sich zu kleiden. Sollte sich der Wohltäter eine andre Behandlung erwarten von Seiten des Mannes, der mit allen Arten von Schändlichkeit befleckt ist, der zum Zeitvertreib seinen Freund die Religion abschwören lässt, der sich der Güter seiner Gesellen bemächtigt, der weder Treue, noch Gesetz, noch Gefühl kennt, der nach dem Glück läuft per fas et nefas, der seine Tage nach seinen Verbrechen zählt, der sich selbst auf dem Theater als einen der gefährlichsten Schelmen dargestellt hat; eine Unklugheit, wovon schwerlich ein Beispiel vorhanden ist, noch sich künftig finden wird. Nein, es ist also nicht Palissot, es ist Helvétius, der unrecht hat. Wenn man einen jungen Burschen aus der Provinz in den Tiergarten von Versailles bringt und er aus Dummheit die Hand durchs Gitter, zum Tiger oder Panther, hin einstreckt und der Bursche seinen Arm in dem Rachen des wilden Tieres lässt, wer hat dann unrecht? Das alles ist im stillschweigenden Vertrag enthalten. Desto schlimmer für den, der ihn nicht kennt oder vergisst.

Wie viele Menschen lassen sich nicht durch diesen allgemeinen und heiligen Vertrag entschuldigen, die man der Bosheit anklagt, indessen dass man nur sich der Dummheit anklagen sollte. Ja, dicke Gräfin, Ihr habt schuld, wenn Ihr um Euch her solches Volk versammelt, das man in Eurer Sprache Espèces nennt. Wenn diese Especen Euch Schlechtigkeiten begehen und Euch zu Schlechtigkeiten verleiten und ehrliche Leute gegen Euch aufbringen, so tun die Rechtlichen, was sie sollen, und die Especen auch. Ihr aber habt unrecht, sie aufzunehmen. Lebte Bertinus ruhig und still mit seiner Geliebten, hätten sie sich durch die Rechtlichkeit ihres Charakters rechtliche Bekanntschaften erworben, hätten sie um sich her talentvolle Männer berufen, durch ihre Tugenden bekannte Männer, hätten sie einer kleinen erlesenen und erleuchteten Gesellschaft die Stunden aufbewahrt, die sie der Süßigkeit, zusammen zu sein, sich zu lieben und sich's im stillen zu sagen, entziehen mochten, glaubt Ihr, dass man gute oder schlimme Märchen auf sie gemacht hätte? Aber was ist ihnen begegnet? Was sie verdienten. Sie sind wegen ihrer Unklugheit gestraft. Uns hatte die Vorsehung von Ewigkeit her bestimmt, Gerechtigkeit zu üben am jedesmaligen Bertin, und wer uns unter unsern Enkeln gleicht, ist bestimmt, Gerechtigkeit zu üben an den Montsauges und Bertins der Zukunft. Aber indessen wir ihre gerechten Beschlüsse an der Albernheit vollstrecken, was würdet Ihr sagen, die Ihr uns darstellt, wie wir sind, und jene gerechten Ratschlüsse an uns vollstreckt, wenn wir verlangten, dass wir mit schändlichen Sitten der allgemeinen Achtung genießen sollten? Nicht wahr, dass wir toll sind? Aber jene, die ein rechtliches Betragen von selten lasterhaften Menschen, weggeworfner und niedriger Charaktere, erwarten, sind denn die klug? Alles erhält seinen wahren Lohn in dieser Welt. Es gibt zwei Generalprokuratoren, einer, der Euch aufpasst und die Verbrechen gegen die Gesellschaft bestraft, die Natur ist der andre. Diese kennt alle Laster, welche den Gesetzen entwischen. Überlasst Euch der Liederlichkeit, Ihr werdet wassersüchtig. Seid Ihr ein Trunkenbold, so werdet Ihr lungensüchtig. Öffnet Eure Türe dem Lumpengesindel und lebt mit ihnen, Ihr werdet verraten, ausgepfiffen und verachtet sein. Das kürzeste ist, sich diesen billigen Urteilen unterwerfen und sich sagen, man schüttle seine Ohren, man verbessre sich oder man bleibe, was man ist; aber auf obige Bedingungen.

ICH: Ihr habt recht.

ER: Übrigens, was die bösen Märchen betrifft, ich erfinde keins. Ich halte mich an die Rolle des Umträgers. Sie sagen vor einiger Zeit – – –

Hier erzählt Rameau von seinen Wohltätern ein skandalöses Märchen, das zugleich lächerlich und infamierend ist, und seine Missreden erreichen ihren Gipfel.

ICH: Ihr seid ein Polisson. Lasst uns von was anderm reden. Seitdem wir schwatzen, habe ich eine Frage auf den Lippen.

ER: Warum haltet Ihr sie so lange zurück?

ICH: Weil ich fürchtete, zudringlich zu sein.

ER: Nach dem, was ich Euch offenbart habe, wüsst ich nicht, was ich noch geheim vor Euch haben könnte.

ICH: Ihr zweifelt nicht, was ich von Eurem Charakter halte?

ER: Keineswegs. Ich bin in Euern Augen ein sehr verworfnes Wesen, ich bin es auch in den meinigen, aber selten, und ich wünsche mir öfter zu meinen Lastern Glück, als dass ich mich deshalb tadle. Ihr seid beständiger in Eurer Verachtung.

ICH: Es ist wahr. Mir Eure ganze Schändlichkeit zu zeigen!

ER: Kanntet Ihr doch schon einen guten Teil, und ich glaubte mehr zu gewinnen als zu verlieren, wenn ich Euch den Überrest bekannte.

ICH: Und wie das, wenn's beliebt?

ER: Wenn es bedeutend ist, sublim in irgendeiner Art zu sein, so ist es besonders im Bösen. Man spuckt auf einen kleinen Schelm, aber man kann einem großen Verbrecher eine Art Achtung nicht verweigern. Sein Mut setzt Euch in Erstaunen, seine Grausamkeit macht Euch zittern, man ehrt überall die Einheit des Charakters.
ICH: Aber diese schätzbare Einheit des Charakters habt Ihr noch nicht. Ich finde Euch von Zeit zu Zeit wankend in Euern Grundsätzen. Es ist ungewiss, ob Ihr bösartig von Natur oder durch Bemühung seid und ob Euch die Bemühung so weit geführt hat als möglich.
ER: Ihr mögt recht haben; aber ich habe mein Bestes getan. Bin ich nicht bescheiden genug, vollkommnere Wesen über mir zu erkennen? Habe ich Euch nicht von Bouret mit der tiefsten Bewunderung gesprochen? Bouret ist der erste Mensch in der Welt nach meiner Meinung.
ICH: Aber unmittelbar nach Bouret kommt Ihr?
ER: Nein!
ICH: Also Palissot?
ER: Freilich Palissot, aber nicht Palissot allein.
ICH: Und wer kann wohl wert sein, die zweite Stelle mit ihm zu teilen?
ER: Der Renegat von Avignon.
ICH: Vom Renegaten von Avignon habe ich niemals reden hören; aber es muss ein erstaunlicher Mann sein.
ER: Das ist er auch.
ICH: Die Geschichte großer Personen hat mich immer interessiert.
ER: Ich glaube es wohl. Dieser lebte bei einem guten, redlichen Abkömmling Abrahams, deren dem Vater der Gläubigen eine den Sternen gleiche Anzahl versprochen ward.
ICH: Bei einem Juden.
ER: Bei einem heimlichen Juden. Erst hatte er das Mitleiden, dann das Wohlwollen, dann ein völliges Zutrauen zu gewinnen verstanden. Wir zählen dergestalt auf unsre Wohltaten, dass wir selten unser Geheimnis dem verschweigen, den wir mit Güte überfüllten. Wie soll's nun da keine Undankbaren geben, wenn wir den Menschen der Versuchung aussetzen, es ungestraft sein zu können? Das ist eine richtige Betrachtung, die unser Jude nicht anstellte. Er vertraute deshalb dem Renegaten, dass er mit gutem Gewissen kein Schweinefleisch essen könne. Hört nun, was ein fruchtbarer Geist aus diesem Bekenntnis zu bilden vermochte. Einige Monate gingen vorbei, und unser Renegat verdoppelte seine Aufmerksamkeit. Als er nun seinen Juden durch so viel Mühe genugsam gerührt, eingenommen, überzeugt hatte, dass kein bessrer Freund in allen Stämmen Israels zu suchen sei ... Bewundert mir die Vorsichtigkeit des Menschen. Er eilt nicht, er lässt den Apfel reif werden, ehe er den Ast schüttelt. Zu viel Lebhaftigkeit konnte das Projekt zerstören: denn gewöhnlich entsteht die Größe des Charakters aus einem natürlichen Gleichgewicht mehrerer entgegengesetzten Eigenschaften.
ICH: Ich erlass Euch Eure Betrachtungen, fahrt in der Geschichte fort.
ER: Das geht nicht. Es sind Tage, wo ich Betrachtungen anstellen muss. Das ist eine Krankheit, die man ihrem Lauf zu überlassen hat. Wo war ich denn?

ICH: Bei der genauen Verbindung des Juden und des Renegaten.
ER: Nun war der Apfel reif ... Aber Ihr hört mir nicht zu, auf was sinnt Ihr?
ICH: Ich sinne über die Ungleichheit Eures Tons. Ihr sprecht bald hoch, bald tief.
ER: Kann die Stimme eines Lasterhaften eine Einheit haben? ... Endlich abends kommt er zu seinem guten Freund mit verstörter Miene, gebrochner Stimme, totenbleichem Gesicht, an allen Gliedern zitternd. – »Was habt Ihr?« – »Wir sind verloren.« – »Verloren und wie?« – »Verloren, sage ich, verloren ohne Rettung.« – »Erklärt Euch.« – »Geduld einen Augenblick, dass ich mich von meinem Schrecken erhole.« – »So erholt Euch«, sagte der Jude, anstatt ihm zu sagen, du bist ein abgefeimter Spitzbube. Ich weiß nicht, was du für Nachricht bringst; aber du bist ein Spitzbube. Du spielst den Erschrockenen.
ICH: Und warum sollte der Jude so sagen?
ER: Weil der Renegat in seiner Verstellung das Maß überschritten hatte. Das ist klar für mich. Unterbrecht mich nicht weiter. – »Wir sind verloren, verloren ohne Rettung ...« Fühlt Ihr nicht die Affektation dieses wiederholten verloren? ... »Ein Verräter hat uns bei der Inquisition angegeben, Euch als Juden, mich als Renegaten, als infamen Renegaten.« – Seht, wie der Spitzbube nicht errötet, sich der verhasstesten Ausdrücke zu bedienen. Es braucht mehr Mut, als man denkt, um sich seinen wahren Titel zu geben. Ihr wisst nicht, was es kostet, um dahin zu gelangen.
ICH: Freilich nicht. Aber der infame Renegat?
ER: Ist falsch; aber seine Falschheit scheint sehr künstlich. Der Jude erschrickt, reißt sich den Bart aus, wälzt sich auf der Erde. Er sieht die Häscher an seiner Türe, er sieht sich mit dem San Benito geziert, er sieht sein Autodafé bereitet. – »Mein Freund, mein zärtlicher, mein einziger Freund, was tun?« – »Betragt Euch mit der größten Ruhe und Sicherheit, betragt Euch wie gewöhnlich. Die Prozedur des Tribunals ist heimlich, aber langsam; nutzt die Frist, um alles zu verkaufen. Ich miete oder lasse durch einen Dritten ein Schiff mieten, ja durch einen Dritten, das wird das beste sein. Wir bringen Euer Vermögen dahin: denn auf Euer Vermögen ist es vorzüglich abgesehn. Und so wollen wir beide unter einem andern Himmel die Freiheit suchen, unserm Gott zu dienen, und in Sicherheit dem Gesetz Abrahams und unsres Gewissens gehorchen. Das wichtigste in der gefährlichen Lage, in der wir uns befinden, ist, ja nichts Unkluges zu begehen ...« Gesagt, getan. Das Schiff ist gemietet, mit Lebensmitteln und Matrosen versehen, das Vermögen des Juden ist an Bord. Morgen mit Anbruch des Tages fahren sie ab und können nun munter zu Nacht essen und sicher schlafen. In der Nacht steht der Renegat auf, nimmt des Juden Brieftasche, seinen Beutel, seine Juwelen, begibt sich an Bord, und weg ist er. Und Ihr denkt wohl, das ist alles. Denkt Ihr? Ich sehe, Ihr seid der Sache nicht gewachsen. Ich, als man mir dieses Geschichtchen erzählte, riet ich gleich, was ich Euch verschwieg, um Euern Scharfsinn auf die Probe zu stellen. Ihr habt wohlgetan, ein ehrlicher Mann zu sein: denn Ihr wärt nur ein Schelmchen geblieben. Bis jetzt ist der Renegat nichts weiter, es ist ein verächtlicher Schuft, dem niemand gleichen möchte. Aber das Erhabene seiner Bosheit zeigt sich erst darin, dass er selbst seinen Freund, den Israeliten, angegeben hatte, dass die Inquisition diesen bei seinem Erwachen in Empfang nahm und nach einigen Tagen ein Lustfeuerchen mit ihm an-

stellte, und so war der Renegat ruhiger Besitzer des Vermögens dieses verfluchten Abkömmlings derer, die unsern Herrn gekreuzigt haben.
ICH: Ich weiß nicht, wovor ich mich mehr entsetzen soll, vor der Verruchtheit des Renegaten oder vor dem Ton, mit dem Ihr davon sprecht.
ER: Das ist, was ich Euch sagte. Die Schrecklichkeit der Handlung hebt Euch über die Verachtung weg. Das ist die Ursache meiner Aufrichtigkeit. Ihr solltet einsehen, wie hoch ich in meiner Kunst stehe, Ihr solltet bekennen, dass ich wenigstens original in meiner Erniedrigung sei, und solltet mich in Eurem Kopf in die Reihe der großen Taugenichtse setzen, dann wollt ich rufen: »Vivat Mascarillus, fourbum Imperator!« Nun lustig, Herr Philosoph, Chorus! »Vivat Mascarillus, fourbum Imperator!«

Und nun führte er einen ganz sonderbaren fugierten Gesang auf. Bald war die Melodie ernst und majestä tisch, bald leicht und flatterhaft, bald ahmte er den Bass nach, bald eine Oberstimme, bezeichnete mit Armen und verlängertem Hals die gehaltnen Stellen, komponierte, führte sich selbst ein Triumphlied auf, wobei man wohl sah, dass er sich besser auf gute Musik als auf gute Sitten verstand.

Ich wusste nicht, sollte ich bleiben oder fliehen, lachen oder mich entrüsten. Ich blieb in der Absicht, die Unterhaltung auf irgendeinen Gegenstand zu lenken, der aus meiner Seele den Abscheu, wovon sie erfüllt war, vertreiben könnte. Die Gegenwart eines Menschen fing mir an unerträglich zu werden, der eine schreckliche Tat, ein abscheuliches Verbrechen ebenso behandelte wie ein Kenner der Malerei oder Poesie die Schönheiten irgendeines vortrefflichen Werkes oder ein Moralist, ein Historiker die Umstände einer heroischen Handlung erhebt und lebhaft darstellt. Wider meinen Willen ward ich finster. Er bemerkte es und sagte: »Was habt Ihr? Befindet Ihr Euch übel?«
ICH: Ein wenig, aber das geht vorüber.
ER: Ihr habt das grämliche Aussehn eines Menschen, der von beschwerlichen Gedanken gepeinigt wird.
ICH: So ist's auch.

Nachdem wir beide einen Augenblick geschwiegen hatten, indem er pfeifend und singend auf und ab ging, sagte ich, um ihn auf sein Talent zurückzuführen: »Was macht Ihr jetzt?«
ER: Nichts!
ICH: Das ist sehr ermüdend.
ER: Ich war schon dumm genug, nun habe ich diese Musik von Duni und andern jungen Komponisten gehört, die mich ganz närrisch macht.
ICH: Billigt Ihr denn diese Art?
ER: Ganz gewiss.
ICH: Und Ihr findet Schönheit in diesen neuen Gesängen?
ER: Ob ich Schönes drin finde? Bei Gott, dafür stehe ich Euch. Wie ist das deklamiert! Welche Wahrheit, welcher Ausdruck!
ICH: Alles Nachgeahmte hat sein Muster in der Natur. Was ist das Muster des Tonkünstlers, wenn er einen Gesang hervorbringt?
ER: Warum nehmt Ihr die Sache nicht höher? Was ist denn ein Gesang?

ICH: Gesteh ich Euch, diese Frage geht über meine Kräfte. So sind wir alle. Wir haben im Gedächtnis nur Worte, die wir zu verstehen glauben, weil wir uns ihrer oft bedienen und sie sogar richtig anwenden. So haben wir auch im Verstand nur unbestimmte Begriffe. Sprech ich das Wort Gesang aus, so habe ich davon keinen bestimmteren Begriff als Ihr und die meisten Euresgleichen, wenn sie aussprechen: Reputation, Schande, Ehre, Laster, Tugend, Scham, Anstand, Beschämung, Lächerliches.

ER: Der Gesang ist eine Nachahmung durch Töne einer durch Kunst erfundenen oder, wenn es Euch beliebt, durch Natur eingegebenen Tonleiter, sie werde nun durch Stimmen oder Instrumente dargestellt, eine Nachahmung physischer Laute oder leidenschaftlicher Töne, und Ihr seht, dass mit gehöriger Veränderung sich die Definition der Malerei, der Redekunst, der Skulptur und Poesie wohl anpassen ließe. Nun, auf Eure Frage zu kommen: was ist das Muster des Musikers oder des Gesanges? Es ist die Deklamation, wenn das Muster lebendig und empfindend ist, es ist der Klang, wenn das Muster unbelebt ist. Man muss die Deklamation wie eine Linie ansehen und den Gesang wie eine andre Linie, die sich um die erste herschlängelt. Je mehr diese Deklamation, Muster des Gesangs, stark und wahr ist, an je mehr Punkten der Gesang, der sich ihr gleichstellt, sie durchschneidet, desto wahrer, desto schöner wird er sein. Und das haben unsre jungen Musiker gar wohl gefühlt. Wenn man hört: »Je suis un pauvre diable«, so glaubt man die Klage eines Geizigen zu vernehmen. Sänge er nicht, so würde er in denselbigen Tönen zur Erde sprechen, wenn er ihr sein Gold anvertraut und zu ihr sagt: »O terre, reçois mon trésor.« Und nun das kleine Mädchen, das sein Herz klopfen fühlt, das rot wird, sich verwirrt und den gnädigen Herrn bittet, sie loszulassen, würde sie sich anders ausdrücken? In diesen Werken gibt es die verschiedensten Charaktere, eine unendliche Wahrheit von Deklamation, das ist vortrefflich. Ich sag es Euch. Geht! Geht! Die Arie zu hören, wo der junge Mann, der sich sterben fühlt, ausruft: »Mon cœur s'en va.« Hört den Gesang, hört die Begleitung und sagt mir nachher, welch ein Unterschied sei zwischen den wahren Tönen eines Sterbenden und der Wendung dieses Gesangs. Ihr werdet sehen, dass die Linie der Melodie ganz mit der Linie der Deklamation zusammenfällt. Ich rede nicht vom Takt, der auch eine Bedingung des Gesangs ist, ich halte mich an den Ausdruck, und es ist nichts Wahreres als folgende Stelle, die ich irgendwo gelesen habe: »Musices seminarium accentus«, der Akzent ist die Pflanzschule der Melodie. Und darum überlegt nur, wie schwer und bedeutend es ist, ein gutes Rezitativ schreiben zu können. Es gibt keine schöne Arie, woraus man nicht ein schönes Rezitativ machen könnte, kein schönes Rezitativ, daraus ein geschickter Mann nicht eine schöne Arie ziehen sollte. Ich möchte nicht behaupten, dass einer, der gut rezitiert, auch gut singen werde; aber ich wäre sehr verwundert, wenn der, der gut singt, nicht gut rezitieren sollte. Und glaubt nur alles, was ich Euch da sage: denn es ist wahr.

ICH: Von Herzen gern, wenn ich nur nicht durch eine kleine Bedenklichkeit abgehalten würde.

ER: Und diese Bedenklichkeit?

ICH: Wenn eine solche Musik sublim ist, so muss die des göttlichen Lully, des Campra, des Destouches, des Mouret und, unter uns gesagt, des lieben Onkels ein wenig platt sein.
ER (sich meinem Ohre nähernd): Ich wollte nicht, dass man mich hörte: denn hier sind viele Leute, die mich kennen. Sie ist's auch. Ich rede leise, nicht weil ich mich um den lieben Onkel bekümmere, den ihr immer lieb heißen mögt! Aber von Stein ist er, und wenn mir die Zunge ellenlang aus dem Halse hinge, so gäbe er mir kein Glas Wasser. Nun mag er's auch mit der Oktave und Septime probieren: Hon, hon; hin, hin; tu, tu, tu; tur le tutu und dem sämtlichen Teufelslärm. Alle, die anfangen, sich darauf zu verstehen, und die das Getöse nicht mehr für Musik nehmen, werden sich niemals mehr daran befriedigen. Ja wenn man durch eine Polizeiverordnung den Personen aller Art und Standes verbieten könnte, das Stabat von Pergolesi singen zu lassen. Das Stabat sollte man durch die Hand des Henkers verbrennen. Wahrhaftig, diese verfluchten Schalksnarren mit ihrer »Servante maîtresse«, mit ihrem »Tracollo« haben uns einen gewaltigen Rippenstoß gegeben. Ehemals gingen »Tancrède«, »Issé«, »L'Europe galante«, »Les Indes«, »Castor«, »Les Talents lyriques« vier, fünf, sechs Monate, die Vorstellungen »Armidens« wollten gar nicht endigen. Jetzt fällt das alles übereinander wie Kartenmänner. Auch speien Rebell und Francœur deshalb Feuer und Flammen. Sie sagen, alles gehe verloren, sie seien zugrunde gerichtet, und wenn man länger diese Jahrmarktsänger dulde, so sei die Nationalmusik zum Teufel und die königliche Akademie im Sackgässchen könne nur ihren Laden zumachen. Es ist wohl was Wahres dran. Die alten Perücken, die seit dreißig, vierzig Jahren alle Freitage zusammenkommen, anstatt sich wie sonst unterhalten zu sehen, haben Langeweile und gähnen, ohne zu wissen warum. Sie fragen sich und wissen nicht warum. Warum wenden sie sich nicht an mich? Dunis Weissagung wird erfüllt werden und den Weg, den das nimmt, will ich sterben, wenn in vier oder fünf Jahren, vom »Peintre amoureux de son modèle« an gerechnet, die Herren im berühmten Sackgässchen nicht völlig auf den Hefen sind. Die guten Leute haben ihre Symphonien aufgegeben, um italienische Symphonien zu spielen. Sie haben geglaubt, ihre Ohren sollten sich an diese gewöhnen, ohne dass der bisherigen Vokalmusik Eintrag geschähe, eben als wenn die Symphonie sich nicht zum Gesang verhielte, abgezogen ein wenig Leichtfertigkeit, wozu der Umfang des Instruments, die Beweglichkeit der Finger einen wohl verleiten kann, wie sich der Gesang zur natürlichen Deklamation verhält. Ist der Violinist nicht der Affe des Sängers, der, wenn künftig das Schwere an die Stelle des Schönen treten wird, sich gewiss zum Affen des Violinisten macht? Der erste, der etwas von Locatelli spielte, war der Apostel der neuen Musik. Man heftet uns nichts mehr an. Man wird uns an die Nachahmung der leidenschaftlichen Akzente, der Naturakzente, durch Gesang und Stimme und durchs Instrument gewöhnen: denn das ist der ganze Umfang musikalischer Gegenstände. Und wir sollten unsern Geschmack für Aufflüge, Lanzen, Glorien, Triumphe, Viktorien behalten? »Va-t'en voir s'ils viennent, Jean.« Sie haben sich eingebildet, sie wollten weinen oder lachen in musikalischen Tragödien oder Komödien, man könnte vor ihre Ohren die Akzente der Wut, des Hasses, der Eifersucht, die wahren Klagen der Liebe, die Schalkheiten und Scherze des ita-

lienischen oder französischen Theaters bringen, und sie könnten fortfahren, »Ragonde« und »Platée« zu bewundern. Die Herren schneiden sich gewaltig. Sie bilden sich ein, sie könnten erfahren und empfinden, mit welcher Leichtigkeit, welcher Biegsamkeit, welcher Weichheit die Harmonie, die Prosodie, die Ellipsen, die Inversionen der italienischen Sprache sich der Kunst anbieten, der Bewegung, dem Ausdruck, den Wendungen des Gesangs, dem gemessenen Wert der Töne, und könnten dabei fernerhin ignorieren, wie ihre Sprache schroff, dumpf, schwerfällig, schwer, pedantisch und eintönig ist. Eh! Ja ja! Warum nicht gar! Sie haben sich überredet, dass, nachdem sie Tränen mit den Tränen einer Mutter über den Tod eines Sohns vergossen, nachdem sie beim Befehl eines mordgebietenden Tyrannen gezittert, dass sie nicht Langeweile haben würden bei ihrer Feerei, bei ihrer abgeschmackten Mythologie, bei ihren kleinen süßlichen Madrigalen, welche nicht weniger den bösen Geschmack des Poeten als den Jammer der Kunst bezeichnen, die sich so etwas gefallen lässt. Gute Leute! So ist's nicht und kann's nicht sein. Das Wahre, das Gute, das Schöne haben ihre Gerechtsame. Man bestreitet sie, aber man endigt mit Bewunderung. Was nicht mit diesem Stempel bezeichnet ist, man bewundert's eine Zeitlang, aber man endigt mit Gähnen. So gähnt denn, liebe Herren, gähnt nach Bequemlichkeit und lasst euch nicht stören. Das Reich der Natur setzt sich ganz sachte fest, das Reich meiner Dreieinigkeit, gegen welche die Pforten der Hölle nichts vermögen. Das Wahre, das der Vater ist, der das Gute zeugt, das der Sohn ist, aus dem das Schöne hervorgeht, das der Heilige Geist ist. Dieser fremde Gott setzt sich bescheiden auf den Altar, an die Seite des Landesgötzen. Nach und nach gewinnt er Platz, und an einem hübschen Morgen gibt er mit dem Ellbogen seinem Kameraden einen Schub, und Bauz! Baradauz! Der Götze liegt am Boden. So sollen die Jesuiten das Christentum in China und in Indien gepflanzt haben, und eure Jansenisten mögen sagen, was sie wollen, diese politische Methode, die zum Zweck führt, ohne Lärm, ohne Blutvergießen, ohne Märtyrer, ohne einen ausgerauften Schopf, dünkt mich die beste.

ICH: Es ist etwas Vernunft in allem, was Ihr da sagt.

ER: Vernunft? desto besser. Der Teufel hole mich, wenn ich darauf ausgehe. Das kommt gelegentlich. Bin ich doch wie die Musiker in der Sackgasse, als mein Onkel erschien. Treff ich's, meinetwegen. Ein Köhlerjunge wird immer besser von seinem Handwerk sprechen als eine Akademie und alle Duhamels der Welt.

Und dann spaziert er auf und ab und murmelt einige Arien aus der »Ile des Fous«, dem »Peintre amoureux de son modèle«, dem »Maréchal ferrant«, der »Plaideuse« – und von Zeit zu Zeit ruft er mit aufgehobenen Augen und Händen aus: »Ob das schön ist? Bei Gott! Ob das schön ist? Ob man ein Paar Ohren am Kopf haben und eine solche Frage tun kann?« – Nun ward er wieder leidenschaftlich und sang ganz leise, dann erhob er den Ton, nach Maßgabe, wie er sich mehr passionierte, dann kamen die Gebärden, das Verziehen des Gesichts und das Verzerren des Körpers. Nun sagte ich: »Gut, er verliert den Kopf, und eine neue Szene ist zu erwarten.« – Wirklich bricht er auf einmal singend los: »Je suis un pauvre misérable ...« – »Monseigneur, Monseigneur, laissez-moi partir ...« – »O terre, reçois mon or, conserve bien mon trésor, mon âme, mon âme, ma vie! O terre! ...« – »Le violà, le petit ami! ...« – »Aspettare e non venire ...« – »A Zerbina penserete ...« – »Sempre in contrasti con te si sta ...« Er häufte und verwirrte dreißig Arien, italienische, französische, tragische, komische von aller Art Charakter. Bald mit einem tiefen Bass stieg er bis in die Hölle, dann zog er die Kehle zusammen, und mit einem Fistelton zerriss er die Höhe der Lüfte, und mit Gang, Haltung, Gebärde ahmte er die verschiedenen singenden Personen nach, wechselweise rasend, besänftigt, gebieterisch und spöttisch. Da ist ein kleines Mädchen, das weint, und er stellt die ganze kleine Ziererei vor. Nun ist er Priester, König, Tyrann, er droht, befiehlt, erzürnt sich, nun ist er Sklave und gehorcht. Er besänftigt sich, er verzweifelt, beklagt sich und lacht, immer im Ton, im Takt, im Sinn der Worte, des Charakters, des Betragens.

Alle die Schachspieler hatten ihre Bretter verlassen und sich um ihn versammelt, die Fenster des Kaffeezimmers waren von außen durch Vorbeigehende besetzt, welche der Lärm angehalten hatte. Es war ein Gelächter, dass die Decke hätte bersten mögen. Er ward nichts gewahr, er fuhr fort, ergriffen von einer solchen Entfremdung des Geistes, einem Enthusiasmus so nahe an der Tollheit, dass es ungewiss ist, ob er sich erholen wird, ob man ihn nicht in einen Mietwagen werfen und gerade ins Tollhaus führen muss, während er ein Stück der Lamentationen des Jomelli singt.

Hier wiederholte er mit einer Präzision, einer Wahrheit, einer unglaublichen Wärme die schönste Stelle jeder Abteilung; das schöne obligate Rezitativ, wo der Prophet die Zerstörung Jerusalems malt, brachte er unter einem Strom von Tränen vor, und kein Auge blieb trocken. Mehr war nicht zu verlangen, an Zartheit des Gesangs, an Stärke des Ausdrucks und des Schmerzes. Er verweilte besonders bei den Stellen, wo sich der Tonkünstler vorzüglich als großen Meister bewiesen hatte. Verließ er den Teil des Gesangs, so ergriff er die Instrumente, und die verließ er wieder schnell, um zur Stimme zurückzukehren, eins ins andre verschlingend, dass die Verbindung, die Einheit des Ganzen erhalten wurde. So bemächtigte er sich unsrer Seelen und hielt sie in der wunderbarsten Lage schwebend, die ich jemals empfunden habe. Bewunderte ich ihn? Ja, ich bewunderte. War ich gerührt und mitleidig? Ich war gerührt und mitleidig, doch ein lächerlicher Zug war in diese Gefühle verschmolzen und nahm ihnen ihre Natur.

Aber ihr wärt in Lachen ausgebrochen über die Art, wie er die verschiedenen Instrumente nachmachte. Mit aufgeblasenen strotzenden Wangen und einem rauen dunkeln Ton stellte er Hörner und Fagott vor, einen schreienden näselnden Ton ergriff er für das Hautbois, mit unglaublicher Geschwindigkeit übereilte er seine Stimme, die Saiteninstrumente darzustellen, deren Tönen er sich aufs genaueste anzunähern suchte, er pfiff die kleinen Flöten, er kollerte die Querflöte, schrie, sang mit Gebärden eines Rasenden und machte ganz allein die Tänzer, die Tänzerinnen, die Sänger, die Sängerinnen, ein ganzes Orchester, ein ganzes Operntheater, sich in zwanzig verschiedene Rollen teilend, laufend, innehaltend, mit der Gebärde eines Entzückten, mit blinkenden Augen und schäumendem Munde.

Es war eine Hitze zum Umkommen, und der Schweiß, der den Runzeln seiner Stirn, der Länge seiner Wange folgte, vermischte sich mit dem Puder seiner Haare,

rieselte und befurchte den Oberteil seines Kleides. Was begann er nicht alles! Er weinte, er lachte, er seufzte, blickte zärtlich, ruhig oder wütend. Es war eine Frau, die in Schmerz versinkt, ein Unglücklicher, seiner ganzen Verzweiflung hingegeben, ein Tempel, der sich erhebt, Vögel, die beim Untergang der Sonne sich im Schweigen verlieren. Bald Wasser, die an einem einsamen und kühlen Orte rieseln oder als Gießbäche von Bergen herabstürzen, ein Gewitter, ein Sturm, die Klage der Umkommenden, vermischt mit dem Gezisch der Winde, dem Lärm des Donners, es war die Nacht mit ihren Finsternissen, es war der Schatten und das Schweigen, denn selbst das Schweigen bezeichnet sich durch Töne. Er war ganz außer sich. Erschöpft von Anstrengung, wie ein Mann, der aus einem tiefen Schlaf oder aus einer langen Zerstreuung hervortritt, blieb er unbeweglich, stumpf, erstaunt. Nun kehrt er seine Blicke um sich her, wie ein verwirrter Mensch, der den Ort, wo er sich befindet, wiederzuerkennen sucht. Er erwartet die Rückkehr seiner Kräfte, seines Bewusstseins, er trocknet maschinenmäßig sein Gesicht. Gleich einem, der beim Erwachen sein Bett von einer großen Menge Personen umgeben fände, so in einem völligen Vergessen, in einem tiefen Unbewusstsein dessen, was er getan hat, ruft er im ersten Augenblick: »Nun, meine Herren, was gibt's, was lacht Ihr, was erstaunt Ihr, was gibt's denn? ...« Dann setzte er hinzu: »Das heißt man eine Musik, einen Musiker. Indessen verachte man nicht gewisse Gesänge des Lully. Die Szene ›J'attendrai‹ mache man besser, ohne die Worte zu verändern. Ich fordre jedermann auf. Verachte man nicht einige Stellen von Campra, die Violinstücke meines Onkels, seine Gavotten, seine kriegerischen Märsche, seine Priester- und Opferzüge. ›Pâles flambéaux, nuit plus affreuse que les ténèbres ...‹ – ›Dieux du Tartare, dieux de l'oubli ...‹« Da verstärkte er seine Stimme und hielt die Töne gewaltsam aus. Die Nachbarn steckten die Köpfe durch die Fenster, wir steckten unsre Finger in die Ohren. Er sagte: »Hier muss man Lungen haben, ein großes Organ, Luft genug. Aber Himmelfahrt ist da, Fasten und Drei Könige sind vorbei, und sie wissen noch nicht, was sie in Musik setzen sollen, und daher auch nicht, was dem Tonkünstler frommt. Die lyrische Poesie soll noch geboren werden, aber sie kommen schon noch dazu, hören sie nur genug den Pergolesi, den Sachsen, Terradeglias, Traëtta und andre, lesen sie nur Metastasio wiederholt, so kommen sie schon dazu.«
ICH: Und wie? Hätten Quinault, La Motte, Fontenelle nichts davon verstanden?
ER: Nichts, was wir brauchen könnten. Es sind nicht sechs Verse hintereinander in allen ihren allerliebsten Gedichten, die man in Musik setzen könnte. Es sind geistreiche Sprüche, zärtliche, zarte Madrigale. Aber um zu wissen, wie leer das von Hilfsmitteln für unsre Kunst ist, für die gewaltsamste der Künste, selbst die Kunst des Demosthenes nicht ausgenommen, lasst Euch solche Stücke vorlesen, und sie erscheinen Euch kalt, ohnmächtig, eintönig: denn nichts ist drin, was dem Gesang zur Unterlage dienen könnte. Ebenso gern komponierte ich die »Maximen« des Rochefoucault und die »Gedanken« des Pascal. Der tierische Schrei der Leidenschaft hat die Reihe zu bezeichnen, die uns frommt. Diese Ausdrücke müssen übereinander gedrängt sein, die Phrase muss kurz sein, der Sinn abgeschnitten, schwebend, damit der Musiker über das Ganze sowohl wie über die Teile herrsche, ein Wort auslasse oder wiederhole, eins hinzufüge, das ihm fehlt, das Gedicht wenden

und umwenden könne, wie einen Polypen, ohne das Gedicht zu zerstören. Das macht die französische lyrische Poesie viel schwerer, als in Sprachen, welche Umwendungen zulassen und von selbst diese Bequemlichkeiten darbieten ... Barbare, cruel, plonge ton poignard dans mon sein; me voilà prête à recevoir le coup fatal. Frappe, ose ... Ah! Je languis, je meurs ... Un feu secret s'allume dans mes sens ... Cruel amour, que veux-tu de moi? Laisse-moi la douce paix dont j'ai joui ... rends-moi la raison ... Die Leidenschaften müssen stark sein. Die Zärtlichkeit des lyrischen Poeten und des Musikus muss extrem sein. Die Arie ist fast immer am Schluss einer Szene. Wir brauchen Ausrufungen, Interjektionen, Suspensionen, Unterbrechungen, Bejahungen, Verneinungen, wir rufen, wir flehen, wir schreien, wir seufzen, wir weinen, wir lachen von Herzen. Keinen Witz, keine Sinngedichte, keine hübschen Gedanken, das ist zu weit von der einfachen Natur. Und glaubt nur ja nicht, dass das Spiel der Theaterkünstler und ihre Deklamation uns zum Muster dienen könne. Pfui doch! Wir müssen es kräftiger haben, weniger manieriert, wahrer. Einfache Gespräche, die gemeine Stimme der Leidenschaft sind uns um so nötiger, als unsre Sprache monotoner ist und weniger Akzent hat. Der tierische Schrei, der Schrei des leidenschaftlichen Menschen bringt ihn hervor.

Indessen er so zu mir sprach, hatte sich die Menge verlaufen, die uns erst umgab, entweder weil sie nichts verstand oder wenig Teil an seiner Rede nahm, denn gewöhnlich mag das Kind sich lieber unterhalten als sich unterrichten, und so waren sie denn wieder an ihrem Spiel und wir in unserm Winkel allein. Auf einer Bank sitzend, den Kopf wider die Mauer gelehnt, die Arme hängend, die Augen halb geschlossen, sagte er zu mir: »Ich weiß nicht, wie mir ist; als ich hierher kam, war ich frisch und froh, und nun bin ich zerbrochen und zerschlagen, als wenn ich zehn Meilen gemacht hätte, das hat mich schnell angepackt.«

ICH: Wollt Ihr etwas Erfrischungen?

ER: Recht gern. Ich bin heiser, die Kraft entgeht mir, und ich fühle einige Brustschmerzen. Das begegnet mir fast alle Tage so, ohne dass ich weiß warum ...

ICH: Was beliebt Euch?

ER: Was Euch gefällt. Ich bin nicht lecker. Der Mangel hat mich gelehrt, mir alles gefallen zu lassen ...

(Man brachte uns Bier und Limonade. Er füllte ein großes Glas, leerte es zwei- oder dreimal. Dann, wie ein erquickter Mensch, hustet er stark, ruckt sich zusammen und fährt fort:)

Aber meint Ihr nicht auch, Herr Philosoph, ist es nicht ein recht sonderbarer Fall, dass ein Fremder, ein Italiener, ein Duni kommen muss, uns erst zu lehren, wie unsrer Musik ein Ausdruck zu geben sei, wie unser Gesang sich allen Bewegungen, allen Taktarten, allen Pausen, allen Deklamationen fügen könne und das, ohne die Prosodie zu verletzen. Und es war doch kein Meer auszutrinken. Wer von einem Bettler auf der Straße um Almosen angesprochen wurde, wer einen Mann, vom Zorn hingerissen, ein eifersüchtiges rasendes Weib gehört hatte, einen verzweifelten Liebhaber, einen Schmeichler, ja einen Schmeichler, der seinen Ton sanft macht, seine Silben zieht mit einer Honigstimme, genug, jede Leidenschaft, es sei, welche es wolle, wenn sie nur durch ihre Kraft verdiente, ein Vorbild des Musikus zu sein;

ein solcher hätte zweier Dinge gewahr werden sollen, einmal, dass die langen und kurzen Silben keine bestimmte Dauer haben, nicht einmal einen bestimmten Bezug unter ihrer wechselseitigen Dauer, dass die Leidenschaft mit der Prosodie verfährt fast wie es ihr gefällt, dass sie die größten Intervalle trifft, dass der, welcher im höchsten Schmerz ausruft: »Wehe mir Unglücklichem!«, die ausrufende Silbe auf den höchsten und schärfsten Ton trägt und alsdann in tieferen und schwächeren Tönen herabsteigt in die Oktave oder ein größeres Intervall und einem jeden Ton die Quantität gibt, die der Wendung der Melodie entspricht, ohne dass das Ohr beleidigt werde, ohne dass die lange oder kurze Silbe die Länge oder Kürze des ruhigen Gesprächs behalten habe. Welchen Weg haben wir nicht gemacht, seitdem wir die Parenthese Armidens: »Le vainqueur de Renaud (si quelqu'un le peut être)«, das »Obéissons sans balancer« aus dem »Galanten Indien« als Wunder musikalischer Deklamation anführten? Jetzt zuck ich bei diesen Wundern die Achseln. Bei dem Schwunge, wie die Kunst vorwärtsgeht, weiß ich nicht, wohin sie gelangen kann; indessen trinken wir eins!

Er trank zwei-, dreimal, ohne zu wissen, was er tat, und war auf dem Wege, sich zu ersäufen, wie er sich erschöpft hatte, ohne es zu bemerken, hätte ich nicht die Flasche weggesetzt, die er zerstreut am vorigen Orte suchte. Da sagte ich zu ihm: »Wie kommt's, dass, mit einem so feinen Gefühl, einer so großen Reizbarkeit für die Schönheiten musikalischer Kunst, Ihr so blind gegen sittliche Schönheit sein könnt, so gefühllos für den Reiz der Tugend?«

ER: Wahrscheinlich, weil es für diese einen Sinn gibt, den ich nicht habe, eine Fiber, die mir nicht gegeben ist, eine erschlaffte Fiber, die man immer kneipen mag und die nicht schwirrt. Oder habe ich vielleicht immer mit guten Musikern und schlechten Menschen gelebt und mein Ohr ist dadurch fein, mein Herz aber taub geworden, und sollte nicht auch etwas in der Familie liegen? Das Blut meines Vaters und meines Onkels ist dasselbe Blut, und das meine dasselbe Blut wie meines Vaters. Die väterliche Erbfaser war hart und stumpf, und dieser verfluchten ersten Grundfaser hat sich alles übrige angeglichen.

ICH: Liebt Ihr Euer Kind?

ER: Ob ich's liebe? Den kleinen Wilden bis zur Narrheit.

ICH: Und bemüht Ihr Euch nicht ernstlich, bei ihm die Wirkung der verfluchten väterlichen Faser zu hemmen?

ER: Das würde, deucht mir, eine sehr unnütze Arbeit sein. Ist er bestimmt, ein rechtlicher Mann zu werden, so würde ich nicht schaden; aber wollte die Urfaser, dass er ein Taugenichts würde wie der Vater, so wäre sämtliche Mühe, ihn zu einem ehrlichen Mann zu machen, ihm sehr schädlich. Indem die Erziehung immer den Hang der Erbfaser durchkreuzt, so würde er, wie durch zwei entgegengesetzte Kräfte gezogen, den Weg des Lebens nur schwankend gehen, wie man deren so viele sieht, die sich gleich linkisch im Guten wie im Bösen benehmen. Das heißen wir Especen; von allen Spitznamen ist dies der fürchterlichste, denn er bezeichnet die Mittelmäßigkeit und drückt die höchste Stufe der Verachtung aus. Ein großer Taugenichts ist ein großer Taugenichts, aber er ist keine Espece. Käm' ich nun meinem Sohn durch Erziehung in die Quere, so verlör' er seine schönsten Jahre, ehe die vä-

terliche Faser sich wieder in ihre Rechte gesetzt und ihn zu der vollkommenen Verworfenheit gebracht hätte, zu der ich gekommen bin. Aber ich tue jetzt nichts, ich lasse ihn gehen, ich betrachte ihn, er ist schon gefräßig, zudringlich, schelmisch, faul, verlogen, ich fürchte, er wird nicht aus der Art schlagen.
ICH: Und Ihr werdet einen Musikus aus ihm machen, damit ja nichts an der Ähnlichkeit fehle?
ER: Einen Musikus, einen Musikus! Manchmal betracht ich ihn und knirsche mit den Zähnen und sage: »Solltest du jemals eine Note kennen, ich glaube, ich drehte dir den Hals um.«
ICH: Und warum das, wenn's beliebt?
ER: Das führt zu nichts.
ICH: Das führt zu allem.
ER: Ja, wenn man vortrefflich ist; aber wer kann sich von seinem Kinde versprechen, dass es vortrefflich sein wird? Zehntausend gegen eins, er wird nur ein elender Saitenkratzer werden wie ich. Wisst Ihr, dass vielleicht eher ein Kind zu finden wäre, ein Königreich zu regieren, einen großen König daraus zu machen, als einen großen Violinspieler?
ICH: Mir scheint, dass angenehme Talente, selbst mittelmäßig ausgeübt, bei einem sittenlosen, in Liederlichkeit und Aufwand verlornen Volke einen Menschen sehr geschwind auf dem Wege des Glückes fördern. Ich selbst habe einer Unterredung beigewohnt zwischen einer Espece von Beschützer und einer Espece von Beschütztem. Dieser war an jenen als einen gefälligen Mann empfohlen, der wohl dienen könne. – »Mein Herr, was versteht Ihr?« – »Ich verstehe Mathematik so ziemlich.« – »So unterrichtet in der Mathematik! Und wenn Ihr Euch zehn bis zwölf Jahre auf dem Pflaster von Paris werdet beschmutzt haben, so habt Ihr drei- bis vierhundert Livres Renten erworben.« – »Ich habe das Recht studiert und bin ziemlich darin bewandert.« – »Kämen Pufendorf und Grotius auf die Welt zurück, sie stürben vor Hunger an einem Prallstein.« – »Ich weiß recht gut die Geschichte und Geographie.« – »Gäbe es Eltern, denen die Erziehung ihrer Kinder am Herzen läge, so wäre Euer Glück gemacht, aber es gibt keine.« – »Ich bin ein guter Musikus.« – »Und warum sagtet Ihr das nicht gleich? Und um Euch zu zeigen, was man aus diesem Talent für Vorteil ziehen kann: ich habe eine Tochter, kommt alle Abende von halb sieben bis neun, gebt ihr Unterricht, und ich gebe Euch fünfundzwanzig Louisdor fürs Jahr. Ihr frühstückt, speist, nehmt das Vesper- und Abendbrot mit uns. Der Rest Eures Tages gehört Euch, und Ihr verwendet ihn zu Eurem Vorteil.«
ER: Und der Mann, was ist aus ihm geworden?
ICH: Wäre er klug gewesen, so hätte er sein Glück gemacht, das einzige, was Ihr im Auge zu haben scheint.
ER: Freilich! Nur Gold, nur Gold! Gold ist alles, und das übrige ohne Gold ist nichts. Auch hüte ich mich, meinem Knaben den Kopf mit schönen Grundsätzen vollzupfropfen, die er vergessen müsste, wenn er nicht ein Bettler bleiben wollte: dagegen, sobald ich einen Louisdor besitze, das mir nicht oft begegnet, stelle ich mich vor ihn hin, ziehe das Goldstück aus meiner Tasche, zeige es ihm mit Verwunderung, hebe die Augen gen Himmel und küsse das Geld; und ihm noch besser

begreiflich zu machen, wie wichtig das heilige Stück sei, so lalle ich ihm, so zeige ich mit dem Finger alles, was man sich anschaffen kann, ein hübsches Röckchen, ein hübsches Mützchen, einen guten Biskuit. Dann steck ich den Louisdor in die Tasche, ich spaziere mit Übermut, ich hebe den Schoß meiner Weste auf, ich schlage mit der Hand auf die Tasche, und so mache ich ihm begreiflich, dass diese Sicherheit, die er an mir bemerkt, von dem Louisdor sich herschreibt.
ICH: Man kann's nicht besser. Aber wenn es begegnete, dass er, tief durchdrungen von dem Wert der Goldstücke, gelegentlich eines Tags ...
ER: Ich verstehe Euch. Darüber muss man die Augen zudrücken. Es gibt ja auch keinen moralischen Grundsatz, der nicht seine Unbequemlichkeit hätte, und wenn das Schlimmste zum Schlimmen kommt, so ist es eine böse Viertelstunde, und dann ist alles vorbei.
ICH: Auch nach so mutigen und weisen Ansichten bestehe ich noch auf meinem Glauben, dass es gut wäre, ihn zum Musiker zu machen. Ich weiß kein Mittel, sich geschwinder den Großen zu nähern, ihren Lastern zu dienen und aus den seinigen Vorteil zu ziehen.
ER: Es ist wahr. Aber ich habe Projekte, die noch schneller und sicherer guten Erfolg versprechen. Ach, wenn's nur ebenso wohl ein Mädchen wäre! Aber da man nicht tun kann, was man will, so muss man nehmen, was kommt, den besten Vorteil daraus ziehen und nicht deshalb auf dumme Weise, wie die meisten Väter, die nichts Schlimmers tun könnten, wenn sie aufs Unglück ihrer Kinder studiert hätten, einem Kinde, das in Paris zu leben bestimmt ist, die lazedämonische Erziehung geben. Ist unsre Erziehung schlimm, so sind die Sitten meiner Nation schuld dran, nicht ich. Verantwort es, wer kann. Mein Sohn soll glücklich sein oder, was auf eins hinauskommt, geehrt, reich und mächtig. Ich kenne ein wenig die leichtesten Wege, zu diesem Zweck zu gelangen, und ich will ihn früh genug damit bekannt machen. Tadelt ihr mich, ihr andern Weisen, so wird die Menge und der Erfolg mich lossprechen. Er wird Gold besitzen, ich sag's Euch, und wenn er genug besitzt, so wird ihm nichts mangeln, selbst Eure Achtung nicht und Eure Ehrfurcht.
ICH: Ihr könntet Euch irren.
ER: Oder er bekümmert sich nichts drum, wie andre mehr ...

Hierin war nun freilich gar viel von dem, was man denkt, wonach man sich beträgt, aber was man nicht ausspricht, und das ist denn der auffallendste Unterschied zwischen meinem Manne und den meisten Menschen, die uns umgeben. Er bekannte die Laster, die ihm anhingen, die auch andern anhängen; aber er war kein Heuchler; er war nicht abscheulicher als jene, er war nur offener und folgerechter, manchmal profunder in seiner Verderbnis. Ich zitterte, wozu sein Knabe unter einem solchen Lehrer werden könnte: denn gewiss, bei einer Erziehung, die so genau nach unsern Sitten gebildet war, musste er weit gehn, wenn ihm nicht frühzeitig Einhalt geschah.
ER: O fürchtet nichts. Der bedeutende, der schwere Punkt, bei dem ein guter Vater besonders verweilen soll, ist nicht etwa, dass er seinem Knaben sämtliche Laster überliefere, die ihn reich machen, die Lächerlichkeiten, wodurch er den Großen unschätzbar wird; das weiß die ganze Welt, wenn nicht systematisch wie ich, doch

nach Beispiel und einzelnem Unterricht. Nein, der Hauptpunkt ist, ihm das rechte Maß zu bezeichnen, die Kunst, sich der Schande, der Entehrung, den Gesetzen zu entziehen; das sind Dissonanzen in der gesellschaftlichen Harmonie, diese muss man wissen anzubringen, vorzubereiten, zu retten. Nichts ist so platt als eine Reihe vollkommener Akkorde. Es muss etwas geben, das anrege, das das Strahlenbündel trenne und in Farben zerstreue.

ICH: Sehr gut! Durch diesen Vergleich führt Ihr mich von den Sitten abermals zur Musik, von der ich mich wider meinen Willen entfernt hatte. Ich danke Euch; denn um nichts zu verbergen, ich liebe Euch mehr als Musiker denn als Moralist.

ER: Und doch stehe ich in der Musik sehr untergeordnet und sehr hoch in der Moral.

ICH: Daran zweifle ich, aber wenn es wäre, so bin ich ein einfacher Mann, und Eure Grundsätze sind nicht die meinigen.

ER: Desto schlimmer für Euch. Ach, besäß ich nur Eure Talente!

ICH: Lasst meine Talente, gedenken wir der Euren.

ER: Ja, wenn ich mich nur ausdrücken könnte wie Ihr. Aber ich spreche einen verteufelten Mischmasch, halb wie Weltleute und Gelehrte und halb wie die Marktweiber.

ICH: Ich rede übel. Ich weiß nur die Wahrheit zu sagen, und das greift nicht immer, wie Ihr wisst.

ER: Es ist auch nicht um die Wahrheit zu sagen, aber um die Lüge gut zu sagen, dass ich mir Euer Talent wünsche. Wüsst ich nur zu schreiben, ein Buch zu schnüren, eine Dedikation zu wenden, einen Narren recht von seinem Verdienste trunken zu machen, mich bei den Weibern einzuschmeicheln.

ICH: Das alles wisst Ihr tausendmal besser als ich. Ich wäre nicht einmal wert, Euer Schüler zu sein.

ER: Wieviel große Eigenschaften, deren Preis Ihr nicht erkennt!

ICH: Den Preis, den ich drauf lege, erwerbe ich auch.

ER: Wäre das wahr, so trügt Ihr nicht diesen groben Rock, diese Zeugweste, diese baumwollnen Strümpfe, diese schweren Schuhe und diese alte Perücke.

ICH: Ihr habt recht. Man muss sehr ungeschickt sein, wenn man nicht reich ist und sich doch alles erlaubt, um es zu werden. Aber es gibt Leute wie ich, die den Reichtum nicht als das Kostbarste auf der Welt betrachten. Wunderliche Leute!

ER: Sehr wunderliche Leute! Mit dieser Ansicht wird man nicht geboren, man gibt sie sich: denn sie ist nicht in der Natur.

ICH: Des Menschen?

ER: Des Menschen. Alles, was lebt, und so auch der Mensch, sucht sein Wohlsein auf Kosten dessen, der was hergeben kann, und ich bin sicher, dass wenn ich meinen kleinen Wilden gehn ließe, ohne dass ich ihm irgendetwas sagte, würde er reiche Kleider verlangen, reichliche Nahrung, Wertschätzung der Männer, Liebe der Frauen, alles Glück des Lebens auf sich vereinigt.

ICH: Wäre der kleine Wilde sich selbst überlassen und bewahrte seine ganze Schwäche, vereinigte mit der geringen Vernunft des Kindes in der Wiege die Ge-

walt der Leidenschaften des Mannes von dreißig Jahren, so bräch er seinem Vater den Hals und entehrte seine Mutter.
ER: Das zeigt die Notwendigkeit einer guten Erziehung, und wer bestreitet sie? Was ist denn aber eine gute Erziehung, als die zu allen Arten Genuss führt ohne Gefahr und Ungelegenheit?
ICH: Beinahe könnt ich Euch beipflichten; aber wir wollen uns vor einer Erklärung hüten.
ER: Warum?
ICH: Weil ich fürchte, die Übereinstimmung ist nur scheinbar, und wollten wir bestimmen, was denn für Gefahren und Ungelegenheiten zu vermeiden sind, so verstehn wir uns nicht mehr.
ER: Und was tut's denn?
ICH: Lassen wir das; was ich davon weiß, werde ich Euch nicht lehren, und leichter unterrichtet Ihr mich in dem, was Ihr von der Musik versteht und ich nicht weiß. Lieber Rameau, lasst uns von Musik reden und sagt mir, wie kommt's, dass Ihr, mit der Leichtigkeit, die schönsten Stellen der großen Meister zu fühlen, im Gedächtnis zu behalten, sie mit dem Enthusiasmus, den sie Euch einflößen, wiederzugeben und andere wieder zu entzücken, wie kommt's, dass Ihr nichts gemacht habt, das etwas wert sei?

Anstatt mir zu antworten, zuckte er mit dem Kopf, hob den Finger gen Himmel und rief: »Und das Gestirn, das Gestirn! Als die Natur Leo, Vinci, Pergolesi, Duni bildete, da lächelte sie; ein ernsthaftes und gebietrisches Gesicht machte sie, als sie den lieben Onkel Rameau hervorbrachte, den man während zehn Jahren den großen Rameau wird genannt haben und von dem man bald nicht mehr sprechen wird. Als sie aber seinen Vetter zusammenraffte, da schnitt sie eine Fratze und wieder eine Fratze und noch eine Fratze ...« Als er das sagte, schnitt er verschiedene Gesichter. Es war Verachtung, Geringschätzung, Ironie. Er schien ein Stück Teig zwischen seinen Fingern zu kneten und lächelte über die lächerlichen Formen, die er ihm gab. Hierauf warf er die seltsame Pagode weg und sagte: »So machte sie mich und warf mich neben andere Pagoden, einige mit dicken, wohlgesättigten Bäuchen, kurzen Hälsen, klotzenden vorliegenden Augen von apoplektischem Aussehen. Auch krumme Hälse gab's, und dann trockne Figuren, mit lebhaftem Auge und einer Habichtsnase. Alle wollten sich zu Tode lachen, als sie mich sahen, und ich setzte meine Fäuste in die Seiten und wollte mich zu Tode lachen, als ich sie sah. Denn die Toren und Narren haben Freude aneinander, sie suchen sich, sie ziehen sich an. Hätte ich da bei meiner Ankunft nicht das Sprichwort schon fertig gefunden, das Geld der Narren ist das Erbteil der Gescheiten, mir wäre man's schuldig geworden. Ich fühlte, die Natur hatte mein Erbteil in den Beutel der Pagoden gelegt, und ich versuchte tausend Mittel, um es wieder zu erhaschen.«
ICH: Ich kenne diese Mittel. Ihr habt mir davon gesprochen. Ich habe sie sehr bewundert; aber bei soviel Fähigkeiten, warum versuchtet Ihr nicht ein schönes Werk?
ER: Das ist gerade, wie ein Weltmann zum Abbé Le Blanc sagte. Der Abbé sagte: »Die Marquise von Pompadour nimmt mich auf die Hand und trägt mich bis an die Schwelle der Akademie, da zieht sie ihre Hand weg, ich falle und breche beide Bei-

ne.« – Der Weltmann antwortete: »Ihr solltet Euch zusammennehmen, Abbé, und die Türe mit dem Kopf einstoßen.« – Der Abbé versetzte: »Das habe ich eben versucht, und wisst Ihr, was ich davontrug? eine Beule an der Stirn.«

Nach diesem Geschichtchen ging mein Mann mit hängendem Kopf einher, nachdenklich und niedergeschlagen. Er seufzte, weinte, jammerte, erhob Hände und Augen, schlug den Kopf mit der Faust, dass ich dachte, er würde Stirn oder Finger beschädigen. Dann setzt' er hinzu: »Mir scheint, es ist doch was da drinnen. Aber ich mag schlagen und schütteln, wie ich will, nichts kommt heraus.« Dann begann er wieder den Kopf zu schütteln, die Stirn gewaltig zu schlagen und sagte: »Entweder ist niemand drinnen, oder man will mir nicht antworten.«

Nach einem Augenblick zeigte er ein mutiges Aussehn, hob den Kopf, legte die rechte Hand aufs Herz, ging und sagte: »Ich fühle, ja ich fühle ...« Er stellte einen Menschen vor, der böse wird, der sich ärgert, zärtlich wird, befiehlt, bittet, und ohne Vorbereitung sprach er Reden des Zorns, des Mitleidens, des Hasses, der Liebe. Er entwarf die Charaktere der Leidenschaft mit einer Feinheit, einer erstaunenden Wahrheit. Dann setzt' er hinzu: »So ist's recht, glaub ich. Nun kommt's. Da sieht man, was ein Geburtshelfer tut, der die Schmerzen reizt und beschleunigt und eilig das Kind bringt. Bin ich allein und nehm ich die Feder, will ich schreiben, so zerbeiß ich mir die Nägel, nütze die Stirn ab. Gehorsamer Diener, guten Abend, der Gott ist abwesend. Ich glaubte Genie zu haben, am Ende der Zeile lese ich, dass ich dumm bin, dumm, dumm. Aber wie will man auch fühlen, sich erheben, denken, mit Stärke malen, wenn man mit Leuten umgeht, wie die sind, denen man aufwarten muss, um zu leben? Wie will man das mitten unter solchen Reden, die man führt und hört, und diesem Gevattergeklatsch: ›Heute war der Boulevard allerliebst. Habt Ihr den kleinen Murmeltierjungen gehört, er spielt scharmant. Herr Soundso hat das schönste graugeapfelte Gespann, das man sich nur denken mag. Die schöne Madame N. N. ist auch auf dem Rückweg. Trägt man denn mit fünfundvierzig Jahren noch einen solchen Aufsatz? Die junge Soundso ist mit Diamanten bedeckt, die sie wenig kosten.‹ – ›Ihr wollt sagen, die sie viel kosten.‹ – ›Nicht doch!‹ – ›Wo habt Ihr sie gesehen?‹ – ›Beim verlornen und wiedergefundenen Arlequin. Die Szene der Verzweiflung ist gespielt worden wie noch nie. Der Polichinelle der Foire hat Kehle, aber keine Feinheit, keine Seele. Madame Dieunddie hat auf einmal zwei Kinder gekriegt. So kann doch jeder Vater zu dem seinigen greifen ...‹ Und das nun alle Tage zu sagen, wieder zu sagen und zu hören, sollte das erwärmen und zu großen Dingen führen?«

ICH: Nein! Man schlösse sich lieber in seinem Dachstübchen ein, tränke Wasser, speiste trocknes Brot und suchte sich selbst.

ER: Vielleicht. Aber dazu habe ich den Mut nicht. Und sein ganzes Dasein an etwas Ungewisses wagen? Und der Name, den ich führe, Rameau! Rameau zu heißen, das ist unbequem. Es ist nicht mit Talenten wie mit dem Adel, der sich fortpflanzt und dessen Herrlichkeit wächst, indem er vom Großvater zum Vater, vom Vater zum Sohn, vom Sohn zum Enkel übergeht, ohne dass der Ahnherr eine Forderung von Verdienst an seinen Abkömmling mache. Der alte Stamm ästet sich zu einem ungeheuren Narrenbaume, aber was schadet das? Mit dem Talent ist's ganz anders. Um

nur den Ruf seines Vaters zu erhalten, muss man geschickter sein als er, man muss von seiner Faser geerbt haben. Die Faser ist mir ausgeblieben; aber das Handgelenk ist geübt, der Bogen rührt sich und der Topf siedet, ist's nicht Ruhm, so ist's Bouillon.
ICH: An Eurer Stelle ließe ich mir's nicht nur gesagt sein, ich versuchte.
ER: Und glaubt Ihr, dass ich's nicht versucht habe? Ich war noch nicht vierzehn Jahre alt, als ich mir zum ersten Mal sagte: Was hast du, Rameau? Du sinnst? Auf was sinnst du? Du möchtest gern etwas gemacht haben oder machen, woran sich die Welt entzückte ... Nun denn! So blase und rühre die Finger, schneide das Rohr zu, so gibt es eine Flöte. Ich ward älter und wiederholte die Reden meiner Kindheit, und noch immer wiederhole ich sie. Aber die Statue Memnons bleibt mein Nachbar.
ICH: Was wollt Ihr mit Eurer Statue Memnons?
ER: Das ist klar, dünkt mich. In der Nachbarschaft von Memnons Bildsäule standen viele andere, gleichfalls von der Sonne beschienen, aber nur die eine gab einen Klang. Voltaire ist ein Poet, und wer noch? Voltaire, und der dritte? Voltaire, und der vierte? Voltaire. Musiker sind Rinaldo von Capua, Hasse, Pergolesi, Alberti, Tartini, Locatelli, Terradeglias, mein Onkel, der kleine Duni, der weder Gesichtsausdruck noch Figur hat; aber der fühlt, bei Gott! Der Gesang hat und Ausdruck. Das ist nun wohl eine kleine Zahl Memnons. Das übrige will nicht mehr heißen, als ein Paar Ohren an einen Stock genagelt. Auch sind wir übrigen bettelhaft, so bettelhaft, dass es eine Lust ist. Ach! Herr Philosoph, das Elend ist eine schreckliche Sache. Ich sehe es kauernd, mit lechzendem Munde, um einige Tropfen Wasser aufzufangen, die sich aus dem Gefäß der Danaiden verlieren. Ich weiß nicht, ob es den Geist der Philosophen schärft, aber es verkühlt teuflisch den Kopf des Poeten. Man singt nicht gut unter dem Fasse, und doch ist der glücklich zu preisen, der einen Platz findet. Ich war so glücklich und habe mich nicht halten können. Ach, ich war schon einmal so ungeschickt, ich reiste durch Böhmen, Deutschland, die Schweiz, Holland, zum Teufel, in alle Welt.
ICH: Unter dem löchrigen Fass?
ER: Unter dem löchrigen Fass. Es war ein reicher verschwenderischer Jude, der die Musik und meine Torheiten liebte. Ich musizierte, wie es Gott gefiel, und spielte den Narren dabei. Mir ging nichts ab. Mein Jude war ein Mann, der das Gesetz kannte, der es streng und schroff beobachtete, manchmal in Gegenwart des Freunds, immer in Gegenwart des Fremden. Er zog sich einen bösen Handel zu, den ich Euch erzählen muss.

In Utrecht fand sich eine allerliebste Dirne, die Christin gefiel ihm. Er schickte ihr einen Kuppler mit einem starken Wechsel. Die wunderliche Kreatur verwarf das Anerbieten, der Jude war in Verzweiflung. Der Mittelsmann sagte: »Warum betrübt Ihr Euch so? Wollt Ihr eine hübsche Frau? Nichts ist leichter, und zwar eine noch hübschere als die, nach der Ihr trachtet. Es ist meine Frau, ich trete sie Euch ab für denselben Preis.« – Gesagt, getan. Der Mittelsmann behält den Wechsel und führt meinen Juden zur Frau. Der Wechsel wird fällig, der Jude lässt ihn protestieren und verweigert die Zahlung. Denn der Jude sagte zu sich selbst: Niemals wird dieser Mann sich zu sagen unterstehen, um welchen Preis er meinen Wechsel besitzt, und ich werde ihn nicht bezahlen. Vor Gericht fragte er den Kuppler: »Diesen Wechsel, von wem habt Ihr ihn?« – »Von Euch.« – »Habt Ihr mir Geld geborgt?« – »Nein!« – »Habt Ihr mir Waren geliefert?« – »Nein!« – »Habt Ihr mir Dienste geleistet?« – »Nein! Aber davon ist die Rede nicht. Ihr habt den Wechsel unterzeichnet und werdet bezahlen.« – »Ich habe ihn nicht unterzeichnet.« – »So wäre ich also ein Fälscher?« – »Ihr oder ein andrer, dessen Werkzeug Ihr seid.« – »Ich bin ein Schuft, aber Ihr seid ein Spitzbube. Glaubt mir und treibt mich nicht zum Äußersten. Ich gestehe sonst alles. Ich entehre mich, aber Euch richte ich zugrunde ...« Der Jude verachtete die Drohung, und der Kuppler entdeckte die ganze Geschichte bei der nächsten Sitzung. Sie wurden beide beschimpft und der Jude zu Zahlung des Wechsels verdammt, dessen Summe man zum Besten der Armen verwendete. Da trennte ich mich von ihm und kam hierher.

Was sollte ich tun? Denn ich musste vor Elend umkommen oder etwas unternehmen. Allerlei Vorschläge gingen mir durch den Kopf. Bald wollt ich mich in eine Landtruppe werfen und taugte weder fürs Theater noch fürs Orchester. Bald wollt ich mir ein Bild malen lassen, wie man's an der Stange herumträgt und auf einer Kreuzstraße hinpflanzt. Dabei hätt ich mit lauter Stimme meine Geschichte erzählt: Hier ist die Stadt, wo er geboren ist. Hier nimmt er Abschied von seinem Vater, dem Apotheker, hier kommt er in die Hauptstadt und sucht die Wohnung seines Onkels. Hier liegt er seinem Onkel zu Füßen, der ihn fortjagt. Hier zieht er mit einem Juden herum usw. Den andern Tag stand ich auf, wohl entschlossen, mich mit den Gassensängern zu verbinden, und das würd ich nicht am schlimmsten gemacht haben. Unsre Übungen hätten wir unter den Fenstern meines lieben Onkels angestellt, der vor Bosheit zerplatzt wäre. Ich ergriff ein anderes Mittel.

(Da hielt er inne und ging nach und nach von der Stellung eines Mannes, der eine Violine hält, auf der er die Töne greift, bis zur Gestalt eines armen Teufels über, dem die Kräfte mangeln, dem die Knie schlottern und der verscheiden würde, wenn man ihm nicht ein Stückchen Brot zuwürfe. Er bezeichnete sein äußerstes Bedürfnis durch die Bewegung des Fingers zu seinem halb offnen Mund.)

Das versteht man. Man wirft mir eine Kleinigkeit zu, um die wir uns streiten, drei oder vier Hungrige, wie wir sind. Und nun denkt einmal groß, macht schöne Sachen in einem solchen Zustand!

ICH: Das ist schwer.

ER: Von Stufe zu Stufe fiel ich endlich in ein gutes Haus und befand mich köstlich. Nun bin ich verstoßen und muss von neuem die Darmsaiten sägen und auf die Gebärde des Fingers gegen den lechzenden Mund zurückkehren. Nichts ist beständig auf der Welt. Auf dem Glücksrad heute oben, morgen unten. Verfluchte Zufälle führen uns und führen uns sehr schlecht.

Dann trank er einen Schluck, der noch in der Flasche übriggeblieben war, und wendete sich an seinen Nachbar: »Mein Herr, ich bitte Euch um eine kleine Prise. Ihr habt da eine schöne Dose. Ihr seid kein Musikus?« – »Nein!« – »Desto besser für Euch. Das sind arme, beklagenswerte Schufte. Das Schicksal hat mich dazu gemacht, mich, indessen zu Montmartre vielleicht in einer Mühle ein Müller, ein Mühlknecht sich befindet, der nichts anders als das Klappern der Mühle hören wird

und der vielleicht die schönsten Gesänge gefunden hätte. Rameau, zur Mühle, zur Mühle, dort gehörst du hin!«
ICH: Die Natur bestimmt jeden dazu, wozu er sich Mühe geben mag.
ER: Doch vergreift sie sich oft. Was mich betrifft, ich betrachte die irdischen Dinge nicht von solcher Höhe, wo alles einerlei aussieht. Der Mann, der einen Baum mit der Schere reinigt, und die Raupe, die daran das Blatt nagt, können als zwei gleiche Insekten gelten. Jeder hat seine Pflicht. Stellt Euch auf eine Planetenbahn und teilt von dorther, wenn es Euch gefällt, nach Art des Réaumur, das Geschlecht der Fliegen in Nähende, Ackernde, Sichelnde oder die Menschengattung in Tischler, Zimmerleute, Dachdecker, Tänzer, Sänger, das ist Eure Sache, ich mische mich nicht drein. Ich bin in dieser Welt und bleibe drin, aber wenn es natürlich ist, Appetit zu haben – denn ich komme immer zum Appetit zurück, zu der Empfindung, die mir immer gegenwärtig ist –, so finde ich, dass es keine gute Ordnung sei, nicht immer etwas zu essen zu haben. Welche Teufelseinrichtung! Menschen, die alles übervoll haben, indessen andre, eben auch wie sie mit ungestümen Mägen, wie sie mit einem wiederkehrenden Hunger, nichts für ihren Zahn finden. Und dann ist die gezwungene Stellung, in der uns das Bedürfnis hält, das allerschlimmste. Der bedürftige Mensch geht nicht wie ein andrer, er springt, er kriecht, er krümmt sich, er schleppt sich und bringt sein Leben zu, indem er Positionen erdenkt und ausführt.
ICH: Was sind denn Positionen?
ER: Fragt Noverre! Und doch bringt die Welt viel mehr Positionen hervor, als seine Kunst nachahmen kann.
ICH: So versteigt Ihr Euch doch auch in höhere Regionen und betrachtet von da herab die verschiednen Pantomimen der Menschengattung?
ER: Nein, nein! Ich sehe nur um mich her und setze mich in meine Position, oder ich erlustige mich an den Positionen, die ich andre nehmen sehe. Ich verstehe mich trefflich auf Pantomimen; Ihr sollt urteilen.

Nun lächelt er, spielt den Bewundernden, den Bittenden, den Gefälligen, er setzt den rechten Fuß vor, den linken zurück, den Rücken gebogen, den Kopf in die Höhe, den Blick wie auf andrer Blicke gerichtet, den Mund halb offen, die Arme nach einem Gegenstand ausgestreckt. Er erwartet einen Befehl, er empfängt ihn, fort ist er wie ein Pfeil, er ist wieder da, es ist getan, er gibt Rechenschaft; er ist aufmerksam auf alles; was fällt, hebt er auf; ein Kissen legt er zurecht; einen Schemel schiebt er unter; er hält einen Präsentierteller, er nähert einen Stuhl, er öffnet eine Tür, zieht die Vorhänge zu, bemerkt den Herrn und die Frau, ist unbeweglich mit hängenden Armen, steifen Beinen, er hört, er horcht, er sucht auf den Gesichtern zu lesen, und dann sagt er: »Das ist meine Pantomime ungefähr, wie aller Schmeichler, Schmarotzer und Dürftigen.«

Die Torheiten dieses Menschen, die Märchen des Abts Galiani, die Ausschweifungen Rabelais' haben mich manchmal zu tiefem Nachdenken veranlasst. Das sind drei Kramläden, wo ich mich mit lächerlichen Masken versehe, die ich den ernsthaftesten Personen aufs Gesicht setze. Ich sehe einen Pantalon in einem Prälaten, einen Satyr in einem Präsidenten, ein Schwein in einem Mönch, einen Strauß in einem Minister, eine Gans in seinem Ersten Sekretär.

»Aber nach Eurer Rechnung«, sagte ich zu meinem Manne, »gibt es auf dieser Welt viel Dürftige, und ich kenne niemand, der sich nicht zu einigen Schritten Eures Tanzes bequeme.«

ER: Ihr habt recht. In einem ganzen Königreiche gibt es nur einen Menschen, der grad vor sich hingeht, den Souverän, alles übrige nimmt Positionen.

ICH: Der Souverän? Und dabei ließe sich doch auch noch etwas erinnern. Glaubt Ihr denn nicht, dass sich von Zeit zu Zeit neben ihm ein kleiner Fuß, ein kleiner Chignon, eine kleine Nase befinde, die ihn gleichfalls zu einiger Pantomime veranlassen? Wer einen andern braucht, ist bedürftig und nimmt eine Position an. Vor seiner Geliebten nimmt der König eine Position an, und vor Gott macht er seinen Pantomimenschritt. Der Minister macht den Schritt des Hofmanns, des Schmeichlers, des Bedienten, des Bettlers vor seinem König. Die Menge der Ehrgeizigen tanzt Eure Positionen auf hundert Manieren, eine verworfener als die andern, vor dem Minister. Der vornehme Abbé mit Überschlag und langem Kinn macht wenigstens einmal die Woche vor dem, der die Benefizien auszuteilen hat, seine Männchen. Wahrlich, was Ihr die Pantomime der Bettler nennt, ist der große Hebel der Erde. Jeder hat seine kleine Hus und seinen Bertin.

ER: Das tröstet mich.

Aber indessen ich sprach, stellte er die genannten Leute vor; es war zum Totlachen, z. B. als kleiner Abbé hielt er den Hut unterm Arm, das Brevier in der linken Hand, mit der rechten trug er den Schweif seines Mantels, den Kopf ein wenig auf die Schulter geneigt ging er einher, mit niedergeschlagenen Augen, und ahmte so völlig den Heuchler nach, dass ich glaubte, den Autor der »Réfutations« vor dem Bischof von Orléans zu sehen. Hinter den Schmeichlern, den Ehrsüchtigen war er gewaltig drein. Es war der leibhafte Bouret bei der General-Contrôle.

ICH: Das heißt vortrefflich ausführen, aber doch gibt es ein Wesen, das von der Pantomime freigesprochen ist, der Philosoph, der nichts hat und nichts verlangt.

ER: Und wo ist denn das Tier? Hat er nichts, so leidet er, bemüht er sich um nichts, so erhält er nichts und wird immer leiden.

ICH: Nein. Diogenes, der über die Bedürfnisse spottete.

ER: Aber man will gekleidet sein!

ICH: Nein. Er ging nackt.

ER: Manchmal war es kalt in Athen.

ICH: Weniger als hier.

ER: Man speiste.

ICH: Ganz gewiss.

ER: Auf wessen Kosten?

ICH: Der Natur. Zu wem wendet sich der Wilde? Zur Erde, zu den Tieren, den Fischen, den Bäumen, den Kräutern, den Wurzeln, den Bächen.

ER: Schlechte Tafel.

ICH: Sie ist groß.

ER: Aber übel bedient.

ICH: Und doch deckt man sie ab, um die unsrigen zu besetzen.

ER: Aber bekennt nur, dass die Industrie unsrer Köche, Pastetenbäcker und Zuckerbäcker ein weniges von dem ihrigen hinzutut. Mit einer so strengen Diät musste Euer Diogenes wohl keine störrischen Organe besitzen?
ICH: Ihr irrt Euch. Des Kynikers Kleid war ehemals, was jetzt unsre Mönchskleidung, und mit derselben Kraft. Die Kyniker waren die Karmeliten und Kapuziner von Athen.
ER: Da hab ich Euch! Diogenes hat also auch seine Pantomime getanzt, wenn auch nicht vor Perikles, wenigstens vor Lais oder Phryne.
ICH: Da betrügt Ihr Euch wieder. Andre bezahlten sehr teuer die Schönheit, die sich ihm aus Vergnügen überließ.
ER: Begab sich's aber, dass die Schönheit sonst beschäftigt war und der Kyniker nicht warten konnte –
ICH: So ging er in sein Fass und suchte sie entbehrlich zu finden.
ER: Und Ihr rietet mir, ihn nachzuahmen?
ICH: Ich will sterben, wenn es nicht besser wäre, als zu kriechen, sich wegzuwerfen, sich zu beschimpfen.
ER: Aber ich brauche ein gutes Bett, eine gute Tafel, ein warmes Kleid im Winter, ein kühles Kleid im Sommer und mehr andre Dinge, die ich lieber dem Wohlwollen schuldig sein als durch Arbeit erwerben mag.
ICH: Weil Ihr ein Nichtswürdiger, ein Vielfraß, ein Niederträchtiger seid, eine Kotseele.
ER: Das hab ich Euch, glaub ich, schon alles gestanden.
ICH: Ohne Zweifel haben die Dinge des Lebens einen Wert; aber Ihr kennt nicht den Wert des Opfers, das Ihr bringt, um sie zu erlangen. So tanzt Ihr die schlechte Pantomime, Ihr habt sie getanzt und werdet sie tanzen.
ER: Es ist wahr, aber es hat mich wenig gekostet, und deswegen wird mich's künftig nichts kosten, und deshalb tät ich übel, einen andern Gang anzunehmen, der mir beschwerlich wäre und in dem ich nicht verharren könnte. Aber aus dem, was Ihr mir da sagt, begreif ich erst, dass meine arme kleine Frau eine Art Philosoph war; sie hatte Mut wie ein Löwe. Manchmal fehlte es uns an Brot, wir hatten keinen Pfennig, und manchmal waren fast alle unsre Kleinigkeiten von Wert verkauft. Ich hatte mich aufs Bett geworfen, da zerbrach ich mir den Kopf, den Mann zu finden, der mir einen Taler liehe, den ich ihm nicht wiedergäbe. Sie, munter wie ein Zeisig, setzte sich ans Klavier, sang und begleitete sich. Das war eine Nachtigallenkehle. Hättet Ihr sie doch nur auch gehört! Wenn ich in einem Konzert spielte, nahm ich sie mit. Unterwegs sagte ich: »Frisch, Madame! macht, dass man Euch bewundre. Entwickelt Euer Talent, Eure Reize, entführt, überwindet.« – Wir kamen an, sie sang, sie entführte, sie überwand. Ach! Ich habe die arme Kleine verloren. Außer ihrem Talent hatte sie ein Mäulchen, kaum ging der kleine Finger hinein, Zähne, eine Reihe Perlen, Augen, eine Haut, Wangen, Brust, Rehfüßchen und Schenkel und alles zum Modellieren. Früher oder später hätte sie einen Generalpächter gewonnen. Das war ein Gang, Hüften, ach Gott, was für Hüften!

(Und nun machte er den Gang seiner Frau nach, kleine Schritte, den Kopf in der Luft, er spielte mit dem Fächer, er schwänzelte, es war die Karikatur unsrer kleinen

Koketten, so neckisch und lächerlich als möglich. Dann fuhr er in seinem Gespräche fort:)

Überall führte ich sie hin, in die Tuilerien, ins Palais Royal, auf die Boulevards. Es war unmöglich, dass sie mir bleiben konnte. Morgens, wenn sie über die Straße ging, mit freien Haaren und niedlichem Jäckchen, Ihr wäret stehengeblieben, sie zu besehen. Ihr hättet sie mit vier Fingern umspannt, ohne sie zu zwängen. Kam jemand hinter ihr drein und sah sie mit ihren kleinen Füßchen hintrippeln und betrachtete die breiten Hüftchen, deren Form das leichte Röckchen zeichnete, gewiss, er verdoppelte den Schritt. Sie ließ ihn ankommen, und dann wendete sie schnell ihre großen schwarzen Augen ihm zu, und jeder blieb betroffen stehen. Denn die Vorderseite der Medaille war wohl die Rückseite wert. Aber ach! Ich habe sie verloren, und alle unsre Hoffnungen auf Glück sind mit ihr verschwunden. Ich hatte sie nur darum geheiratet. Ich hatte ihr meine Pläne mitgeteilt, und sie hatte zu viel Einsicht, um nicht ihre Sicherheit zu begreifen, und zu viel Verstand, um sie nicht zu billigen.

Nun schluchzt er, nun weint er, nun ruft er aus: »Nein, nein! Darüber tröst ich mich niemals und darauf hab ich Umschlag und Käppchen genommen.«

ICH: Für Schmerz?

ER: Eigentlich, um meinen Napf immer auf dem Kopf zu haben. Aber seht doch ein wenig, wie spät es ist. Ich muss in die Oper.

ICH: Was gibt man?

ER: Von d'Auvergne. Es sind schöne Sachen in seiner Musik. Schade, dass er sie nicht zuerst gesagt hat. Unter den Toten gibt's immer einige, die den Lebendigen im Wege sind. Was hilft's! Quisque suos patimur manes. Aber es ist halb sechse. Ich höre die Glocke, die zu der Vesper des Abbé de Canaye läutet. Die ruft mich auch. Lebt wohl. Ist's nicht wahr, Herr Philosoph, ich bin immer derselbe?

ICH: Jawohl, unglücklicherweise.

ER: Lasst mich das Unglück noch vierzig Jahre genießen. Der lacht wohl, der zuletzt lacht.

Wilhelm Heinrich Wackenroder

Das merkwürdige musikalische Leben des Tonkünstlers Joseph Berglinger

In zwei Hauptstücken

in: *Herzensergießungen eines kunstliebenden Klosterbruders*; Erstdruck bei Johann Friedrich Unger, Berlin 1797 [recte 1796] (anonym). Von Ludwig Tieck (1773-1853) stammen vier der insgesamt achtzehn Stücke: »An den Leser dieser Blätter« (Vorrede), »Sehnsucht nach Italien«, »Brief des jungen Florentinischen Malers Antonio an seinen Freund Jacobo in Rom« und »Brief eines jungen Malers in Rom an seinen Freund in Nürnberg«. Außerdem besorgte Tieck die redaktionelle Überarbeitung des Manuskripts.

Erstes Hauptstück

Ich habe mehrmals mein Auge rückwärts gewandt und die Schätze der Kunstgeschichte vergangener Jahrhunderte zu meinem Vergnügen eingesammelt; aber jetzt treibt mich mein Gemüt, einmal bei den gegenwärtigen Zeiten zu verweilen und mich an der Geschichte eines Künstlers zu versuchen, den ich seit seiner frühen Jugend kannte, und der mein innigster Freund war. Ach, leider bist du bald von der Erde weggegangen, mein Joseph! Und nicht so leicht werd ich deinesgleichen wiederfinden. Aber ich will mich daran laben, der Geschichte deines Geistes, von Anfang an, so wie du mir oftmals in schönen Stunden sehr ausführlich davon erzählt hast und so wie ich dich selbst innerlich kennengelernt habe, in meinen Gedanken nachzugehen und denen, die Freude daran haben, deine Geschichte erzählen. – Joseph Berglinger ward in einem kleinen Städtchen im südlichen Deutschland geboren. Seine Mutter musste die Welt verlassen, indem sie ihn dareinsetzte; sein Vater, schon ein ziemlich bejahrter Mann, war Doktor der Arzneigelehrsamkeit und in dürftigen Vermögensumständen. Das Glück hatte ihm den Rücken gewandt; und es kostete ihn sauren Schweiß, sich und sechs Kinder (denn Joseph hatte fünf weibliche Geschwister) durchs Leben zu bringen, zumal ihm nun eine verständige Wirtschafterin mangelte.

Dieser Vater war ursprünglich ein weicher und sehr gutherziger Mann, der nichts lieber tun mochte, als helfen, raten und Almosen geben, so viel er nur vermögend war; der nach einer guten Tat besser schlief als gewöhnlich; der lange, mit herzlicher Rührung und Dank gegen Gott, von den guten Früchten seines Herzens zehren konnte und seinen Geist am liebsten mit rührenden Empfindungen nährte. Man muss in der Tat allemal von tiefer Wehmut und herzlicher Liebe ergriffen werden, wenn man die beneidenswerte Einfachheit dieser Seelen betrachtet, welche in den gewöhnlichen Äußerungen des guten Herzens einen so unerschöpflichen Abgrund von Herrlichkeit finden, dass dies völlig ihr Himmel auf Erden ist, wodurch sie mit der ganzen Welt versöhnt und immer in zufriedenem Wohlbehagen erhalten werden. Joseph hatte ganz diese Empfindung, wenn er seinen Vater betrachtete; – aber ihn hatte der Himmel nun einmal so eingerichtet, dass er immer nach etwas noch Höherem trachtete; es genügte ihm nicht die bloße Gesundheit der Seele und dass sie ihre ordentlichen Geschäfte auf Erden, als arbeiten und Gutes tun, verrichtete; – er wollte, dass sie auch in üppigem Übermut dahertanzen und zum Himmel, als zu ihrem Ursprung, hinaufjauchzen sollte.

Das Gemüt seines Vaters war aber auch noch aus andern Dingen zusammengesetzt. Er war ein emsiger und gewissenhafter Arzt, der zeit seines Lebens an nichts als an der Kenntnis der seltsamen Dinge, die im menschlichen Körper verborgen liegen, und an der weitläufigen Wissenschaft aller jammervollen menschlichen Gebrechen und Krankheiten seine Lust gehabt hatte. Dieses eifrige Studium nun war ihm, wie es öfters zu geschehen pflegt, ein heimliches, nervenbetäubendes Gift geworden, das alle seine Adern durchdrang und viele klingende Saiten des menschlichen Busens bei ihm zernagte. Dazu kam der Missmut über das Elend seiner Dürftigkeit, und endlich das Alter. All dieses zehrte an der ursprünglichen Güte seines Gemüts; denn bei nicht starken Seelen geht alles, womit der Mensch zu schaffen hat, in sein Blut über und verwandelt sein Inneres, ohne dass er es selber weiß. Die Kinder des alten Arztes wuchsen bei ihm auf wie Unkraut in einem verwilderten Garten. Josephs Schwestern waren teils kränklich, teils von schwachem Geiste und führten ein kläglich einsames Leben in ihrer dunklen kleinen Stube.

In diese Familie konnte niemand weniger passen als Joseph, der immer in schöner Einbildung und himmlischen Träumen lebte. Seine Seele glich einem zarten Bäumchen, dessen Samenkorn ein Vogel in das Gemäuer öder Ruinen fallen ließ, wo es zwischen harten Steinen jungfräulich hervorschießt. Er war stets einsam und still für sich und weidete sich nur an seinen inneren Phantasien; drum hielt der Vater auch ihn für ein wenig verkehrt und blöden Geistes. Seinen Vater und seine Geschwister liebte er aufrichtig; aber sein Inneres schätzte er über alles und hielt es vor anderen geheim und verborgen. So hält man ein Schatzkästlein verborgen, zu welchem man den Schlüssel niemanden in die Hände gibt.

Seine Hauptfreude war von seinen frühsten Jahren an die Musik gewesen. Er hörte zuweilen jemanden auf dem Klavier spielen und spielte auch selber etwas. Nach und nach bildete er sich durch den oft wiederholten Genuss auf eine so eigene Weise aus, dass sein Inneres ganz und gar zu Musik ward und sein Gemüt, von dieser Kunst gelockt, immer in den dämmernden Irrgängen poetischer Empfindung umherschweifte.

Eine vorzügliche Epoche in seinem Leben machte eine Reise zur bischöflichen Residenz, wohin ein begüterter Anverwandter, der dort wohnte und der den Knaben liebgewonnen hatte, ihn auf einige Wochen mitnahm. Hier lebte er nun recht im Himmel: sein Geist ward mit tausendfältiger schöner Musik ergötzt und flatterte nicht anders als ein Schmetterling in warmen Lüften umher.

Vornehmlich besuchte er Kirchen und hörte die heiligen Oratorien, Kantilenen und Chöre mit vollem Posaunen- und Trompetenschall unter den hohen Gewölben ertönen, wobei er oft, aus innerer Andacht, demütig auf den Knien lag. Ehe die Musik begann, war es ihm, wenn er so in dem gedrängten, leise murmelnden Gewimmel der Volksmenge stand, als wenn er das gewöhnliche und gemeine Leben der Menschen als einen großen Jahrmarkt unmelodisch durcheinander und um sich herum summen hörte; sein Kopf ward von leeren, irdischen Kleinigkeiten betäubt. Erwartungsvoll harrte er auf den ersten Ton der Instrumente; – und indem er nun aus der dumpfen Stille, mächtig und langgezogen, gleich dem Wehen eines Windes vom Himmel hervorbrach und die ganze Gewalt der Töne über seinem Haupt daherzog, – da war es ihm, als wenn auf einmal seiner Seele große Flügel ausgespannt, als wenn er von einer dürren Heide aufgehoben würde, der trübe Wolkenvorhang vor den sterblichen Augen verschwände, und er zum lichten Himmel emporschwebte. Dann hielt er sich mit seinem Körper still und unbeweglich und heftete die Augen unverrückt auf den Boden. Die Gegenwart versank vor ihm; sein Inneres war von allen irdischen Kleinigkeiten, welche der wahre Staub auf dem Glanze der Seele sind, gereinigt; die Musik durchdrang seine Nerven mit leisen Schauern und ließ, so wie sie wechselte, mannigfache Bilder vor ihm aufsteigen. So kam es ihm bei manchen frohen und herzerhebenden Gesängen zum Lobe Gottes ganz deutlich vor, als wenn er den König David im langen königlichen Mantel, die Krone auf dem Haupt, vor der Bundeslade lobsingend hertanzen sähe; er sah sein ganzes Entzücken und alle seine Bewegungen, und das Herz hüpfte ihm in der Brust. Tausend schlafende Empfindungen in seinem Busen wurden losgerissen und bewegten sich wunderbar durcheinander. Ja, bei manchen Stellen der Musik endlich schien ein besonderer Lichtstrahl in seine Seele zu fallen; es war ihm, als wenn er dabei auf einmal weit klüger würde und mit helleren Augen und einer gewissen erhabenen und ruhigen Wehmut auf die ganze wimmelnde Welt herabsähe. Soviel ist gewiss, dass er sich, wenn die Musik geendigt war und er aus der Kirche herausging, reiner und edler geworden vorkam. Sein ganzes Wesen glühte noch von dem geistigen Weine, der ihn berauscht hatte, und er sah alle Vorübergehenden mit andern Augen an. Wenn er dann etwa ein paar Leute auf dem Spaziergang zusammenstehen und lachen oder sich Neuigkeiten erzählen sah, so machte das einen ganz eignen widrigen Eindruck auf ihn. Er dachte: Du musst zeitlebens, ohne Aufhören, in diesem schönen poetischen Taumel bleiben, und dein ganzes Leben muss eine Musik sein.

Wenn er dann aber zu seinem Anverwandten zum Mittagessen ging und es sich in einer gewöhnlich lustigen und scherzenden Gesellschaft hatte wohlschmecken lassen, dann war er unzufrieden, dass er so bald wieder ins prosaische Leben hinabgezogen war und sein Rausch sich wie eine glänzende Wolke verzogen hatte.

Diese bittere Misshelligkeit zwischen seinem angebornen ätherischen Enthusiasmus und dem irdischen Anteil an dem Leben eines jeden Menschen, der jeden täglich aus seinen Schwärmereien mit Gewalt herabzieht, quälte ihn sein ganzes Leben hindurch. –

Wenn Joseph in einem großen Konzert war, so setzte er sich, ohne auf die glänzende Versammlung der Zuhörer zu blicken, in einen Winkel und hörte mit eben der Andacht zu, als wenn er in der Kirche wäre – ebenso still und unbeweglich, und mit so vor sich auf den Boden sehenden Augen. Der geringste Ton entschlüpfte ihm nicht, und er war von der angespannten Aufmerksamkeit am Ende ganz schlaff und ermüdet. Seine ewig bewegliche Seele war ganz ein Spiel der Töne; – es war, als wenn sie losgebunden vom Körper wäre und freier umherzitterte, oder auch, als wäre sein Körper mit zur Seele geworden, – so frei und leicht ward sein ganzes Wesen von den schönen Harmonien umschlungen, und die feinsten Falten und Biegungen der Töne drückten sich in seiner weichen Seele ab. – Bei fröhlichen und entzückenden vollstimmigen Symphonien, die er vorzüglich liebte, kam es ihm gar oftmals vor, als säh er einen munteren Chor von Jünglingen und Mädchen auf einer heitern Wiese tanzen, wie sie vor- und rückwärts hüpften, und wie einzelne Paare zuweilen in Pantomimen zueinander sprachen und sich dann wieder unter den frohen Haufen mischten. Manche Stellen in der Musik waren ihm so klar und eindringlich, dass die Töne ihm Worte zu sein schienen. Ein andermal wieder wirkten die Töne eine wunderbare Mischung von Fröhlichkeit und Traurigkeit in seinem Herzen, so dass Lächeln und Weinen ihm gleich nahe war; eine Empfindung, die uns auf unserm Wege durch das Leben so oft begegnet und die keine Kunst geschickter ist auszudrücken als die Musik. Und mit welchem Entzücken und Erstaunen hörte er ein solches Tonstück an, das mit einer muntern und heitern Melodie, wie ein Bach, anhebt, aber sich nach und nach unvermerkt und wunderbar in immer trüberen Windungen fortschleppt und endlich in heftig-lautes Schluchzen ausbricht, oder wie durch wilde Klippen mit ängstigendem Getöse daherrauscht. – All diese mannigfaltigen Empfindungen nun drängten in seiner Seele immer entsprechende sinnliche Bilder und neue Gedanken hervor: – eine wunderbare Gabe der Musik, – welche Kunst wohl überhaupt um so mächtiger auf uns wirkt und alle Kräfte unsers Wesens um so allgemeiner in Aufruhr setzt, je dunkler und geheimnisvoller ihre Sprache ist. –

Die schönen Tage, die Joseph in der bischöflichen Residenz verlebt hatte, waren endlich vorüber, und er musste wieder nach seiner Vaterstadt in das Haus seines Vaters zurückkehren. Wie traurig war der Rückweg! Wie kläglich und niedergedrückt fühlte er sich wieder in einer Familie, deren ganzes Leben und Weben sich nur um die kümmerliche Befriedigung der notwendigsten physischen Bedürfnisse drehte, und bei einem Vater, der so wenig in seine Neigungen einstimmte! Dieser verachtete und verabscheute alle Künste als Dienerinnen ausgelassener Begierden und Leidenschaften und Schmeichlerinnen der vornehmen Welt. Schon von jeher hatte er es mit Missvergnügen gesehen, dass sein Joseph sich so sehr an die Musik gehängt hatte; und nun, da diese Liebe in dem Knaben immer höher wuchs, machte er einen anhaltenden und ernstlichen Versuch, ihn von dem verderblichen Hang zu einer Kunst, deren Ausübung nicht viel besser als Müßiggang sei und die bloß die Lüsternheit der Sinne befriedige, zur Medizin, als zu der wohltätigsten und für das Menschengeschlecht allgemeinnützlichsten Wissenschaft zu bekehren. Er gab sich viele Mühe, ihn selber in den Anfangsgründen zu unterweisen, und gab ihm Hilfsbücher in die Hände.

Dies war eine recht quälende und peinliche Lage für den armen Joseph. Er presste seinen Enthusiasmus heimlich in seine Brust zurück, um seinen Vater nicht zu kränken, und wollte sich zwingen, ob er nicht nebenher eine nützliche Wissenschaft erlernen könnte. Aber das war ein ewiger Kampf in seiner Seele. Er las in seinen Lehrbüchern eine Seite zehnmal, ohne zu fassen, was er las; – immer sang seine Seele innerlich ihre melodischen Phantasien fort. Der Vater war sehr bekümmert um ihn.

Seine heftige Liebe zur Musik nahm in der Stille immer mehr überhand. War in einigen Wochen kein Ton in sein Ohr gekommen, so ward er ordentlich im Gemüte krank; er merkte, dass sein Gefühl zusammenschrumpfte, es entstand eine Leerheit in seinem Innern, und er hatte eine rechte Sehnsucht sich wieder von den Tönen begeistern zu lassen. Dann konnten selbst gemeine Spieler an Fest- und Kirchweihtagen mit ihren Blasinstrumenten ihm Gefühle einflößen, wovon sie selber keine Ahnung hatten. Und sooft in den benachbarten Städten eine schöne große Musik zu hören war, so lief er mit heißer Begierde im heftigsten Schnee, Sturm und Regen hinaus.

Fast täglich rief er sich mit Wehmut die herrliche Zeit in der bischöflichen Residenz in seinen Gedanken zurück, und stellte sich die köstlichen Sachen, die er dort gehört hatte, wieder vor die Seele. Oftmals sagte er sich die auswendig behaltenen, so lieblichen und rührenden Worte des geistlichen Oratoriums vor, welches das erste gewesen war, das er gehört und welches einen vorzüglich tiefen Eindruck auf ihn gemacht hatte:

Stabat Mater dolorosa
Juxta crucem lacrymosa,
  Dum pendebat filius:
Cuius animam gementem,
Contristantem et dolentem
  Pertransivit gladius.

0 quam tristis et afflicta
Fuit illa benedicta
  Mater unigeniti:
Quae moerebat et dolebat
Et tremebat, cum videbat
  Nati poenas inclyti.

Und wie es weiter heißt.

Ach aber! – wenn ihm nun so eine entzückte Stunde, da er in ätherischen Träumen lebte oder da er eben ganz berauscht von dem Genuss einer herrlichen Musik kam, dadurch unterbrochen wurde, dass seine Geschwister sich um ein neues Kleid zankten, oder dass sein Vater der ältesten nicht hinreichend Geld zur Wirtschaft geben konnte, oder der Vater von einem recht elenden, jammervollen Kranken erzählte, oder dass eine alte, ganz krumm gebückte Bettelfrau an die Tür kam, die sich in ihren Lumpen vor dem Winterfrost nicht schützen konnte; – ach! Es gibt in der Welt keine so entsetzlich bittere, so herzdurchschneidende Empfindung, als von der Joseph alsdann zerrissen ward. Er dachte: »Lieber Gott! ist denn das die Welt, wie sie ist? Und ist es denn dein Wille, dass ich mich so unter das Gedränge des Haufens mischen und an dem gemeinen Elend Anteil nehmen soll? Und doch sieht es so aus, und mein Vater predigt es immer, dass es die Pflicht und Bestimmung des Menschen sei, sich darunter zu mischen und Rat und Almosen zu geben, und ekelhafte Wunden zu verbinden und hässliche Krankheiten zu heilen! Und doch ruft mir wieder eine innere Stimme ganz laut zu: Nein! Nein! Du bist zu einem höheren, edleren Ziel geboren!« – Mit solchen Gedanken quälte er sich oft lange und konnte keinen Ausweg finden; allein eh er es sich versah, waren die widrigen Bilder, die ihn gewaltsam in den Schlamm dieser Erde herabzuziehen schienen, aus seiner Seele gewischt, und sein Geist schwärmte wieder ungestört in den Lüften umher.

Allmählich ward er nun ganz und gar der Überzeugung, dass er von Gott deshalb auf die Welt gesetzt sei, um ein recht vorzüglicher Künstler in der Musik zu werden; und zuweilen dachte er wohl daran, dass der Himmel ihn aus der trüben und engen Dürftigkeit, worin er seine Jugend hinbringen musste, zu desto höherem Glanz hervorziehen werde. Viele werden es für eine romanhafte und unnatürliche Erdichtung halten, allein es ist reine Wahrheit, wenn ich erzähle, dass er oftmals in seiner Einsamkeit, aus inbrünstigem Triebe seines Herzens, auf die Knie fiel und

Gott bat, er möchte ihn doch also führen, dass er einst ein recht herrlicher Künstler vor dem Himmel und auf der Erde werden möchte. In dieser Zeit, da sein Blut, von den immer auf denselben Fleck gehefteten Vorstellungen bedrängt, oft in heftiger Wallung war, schrieb er mehrere kleine Gedichte nieder, die seinen Zustand oder das Lob der Tonkunst schilderten und die er mit großer Freude auf seine kindisch-gefühlvolle Weise in Musik setzte, ohne die Regeln zu kennen. Eine Probe von diesen Liedern ist folgendes Gebet, welches er an diejenige unter den Heiligen richtete, die als Beschützerin der Tonkunst verehrt wird:

Siehe wie ich trostlos weine
In dem Kämmerlein alleine,
  Heilige Cäcilia!
Sieh mich aller Welt entfliehen,
Um hier still vor dir zu knien:
  Ach, ich bete, sei mir nah!

Deine wunderbaren Töne,
Denen ich verzaubert fröne,
  Haben mein Gemüt verrückt.
Löse doch die Angst der Sinnen, –
Lass mich in Gesang zerrinnen,
  Der mein Herz so sehr entzückt.

Möchtest du auf Harfensaiten
Meinen schwachen Finger leiten,
  Dass Empfindung aus ihm quillt;
Dass mein Spiel in tausend Herzen
Laut Entzücken, süße Schmerzen,
  Beides hebt und wieder stillt.

Möcht ich einst mit lautem Schalle
In des Tempels voller Halle
  Ein erhabnes Gloria
Dir und allen Heiligen weihen,
Tausend Christen zu erfreuen:
  Heilige Cäcilia!

Öffne mir der Menschen Geister,
Dass ich ihrer Seelen Meister
  Durch die Kraft der Töne sei;
Dass mein Geist die Welt durchklinge,
Sympathetisch sie durchdringe,
  Sie berausch in Phantasei! –

Über ein Jahr lang wohl quälte sich und brütete der arme Joseph in der Einsamkeit über einen Schritt, den er tun wollte. Eine unwiderstehliche Macht zog seinen Geist nach der herrlichen Stadt zurück, die er als ein Paradies für sich betrachtete; denn er brannte vor Begierde, dort seine Kunst von Grund auf zu erlernen. Das Verhältnis zu seinem Vater aber presste sein Herz ganz zusammen. Dieser hatte wohl gemerkt, dass Joseph sich gar nicht mehr mit Ernst und Eifer in seine Wissenschaft vertiefen wollte, hatte ihn auch schon halb aufgegeben und sich in seinen Missmut, der mit zunehmendem Alter immer stärker ward, zurückgezogen. Er gab sich wenig mehr mit dem Knaben ab. Joseph indessen verlor darum sein kindliches Gefühl nicht; es kämpfte ewig mit seiner Neigung, und er konnte sich nimmer das Herz fassen, in des Vaters Gegenwart über die Lippen zu bringen, was er ihm zu entdecken hatte. Ganze Tage lang peinigte er sich, alles gegeneinander abzuwägen, aber er konnte und konnte aus dem entsetzlichen Abgrund von Zweifeln nicht herauskommen, all sein inbrünstiges Beten wollte nichts fruchten: das stieß ihm beinahe das Herz ab. Von dem über alles trübseligen und peinlichen Zustand, worin er sich damals befand, zeugen auch folgende Zeilen, die ich unter seinen Papieren gefunden habe:

Ach, was ist es, das mich also dränget,
Mich mit heißen Armen eng umfänget,
Dass ich mit ihm fern von hinnen ziehen,
Dass ich soll dem Vaterhaus entfliehen?
Ach, was muss ich ohne mein Verschulden
Für Versuchung und für Marter dulden!

Gottes Sohn! Um deiner Wunden willen,
Kannst du nicht die Angst des Herzens stillen?
Kannst du mir nicht Offenbarung schenken,
Was ich innerlich soll wohl bedenken?
Kannst du mir die rechte Bahn nicht zeigen?
Nicht mein Herz zum rechten Wege neigen?

Wenn du mich nicht bald zu dir errettest,
Oder in den Schoß der Erde bettest,
Muss ich mich der fremden Macht ergeben,
Muss, geängstigt, dem zu Willen leben,
Was mich zieht von meines Vaters Seite,
Unbekannten Mächten Raub und Beute! –

Seine Angst ward immer größer – die Versuchung in die herrliche Stadt zu entfliehen, immer stärker. Wird denn aber, dachte er, der Himmel dir nicht zu Hilfe kommen? Wird er dir gar kein Zeichen geben? – Seine Leidenschaft erreichte endlich den höchsten Gipfel, als sein Vater bei einer häuslichen Misshelligkeit ihn einmal mit einer ganz andern Art als gewöhnlich anfuhr und ihm seitdem immer zurückstoßend begegnete. Nun war es beschlossen; allen Zweifeln und Bedenklichkeiten wies er von nun an die Tür; er wollte nun durchaus nicht mehr überlegen. Das Osterfest war nah; das wollte er noch zu Hause mitfeiern, aber sobald es vorüber wäre, – in die weite Welt.

Es war vorüber. Er wartete den ersten schönen Morgen ab, da der helle Sonnenschein ihn bezaubernd anzulocken schien; da lief er früh aus dem Hause fort, wie man wohl von ihm gewohnt war, – aber diesmal kam er nicht wieder. Mit Entzücken und mit pochendem Herzen eilte er durch die engen Gassen der kleinen Stadt; – ihm war zumut, als wollte er über alles, was er um sich sah, hinweg in den offenen Himmel hineinspringen. Eine alte Verwandte begegnete ihm an einer Ecke: – »So eilig, Vetter?« fragte sie, – »will er wieder Grünes vom Markt einholen für die Wirtschaft?« – »Ja ja!« rief Joseph in Gedanken, und lief vor Freude zitternd das Tor hinaus.

Wie er aber eine kleine Strecke auf dem Felde gegangen war und sich umsah, brachen ihm die hellen Tränen hervor. Soll ich noch umkehren? dachte er. Aber er lief weiter, als wenn ihm die Fersen brennten, und weinte immerfort, und er lief, als wollte er seinen Tränen entlaufen. So gings nun durch manches fremde Dorf und an manchen fremden Gesichtern vorbei: – der Anblick der fremden Welt gab ihm wieder Mut, er fühlte sich frei und stark, – er kam immer näher, – und endlich, – gütiger Himmel!: welch Entzücken! – endlich sah er die Türme der herrlichen Stadt vor sich liegen. – – –

Zweites Hauptstück

Ich kehre zu meinem Joseph zurück, wie er, mehrere Jahre, nachdem wir ihn verlassen haben, in der bischöflichen Residenz Kapellmeister geworden ist und in großem Glanz lebt. Sein Verwandter, der ihn sehr wohl aufgenommen hatte, war der Schöpfer seines Glücks geworden und hatte ihm den gründlichsten Unterricht in der Tonkunst geben lassen, auch den Vater über den Schritt Josephs nach und nach ziemlich beruhigt. Durch den lebhaftesten Eifer hatte Joseph sich emporgearbeitet, und war endlich auf die höchste Stufe des Glücks, die er sich nur je hatte wünschen können, gelangt.

Allein die Dinge der Welt verändern sich vor unsern Augen. Er schrieb mir einst, wie er ein paar Jahre Kapellmeister gewesen war, folgenden Brief:

»Lieber Pater,

es ist ein elendes Leben, das ich führe: – je mehr Ihr mich trösten wollt, desto bitterer fühl ich es. – Wenn ich an die Träume meiner Jugend zurückdenke – wie ich in diesen Träumen so selig war! – Ich meinte, ich wollte in einem fort umherphantasieren und mein volles Herz in Kunstwerken auslassen, – aber wie fremd und herbe kamen mich gleich die ersten Lehrjahre an! Wie war mir zumut, als ich hinter den Vorhang trat! Dass alle Melodien (hatten sie auch die heterogensten und oft die wunderbarsten Empfindungen in mir erzeugt), alle sich nun auf einem einzigen, zwingenden mathematischen Gesetze gründeten! Dass ich, statt frei zu fliegen, erst lernen musste, in dem unbehilflichen Gerüst und Käfig der Kunstgrammatik herumzuklettern! Wie ich mich quälen musste, erst mit dem gemeinen wissenschaftlichen Maschinenverstande ein regelrechtes Ding herauszubringen, eh ich dran denken konnte, mein Gefühl mit den Tönen zu handhaben! – Es war eine mühselige Mechanik. – Doch wenn auch! Ich hatte noch jugendliche Spannkraft und hoffte und hoffte auf die herrliche Zukunft! Und nun? – Die prächtige Zukunft ist eine jämmerliche Gegenwart geworden. –

Was ich als Knabe in dem großen Konzertsaal für glückliche Stunden genoss! Wenn ich still und unbemerkt im Winkel saß und all die Pracht und Herrlichkeit mich bezauberte, und ich so sehnlich wünschte, dass sich doch einst um meiner Werke willen diese Zuhörer versammeln, ihr Gefühl mir hingeben möchten! – Nun sitz ich gar oft in ebendiesem Saal und führe auch meine Werke auf; aber es ist mir wahrlich sehr anders zumute. – Dass ich mir einbilden konnte, diese in Gold und Seide stolzierende Zuhörerschaft käme zusammen, um ein Kunstwerk zu genießen, um ihr Herz zu erwärmen, ihre Empfindung dem Künstler darzubringen! Können doch diese Seelen selbst in dem majestätischen Dom, am heiligsten Feiertage, während alles Große und Schöne, was Kunst und Religion nur hat, mit Gewalt auf sie eindringt, können sie dann nicht einmal erhitzt werden, und sie solltens im Konzertsaal? – Die Empfindung und der Sinn für Kunst sind aus der Mode gekommen und unanständig geworden; – bei einem Kunstwerk zu empfinden, wäre grade ebenso fremd und lächerlich, als in einer Gesellschaft auf einmal in Versen und Reimen zu reden, wenn man sich sonst im ganzen Leben mit vernünftiger und gemeinverständlicher Prosa behilft. Und für diese Seelen arbeit ich meinen Geist ab! Für diese erhitz ich mich, es so zu machen, dass man dabei was soll empfinden können! Das ist die hohe Bestimmung, wozu ich geboren zu sein glaubte!

Und wenn mich einmal irgendeiner, der eine Art von halber Empfindung hat, loben will und kritisch rühmt und mir kritische Fragen vorlegt, – so möcht ich ihn immer bitten, dass er sich doch nicht so viel Mühe geben möchte, das Empfinden aus den Büchern zu lernen. Der Himmel weiß, wie es ist, – wenn ich eben eine Musik oder sonst irgendein Kunstwerk, das mich entzückt, genossen habe und mein ganzes Wesen voll davon ist, da möcht ich mein Gefühl gern mit einem Striche auf eine Tafel hinmalen, wenn's eine Farbe nur ausdrücken könnte. – Es ist mir nicht möglich, mit künstlichen Worten zu rühmen, ich kann nichts Kluges herausbringen. –

Freilich ist der Gedanke ein wenig tröstend, dass vielleicht in irgendeinem kleinen Winkel von Deutschland, wohin dies oder jenes von meiner Hand, wenn auch lange nach meinem Tode, einmal hinkommt, ein oder der andere Mensch lebt, in den der Himmel eine solche Sympathie zu meiner Seele gelegt hat, dass er aus meinen Melodien grade das herausfühlt, was ich beim Niederschreiben empfand und was ich so gern hineinlegen wollte. Eine schöne Idee, womit man sich eine Zeitlang wohl angenehm täuschen kann! –

Allein das Allerabscheulichste sind noch all die andern Verhältnisse, worin der Künstler eingestrickt wird. Von all dem ekelhaften Neid und hämischen Wesen, von all den widrigkleinlichen Sitten und Begegnungen, von all der Subordination der Kunst unter den Willen des Hofes; – es widersteht mir ein Wort davon zu reden, – es ist alles so unwürdig und die menschliche Seele so erniedrigend, dass ich nicht eine Silbe davon über die Zunge bringen kann. Ein dreifaches Unglück für die Musik, dass bei dieser Kunst grade so eine Menge Hände nötig sind, damit das Werk nur existiert! Ich sammle und erhebe meine ganze Seele, um ein großes Werk zustande zu bringen; – und hundert empfindungslose und leere Köpfe reden mit ein und verlangen dieses und jenes.

Ich gedachte in meiner Jugend dem irdischen Jammer zu entfliehen und bin nun erst recht in den Schlamm hineingeraten. Es ist wohl leider gewiss; man kann mit aller Anstrengung unsrer geistigen Fittiche der Erde nicht entkommen; sie zieht uns mit Gewalt zurück, und wir fallen wieder unter den gemeinsten Haufen der Menschen. –

Es sind bedauernswürdige Künstler, die ich um mich herum sehe. Auch die edelsten so kleinlich, dass sie sich vor Aufgeblasenheit nicht zu lassen wissen, wenn ihr Werk einmal ein allgemeines Lieblingsstück geworden ist. – Lieber Himmel! Sind wir denn nicht die eine Hälfte unseres Verdienstes der Göttlichkeit der Kunst, der ewigen Harmonie der Natur, und die andre Hälfte dem gütigen Schöpfer, der uns diesen Schatz anzuwenden Fähigkeit gab, schuldig? Alle tausendfältigen lieblichen Melodien, welche die mannigfachsten Regungen in uns hervorbringen, sind sie nicht aus dem einzigen wundervollen Dreiklang entsprossen, den die Natur von Ewigkeit her gegründet hat? Die wehmutsvollen, halb süßen und halb schmerzlichen Empfindungen, die die Musik uns einflößt, wir wissen nicht wie, was sind sie denn anders, als die geheimnisvolle Wirkung des wechselnden Dur und Moll? Und müssen wir's nicht dem Schöpfer danken, wenn er uns nun grade das Geschick gegeben hat, diese Töne, denen von Anfang her eine Sympathie zur menschlichen Seele verliehen ist, so zusammenzusetzen, dass sie das Herz rühren? – Wahrhaftig, die Kunst ist es, was man verehren muss, nicht den Künstler; – der ist nichts mehr als ein schwaches Werkzeug.

Ihr seht, dass mein Eifer und meine Liebe für die Musik nicht schwächer ist als sonst. Nur ebendarum bin ich so unglücklich in diesem – doch ich will's lassen und Euch mit der Beschreibung von all dem widrigen Wesen um mich herum nicht verdrießlich machen. Genug, ich lebe in einer sehr unreinen Luft. Wie weit idealischer lebte ich damals, da ich in unbefangener Jugend und stiller Einsamkeit die Kunst noch bloß genoss; als itzt, da ich sie im blendendsten Glanz der Welt und von lauter seidenen Kleidern, lauter Sternen und Kreuzen, lauter kultivierten und geschmackvollen Menschen umgeben, ausübe! – Was ich möchte? – Ich möchte all diese Kultur im Stich lassen und mich zu dem simplen Schweizerhirten ins Gebirge hinflüchten und seine Alpenlieder, wonach er überall das Heimweh bekommt, mit ihm spielen.« – – –

Aus diesem fragmentarisch geschriebenen Brief ist der Zustand, worin Joseph sich in seiner Lage befand, zum Teil zu ersehen. Er fühlte sich verlassen und einsam unter dem Gesumme so vieler unharmonischen Seelen um ihn her; – seine Kunst ward tief entwürdigt dadurch, dass sie auf keinen einzigen, soviel er wusste, einen lebhaften Eindruck machte, da sie ihm doch nur dazu gemacht schien, das menschliche Herz zu rühren. In manchen trüben Stunden verzweifelte er ganz und dachte: »Was ist die Kunst so seltsam und sonderbar! Hat sie denn nur für mich allein so geheimnisvolle Kraft und ist für alle anderen Menschen nur Belustigung der Sinne und angenehmer Zeitvertreib? Was ist sie denn – wirklich und in der Tat, wenn sie für alle Menschen nichts ist und für mich allein nur etwas? Ist es nicht die unglückseligste Idee, diese Kunst zu seinem ganzen Zweck und Hauptgeschäft zu machen und sich von ihren großen Wirkungen auf die menschlichen Gemüter tausend schöne Dinge einzubilden? Von dieser Kunst, die im wirklichen irdischen Leben keine andre Rolle spielt als Kartenspiel oder jeder andre Zeitvertreib?« Wenn er auf solche Gedanken kam, so dünkte er sich der größte Phantast gewesen zu sein, dass er so sehr gestrebt hatte, ein ausübender Künstler für die Welt zu werden. Er geriet auf die Idee, ein Künstler müsse nur für sich allein, zu seiner eignen Herzenserhebung und für einen oder ein paar Menschen, die ihn verstehen, Künstler sein. Und ich kann diese Idee nicht ganz unrecht nennen. –

Aber ich will das übrige von meines Josephs Leben kurz zusammenfassen, denn die Erinnerungen daran werden mir sehr traurig.

Mehrere Jahre lebte er als Kapellmeister so fort, und seine Missmutigkeit und das unbehagliche Bewusstsein, dass er mit all seinem tiefen Gefühl und seinem innigen Kunstsinn für die Welt nichts nütze und weit weniger wirksam sei als jeder Handwerksmann, – nahm immer mehr zu. Oft dachte er mit Wehmut an den reinen idealischen Enthusiasmus seiner Knabenzeit zurück, und daneben an seinen Vater, wie er sich Mühe gegeben hatte, ihn zu einem Arzte zu erziehen, dass er das Elend der Menschen mindern, Unglückliche heilen und so der Welt nützen sollte. Vielleicht wär's besser gewesen! dachte er in manchen Stunden.

Sein Vater war indes bei seinem Alter sehr schwach geworden. Joseph schrieb immer seiner ältesten Schwester und schickte ihr zum Unterhalt für den Vater. Ihn selber zu besuchen konnte er nicht übers Herz bringen; er fühlte, dass es ihm unmöglich war. Er ward trübsinniger; – sein Leben neigte sich hinunter.

Einst hatte er eine neue schöne Musik von seiner Hand im Konzertsaal aufgeführt: es schien das erste Mal, dass er auf die Herzen der Zuhörer etwas gewirkt hatte. Ein allgemeines Erstaunen, ein stiller Beifall, welcher weit schöner als ein lauter ist, erfreute ihn mit der Idee, dass er vielleicht diesmal seine Kunst würdig ausgeübt hätte; er fasste wieder Mut zu neuer Arbeit. Als er hinaus auf die Straße kam, schlich ein sehr armselig gekleidetes Mädchen an ihn heran und wollte ihn sprechen. Er wusste nicht, was er sagen sollte; er sah sie an, – Gott! rief er: – es war seine jüngste Schwester im elendesten Aufzug. Sie war von zu Hause zu Fuß hergelaufen, um ihm die Nachricht zu bringen, dass sein Vater todkrank daniederliege und ihn vor seinem Ende sehr dringend noch einmal zu sprechen verlange. Da war wieder aller Gesang in seinem Busen zerrissen; in dumpfer Betäubung machte er sich fertig und reiste eilig nach seiner Vaterstadt.

Die Szenen, die am Sterbebett seines Vaters vorfielen, will ich nicht schildern. Man glaube nicht, dass es zu weitläufigen und wehmütigen gegenseitigen Erörterungen kam; sie verstanden sich ohne viele Worte sehr inniglich; – wie denn darin überhaupt die Natur unserer recht zu spotten scheint, dass die Menschen sich erst in solchen kritischen letzten Augenblicken recht verstehen. Dennoch ward Joseph von allem bis ins Innerste zerrissen. Seine Geschwister waren im betrübtesten Zustande; zwei davon hatten schlecht gelebt und waren entlaufen; die älteste, der er immer Geld schickte, hatte das meiste vertan und den Vater darben lassen; diesen sah er endlich vor seinen Augen elendiglich sterben: – ach! es war entsetzlich, wie sein armes Herz durch und durch verwundet und zerstochen ward. Er sorgte für seine Geschwister so gut er konnte und kehrte zurück, weil ihn Geschäfte abriefen.

Er sollte zu dem bevorstehenden Osterfest eine neue Passionsmusik machen, auf welche seine neidischen Nebenbuhler sehr begierig waren. Helle Ströme von Tränen brachen ihm aber hervor, sooft er sich zur Arbeit niedersetzen wollte; er konnte sich vor seinem zerrissenen Herzen nicht erretten. Er lag tief daniedergedrückt und vergraben unter den Schlacken dieser Erde. Endlich riss er sich mit Gewalt hoch und streckte mit dem heißesten Verlangen die Arme zum Himmel empor; er füllte seinen Geist mit der höchsten Poesie, mit lautem, jauchzendem Gesange an und schrieb in einer wunderbaren Begeisterung, aber immer unter heftigen Gemütsbewegungen, eine Passionsmusik nieder, die mit ihren durchdringenden und alle Schmerzen des Leidens in sich fassenden Melodien ewig ein Meisterstück bleiben wird. Seine Seele war wie ein Kranker, der in einem wunderbaren Paroxismus größere Stärke als ein Gesunder zeigt.

Aber nachdem er das Oratorium am heiligen Tage im Dom mit der heftigsten Anspannung und Erhitzung aufgeführt hatte, fühlte er sich ganz matt und erschlafft. Eine Nervenschwäche befiel gleich einem bösen Tau alle seine Fibern; – er kränkelte eine Zeitlang hin und starb nicht lange darauf in der Blüte seiner Jahre. – –

Manche Träne hab ich ihm geschenkt, und es ist mir seltsam zumute, wenn ich sein Leben übersehe. Warum wollte der Himmel, dass sein ganzes Leben hindurch der Kampf zwischen seinem ätherischen Enthusiasmus und dem niedrigen Elend dieser Erde ihn so unglücklich machen und endlich sein doppeltes Wesen von Geist und Leib ganz voneinander reißen sollte!

Wir begreifen die Wege des Himmels nicht. – Aber lasst uns wiederum die Mannigfaltigkeit der erhabenen Geister bewundern, welche der Himmel zum Dienste der Kunst auf die Welt gesetzt hat.

Ein Raffael brachte in aller Unschuld und Unbefangenheit die allergeistreichsten Werke hervor, worin wir den ganzen Himmel sehn; – ein Guido Reni, der ein so wildes Spielerleben führte, schuf die sanftesten und heiligsten Bilder; – ein Albrecht Dürer, ein schlichter nürnbergscher Bürgersmann, verfertigte in eben der Zelle, worin sein böses Weib täglich mit ihm zankte, mit emsigem mechanischem Fleiß gar seelenvolle Kunstwerke; – und Joseph, in dessen harmonischen Werken so geheimnisvolle Schönheit liegt, war verschieden von diesen allen!

Ach! Dass eben seine hohe Phantasie es sein musste, die ihn aufrieb? – Soll ich sagen, dass er vielleicht mehr dazu geschaffen war, Kunst zu genießen als auszuüben? – Sind diejenigen vielleicht glücklicher gebildet, in denen die Kunst still und heimlich wie ein verhüllter Genius arbeitet und sie in ihrem Handeln auf Erden nicht stört? Und muss der Immerbegeisterte seine hohen Phantasien doch auch vielleicht als einen festen Einschlag kühn und stark in dieses irdische Leben einweben, wenn er ein echter Künstler sein will? – Ja, ist diese unbegreifliche Schöpfungskraft nicht etwa überhaupt ganz etwas anderes, und – wie mir jetzt scheint – etwas noch Wundervolleres, noch Göttlicheres, als die Kraft der Phantasie? –

Der Kunstgeist ist und bleibt dem Menschen ein ewiges Geheimnis, wobei er schwindelt, wenn er die Tiefen desselben ergründen will; – aber auch ewig ein Gegenstand der höchsten Bewunderung: wie denn dies von allem Großen in der Welt zu sagen ist. – – –

Ich kann aber nach diesen Erinnerungen an meinen Joseph nichts mehr schreiben. – Ich beschließe mein Buch – und möchte nur wünschen, dass es dem einen oder dem andern zur Erweckung guter Gedanken dienlich wäre. –

E. T. A. Hoffmann

Kreisleriana

1. ***Johannes Kreislers***, des Kapellmeisters, musikalische Leiden
Erstdruck in der Allgemeinen Musikalischen Zeitung (Leipzig), 12. Jg., 1810, Nr. 52

2. Ombra adorata
Erstdruck in den *»Fantasiestücken«* (in Callots Manier, entstanden 1808-15, Erstdruck der Sammlung bei C. F. Kunz, Bamberg 1814/1815)

3. Gedanken über den hohen Wert der Musik
Erstdruck in der Allgemeinen Musikalischen Zeitung (Leipzig), 14. Jg. 1812, Nr. 31

4. Beethovens Instrumental-Musik
Erstdruck in der Zeitung für die elegante Welt (Leipzig), 13. Jg. 1813, Nr. 245-247

5. Höchst zerstreute Gedanken
Erstdruck in der Zeitung für die elegante Welt (Leipzig), 14. Jg. 1814, Nr. 2-5.

6. Der vollkommene Maschinist
Erstdruck in den »Fantasiestücken«.

Lebensansichten des Katers Murr

Entstanden 1819/1821. Erstdruck (2 Bde.) bei Dümmler, Berlin1820/1822.

Kreisleriana

Nr. 1-6

Wo ist er her? – Niemand weiß es! – Wer waren seine Eltern? – Es ist unbekannt! – Wessen Schüler ist er? – Eines guten Meisters, denn er spielt vortrefflich, und da er Verstand und Bildung hat, kann man ihn wohl dulden, ja ihm sogar den Unterricht in der Musik verstatten. Und er ist wirklich und wahrhaftig Kapellmeister gewesen, setzen die diplomatischen Personen hinzu, denen er einmal in guter Laune eine von der Direktion des …r Hoftheaters ausgestellte Urkunde vorwies, in welcher er, der Kapellmeister Johannes Kreisler, bloß deshalb seines Amtes entlassen wurde, weil er standhaft verweigert hatte, eine Oper, die der Hofpoet gedichtet, in Musik zu setzen; auch mehrmals an der öffentlichen Wirtstafel von dem Primo Uomo verächtlich gesprochen und ein junges Mädchen, die er im Gesange unterrichtet, der Prima Donna in ganz ausschweifenden, wiewohl unverständlichen Redensarten vorzuziehen getrachtet; jedoch solle er den Titel als Fürstlich …r Kapellmeister beibehalten, ja sogar zurückkehren dürfen, wenn er gewisse Eigenheiten und lächerliche Vorurteile, z. B. dass die wahre italienische Musik verschwunden sei usw. gänzlich abgelegt, und an die Vortrefflichkeit des Hofpoeten, der allgemein für den zweiten Metastasio anerkannt, willig glaube. – Die Freunde behaupteten, die Natur habe bei seiner Organisation ein neues Rezept versucht und der Versuch sei misslungen, indem seinem überreizbaren Gemüt, seiner bis zur zerstörenden Flamme aufglühenden Phantasie zu wenig Phlegma beigemischt und so das Gleichgewicht zerstört worden, das dem Künstler durchaus nötig sei, um mit der Welt zu leben und ihr Werke zu dichten, wie sie dieselben, selbst im höhern Sinn, eigentlich brauche. Dem sei, wie ihm wolle – genug, Johannes wurde von seinen innern Erscheinungen und Träumen, wie auf einem ewig wogenden Meer dahin – dorthin getrieben, und er schien vergebens den Port zu suchen, der ihm endlich die Ruhe und Heiterkeit geben sollte, ohne welche der Künstler nichts zu schaffen vermag. So kam es denn auch, dass die Freunde es nicht dahin bringen konnten, dass er eine Komposition aufschrieb oder, wirklich aufgeschrieben, unvernichtet ließ. Zuweilen komponierte er zur Nachtzeit in der aufgeregtesten Stimmung; – er weckte den Freund, der neben ihm wohnte, um ihm alles in der höchsten Begeisterung vorzuspielen, was er in unglaublicher Schnelle aufgeschrieben – er vergoss Tränen der Freude über das gelungene Werk – er pries sich selbst als den glücklichsten Menschen, aber den andern Tag – lag die herrliche Komposition im Feuer. – Der Gesang wirkte beinahe verderblich auf ihn, weil seine Phantasie dann überreizt wurde und sein Geist in ein Reich entwich, wohin ihm niemand ohne Gefahr folgen konnte; dagegen gefiel er sich oft darin, stundenlang auf dem Flügel die seltsamsten Themas in zierlichen kontrapunktischen Wendungen und Nachahmungen, in den kunstreichsten Passagen auszuarbeiten. War ihm das einmal recht gelungen, so befand er sich mehrere Tage hindurch in heiterer Stimmung, und eine gewisse schalkhafte Ironie würzte das Gespräch, womit er den kleinen gemütlichen Zirkel seiner Freunde erfreute.

Auf einmal war er, man wusste nicht wie und warum, verschwunden. Viele behaupteten, Spuren des Wahnsinns an ihm bemerkt zu haben, und wirklich hatte man ihn mit zwei übereinander gestülpten Hüten und zwei Rastralen, wie Dolche in den roten Leibgürtel gesteckt, lustig singend zum Tor hinaus hüpfen gesehen, wiewohl seine näheren Freunde nichts Besonderes bemerkt, da ihm gewaltsame Ausbrüche, von irgendeinem innern Gram erzeugt, auch schon sonst eigen gewesen. Als nun alle Nachforschungen, wo er geblieben, vergebens, und die Freunde sich über seinen kleinen Nachlass an Musikalien und andern Schriften berieten, erschien das Fräulein von B. und erklärte, wie nur *ihr* allein es zukomme, diesen Nachlass ihrem lieben Meister und Freunde, den sie keineswegs verloren glaube, zu bewahren. Ihr übergaben mit freudigem Willen die Freunde alles, was sie vorgefunden, und als sich auf den weißen Rückseiten mehrerer Notenblätter kleine, größtenteils humoristische Aufsätze, in günstigen Augenblicken mit Bleistift schnell hingeworfen, fanden, erlaubte die treue Schülerin des unglücklichen Johannes dem treuen Freunde, Abschrift davon zu nehmen und sie als anspruchslose Erzeugnisse einer augenblicklichen Anregung mitzuteilen.

1. Johannes Kreislers, des Kapellmeisters, musikalische Leiden

Sie sind alle fortgegangen. – Ich hätt' es an dem Zischeln, Scharren, Räuspern, Brummen durch alle Tonarten bemerken können; es war ein wahres Bienennest, das vom Stocke abzieht, um zu schwärmen. Gottlieb hat mir neue Lichter aufgesteckt und eine Flasche Burgunder auf das Fortepiano hingestellt. Spielen kann ich nicht mehr, denn ich bin ganz ermattet; daran ist mein alter herrlicher Freund hier auf dem Notenpulte schuld, der mich schon wieder einmal, wie Mephistopheles den Faust auf seinem Mantel, durch die Lüfte getragen hat, und so hoch, dass ich die Menschlein unter mir nicht sah und merkte, unerachtet sie tollen Lärm genug gemacht haben mögen. – Ein hundsföttischer, nichtswürdig vergeudeter Abend! Aber jetzt ist mir wohl und leicht. – Hab' ich doch gar während des Spielens meinen Bleistift hervorgezogen und auf Seite 63 unter dem letzten System ein paar gute Ausweichungen in Ziffern notiert mit der rechten Hand, während die Linke im Strome der Töne fortarbeitete! Hinten auf der leeren Seite fahr' ich schreibend fort. Ich verlasse Ziffern und Töne, und mit wahrer Lust, wie der genesene Kranke, der nun nicht aufhören kann zu erzählen, was er gelitten, notiere ich hier umständlich die höllischen Qualen des heutigen Tees. Aber nicht für mich allein, sondern für alle, die sich hier zuweilen an meinem Exemplar der Johann Sebastian Bachschen Variationen für das Klavier, erschienen bei Nägeli in Zürich, ergötzen und erbauen, bei dem Schluss der 30sten Variation meine Ziffern finden und, geleitet von dem großen lateinischen Verte (ich schreib' es gleich hin, wenn meine Klageschrift zu Ende ist), das Blatt umwenden und lesen. Diese erraten gleich den wahren Zusammenhang; sie wissen, dass der Geheime Rat Röderlein hier ein ganz scharmantes Haus macht und zwei Töchter hat, von denen die ganze elegante Welt mit Enthusiasmus behauptet, sie tanzten wie die Göttinnen, sprächen französisch wie die Engel und spielten und sängen und zeichneten wie die Musen. Der Geheime Rat Röderlein ist ein reicher Mann; er führt bei seinen vierteljährlichen Dîners die schönsten Weine, die feinsten Speisen, alles ist auf den elegantesten Fuß eingerichtet, und wer sich bei seinen Tees nicht himmlisch amüsiert, hat keinen Ton, keinen Geist und vornehmlich keinen Sinn für die Kunst. Auf diese ist es nämlich auch abgesehen; neben dem Tee, Punsch, Wein, Gefrornen etc. wird auch immer etwas Musik präsentiert, die von der schönen Welt ganz gemütlich so wie jenes eingenommen wird. Die Einrichtung ist so: nachdem jeder Gast Zeit genug gehabt hat, eine beliebige Zahl Tassen Tee zu trinken, und nachdem zweimal Punsch und Gefrornes herumgegeben worden ist, rücken die Bedienten die Spieltische heran für den älteren, solideren Teil der Gesellschaft, der dem musikalischen das Spiel mit Karten vorzieht, welches auch in der Tat nicht solchen unnützen Lärm macht und wo nur einiges Geld erklingt. – Auf dies Zeichen schießt der jüngere Teil der Gesellschaft auf die Fräuleins Röderlein zu; es entsteht ein Tumult, in dem man die Worte unterscheidet: Schönes Fräulein, versagen Sie uns nicht den Genuss Ihres himmlischen Talents – o singe etwas, meine Gute. – Nicht möglich – Katarrh – der letzte Ball – nichts eingeübt. – O bitte, bitte – wir flehen etc. – Gottlieb hat unterdessen den Flügel geöffnet und das Pult mit dem wohlbekannten Notenbuche beschwert. Vom Spieltisch herüber ruft die gnädige Mama: »Chantez donc, mes enfans!« Das ist das Stichwort *meiner* Rolle; ich stelle mich an den Flügel, und im Triumph werden die Röderleins an das Instrument geführt. Nun entsteht wieder eine Differenz: keine will zuerst singen. »Du weißt, liebe Nanette, wie entsetzlich heiser ich bin.« – »Bin ich es denn weniger, liebe Marie?« – »Ich singe so schlecht.« – »O Liebe, fange nur an etc.« Mein Einfall (ich habe ihn jedes Mal!), beide möchten mit einem Duo anfangen, wird gewaltig beklatscht, das Buch durchblättert, das sorgfältig eingeschlagene Blatt endlich gefunden, und nun geht's los: »Dolce dell' anima etc.« – Das Talent der Fräulein Röderlein ist wirklich nicht das geringste. Ich bin nun fünf Jahre hier und viereinhalb Jahre im Röderleinschen Hause Lehrer; in dieser kurzen Zeit hat es Fräulein Nanette dahin gebracht, dass sie eine Melodie, die sie nur zehnmal im Theater gehört und am Klavier dann höchstens noch zehnmal durchprobiert hat, so wegsingt, dass man gleich weiß, was es sein soll. Fräulein Marie fasst es schon beim achten Mal, und wenn sie öfters einen Viertelton tiefer steht, als das Piano, so ist das bei solch niedlichem Gesichtlein und den ganz leidlichen Rosenlippen am Ende wohl zu ertragen. – Nach dem Duett allgemeiner Beifallschorus! Nun wechseln Arietten und Duettinos, und ich hämmere das tausendmal geleierte Akkompagnement frisch drauf los. Während des Gesangs hat die Finanzrätin Eberstein durch Räuspern und leises Mitsingen zu verstehen gegeben: »Ich singe auch.« Fräulein Nanette spricht: »Aber liebe Finanzrätin, nun musst du uns auch deine göttliche Stimme hören lassen.« Es entsteht ein neuer Tumult. Sie hat den Katarrh – sie kann nichts auswendig! – Gottlieb bringt zwei Arme voll Musikalien herangeschleppt: da wird geblättert und geblättert. Erst will sie singen: »Der Hölle Rache etc.«, dann: »Hebe, sieh etc.«, dann: »Ach ich liebte etc.« In der Angst schlage ich vor: »Ein Veilchen auf der Wiese etc.« Aber sie ist fürs große Genre, sie will sich zeigen, es bleibt bei der Konstanze. – O schreie du, quieke, miaue, gurgle, stöhne, ächze, tremoliere, quinkeliere nur recht munter; ich habe den Fortissimozug getreten und orgle mich taub. – O Satan, Satan! welcher deiner höllischen Geister ist in diese Kehle gefahren, der alle Töne zwickt und zwängt und zerrt. Vier Saiten sind schon gesprungen, ein Hammer ist invalid. Meine Ohren gellen, mein Kopf dröhnt, meine Nerven zittern. Sind denn alle unreinen Töne kreischender Marktschreier-Trompeten in diesen kleinen Hals gebannt? – Das hat mich angegriffen – ich trinke ein Glas Burgunder! – Man applaudierte unbändig, und jemand bemerkte, die Finanzrätin und Mozart hätten mich sehr ins Feuer gesetzt. Ich lächelte mit niedergeschlagenen Augen, recht dumm, wie ich wohl merkte. Nun erst regen sich alle Talente, bisher im Verborgenen blühend, und fahren wild durcheinander. Es werden musikalische Exzesse beschlossen: Ensembles, Finale, Chöre sollen aufgeführt werden. Der Kanonikus Kratzer singt bekanntlich einen himmlischen Bass, wie der Tituskopf dort bemerkt, der selbst bescheiden anführt, er sei eigentlich nur ein zweiter Tenor, aber freilich Mitglied mehrerer Sing-Akademien. Schnell wird alles zum ersten Chor aus dem »Titus« organisiert. Das ging ganz herrlich! Der Kanonikus, dicht hinter mir stehend, donnerte über meinem Haupt den Bass, als säng' er mit obligaten Trompeten und Pauken in der Domkirche; er traf die Noten herrlich, nur das Tempo nahm er in der Eil' fast noch einmal so langsam. Aber treu blieb er sich wenigstens insofern, dass er durchs ganze Stück immer einen halben Takt nachschleppte. Die übrigen äußerten einen entschiedenen Hang zur antiken griechischen Musik, die bekanntlich die Harmonie nicht kennend, im Unisono ging; sie sangen alle die Oberstimme mit kleinen Varianten aus zufälligen Erhöhungen und Erniedrigungen, etwa um einen Viertelton. – Diese etwas geräuschvolle Produktion erregte eine allgemeine tragische Spannung, nämlich einiges Entsetzen, sogar an den Spieltischen, die für den Moment nicht so wie zuvor melodramatisch mitwirken konnten durch in die Musik eingeflochtene deklamatorische Sätze: z. B. Ach ich liebte – achtundvierzig – war so glücklich – ich passe – kannte nicht – Whist – der Liebe Schmerz – in der Farbe etc. – Es nahm sich recht artig aus. – (Ich schenke mir ein.) »Das war die höchste Spitze der heutigen musikalischen Exposition: nun ist's aus!« So dacht' ich, schlug das Buch zu und stand auf. Da tritt der Baron, mein antiker Tenorist, auf mich zu und sagt: »O bester Herr Kapellmeister, Sie sollen ganz himmlisch phantasieren; o phantasieren Sie uns doch eins! nur ein wenig! ich bitte!« Ich versetzte ganz trocken, die Phantasie sei mir heute rein ausgegangen; und während wir so darüber sprechen, hat ein Teufel in der Gestalt eines Elegants mit zwei Westen im Nebenzimmer unter meinem Hut die Bachschen Variationen ausgewittert; der denkt, es sind so Variatiönchen: nel cor mi non più sento – Ah vous dirai-je, maman etc. und will haben, ich soll darauf losspielen. Ich weigere mich: da fallen sie alle über mich her. »Nun so hört zu und berstet vor Langeweile«, denk' ich und arbeite drauf los. Bei Nro. 3. entfernten sich mehrere Damen, verfolgt von Tituskföpfen. Die Röderleins, weil der Lehrer spielte, hielten nicht ohne Qual aus bis Nro. 12. Nro. 15. schlug den Zweiwesten-Mann in die Flucht. Aus ganz übertriebener Höflichkeit blieb der Baron bis Nro. 30. und trank bloß viel Punsch aus, den Gottlieb für mich auf den Flügel stellte. Ich hätte glücklich geendet, aber diese Nro. 30. das Thema, riss mich unaufhaltsam fort. Die Quartblätter dehnten sich plötzlich aus zu einem

Riesenfolio, wo tausend Imitationen und Ausführungen jenes Themas geschrieben standen, die ich abspielen musste. Die Noten wurden lebendig und flimmerten und hüpften um mich her – elektrisches Feuer fuhr durch die Fingerspitzen in die Tasten – der Geist, von dem es ausströmte, überflügelte die Gedanken – der ganze Saal hing voll dichten Dufts, in dem die Kerzen düstrer und düstrer brannten – zuweilen sah eine Nase heraus, zuweilen ein paar Augen; aber sie verschwanden gleich wieder. So kam es, dass ich allein sitzen blieb mit meinem Sebastian Bach und von Gottlieb wie von einem spiritu familiari bedient wurde! – Ich trinke! – Soll man denn ehrliche Musiker so quälen mit Musik, wie ich heute gequält worden bin und so oft gequält werde? Wahrhaftig, mit keiner Kunst wird so viel verdammter Missbrauch getrieben, als mit der herrlichen, heiligen Musika, die in ihrem zarten Wesen so leicht entweiht wird! Habt ihr wahres Talent, wahren Kunstsinn: gut, so lernt Musik, leistet was der Kunst Würdiges und gebt dem Geweihten euer Talent hin im rechten Maß. Wollt ihr ohne das quinkelieren: nun so tut's für euch und unter euch und quält nicht damit den Kapellmeister Kreisler und andere. – Nun könnte ich nach Hause gehen und meine neue Klaviersonate vollenden; aber es ist noch nicht elf Uhr und eine schöne Sommernacht. Ich wette, neben mir beim Oberjägermeister sitzen die Mädchen am offenen Fenster und schreien mit kreischender, gellender, durchbohrender Stimme zwanzigmal: »Wenn mir dein Auge strahlet« – aber immer nur die erste Strophe, in die Straße hinein. Schrägüber martert einer die Flöte und hat dabei Lungen wie Rameaus Neffe [siehe oben, S. 11; Anm. des Herausgebers Joerg K. Sommermeyer], und in langen, langen Tönen macht der Nachbar Hornist akustische Versuche. Die zahlreichen Hunde der Gegend werden unruhig, und meines Hauswirts Kater, aufgeregt durch jenes süße Duett, macht dicht neben meinem Fenster (es versteht sich, dass mein musikalisch-poetisches Laboratorium ein Dachstübchen ist), der Nachbarskatze, in die er seit März verliebt ist, die chromatische Skala hinaufjammernd, zärtliche Geständnisse. Nach elf Uhr wird es ruhiger; so lange bleib' ich sitzen, da ohnedies noch weißes Papier und Burgunder vorhanden, von dem ich gleich etwas genieße. – Es gibt, wie ich gehört habe, ein altes Gesetz, welches lärmenden Handwerkern verbietet, neben Gelehrten zu wohnen: sollten denn arme, bedrängte Komponisten, die noch dazu aus ihrer Begeisterung Gold münzen müssen, um ihren Lebensfaden weiter zu spinnen, nicht jenes Gesetz auf sich anwenden und die Schreihälse und Dudler aus ihrer Nähe verbannen können? Was würde der Maler sagen, dem man, indem er ein Ideal malte, lauter heterogene Fratzengesichter vorhalten wollte! Schlösse er die Augen, so würde er wenigstens ungestört das Bild in der Phantasie fortsetzen. Baumwolle in den Ohren hilft nicht, man hört doch den Mordsspektakel; und dann die Idee, schon die Idee: jetzt singen sie – jetzt kommt das Horn etc., der Teufel holt die sublimsten Gedanken! – Das Blatt ist richtig vollgeschrieben; auf dem vom Titel umgeschlagenen weißen Streifen will ich nur noch bemerken, warum ich hundertmal es mir vornahm, mich nicht mehr bei dem Geheimen Rat quälen zu lassen, und warum ich hundertmal meinen Vorsatz brach. – Freilich ist es Röderleins herrliche Nichte, die mich mit Banden an dies Haus fesselt, welche die Kunst geknüpft hat. Wer einmal so glücklich war, die Schlussszene der Gluckschen »Armida« oder die große Szene der Donna Anna im

»Don Giovanni« von Fräulein Amalien zu hören, der wird begreifen, dass eine Stunde mit ihr am Piano Himmelsbalsam in die Wunden gießt, welche alle Misstöne des ganzen Tages mir gequältem musikalischen Schulmeister schlugen. Röderlein, welcher weder an die Unsterblichkeit der Seele, noch an den Takt glaubt, hält sie für gänzlich unbrauchbar für die höhere Existenz in der Teegesellschaft, da sie in dieser durchaus nicht singen will und denn doch wieder vor ganz gemeinen Leuten, z. B. simplen Musikern, mit einer Anstrengung singt, die ihr gar nicht einmal taugt; denn ihre langen, gehaltenen, schwellenden Harmonikatöne, welche mich in den Himmel tragen, hat sie, wie Röderlein meint, offenbar der Nachtigall abgehorcht, die eine unvernünftige Kreatur ist, nur in Wäldern lebt und von dem Menschen, dem vernünftigen Herrn der Schöpfung, nicht nachgeahmt werden darf. Sie treibt ihre Rücksichtslosigkeit so weit, dass sie sich zuweilen sogar von Gottlieb auf der Violine akkompagnieren lässt, wenn sie Beethovensche oder Mozartsche Sonaten, aus denen kein Teeherr und Whistiker klug werden kann, auf dem Piano spielt. – Das war das letzte Glas Burgunder. – Gottlieb putzt mir die Lichter und scheint sich zu wundern über mein emsiges Schreiben. – Man hat ganz recht, wenn man diesen Gottlieb, erst sechzehn Jahre alt, schätzt. Das ist ein herrliches, tiefes Talent. Warum starb aber auch der Papa Torschreiber so früh; und musste denn der Vormund den Jungen in die Liverei stecken? – Als Rode hier war, lauschte Gottlieb im Vorzimmer, das Ohr an die Saaltür gedrückt, und spielte ganze Nächte; am Tage ging er sinnend, träumend umher, und der rote Fleck am linken Backen ist ein treuer Abdruck des Solitärs am Finger der Röderleinschen Hand, die, wie man durch sanftes Streicheln den somnambulen Zustand hervorbringt, durch starkes Schlagen ganz richtig entgegengesetzt wirken wollte. Nebst andern Sachen habe ich ihm die Sonaten von Corelli gegeben; da hat er unter den Mäusen in dem alten Oesterleinschen Flügel auf dem Boden gewütet, bis keine mehr lebte, und mit Röderleins Erlaubnis auch das Instrument auf sein kleines Stübchen transloziert. – Wirf ihn ab, den verhassten Bedientenrock, ehrlicher Gottlieb, und lass mich nach Jahren dich als den wackern Künstler an mein Herz drücken, der du werden kannst mit deinem herrlichen Talent, mit deinem tiefen Kunstsinn! – Gottlieb stand hinter mir und wischte sich die Tränen aus den Augen, als ich diese Worte laut aussprach. – Ich drückte ihm schweigend die Hand, wir gingen hinauf und spielten die Sonaten von Corelli.

2. Ombra adorata

[Wer kennt nicht Crescentinis herrliche Arie: »Ombra adorata«, die er zu der Oper »Romeo e Giulietta« von Zingarelli komponierte und mit ganz eigenem Vortrage sang.]

Wie ist doch die Musik so etwas höchst Wunderbares, wie wenig vermag doch der Mensch ihre tiefen Geheimnisse zu ergründen! – Aber wohnt sie nicht in der Brust des Menschen selbst und erfüllt sein Inneres so mit ihren holdseligen Erscheinungen, dass sein ganzer Sinn sich ihnen zuwendet und ein neues verklärtes Leben ihn schon hienieden dem Drange, der niederdrückenden Qual des Irdischen entreißt? –

Ja, eine göttliche Kraft durchdringt ihn, und mit kindlichem frommen Gemüte sich *dem* hingebend, was der Geist in ihm erregt, vermag er die Sprache jenes unbekannten, romantischen Geisterreichs zu reden, und er ruft, unbewusst, wie der Lehrling, der in des Meisters Zauberbuch mit lauter Stimme gelesen, alle die herrlichen Erscheinungen aus seinem Innern hervor, dass sie in strahlenden Reihentänzen das Leben durchfliegen und jeden, der sie zu schauen vermag, mit unendlicher, unnennbarer Sehnsucht erfüllen. –

Wie war meine Brust so beengt, als ich in den Konzertsaal trat. Wie war ich so gebeugt von dem Druck aller der nichtswürdigen Erbärmlichkeiten, die wie giftiges stechendes Ungeziefer den Menschen und wohl vorzüglich den Künstler in diesem armseligen Leben verfolgen und peinigen, dass er oft dieser ewig prickelnden Qual den gewaltsamen Stoß vorziehen würde, der ihn diesem und jedem andern irdischen Schmerze auf immer entzieht. – Du verstandest den wehmütigen Blick, den ich auf dich warf, mein treuer Freund! Und hundertfältig sei es dir gedankt, dass du meinen Platz am Flügel einnahmst, indem ich mich in dem äußersten Winkel des Saals zu verbergen suchte. Welchen Vorwand hattest du denn gefunden, wie war es dir denn gelungen, dass nicht Beethovens große Sinfonie in c-Moll, sondern nur eine kurze unbedeutende Ouvertüre irgendeines noch nicht zur Meisterschaft gelangten Komponisten aufgeführt wurde? – Auch dafür sei dir Dank gesagt aus dem Innersten meines Herzens. – Was wäre aus mir geworden, wenn, beinahe erdrückt von all dem irdischen Elend, das rastlos auf mich einstürmte seit kurzer Zeit, nun Beethovens gewaltiger Geist auf mich zugeschritten wäre und mich wie mit metallnen, glühenden Armen umfasst und fortgerissen hätte in das Reich des Ungeheuern, des Unermesslichen, das sich seinen donnernden Tönen erschließt. – Als die Ouvertüre in allerlei kindischem Jubel mit Pauken und Trompeten geschlossen hatte, entstand eine stille Pause, als erwarte man etwas recht Wichtiges. Das tat mir wohl, ich schloss die Augen, und indem ich in meinem Innern angenehmere Erscheinungen suchte, als die waren, die mich eben umgaben, vergaß ich das Konzert und mit ihm natürlicherweise auch seine ganze Einrichtung, die mir bekannt gewesen, da ich an den Flügel sollte. – Ziemlich lange mochte die Pause gedauert haben, als endlich das Ritornell einer Arie anfing. Es war sehr zart gehalten und schien in einfachen, aber tief in das Innerste dringenden Tönen von der Sehnsucht zu reden, in der sich das fromme Gemüt zum Himmel aufschwingt und alles Geliebte wiederfindet, was ihm hienieden entrissen. – Nun strahlte wie ein himmlisches Licht die glockenhelle Stimme eines Frauenzimmers aus dem Orchester empor:

»Tranquillo io sono, fra poco teco sarò mia vità!«

Wer vermag die Empfindung zu beschreiben, die mich durchdrang! – Wie löste sich der Schmerz, der in meinem Innern nagte, auf in wehmütige Sehnsucht, die himmlischen Balsam in alle Wunden goss. – Alles war vergessen, und ich horchte nur entzückt auf die Töne, die, wie aus einer andern Welt niedersteigend, mich tröstend umfingen. –

Ebenso einfach wie das Rezitativ ist das Thema der folgenden Arie: »Ombra adorata«, gehalten; aber ebenso seelenvoll, ebenso in das Innerste dringend, spricht es den Zustand des Gemüts aus, das von der seligen Hoffnung, in einer höheren, besseren Welt bald alles ihm Verheißene erfüllt zu sehen, sich über den irdischen Schmerz hinwegschwingt. – Wie reiht sich in dieser einfachen Komposition alles so kunstlos, so natürlich aneinander; nur in der Tonika und in der Dominante bewegen sich die Sätze, keine grelle Ausweichung, keine gesuchte Figur, der Gesang fließt dahin wie ein silberheller Strom zwischen leuchtenden Blumen. Aber ist dies nicht eben der geheimnisvolle Zauber, der dem Meister zu Gebote stand, dass er der einfachsten Melodie, der kunstlosesten Struktur diese unbeschreibliche Macht der unwiderstehlichsten Wirkung auf jedes empfängliche Gemüt zu geben vermochte? In den wundervoll hell und klar tönenden Melismen fliegt die Seele mit raschem Fittich durch die glänzenden Wolken – es ist der jauchzende Jubel verklärter Geister. –

Die Komposition verlangt wie jede, die so tief im Innern von dem Meister gefühlt wurde, auch tief aufgefasst und mit dem Gemüt, ich möchte sagen mit der rein ausgesprochenen Ahnung des Übersinnlichen, wie die Melodie es in sich trägt, vorgetragen zu werden. Auch wurde, wie der Genius des italienischen Gesanges es verlangt, sowohl in dem Rezitativ als in der Arie auf gewisse Verzierungen gerechnet; aber ist es nicht schön, dass wie durch eine Tradition die Art, wie der Komponist, der hohe Meister des Gesanges, Crescentini, die Arie vortrug und verzierte, fortgepflanzt wird, so dass es wohl niemand wagen dürfte, ungestraft wenigstens fremdartige Schnörkel hineinzubringen? – Wie verständig, wie das Ganze belebend hat Crescentini diese zufälligen Verzierungen angebracht – sie sind der glänzende Schmuck, welcher der Geliebten holdes Antlitz verschönert, dass die Augen heller strahlen und höherer Purpur Lippe und Wangen färbt.

Aber was soll ich von dir sagen, du herrliche Sängerin! – Mit dem glühenden Enthusiasmus der Italiener rufe ich dir zu: »Du von dem Himmel Gesegnete!« [Unserer deutschen Sängerin Häser, die sich nun leider der Kunst ganz entzogen, riefen die Italiener zu: »Che sei benedetta dal cielo!«] Denn wohl ist es der Segen des Himmels, der deinem frommen, innigen Gemüte vergönnt, das im Innersten Empfundene hell und herrlich klingend ertönen zu lassen. – Wie holde Geister haben mich deine Töne umfangen, und jeder sprach: »Richte dein Haupt auf, du Gebeugter! Ziehe mit uns, ziehe mit uns in das ferne Land, wo der Schmerz keine blutende Wunde mehr schlägt, sondern die Brust, wie im höchsten Entzücken mit unnennbarer Sehnsucht erfüllt!« –

Ich werde dich nie mehr hören; aber wenn die Nichtswürdigkeit auf mich zutritt und, mich für ihresgleichen haltend, den Kampf des Gemeinen mit mir bestehen, wenn die Albernheit mich betäuben, des Pöbels ekelhafter Hohn mich mit giftigem Stachel verletzen will, dann wird in *deinen* Tönen mir eine tröstende Geisterstimme zulispeln: *»Tranquillo io sono, fra poco teco sarò mia vità!«*

In einer nie gefühlten Begeisterung erhebe ich mich dann mächtigen Fluges über die Schmach des Irdischen; alle Töne, die in der wunden Brust im Blut des Schmerzes erstarrt, leben auf und bewegen und regen sich und sprühen wie funkelnde Salamander blitzend empor; und ich vermag sie zu fassen, zu binden, dass sie, wie in einer Feuergarbe zusammenhaltend, zum flammenden Bilde werden, das deinen Gesang – dich – verklärt und verherrlicht.

3. Gedanken über den hohen Wert der Musik

Es ist nicht zu leugnen, dass in neuerer Zeit, dem Himmel sei's gedankt! der Geschmack an der Musik sich immer mehr verbreitet, so dass es jetzt gewissermaßen zur guten Erziehung gehört, die Kinder auch Musik lehren zu lassen, weshalb man denn in jedem Hause, das nur irgend etwas bedeuten will, ein Klavier, wenigstens eine Gitarre findet. Nur wenige Verächter der gewiss schönen Kunst gibt es noch hie und da, und diesen eine tüchtige Lektion zu geben, das ist jetzt mein Vorsatz und Beruf.

Der Zweck der Kunst überhaupt ist doch kein anderer, als dem Menschen eine angenehme Unterhaltung zu verschaffen und ihn so von den ernstern oder vielmehr den einzigen ihm anständigen Geschäften, nämlich solchen, die ihm Brot und Ehre im Staat erwerben, auf eine angenehme Art zu zerstreuen, so dass er nachher mit verdoppelter Aufmerksamkeit und Anstrengung zu dem eigentlichen Zweck seines Daseins zurückkehren, d. h. ein tüchtiges Kammrad in der Walkmühle des Staats sein und (ich bleibe bei der Metapher) haspeln und sich trillen lassen kann. Nun ist aber keine Kunst zur Erreichung dieses Zwecks tauglicher, als die Musik. Das Lesen eines Romans oder Gedichts, sollte auch die Wahl so glücklich ausfallen, dass es durchaus nichts phantastisch Abgeschmacktes, wie mehrere der allerneuesten, enthält und also die Phantasie, die eigentlich der schlimmste und mit aller Macht zu ertötende Teil unserer Erbsünde ist, nicht im mindesten anregt – dieses Lesen, meine ich, hat doch das Unangenehme, dass man gewissermaßen genötigt wird, an das zu denken, was man liest: dies ist aber offenbar dem Zweck der Zerstreuung entgegen. Dasselbe gilt vom Vorlesen in der Art, dass, die Aufmerksamkeit ganz davon abwendend, man sehr leicht einschläft oder in ernste Gedanken sich vertieft, die, nach der von jedem ordentlichen Geschäftsmanne zu beobachtenden Geistesdiät, zyklisch eine Weile ruhen müssen. Das Beschauen eines Gemäldes kann nur sehr kurz dauern; denn das Interesse ist ja doch verloren, sobald man erraten hat, was es vorstellen soll. – Was nun aber die Musik betrifft, so können nur jene heillosen Verächter dieser edlen Kunst leugnen, dass eine gelungene Komposition, d. h. eine solche, die sich gehörig in Schranken hält und eine angenehme Melodie nach der andern folgen lässt, ohne zu toben oder sich in allerlei kontrapunktischen Gängen und Auflösungen närrisch zu gebärden, einen wunderbar bequemen Reiz verursacht, bei dem man des Denkens ganz überhoben ist, oder der doch keinen ernsten Gedanken aufkommen, sondern mehrere ganz leichte, angenehme – von denen man nicht einmal sich bewusst wird, was sie eigentlich enthalten, gar lustig wechseln lässt. Man kann aber weiter gehen und fragen: wem ist es verwehrt, auch während der Musik mit dem Nachbar ein Gespräch über allerlei Gegenstände der politischen und moralischen Welt anzuknüpfen und so einen doppelten Zweck auf eine angenehme Weise zu erreichen? Im Gegenteil ist dies gar sehr anzuraten, da die Musik, wie man in allen Konzerten und musikalischen Zirkeln zu bemerken Gelegenheit haben wird, das Sprechen ungemein erleichtert. In den Pausen ist alles still, aber mit der Musik fängt der Strom der Rede an zu brausen und schwillt mit den Tönen, die hineinfallen, immer mehr und mehr an. Manches Frauenzimmer, deren Rede sonst nach jenem Ausspruch: Ja, ja! und Nein, nein! ist, gerät während der Musik in das übrige, was nach demselben Ausspruch zwar vom Übel sein soll, hier aber offenbar vom Guten ist, da ihr deshalb manchmal ein Liebhaber oder gar ein Ehegemahl, von der Süßigkeit der ungewohnten Rede berauscht, ins Garn fällt. – Himmel, wie unabsehbar sind die Vorteile einer schönen Musik! – Euch, ihr heillosen Verächter der edlen Kunst, führe ich nun in den häuslichen Zirkel, wo der Vater, müde von den ernsten Geschäften des Tages, im Schlafrock und in Pantoffeln fröhlich und guten Muts zum Murki seines ältesten Sohnes seine Pfeife raucht. Hat das ehrliche Röschen nicht bloß seinetwegen den Dessauer Marsch und »Blühe liebes Veilchen« einstudiert, und trägt sie es nicht so schön vor, dass der Mutter die hellen Freudentränen auf den Strumpf fallen, den sie eben stopft? Würde ihm nicht endlich das hoffnungsvolle, aber ängstliche Gequäke des jüngsten Sprösslings beschwerlich fallen, wenn nicht der Klang der lieben Kindermusik das Ganze im Ton und Takt hielte? – Ist dein Sinn aber ganz dieser häuslichen Idylle, dem Triumph der einfachen Natur, verschlossen, so folge mir in jenes Haus mit hellerleuchteten Spiegelfenstern. Du trittst in den Saal; die dampfende Teemaschine ist der Brennpunkt, um den sich die eleganten Herren und Damen bewegen. Spieltische werden gerückt, aber auch der Deckel des Fortepiano fliegt auf, und auch hier dient die Musik zur angenehmen Unterhaltung und Zerstreuung. Gut gewählt, hat sie durchaus nichts Störendes, denn selbst die Kartenspieler, obschon mit etwas Höherem, mit Gewinn und Verlust, beschäftigt, dulden sie willig. – Was soll ich endlich von den großen, öffentlichen Konzerten sagen, die die herrlichste Gelegenheit geben, musikalisch begleitet, diesen oder jenen Freund zu sprechen; oder ist man noch in den Jahren des Übermuts, mit dieser oder jener Dame süße Worte zu wechseln – wozu ja sogar die Musik noch ein schickliches Thema geben kann. Diese Konzerte sind die wahren Zerstreuungsplätze für den Geschäftsmann, und dem Theater sehr vorzuziehen, da dieses zuweilen Vorstellungen gibt, die den Geist unerlaubterweise auf etwas ganz Nichtiges und Unwahres fixieren, so dass man Gefahr läuft, in die Poesie hineinzugeraten, wovor sich denn doch jeder, dem seine bürgerliche Ehre am Herzen liegt, hüten muss! – Kurz, es ist, wie ich gleich anfangs erwähnte, ein entscheidendes Zeichen, wie sehr man jetzt die wahre Tendenz der Musik erkennt, dass sie so fleißig und mit so vielem Ernst getrieben und gelehrt wird. Wie zweckmäßig ist es nicht, dass die Kinder, sollten sie auch nicht das mindeste Talent zur Kunst haben, worauf es ja auch eigentlich gar nicht ankommt, doch zur Musik angehalten werden, um so, wenn sie sonst noch nicht obligat in der Gesellschaft wirken dürfen, doch wenigstens das Ihrige zur Unterhaltung und Zerstreuung beitragen zu können! – Wohl ein glänzender Vorzug der Musik vor jeder andern Kunst ist es auch, dass sie in ihrer Reinheit (ohne Einmischung der Poesie) durchaus moralisch und daher in keinem Fall von schädlichem Einfluss auf die zarte Jugend ist. Jener Polizeidirektor attestierte keck dem Erfinder eines neuen Instruments, dass darin nichts gegen den Staat, die Religion und die guten Sitten enthalten sei; mit derselben Keckheit kann jeder Musikmeister dem Papa und der Mama im voraus versichern, die neue Sonate enthalte nicht *einen* unmoralischen Gedanken. Werden die Kinder älter, so versteht es sich von selbst, dass sie von der Ausübung der Kunst abstrahieren müssen, da für ernste Männer so etwas sich nicht wohl schicken will, und Damen darüber sehr leicht höhere Pflichten der Gesellschaft etc. versäumen können. Diese genießen dann das Vergnügen der Musik nur passiv, indem sie sich von Kindern oder Künstlern von Profession vorspielen lassen. – Aus der richtig angegebenen Tendenz der Kunst fließt auch von selbst, dass die Künstler, d. h. diejenigen Personen, welche (freilich töricht genug!) ihr ganzes Leben einem, nur zur Erholung und Zerstreuung dienenden Geschäfte widmen, als ganz untergeordnete Subjekte zu betrachten und nur darum zu dulden sind, weil sie das miscere utili dulce in Ausübung bringen. Kein Mensch von gesundem Verstande und gereiften Einsichten wird den besten Künstler so hoch schätzen, als den wackern Kanzlisten, ja den Handwerksmann, der das Polster stopfte, worauf der Rat in der Schlossstube oder der Kaufmann im Comptoir sitzt, da hier das Notwendige, dort nur das Angenehme beabsichtigt wird. Wenn man daher mit dem Künstler höflich und freundlich umgeht, so ist das nur eine Folge unserer Kultur und unserer Bonhomie, die uns ja auch mit Kindern und andern Personen, die Spaß machen, schön tun und tändeln lässt. Manche von diesen unglücklichen Schwärmern sind zu spät aus ihrem Irrtum erwacht und darüber wirklich in einigen Wahnsinn verfallen, welches man aus ihren Äußerungen über die Kunst sehr leicht entnehmen kann. Sie meinen nämlich, die Kunst ließe dem Menschen sein höheres Prinzip ahnen und führe ihn aus dem törichten Tun und Treiben des gemeinen Lebens in den Isistempel, wo die Natur in heiligen, nie gehörten und doch verständlichen Lauten mit ihm spräche. Von der Musik hegen diese Wahnsinnigen nun vollends die wunderlichsten Meinungen; sie nennen sie die romantischste aller Künste, da ihr Vorwurf nur das Unendliche sei; die geheimnisvolle, in Tönen ausgesprochene Sanskritta der Natur, die die Brust des Menschen mit unendlicher Sehnsucht erfülle, und nur in ihr verstehe er das hohe Lied der – Bäume, der Blumen, der Tiere, der Steine, der Gewässer! – Die ganz unnützen Spielereien des Kontrapunkts, die den Zuhörer gar nicht aufheitern und so den eigentlichen Zweck der Musik ganz verfehlen, nennen sie schauerlich geheimnisvolle Kombinationen und sind imstande, sie mit wunderlich verschlungenen Moosen, Kräutern und Blumen zu vergleichen. Das Talent, oder in der Sprache dieser Toren, der Genius der Musik, glühe, sagen sie, in der Brust des die Kunst übenden und hegenden Menschen und verzehre ihn, wenn das gemeinere Prinzip den Funken künstlich überbauen oder ableiten wolle, mit unauslöschlichen Flammen. Diejenigen, welche denn doch, wie ich es erst ausgeführt habe, ganz richtig über die wahre Tendenz der Kunst und der Musik insbesondere urteilen, nennen sie unwissende Frevler, die ewig von dem Heiligtum des höhern Seins ausgeschlossen bleiben müssten, und beurkunden dadurch ihre Tollheit. Denn ich frage mit Recht: wer ist besser daran, der Staatsbeamte, der Kaufmann, der von seinem Gelde Lebende, der gut isst und trinkt, gehörig spazieren fährt, und den alle Menschen mit Ehrfurcht grüßen, oder der Künstler, der sich ganz kümmerlich in seiner phantastischen Welt behelfen muss? Zwar behaupten jene Toren, dass es eine ganz besondere Sache um die poetische Erhebung über das Gemeine sei, und manches Entbehren sich dann umwandle in Genuss; allein die Kaiser und Könige im Irrenhause mit der Strohkrone auf dem Haupt sind auch glücklich! Der beste Beweis, dass alle jene Floskeln nichts in sich tragen, sondern nur den innern Vorwurf, nicht nach dem Soliden gestrebt zu haben, beschwichtigen sollen, ist dieser, dass beinahe kein Künstler es aus reiner, freier Wahl wurde, sondern sie entstanden und entstehen noch immer aus der ärmern Klasse. Von unbegüterten, obskuren Eltern oder wieder von Künstlern geboren, machte sie die Not, die Gelegenheit, der Mangel an Aussicht auf ein Glück in den eigentlichen nützlichen Klassen zu dem, was sie wurden. Dies wird denn auch jenen Phantasten zum Trotz ewig so bleiben. Sollte nämlich eine begüterte Familie höheren Standes so unglücklich sein, ein Kind zu haben, das ganz besonders zur Kunst organisiert wäre oder das, nach dem lächerlichen Ausdruck jener Wahnwitzigen, den göttlichen Funken, der im Widerstande verzehrend um sich greift, in der Brust trüge; sollte es wirklich ins Phantasieren für Kunst und Künstlerleben geraten – so wird ein guter Erzieher durch eine kluge Geistesdiät, z. B. durch das gänzliche Entziehen aller phantastischen, übertreibenden Kost (Poesien und sogenannter starker Kompositionen von Mozart, Beethoven usw.), sowie durch die fleißig wiederholte Vorstellung der ganz subordinierten Tendenz jeder Kunst und des ganz untergeordneten Standes der Künstler ohne allen Rang, Titel und Reichtum, sehr leicht das verirrte junge Subjekt auf den rechten Weg bringen, so dass es am Ende eine rechte Verachtung gegen Kunst und Künstler spürt, die als wahres Remedium gegen jede Exzentrizität nie weit genug getrieben werden kann. – Den armen Künstlern, die noch nicht in den oben beschriebenen Wahnwitz verfallen sind, glaube ich wirklich nicht übel zu raten, wenn ich ihnen, um sich doch nur etwas aus ihrer zwecklosen Tendenz herauszureißen, vorschlage, noch nebenher irgend ein leichtes Handwerk zu erlernen: sie werden gewiss dann schon als nützliche Mitglieder des Staats etwas gelten. Mir hat ein Kenner gesagt, ich hätte eine geschickte Hand zum Pantoffelmachen, und ich bin nicht abgeneigt, mich als Prototypus in die Lehre bei dem hiesigen Pantoffelmachermeister Schnabler, der noch dazu mein Herr Pate ist, zu begeben. – Das überlesend, was ich geschrieben, finde ich den Wahnwitz mancher Musiker sehr treffend geschildert, und mit einem heimlichen Grausen fühle ich mich ihnen verwandt. Der Satan raunt mir ins Ohr, dass ihnen manches so redlich Gemeinte wohl gar als heillose Ironie erscheinen könne; allein ich versichere nochmals: gegen euch, ihr Verächter der Musik, die ihr das erbauliche Singen und Spielen der Kinder unnützes Quinkelieren nennt und die Musik als eine geheimnisvolle, erhabene Kunst nur ihrer würdig hören wollt, gegen euch waren meine Worte gerichtet, und mit ernster Waffe in der Hand habe ich euch bewiesen, dass die Musik eine herrliche, nützliche Erfindung des aufgeweckten Tubalkain sei, welche die Menschen aufheitere, zerstreue, und dass sie so das häusliche Glück, die erhabenste Tendenz jedes kultivierten Menschen, auf eine angenehme befriedigende Weise befördere.

4. Beethovens Instrumental-Musik

Sollte, wenn von der Musik als einer selbständigen Kunst die Rede ist, nicht immer nur die Instrumental- Musik gemeint sein, welche, jede Hilfe, jede Beimischung einer andern Kunst (der Poesie) verschmähend, das eigentümliche, nur in ihr zu erkennende Wesen dieser Kunst rein ausspricht? – Sie ist die romantischste aller Künste, beinahe möchte man sagen, allein echt romantisch, denn nur das Unendliche ist ihr Vorwurf. – Orpheus' Lyra öffnete die Tore des Orkus. Die Musik schließt dem Menschen ein unbekanntes Reich auf, eine Welt, die nichts gemein hat mit der äußern Sinnenwelt, die ihn umgibt, und in der er alle *bestimmten* Gefühle zurücklässt, um sich einer unaussprechlichen Sehnsucht hinzugeben.

Habt ihr dies eigentümliche Wesen auch wohl nur geahnt, ihr armen Instrumentalkomponisten, die ihr euch mühsam abquältet, bestimmte Empfindungen, ja sogar Begebenheiten darzustellen? – Wie konnte es euch denn nur einfallen, die der Plastik geradezu entgegengesetzte Kunst plastisch zu behandeln? Eure Sonnaufgänge, eure Gewitter, eure Batailles des trois Empereurs usw. waren wohl gewiss gar lächerliche Verirrungen und sind wohlverdienterweise mit gänzlichem Vergessen bestraft.

In dem Gesange, wo die Poesie bestimmte Affekte durch Worte andeutet, wirkt die magische Kraft der Musik wie das wunderbare Elixier der Weisen, von dem etliche Tropfen jeden Trank köstlicher und herrlicher machen. Jede Leidenschaft – Liebe – Hass – Zorn – Verzweiflung etc., wie die Oper sie uns gibt, kleidet die Musik in den Purpurschimmer der Romantik, und selbst das im Leben Empfundene führt uns hinaus aus dem Leben in das Reich des Unendlichen.

So stark ist der Zauber der Musik, und, immer mächtiger werdend, musste er jede Fessel einer andern Kunst zerreißen.

Gewiss nicht allein in der Erleichterung der Ausdrucksmittel (Vervollkommnung der Instrumente, größere Virtuosität der Spieler), sondern in dem tieferen, innigeren Erkennen des eigentümlichen Wesens der Musik liegt es, dass geniale Komponisten die Instrumental-Musik zu der jetzigen Höhe erhoben.

Mozart und Haydn, die Schöpfer der jetzigen Instrumental-Musik, zeigten uns zuerst die Kunst in ihrer vollen Glorie; wer sie da mit voller Liebe anschaute und eindrang in ihr innigstes Wesen, ist – Beethoven! – Die Instrumentalkompositionen aller drei Meister atmen einen gleichen romantischen Geist, welches in dem gleichen innigen Ergreifen des eigentümlichen Wesens der Kunst liegt; der Charakter ihrer Kompositionen unterscheidet sich jedoch merklich. – Der Ausdruck eines kindlichen heitern Gemüts herrscht in Haydns Kompositionen. Seine Sinfonien führen uns in unabsehbare grüne Haine, in ein lustiges buntes Gewühl glücklicher Menschen. Jünglinge und Mädchen schweben in Reihentänzen vorüber; lachende Kinder, hinter Bäumen, hinter Rosenbüschen lauschend, bewerfen sich neckend mit Blumen. Ein Leben voll Liebe, voll Seligkeit wie vor der Sünde, in ewiger Jugend; kein Leiden, kein Schmerz, nur ein süßes wehmütiges Verlangen nach der geliebten Gestalt, die in der Ferne im Glanz des Abendrotes daher schwebt, nicht näher kommt, nicht verschwindet, und solange sie da ist, wird es nicht Nacht, denn sie selbst ist das Abendrot, von dem Berg und Hain erglühen. – In die Tiefen des Geisterreichs führt uns Mozart. Furcht umfängt uns, aber ohne Marter ist sie mehr Ahnung des Unendlichen.

Liebe und Wehmut tönen in holden Geisterstimmen; die Nacht geht auf in hellem Purpurschimmer, und in unaussprechlicher Sehnsucht ziehen wir zu den Gestalten, die, freundlich uns in ihre Reihen windend, in ewigem Sphärentanz durch die Wolken fliegen. (Mozarts Sinfonie in Es-Dur unter dem Namen des Schwanengesanges bekannt.)

So öffnet uns auch Beethovens Instrumental-Musik das Reich des Ungeheuern und Unermesslichen. Glühende Strahlen schießen durch dieses Reiches tiefe Nacht, und wir werden Riesenschatten gewahr, die auf- und abwogen, enger und enger uns einschließen und uns vernichten, aber nicht den Schmerz der unendlichen Sehnsucht, in welcher jede Lust, die schnell in jauchzenden Tönen emporgestiegen, hinsinkt und untergeht, und nur in diesem Schmerz, der Liebe, Hoffnung, Freude in sich verzehrend, aber nicht zerstörend, unsere Brust mit einem vollstimmigen Zusammenklange aller Leidenschaften zersprengen will, leben wir fort und sind entzückte Geisterseher! –

Der romantische Geschmack ist selten, noch seltener das romantische Talent, daher gibt es wohl so wenige, die jene Lyra, deren Ton das wundervolle Reich des Romantischen aufschließt, anzuschlagen vermögen.

Haydn fasst das Menschliche im menschlichen Leben romantisch auf; er ist kommensurabler, fasslicher für die Mehrzahl.

Mozart nimmt mehr das Übermenschliche, das Wunderbare, welches im innern Geiste wohnt, in Anspruch.

Beethovens Musik bewegt die Hebel der Furcht, des Schauers, des Entsetzens, des Schmerzes und erweckt eben jene unendliche Sehnsucht, welche das Wesen der Romantik ist. Er ist daher ein rein romantischer Komponist, und mag es nicht daher kommen, dass ihm Vokalmusik, die den Charakter des unbestimmten Sehnens nicht zulässt, sondern nur durch Worte bestimmte Affekte, als in dem Reich des Unendlichen empfunden, darstellt, weniger gelingt?

Den musikalischen Pöbel drückt Beethovens mächtiger Genius; er will sich vergebens dagegen auflehnen. – Aber die weisen Richter, mit vornehmer Miene um sich schauend, versichern, man könne es ihnen als Männer von großem Verstande und tiefer Einsicht aufs Wort glauben, es fehle dem guten B. nicht im mindesten an einer sehr reichen, lebendigen Phantasie, aber er verstehe sie nicht zu zügeln! Da wäre denn nun von Auswahl und Formung der Gedanken gar nicht die Rede, sondern er werfe nach der sogenannten genialen Methode alles so hin, wie es ihm augenblicklich die im Feuer arbeitende Phantasie eingebe. Wie ist es aber, wenn nur Eurem schwachen Blick der innere tiefe Zusammenhang jeder Beethovenschen Komposition entgeht? Wenn es nur an *Euch* liegt, dass Ihr des Meisters, dem Geweihten verständliche, Sprache nicht versteht, wenn Euch die Pforte des innersten Heiligtums verschlossen blieb? – In Wahrheit, der Meister, an Besonnenheit Haydn und Mozart ganz an die Seite zu stellen, trennt sein Ich von dem innern Reich der

Töne und gebietet darüber als unumschränkter Herr. Ästhetische Messkünstler haben oft im Shakespeare über gänzlichen Mangel innerer Einheit und inneren Zusammenhanges geklagt, indem dem tieferen Blick ein schöner Baum, Blätter, Blüten und Früchte, aus einem Keim treibend, erwächst; so entfaltet sich auch nur durch ein sehr tiefes Eingehen in Beethovens Instrumental-Musik die hohe Besonnenheit, welche vom wahren Genie unzertrennlich ist und von dem Studium der Kunst genährt wird. Welches Instrumentalwerk Beethovens bestätigt dies alles wohl in höherem Grade, als die über alle Maßen herrliche tiefsinnige Sinfonie in c-Moll. Wie führt diese wundervolle Komposition in einem fort und fort steigenden Klimax den Zuhörer unwiderstehlich fort in das Geisterreich des Unendlichen. Nichts kann einfacher sein, als der nur aus zwei Takten bestehende Hauptgedanke des ersten Allegros, der, anfangs im Unisono, dem Zuhörer nicht einmal die Tonart bestimmt. Den Charakter der ängstlichen, unruhvollen Sehnsucht, den dieser Satz in sich trägt, setzt das melodiöse Nebenthema nur noch mehr ins klare! – Die Brust, von der Ahnung des Ungeheuern, Vernichtung Drohenden gepresst und geängstigt, scheint sich in schneidenden Lauten gewaltsam Luft machen zu wollen, aber bald zieht eine freundliche Gestalt glänzend daher und erleuchtet die tiefe grauenvolle Nacht. (Das liebliche Thema in G-Dur, das erst von dem Horn in Es-Dur berührt wurde.) – Wie einfach – noch einmal sei es gesagt – ist das Thema, das der Meister dem Ganzen zugrunde legte, aber wie wundervoll reihen sich ihm alle Neben- und Zwischensätze durch ihr rhythmisches Verhältnis so an, dass sie nur dazu dienen, den Charakter des Allegros, den jenes Hauptthema nur andeutete, immer mehr und mehr zu entfalten. Alle Sätze sind kurz, beinahe alle nur aus zwei, drei Takten bestehend, und noch dazu verteilt in beständigem Wechsel der Blas- und der Saiteninstrumente; man sollte glauben, dass aus solchen Elementen nur etwas Zerstückeltes, Unfassbares entstehen könne, aber statt dessen ist es eben jene Einrichtung des Ganzen sowie dic beständige aufeinander folgende Wiederholung der Sätze und einzelner Akkorde, die das Gefühl einer unnennbaren Sehnsucht bis zum höchsten Grade steigert. Ganz davon abgesehen, dass die kontrapunktische Behandlung von dem tiefen Studium der Kunst zeugt, so sind es auch die Zwischensätze, die beständigen Anspielungen auf das Hauptthema, welche dartun, wie der hohe Meister das Ganze mit all den leidenschaftlichen Zügen im Geist auffasste und durchdachte. – Tönt nicht wie eine holde Geisterstimme, die unsre Brust mit Hoffnung und Trost erfüllt, das liebliche Thema des Andante con moto in As-Dur? – Aber auch hier tritt der furchtbare Geist, der im Allegro das Gemüt ergriff und ängstigte, jeden Augenblick drohend aus der Wetterwolke hervor, in der er verschwand, und vor seinen Blitzen entfliehen schnell die freundlichen Gestalten, die uns umgaben. – Was soll ich vom Menuett sagen? – Hört die eignen Modulationen, die Schlüsse in dem dominanten Akkorde Dur – den der Bass als Tonika des folgenden Themas in Moll aufgreift – das immer sich um einige Takte erweiternde Thema selbst! Ergreift Euch nicht wieder jene unruhvolle, unnennbare Sehnsucht, jene Ahnung des wunderbaren Geisterreichs, in welchem der Meister herrscht? Aber wie blendendes Sonnenlicht strahlt das prächtige Thema des Schlusssatzes in dem Jauchzen – dem Jubel des ganzen Orchesters. – Welche wunderbare kontrapunktische Verschlingungen verknüpfen sich hier wieder zum Ganzen. Wohl mag manchem alles vorüberrauschen wie eine geniale Rhapsodie, aber das Gemüt jedes sinnigen Zuhörers wird gewiss von einem Gefühl, das eben jene unnennbare ahnungsvolle Sehnsucht ist, tief und innig ergriffen, und bis zum Schlussakkord, ja noch in den Momenten nach demselben wird er nicht heraustreten können aus dem wunderbaren Geisterreiche, wo Schmerz und Lust, in Tönen gestaltet, ihn umfingen. – Die Sätze ihrer innern Einrichtung nach, ihre Ausführung, Instrumentierung, die Art, wie sie aneinandergereiht sind, alles arbeitet auf einen Punkt hin; aber vorzüglich die innige Verwandtschaft der Themen untereinander ist es, welche jede Einheit erzeugt, die nur allein vermag den Zuhörer in *einer* Stimmung festzuhalten. Oft wird diese Verwandtschaft dem Zuhörer klar, wenn er sie aus der Verbindung zweier Sätze heraushört oder in den zwei verschiedenen Sätzen gemeinsamen Grundbass entdeckt, aber eine tiefere Verwandtschaft, die sich auf jene Art nicht dartut, spricht oft nur aus dem Geiste zum Geiste, und eben diese ist es, welche unter den Sätzen der beiden Allegros und des Menuetts herrscht und die besonnene Genialität des Meisters herrlich verkündet. –

Wie tief haben sich doch deine herrlichen Klavierkompositionen, du hoher Meister! meinem Gemüt eingeprägt; wie schal und nichtsbedeutend erscheint mir doch nun alles, was nicht dir, dem sinnigen Mozart und dem gewaltigen Genius Sebastian Bach angehört. – Mit welcher Lust empfing ich dein siebzigstes Werk, die beiden herrlichen Trios, denn ich wusste ja wohl, dass ich sie nach weniger Übung bald gar herrlich hören würde. Und so gut ist es mir ja denn heute Abend geworden, so dass ich noch jetzt wie einer, der in den mit allerlei seltenen Bäumen, Gewächsen und wunderbaren Blumen umflochtenen Irrgängen eines phantastischen Parks wandelt und immer tiefer und tiefer hineingerät, nicht aus den wundervollen Wendungen und Verschlingungen deiner Trios herauszukommen vermag. Die holden Sirenenstimmen deiner in bunter Mannigfaltigkeit prangenden Sätze locken mich immer tiefer und tiefer hinein. – Die geistreiche Dame, die heute *mir*, dem Kapellmeister Kreisler, recht eigentlich zu Ehren das Trio Nro. 1 gar herrlich spielte, und vor deren Flügel ich noch sitze und schreibe, hat es mich recht deutlich einsehen lassen, wie nur das, was der *Geist* gibt, zu achten, alles übrige aber von Übel ist. –

Eben jetzt habe ich auswendig einige frappante Ausweichungen der beiden Trios auf dem Flügel wiederholt. – Es ist doch wahr, der Flügel (Flügel-Pianoforte) bleibt ein mehr für die Harmonie als für die Melodie brauchbares Instrument. Der feinste Ausdruck, dessen das Instrument fähig ist, gibt der Melodie nicht das regsame Leben in tausend und tausend Nuancierungen, das der Bogen des Geigers, der Hauch des Bläsers hervorzubringen imstande ist. Der Spieler ringt vergebens mit der unüberwindlichen Schwierigkeit, die der Mechanismus, der die Saiten durch einen Schlag vibrieren und ertönen lässt, ihm entgegensetzt. Dagegen gibt es (die noch immer weit beschränktere Harfe abgerechnet) wohl kein Instrument, das so wie der Flügel in vollgriffigen Akkorden das Reich der Harmonie umfasst und seine Schätze in den wunderbarsten Formen und Gestalten dem Kenner entfaltet. Hat die Phantasie des Meisters ein ganzes Tongemälde mit reichen Gruppen, hellen Lichtern und tiefen Schattierungen ergriffen, so kann er es am Flügel ins Leben rufen, dass es aus der innern Welt farbicht und glänzend hervortritt. Die vollstimmige Partitur, dieses wahre musikalische Zauberbuch, das in seinen Zeichen alle Wunder der Tonkunst, den geheimnisvollen Chor der mannigfaltigsten Instrumente bewahrt, wird unter den Händen des Meisters am Flügel belebt, und ein in dieser Art gut und vollstimmig vorgetragenes Stück aus der Partitur möchte dem wohlgeratnen Kupferstich, der einem großen Gemälde entnommen, zu vergleichen sein. Zum Phantasieren, zum Vortragen aus der Partitur, zu einzelnen Sonaten, Akkorden usw. ist daher der Flügel vorzüglich geeignet, so wie nächstdem Trios, Quartette, Quintette etc., wo die gewöhnlichen Saiteninstrumente hinzutreten, schon deshalb ganz in das Reich der Flügelkomposition gehören, weil, sind sie in der wahren Art, d. h. wirklich vierstimmig, fünfstimmig usw. komponiert, hier es ganz auf die harmonische Ausarbeitung ankommt, die das Hervortreten einzelner Instrumente in glänzenden Passagen von selbst ausschließt. –

Einen wahren Widerwillen hege ich gegen all die eigentlichen Flügelkonzerte. (Mozartsche und Beethovensche sind nicht sowohl Konzerte als Sinfonien mit obligatem Flügel.) Hier soll die Virtuosität des einzelnen Spielers in Passagen und im Ausdruck der Melodie geltend gemacht werden; der beste Spieler auf dem schönsten Instrumente strebt aber vergebens nach *dem*, was z. B. der Violinist mit leichter Mühe erringt.

Jedes Solo klingt nach dem vollen Tutti der Geiger und Bläser steif und matt, und man bewundert die Fertigkeit der Finger u. dergl., ohne dass das Gemüt recht angesprochen wird.

Wie hat doch der Meister den eigentümlichsten Geist des Instruments aufgefasst und in der dafür geeignetsten Art gesorgt!

Ein einfaches, aber fruchtbares, zu den verschiedensten kontrapunktischen Wendungen, Abkürzungen usw. taugliches, singbares Thema liegt jedem Satz zugrunde, alle übrigen Nebenthemata und Figuren sind dem Hauptgedanken innig verwandt, sodass sich alles zur höchsten Einheit durch alle Instrumente verschlingt und ordnet. So ist die Struktur des Ganzen; aber in diesem künstlichen Bau wechseln in rastlosem Fluge die wunderbarsten Bilder, in denen Freude und Schmerz, Wehmut und Wonne neben- und ineinander hervortreten. Seltsame Gestalten beginnen einen luftigen Tanz, indem sie bald zu einem Lichtpunkt verschweben, bald funkelnd und blitzend auseinanderfahren und sich in mannigfachen Gruppen jagen und verfolgen; und mitten in diesem aufgeschlossenen Geisterreiche horcht die entzückte Seele der unbekannten Sprache zu und versteht alle die geheimsten Ahnungen, von denen sie ergriffen. –

Nur *der* Komponist drang wahrhaft in die Geheimnisse der Harmonie ein, der durch sie auf das Gemüt des Menschen zu wirken vermag; ihm sind die Zahlenproportionen, welche dem Grammatiker ohne Genius nur tote starre Rechenexempel bleiben, magische Präparate, denen er eine Zauberwelt entsteigen lässt.

Ungeachtet der Gemütlichkeit, die vorzüglich in dem ersten Trio, selbst das wehmutsvolle Largo nicht ausgenommen, herrscht, bleibt doch der Beethovensche Genius ernst und feierlich. Es ist, als meinte der Meister, man könne von tiefen, geheimnisvollen Dingen, selbst wenn der Geist, mit ihnen innig vertraut, sich freudig und fröhlich erhoben fühlt, nie in gemeinen, sondern nur in erhabenen, herrlichen Worten reden; das Tanzstück der Isispriester kann nur ein hochjauchzender Hymnus sein.

Die Instrumentalmusik muss da, wo sie nur durch sich als Musik wirken und nicht vielleicht einem bestimmten dramatischen Zweck dienen soll, alles unbedeutend Spaßhafte, alle tändelnden Lazzi vermeiden. Es sucht das tiefe Gemüt für die Ahnungen der Freudigkeit, die herrlicher und schöner als hier in der beengten Welt, aus einem unbekannten Lande herübergekommen, ein inneres, wonnevolles Leben in der Brust entzündet, einen höheren Ausdruck, als ihn geringe Worte, die nur der befangenen irdischen Lust eigen, gewähren können. Schon dieser Ernst aller Beethovenschen Instrumental- und Flügel-Musik verbannt all die halsbrecherischen Passagen auf und ab mit beiden Händen, all die seltsamen Sprünge, die possierlichen Capriccios, die hoch in die Luft gebauten Noten mit fünf- und sechsstrichigem Fundament, von denen die Flügelkompositionen neuester Art erfüllt sind. – Wenn von bloßer Fingerfertigkeit die Rede ist, haben die Flügelkompositionen des Meisters gar keine besondere Schwierigkeit, da die wenigen Läufe, Triolenfiguren u.d.m. wohl jeder geübte Spieler in der Hand haben muss; und doch ist ihr Vortrag bedingt recht schwer. Mancher sogenannte Virtuose verwirft des Meisters Flügelkomposition, indem er dem Vorwurf: sehr schwer! noch hinzufügt: und sehr undankbar! – Was nun die Schwierigkeit betrifft, so gehört zum richtigen, bequemen Vortrag Beethovenscher Komposition nichts Geringeres, als dass man ihn begreife, dass man tief in sein Wesen eindringe, dass man im Bewusstsein eigner Weihe es kühn wage, in den Kreis der magischen Erscheinungen zu treten, die sein mächtiger Zauber hervorruft. Wer diese Weihe nicht in sich fühlt, wer die heilige Musik nur als Spielerei, nur zum Zeitvertreib in leeren Stunden, zum augenblicklichen Reiz stumpfer Ohren oder zur eignen Ostentation tauglich betrachtet, der bleibe ja davon. Nur einem solchen steht auch der Vorwurf: und höchst undankbar! zu. Der echte Künstler lebt nur im Werk, das er im Sinn des Meisters aufgefasst hat und nun vorträgt. Er verschmäht es, auf irgendeine Weise seine Persönlichkeit geltend zu machen, und all sein Dichten und Trachten geht nur dahin, all die herrlichen, holdseligen Bilder und Erscheinungen, die der Meister mit magischer Gewalt in sein Werk verschloss, tausendfarbig glänzend ins rege Leben zu rufen, dass sie den Menschen in lichten funkelnden Kreisen umfangen und seine Phantasie, sein innerstes Gemüt entzündend, ihn raschen Fluges in das ferne Geisterreich der Töne tragen.

5. Höchst zerstreute Gedanken

Schon als ich noch auf der Schule war, hatte ich die Gewohnheit, manches, was mir bei dem Lesen eines Buchs, bei dem Anhören einer Musik, bei dem Betrachten eines Gemäldes oder sonst gerade einfiel oder auch was mir selbst Merkwürdiges begegnet, aufzuschreiben. Ich hatte mir dazu ein kleines Buch binden lassen und den Titel vorgesetzt: Zerstreute Gedanken. – Mein Vetter, der mit mir auf einer Stube wohnte und mit wahrhaft boshafter Ironie meine ästhetischen Bemühungen verfolgte, fand das Büchelchen und setzte auf dem Titel dem Wort: Zerstreute, das Wörtlein: Höchst! vor. Zu meinem nicht geringen Verdrusse fand ich, als ich mich über meinen Vetter im Stillen genug geärgert hatte und das, was ich geschrieben, noch einmal überlas, manchen zerstreuten Gedanken wirklich und in der Tat *höchst* zerstreut, warf das ganze Buch ins Feuer und gelobte nichts mehr aufzuschreiben, sondern alles im Innern digerieren und wirken zu lassen, wie es sollte. – Aber ich sehe meine Musikalien durch und finde zu meinem nicht geringen Schreck, dass ich die üble Gewohnheit nun in viel späteren und, wie man denken möchte, weiseren Jahren stärker als je treibe. Denn sind nicht beinahe alle leeren Blätter, alle Umschläge mit höchst zerstreuten Gedanken bekritzelt? – Sollte nun einmal, bin ich auf diese oder jene Art dahingeschieden, ein treuer Freund diesen meinen Nachlass ordentlich für etwas halten oder gar (wie es denn wohl manchmal zu geschehen pflegt) manches davon abschreiben und drucken lassen, so bitte ich ihn um die Barmherzigkeit, ohne Barmherzigkeit die *höchst höchst* zerstreuten Gedanken dem Feuer zu übergeben und rücksichts der übrigen es gewissermaßen als captatio benevolentiae bei der schülerhaften Aufschrift nebst dem boshaften Zusatz des Vetters bewenden zu lassen.

Man stritt heute viel über unsern Sebastian Bach und über die alten Italiener, man konnte sich durchaus nicht einigen, *wem* der Vorzug gebühre. Da sagte mein geistreicher Freund: »Sebastian Bachs Musik verhält sich zu der Musik der alten Italiener ebenso, wie das Münster in Straßburg zur Peterskirche in Rom.«

Wie tief hat mich das wahre, lebendige Bild ergriffen! – Ich sehe in Bachs achtstimmigen Motetten den kühnen, wundervollen, romantischen Bau des Münsters mit all den phantastischen Verzierungen, die künstlich zum Ganzen verschlungen, stolz und prächtig in die Lüfte emporsteigen; sowie in Benevolis, in Pertis frommen Gesängen die reinen grandiosen Verhältnisse der Peterskirche, die selbst den größten Massen die Kommensurabilität geben und das Gemüt erheben, indem sie es mit heiligem Schauer erfüllen.

Nicht sowohl im Traum, als im Zustand des Delirierens, der dem Einschlafen vorangeht, vorzüglich wenn ich viel Musik gehört habe, finde ich eine Übereinkunft der Farben, Töne und Düfte. Es kömmt mir vor, als wenn alle auf die gleiche geheimnisvolle Weise durch den Lichtstrahl erzeugt würden und dann sich zu einem wundervollen Konzerte vereinigen müssten. – Der Duft der dunkelroten Nelken wirkt mit sonderbarer magischer Gewalt auf mich; unwillkürlich versinke ich in einen träumerischen Zustand und höre dann wie aus weiter Ferne die anschwellenden und wieder verfließenden tiefen Töne des Bassetthorns.

Es gibt Augenblicke – vorzüglich wenn ich viel in des großen Sebastian Bachs Werken gelesen – in denen mir die musikalischen Zahlenverhältnisse, ja die mystischen Regeln des Kontrapunkts ein inneres Grauen erwecken. – Musik! – mit geheimnisvollem Schauer, ja mit Grausen nenne ich dich! – Dich! in Tönen ausgesprochene Sanskrita der Natur! – Der Ungeweihte lallt sie nach in kindischen Lauten – der nachäffende Frevler geht unter im eignen Hohn!

Von großen Meistern werden häufig Anekdötchen aufgetischt, die so kindisch erfunden oder mit so alberner Unwissenheit nacherzählt sind, dass sie mich immer, wenn ich sie anhören muss, kränken und ärgern. So ist z. B. das Geschichtchen von Mozarts Ouvertüre zum »Don Juan« so prosaisch toll, dass ich mich wundern muss, wie sie selbst Musiker, denen man einiges Einsehen nicht absprechen mag, in den Mund nehmen können, wie es noch heute geschah. – Mozart soll die Komposition der Ouvertüre, als die Oper längst fertig war, von Tag zu Tag verschoben haben und noch den Tag vor der Aufführung, als die besorgten Freunde glaubten, nun säße er am Schreibtisch, ganz lustig spazieren gefahren sein. Endlich am Tage der Aufführung, am frühen Morgen, habe er in wenigen Stunden die Ouvertüre *komponiert*, so dass die Partien noch nass in das Theater getragen worden wären. Nun gerät alles in Erstaunen und Bewunderung, wie Mozart so schnell komponiert hat, und doch kann man jedem rüstigen schnellen Notenschreiber ebendieselbe Bewunderung zollen. – Glaubt ihr denn nicht, dass der Meister den »Don Juan«, sein tiefstes Werk, das er für seine Freunde, d. h. für solche, die ihn in seinem Innersten verstanden, komponierte, längst im Gemüte trug, dass er im Geist das Ganze mit allen seinen herrlichen charaktervollen Zügen ordnete und rundete, so dass es wie in einem fehlerfreien Gusse dastand? – Glaubt ihr denn nicht, dass die Ouvertüre aller Ouvertüren, in der alle Motive der Oper schon so herrlich und lebendig angedeutet sind, nicht ebenso gut fertig war als das ganze Werk, ehe der große Meister die Feder zum Aufschreiben ansetzte? – Ist jene Anekdote wahr, so hat Mozart wahrscheinlich seine Freunde, die immer von der *Komposition* der Ouvertüre gesprochen hatten, mit dem Verschieben des Aufschreibens geneckt, da ihre Besorgnis, er möchte die günstige Stunde zu dem nunmehr mechanisch gewordenen Geschäft, nämlich das in dem Augenblick der Weihe empfangene und im Innern aufgefasste Werk aufzuschreiben, nicht mehr finden, ihm lächerlich erscheinen musste. – Manche haben in dem Allegro des überwachten Mozarts Auffahren aus dem Schlafe, in den er komponierend unwillkürlich versunken, finden wollen! – Es gibt närrische Leute! – Ich erinnere mich, dass bei der Aufführung des »Don Juan« einer einmal mir bitter klagte, das sei doch entsetzlich unnatürlich mit der Statue und mit den Teufeln! Ich antwortete ihm lächelnd, ob er denn nicht längst bemerkt hätte, dass in dem weißen Mann ein ganz verflucht pfiffiger Polizeikommissar stecke, und dass die Teufel nichts wären als vermummte Gerichtsdiener; die Hölle wäre auch weiter nichts als das Stockhaus, wo Don Juan seiner Vergehungen wegen eingesperrt werden würde, und so das Ganze allegorisch zu nehmen. – Da schlug er ganz vergnügt ein Schnippchen nach dem andern und lachte und freute sich und bemitleidete die andern, die sich so grob täuschen ließen. – Nachher, wenn von den unterirdischen Mächten, die Mozart aus dem Orkus hervorgerufen habe, gesprochen wurde, lächelte er mich überaus pfiffig an, welches ich ihm ebenso erwiderte. –

Er dachte: »Wir wissen, was wir wissen!« und er hatte wahrlich recht!

Seit langer Zeit habe ich mich nicht so rein ergötzt und erfreut als heute Abend. – Mein Freund trat jubelnd zu mir ins Zimmer und verkündete, dass er in einer Schenke der Vorstadt einen Komödianten-Trupp ausgewittert habe, der jeden

Abend vor den anwesenden Gästen die größten Schau- und Trauerspiele aufführe. Wir gingen gleich hin und fanden an der Tür der Wirtsstube einen geschriebenen Zettel angeklebt, worin es nächst der de- und wehmütigen Empfehlung der würdigen Schauspielergesellschaft hieß, dass die Wahl des Stücks jedes Mal von dem versammelten verehrungswürdigen Publikum abhinge, und dass der Wirt sich beeifern werde, die hohen Gäste auf dem ersten Platz mit gutem Bier und Tabak zu bedienen. Diesmal wurde auf Vorschlag des Herrn Direktors »Johanna von Montfaucon« gewählt, und ich überzeugte mich, dass, so dargestellt, das Stück von unbeschreiblicher Wirkung ist. Da sieht man ja deutlich, wie der Dichter eigentlich die Ironie des Poetischen bezweckte oder vielmehr das falsche Pathos, die Poesie, die nicht poetisch ist, lächerlich machen wollte, und in dieser Hinsicht ist die Johanna eine der ergötzlichsten Possen, die er je geschrieben. Die Schauspieler und Schauspielerinnen hatten diesen tiefen Sinn des Stücks sehr gut aufgefasst und die Szenerie lobenswert angeordnet. War es nicht z. B. eine glückliche Idee, dass bei den in komischer Verzweiflung herausgeflossenen Worten der Johanna: »Es muss blitzen!« der Direktor die Auslage für Kolophonium nicht gescheut hatte, sondern es wirklich ein paar Mal blitzen ließ? Außer dem kleinen Unfall, dass in der ersten Szene das ungefähr sechs Fuß hohe Schloss, wiewohl aus Papier gebaut, ohne sonderliches Geräusch einfiel und eine Biertonne sichtbar wurde, von der herab nun anstatt vom Balkon oder zum Fenster heraus Johanna recht herzlich mit den guten Landleuten sprach, waren sonst die Dekorationen vortrefflich, und vorzüglich die Schweizer-Gebirge ebenso im Sinne des Stücks mit glücklicher Ironie behandelt. Ebenso deutete auch das Kostüm sehr gut die Lehre an, die der Dichter durch die Darstellung seiner Helden den Afterdichtern geben will. »Seht«, will er nämlich sagen, »so sind eure Helden! – Statt der kräftigen, rüstigen Ritter der schönen Vorzeit sind es weinerliche, erbärmliche Weichlinge des Zeitalters, die sich ungeziemlich gebärden und dann glauben, damit sei es getan!« – Alle auftretende Ritter, der Estavajell, der Lasarra etc. gingen in gewöhnlichen Fracks und hatten nur Feldbinden darüber gehängt, sowie ein paar Federn auf den Hüten. – Eine ganz herrliche Einrichtung, die von großen Bühnen nachgeahmt zu werden verdiente, fand auch noch statt! – Ich will sie herschreiben, damit ich sie nie aus dem Gedächtnis verliere. – Nicht genug konnte ich mich nämlich über die große Präzision im Auftreten und Abgehen, über den Einklang des Ganzen wundern, da doch die Wahl des Stücks dem Publikum überlassen, die Gesellschaft daher ohne sonderliche Vorbereitung auf eine Menge von Stücken gefasst sein musste. Endlich, an einer etwas possierlichen und, wie es schien, ganz unwillkürlichen Bewegung eines Schauspielers in der Kulisse bemerkte ich mit bewaffnetem Auge, dass von den Füßen der Schauspieler und Schauspielerinnen feine Schnüre in den Souffleurkasten liefen, die angezogen wurden, wenn sie kommen oder gehen sollten. – Ein guter Direktor, der vorzüglich will, dass alles nach seinen eigenen individuellen Ein- und Ansichten auf dem Theater gehen soll, könnte das nun weiter treiben – er könnte, so wie man bei der Reiterei zu den verschiedenen Manövern sogenannte *Rufe* (Trompetenstöße) hat, denen sogar die Pferde augenblicklich folgen, ebenso für die verschiedensten Posituren – Ausrufe – Schreie – Heben – Sinkenlassen der Stimme usw. verschiedene

Züge erfinden und sie, neben dem Souffleur sitzend, mit Nutzen applizieren. Das größte, mit augenblicklicher Entlassung als dem zivilen Tode zu bestrafende Versehen eines Schauspielers wäre dann, wenn der Direktor ihm mit Recht vorwerfen könnte, *er habe über die Schnur gehauen*, und das größte Lob einer ganzen Darstellung, *es sei alles recht nach der Schnur gegangen*.

Große Dichter und Künstler sind auch für den Tadel untergeordneter Naturen empfindlich. – Sie lassen sich gar zu gern loben, auf Händen tragen, hätscheln. – Glaubt ihr denn, dass diejenige Eitelkeit, von der ihr so oft befangen, in hohen Gemütern wohnen könne? – Aber jedes freundliche Wort, jedes wohlwollende Bemühen beschwichtigt die innere Stimme, die dem wahren Künstler unaufhörlich zuruft: »Wie ist doch dein Flug noch so niedrig, noch so von der Kraft des Irdischen gelähmt – rüttle frisch die Fittiche und schwinge dich auf zu den leuchtenden Sternen!« – Und von der Stimme getrieben, irrt der Künstler oft umher und kann seine Heimat nicht wiederfinden, bis der Freunde Zuruf ihn wieder auf Weg und Steg leitet.

Wenn ich in Forkels musikalischer Bibliothek die niedrige schmähende Beurteilung von Glucks »Iphigenia in Aulis« lese, wird mein Gemüt von den sonderbarsten Empfindungen im Innersten bewegt. Wie mag der große, herrliche Mann, las er jenes absurde Geschwätz, doch eben von dem unbehaglichen Gefühl ergriffen worden sein, wie einer, der, in einem schönen Park zwischen Blumen und Blüten lustwandelnd, von schreienden, bellenden Kläffern angefallen wird, die, ohne ihm nur den mindesten bedeutenden Schaden zufügen zu können, ihm doch auf die unerträglichste Weise lästig sind. Aber wie man in der Zeit des erfochtenen Sieges gern von den ihm vorhergegangenen Bedrängnissen und Gefahren hört, eben darum, weil sie seinen Glanz noch erhöhen, so erhebt es auch Seele und Geist, noch die Ungetüme zu beschauen, über die der Genius sein Siegespanier schwang, dass sie untergingen in ihrer eignen Schmach! – Tröstet Euch – Ihr Unerkannten! Ihr von dem Leichtsinn, von der Unbill des Zeitgeistes Gebeugten; *Euch ist gewisser* Sieg verheißen, und *der* ist ewig, da Euer ermüdender *Kampf* nur vorübergehend war!

Man erzählt, nachdem der Streit der Gluckisten und Piccinisten sich etwas abgekühlt hatte, sei es irgend einem vornehmen Verehrer der Kunst gelungen, Gluck und Piccini in einer Abendgesellschaft zusammenzubringen, und nun habe der offene Deutsche, zufrieden einmal, den bösen Streit geendet zu sehen, in einer fröhlichen Weinlaune dem Italiener seinen ganzen Mechanismus der Komposition, sein Geheimnis, die Menschen und vorzüglich die verwöhnten Franzosen zu erheben und zu rühren, entdeckt – Melodien in altfranzösischem Stil – deutsche Arbeit, darin sollte es liegen. Aber der sinnige, gemütliche, in seiner Art große Piccini, dessen Chor der Priester der Nacht in der »Dido« in meinem Innersten mit schauerlichen Tönen widerhallt, hat doch keine Armida, keine Iphigenia wie Gluck geschrieben! – Bedürfte es denn nur genau zu wissen, wie Raffael seine Gemälde anlegte und ausführte, um selbst ein Raffael zu sein?

Kein Gespräch über die Kunst konnte heute aufkommen – nicht einmal das himmlische Geschwätz um nichts über nichts, das ich so gern mit Frauenzimmern führe, weil mir es dann nur wie die zufällig begleitende Stimme zu einer geheimen, aber von jeder deutlich geahnten Melodie vorkommt, wollte recht fort: alles ging unter in der Politik. – Da sagte jemand, der Minister -r- habe den Vorstellungen des -s-Hofes kein Gehör gegeben. Nun weiß ich, dass jener Minister wirklich auf einem Ohr gar nicht hört, und in dem Augenblick stand ein Bild in grotesken Zügen mir vor Augen, welches mich den ganzen Abend nicht wieder verließ. – Ich sah nämlich jenen Minister in der Mitte des Zimmers steif dastehen – der -sche Unterhändler befindet sich unglücklicherweise an der tauben Seite, der andere an der hörenden! – Nun wenden beide alle nur ersinnlichen Mittel, Ränke und Schwänke an, einer, dass die Exzellenz sich umdrehe, der andere, dass die Exzellenz stehen bleibe, denn nur davon hängt der Erfolg der Sache ab; aber die Exzellenz bleibt wie eine deutsche Eiche fest eingewurzelt auf ihrer Stelle, und das Glück ist dem günstig, der die *hörende* Seite traf.

Welcher Künstler hat sich sonst um die politischen Ereignisse des Tages bekümmert – er lebte nur in seiner Kunst, und nur in ihr schritt er durch das Leben; aber eine verhängnisvolle schwere Zeit hat den Menschen mit eiserner Faust ergriffen, und der Schmerz presst ihm Laute aus, die ihm sonst fremd waren.

Man spricht so viel von der Begeisterung, die die Künstler durch den Genuss starker Getränke erzwingen – man nennt Musiker und Dichter, die nur *so* arbeiten können (die Maler sind von dem Vorwurf, soviel ich weiß, frei geblieben). – Ich glaube nicht daran – aber gewiss ist es, dass eben in der glücklichen Stimmung, ich möchte sagen, in der günstigen Konstellation, wenn der Geist aus dem *Brüten* in das *Schaffen* übergeht, das geistige Getränk den regeren Umschwung der Ideen befördert. – Es ist gerade kein edles Bild, aber mir kommt die Phantasie hier vor, wie ein Mühlrad, welches der stärker anschwellende Strom schneller treibt – der Mensch gießt Wein auf, und das Getriebe im Innern dreht sich rascher! – Es ist wohl herrlich, dass eine edle Frucht das Geheimnis in sich trägt, den menschlichen Geist in seinen eigensten Anklängen auf eine wunderbare Weise zu beherrschen. – Aber was in diesem Augenblick da vor mir im Glase dampft, ist jenes Getränk, das noch wie ein geheimnisvoller Fremder, der, um unerkannt zu bleiben, überall seinen Namen wechselt, keine allgemeine Benennung hat, und durch *den* Prozess erzeugt wird, wenn man Kognak, Arrak oder Rum anzündet und auf einem Rost darüber gelegten Zucker hineintröpfeln lässt. – Die Bereitung und der mäßige Genuss dieses Getränkes hat für mich etwas Wohltätiges und Erfreuliches. – Wenn so die blaue Flamme emporzuckt, sehe ich, wie die Salamander glühend und sprühend herausfahren und mit den Erdgeistern kämpfen, die im Zucker wohnen. Diese halten sich tapfer; sie knistern in gelben Lichtern durch die Feinde, aber die Macht ist zu groß, sie sinken prasselnd und zischend unter – die Wassergeister entfliehen, sich im Dampf emporwirbelnd, während die Erdgeister die erschöpften Salamander herabziehen und im eignen Reich verzehren; aber auch sie gehen unter, und kecke neugeborne Geisterchen strahlen in glühendem Rot herauf, und was Salamander und Erdgeist im Kampf untergehend geboren, hat des Salamanders Glut und des Erdgeistes gehaltvolle Kraft. – Sollte es wirklich geraten sein, dem innern Phantasie-Rade Geistiges aufzugießen (welches ich doch meine, da es dem Künstler nächst dem rascheren Schwung der Ideen eine gewisse Behaglichkeit, ja Fröhlichkeit gibt, die die Arbeit erleichtert), so könnte man ordentlich rücksichts der Getränke gewisse Prinzipien aufstellen. So würde ich z. B. bei der Kirchenmusik alte Rhein- und Franzweine, bei der ernsten Oper sehr feinen Burgunder, bei der komischen Oper Champagner, bei Kanzonetten italienische feurige Weine, bei einer höchst romantischen Komposition, wie die des »Don Juan« ist, aber ein mäßiges Glas von eben dem von Salamander und Erdgeist erzeugten Getränk anraten! – Doch überlasse ich jedem seine individuelle Meinung und finde nur nötig für mich selbst im Stillen zu bemerken, dass der Geist, der von Licht und unterirdischem Feuer geboren, so keck den Menschen beherrscht, gar gefährlich ist und man seiner Freundlichkeit nicht trauen darf, da er schnell die Miene ändert und statt des wohltuenden behaglichen Freundes, zum furchtbaren Tyrannen wird.

Es wurde heute die bekannte Anekdote von dem alten Rameau erzählt, der zu dem Geistlichen, welcher ihn in der Todesstunde mit allerlei harten, unfreundlichen Worten zur Buße ermahnte und nicht aufhören konnte zu predigen und zu schreien, ernstlich sagte: »Aber wie mögen Ew. Hochwürden doch so falsch singen!« – Ich habe nicht in das laute Gelächter der Gesellschaft einstimmen können, denn für mich hat die Geschichte etwas ungemein Rührendes! – Wie hatte, da der alte Meister der Tonkunst beinahe schon alles Irdische abgestreift, sich sein Geist so ganz und gar der göttlichen Musik zugewendet, dass jeder sinnliche Eindruck von außen her nur ein Missklang war, der, die reinen Harmonien, von denen sein Inneres erfüllt, unterbrechend, ihn quälte und seinen Flug zur Lichtwelt hemmte.

In keiner Kunst ist die Theorie schwächer und unzureichender als in der Musik, die Regeln des Kontrapunkts beziehen sich natürlicherweise nur auf die harmonische Struktur, und ein danach richtig ausgearbeiteter Satz ist die nach den bestimmten Regeln des Verhältnisses richtig entworfene Zeichnung des Malers. Aber bei dem Kolorit ist der Musiker ganz verlassen; denn *das* ist die Instrumentierung. – Schon der unermesslichen Varietät musikalischer Sätze wegen ist es unmöglich, hier nur *eine* Regel zu wagen, aber auf eine lebendige, durch Erfahrung geläuterte Phantasie gestützt, kann man wohl Andeutungen geben, und diese, zyklisch gefasst, würde ich Mystik der Instrumente nennen. Die Kunst, gehörigen Orts bald mit dem vollen Orchester, bald mit einzelnen Instrumenten zu wirken, ist die *musikalische Perspektive*; so wie die Musik den von der Malerei ihr entlehnten Ausdruck *Ton* wieder zurücknehmen und ihn von *Tonart* unterscheiden kann. Im zweiten höheren Sinn wäre dann *Ton eines Stücks* der tiefere Charakter, der durch die besondere Behandlung des Gesanges, der Begleitung der sich anschmiegenden Figuren und Melismen ausgesprochen wird.

Es ist ebenso schwer, einen guten letzten Akt zu machen als einen tüchtigen Kernschluss. – Beide sind gewöhnlich mit Figuren überhäuft, und der Vorwurf: er kann nicht zum Schluss kommen, ist oft nur zu gerecht. Für Dichter und Musiker ist es kein übler Vorschlag, beide, den letzten Akt und das Finale, *zuerst* zu machen. Die Ouvertüre sowie der Prologus muss unbedingt zuletzt gemacht werden.

6. Der vollkommene Maschinist

Als ich noch in *** die Oper dirigierte, trieben mich oft Lust und Laune ins Theater; ich kümmerte mich viel um das Dekorations- und Maschinenwesen, und indem ich lange Zeit ganz im Stillen über alles, was ich sah, Betrachtungen anstellte, erzeugten sich mir Resultate, die ich zum Nutz und Frommen der Dekorateure und der Maschinisten sowie des ganzen Publikums gern in einem eignen Traktätlein ans Licht stellen möchte, unter dem Titel: »Johannes Kreislers vollkommener Maschinist usw.« Aber wie es in der Welt zu gehen pflegt, den schärfsten Willen stumpft die Zeit ab, und wer weiß, ob bei gehöriger Muße, die das wichtige theoretische Werk erfordert, mir auch die Laune kommen wird, es wirklich zu schreiben. Um nun daher wenigstens die ersten Prinzipien der von mir erfundenen herrlichen Theorie, die vorzüglichsten Ideen vom Untergange zu retten, schreibe ich, soviel ich vermag, nur alles rhapsodisch hin und denke auch dann: Sapienti sat!

Fürs erste verdanke ich es meinem Aufenthalt in ***, dass ich von manchem gefährlichen Irrtum, in den ich bisher versunken, gänzlich geheilt worden, so wie ich auch die kindische Achtung für Personen, die ich sonst für groß und genial gehalten, gänzlich verloren. Nächst einer aufgedrungenen, aber sehr heilsamen Geistesdiät bewirkte meine Gesundheit der mir angeratene fleißige Genuss des äußerst klaren, reinen Wassers, das in *** aus vielen Quellen, vorzüglich bei dem Theater – nicht sprudelt? – nein! – sondern sanft und leise daher rinnt.

So denke ich noch mit wahrer innerer Scham an die Achtung, ja die kindische Verehrung, die ich für den Dekorateur sowie für den Maschinisten des …r Theaters hegte. Beide gingen von dem törichten Grundsatz aus, Dekorationen und Maschinen müssten unmerklich in die Dichtung eingreifen, und durch den Totaleffekt müsste dann der Zuschauer wie auf unsichtbaren Fittichen ganz aus dem Theater heraus in das phantastische Land der Poesie getragen werden. Sie meinten, nicht genug wäre es, die zur höchsten Illusion mit tiefer Kenntnis und gereinigtem Geschmack angeordneten Dekorationen, die mit zauberischer, dem Zuschauer unerklärbarer Kraft wirkenden Maschinen anzuwenden, sondern ganz vorzüglich käme es auch darauf an, alles, auch das Geringste zu vermeiden, was dem beabsichtigten Totaleffekt entgegenliefe. Nicht eine wider den Sinn des Dichters gestellte Dekoration, nein – oft nur ein zur Unzeit hervorguckender Baum – ja, ein einziger hervorhängender Strick zerstöre alle Täuschung. – Es sei gar schwer, sagten sie ferner, durch grandios gehaltene Verhältnisse, durch eine edle Einfachheit, durch das künstliche Berauben jedes Mediums die eingebildeten Größen der Dekoration mit wirklichen (z. B. mit den auftretenden Personen) zu vergleichen und so den Trug zu entdecken, durch gänzliches Verbergen des Mechanismus der Maschinen den Zuschauer in der ihm wohltuenden Täuschung zu erhalten. Hätten daher selbst Dichter, die doch sonst gern in das Reich der Phantasie eingehen, gerufen: »Glaubt Ihr denn, dass Eure leinwandenen Berge und Paläste, Eure stürzenden bemalten Bretter uns nur einen Moment täuschen können, ist Euer Platz auch noch so groß?« – so habe es immer an der Eingeschränktheit, der Ungeschicklichkeit ihrer malenden und bauenden Kollegen gelegen, die, statt ihre Arbeiten im höhern poetischen Sinn aufzufassen, das Theater, sei es auch noch so groß gewesen, worauf es nicht einmal so sehr, wie man glaube, ankomme, zum erbärmlichen Guckkasten herabgewürdigt hätten. In der Tat waren auch die tiefen schauerlichen Wälder, die unabsehbaren Kolonnaden – die gotischen Dome jenes Dekorateurs von herrlicher Wirkung – man dachte gewiss nicht an Malerei und Leinwand; des Maschinisten unterirdische Donner, seine Einstürze hingegen erfüllten das Gemüt mit Grausen und Entsetzen, und seine Flugwerke schwebten luftig und duftig vorüber. – Himmel! wie hatten doch diese guten Leute trotz ihres Weisheitskrams eine so gänzlich falsche Tendenz! – Vielleicht lassen sie, wenn sie dieses lesen sollten, von ihren offenbar schädlichen Phantastereien ab und kommen so wie ich zu einiger Vernunft. – Ich will mich nun lieber gleich an sie selbst wenden und von der Gattung theatralischer Darstellungen reden, in der ihre Künste am meisten in Anspruch genommen werden – ich meine die Oper! – Zwar habe ich es eigentlich nur mit dem Maschinisten zu tun, aber der Dekorateur kann auch sein Teil daraus lernen. Also:

Meine Herren!

Haben Sie es nicht vielleicht schon selbst bemerkt, so will ich es Ihnen hiermit eröffnen, dass die Dichter und Musiker sich in einem höchst gefährlichen Bunde gegen das Publikum befinden. Sie haben es nämlich auf nichts Geringeres abgesehen, als den Zuschauer aus der wirklichen Welt, wo es ihm doch recht gemütlich ist, herauszutreiben, und wenn sie ihn von allem ihm sonst Bekannten und Befreundeten gänzlich getrennt, ihn mit allen nur möglichen Empfindungen und Leidenschaften, die der Gesundheit höchst nachteilig, zu quälen. Da muss er lachen – weinen – erschrecken, sich fürchten, sich entsetzen, wie sie es nur haben wollen, kurz, wie man im Sprichwort zu sagen pflegt, ganz nach ihrer Pfeife tanzen. Nur zu oft gelingt ihnen ihre böse Absicht, und man hat schon oft die traurigsten Folgen ihrer feindseligen Einwirkungen gesehen. Hat doch schon mancher im Theater augenblicklich an das phantastische Zeug in der Tat geglaubt; es ist ihm nicht einmal aufgefallen, dass die Menschen nicht reden wie andere ehrliche Leute, sondern singen, und manches Mädchen hat noch nachts darauf, ja ein paar Tage hindurch alle die Erscheinungen, welche Dichter und Musiker ordentlich hervorgezaubert hatten, nicht aus Sinn und Gedanken bringen und kein Strick- oder Stickmuster gescheit ausführen können. Wer aber soll diesem Unfug vorbeugen, wer soll bewirken, dass das Theater eine vernünftige Erholung, dass alles still und ruhig bleibe, dass keine psychisch und physisch ungesunde Leidenschaft erregt werde? – wer soll das tun? Kein anderer als Sie, meine Herren! Ihnen obliegt die süße Pflicht, zum Besten der gebildeten Menschheit gegen den Dichter und Musiker sich zu verbinden. – Kämpfen Sie tapfer, der Sieg ist gewiss, Sie haben die Mittel überreichlich in Händen! – Der erste Grundsatz, von dem Sie in allen Ihren Bemühungen ausgehen müssen, ist: Krieg dem Dichter und Musiker – Zerstörung ihrer bösen Absicht, den Zuschauer mit Trugbildern zu umfangen und ihn aus der wirklichen Welt zu treiben. Hieraus folgt, dass in eben dem Grade, als jene Personen alles nur Mögliche anwenden, den Zuschauer vergessen zu lassen, dass er im Theater sei, Sie dagegen durch zweckmäßige Anordnung der Dekorationen und Maschinerien ihn beständig an das Theater erinnern müssen. – Sollten Sie mich nicht schon jetzt verstehen, sollte es denn nötig sein, Ihnen noch mehr zu sagen? – Aber ich weiß es, Sie sind in Ihre Phantastereien so hineingeraten, dass selbst in dem Fall, wenn Sie meinen Grundsatz für richtig anerkennen, Sie die gewöhnlichsten Mittel, welche herrlich zu dem beabsichtigten Zweck führen, nicht bei der Hand haben würden. Ich muss Ihnen daher schon, wie man zu sagen pflegt, ein wenig auf die Sprünge helfen. Sie glauben z. B. nicht, von welch unwiderstehlichen Wirkung oft schon eine eingeschobene fremde Kulisse ist. Erscheint so ein Stuben- oder Saalfragment in einer düstern Gruft und klagt die Prima Donna in den rührendsten Tönen über Gefangenschaft und Kerker, so lacht ihr doch der Zuschauer ins Fäustchen, denn er weiß ja, der Maschinist darf nur schellen, und es ist mit dem Kerker vorbei, denn hinten steckt ja schon der freundliche Saal. Noch besser sind aber falsche Soffitten und oben herausguckende Mittelvorhänge, indem sie der ganzen Dekoration die sogenannte Wahrheit, die aber hier eben der schändlichste Trug ist, nehmen. Es gibt aber doch Fälle, wo Dichter und Musiker mit ihren höllischen Künsten die Zuschauer so zu betäuben wissen, dass sie auf all das nicht merken, sondern ganz hingerissen, wie in einer fremden Welt, sich der verführerischen Lockung des Phantastischen hingeben; es findet dieses vorzüglich bei großen Szenen, vielleicht gar mit einwirkenden Chören statt. In dieser verzweiflungsvollen Lage gibt es ein Mittel, das immer den beabsichtigten Zweck erfüllen wird. Sie lassen dann ganz unerwartet, z. B. mitten in einem lugubren Chor, der sich um die im Moment des höchsten Affekts begriffenen Hauptpersonen gruppiert, plötzlich einen Mittelvorhang fallen, der unter allen spielenden Personen Bestürzung verbreitet und sie auseinandertreibt, sodass mehrere im Hintergrund von den im Proszenium befindlichen total abgeschnitten werden. Ich erinnere mich, in einem Ballett dieses Mittel zwar wirkungsvoll, aber doch nicht ganz richtig angewandt gesehen zu haben. Die Prima Ballerina führte eben, während der Chor der Figuranten seitwärts gruppiert war, ein schönes Solo aus; eben als sie im Hintergrund in einer herrlichen Stellung verweilte, und die Zuschauer nicht genug jauchzen und jubeln konnten, ließ der Maschinist plötzlich einen Mittelvorhang fallen, der sie mit einem Male den Augen des Publikums entzog. Aber unglücklicherweise war es eine Stube mit einer großen Tür in der Mitte; ehe man sich's versah, kam daher die entschlossene Tänzerin gar anmutig durch die Tür hereingehüpft und setzte ihr Solo fort, worauf denn der Mittelvorhang zum Trost der Figuranten wieder aufging. Lernen Sie hieraus, dass der Mittelvorhang keine Tür haben, übrigens aber von der stehenden Dekoration grell abstechen muss. In einer felsichten Einöde tut ein Straßenprospekt, in einem Tempel ein finsterer Wald sehr gute Dienste. Sehr nützlich ist es auch, vorzüglich in Monologen oder kunstvollen Arien, wenn eine Soffitte herunterzufallen oder eine Kulisse in das Theater zu stürzen droht oder wirklich stürzt; denn außer, dass die Aufmerksamkeit der Zuschauer ganz von der Situation des Gedichts abgezogen wird, erregt auch die Prima Donna oder der Primo Uomo, der vielleicht eben auf der Bühne war und hart beschädigt zu werden Gefahr lief, die größere, regere Teilnahme des Publikums, und wenn beide nachher noch so falsch singen, so heißt es: »Die arme Frau, der arme Mensch, das kommt von der ausgestandenen Angst«, und man applaudiert gewaltig! Man kann auch zur Erreichung dieses Zwecks, nämlich den Zuschauer von den Personen des Gedichts ab und auf die Persönlichkeit der Schauspieler zu lenken, mit Nutzen ganze auf der Bühne stehende Gerüste einstürzen lassen. So erinnere ich mich, dass einmal in der »Camilla« der praktikable Gang und die Treppe zur unterirdischen Gruft in dem Augenblick, als eben alle zu Camillas Rettung herbeieilenden Personen darauf befindlich waren, einstürzte. – Das war ein Rufen – ein Schreien – ein Beklagen im Publikum, und als nun endlich von der Bühne herab verkündigt wurde, es habe niemand bedeutenden Schaden genommen, und man werde weiterspielen, mit welcher Teilnahme wurde nun der Schluss der Oper gehört, die aber, wie es auch sein sollte, nicht mehr den Personen des Stücks, sondern den in Angst und Schrecken gesetzten Schauspielern galt. Dagegen ist es unrecht, die Schauspieler hinter den Kulissen Gefahren auszusetzen, denn alle Wirkung fällt ja von selbst weg, wenn es nicht vor den Augen des Publikums geschieht. Die Häuser, aus deren Fenstern geguckt, die Balkone, von denen herab diskutiert werden soll, müssen daher so niedrig als möglich gemacht werden, damit es keiner hohen Leiter oder keines hohen Gerüstes zum Hinaufsteigen bedarf. Gewöhnlich kommt der, der erst oben durch das Fenster gesprochen, dann unten zur Tür heraus, und um Ihnen meine Bereitwilligkeit zu zeigen, wie gern ich mit allen meinen gesammelten Kenntnissen zu Ihrem Besten herausrücke, setze ich Ihnen die Dimensionen eines solchen praktikablen Hauses mit Fenster und Tür her, wie ich sie von den Theatern in *** entnommen. Höhe der Tür 5 Fuß, Zwischenraum bis zum Fenster ½ F., Höhe des Fensters 3 F., bis zum Dach ¼ F., Dach ½ F. Macht zusammen 9 ¼ F. Wir hatten einen etwas großen Schauspieler, der durfte, wenn er den Bartholo im »Barbier von Sevilien« spielte, nur auf eine Fußbank steigen, um aus dem Fenster zu gucken, und als einmal zufällig unten die Tür aufging, sah man die langen roten Beine und war nur besorgt, wie er es machen würde, um durch die Tür zu kommen. Sollte es nicht nützlich sein, den Schauspielern praktikable Häuser, Türme, Burgen anzumessen? – Es ist sehr unrecht, durch einen plötzlichen Donner, durch einen Schuss oder durch ein anderes plötzliches Getöse die Zuschauer zu erschrecken. Ich erinnere mich noch recht gut Ihres verdammten Donners, mein Herr Maschinist, der dumpf und furchtbar wie in tiefen Gebirgen rollte, aber was soll das? – wissen Sie denn nicht, dass ein in einen Rahmen gespanntes Kalbfell, auf das man mit beiden Fäusten herumtrommelt, einen gar anmutigen Donner gibt? Statt die sogenannte Kanonenmaschine anzuwenden oder wirklich zu schießen, wirft man die Garderobentür kräftig zu, darüber wird niemand zu sehr erschrecken. Aber um den Zuschauer auch vor dem mindesten Schreck zu bewahren, welches zu den höchsten, heiligsten Mitteln des Maschinisten gehört, ist folgendes Mittel ganz untrüglich. Fällt nämlich ein Schuss oder entsteht ein Donner, so heißt es auf der Bühne gewöhnlich: »Was hör' ich! – welch Geräusch – welch Getöse!« – Nun muss der Maschinist allemal erst diese Worte abwarten und dann schießen oder donnern lassen. – Außer dass das Publikum durch jene Worte gehörig gewarnt worden, hat es auch die Bequemlichkeit, dass die Theaterarbeiter ruhig zusehen können und keines besondern Zeichens zur nötigen Operation bedürfen, sondern ihnen der Ausruf des Schauspielers oder Sängers als Zeichen dient, und sie dann noch zu rechter Zeit die Garderobentür zuwerfen oder mit den Fäusten das Kalbfell bearbeiten können. Der Donner gibt allemal dem Arbeiter, der als Jupiter fulgurans mit der Blechtrompete in Bereitschaft steht, das Zeichen zum Blitzen; dieser muss, da auf dem Schnürboden doch leicht sich etwas entzünden kann, unten in der Kulisse so weit vorstehen, dass das Publikum hübsch die Flamme und womöglich auch die Trompete sieht, um nicht in unnötigem Zweifel zu bleiben, wie um Himmelswillen denn nur das Ding mit dem Blitz gemacht wird. Was ich oben vom Schuss gesagt, gilt auch von Trompetenstößen, eintretender Musik usw. Ich habe schon von Ihrem luftigen, duftigen Flugwerk gesprochen, mein Herr Maschinist! – Ist es denn nun wohl recht, so viel Nachdenken, so viel Kunst anzuwenden, um dem Trug so den Schein der Wahrheit zu geben, dass der Zuschauer unwillkürlich an die himmlische Erscheinung, die im Nimbus glänzender Wolken herabschwebt, glaubt? – Aber selbst Maschinisten, die von richtigeren Grundsätzen ausgehen sollten, fallen in einen anderen Fehler. Sie lassen zwar gehörig Stricke sehen, aber so schwach, dass das Publikum in tausend Ängste gerät, die Gottheit, der Genius etc. werden herabstürzen und Arm und Beine brechen. – Der Wolkenwagen oder die Wolke muss daher in vier recht dicken, schwarz angestrichenen Stricken hängen und ruckweise im langsamsten Tempo heraufgezogen oder herabgelassen werden; denn so wird der Zuschauer, der die Sicherheitsanstalten auch vom entferntesten Platz deutlich sieht und ihre Haltbarkeit gehörig beurteilen kann, über die himmlische Fahrt ganz beruhigt. – Sie haben sich auf Ihre wellenschlagenden, schäumenden Meere, auf Ihre Seen mit den optischen Widerscheinen recht was eingebildet, und Sie glaubten gewiss einen Triumph Ihrer Kunst zu feiern, als es Ihnen gelang, über die Brücke des Sees wandelnde Personen ebenso vorübergehend abzuspiegeln? – Wahr ist es, das Letzte hat Ihnen einige Bewunderung verschafft; indessen war doch, wie ich schon bewiesen, Ihre Tendenz grundfalsch! – Ein Meer, ein See – ein Fluss, kurz jedes Wasser wird am besten auf folgende Art dargestellt: Man nimmt zwei Bretter, so lang, als die Bühne breit ist, lässt sie an der obersten Seite auszacken, mit kleinen Wellchen blau und weiß bemalen und hängt sie, eins hinter dem andern, in Schnüren so auf, dass ihre untere Seite noch etwas den Boden berührt. Diese Bretter werden nun hin und her bewegt, und das knarrende Geräusch, welches sie, den Boden streifend, verursachen, bedeutet das Plätschern der Wellen. – Was soll ich von Ihren schauerlichen heimlichen Mondgegenden sagen, Herr Dekorateur, da jeden Prospekt ein geschickter Maschinist in eine Mondgegend umwandelt. Es wird nämlich in ein viereckiges Brett ein rundes Loch geschnitten, mit Papier verklebt und in den hinter demselben befindlichen, rot angestrichenen Kasten ein Licht gesetzt. Diese Vorrichtung wird an zwei starken, schwarz angestrichenen Schnüren herabgelassen, und siehe da, es ist Mondschein! – Wäre es nicht auch ganz dem vorgesetzten Zweck gemäß, wenn bei zu großer Rührung im Publikum der Maschinist diesen oder jenen der größten Übeltäter unwillkürlich versinken ließe und ihm so jeden Ton, der den Zuschauer noch in höhere Extravaganz setzen könnte, mit einem Mal abschnitte? – Rücksichts der Versenkungen will ich aber sonst bemerken, dass der Schauspieler nur in jenem äußersten Fall, wenn es nämlich darauf ankommt, das Publikum zu retten, in Gefahr zu setzen ist. Sonst muss man ihn auf alle nur mögliche Art schonen und erst dann die Versenkung gehen lassen, wenn er sich in gehöriger Stellung und Balance befindet. Da dieses aber nun niemand wissen kann als der Schauspieler selbst, so ist es unrecht, das Zeichen vom Souffleur mit der Souterrain-Glocke geben zu lassen, vielmehr mag der Schauspieler, sollen ihn unterirdische Mächte verschlingen, oder soll er als Geist verschwinden, selbst durch drei oder vier harte Fußstöße auf den Boden das Zeichen geben und dann langsam und sicher in die Arme der unten aufpassenden Bühnenarbeiter sinken. – Ich hoffe, Sie haben mich nun ganz verstanden und werden, da jede Vorstellung tausendmal Gelegenheit gibt, den Kampf mit dem Dichter und Musiker zu bestehen, ganz nach der richtigen Tendenz und nach den von mir angeführten Beispielen handeln.

Ihnen, mein Herr Dekorateur, rate ich noch im Vorbeigehen, die Kulissen nicht als ein notwendiges Übel, sondern als Hauptsache und jede, so viel möglich, als ein für sich bestehendes Ganzes anzusehen, auch recht viel Details darauf zu malen. In einem Straßenprospekt soll z. B. jede Kulisse ein hervorspringendes drei – oder vierstöckiges Haus bilden; wenn denn nun die Fensterchen und Türchen der Häuser im Proszenium so klein sind, dass man offenbar sieht, keine der auftretenden Personen, die beinahe bis in den zweiten Stock ragen, könne darin wohnen, sondern nur ein liliputanisches Geschlecht in diese Türen eingehen und aus diesen Fenstern gucken, so wird durch dieses Aufheben aller Illusion der große Zweck, der dem Dekorateur immer vorschweben muss, auf die leichteste und anmutigste Weise erreicht.

Sollte wider alles Vermuten Ihnen, meine Herren, das Prinzip, auf dem ich meine ganze Theorie des Dekorations- und Maschinenwesens baue, nicht einleuchten, so muss ich Sie hiermit nur darauf aufmerksam machen, dass schon vor mir ein äußerst achtbarer, würdiger Mann dieselbe in nuce vorgetragen. – Ich meine niemanden anders als den guten Webermeister Zettel, der auch in der höchsttragischen Tragödie: »Pyramus und Thisbe« das Publikum vor jeder Angst, Furcht etc., kurz vor jeder Exaltation verwahrt wissen will; nur schiebt er alles das, wozu Sie hauptsächlich beitragen müssen, dem Prologus auf den Hals, der gleich sagen soll, dass die Schwerter keinen Schaden täten, dass Pyramus nicht wirklich tot gemacht werde, und dass eigentlich Pyramus nicht Pyramus, sondern Zettel, der Weber, sei. – Lassen Sie sich des weisen Zettels goldne Worte ja recht zu Herzen gehen, wenn er von Schnock, dem Schreiner, der einen gräulichen Löwen repräsentieren soll, folgendermaßen spricht:

»Ja, ihr müsst seinen Namen nennen, und sein Gesicht muss durch des Löwen Hals gesehen werden, und er selbst muss durchsprechen und sich so oder ungefähr so applizieren: ›Gnädige Frauen, oder schöne gnädige Frauen, ich wollte wünschen, oder ich wollte ersuchen, oder ich wollte gebeten haben, fürchten Sie nichts, zittern Sie nicht so; mein Leben für das Ihrige! wenn Sie dächten, ich käme hierher als ein Löwe, so dauerte mich nur meine Haut. Nein, ich bin nichts dergleichen; ich bin ein Mensch, wie andre auch‹ – und dann lasst ihn nur seinen Namen nennen und ihnen rund heraussagen, dass er Schnock, der Schreiner, ist.«

Sie haben, wie ich voraussetzen darf, einigen Sinn für die Allegorie und werden daher leicht das Medium finden, der von Zettel, dem Weber, ausgesprochenen Tendenz auch in Ihrer Kunst zu folgen. Die Autorität, auf die ich mich gestützt, bewahrt mich vor jedem Missverständnis, und so hoffe ich einen guten Samen gestreut zu haben, dem vielleicht ein Baum des Erkenntnisses entsprießt.

Lebensansichten des Katers Murr

nebst fragmentarischer Biographie des Kapellmeisters Johannes Kreisler in zufälligen Makulaturblättern

Erster Band

Vorwort des Herausgebers [E. T. A. Hoffmanns]

Keinem Buche ist ein Vorwort nötiger, als gegenwärtigem, da es, wird nicht erklärt, auf welche wunderliche Weise es sich zusammengefügt hat, als ein zusammengewürfeltes Durcheinander erscheinen dürfte.

Daher bittet der Herausgeber den geneigten Leser, wirklich zu lesen, nämlich dies Vorwort.

Besagter Herausgeber hat einen Freund, mit dem er ein Herz und eine Seele ist, den er ebenso gut kennt, als sich selbst. Dieser Freund sprach eines Tages zu ihm ungefähr so: »Da du, mein Guter, schon manches Buch hast drucken lassen und dich auf Verleger verstehst, wird es dir ein leichtes sein, irgendeinen von diesen wackern Herren aufzufinden, der auf deine Empfehlung etwas druckt, was ein junger Autor von dem glänzendsten Talent, von den vortrefflichsten Gaben vorher aufschrieb. Nimm dich des Mannes an, er verdient es.«

Der Herausgeber versprach, sein Bestes zu tun für den schriftstellerischen Kollegen. Etwas verwunderlich wollt' es ihm nun wohl bedünken, als sein Freund ihm gestand, dass das Manuskript von einem Kater, Murr geheißen, herrühre und dessen Lebensansichten enthalte; das Wort war jedoch gegeben, und da der Eingang der Historie ihm ziemlich gut stilisiert schien, so lief er sofort, mit dem Manuskript in der Tasche, zu dem Herrn Dümmler, Unter den Linden, und proponierte ihm das Verlegen des Katerbuchs.

Herr Dümmler meinte, bis jetzt habe er zwar nicht unter seinen Autoren einen Kater gehabt, wisse auch nicht, dass irgendeiner seiner werten Kollegen mit einem Mann des Schlages bis jetzt sich eingelassen, indessen wolle er den Versuch wohl machen.

Der Druck begann, und dem Herausgeber kamen die ersten Aushängebogen zu Gesicht. Wie erschrak er aber, als er gewahrte, dass Murrs Geschichte hin und wieder abbricht und dann fremde Einschiebsel vorkommen, die einem andern Buch, die Biographie des Kapellmeisters Johannes Kreisler enthaltend, angehören.

Nach sorgfältiger Nachforschung und Erkundigung erfuhr der Herausgeber endlich folgendes. Als der Kater Murr seine Lebensansichten schrieb, zerriss er ohne Umstände ein gedrucktes Buch, das er bei seinem Herrn vorfand, und verbrauchte die Blätter harmlos teils zur Unterlage, teils zum Löschen. Diese Blätter blieben im Manuskript und – wurden, als zu demselben gehörig, aus Versehen mit abgedruckt!

De- und wehmütig muss nun der Herausgeber gestehen, dass das verworrene Gemisch fremdartiger Stoffe durcheinander lediglich durch seinen Leichtsinn veranlasst, da er das Manuskript des Katers hätte genau durchgehen sollen, ehe er es zum

Druck beförderte, indessen ist noch einiger Trost für ihn vorhanden. Fürs erste wird der geneigte Leser sich leicht aus der Sache finden können, wenn er die eingeklammerten Bemerkungen, Mak. Bl. (Makulatur-Blatt) und M. f. f. (Murr fährt fort) gütigst beachten will, dann ist aber das zerrissene Buch höchstwahrscheinlich gar nicht in den Buchhandel gekommen, da niemand auch nur das mindeste davon weiß. Den Freunden des Kapellmeisters wenigstens wird es daher angenehm sein, dass sie durch den literarischen Vandalismus des Katers zu einigen Nachrichten über die sehr seltsamen Lebensumstände jenes in seiner Art nicht unmerkwürdigen Mannes kommen.

Der Herausgeber hofft auf gütige Verzeihung.

Wahr ist es endlich, dass Autoren ihre kühnsten Gedanken, die außerordentlichsten Wendungen oft ihren gütigen Setzern verdanken, die dem Aufschwung der Ideen nachhelfen durch sogenannte Druckfehler. So sprach z. B. der Herausgeber im zweiten Teil seiner »Nachtstücke« Pag. 326 von geräumigen Bosketts, die in einem Garten befindlich. Das war dem Setzer nicht genial genug, er setzte daher das Wörtlein Bosketts um in das Wörtlein Kasketts. So lässt in der Erzählung »das Fräulein Scuderi« [Taschenbuch zum geselligen Vergnügen bei Gleditsch, 1820] der Setzer pfiffigerweise besagtes Fräulein statt in einer schwarzen Robe, in einer schwarzen Farbe von schwerem Seidenzeug erscheinen usw.

Jedem jedoch das Seine! Weder der Kater Murr, noch der unbekannte Biograph des Kapellmeisters Kreisler soll sich mit fremden Federn schmücken, und der Herausgeber bittet daher den wohlwollenden Leser dringend, bevor er das Werklein liest, nachfolgende Änderungen zu veranstalten, damit er von beiden Autoren nicht besser oder schlechter denke, als sie es verdienen.

Übrigens werden nur die Hauptterrata bemerkt, geringere dagegen der Diskretion des gütigen Lesers überlassen. (Es folgt die Angabe einer Reihe von Druckfehlern.)

Schließlich darf der Herausgeber versichern, dass er den Kater Murr persönlich kennen gelernt und in ihm einen Mann von angenehmen milden Sitten gefunden hat. Er ist auf dem Umschlage dieses Buchs frappant getroffen.

E. T. A. Hoffmann, Berlin, im November 1819

Vorrede des Autors

Schüchtern – mit bebender Brust, übergebe ich der Welt einige Blätter des Lebens, des Leidens, der Hoffnung, der Sehnsucht, die in süßen Stunden der Muße, der dichterischen Begeisterung meinem innersten Wesen entströmten.

Werde, kann ich bestehen vor dem strengen Richterstuhl der Kritik? Doch ihr seid es, ihr fühlenden Seelen, ihr rein kindlichen Gemüter, ihr mir verwandten treuen Herzen, ja, ihr seid es, für die ich schrieb, und eine einzige schöne Träne in eurem Auge wird mich trösten, wird die Wunde heilen, die der kalte Tadel unempfindlicher Rezensenten mir schlug!

Murr (Étudiant en belles lettres), Berlin, im Mai (18 –)

Vorwort

Unterdrücktes des Autors

Mit der Sicherheit und Ruhe, die dem wahren Genie angeboren, übergebe ich der Welt meine Biographie, damit sie lerne, wie man sich zum großen Kater bildet, meine Vortrefflichkeit im ganzen Umfange erkenne, mich liebe, schätze, ehre, bewundere und ein wenig anbete.

Sollte jemand verwegen genug sein, gegen den gediegenen Wert des außerordentlichen Buchs einige Zweifel erheben zu wollen, so mag er bedenken, dass er es mit einem Kater zu tun hat, der Geist, Verstand besitzt und scharfe Krallen.

Murr (Homme de lettres très renommé), Berlin, im Mai (18-)

N. S. Das ist zu arg! – Auch das Vorwort des Autors, welches unterdrückt werden sollte, ist abgedruckt! – Es bleibt nichts übrig, als den günstigen Leser zu bitten, dass er dem schriftstellerischen Kater den etwas stolzen Ton dieses Vorworts nicht zu hoch anrechnen und bedenken möge, dass, wenn manch wehmütige Vorrede irgendeines andern empfindsamen Autors in die wahre Sprache der innigen Herzensmeinung übersetzt werden sollte, es nicht viel anders herauskommen würde.

d.H.

Erster Abschnitt

Gefühle des Daseins

Die Monate der Jugend

Es ist doch etwas Schönes, Herrliches, Erhabenes um das Leben! – »O du süße Gewohnheit des Daseins!« ruft jener niederländische Held in der Tragödie aus. So auch ich, aber nicht wie der Held in dem schmerzlichen Augenblick, als er sich davon trennen soll – nein! – in dem Moment, da mich eben die volle Lust des Gedankens durchdringt, dass ich in jene süße Gewohnheit nun ganz und gar hineingekommen und durchaus nicht willens bin, jemals wieder hinauszukommen. – Ich meine nämlich, die geistige Kraft, die unbekannte Macht, oder wie man sonst das über uns waltende Prinzip nennen mag, welches mir besagte Gewohnheit ohne meine Zustimmung gewissermaßen aufgedrungen hat, kann unmöglich schlechtere Gesinnungen haben als der freundliche Mann, bei dem ich Kondition gegangen, und der mir das Gericht Fische, das er mir vorgesetzt, niemals vor der Nase wegzieht, wenn es mir eben recht wohlschmeckt.

O Natur, heilige hehre Natur! wie durchströmt all deine Wonne, all dein Entzücken meine bewegte Brust, wie umweht mich dein geheimnisvoll säuselnder Atem! – Die Nacht ist etwas frisch, und ich wollte – doch jeder, der dies liest oder nicht liest, begreift nicht meine hohe Begeisterung, denn er kennt nicht den hohen Standpunkt, zu dem ich mich hinaufgeschwungen! – Hinaufgeklettert wäre richtiger, aber kein Dichter spricht von seinen Füßen, hätte er auch deren viere so wie ich, sondern nur von seinen Schwingen, sind sie ihm auch nicht angewachsen, sondern nur Vorrichtung eines geschickten Mechanikers. Über mir wölbt sich der weite Sternenhimmel, der Vollmond wirft seine funkelnden Strahlen herab, und in feurigem Silberglanz stehen Dächer und Türme um mich her! Mehr und mehr verbraust das lärmende Gewühl unter mir in den Straßen, stiller und stiller wird die Nacht – die Wolken ziehen – eine einsame Taube flattert in bangen Liebesklagen girrend um den Kirchturm! – Wie! – wenn die liebe Kleine sich mir nähern wollte? – Ich fühle wunderbar es sich in mir regen, ein gewisser schwärmerischer Appetit reißt mich hin mit unwiderstehlicher Gewalt! – O, käme sie, die süße Holde, an mein liebeskrankes Herz wollt' ich sie drücken, sie nimmer von mir lassen – ha, dort flattert sie hinein in den Taubenschlag, die Falsche, und lässt mich hoffnungslos sitzen auf dem Dache! – Wie selten ist doch in dieser dürftigen, verstockten, liebeleeren Zeit wahre Sympathie der Seelen. –

Ist denn das auf zwei Füßen aufrecht Einhergehen etwas so Großes, dass das Geschlecht, welches sich Mensch nennt, sich die Herrschaft über uns alle, die wir mit sichererem Gleichgewicht auf vieren daherwandeln, anmaßen darf? Aber ich weiß es, sie bilden sich was Großes ein auf etwas, was in ihrem Kopfe sitzen soll, und das sie die Vernunft nennen. Ich weiß mir keine rechte Vorstellung zu machen, was sie darunter verstehen, aber so viel ist gewiss, dass, wenn, wie ich es aus gewissen Reden meines Herrn und Gönners schließen darf, Vernunft nichts anderes heißt, als die Fähigkeit, mit Bewusstsein zu handeln und keine dummen Streiche zu machen, ich mit keinem Menschen tausche. – Ich glaube überhaupt, dass man sich das Bewusstsein nur angewöhnt; durch das Leben und zum Leben kommt man doch, man weiß selbst nicht wie. Wenigstens ist es mir so gegangen, und wie ich vernehme, weiß auch kein einziger Mensch auf Erden das Wie und Wo seiner Geburt aus eigner Erfahrung, sondern nur durch Tradition, die noch dazu öfters sehr unsicher ist. Städte streiten sich um die Geburt eines berühmten Mannes, und so wird es, da ich selbst nichts Entscheidendes darüber weiß, immerdar ungewiss bleiben, ob ich in dem Keller, auf dem Boden oder in dem Holzstall das Licht der Welt erblickte oder vielmehr nicht erblickte, sondern nur in der Welt erblickt wurde von der teuren Mama. Denn wie es unserm Geschlecht eigen, waren meine Augen verschleiert. Ganz dunkel erinnere ich mich gewisser knurrender, prustender Töne, die um mich her erklangen, und die ich beinahe wider meinen Willen hervorbringe, wenn mich der Zorn überwältigt. Deutlicher und beinahe mit vollem Bewusstsein finde ich mich in einem sehr engen Behältnis mit weichen Wänden eingeschlossen, kaum fähig, Atem zu schöpfen, und in Not und Angst ein klägliches Jammergeschrei erhebend. Ich fühlte, dass etwas in das Behältnis hinabgriff und mich sehr unsanft beim Leibe packte, und dies gab mir Gelegenheit, die erste wunderbare Kraft, womit mich die Natur begabt, zu fühlen und zu üben. Aus meinen reich überpelzten Vorderpfoten schnellte ich spitze gelenkige Krallen hervor und grub sie ein in das Ding, das mich gepackt, und das, wie ich später gelernt, nichts anderes sein konnte, als eine menschliche Hand. Diese Hand zog mich aber heraus aus dem Behältnis und warf mich hin, und gleich darauf fühlte ich zwei heftige Schläge auf den beiden Seiten des Gesichts, über die jetzt ein, wie ich wohl sagen mag, stattlicher Bart ragt. Die

Hand teilte mir, wie ich jetzt beurteilen kann, von jenem Muskelspiel der Pfoten verletzt, ein paar Ohrfeigen zu, ich machte die erste Erfahrung von moralischer Ursache und Wirkung, und eben ein moralischer Instinkt trieb mich an, die Krallen ebenso schnell wieder einzuziehen, als ich sie hervorgeschleudert. Später hat man dieses Einziehen der Krallen mit Recht als einen Akt der höchsten Bonhomie und Liebenswürdigkeit anerkannt und mit dem Namen »Samtpfötchen« bezeichnet.

Wie gesagt, die Hand warf mich wieder zur Erde. Bald darauf erfasste sie mich aber aufs neue beim Kopf und drückte ihn nieder, so dass ich mit dem Mäulchen in eine Flüssigkeit geriet, die ich, selbst weiß ich nicht, wie ich drauf verfiel, es musste daher physischer Instinkt sein, aufzulecken begann, welches mir eine seltsame innere Behaglichkeit erregte. Es war, wie ich jetzt weiß, süße Milch, die ich genoss, mich hatte gehungert, und ich wurde satt, indem ich trank. So trat, nachdem die moralische begonnen, die physische Ausbildung ein.

Aufs neue, aber sanfter als vorher, fassten mich zwei Hände und legten mich auf ein warmes weiches Lager. Immer besser und besser wurde mir zumute, und ich begann mein inneres Wohlbehagen zu äußern, indem ich jene seltsame, meinem Geschlecht allein eigene Töne von mir gab, die die Menschen durch den nicht unebenen Ausdruck: spinnen bezeichnen. So ging ich mit Riesenschritten vorwärts in der Bildung für die Welt. Welch ein Vorzug, welch ein köstliches Geschenk des Himmels, inneres physisches Wohlbehagen ausdrücken zu können durch Ton und Gebärde! – Erst knurrte ich, dann kam mir jenes unnachahmliche Talent, den Schweif in den zierlichsten Kreisen zu schlängeln, dann die wunderbare Gabe, durch das einzige Wörtlein »Miau« Freude, Schmerz, Wonne und Entzücken, Angst und Verzweiflung, kurz, alle Empfindungen und Leidenschaften in ihren mannigfaltigsten Abstufungen auszudrücken. Was ist die Sprache der Menschen gegen dieses einfachste aller einfachen Mittel, sich verständlich zu machen! – Doch weiter in der denkwürdigen, lehrreichen Geschichte meiner ereignisreichen Jugend! –

Ich erwachte aus tiefem Schlaf, ein blendender Glanz umfloss mich, vor dem ich erschrak, fort waren die Schleier von meinen Augen, ich sah! –

Ehe ich mich an das Licht, vorzüglich aber an das buntscheckige Allerlei, das sich meinen Augen darbot, gewöhnen konnte, musste ich mehrmals hintereinander entsetzlich niesen, bald ging es indessen mit dem Sehen ganz vortrefflich, als hätte ich es schon mehrere Zeit hintereinander getrieben.

O das Sehen! Es ist eine wunderbare herrliche Gewohnheit, eine Gewohnheit, ohne die es sehr schwer werden würde, überhaupt in der Welt zu bestehen! – Glücklich diejenigen Hochbegabten, denen es so leicht wird als mir, sich das Sehen anzueignen.

Leugnen kann ich nicht, dass ich doch in einige Angst geriet und dasselbe Jammergeschrei erhob, wie damals in dem engen Behältnis. Sogleich erschien ein kleiner, hagerer alter Mann, der mir unvergesslich bleiben wird, da ich, meiner ausgebreiteten Bekanntschaft unerachtet, keine Gestalt, die ihm gleich oder auch nur ähnlich zu nennen, jemals wieder erblickt habe. Es trifft sich häufig bei meinem Geschlecht, dass dieser, jener Mann einen weiß und schwarz gefleckten Pelz trägt, selten findet man aber wohl einen Menschen, der schneeweißes Haupthaar haben sollte und dazu rabenschwarze Augenbrauen, dies war aber der Fall bei meinem Erzieher. Der Mann trug im Hause einen kurzen hochgelben Schlafrock, vor dem ich mich entsetzte und daher, so gut es bei meiner damaligen Unbehilflichkeit gehen wollte, von dem weichen Kissen herab zur Seite kroch. Der Mann bückte sich herab zu mir mit einer Gebärde, die mir freundlich schien und mir Zutrauen einflößte. Er fasste mich, ich hütete mich wohl vor dem Muskelspiel der Krallen, die Ideen Kratzen und Schläge verbanden sich von selbst, und in der Tat, der Mann meinte es gut mit mir, denn er setzte mich nieder vor einer Schüssel süßer Milch, die ich begierig auflutschte, worüber er sich nicht wenig zu freuen schien. Er sprach vieles mit mir, welches ich aber nicht verstand, da mir damals als einem jungen unerfahrnen Kiekindiewelt von Käterchen das Verstehen der menschlichen Sprache noch nicht eigen. Überhaupt weiß ich von meinem Gönner nur wenig zu sagen. So viel ist aber gewiss, dass er in vielen Dingen geschickt – in Wissenschaften und Künsten hocherfahren sein musste, denn alle, die zu ihm kamen (ich bemerkte Leute darunter, die gerade da, wo mir die Natur einen gelblichen Fleck im Pelze beschert hat, d. h. auf der Brust, einen Stern oder ein Kreuz trugen), behandelten ihn ausnehmend artig, ja zuweilen mit einer gewissen scheuen Ehrfurcht, wie ich späterhin den Pudel Skaramuz, und nannten ihn nicht anders, als mein hochverehrtester, mein teurer, mein geschätzter Meister Abraham! – Nur zwei Personen nannten ihn schlechtweg »Mein Lieber!« Ein großer dürrer Mann in papageigrünen Hosen und weißseidenen Strümpfen und eine kleine, sehr dicke Frau mit schwarzem Haar und einer Menge Ringe an allen Fingern. Jener Herr soll aber ein Fürst, die Frau hingegen eine jüdische Dame gewesen sein.

Dieser vornehmen Besucher unerachtet, wohnte Meister Abraham doch in einem kleinen hochgelegenen Stübchen, so dass ich meine ersten Promenaden sehr bequem durchs Fenster aufs Dach und auf den Hausboden machen konnte. – Ja! Es ist nicht anders, auf einem Boden muss ich geboren sein! – Was Keller, was Holzstall – ich entscheide mich für den Boden! – Klima, Vaterland, Sitten, Gebräuche, wie unauslöschlich ist ihr Eindruck, ja, wie sind sie es nur, die des Weltbürgers äußere und innere Gestaltung bewirken! – Woher kommt in mein Inneres dieser Höhesinn, dieser unwiderstehliche Trieb zum Erhabenen? Woher diese wunderbar seltene Fertigkeit im Klettern, diese beneidenswerte Kunst der gewagtesten genialsten Sprünge? – Ha! Es erfüllt eine süße Wehmut meine Brust! – Die Sehnsucht nach dem heimatlichen Boden regt sich mächtig! – Dir weihe ich diese Zähren, o schönes Vaterland, dir dies wehmütig jauchzende Miau! – Dich ehren diese Sprünge, diese Sätze, es ist Tugend darin und patriotischer Mut! – Du, o Boden, spendest mir in freigebiger Fülle manch Mäuslein, und nebenher kann man manche Wurst, manche Speckseite aus dem Schornstein erwischen, ja wohl manchen Sperling haschen und sogar hin und wieder sich ein Täublein erlauben. »Gewaltig ist die Liebe zu dir, o Vaterland!« – Doch ich muss rücksichte meiner –

(Mak. Bl.) »› – und erinnern Sie sich, gnädigster Herr, denn nicht des großen Sturms, der dem Advokaten, als er zur Nachtzeit über den Pont Neuf wandelte, den Hut vom Kopf herunter in die Seine warf?‹ – Ähnliches steht im Rabelais, doch war es eigentlich nicht der Sturm, der dem Advokaten den Hut raubte, den er, indem er den Mantel dem Spiel der Lüfte preisgab, mit der Hand fest auf den Kopf gedrückt hielt, sondern ein Grenadier riss mit dem lauten Ausruf: ›Es weht ein großer Wind, mein Herr‹, vorüberlaufend, schnell den feinen Kastor dem Advokaten unter der Hand von der Perücke, und nicht dieser Kastor war es, der in die Wellen der Seine hinabgeschleudert wurde, sondern des Soldaten eignen schnöden Filz führte wirklich der Sturmwind in den feuchten Tod. Sie wissen nun, gnädigster Herr, dass in dem Augenblick, als der Advokat ganz verblüfft dastand, ein zweiter Soldat mit demselben Ausruf: ›Es weht ein großer Wind, mein Herr!‹ vorüberrennend, den Mantel des Advokaten beim Kragen packte und ihn ihm herabriss von den Schultern, und dass gleich darauf ein dritter Soldat mit demselben Ausruf: ›Es weht ein großer Wind, mein Herr!‹ vorbeilaufend, ihm das spanische Rohr mit dem goldnen Knopf aus den Händen wand. Der Advokat schrie aus allen Kräften, warf dem letzten Spitzbuben die Perücke nach und ging dann barhäuptig ohne Mantel und Stock hin, um das merkwürdigste aller Testamente aufzunehmen, um das seltsamste aller Abenteuer zu erfahren. ›Sie wissen das alles, gnädigster Herr!‹

›Ich weiß‹, erwiderte der Fürst, als ich dies gesprochen, ›ich weiß gar nichts und begreife überhaupt nicht, wie Ihr, Meister Abraham, mir solches wirres Zeug vorschwatzen könnt. Den Pont Neuf kenne ich allerdings, er befindet sich in Paris, und bin ich zwar niemals darüber zu Fuß gegangen, wohl aber oft darüber gefahren, wie es meinem Stand geziemt. Den Advokaten Rabelais habe ich niemals gesehen und um Soldatenstreiche in meinem ganzen Leben mich nicht bekümmert. Als ich in jüngern Jahren noch meine Armee kommandierte, ließ ich wöchentlich einmal sämtliche Junker durchfuchteln für die Dummheiten, die sie begangen oder künftig noch begehen möchten, das Prügeln der gemeinen Leute war aber die Sache der Leutnants, die damit meinem Beispiel gemäß auch allwöchentlich verfuhren, und zwar sonnabends, so dass sonntags es keinen Junker, keinen gemeinen Kerl in der ganzen Armee gab, der nicht seine gehörige Tracht Schläge erhalten, wodurch die Truppen, nächst der eingeprügelten Moralität, auch ans Geschlagenwerden überhaupt gewöhnt wurden, ohne jemals vor dem Feinde gewesen zu sein, und in diesem Fall nichts anders tun konnten als schlagen. – Das leuchtet Euch ein, Meister Abraham, und nun sagt mir um tausend Gotteswillen, was wollt Ihr mit Eurem Sturm, mit Eurem auf dem Pont Neuf beraubten Advokaten Rabelais, wo bleibt Eure Entschuldigung, dass das Fest sich auflöste in wilder Verwirrung, dass mir eine Leuchtkugel ins Toupet fuhr, dass mein teurer Sohn in das Bassin geriet und von verräterischen Delphinen bespritzt wurde über und über, dass die Prinzessin entschleiert mit aufgeschürztem Rock wie Atalanta durch den Park fliehen musste, – dass – dass – wer zählt die Unglücksfälle der verhängnisvollen Nacht! – Nun, Meister Abraham, was sagt Ihr?‹

›Gnädigster Herr‹, erwiderte ich, mich demutsvoll verbeugend, ›was war an allem Unheil schuld, als der Sturm – das grässliche Unwetter, welches einbrach, als alles im schönsten Gange. Kann ich den Elementen gebieten? – Hab' ich denn nicht selbst dabei schlimmes Malheur erlitten, habe ich nicht wie jener Advokat, den ich untertänigst bitte, nicht mit dem berühmten französischen Schriftsteller Rabelais zu verwechseln, Hut, Rock und Mantel verloren? Habe ich nicht –‹«

»Höre«, unterbrach hier den Meister Abraham Johannes Kreisler, »höre, Freund, noch jetzt, unerachtet es schon ziemlich lange her ist, spricht man von dem Geburtstag der Fürstin, dessen Feier du angeordnet hast, wie von einem dunklen Geheimnis, und gewiss hast du nach deiner gewöhnlichen Art und Weise viel Abenteuerliches begonnen. Hielt das Volk dich schon immer für eine Art von Hexenmeister, so scheint dieser Glaube durch jenes Fest noch um vieles stärker geworden zu sein. Sage mir nur geradezu, wie sich alles begeben. Du weißt, ich war damals nicht hier –«

»Eben das«, fiel Meister Abraham dem Freund ins Wort, »eben das, dass du nicht hier, dass du, der Himmel weiß, von welchen Furien der Hölle getrieben, fortgerannt warst wie ein Wahnsinniger, eben das machte mich toll und wild, eben deshalb beschwor ich die Elemente herauf, ein Fest zu stören, das meine Brust zerschnitt, da du, der eigentliche Held des Stücks, fehltest, ein Fest, das nur erst dürftig und mühsam daherschlich, dann aber über geliebte Personen nichts brachte als die Qual beängstigender Träume – Schmerz – Entsetzen! – Erfahre es jetzt, Johannes, ich habe tief in dein Inneres geschaut und das gefährliche – bedrohliche Geheimnis erkannt, das darin ruht, ein gärender Vulkan, in jedem Augenblick vermögend loszubrechen in verderblichen Flammen, rücksichtslos alles um sich her verzehrend! – Es gibt Dinge in unserm Innern, die sich so gestalten, dass die vertrautesten Freunde darüber nicht reden dürfen. Darum verhehlte ich dir sorglich, was ich in dir erschaut, aber mit jenem Fest, dessen tieferer Sinn nicht die Fürstin, sondern eine andere geliebte Person und dich selbst traf, wollte ich dein ganzes Ich gewaltsam erfassen. Die verborgensten Qualen sollten lebendig werden in dir und wie aus dem Schlaf erwachte Furien mit verdoppelter Kraft deine Brust zerfleischen. Wie einem zum Tode Siechen sollte Arzenei, dem Orkus selbst entnommen, die im stärksten Paroxysmus kein weiser Arzt scheuen darf, dir den Tod bereiten oder Genesung! – Wisse Johannes, dass der Fürstin Namenstag zusammentrifft mit dem Namenstage Julias, die auch, wie sie, Maria geheißen.«

»Ha!« rief Kreisler, indem er, zehrendes Feuer im Blick, aufsprang, »Ha! – Meister! Ist dir die Macht gegeben, mit mir freches höhnendes Spiel zu treiben? – Bist du das Verhängnis selbst, dass du mein Inneres erfassen magst?«

»Wilder unbesonnener Mensch«, erwiderte Meister Abraham ruhig, »wann wird endlich der verwüstende Brand in deiner Brust zur reinen Naphthaflamme werden, genährt von dem tiefsten Sinn für die Kunst, für alles Herrliche und Schöne, der in dir wohnt! – Du verlangtest von mir die Beschreibung jenes verhängnisvollen Festes; so höre mich denn ruhig an, oder ist deine Kraft gebrochen ganz und gar, dass du das nicht vermagst, so will ich dich verlassen.« –

»Erzähle«, sprach Kreisler mit halberstickter Stimme, indem er, beide Hände vors Gesicht, sich wieder hinsetzte. »Ich will«, sprach Meister Abraham, plötzlich einen heitern Ton annehmend, »ich will dich, lieber Johannes, gar nicht ermüden mit der Beschreibung all der sinnreichen Anordnungen, die größtenteils dem erfindungsreichen Geist des Fürsten selbst ihren Ursprung verdankten. Da das Fest am späten Abend begann, so versteht es sich von selbst, dass der ganze schöne Park, der das Lustschloss umgibt, erleuchtet war. Ich hatte mich bemüht, in dieser Erleuchtung ungewöhnliche Effekte hervorzubringen, das gelang aber nur zum Teil, da auf des Fürsten ausdrücklichen Befehl in allen Gängen, mittelst auf großen schwarzen Tafeln angebrachter buntfarbiger Lampen, der Namenszug der Fürstin brennen musste, nebst der fürstlichen Krone darüber. Da die Tafeln an hohen Pfählen angenagelt, so glichen sie beinahe illuminierten Warnungsanzeigen, dass man nicht Tabak rauchen oder die Maut nicht umfahren solle. Der Hauptpunkt des Festes war das durch Gebüsch und künstliche Ruinen gebildete Theater in der Mitte des Parks, welches du kennst. Auf dieser Bühne sollten die Schauspieler aus der Stadt etwas Allegorisches agieren, welches läppisch genug war, um ganz außerordentlich zu gefallen, hätte es auch nicht der Fürst selbst verfasst, und wäre es daher auch nicht, um mich des geistreichen Ausdrucks jenes Schauspieldirektors, der ein fürstliches Stück aufführte, zu bedienen, aus einer durchlauchtigen Feder geflossen. Der Weg vom Schloss bis zum Theater war ziemlich weit. Nach der poetischen Idee des Fürsten sollte der wandelnden Familie ein in den Lüften schwebender Genius mit zwei Fackeln voranleuchten, sonst aber kein Licht brennen, sondern erst, nachdem die Familie und das Gefolge Platz genommen, das Theater plötzlich erleuchtet werden. Deshalb blieb besagter Weg finster. Vergebens stellte ich die Schwierigkeit dieser Maschinerie vor, welche die Länge des Wegs herbeiführte, der Fürst hatte in den ›Fêtes de Versailles‹ etwas Ähnliches gelesen, und da er hinterher den poetischen Gedanken selbst gefunden, bestand er auf dessen Ausführung. Um jedem unverdienten Vorwurf zu entgehen, überließ ich den Genius samt den Fackeln dem Theater-Maschinisten aus der Stadt. – Sowie nun das fürstliche Paar, hinter ihm das Gefolge, aus der Tür des Salons trat, wurde ein kleines pausbackiges Männlein, in die Hausfarben des Fürsten gekleidet, mit zwei brennenden Fackeln in den Händchen, vom Dach des Lustschlosses herabgezogen. Die Puppe war aber zu schwer, und es begab sich, dass kaum zwanzig Schritt davon die Maschine stockte, sodass der leuchtende Schutzgeist des fürstlichen Hauses hängen blieb und, da die Arbeiter stärker anzogen, sich überkugelte. Nun schleuderten die brennenden abwärts gekehrten Wachskerzen glühende Tropfen zur Erde. Der erste dieser Tropfen traf den Fürsten selbst, der indessen mit stoischem Gleichmut den Schmerz verbiss, wiewohl er in der Gravität des Schrittes nachließ und schneller vorwärts eilte. Der Genius schwebte jetzt fort über der Gruppe, die der Hofmarschall mit den Kammerjunkern nebst andern Hofchargen bildete, Füße oben, Kopf unten, so dass der Glutregen aus den Fackeln bald diesen, bald jenen auf den Kopf und auf die Nase traf. Den Schmerz zu äußern und so das frohe Fest zu stören, hätte den Respekt verletzt, es war daher hübsch anzusehen, wie die Unglücklichen, eine ganze Kohorte stoischer Scävolas, mit grässlich verzerrten Gesichtern und doch mit Gewalt die Qual niederkämpfend, ja wohl gar ein Lächeln erzwingend, das dem Orkus anzugehören schien, daherschritten, lautlos, kaum bangen Seufzern Raum gebend. Dazu wirbelten die Pauken, schmetterten die Trompeten, riefen hundert Stimmen: ›Vivat, vivat die gnädigste Frau Fürstin! Vivat der gnädigste Herr Fürst!‹ so dass das durch den wunderlichen Kontrast jener Laokoontischen Gesichter mit dem lustigen Jubel erzeugte tragische Pathos der ganzen Szene eine Majestät gab, wie kaum zu denken.

Der alte dicke Hofmarschall konnte es endlich nicht mehr ertragen; als ihn ein glühender Tropfen gerade auf die Backe traf, sprang er in grimmer Wut der Verzweiflung seitwärts, verwickelte sich aber in die Stricke, die, zur Flugmaschine gehörend, gerade an der Seite hart über dem Boden fortliefen, und stürzte mit dem lauten Ausruf: ›Alle Teufel!‹ nieder zur Erde. In demselben Moment hatte auch der luftige Page seine Rolle ausgespielt. Der gewichtige Hofmarschall zog ihn mit Zentnerschwere nieder, er stürzte herab mitten unter das Gefolge, das, laut aufschreiend, auseinanderprallte. Die Fackeln verlöschten, man befand sich in der dicksten Finsternis. Dies alles geschah dicht vor dem Theater. Ich hütete mich wohl, den Zünder anzustecken, der alle Lampen, alle Feuerbecken des Platzes auf einmal in Brand setzen musste, sondern wartete damit ein paar Minuten, um der Gesellschaft Zeit zu lassen, sich in Baum und Gebüsch gehörig zu verwirren. ›Licht – Licht‹ – rief der Fürst wie der König im ›Hamlet‹, ›Licht – Licht‹ eine Menge heisere Stimmen durcheinander. Als der Platz erleuchtet, glich der auseinandergesprengte Haufe einem geschlagenen Heer, das sich mühsam zusammenfindet. Der Oberkammerherr bewies sich als Mann von Geistesgegenwart, als der geschickteste Taktiker seiner Zeit; denn in wenigen Minuten war vermöge seiner Bemühungen die Ordnung wiederhergestellt. Der Fürst trat mit der nächsten Umgebung auf eine Art von erhöhten Blumenthron, der in der Mitte des Zuschauer-Platzes errichtet. Sowie das fürstliche Paar sich niederließ, fielen vermöge einer sehr pfiffigen Vorrichtung jenes Maschinisten eine Menge Blumen auf dasselbe herab. Nun wollte es aber das dunkle Verhängnis, dass eine große Feuerlilie dem Fürsten gerade auf die Nase fiel und sein ganzes Gesicht glutrot überstäubte, wodurch er ein ungemein majestätisches, der Feierlichkeit des Festes würdiges Ansehen gewann.«

»Das ist zu arg – das ist zu arg«, rief Kreisler, indem er eine rasende Lache anschlug, dass die Wände dröhnten.

»Lach nicht so konvulsivisch«, sprach Meister Abraham, »auch ich lachte in jener Nacht unmäßiger als jemals, ich fühlte mich eben zu allerlei tollem Mutwillen aufgelegt und hätte wie der Spukgeist Droll selbst gern alles noch mehr durcheinanderjagen, noch mehr verwirren mögen, aber desto tiefer drangen dann die Pfeile, die ich gegen andere gerichtet, ein in meine eigene Brust. – Nun! – ich will es nur sagen! Den Moment des läppischen Blumenbewerfens hatte ich gewählt, um den unsichtbaren Faden festzuknüpfen, der sich nun durch das ganze Fest ziehen und, wie ein elektrischer Leiter, das Innerste der Personen durchbeben sollte, die ich mit meinem geheimnisvollen geistigen Apparat, in den sich der Faden verlor, mir in Rapport gesetzt denken musste. – Unterbrich mich nicht, Johannes – hör mich ruhig an. – Julia saß mit der Prinzessin hinter der Fürstin seitwärts, ich hatte beide im Auge. Sowie Pauken und Trompeten schwiegen, fiel Julien eine unter duftenden Nachtviolen versteckte aufbrechende Rosenknospe in den Schoß, und wie strömender Hauch des Nachtwindes schwammen die Töne deines tief ins Herz dringenden Liedes herüber: ›Mi lagnerò tacendo della mia sorte amara.‹ – Julie war erschrocken, als aber das Lied, das ich, ich sag's, damit du über die Art des Vortrags etwa nicht in bange Zweifel gerätst, von unsern vier vortrefflichen Bassetthornisten ganz in der Ferne spielen ließ – begann, entfloh ein leichtes Ach ihren Lippen, sie drückte den Strauß an die Brust, und ich hörte deutlich, dass sie zur Prinzessin sprach: ›Er ist gewiss wieder da!‹ – Die Prinzessin umarmte Julien mit Heftigkeit und rief so laut:

›Nein nein – ach, niemals‹, dass der Fürst sein feuriges Antlitz umdrehte und ihr ein zorniges Silence! zuwarf. Der Herr mochte auch wohl eben nicht gerade auf das liebe Kind sehr böse sein, aber ich will es hier bemerken, dass die wunderbare Schminke, ein Tiranno ingrato in der Oper hätte sich nicht zweckmäßiger anmalen können, ihm wirklich das Aussehen eines fortwährenden unvertilgbaren Zorns gab, so dass die rührendsten Reden, die zartesten Situationen, welche häusliches Glück auf dem Thron allegorisch darstellten, rein verloren schienen; Schauspieler und Zuschauer gerieten darüber in nicht geringe Verlegenheit. Ja selbst, wenn der Fürst bei den Stellen, die er sich zu dem Behuf in dem Exemplar, das er in der Hand hielt, rot angestrichen, der Fürstin die Hand küsste und mit dem Tuch eine Träne vom Auge wegdrückte, schien es in verbissenem Ingrimm zu geschehen; so dass die Kammerherrn, die diensttuend ihm zur Seite standen, sich zuflüsterten: ›O Jesus, was ist unserm gnädigsten Herrn!‹ – Ich will dir nur sagen, Johannes, dass, während die Schauspieler das alberne Zeug vorn auf dem Theater hertragierten, ich mittelst magischer Spiegel und anderer Vorrichtungen hinterwärts in den Lüften ein Geisterschauspiel darstellte zur Verherrlichung des Himmelskindes, der holden Julia, dass eine Melodie nach der andern, die du in hoher Begeisterung geschaffen, ertönte, ja dass oft ferner, oft näher, wie banger ahnungsvoller Geisterruf, der Name: Julia erklang. – Aber du fehltest – du fehltest, mein Johannes! Und wenn ich auch, nachdem das Schauspiel geendet, meinen Ariel rühmen, wie Shakespeares Prospero den seinigen, wenn ich auch sagen müsste, dass er alles trefflich vollführt, so fand ich doch das, was ich mit tiefem Sinn angeordnet zu haben glaubte, schal und matt. – Julia hatte alles mit feinem Takt verstanden. Doch schien sie nur angeregt wie von einem lieblichen Traum, dem man übrigens keine sonderliche Einwirkung ins wache Leben verstattet. Die Prinzessin war dagegen tief in sich gekehrt. Arm in Arm lustwandelte sie mit Julien in den erleuchteten Gängen des Parks, während der Hof in einem Pavillon Erfrischungen zu sich nahm. – Ich hatte den Hauptschlag in diesem Moment vorbereitet, aber du fehltest – du fehltest, mein Johannes. – Voller Unmut und Zorn rannte ich umher, ich sah zu, ob alle Anstalten zu dem großen Feuerwerk, womit das Fest schließen sollte, gehörig geordnet. Da gewahrte ich, aufschauend zum Himmel, über dem fernen Geierstein, im Schimmer der Nacht, die kleine rötliche Wolke, die jedes Mal ein Wetter bedeutet, das still heraufzieht und dann hier über uns mit einer fürchterlichen Explosion losbricht. Zu welcher Zeit diese Explosion geschehen muss, berechne ich, wie du weißt, nach dem Stand der Wolke, auf die Sekunde. Keine Stunde konnte es mehr dauern, ich beschloss daher, mit dem Feuerwerk zu eilen. In dem Augenblick vernahm ich, dass mein Ariel mit jener Phantasmagorie begonnen, die alles, alles entscheiden sollte, denn ich hörte am Ende des Parks in der kleinen Marienkapelle den Chor dein ›Ave maris stella‹ singen. Ich eilte schnell hin. Julia und die Prinzessin knieten in dem Betstuhl, der vor der Kapelle im Freien angebracht. Kaum war ich an Ort und Stelle, als – aber du fehltest – du fehltest, mein Johannes! – Lass mich darüber schweigen, was sich jetzt begab – Ach! – wirkungslos blieb das, was ich für ein Meisterstück meiner Kunst gehalten, und ich erfuhr, was ich blöder Tor nicht geahnt.« – »Heraus mit der Sprache«, rief Kreisler, »alles, alles sage, Meister! wie es sich begeben.«

»Mitnichten«, erwiderte Meister Abraham, »es nützt dir nichts, Johannes, und mir zerschneidet es die Brust, wenn ich noch sagen soll, wie meine eignen Geister mir Graus einjagten und Entsetzen! – Die Wolke! – glücklicher Gedanke! ›So soll‹, rief ich wild aus, ›denn alles in toller Verwirrung enden‹, und rannte fort zum Platz des Feuerwerks. Der Fürst ließ mir sagen, wenn alles fertig sei, sollte ich das Zeichen geben. Das Auge nicht abwendend von der Wolke, die vom Geierstein weg höher und höher heraufzog, ließ ich, als sie mir hoch genug schien, die Böller krachen. Bald war der Hof, die ganze Gesellschaft an Ort und Stelle. Nach dem gewöhnlichen Spiel mit Feuerrädern, Raketen, Leuchtkugeln und anderem gemeinen Zeug ging endlich der Namenszug der Fürstin in chinesischem Brillantfeuer auf, doch hoch über ihm in Lüften schwamm und verschwamm in milchweißem Licht der Name Julia. – Nun war es Zeit. – Ich zündete die Girandola an, und wie zischend und prasselnd die Raketen in die Höhe fuhren, brach das Wetter los mit glutroten Blitzen, mit krachendem Donnern, von dem Wald und Gebirg erdröhnten. Und der Orkan brauste hinein in den Park und störte auf den tausendstimmig heulenden Jammer im tiefsten Gebüsch. Ich riss einem fliehenden Trompeter das Instrument aus der Hand und blies lustig jauchzend darein, während die Artilleriesalven der Feuertöpfe, der Kanonenschläge, der Böller wacker dem rollenden Donner entgegenknallten.«

Während Meister Abraham so erzählte, sprang Kreisler auf, schritt heftig im Zimmer auf und ab, focht mit den Armen um sich und rief endlich ganz begeistert: »Das ist schön, das ist herrlich, daran erkenne ich meinen Meister Abraham, mit dem ich ein Herz bin und eine Seele!«

»O«, sprach Meister Abraham, »ich weiß es ja, das Wildeste, Schauerlichste ist dir eben recht, und doch habe ich das vergessen, was dich ganz und gar den unheimlichen Mächten der Geisterwelt preisgegeben hätte. Ich hatte die Wetterharfe, die, wie du weißt, sich über das große Bassin hinzieht, spannen lassen, auf der der Sturm als ein tüchtiger Harmoniker gar wacker spielte. In dem Geheul, in dem Gebraus des Orkans, in dem Krachen des Donners erklangen furchtbar die Akkorde der Riesenorgel. Schneller und schneller schlugen die gewaltigen Töne los, und man mochte wohl ein Furienballett vernehmen, dessen Stil ungemein groß zu nennen, wie man es beinahe zwischen den leinwandnen Wänden des Theaters nicht zu hören bekommt! – Nun! – In einer halben Stunde war alles vorüber. Der Mond trat hinter den Wolken hervor. Der Nachtwind säuselte tröstend durch den erschrockenen Wald und trocknete die Tränen weg von den dunklen Büschen. Dazwischen ertönte noch dann und wann die Wetterharfe wie dumpfes, fernes Glockengeläut. – Mir war wunderbarlieb zumute. Du, mein Johannes, erfülltest mein Inneres so ganz und gar, dass ich glaubte, du würdest gleich vor mir aufsteigen aus dem Grabhügel verlorner Hoffnungen, unerfüllter Träume und an meine Brust sinken. Nun in der Stille der Nacht kam der Gedanke, was für ein Spiel ich unternommen, wie ich gewaltsam den Knoten, den das dunkle Verhängnis geschlungen, zerreißen wollen, aus meinem Innern herausgetreten, fremdartig, in anderer Gestaltung, auf mich los, und indem mich kalte Schauer durchbebten, war ich es selbst, vor dem ich mich entsetzen musste. – Eine Menge Irrlichter tanzten und hüpften im ganzen Park umher, aber es waren Diener mit Laternen, welche die auf der schnellen Flucht verlornen Hüte, Perücken, Haarbeutel, Degen, Schuhe, Shawls zusammensuchten. Ich machte mich davon. Mitten auf der großen Brücke vor unserer Stadt blieb ich stehen und schaute noch einmal zurück nach dem Park, der vom magischen Schimmer des Mondes umflossen dastand wie ein Zaubergarten, in dem das lustige Spiel flinker Elfen begonnen. Da fiel mir ein feines Piepen in die Ohren, ein Quäken, das beinahe dem eines neugebornen Kindes glich. Ich vermutete eine Untat, bückte mich tief über das Geländer und entdeckte im hellen Mondschein ein Kätzchen, das sich mühsam an den Pfosten geklammert, um dem Tod zu entgehen. Wahrscheinlich hatte man eine Katzenbrut ersäufen wollen, und das Tierchen war wieder hinaufgekrochen. Nun, dacht' ich, ist's auch kein Kind, so ist es doch ein armes Tier, das dich um Rettung anquäkt, und das du retten musst.«

»O du empfindsamer Just«, rief Kreisler lachend, »sag, wo ist dein Tellheim?«

»Erlaube«, fuhr Meister Abraham fort, »erlaube, mein Johannes, mit dem Just magst du mich kaum vergleichen. Ich habe den Just überjustet. Er rettete einen Pudel, ein Tier, das jeder gern um sich duldet, von dem sogar angenehme Dienstleistungen zu erwarten mittelst Apportieren, Handschuhe-, Tabaksbeutel- und Pfeife-Nachtragen usw., aber ich rettete einen Kater, ein Tier, vor dem sich viele entsetzen, das allgemein als perfid, keiner sanften, wohlwollenden Gesinnung, keiner offenherzigen Freundschaft fähig ausgeschrien wird, das niemals ganz und gar die feindliche Stellung gegen den Menschen aufgibt, ja, einen Kater rettete ich aus purer uneigennütziger Menschenliebe. – Ich kletterte über das Geländer, griff nicht ohne Gefahr herab, fasste das wimmernde Kätzchen, zog es hinauf und steckte es in die Tasche. Nach Hause gekommen, zog ich mich schnell aus und warf mich, ermüdet und erschöpft wie ich war, aufs Bett. Kaum war ich aber eingeschlafen, als mich ein klägliches Piepen und Winseln weckte, das aus meinem Kleiderschrank herzukommen schien. – Ich hatte das Kätzchen vergessen und es in der Rocktasche gelassen. Ich befreite das Tier aus dem Gefängnis, wofür es mich dermaßen kratzte, dass mir alle fünf Finger bluteten. Schon war ich im Begriff, den Kater durchs Fenster zu werfen, ich besann mich aber und schämte mich meiner kleinlichen Torheit, meiner Rachsucht, die nicht einmal bei Menschen angebracht ist, viel weniger bei der unvernünftigen Kreatur. – Genug, ich zog mit aller Mühe und Sorgfalt den Kater groß. Es ist das gescheiteste, artigste, ja witzigste Tier der Art, das man sehen kann, dem es nur noch an der höhern Bildung fehlt, die du, mein lieber Johannes, ihm mit leichter Mühe beibringen wirst, weshalb ich denn gesonnen bin, dir den Kater Murr, so habe ich ihn benannt, fernerhin zu überlassen. Obschon Murr zurzeit, wie die Juristen sich ausdrücken, noch kein homo sui juris ist, so habe ich ihn doch um seine Einwilligung gefragt, ob er in deine Dienste treten wolle. Er ist durchaus damit zufrieden.«

»Du faselst«, sprach Kreisler, »du faselst, Meister Abraham! Du weißt, dass ich Katzen nicht sonderlich leiden mag, dass ich dem Geschlecht der Hunde bei weitem den Vorzug gebe.« –

»Ich bitte«, erwiderte Meister Abraham, »ich bitte dich, lieber Johannes, recht von Herzen, nimm meinen hoffnungsvollen Kater Murr wenigstens so lange zu dir, bis ich heimkehre von meiner Reise. Ich habe ihn schon deshalb mitgebracht, er ist draußen und wartet auf gütigen Bescheid. Sieh ihn wenigstens an.« Damit öffnete Meister Abraham die Türe, und auf der Strohmatte zusammengekrümmt, schlafend, lag ein Kater, der wirklich in seiner Art ein Wunder an Schönheit zu nennen. Die grauen und schwarzen Streifen des Rückens liefen zusammen auf dem Scheitel zwischen den Ohren und bildeten auf der Stirne die zierlichste Hieroglyphenschrift. Ebenso gestreift und von ganz ungewöhnlicher Länge und Stärke war der stattliche Schweif. Dabei glänzte des Katers buntes Kleid und schimmerte, von der Sonne beleuchtet, so dass man zwischen dem Schwarz und Grau noch schmale goldgelbe Streifen wahrnahm. »Murr! Murr!« rief Meister Abraham, »krrr – krrr«, erwiderte der Kater sehr vernehmlich, dehnte – erhob sich, machte den außerordentlichsten Katzenbuckel und öffnete ein Paar grasgrüne Augen, aus denen Geist und Verstand in funkelndem Feuer hervorblitzten. Das behauptete wenigstens Meister Abraham, und auch Kreisler musste so viel einräumen, dass der Kater etwas Besonderes, Ungewöhnliches im Antlitz trage, dass sein Kopf hinlänglich dick, um die Wissenschaften zu fassen, sein Bart aber schon jetzt in der Jugend weiß und lang genug sei, um dem Kater gelegentlich die Autorität eines griechischen Weltweisen zu verschaffen.

»Wie kann man aber auch überall gleich schlafen«, sprach Meister Abraham zum Kater, »du verlierst alle Heiterkeit darüber und wirst vor der Zeit ein grämliches Tier. Putz' dich fein, Murr!«

Sogleich setzte sich der Kater auf die Hinterfüße, fuhr mit den Samtpfötchen sich zierlich über Stirn und Wangen und stieß dann ein klares freudiges Miau aus.

»Dies ist«, fuhr Meister Abraham fort, »dies ist der Herr Kapellmeister Johannes Kreisler, bei dem du in Dienste treten wirst.« Der Kater glotzte den Kapellmeister mit seinen großen funkelnden Augen an, begann zu knurren, sprang auf den Tisch, der neben Kreislern stand, und von da ohne weiteres auf seine Schulter, als wolle er ihm etwas ins Ohr sagen. Dann setzte er wieder herab zur Erde und umkreiste schwänzelnd und knurrend den neuen Herrn, als wolle er recht Bekanntschaft mit ihm machen.

»Gott verzeih mir«, rief Kreisler, »ich glaube gar, der kleine graue Kerl hat Verstand und stammt aus der illustren Familie des gestiefelten Katers her!«

»So viel ist gewiss«, erwiderte Meister Abraham, »dass der Kater Murr das possierlichste Tier von der Welt ist, ein wahrer Pulcinell, und dabei artig und sittsam, nicht zudringlich und unbescheiden, wie zuweilen Hunde, die uns mit ungeschickten Liebkosungen beschwerlich fallen.« –

»Indem ich«, sprach Kreisler, »diesen klugen Kater betrachte, fällt es mir wieder schwer aufs Herz, in welchen engen Kreis unsere Erkenntnis gebannt ist. – Wer kann sagen, wer nur ahnen, wie weit das Geistesvermögen der Tiere geht! – Wenn uns etwas oder vielmehr alles in der Natur unerforschlich bleibt, so sind wir gleich mit Namen bei der Hand und brüsten uns mit unserer albernen Schulweisheit, die eben nicht viel weiter reicht als unsere Nase. So haben wir denn auch das ganze geistige Vermögen der Tiere, das sich oft auf die wunderbarste Art äußert, mit der Bezeichnung Instinkt abgefertigt. Ich möchte aber nur die einzige Frage beantwortet haben, ob mit der Idee des Instinkts, des blinden willkürlosen Triebes, die Fähigkeit zu träumen vereinbar sei. Dass aber z. B. Hunde mit der größten Lebhaftigkeit träumen, weiß jeder, der einen schlafenden Jagdhund beobachtet hat, dem im Traum die ganze Jagd aufgegangen. Er sucht, er schnuppert, er bewegt die Füße, als sei er im vollen Rennen, er keucht, er schwitzt. – Von träumenden Katern weiß ich zurzeit nichts.« – »Der Kater Murr«, unterbrach Meister Abraham den Freund, »träumt nicht allein sehr lebendig, sondern er gerät auch, wie deutlich zu bemerken, häufig in jene sanfte Reverien, in das träumerische Hinbrüten, in das somnambule Delirieren, kurz, in jenen seltsamen Zustand zwischen Schlafen und Wachen, der poetischen Gemütern für die Zeit des eigentlichen Empfanges genialer Gedanken gilt. In diesem Zustande stöhnt und ächzt er seit kurzer Zeit ganz ungemein, dass ich glauben muss, dass er entweder verliebt ist oder an einer Tragödie arbeitet.«

Kreisler lachte hell auf, indes er rief »Nun so komm denn, du kluger, artiger, witziger, poetischer Kater Murr, lass uns – «

(M. f. f.) ersten Erziehung, meiner Jugendmonate überhaupt noch vieles anführen.

Es ist nämlich wohl höchst merkwürdig und lehrreich, wenn ein großer Geist in einer Autobiographie über alles, was sich mit ihm in seiner Jugend begab, sollte es auch noch so unbedeutend scheinen, recht umständlich sich auslässt. Kann aber auch wohl einem hohen Genius jemals Unbedeutendes begegnen? Alles, was er in seiner Knabenzeit unternahm oder nicht unternahm, ist von der höchsten Wichtigkeit und verbreitet helles Licht über den tiefern Sinn, über die eigentliche Tendenz seiner unsterblichen Werke. Herrlicher Mut geht auf in der Brust des strebenden Jünglings, den bange Zweifel quälen, ob die innere Kraft auch wohl genüge, wenn er liest, dass der große Mann als Knabe auch Soldat spielte, sich mit Naschwerk übernahm und zuweilen was weniges Schläge erhielt, weil er faul war, ungezogen und tölpisch. »Gerade wie ich, gerade wie ich«, ruft der Jüngling begeistert aus und zweifelt nicht länger, dass auch er ein hoher Genius ist trotz seinem angebeteten Idol.

Mancher las den Plutarch oder auch wohl nur den Cornelius Nepos und wurde ein großer Held, mancher die Tragödiendichter der Alten in der Übersetzung und nebenher den Calderon und Shakespeare, den Goethe und Schiller und wurde, wo nicht ein großer Dichter, doch ein kleiner allerliebster Versmacher, wie ihn die Leute eben gern haben. So werden meine Werke auch gewiss in der Brust manches jungen geist- und gemütreichen Katers das höhere Leben der Poesie entzünden, und nimmt denn der edle Katerjüngling meine biographischen Belustigungen auf dem Dache vor, geht er ganz ein in die hohen Ideen des Buchs, das ich soeben unter den Klauen habe, dann wird er im Entzücken der Begeisterung ausrufen: »Murr, göttlicher Murr, größter deines Geschlechts, dir, dir allein verdanke ich alles, nur dein Beispiel macht mich groß.« – Es ist zu rühmen, dass Meister Abraham bei meiner Erziehung sich weder an den vergessenen Basedow hielt, noch die Pestalozzische Methode befolgte, sondern mir unbeschränkte Freiheit ließ, mich selbst zu erziehen, insofern ich mich nur in gewisse Normalprinzipien fügte, die Meister Abraham sich als unbedingt notwendig für die Gesellschaft, die die herrschende Macht auf dieser Erde versammelt, dachte, da sonst alles blind und toll durcheinanderrennen und es überall vertrackte Rippenstöße und garstige Beulen setzen, eine Gesellschaft überhaupt nicht denkbar sein würde. Den Inbegriff dieser Prinzipien nannte der Meister die natürliche Artigkeit im Gegensatz zur konventionellen, der gemäß man sprechen muss: »Ich bitte ganz gehorsamst um gütige Verzeihung«, wenn man von einem Lümmel angerannt oder auf den Fuß getreten worden. Mag es sein, dass jene Artigkeit den Menschen nötig ist, so kann ich doch nicht begreifen, wie sich ihr auch mein freigebornes Geschlecht fügen soll, und war nun das Hauptregens, mittelst dessen der Meister mir jene Normalprinzipien beibrachte, ein gewisses sehr fatales Birkenreis, so kann ich mich wohl mit Recht über Härte meines Erziehers beklagen. Davongelaufen wäre ich, hätte mich nicht der mir angeborne Hang zur höhern Kultur an den Meister festgebunden. – Je mehr Kultur, desto weniger Freiheit, das ist ein wahres Wort. Mit der Kultur steigen die Bedürfnisse, mit den Bedürfnissen – Nun, eben die augenblickliche Befriedigung mancher natürlichen Bedürfnisse ohne Rücksicht auf Ort und Zeit, das war das erste, was mir der Meister mittelst des verhängnisvollen Birkenreises total abgewöhnte. Dann kam es an die Gelüste, die, wie ich mich später überzeugt habe, lediglich aus einer gewissen abnormen Stimmung des Gemüts entstehen! Eben diese seltsame Stimmung, die vielleicht von meinem psychischen Organismus selbst erzeugt wurde, trieb mich an, die Milch, ja selbst den Braten, den der Meister für mich hingestellt, stehen zu lassen, auf den Tisch zu springen und das wegzunaschen, was er selbst genießen wollte. Ich empfand die Kraft des Birkenreises und ließ es bleiben. – Ich sehe es ein, dass der Meister recht hatte, meinen Sinn von dergleichen abzulenken, da ich weiß, dass mehrere meiner guten Mitbrüder, weniger kultiviert, weniger gut erzogen als ich, dadurch in die abscheulichsten Verdrießlichkeiten, ja in die traurigste Lage auf ihre Lebenszeit geraten sind. Ist es mir doch bekannt worden, dass ein hoffnungsvoller Katerjüngling den Mangel an innerer geistiger Kraft, seinem Gelüst zu widerstehen, einen Topf Milch auszunaschen, mit dem Verlust seines Schweifs büßen und, verhöhnt, verspottet, sich in die Einsamkeit zurückziehen musste. Also der Meister hatte recht, mir dergleichen abzugewöhnen; dass er aber meinem Drang nach den Wissenschaften und Künsten Widerstand leistete, das kann ich ihm nicht verzeihen. –

Nichts zog mich in des Meisters Zimmer mehr an, als der mit Büchern, Schriften und allerlei seltsamen Instrumenten bepackte Schreibtisch. Ich kann sagen, dass dieser Tisch ein Zauberkreis war, in den ich mich gebannt fühlte, und doch empfand ich eine gewisse heilige Scheu, die mich abhielt, meinem Trieb ganz mich hinzugeben. Endlich eines Tages, als eben der Meister abwesend war, überwand ich meine Furcht und sprang herauf auf den Tisch. Welche Wollust, als ich nun mitten unter den Schriften und Büchern saß und darin wühlte. Nicht Mutwille, nein, nur Begier, wissenschaftlicher Heißhunger war es, dass ich mit den Pfoten ein Manuskript erfasste und so lange hin und her zauste, bis es, in kleine Stücke zerrissen, vor mir lag. Der Meister trat herein, sah, was geschehen, stürzte mit dem kränkenden Ausruf: »Bestie, vermaledeite!« auf mich los und prügelte mich mit dem Birkenreis so derb durch, dass ich mich, winselnd vor Schmerz, unter den Ofen verkroch und den ganzen Tag über durch kein freundliches Wort wieder hervorzulocken war. Wen hätte dies Ereignis nicht abgeschreckt auf immer, selbst die Bahn zu verfolgen, die ihm die Natur vorgezeichnet! Aber kaum hatte ich mich ganz erholt von meinen Schmerzen, als ich, meinem unwiderstehlichen Drange folgend, wieder auf den Schreibtisch sprang. Freilich war ein einziger Ruf meines Meisters, ein abgebrochner Satz wie z. B. »Will er!« – hinlänglich, mich wieder herab zu jagen, sodass es nicht zum Studieren kam; indessen wartete ich ruhig auf einen günstigen Moment, meine Studien anzufangen, und dieser trat denn auch bald ein. Der Meister rüstete sich eines Tages zum Ausgehen, alsbald versteckte ich mich so gut im Zimmer, dass er mich nicht fand, als er, eingedenk des zerrissenen Manuskripts, mich herausjagen wollte. Kaum war der Meister fort, so sprang ich mit einem Satz auf den Schreibtisch und legte mich mitten hinein in die Schriften, welches mir ein unbeschreibliches Wohlgefallen verursachte. Geschickt schlug ich mit der Pfote ein ziemlich dickes Buch auf, welches vor mir lag, und versuchte, ob es mir nicht möglich sein würde, die Schriftzeichen darin zu verstehen. Das gelang mir zwar anfangs ganz und gar nicht, ich ließ aber gar nicht ab, sondern starrte hinein in das Buch, erwartend, dass ein ganz besonderer Geist über mich kommen und das Lesen lehren werde. So vertieft, überraschte mich der Meister. Mit einem lauten: »Seht die verfluchte Bestie!« sprang er auf mich zu. Es war zu spät, mich zu retten, ich kniff die Ohren an, ich duckte mich nieder, so gut es gehen wollte, ich fühlte schon die Rute auf meinem Rücken. Aber die Hand schon aufgehoben, hielt der Meister plötzlich inne, schlug eine helle Lache auf und rief: »Kater – Kater, du liesest? Ja, das kann, das will ich dir nicht verwehren. Nun sieh – sieh! – was für ein Bildungstrieb dir innewohnt.« – Er zog mir das Buch unter den Pfoten weg, schaute hinein und lachte noch unmäßiger als vorher. »Das muss ich sagen«, sprach er dann, »ich glaube gar, du hast dir eine kleine Handbibliothek angeschafft, denn ich wüsste sonst gar nicht, wie das Buch auf meinen Schreibtisch kommen sollte? – Nun, lies nur – studiere fleißig, mein Kater, allenfalls magst du auch die wichtigen Stellen im Buche durch sanfte Einrisse bezeichnen, ich stelle dir das frei!« – Damit schob er mir das Buch aufgeschlagen wieder hin. Es war, wie ich später erfuhr, Knigge, »über den Umgang mit Menschen«, und ich habe aus diesem herrlichen Buch viel Lebensweisheit geschöpft. Es ist so recht nach meiner Seele geschrieben und passt überhaupt für Kater, die in der menschlichen Gesellschaft etwas gelten wollen, ganz ungemein. Diese Tendenz des Buchs ist, soviel ich weiß, bisher übersehen und daher zuweilen das falsche Urteil gefällt worden, dass der Mensch, der sich ganz genau an die im Buch aufgestellten Regeln halten wollte, notwendig überall als ein steifer herzloser Pedant auftreten müsse.

Seit dieser Zeit litt mich der Meister nicht allein auf dem Schreibtisch, sondern er sah es sogar gern, wenn ich, arbeitete er selbst, heraufsprang und mich vor ihm unter die Schriften hinlagerte.

Meister Abraham hatte die Gewohnheit, oftmals viel hintereinander laut zu lesen. Ich unterließ dann nicht, mich so zu postieren, dass ich ihm ins Buch sehen konnte, welches bei den scharfblickenden Augen, die mir die Natur verliehen, möglich war, ohne ihm beschwerlich zu fallen. Dadurch, dass ich die Schriftzeichen mit den

Worten verglich, die er aussprach, lernte ich in kurzer Zeit lesen, und wem dies etwa unglaublich vorkommen möchte, hat keinen Begriff von dem ganz besonderen Ingenium, womit mich die Natur ausgestattet. Genies, die mich verstehen und mich würdigen, werden keinen Zweifel hegen rücksichts einer Art Ausbildung, die vielleicht der ihrigen gleich ist. Dabei darf ich auch nicht unterlassen, die merkwürdige Beobachtung mitzuteilen, die ich rücksichts des vollkommenen Verstehens der menschlichen Sprache gemacht. Ich habe nämlich mit vollem Bewusstsein beobachtet, dass ich gar nicht weiß, wie ich zu diesem Verstehen gekommen bin. Bei den Menschen soll dies auch der Fall sein, das nimmt mich aber gar nicht wunder, da dies Geschlecht in den Jahren der Kindheit beträchtlich dümmer und unbeholfener ist als wir. Als ein ganz kleines Käterchen ist es mir niemals geschehen, dass ich mir selbst in die Augen gegriffen, ins Feuer oder ins Licht gefasst oder Stiefelwichse statt Kirschmus gefressen, wie das wohl bei kleinen Kindern zu geschehen pflegt.

Wie ich nun fertig las und mich täglich mehr mit fremden Gedanken vollstopfte, fühlte ich den unwiderstehlichsten Drang, auch meine eignen Gedanken, wie sie der mir innewohnende Genius gebar, der Vergessenheit zu entreißen, und dazu gehörte nun allerdings die freilich sehr schwere Kunst des Schreibens. So aufmerksam ich auch meines Meisters Hand, wenn er schrieb, beobachten mochte, durchaus wollte es mir doch nicht gelingen, ihm die eigentliche Mechanik abzulauern. Ich studierte den alten Hilmar Curas, das einzige Schreibvorschriftsbuch, welches mein Meister besaß, und wäre beinahe auf den Gedanken geraten, dass die rätselhafte Schwierigkeit des Schreibens nur durch die große Manschette gehoben werden könne, welche die darin abgebildete schreibende Hand trägt, und dass es nur besonders erlangte Fertigkeit sei, wenn mein Meister ohne Manschette schriebe, sowie der geübte Seiltänzer zuletzt nicht mehr der Balancierstange bedarf. Ich trachtete begierig nach Manschetten und war im Begriff, die Dormeuse der alten Haushälterin für meine rechte Pfote zuzureißen und zu aptieren, als mir plötzlich in einem Moment der Begeisterung, wie es bei Genies zu geschehen pflegt, der geniale Gedanke kam, der alles löste. Ich vermutete nämlich, dass die Unmöglichkeit, die Feder, den Stift so zu halten wie mein Meister, wohl in dem verschiedenen Bau unserer Hände liegen könne, und diese Vermutung traf zu. Ich musste eine andere, dem Bau meines rechten Pfötchens angemessene Schreibart erfinden und erfand sie wirklich, wie man wohl denken mag. – So entstehen aus der besonderen Organisation des Individuums neue Systeme. –

Eine zweite böse Schwierigkeit fand ich in dem Eintunken der Feder in das Tintenfass. Nicht glücken wollt' es mir nämlich, bei dem Eintunken das Pfötchen zu schonen, immer kam es mit hinein in die Tinte, und so konnte es nicht fehlen, dass die ersten Schriftzüge, mehr mit der Pfote als mit der Feder gezeichnet, etwas groß und breit gerieten. Unverständige mochten daher meine ersten Manuskripte beinahe nur für mit Tinte beflecktes Papier ansehen. Genies werden den genialen Kater in seinen ersten Werken leicht erraten und über die Tiefe, über die Fülle des Geistes, wie er zuerst aus unversiegbarer Quelle sprudelte, erstaunen, ja ganz außer sich geraten. Damit die Welt sich dereinst nicht zanke über die Zeitfolge meiner unsterblichen Werke, will ich hier sagen, dass ich zuerst den philosophisch sentimental didaktischen Roman schrieb: »Gedanke und Ahnung oder Kater und Hund«. Schon dieses Werk hätte ungeheures Aufsehen machen können. Dann, in allen Sätteln gerecht, schrieb ich ein politisches Werk unter dem Titel: »Über Mausefallen und deren Einfluss auf Gesinnung und Tatkraft der Katzheit«; hierauf fühlt' ich mich begeistert zu der Tragödie: »Rattenkönig Kawdallor«. Auch diese Tragödie hätte auf allen nur erdenklichen Bühnen unzählige Mal mit dem lärmendsten Beifall gegeben werden können. Den Reigen meiner sämtlichen Werke sollen diese Erzeugnisse meines hoch emporstrebenden Geistes eröffnen, über den Anlass, sie zu schreiben, werde ich mich gehörigen Orts auslassen können.

Als ich die Feder besser zu halten gelernt, als das Pfötchen rein blieb von Tinte, wurde auch freilich mein Stil anmutiger, lieblicher, heller, ich legte mich ganz vorzüglich auf Musenalmanache, schrieb verschiedene freundliche Schriften und wurde übrigens sehr bald der liebenswürdige gemütliche Mann, der ich noch heute bin. Beinahe hätte ich schon damals ein Heldengedicht gemacht in vierundzwanzig Gesängen, doch als ich fertig, war es etwas anderes worden, wofür Tasso und Ariost noch im Grabe dem Himmel danken können. Sprang wirklich ein Heldengedicht unter meinen Klauen hervor, beide hätte kein Mensch mehr gelesen.

Ich komme jetzt auf die –

(Mak. Bl.) – zum bessern Verständnis doch nötig sein, dir, geneigter Leser, das ganze Verhältnis der Dinge klar und deutlich auseinander zu setzen.

Jeder, der nur ein einziges Mal im Gasthof des anmutigen Landstädtchens Sieghartsweiler abgestiegen ist, hat sogleich von dem Fürsten Irenäus reden gehört. Bestellte er nämlich bei dem Wirt nur ein Gericht Forellen, die in der Gegend vorzüglich, so erwiderte derselbe gewiss: »Sie haben recht, mein Herr! unser gnädigster Fürst essen auch dergleichen ungemein gern, und ich vermag die angenehmen Fische gerade so zubereiten, wie es bei Hofe üblich.« Aus den neuesten Geographien, Landkarten, statistischen Nachrichten wusste der unterrichtete Reisende aber nichts anders, als dass das Städtchen Sieghartsweiler samt dem Geierstein und der ganzen Umgebung längst dem Großherzogtum, das er soeben durchreiset, einverleibet worden; nicht wenig musste es ihn daher verwundern, hier einen gnädigsten Herrn Fürsten und einen Hof zu finden. Die Sache hatte aber folgenden Zusammenhang. Fürst Irenäus regierte sonst wirklich ein artiges Ländchen nicht fern von Sieghartsweiler, und da er mittelst eines guten Dollonds von dem Belvedere seines Schlosses im Residenzmarktflecken seine sämtlichen Staaten zu übersehen vermochte, so konnt' es nicht fehlen, dass er das Wohl und Weh seines Landes, das Glück der geliebten Untertanen stets im Auge behielt. Er konnte in jeder Minute wissen, wie Peters Weizen in dem entferntesten Bereich des Landes stand, und ebenso gut beobachten, ob Hans und Kunz ihre Weinberge gut und fleißig besorgten. Man sagt, Fürst Irenäus habe sein Ländchen auf einem Spaziergange über die Grenze aus der Tasche verloren, soviel ist aber gewiss, dass in einer neuen, mit mehrern Zusätzen versehenen Ausgabe jenes Großherzogtums das Ländchen des Fürsten Irenäus einfoliiert und einregistriert war. Man enthob ihn der Mühe des

Regierens, indem man ihm aus den Revenüen des Landes, das er besessen, eine ziemlich reichliche Apanage aussetzte, die er eben in dem anmutigen Sieghartsweiler verzehren sollte.

Außer jenem Ländchen besaß Fürst Irenäus noch ein ansehnliches bares Vermögen, das ihm ungekürzt blieb, und so sah er sich aus dem Stand eines kleinen Regenten plötzlich versetzt in den Stand eines ansehnlichen Privatmannes, der zwanglos nach freier Willkür sich das Leben gestalten konnte, wie er wollte.

Fürst Irenäus hatte den Ruf eines feingebildeten Herrn, empfänglich für Wissenschaft und Kunst. Kam nun noch hinzu, dass er oft die lästige Bürde der Regentschaft schmerzlich gefühlt, ja, ging auch schon einmal von ihm die Rede, dass er den romanhaften Wunsch, in einem kleinen Hause, an einem murmelnden Bach, mit einigem Hausvieh ein einsames idyllisches Leben procul negotiis zu führen, in anmutige Verse gebracht, so hätte man denken sollen, dass er nun, den regierenden Herrn vergessend, sich einrichten werde mit dem gemütlichen Hausbedarf, wie es in der Macht steht des reichen unabhängigen Privatmannes. Dem war aber ganz und gar nicht so!

Es mag wohl sein, dass die Liebe der großen Herren zur Kunst und Wissenschaft nur als ein integrierender Teil des eigentlichen Hoflebens anzusehen ist. Der Anstand erfordert es, Gemälde zu besitzen und Musik zu hören, und übel würde es sein, wenn der Hofbuchbinder feiern und nicht die neueste Literatur fortwährend in Gold und Leder kleiden sollte. Ist aber jene Liebe ein integrierender Teil des Hoflebens selbst, so muss sie mit diesem zugleich untergehen und kann nicht als etwas für sich Fortbestehendes Trost gewähren für den verlornen Thron oder das kleine Regentenstühlchen, auf dem man zu sitzen gewohnt.

Fürst Irenäus erhielt sich beides, das Hofleben und die Liebe für die Künste und Wissenschaften, indem er einen süßen Traum ins Leben treten ließ, in dem er selbst mit seiner Umgebung sowie ganz Sieghartsweiler figurierte.

Er tat nämlich so, als sei er regierender Herr, behielt die ganze Hofhaltung, seinen Kanzler des Reichs, sein Finanzkollegium etc. etc. bei, erteilte seinen Hausorden, gab Cour, Hofbälle, die meistenteils aus zwölf bis funfzehn Personen bestanden, da auf die eigentliche Courfähigkeit strenger geachtet wurde als an den größten Höfen, und die Stadt war gutmütig genug, den falschen Glanz dieses träumerischen Hofes für etwas zu halten, das ihr Ehre und Ansehen bringe. So nannten die guten Sieghartsweiler den Fürsten Irenäus ihren gnädigsten Herrn, illuminierten die Stadt an seinem Namensfeste und an den Namenstagen seines Hauses und opferten sich überhaupt gern auf für das Vergnügen des Hofes wie die atheniensischen Bürgersleute in Shakespeares »Sommernachtstraum«.

Es war nicht zu leugnen, dass der Fürst seine Rolle mit dem wirkungsvollsten Pathos durchführte und dieses Pathos seiner ganzen Umgebung mitzuteilen wusste. – So erscheint ein fürstlicher Finanzrat im Klub zu Sieghartsweiler finster, in sich gekehrt, wortkarg! – Wolken ruhen auf seiner Stirn, er versinkt oft in ein tiefes Nachdenken, fährt dann hoch, wie plötzlich erwachend! – Kaum wagt man es, laut zu sprechen, hart aufzutreten in seiner Nähe. Es schlägt neun Uhr, da springt er auf, nimmt seinen Hut, vergebens sind alle Bemühungen, ihn festzuhalten, er versichert mit stolzem tiefbedeutendem Lächeln, dass ihn Aktenstöße erwarteten, dass er die Nacht würde opfern müssen, um sich zu der morgigen, höchst wichtigen, letzten Quartalssitzung des Kollegiums vorzubereiten; eilt hinweg und hinterlässt die Gesellschaft in ehrfurchtsvoller Erstarrung über die enorme Wichtigkeit und Schwierigkeit seines Amtes. – Und der wichtige Vortrag, auf den sich der geplagte Mann die Nacht über vorbereiten muss? – Je nun, die Waschzettel aus sämtlichen Departements, der Küche, der Tafel, der Garderobe etc. fürs verflossene Vierteljahr sind eingegangen, und er ist es, der in allen Waschangelegenheiten den Vortrag hat. – So bemitleidet die Stadt den armen fürstlichen Wagenmeister, spricht jedoch, von dem sublimen Pathos des fürstlichen Kollegiums ergriffen: »Strenge, aber gerecht!« Der Mann hat nämlich erhaltener Instruktion gemäß einen Halbwagen, der unbrauchbar geworden, verkauft, das Finanz-Kollegium ihm aber bei Strafe augenblicklicher Kassation aufgegeben, binnen drei Tagen nachzuweisen, wo er die andere Hälfte gelassen, die vielleicht noch brauchbar gewesen. –

Ein besonderer Stern, der am Hofe des Fürsten Irenäus leuchtete, war die Rätin Benzon, Witwe in der Mitte der dreißiger Jahre, sonst eine gebietende Schönheit, noch jetzt nicht ohne Liebreiz, die einzige, deren Adel zweifelhaft, und die der Fürst dennoch ein für allemal als courfähig angenommen. Der Rätin heller durchdringender Verstand, ihr lebhafter Geist, ihre Weltklugheit, vorzüglich aber eine gewisse Kälte des Charakters, die dem Talent zu herrschen unerlässlich, übten ihre Macht in voller Stärke, so dass sie es eigentlich war, die die Fäden des Puppenspiels an diesem Miniaturhof zog. Ihre Tochter, Julia geheißen, war mit der Prinzessin Hedwiga aufgewachsen, und auch auf die Geistesbildung dieser hatte die Rätin so gewirkt, dass sie in dem Kreis der fürstlichen Familie wie eine Fremde erschien und sonderbar abstach gegen den Bruder. Prinz Ignaz war nämlich zu ewiger Kindheit verdammt, beinahe blödsinnig zu nennen.

Der Benzon gegenüber, ebenso einflussreich, ebenso eingreifend in die engsten Verhältnisse des fürstlichen Hauses, wiewohl auf ganz andere Weise als sie, stand der seltsame Mann, den du, geneigter Leser, bereits kennst als Maître de Plaisir des Irenäusschen Hofes und ironischen Schwarzkünstler.

Merkwürdig genug ist es, wie Meister Abraham in die fürstliche Familie geriet.

Des Fürsten Irenäus hochseliger Herr Papa war ein Mann von einfachen milden Sitten. Er sah es ein, dass irgendeine Kraftäußerung das kleine schwache Räderwerk der Staatsmaschine zerbrechen müsse, statt ihm einen besseren Schwung zu geben. Er ließ es daher in seinem Ländlein fortgehen, wie es zuvor gegangen, und fehlt' es ihm dabei an Gelegenheit, einen glänzenden Verstand oder andere besondere Gaben des Himmels zu zeigen, so begnügte er sich damit, dass in seinem Fürstentum jedermann sich wohl befand, und dass, rücksichts des Auslandes, es ihm so ging wie den Weibern, die dann am tadelfreisten sind, wenn man gar nicht von ihnen spricht. War des Fürsten kleiner Hof steif, zeremoniös, altfränkisch, konnte der Fürst gar nicht eingehen in manche loyale Ideen, wie sie die neuere Zeit erzeugt, so lag das an der Unwandelbarkeit des hölzernen Gestelles, das Oberhofmeister, Hofmarschälle, Kammerherrn in seinem Innern mühsam zusammengerichtet. In diesem Gestelle arbeitete aber ein Triebrad, das kein Hofmeister, kein Marschall jemals hätte zum

Stillstehen bringen können. Dies war nämlich ein dem Fürsten angeborner Hang zum Abenteuerlichen, Seltsamen, Geheimnisvollen. – Er pflegte zuweilen, nach dem Beispiel des würdigen Kalifen Harun Al Raschid, verkleidet Stadt und Land zu durchstreichen, um jenen Hang, der mit seiner übrigen Lebenstendenz im sonderbarsten Widerspiel stand, zu befriedigen oder wenigstens Nahrung dafür zu suchen. Dann setzte er einen runden Hut auf und zog einen grauen Oberrock an, so dass jedermann auf den ersten Blick wusste, dass der Fürst nun nicht zu erkennen.

Es begab sich, dass der Fürst also verkleidet und unerkennbar die Alleen durchschritt, die vom Schloss aus nach einer entfernten Gegend führten, in der einzeln ein kleines Häuschen stand, von der Witwe eines fürstlichen Mundkochs bewohnt. Gerade vor diesem Häuschen angekommen, gewahrte der Fürst zwei in Mäntel gehüllte Männer, die zur Haustür hinausschlichen. Er trat zur Seite, und der Historiograph des Irenäusschen Hauses, dem ich dies nachschreibe, behauptet, der Fürst sei selbst dann nicht bemerkt und erkannt worden, wenn er statt des grauen Oberrocks das glänzendste Staatskleid angehabt mit dem funkelnden Ordensstern darauf, aus dem Grunde, weil es stockfinsterer Abend gewesen. Als die beiden verhüllten Männer dicht vor dem Fürsten langsam vorübergingen, vernahm dieser ganz deutlich folgendes Gespräch. Der eine: »Bruder Exzellenz, ich bitte dich, nimm dich zusammen, sei nur dieses Mal kein Esel! – Der Mensch muss fort, ehe der Fürst etwas von ihm erfährt, denn sonst behalten wir den verfluchten Hexenmeister auf dem Halse, der uns mit seinen Satanskünsten alle ins Verderben stürzt.« Der andere: »Mon cher frère, ereifere dich doch nur nicht so, du kennst meine Sagazität, mein savoir faire. Morgen werf' ich dem gefährlichen Menschen ein paar Karolin an den Hals, und da mag er seine Kunststückchen den Leuten vormachen, wo er will. Hier darf er nicht bleiben. Der Fürst ist überdies ein – «

Die Stimmen verhallten, der Fürst erfuhr daher nicht, wofür ihn sein Hofmarschall hielt, denn kein anderer als dieser und sein Bruder, der Oberjägermeister, waren die Personen, welche aus dem Hause schlichen und das verfängliche Gespräch führten. Der Fürst hatte beide sehr genau an der Sprache erkannt.

Man kann denken, dass der Fürst nichts Angelegentlicheres zu tun hatte, als jenen Menschen, jenen gefährlichen Hexenmeister aufzusuchen, dessen Bekanntschaft ihm entzogen werden sollte. Er klopfte an das Häuschen, die Witwe trat mit einem Licht in der Hand heraus und fragte, da sie den runden Hut und den grauen Oberrock des Fürsten gewahrte, mit kalter Höflichkeit: »Was steht zu Ihren Diensten, Monsieur?« Monsieur wurde nämlich der Fürst angeredet, wenn er verkleidet war und unkenntlich. Der Fürst erkundigte sich nach dem Fremden, der bei der Witwe eingekehrt sein sollte, und erfuhr, dass der Fremde kein anderer sei als ein sehr geschickter, berühmter, mit vielen Attestaten, Konzessionen und Privilegien versehener Taschenspieler, der hier seine Künste zu produzieren gedenke. Soeben, erzählte die Witwe, wären zwei Herrn vom Hofe bei ihm gewesen, die er vermöge der ganz unerklärlichen Sachen, welche er ihnen vorgemacht, dermaßen in Erstaunen gesetzt, dass sie ganz blass, verstört, ja ganz außer sich das Haus verlassen hätten.

Ohne weiteres ließ sich der Fürst hinaufführen. Meister Abraham (niemand anders war der berühmte Taschenspieler) empfing ihn wie einen, den er längst erwartet, und verschloss die Türe.

Niemand weiß, was nun Meister Abraham begonnen, gewiss ist es aber, dass der Fürst die ganze Nacht über bei ihm blieb, und dass am andern Morgen Zimmer eingerichtet wurden auf dem Schloss, die Meister Abraham bezog, und zu denen der Fürst aus seinem Studierzimmer mittelst eines geheimen Ganges unbemerkt gelangen konnte. Gewiss ist es ferner, dass der Fürst den Hofmarschall nicht mehr: »mon cher ami« nannte und sich von dem Oberjägermeister niemals mehr die wunderbare Jagdgeschichte von dem weißen gehörnten Hasen, den er (der Oberjägermeister) bei seinem ersten jägerischen Ausflug in den Wald nicht hatte schießen können, erzählen ließ, welches die Gebrüder in Gram und Verzweiflung stürzte, so, dass beide sehr bald den Hof verließen. Gewiss endlich, dass Meister Abraham nicht allein durch seine Phantasmagorien, sondern auch durch das Ansehen, das er sich immer mehr und mehr bei dem Fürsten zu erwerben wusste, Hof, Stadt und Land in Erstaunen setzte.

Von den Kunststücken, die Meister Abraham vollführte, erzählt oben bemeldeter Historiograph des Irenäusschen Hauses so viel ganz Unglaubliches, dass man es nicht nachschreiben kann, ohne alles Zutrauen des geneigten Lesers aufs Spiel zu setzen. Dasjenige Kunststück, welches aber der Historiograph für das Wunderbarste von allen hält, ja, von dem er behauptet, dass es hinlänglich beweise, wie Meister Abraham offenbar mit fremden unheimlichen Mächten in bedrohlichem Bunde stehe, ist indes nichts anderes als jenes akustische Zauberspiel, das später unter der Benennung des unsichtbaren Mädchens so viel Aufsehen gemacht, und das Meister Abraham schon damals sinnreicher, phantastischer, das Gemüt ergreifender aufzustellen wusste, als es nachher jemals geschehen.

Nebenher wollte man auch wissen, dass der Fürst selbst mit dem Meister Abraham gewisse magische Operationen unternehme, über deren Zweck unter den Hofdamen, Kammerherrn und andern Leuten vom Hofe ein angenehmer Wettstreit alberner, sinnloser Vermutungen entstand. Darin waren alle einig, dass Meister Abraham dem Fürsten das Goldmachen beibringe, wie aus dem Rauch, der aus dem Laboratorio bisweilen dringe, zu schließen, und dass er ihn eingeführt in allerlei nützliche Geisterkonferenzen. Alle waren ferner davon überzeugt, dass der Fürst das Patent für den neuen Bürgermeister im Marktflecken nicht vollziehe, ja, dem fürstlichen Ofenheizer keine Zulage bewillige, ohne den Agathodämon, den Spiritum familiarem oder die Gestirne zu befragen.

Als der alte Fürst starb und Irenäus ihm in der Regierung folgte, verließ Meister Abraham das Land. Der junge Fürst, der von des Vaters Neigung zum Abenteuerlichen, Wunderbaren durchaus nichts ererbt, ließ ihn zwar ziehen, fand aber bald, dass Meister Abrahams magische Kraft vorzüglich sich darin bewähre, einen gewissen bösen Geist zu beschwören, der sich an kleinen Höfen nur gar zu gern einnistet, nämlich den Höllengeist der Langeweile. Dann hatte auch das Ansehen, in dem Meister Abraham bei dem Vater stand, tiefe Wurzel gefasst in dem Gemüt des jungen Fürsten. Es gab Augenblicke, in denen dem Fürsten Irenäus zumute wurde, als sei Meister Abraham ein überirdisches Wesen, über alles, was menschlich, erhaben, stehe es auch noch so hoch. Man sagt, dass diese ganz besondere Empfindung von einem kritischen unvergesslichen Moment in der Jugendgeschichte des Fürsten herrühre. Als Knabe war er einst mit kindischer überlästiger Neugier in Meister Abrahams Zimmer eingedrungen und hatte läppisch eine kleine Maschine, die der Meister eben mit vieler Mühe und Kunst vollendet, zerbrochen, der Meister aber in vollem Zorn über das verderbliche Ungeschick dem kleinen fürstlichen Bengel eine fühlbare Ohrfeige zugeteilt und ihn dann mit einiger nicht ganz sanfter Schnelligkeit hinausgeführt aus der Stube auf den Korridor. Unter hervorquellenden Tränen konnte der junge Herr nur mit Mühe die Worte hervorstammeln: »Abraham – soufflet« – so dass der bestürzte Oberhofmeister es für eine gefahrvolle Wagnis hielt, tiefer einzudringen in das fürchterliche Geheimnis, das zu ahnen er sich unterstehen musste.

Der Fürst fühlte lebhaft das Bedürfnis, den Meister Abraham als das belebende Prinzip der Hofmaschine bei sich zu behalten; vergebens waren aber alle seine Bemühungen, ihn zurückzubringen. Erst nach jenem verhängnisvollen Spaziergang, als Fürst Irenäus sein Ländchen verloren, als er die chimärische Hofhaltung zu Sieghartsweiler eingerichtet, fand sich auch Meister Abraham wieder ein, und in der Tat, zu gelegenerer Zeit hätte er gar nicht kommen können. Denn außerdem dass –

(M. f. f.) – merkwürdige Begebenheit, die, um mich des gewöhnlichen Ausdrucks geistreicher Biographen zu bedienen, einen Abschnitt in meinem Leben machte.

– Leser! – Jünglinge, Männer, Frauen, unter deren Pelz ein fühlend Herz schlägt, die ihr Sinn habt für Tugend – die ihr die süßen Bande erkennet, womit uns die Natur umschlingt, ihr werdet mich verstehen und – mich lieben!

Der Tag war heiß gewesen, ich hatte ihn unter dem Ofen verschlafen. Nun brach die Abenddämmerung an, und kühle Winde sausten durch meines Meisters geöffnetes Fenster. Ich erwachte aus dem Schlaf, meine Brust weitete sich, durchströmt von dem unnennbaren Gefühl, das, Schmerz und Lust zugleich, die süßesten Ahnungen entzündet. Von diesen Ahnungen überwältigt, erhob ich mich hoch in jener ausdrucksvollen Bewegung, die der kalte Mensch Katzenbuckel nennet! – Hinaus – hinaus trieb es mich in die freie Natur, ich begab mich daher aufs Dach und lustwandelte in den Strahlen der sinkenden Sonne. Da vernahm ich Töne vom Boden aufsteigen, so sanft, so heimlich, so bekannt, so lockend, ein unbekanntes Etwas zog mich hinab mit unwiderstehlicher Gewalt. Ich verließ die schöne Natur und kroch durch eine kleine Dachluke hinein in den Hausboden. – Hinabgesprungen, gewahrte ich alsbald eine große, schöne, weiß und schwarz gefleckte Katze, die, auf den Hinterfüßen sitzend in bequemer Stellung, eben jene anlockenden Töne von sich gab und mich nun mit forschenden Blicken durchblitzte. Augenblicklich setzte ich mich ihr gegenüber und versuchte, dem innern Trieb nachgebend, in das Lied einzustimmen, das die weiß und schwarz Gefleckte angestimmt. Das gelang mir, ich muss es selbst sagen, über die Maßen wohl, und von diesem Augenblick an datiert sich, wie ich für die Psychologen, die mich und mein Leben studieren, hier bemerke, mein Glaube an mein inneres musikalisches Talent und, wie zu erachten, mit diesem Glauben auch das Talent selbst. Die Gefleckte blickte mich an schärfer und emsiger, schwieg plötzlich, sprang mit einem gewaltigen Satz auf mich los! Ich, nichts Gutes erwartend, zeigte meine Krallen, doch in dem Augenblick schrie die Gefleckte, indem ihr die hellen Tränen aus den Augen stürzten: »Sohn – o Sohn! komm! – eil in meine Pfoten!« – Und dann, mich umhalsend, mich mit Inbrunst an die Brust drückend: »Ja, du bist es, du bist mein Sohn, mein guter Sohn, den ich ohne sonderliche Schmerzen geboren!« –

Ich fühlte mich tief im Innersten bewegt, und schon dies Gefühl musste mich überzeugen, dass die Gefleckte wirklich meine Mutter war, demunerachtet fragte ich doch, ob sie auch dessen ganz gewiss sei.

»Ha, diese Ähnlichkeit«, sprach die Gefleckte, »diese Ähnlichkeit, diese Augen, diese Gesichtszüge, dieser Bart, dieser Pelz, alles erinnert mich nur zu lebhaft an den Treulosen, Undankbaren, der mich verließ. – Du bist ganz das getreue Ebenbild deines Vaters, lieber Murr (denn so wirst du ja geheißen), ich hoffe jedoch, dass du mit der Schönheit des Vaters zugleich die sanftere Denkungsart, die milden Sitten deiner Mutter Mina erworben haben wirst. – Dein Vater hatte einen sehr vornehmen Anstand, auf seiner Stirn lag eine imponierende Würde, voller Verstand funkelten die grünen Augen, und um Bart und Wangen spielte oft ein anmutiges Lächeln. Diese körperlichen Vorzüge sowie sein aufgeweckter Geist und eine gewisse liebenswürdige Leichtigkeit, mit der er Mäuse fing, ließen ihn mein Herz gewinnen. – Aber bald zeigte sich ein hartes tyrannisches Gemüt, das er so lange geschickt zu verbergen gewusst. – Mit Entsetzen sag' ich es! – Kaum warst du geboren, als dein Vater den unseligen Appetit bekam, dich nebst deinen Geschwistern zu verspeisen.«

»Beste Mutter«, fiel ich der Gefleckten ins Wort, »beste Mutter, verdammen Sie nicht ganz jene Neigung. Das gebildetste Volk der Erde legte den sonderbaren Appetit des Kinderfressens dem Geschlecht der Götter bei, aber gerettet wurde ein Jupiter, und so auch ich!« –

»Ich verstehe dich nicht, mein Sohn«, erwidert Mina, »aber es kommt mir vor, als sprächest du albernes Zeug, oder als wolltest du gar deinen Vater verteidigen. Sei nicht undankbar, du wärest ganz gewiss erwürgt und gefressen worden von dem blutdürstigen Tyrannen, hätte ich dich nicht so tapfer verteidigt mit diesen scharfen Krallen, hätte ich nicht, bald hier, bald dort hinfliehend in Keller, Boden, Ställe, dich den Verfolgungen des unnatürlichen Barbaren entzogen. – Er verließ mich endlich; nie habe ich ihn wiedergesehen! Und doch schlägt noch mein Herz für ihn! – Er war ein schöner Kater! – Viele hielten ihn seines Anstandes, seiner feinen Sitten wegen für einen reisenden Grafen. – Ich glaubte nun, im kleinen häuslichen Zirkel meine Mutterpflichten übend, ein stilles ruhiges Leben führen zu können, doch der entsetzlichste Schlag sollte mich noch treffen. – Als ich von einem kleinen Spaziergange einst heimkehrte, weg warst du samt deinem Geschwister! – Ein altes Weib hatte mich Tags zuvor in meinem Schlupfwinkel entdeckt und allerlei verfängliche Worte von ins Wasser werfen und dergleichen gesprochen! – Nun! ein Glück, dass du, mein Sohn, gerettet, komm nochmals an meine Brust, Geliebter!« –

Die gefleckte Mama liebkoste mich mit aller Herzlichkeit und fragte mich dann nach den nähern Umständen meines Lebens. Ich erzählte ihr alles und vergaß nicht, meiner hohen Ausbildung zu erwähnen, und wie ich dazu gekommen.

Mina schien weniger gerührt von den seltenen Vorzügen des Sohnes, als man hätte denken sollen. Ja! Sie gab mir nicht undeutlich zu verstehen, dass ich mitsamt meinem außerordentlichen Geiste, mit meiner tiefen Wissenschaft auf Abwege geraten, die mir verderblich werden könnten. Vorzüglich warnte sie mich aber, dem Meister Abraham ja nicht meine erworbenen Kenntnisse zu entdecken, da dieser sie nur nützen würde, mich in der drückendsten Knechtschaft zu halten.

»Ich kann mich«, sprach Mina, »zwar gar nicht deiner Ausbildung rühmen, indessen fehlt es mir doch durchaus nicht an natürlichen Fähigkeiten und angenehmen, mir von der Natur eingeimpften Talenten. Darunter rechne ich z. B. die Macht, knisternde Funken aus meinem Pelz hervorstrahlen zu lassen, wenn man mich streichelt. Und was für Unannehmlichkeiten hat mir nicht schon dieses einzige Talent bereitet! Kinder und Erwachsene haben unaufhörlich auf meinem Rücken herumhantiert jenes Feuerwerks halber, mir zur Qual, und wenn ich unmutig wegsprang oder die Krallen zeigte, musste ich mich ein scheues wildes Tier schelten, ja wohl gar prügeln lassen. –

Sowie Meister Abraham erfährt, dass du schreiben kannst, lieber Murr, macht er dich zu seinem Kopisten, und als Schuldigkeit wird von dir gefordert, was du jetzt nur aus eigenem Antrieb zu deiner Lust tust.« –

Mina sprach noch mehreres über mein Verhältnis zu Meister Abraham und über meine Bildung. Erst später habe ich eingesehen, dass das, was ich für Abscheu gegen die Wissenschaften hielt, wirkliche Lebensweisheit war, die die Gefleckte in sich trug.

Ich erfuhr, dass Mina bei der alten Nachbarsfrau in ziemlich dürftigen Umständen lebe, und dass es ihr oft schwer falle, ihren Hunger zu stillen. Dies rührte mich tief, die kindliche Liebe erwachte in voller Stärke in meinem Busen, ich besann mich auf den schönen Heringskopf, den ich vom gestrigen Mahl erübrigt, ich beschloss, ihn darzubringen der guten Mutter, die ich so unerwartet wiedergefunden.

Wer ermisst die Wandelbarkeit der Herzen derer, die da wandeln unter Mondschein! – Warum verschloss das Schicksal nicht unsere Brust dem wilden Spiel unseliger Leidenschaften! – Warum müssen wir, ein dünnes schwankendes Rohr, uns beugen vor dem Sturm des Lebens? – Feindliches Verhängnis! – O Appetit, dein Name ist Kater! – Den Heringskopf im Maul, kletterte ich, ein pius Aeneas, aufs Dach – ich wollte hinein ins Bodenfenster! – Da geriet ich in einen Zustand, der, auf seltsame Weise mein Ich meinem Ich entfremdend, doch mein eigentliches Ich schien. – Ich glaube mich verständlich und scharf ausgedrückt zu haben, so dass in dieser Schilderung meines seltsamen Zustandes jeder den die geistige Tiefe durchschauenden Psychologen erkennen wird. – Ich fahre fort! – Das sonderbare Gefühl, gewebt aus Lust und Unlust, betäubte meine Sinne – überwältigte mich – kein Widerstand möglich, – ich fraß den Heringskopf! – Ängstlich hörte ich Mina miauen, ängstlich meinen Namen rufen – Ich fühlte mich von Reue, von Scham durchdrungen, ich sprang zurück in meines Meisters Zimmer, ich verkroch mich unter den

Ofen. Da quälten mich die ängstlichsten Vorstellungen. Ich sah Mina, die wiedergefundene gefleckte Mutter, trostlos, verlassen, lechzend nach der Speise, die ich versprochen, der Ohnmacht nahe – Ha! – Der durch den Rauchfang sausende Wind rief den Namen Mina – Mina – Mina rauschte es in den Papieren meines Meisters, knarrte es in den gebrechlichen Rohrstühlen, Mina – Mina – lamentierte die Ofentüre – O! Es war ein bitteres herzzerschneidendes Gefühl, das mich durchbohrte! – Ich beschloss, die Arme womöglich einzuladen zur Frühstücksmilch. Wie kühlender wohltuender Schatten kam bei diesem Gedanken ein seliger Frieden über mich! – Ich kniff die Ohren an und schlief ein! –

Ihr fühlenden Seelen, die ihr mich ganz versteht, ihr werdet es, seid ihr sonst keine Esel, sondern wahrhaftige honette Kater, ihr werdet es, sage ich, einsehen, dass dieser Sturm in meiner Brust meinen Jugendhimmel aufheitern musste wie ein wohltätiger Orkan, der die finstern Wolken zerstäubt und die reinste Aussicht schafft. O! So schwer anfangs der Heringskopf auf meiner Seele lastete, lernte ich doch einsehen, was Appetit heißt, und dass es Frevel ist, der Mutter Natur zu widerstreben. Jeder suche sich seine Heringsköpfe und greife nicht vor der Sagazität der andern, die, vom richtigen Appetit geleitet, schon die ihrigen finden werden.

So schließe ich diese Episode meines Lebens, die –

(Mak. Bl.) – nichts verdrießlicher für einen Historiographen oder Biographen, als wenn er, wie auf einem wilden Füllen reitend, hin und her sprengen muss über Stock und Stein, über Äcker und Wiesen, immer nach gebahnten Wegen trachtend, niemals sie erreichend. So geht es dem, der es unternommen, für dich, geliebter Leser, das aufzuschreiben, was er von dem wunderlichen Leben des Kapellmeisters Johannes Kreisler erfahren. Gern hätte er angefangen: In dem kleinen Städtchen N. oder B. oder K., und zwar am Pfingstmontage oder zu Ostern des und des Jahres, erblickte Johannes Kreisler das Licht der Welt! – Aber solche schöne chronologische Ordnung kann gar nicht aufkommen, da dem unglücklichen Erzähler nur mündlich, brockenweis mitgeteilte Nachrichten zu Gebote stehen, die er, um nicht das Ganze aus dem Gedächtnis zu verlieren, sogleich verarbeiten muss. Wie es eigentlich mit der Mitteilung dieser Nachrichten herging, sollst du, sehr lieber Leser, noch vor dem Schluss des Buchs erfahren, und dann wirst du vielleicht das rhapsodische Wesen des Ganzen entschuldigen, vielleicht aber auch meinen, dass trotz des Anscheins der Abgerissenheit doch ein fester durchlaufender Faden alle Teile zusammenhalte.

Eben in diesem Augenblick ist nichts anderes zu erzählen, als dass nicht lange nachher, als Fürst Irenäus in Sieghartsweiler sich niedergelassen, an einem schönen Sommerabend Prinzessin Hedwiga und Julia in dem anmutigen Park zu Sieghartshof lustwandelten. Wie ein goldner Schleier lag der Schein der sinkenden Sonne ausgebreitet über dem Wald. Kein Blättlein rührte sich. In ahnungsvollem Schweigen harrten Baum und Gebüsch, dass der Abendwind komme und mit ihnen kose. Nur das Getöse des Waldbachs, der über weiße Kiesel fortbrauste, unterbrach die tiefe Stille. Arm in Arm verschlungen, schweigend wandelten die Mädchen fort durch die schmalen Blumengänge, über die Brücken, die über die verschiedenen

Schlingungen des Bachs führten, bis sie an das Ende des Parks, an den großen See kamen, in dem sich der ferne Geierstein mit seinen malerischen Ruinen abspiegelte.

»Es ist doch schön!« rief Julia recht aus voller Seele. »Lass uns«, sprach Hedwiga, »in die Fischerhütte treten. Die Abendsonne brennt entsetzlich, und drin ist die Aussicht nach dem Geierstein aus dem mittlern Fenster noch schöner als hier, da die Gegend dort nicht Panorama, sondern in gruppierter Ansicht, wahrhaftes Bild erscheint.«

Julia folgte der Prinzessin, die, kaum hineingetreten und zum Fenster hinausschauend, sich nach Crayon und Papier sehnte, um die Aussicht in der Beleuchtung zu zeichnen, welche sie ungemein pikant nannte.

»Ich möchte«, sprach Julia, »ich möchte dich beinahe um deine Kunstfertigkeit beneiden, Bäume und Gebüsche, Berge, Seen so ganz nach der Natur zeichnen zu können. Aber ich weiß es schon, könnte ich auch so hübsch zeichnen als du, doch wird es mir niemals gelingen, eine Landschaft nach der Natur aufzunehmen, und zwar um desto weniger, je herrlicher der Anblick. Vor lauter Freude und Entzücken des Schauens würd' ich gar nicht zur Arbeit kommen.« – Der Prinzessin Antlitz überflog bei diesen Worten Julias ein gewisses Lächeln, das bei einem sechzehnjährigen Mädchen bedenklich genannt werden dürfte. Meister Abraham, der im Ausdruck zuweilen etwas seltsam, meinte, solch Muskelspiel im Gesicht sei dem Wirbel zu vergleichen auf der Oberfläche des Wassers, wenn sich in der Tiefe etwas Bedrohliches rührt. – Genug, Prinzessin Hedwiga lächelte; indem sie aber die Rosenlippen öffnete, um der sanften unkünstlerischen Julia etwas zu entgegnen, ließen sich ganz in der Nähe Akkorde hören, die so stark und wild angeschlagen wurden, dass das Instrument kaum eine gewöhnliche Gitarre zu sein schien.

Die Prinzessin verstummte, und beide, sie und Julia, eilten vor das Fischerhaus. Nun vernahmen sie eine Weise nach der andern, verbunden durch die seltsamsten Übergänge, durch die fremdartigste Akkordfolge. Dazwischen ließ sich eine sonore männliche Stimme hören, die bald alle Süßigkeit des italienischen Gesanges erschöpfte, bald, plötzlich abbrechend, in ernste düstere Melodien fiel, bald rezitativisch, bald mit starken, kräftig akzentuierten Worten dreinsprach. – Die Gitarre wurde gestimmt – dann wieder Akkorde – dann wieder abgebrochen und gestimmt – dann heftige, wie im Zorn ausgesprochene Worte – dann Melodien – dann aufs neue gestimmt. –

Neugierig auf den seltsamen Virtuosen, schlichen Hedwiga und Julia näher und näher heran, bis sie einen Mann in schwarzer Kleidung gewahrten, der, den Rücken ihnen zugewandt, auf einem Felsstück dicht am See saß und das wunderliche Spiel trieb mit Singen und Sprechen.

Eben hatte er die Gitarre ganz und gar umgestimmt auf ungewöhnliche Weise und versuchte nun einige Akkorde, dazwischen rufend: »Wieder verfehlt – keine Reinheit – bald ein Komma zu tief, bald ein Komma zu hoch!« – Dann fasste er das Instrument, das er von dem blauen Bande, an dem es ihm um die Schultern hing, losgenestelt, mit beiden Händen, hielt es vor sich hin und begann: »Sage mir, du kleines eigensinniges Ding, wo ruht eigentlich dein Wohllaut, in welchem Winkel deines Innersten hat sich die reine Skala verkrochen? – Oder willst du dich vielleicht auflehnen gegen deinen Meister und behaupten, sein Ohr sei totgehämmert worden in der Schmiede der gleichschwebenden Temperatur und seine Enharmonik nur ein kindisches Vexierspiel? Du verhöhnst mich, glaub' ich, ungeachtet ich den Bart viel besser geschoren trage als Meister Stefano Pacini, detto il Venetiano, der die Gabe des Wohllauts in dein Innerstes legte, die mir ein unerschließbares Geheimnis bleibt. Und, liebes Ding, dass du es nur weißt, willst du den unisonierenden Dualismus von Gis und As oder Cis und Des – oder vielmehr sämtlicher Töne durchaus nicht verstatten, so schicke ich dir neun tüchtige deutsche Meister auf den Hals, die sollen dich ausschelten, dich kirre machen mit enharmonischen Worten. – Und du magst dich nicht deinem Stefano Pacini in die Arme werfen, du magst nicht wie ein keifendes Weib das letzte Wort behalten wollen. – Oder bist du vielleicht gar dreist und stolz genug, zu meinen, dass alle schmucken Geister, die in dir wohnen, nur dem gewaltigen Zauber folgen der Magier, die längst von der Erde gegangen, und dass in den Händen eines Hasenfußes – «

Bei dem letzten Worte hielt der Mann plötzlich inne, sprang auf und schaute, wie in tiefen Gedanken versunken, in den See hinein. – Die Mädchen, gespannt durch des Mannes seltsames Beginnen, standen wie angewurzelt hinter dem Gebüsch; sie wagten kaum zu atmen.

»Die Gitarre«, brach der Mann endlich los, »ist doch das miserabelste, unvollkommenste Instrument von allen Instrumenten, nur wert, von girrenden liebeskranken Schäfern in die Hand genommen zu werden, die das Embouchoir zur Schalmei verloren haben, da sie sonst es vorziehen würden, erklecklich zu blasen, das Echo zu wecken mit den Kuhreigen der süßesten Sehnsucht und klagende Melodien entgegenzusenden den Emmelinen in den weiten Bergen, die das liebe Vieh zusammentreiben mit dem lustigen Geknalle empfindsamer Hetzpeitschen! – O Gott! – Schäfer, die ›wie ein Ofen seufzen mit Jammerlied auf ihrer Liebsten Brau'n‹ – lehrt ihnen, dass der Dreiklang aus nichts anderm bestehe als aus drei Klängen und niedergestoßen werde durch den Dolchstich der Septime, und gebt ihnen die Gitarre in die Hände! – Aber ernsten Männern von leidlicher Bildung, von vorzüglicher Erudition, die sich abgegeben mit griechischer Weltweisheit und wohl wissen, wie es am Hofe zu Peking oder Nanking zugeht, aber den Teufel was verstehen von Schäferei und Schafzucht, was soll denen das Ächzen und Klimpern? – Hasenfuß, was beginnst du? Denk an den seligen Hippel, welcher versichert, dass, säh' er einen Mann Unterricht erteilen im Klavierschlagen, es ihm zumute werde, als sötte besagter Lehrherr weiche Eier – und nun Gitarre klimpern – Hasenfuß! – Pfui Teufel!« – Damit schleuderte der Mann das Instrument weit von sich ins Gebüsch und entfernte sich raschen Schrittes, ohne die Mädchen zu bemerken.

»Nun«, rief Julia nach einer Weile, lachend, »nun, Hedwiga, was sagst du zu dieser wunderlichen Erscheinung? Wo mag der seltsame Mann her sein, der erst so hübsch mit seinem Instrument zu sprechen weiß und es dann verächtlich von sich wirft wie eine zerbrochene Schachtel?«

»Es ist unrecht«, sprach Hedwiga wie im plötzlich aufwallenden Zorn, indem ihre verbleichten Wangen sich blutrot färbten, »es ist unrecht, dass der Park nicht verschlossen ist, dass jeder Fremde hinein kann.«

»Wie«, erwiderte Julia, »der Fürst sollte, meinst du, engherzig den Sieghartsweilern – nein, nicht diesen allein, jedem, der des Weges wandelt, gerade den unmutigsten Fleck der ganzen Gegend verschließen! Das ist unmöglich deine ernste Meinung!« – »Du bedenkst«, fuhr die Prinzessin noch bewegter fort, »du bedenkst die Gefahr nicht, die für uns daraus entsteht. Wie oft wandeln wir so wie heute allein, entfernt von aller Dienerschaft, in den entlegensten Gängen des Waldes umher! – Wie, wenn einmal irgendein Bösewicht – «

»Ei«, unterbrach Julia die Prinzessin, »ich glaube gar, du fürchtest, aus diesem, je-nem Gebüsch könnte irgendein ungeschlachter märchenhafter Riese oder ein fabelhafter Raubritter hervorspringen und uns entführen auf seine Burg! – Nun, das wollte der Himmel verhüten! – Aber sonst muss ich dir gestehen, dass mir irgendein kleines Abenteuer hier in dem einsamen romantischen Wald recht hübsch, recht anmutig bedünken möchte. – Ich denke eben an Shakespeare ›Wie es euch gefällt‹, das uns die Mutter so lange nicht in die Hände geben wollte, und das uns endlich Lothario vorgelesen. Was gilt es, du würdest auch gern ein bisschen Celia spielen, und ich wollte deine treue Rosalinde sein. – Was machen wir aus unserm unbekannten Virtuosen?«

»O«, erwiderte die Prinzessin, »eben dieser unbekannte Mensch – Glaubst du wohl, Julia, dass mir seine Gestalt, seine wunderlichen Reden ein inneres Grauen erregten, das mir unerklärlich ist? – Noch jetzt durchbeben mich Schauer, ich erliege beinahe einem Gefühl, das, seltsam und entsetzlich zugleich, alle meine Sinne gefangen nimmt. In dem tiefsten dunkelsten Gemüt regt sich eine Erinnerung auf und ringt vergebens, sich deutlich zu gestalten. – Ich sah diesen Menschen schon in irgendeine fürchterliche Begebenheit verflochten, die mein Herz zerfleischte – vielleicht war es nur ein spukhafter Traum, dessen Andenken mir geblieben – Genug. – Der Mensch mit seinem seltsamen Beginnen, mit seinen wirren Reden deuchte mir ein bedrohliches gespenstisches Wesen, das uns vielleicht verlocken wollte in verderbliche Zauberkreise.«

»Welche Einbildungen«, rief Julia, »ich für mein Teil verwandle das schwarze Gespenst mit der Gitarre in den Monsieur Jacques oder gar in den ehrlichen Probstein, dessen Philosophie beinahe so lautet, wie die wunderlichen Reden des Fremden. – Doch hauptsächlich ist es nun nötig, die arme Kleine zu retten, die der Barbar so feindselig in das Gebüsch geschleudert hat.« – »Julia – was beginnst du – um Himmels willen«, rief die Prinzessin; doch ohne auf sie zu achten, schlüpfte Julia hinein in das Dickicht und kam nach wenigen Augenblicken triumphierend, die Gitarre, die der Fremde weggeworfen, in der Hand, zurück.

Die Prinzessin überwand ihre Scheu und betrachtete sehr aufmerksam das Instrument, dessen seltsame Form schon von hohem Alter zeigte, hätte das auch nicht die Jahreszahl und der Namen des Meisters bestätigt, den man durch die Schallöffnung auf dem Boden deutlich wahrnahm. Schwarz eingeätzt waren nämlich die Worte: »Stefano Pacini fec. Venet. 1532.«

Julia konnte es nicht unterlassen, sie schlug einen Akkord auf dem zierlichen Instrument an und erschrak beinahe über den mächtigen vollen Klang, der aus dem kleinen Dinge heraustönte. »O herrlich – herrlich«, rief sie aus und spielte weiter.

Da sie aber gewohnt, nur ihren Gesang mit der Gitarre zu begleiten, so konnte es nicht fehlen, dass sie bald unwillkürlich zu singen begann, indem sie weiter fortwandelte. Die Prinzessin folgte ihr schweigend. Julia hielt inne; da sprach Hedwiga: »Singe, spiele auf dem zauberischen Instrument, vielleicht gelingt es dir, die bösen, feindlichen Geister, die Macht haben wollten über mich, hinabzubeschwören in den Orkus.«

»Was willst du«, erwiderte Julia, »mit deinen bösen Geistern, die sollen uns beiden fremd sein und bleiben, aber singen will ich und spielen, denn ich wüsste nicht, dass jemals mir ein Instrument so zur Hand gewesen, mir überhaupt so zugesagt hätte, als eben dieses. Mir scheint auch, als wenn meine Stimme viel besser dazu laute als sonst.« – Sie begann eine bekannte italienische Kanzonetta und verlor sich in allerlei zierliche Melismen, gewagte Läufe und Capriccios, Raum gebend dem vollen Reichtum der Töne, der in ihrer Brust ruhte.

War die Prinzessin erschrocken über den Anblick des Unbekannten, so erstarrte Julia zur Bildsäule, als er, da sie eben in einen andern Gang einbiegen wollte, plötzlich vor ihr stand.

Der Fremde, wohl an die dreißig Jahre alt, war nach dem Zuschnitt der letzten Mode schwarz gekleidet. In seinem ganzen Anzug fand sich durchaus nichts Sonderbares, Ungewöhnliches, und doch hatte sein Aussehen etwas Seltsames, Fremdartiges. Trotz der Sauberkeit seiner Kleidung war eine gewisse Nachlässigkeit sichtbar, die weniger von Mangel an Sorgfalt als davon herzurühren schien, dass der Fremde gezwungen worden, einen Weg zu machen, auf den er nicht gerechnet, und zu dem sein Anzug nicht passte. Mit aufgerissener Weste, das Halstuch nur leicht umschlungen, die Schuhe dick bestäubt, auf denen die goldnen Schnällchen kaum sichtbar, stand er da, und närrisch genug sah es aus, dass er an dem kleinen dreieckigen Hütchen, das nur bestimmt, unter den Armen getragen zu werden, die hintere Krempe herabgeschlagen hatte, um sich gegen die Sonne zu schützen. Er hatte sich durchgedrängt durch das tiefste Dickicht des Parks, denn sein wirres schwarzes Haar hing voller Tannennadeln. Flüchtig schaute er die Prinzessin an und ließ dann den seelenvollen leuchtenden Blick seiner großen dunklen Augen auf Julia ruhen, deren Verlegenheit noch dadurch erhöht wurde, sodass ihr, wie es in dergleichen Fällen ihr zu geschehen pflegte, die Tränen in die Augen traten.

»Und diese Himmelstöne«, begann der Fremde endlich mit weicher sanfter Stimme, »und diese Himmelstöne schweigen vor meinem Anblick und zerfließen in Tränen?«

Die Prinzessin, den ersten Eindruck, den der Fremde auf sie gemacht, mit Gewalt niederkämpfend, blickte ihn stolz an und sprach dann mit beinahe schneidendem Ton: »Allerdings überrascht uns Ihre plötzliche Erscheinung, mein Herr! Man erwartet um diese Zeit keine Fremden mehr im fürstlichen Park. – Ich bin die Prinzessin Hedwiga.« –

Der Fremde hatte sich, sowie die Prinzessin zu sprechen begann, rasch zu ihr gewendet und schaute ihr jetzt in die Augen, aber sein ganzes Antlitz schien ein andres worden. – Vertilgt war der Ausdruck schwermütiger Sehnsucht, vertilgt jede Spur des tief im Innersten aufgeregten Gemüts, ein toll verzerrtes Lächeln steigerte den Ausdruck bitterer Ironie bis zum Possierlichen, bis zum Skurrilen. – Die Prinzessin blieb, als träfe sie ein elektrischer Schlag, mitten in der Rede stecken und schlug, blutrot im ganzen Gesicht, die Augen nieder.

Es schien, als wollte der Fremde etwas sagen, in dem Augenblick begann indessen Julia: »Bin ich nicht ein dummes törichtes Ding, dass ich erschrecke, dass ich weine wie ein kindisches Kind, das man ertappt beim Naschen! – Ja, mein Herr, ich habe genascht, hier die trefflichsten Töne weggenascht von Ihrer Gitarre – die Gitarre ist an allem schuld und unsere Neugier! – Wir haben Sie belauscht, wie Sie mit dem kleinen Dinge so hübsch zu sprechen wussten, und wie Sie dann im Zorne die Arme wegschleuderten in das Gebüsch, dass sie im lauten Klageton ausseufzte, auch das haben wir gesehen. Und das ging mir so recht tief ins Herz, ich musste hinein in das Dickicht und das schöne liebliche Instrument aufheben. – Nun, Sie wissen wohl, wie Mädchen sind, ich klimpere etwas auf der Gitarre, und da fuhr es mir in die Finger – ich konnt' es nicht lassen. – Verzeihen Sie mir, mein Herr, und empfangen Sie Ihr Instrument zurück.« Julia reichte die Gitarre dem Fremden.

»Es ist«, sprach der Fremde, »ein sehr seltnes klangvolles Instrument, noch aus alter guter Zeit her, das nur in meinen ungeschickten Händen – doch was Hände – was Hände! – Der wunderbare Geist des Wohllauts, der diesem kleinen seltsamen Dinge befreundet, wohnt auch in meiner Brust, aber eingepuppt, keiner freien Bewegung mächtig; doch aus Ihrem Innern, mein Fräulein, schwingt er sich auf zu den lichten Himmelsräumen, in tausend schimmernden Farben, wie das glänzende Pfauenauge. – Ha, mein Fräulein! Als Sie sangen, aller sehnsüchtige Schmerz der Liebe, alles Entzücken süßer Träume, die Hoffnung, das Verlangen wogte durch den Wald und fiel nieder wie erquickender Tau in die duftenden Blumenkelche, in die Brust horchender Nachtigallen! – Behalten Sie das Instrument, nur Sie gebieten über den Zauber, der in ihm verschlossen!« – »Sie warfen das Instrument fort«, erwiderte Julia hoch errötend. »Es ist wahr«, sprach der Fremde, indem er mit Heftigkeit die Gitarre ergriff und an seine Brust drückte, »es ist wahr, ich warf es fort und empfange es geheiligt zurück; nie kommt es mehr aus meinen Händen!« –

Plötzlich verwandelte sich nun das Antlitz des Fremden wieder in jene skurrile Larve, und er sprach mit hohem schneidenden Ton: »Eigentlich hat mir das Schicksal oder mein Kakodämon einen sehr bösen Streich gespielt, dass ich hier so ganz ex abrupto, wie die Lateiner und noch andere ehrliche Leute sagen, vor Ihnen erscheinen muss, meine hochverehrtesten Damen! – O Gott, gnädigste Prinzessin, riskieren Sie es, mich anzuschauen von Kopf bis Fuß. Sie werden dann aus meinem Ajustement zu entnehmen geruhen, dass ich mich auf einer großen Visitenfahrt befinde. – Ha! Ich gedachte eben bei Sieghartsweiler vorzufahren und der guten Stadt, wo nicht meine Person, doch wenigstens eine Visitenkarte abzugeben. – O Gott! Fehlt es mir denn an Konnexionen, meine gnädigste Prinzessin? – War nicht sonst der Hofmarschall Dero Herrn Vaters mein Intimus? – Ich weiß es, sah er mich hier, so drückte er mich an seine Atlasbrust und sagte gerührt, indem er mir eine Prise darbot: ›Hier sind wir unter uns, mein Lieber, hier kann ich meinem Herzen und den angenehmsten Gesinnungen freien Lauf lassen‹. – Audienz hätte ich erhalten bei dem gnädigsten Herrn Fürsten Irenäus und wäre auch Ihnen vorgestellt worden, o Prinzessin! Vorgestellt worden auf eine Weise, dass ich mein bestes Gespann von Septime-Akkorden gegen eine Ohrfeige setze, ich hätte Ihre Huld erworben! – Aber nun! – Hier im Garten am unschicklichsten Ort, zwischen Ententeich und Froschgraben, muss ich mich selbst präsentieren, mir zum ewigen Malheur! – O Gott, könnt' ich nur was weniges hexen, könnt' ich nur subito diese edle Zahnstocherbüchse (er zog eine aus der Westentasche hervor) verwandeln in den schmuckesten Kammerherrn des Irenäusschen Hofes, welcher mich beim Fittich nähme und spräche: ›Gnädigste Prinzessin, hier ist der und der!‹ – Aber nun! – che far, che dir! – Gnade – Gnade, o Prinzessin, o Damen! – o Herren!«

Damit warf sich der Fremde vor der Prinzessin nieder und sang mit kreischender Stimme: »Ah pietà, pietà Signora!«

Die Prinzessin fasste Julien und rannte mit ihr unter dem lauten Ausruf: »Es ist ein Wahnsinniger, ein Wahnsinniger, der dem Tollhaus entsprungen!« so schnell von dannen, als sie es nur vermochte.

Dicht vor dem Lustschloss kam die Rätin Benzon den Mädchen entgegen, die atemlos ihr beinahe zu Füßen sanken. »Was ist geschehen, um Himmels willen, was ist euch geschehen, was bedeutet die übereilte Flucht?« So fragte sie. Die Prinzessin vermochte, außer sich, verstört wie sie war, nur in abgebrochenen Reden etwas von einem Wahnsinnigen herzustammeln, der sie überfallen. Julia erzählte ruhig und besonnen, wie sich alles begeben, und schloss damit, dass sie den Fremden durchaus nicht für wahnsinnig, sondern nur für einen ironischen Schalk, wirklich für eine Art von Monsieur Jacques halte, der zur Komödie im Ardenner Walde passe.

Die Rätin Benzon ließ sich alles nochmals wiederholen, sie fragte nach dem kleinsten Umstande, sie ließ sich den Fremden beschreiben in Gang, Stellung, Gebärde, Ton der Sprache usw. »Ja«, rief sie dann, »ja, es ist nur zu gewiss, er ist es, er ist es selbst, kein anderer kann – darf es sein.«

»Wer – wer ist es?« fragte die Prinzessin ungeduldig.

»Ruhig, liebe Hedwiga«, erwiderte die Benzon, »Sie haben Ihren Atem umsonst verkeucht, kein Wahnsinniger ist dieser Fremde, der Ihnen so bedrohlich erschien. Welchen bittern unziemlichen Scherz er sich auch seiner barocken Manier gemäß erlaubte, so glaube ich doch, dass Sie sich mit ihm aussöhnen werden.«

»Nimmermehr«, rief die Prinzessin, »nimmermehr sehe ich ihn wieder, den – unbequemen Narren.«

»Ei, Hedwiga«, sprach die Benzon lachend, »welcher Geist gab Ihnen das Wort unbequem ein, das nach dem, was vorgegangen, viel besser passt, als Sie vielleicht selbst glauben und ahnen mögen.«

»Ich weiß auch gar nicht«, begann Julia, »wie du auf den Fremden so zürnen magst, liebe Hedwiga! – Selbst in seinem närrischen Tun, in seinen wirren Reden lag etwas, das auf seltsame und gar nicht unangenehme Weise mein Innerstes anregte.« – »Wohl dir«, erwiderte die Prinzessin, indem ihr die Tränen in die Augen traten, »wohl dir, dass du so ruhig sein kannst und unbefangen, aber mir zerschneidet der Hohn des entsetzlichen Menschen das Herz! – Benzon! – wer ist es, wer ist der Wahnsinnige?« – »Mit zwei Worten«, sprach die Benzon, »erkläre ich alles. Als ich mich vor fünf Jahren in – – – «

(M. f. f.) – mich überzeugte, dass in einem echten, tiefen Dichtergemüt auch kindliche Tugend wohnt und Mitleid mit der Bedrängnis der Genossen.

Eine gewisse Schwermut, wie sie oft junge Romantiker befällt, wenn sie den Entwicklungskampf der großen erhabenen Gedanken in ihrem Innern bestehen, trieb mich in die Einsamkeit. Unbesucht blieben mehrere Zeit hindurch Dach, Keller und Boden. Ich empfand mit jenem Dichter die süßen idyllischen Freuden im kleinen Häuschen am Ufer eines murmelnden Bachs, umschattet von düster belaubten Hängebirken und Trauerweiden, und blieb, mich meinen Träumen hingebend, unter dem Ofen. So kam es aber, dass ich Mina, die süße schöngefleckte Mutter, nicht wiedersah. – In den Wissenschaften fand ich Trost und Beruhigung. O, es ist etwas Herrliches um die Wissenschaften! – Dank, glühender Dank dem edlen Mann, der sie erfunden. – Wie viel herrlicher, wie viel nützlicher ist diese Erfindung als jene des entsetzlichen Mönchs, der zuerst es unternahm, Pulver zu fabrizieren, ein Ding, das mir, seiner Natur und Wirkung nach, in den Tod zuwider. Die richtende Nachwelt hat auch den Barbaren, den höllischen Berthold, gestraft mit höhnender Verachtung, indem man noch heutigen Tages, um einen scharfsinnigen Gelehrten, einen umschauenden Statistiker, kurz, jeden Mann von exquisiter Bildung recht hoch zu stellen, sprichwörtlich sagt: »Er hat das Pulver nicht erfunden!«

Zu Belehrung der hoffnungsvollen Katerjugend kann ich nicht unbemerkt lassen, dass ich, wollte ich studieren, mit zugedrückten Augen in die Bibliothek meines Meisters sprang und dann das Buch, was ich angekrallt, herauszupfte und durchlas, mochte es einen Inhalt haben, wie es wollte. Durch diese Art zu studieren gewann mein Geist diejenige Biegsamkeit und Mannigfaltigkeit, mein Wissen den bunten glänzenden Reichtum, den die Nachwelt an mir bewundern wird. Der Bücher, die ich in dieser Periode des dichterischen Schwermuts hintereinander las, will ich hier nicht erwähnen, teils weil sich dazu eine schicklichere Stelle vielleicht finden wird, teils weil ich auch die Titel davon vergessen, und dies wieder gewissermaßen darum, weil ich die Titel meistenteils nicht gelesen und also nie gewusst habe. – Jedermann wird mit dieser Erklärung zufrieden sein und mich nicht biographischen Leichtsinnes anklagen.

Mir standen neue Erfahrungen bevor.

Eines Tages, als mein Meister eben in einen großen Folianten vertieft war, den er vor sich aufgeschlagen, und ich, dicht bei ihm unter dem Schreibtisch, auf einem Bogen des schönsten Royalpapiers liegend, mich in griechischer Schrift versuchte, die mir vorzüglich in der Pfote zu liegen schien, trat rasch ein junger Mann herein, den ich schon mehrmals bei dem Meister gesehen, und der mich mit freundlicher Hochachtung, ja mit der wohltuenden Verehrung behandelte, die dem ausgezeichneten Talent, dem entschiedenen Genie gebührt. Denn nicht allein dass er jedes Mal, nachdem er den Meister begrüßt, zu mir sprach: »Guten Morgen, Kater!« so kraulte er mir auch jedes Mal mit leichter Hand hinter den Ohren und streichelte mir sanft den Rücken, so dass ich in diesem Betragen wahre Aufmunterung fand, meine inneren Gaben leuchten zu lassen vor der Welt.

Heute sollte sich alles anders gestalten! Wie sonst niemals, sprang nämlich heute dem jungen Mann ein schwarzes zottiges Ungeheuer mit glühenden Augen nach, zur Türe herein und, als es mich erblickte, gerade auf mich zu. Mich überfiel eine unbeschreibliche Angst, mit einem Satz war ich auf dem Schreibtisch meines Meisters und stieß Töne des Entsetzens und der Verzweiflung aus, als das Ungeheuer hoch hinaufsprang nach dem Tisch und dazu einen mörderlichen Lärm machte. Mein guter Meister, dem um mich bangte, nahm mich auf den Arm und steckte mich unter den Schlafrock. Doch der junge Mann sprach: »Seid doch nur ganz unbesorgt, lieber Meister Abraham. Mein Pudel tut keiner Katze was, er will nur spielen. Setzt den Kater nur hin, sollt Euch freuen, wie die Leutchen miteinander Bekanntschaft machen werden, mein Pudel und Euer Kater.«

Mein Meister wollte mich wirklich niedersetzen, ich klammerte mich aber fest an und begann kläglich zu lamentieren, wodurch ich es denn wenigstens dahin brachte, dass der Meister mich, als er sich niederließ, dicht neben sich auf dem Stuhle litt.

Ermutigt durch meines Meisters Schutz, nahm ich, auf den Hinterpfoten sitzend, den Schweif umschlungen, eine Stellung an, deren Würde, deren edler Stolz meinem vermeintlichen schwarzen Gegner imponieren musste. Der Pudel setzte sich vor mir hin auf die Erde, schaute mir unverwandt ins Auge und sprach zu mir in abgebrochnen Worten, die mir freilich unverständlich blieben. Meine Angst verlor sich nach und nach, ganz und gar und ruhig geworden im Gemüt, vermochte ich zu bemerken, dass in dem Blick des Pudels nichts zu entdecken als Gutmütigkeit und biederer Sinn. Unwillkürlich fing ich an, meine zum Vertrauen geneigte Seelenstimmung durch sanftes Hin- und Herbewegen des Schweifes an den Tag zu legen, und sogleich begann auch der Pudel mit dem kurzen Schweiflein zu wedeln auf die anmutigste Weise.

O! mein Inneres hatte ihn angesprochen, nicht zu zweifeln war an dem Anklang unserer Gemüter! – »Wie«, sprach ich zu mir selbst, »wie konnte dich das ungewohnte Betragen dieses Fremden so in Furcht und Schrecken setzen? – Was bewies dieses Springen, dieses Kläffen, dieses Toben, dieses Rennen, dieses Heulen anderes, als den in Liebe und Lust, in der freudigen Freiheit des Lebens heftig und mächtig bewegten Jüngling? – O, es wohnt Tugend, edle Pudeltümlichkeit in jener schwarz bepelzten Brust!« – Durch diese Gedanken gekräftigt, beschloss ich den ersten Schritt zu tun zu näherer, engerer Einigung unserer Seelen und herabzusteigen vom Stuhl des Meisters.

Sowie ich mich erhob und dehnte, sprang der Pudel auf und in der Stube umher mit lautem Kläffen! – Äußerungen eines herrlichen lebenskräftigen Gemüts! – Es war nichts mehr zu befürchten, ich stieg sogleich herab und näherte mich behutsam leisen Schrittes dem neuen Freunde. Wir begannen jenen Akt, der in bedeutender Symbolik die nähere Erkenntnis verwandter Seelen, den Abschluss des aus dem inneren Gemüt heraus bedingten Bündnisses ausdrückt, und den der kurzsichtige frevelige Mensch mit dem gemeinen unedlen Ausdruck »Beschnüffeln« bezeichnet. Mein schwarzer Freund bezeigte Lust, etwas von den Hühnerknochen zu genießen, die in meiner Speiseschüssel lagen. So gut ich es vermochte, gab ich ihm zu verstehen, dass es der Weltbildung, der Höflichkeit gemäß sei, ihn als meinen Gast zu bewirten. Er fraß mit erstaunlichem Appetit, während ich von weitem zusah. – Gut war es doch, dass ich den Bratfisch beiseite gebracht und einmagaziniert unter mein

Lager. – Nach der Tafel begannen wir die anmutigsten Spiele, bis wir uns zuletzt, ganz ein Herz und eine Seele, umhalsten und, fest aneinandergeklammert, uns ein Mal über das andere überkugelnd, uns innige Treue und Freundschaft zuschworen.

Ich weiß nicht, was dieses Zusammentreffen schöner Seelen, dieses Einandererkennen herziger Jünglingsgemüter Lächerliches in sich tragen konnte; so viel ist aber gewiss dass beide, mein Meister und der fremde junge Mann, unaufhörlich aus vollem Halse lachten, zu meinem nicht geringen Verdruss.

Auf mich hatte die neue Bekanntschaft einen tiefen Eindruck gemacht, so dass ich in der Sonne und im Schatten, auf dem Dach und unter dem Ofen nichts dachte, nichts sann, nichts träumte, nichts empfand als Pudel – Pudel – Pudel! – Dadurch ging mir das innerste Wesen des Pudeltums mächtig auf mit glänzenden Farben, und durch diese Erkenntnis wurde das tiefsinnige Werk geboren, dessen ich schon erwähnte, nämlich: »Gedanke und Ahnung oder Kater und Hund.« Sitten, Gebräuche, Sprache beider Geschlechter entwickelte ich als tief bedingt durch ihr eigentümlichstes Wesen und bewies, wie beide nur diverse Strahlen, aus einem Prisma geworfen. Vorzüglich fasste ich den Charakter der Sprache auf und bewies, dass, da Sprache überhaupt nur symbolische Darstellung des Naturprinzips in der Gestaltung des Lauts sei, mithin es nur eine Sprache geben könne, auch das Kätzische und Hündische in der besondern Formung des Pudelischen, Zweige eines Baums wären, von höherem Geist inspirierte Kater und Pudel sich daher verstünden. Um meinen Satz ganz ins Klare zu stellen, führte ich mehrere Beispiele aus beiden Sprachen an und machte auf die gleichen Stammwurzeln aufmerksam, von: Bau – Bau – Mau – Miau – Blaf blaf – Auvau – Korr – Kurr – Ptsi – Pschrzi usw.

Nachdem das Buch vollendet, fühlte ich die unwiderstehlichste Lust, das Pudelische wirklich zu erlernen, welches mir vermöge meines neu erworbenen Freundes, des Pudels Ponto, wiewohl nicht ohne Mühe, gelang, da das Pudelische für uns Kater wirklich eine schwere Sprache. Genies finden sich indes in alles, und ebendiese Genialität ist es, die ein berühmter menschlicher Schriftsteller verkennt, wenn er behauptet, dass, um eine fremde Sprache, mit allen Eigentümlichkeiten des Volks, dem Volke nachzusprechen, man durchaus was weniges ein Narr sein müsse. Mein Meister hatte freilich dieselbe Meinung und mochte eigentlich nur die gelehrte Kenntnis der fremden Sprache statuieren, welche Kenntnis er dem Parlieren entgegensetzte, worunter er die Fertigkeit verstand, in einer fremden Sprache über nichts und um nichts reden zu können. Er ging so weit, dass er das Französischsprechen unserer Herren und Damen vom Hofe für eine Art von Krankheit hielt, die, wie kataleptische Zufälle, mit schrecklichen Symptomen eintrete, und hörte ich ihn diese absurde Behauptung gegen den Hofmarschall des Fürsten selbst ausführen.

»Erzeigen Sie«, sprach Meister Abraham, »erzeigen Sie mir die Güte, beste Exzellenz, und beobachten Sie sich selbst. Hat Ihnen der Himmel nicht ein schönes volltönendes Stimmorgan verliehen, und wenn Ihnen das Französische ankommt, da beginnen Sie plötzlich zu zischen, zu lispeln, zu schnarren, und dabei verzerren sich Dero angenehme Gesichtszüge ganz erschrecklich, und selbst der hübsche, feste, ernste Anstand, dessen Dieselben sonst mächtig, wird verstört durch allerlei seltsame Konvulsionen. Was kann dies alles anders bedeuten als empörtes Treiben irgendeines fatalen Krankheitskobolds im Innern!« – Der Hofmarschall lachte sehr, und zum Lachen war auch wirklich Meister Abrahams Hypothese von der Krankheit fremder Sprachen.

Ein sinnreicher Gelehrter gibt in irgendeinem Buch den Rat, dass man sich bemühen möge, in der fremden Sprache, die man rasch erlernen will, zu denken. Der Rat ist vortrefflich, seine Ausführung aber nicht ohne Gefahr. Es gelang mir nämlich sehr bald, pudelisch zu denken, ich vertiefte mich aber in diese pudelischen Gedanken so sehr, dass meine eigentliche Sprachfertigkeit zurückblieb und ich selbst nicht verstand, was ich dachte. Diese nicht verstandenen Gedanken brachte ich meistenteils zu Papier, und ich staune über die Tiefe dieser Sprache, die ich unter dem Titel »Akanthusblätter« gesammelt, und die ich noch nicht verstehe.

Ich glaube, dass diese kurzen Andeutungen über die Geschichte meiner Jugendmonate hinreichen dürften, dem Leser ein deutliches Bild davon zu geben, was ich bin, und wie ich es wurde.

Unmöglich kann ich mich aber von der Blütezeit meines merkwürdigen ereignisreichen Lebens trennen, ohne noch eines Vorfalls zu erwähnen, der gewissermaßen meinen Übertritt in die Jahre der reifern Bildung bezeichnet. Die Katerjugend wird daraus lernen, dass keine Rose ohne Dornen ist, und dass dem mächtig emporstrebenden Geiste manches Hindernis gelegt, mancher Stein des Anstoßes in den Weg geworfen wird, an dem er sich die Pfoten wundstoßen muss. – Und der Schmerz solcher Wunden ist empfindlich, sehr empfindlich! –

Gewiss hast du mich, geliebter Leser, beinahe beneidet um meine glückliche Jugendzeit, um den günstigen Stern, der über mich wachte! – In Dürftigkeit von vornehmen, aber armen Eltern geboren, dem schmachvollen Tode nahe, komme ich plötzlich in den Schoß des Überflusses, in den Peruschacht der Literatur! – Nichts verstört meine Bildung, nichts widerstrebt meinen Neigungen, mit Riesenschritten gehe ich der Vollkommenheit entgegen, die mich hoch erhebt über meine Zeit. Da hält mich plötzlich ein Zollverwalter an und fordert den Tribut, dem alles hienieden unterworfen!

Wer hätte denken sollen, dass unter den Blumen der süßesten, innigsten Freundschaft die Dornen verborgen, die mich ritzen, verwunden, blutig verwunden mussten!

Jeder, der ein gefühlvolles Herz im Busen trägt, wie ich, wird aus dem, was ich über mein Verhältnis zu dem Pudel Ponto gesagt, sehr leicht entnehmen können, was der Teure mir war, und doch musste er es sein, der den ersten Anlass gab zu der Katastrophe, die mich gänzlich verderben konnte, hätte der Geist meines großen Ahnherrn nicht über mich gewacht. – Ja, mein Leser, ich hatte einen Ahnherrn, einen Ahnherrn, ohne den ich gewissermaßen gar nicht existieren würde – einen großen vortrefflichen Ahnherrn, einen Mann von Stande, Ansehen, Vermögen, ausgebreiteter Wissenschaft, mit einer ganz vortrefflichen Sorte Tugend, mit der feinsten Menschenliebe begabt, einen Mann von Eleganz und Geschmack, nach dem neuesten Geschmack – einen Mann, der – doch dies alles jetzt nur beiläufig gesagt, künftig mehr von dem Würdigen, der niemand anders war als der weltberühmte

Premierminister Hinz von Hinzenfeldt, der der Welt so teuer, so über alles wert worden unter dem Namen des gestiefelten Katers. –

Wie gesagt, künftig mehr von dem edelsten der Kater! –

Konnt' es anders sein; musst' ich, als ich mich im Pudelischen leicht und zierlich auszudrücken vermochte, mit meinem Freunde Ponto nicht davon reden, was mir das Höchste im Leben war, nämlich von mir selbst und von meinen Werken? So kam es, dass er mit meinen besondern Geistesgaben, mit meiner Genialität, mit meinem Talent bekannt wurde, und hier entdeckte ich zu meinem nicht geringen Leid, dass ein unüberwindlicher Leichtsinn, ja ein gewisser Übermut es dem jungen Ponto unmöglich machte, in den Künsten und Wissenschaften etwas zu tun. Statt in Erstaunen zu geraten über meine Kenntnis, versicherte er, dass es gar nicht zu begreifen, wie ich darauf hätte verfallen können, mich mit derlei Dingen abzugeben, und dass er seinerseits, was Künste betreffe, sich lediglich darauf beschränke, über den Stock zu springen und seines Herrn Mütze aus dem Wasser zu apportieren, die Wissenschaften anlangend, er aber der Meinung sei, dass Leute wie ich und er sich nur den Magen dabei verdürben und allen Appetit gänzlich verlören.

Bei einem solchen Gespräch, in dem ich mich mühte, meinen jungen leichtsinnigen Freund eines Bessern zu belehren, geschah das Entsetzliche. Denn ehe ich mir's versah, sprang –

(Mak. Bl.) – »Und immer werden Sie«, erwiderte die Benzon, »mit dieser phantastischen Überspanntheit, mit dieser herzzerschneidenden Ironie nichts anstiften als Unruhe – Verwirrung völlige Dissonanz aller konventionellen Verhältnisse, wie sie nun einmal bestehen.«

»O wundervoller Kapellmeister«, rief Johannes Kreisler lachend, »der solcher Dissonanzen mächtig!«

»Sei'n Sie ernst«, fuhr die Rätin fort, »sei'n Sie ernst, Sie entkommen mir nicht durch bittern Scherz! Ich halte Sie fest, lieber Johannes! – Ja, so will ich Sie nennen, mit dem sanften Namen Johannes, damit ich wenigstens hoffen darf, dass hinter der Satyrmaske am Ende ein sanftes weiches Gemüt verborgen. Und dann! – nimmermehr werde ich mich davon überzeugen, dass der bizarre Name Kreisler nicht eingeschwärzt, nicht einem ganz andern Familiennamen unterschoben sein sollte!« –

»Rätin«, sprach Kreisler, indem sein ganzes Gesicht in einem seltsamen Muskelspiel an tausend Falten und Furchen vibrierte, »teuerste Rätin, was haben Sie gegen meinen ehrlichen Namen? – Vielleicht führte ich sonst einen andern, aber das ist lange her, und mir geht es so wie dem Ratgeber in Tiecks ›Blaubart‹, der da sagt: ›Ich hatte sonst einmal einen ganz vortrefflichen Namen, durch die Länge der Zeit hab' ich ihn fast vergessen, ich kann mich nur noch dunkel daran erinnern.‹« –

»Besinnen Sie sich, Johannes!« rief die Rätin, ihn mit leuchtenden Blicken durchbohrend, »der halbvergessene Name kommt Ihnen gewiss wieder in den Gedanken.« »Durchaus nicht, Teuerste«, erwiderte Kreisler, »es ist unmöglich, und ich vermute beinahe, dass die dunkle Erinnerung, wie ich sonst, was eben meine äußere Gestalt rücksichts des Namens als Lebenspasseport betrifft, anders gestaltet, aus der angenehmen Zeit herrührt, da ich eigentlich noch gar nicht geboren. – Erzeigen Sie mir die Güte, Verehrungswürdigste, betrachten Sie meinen schlichten Namen im gehörigen Licht, und Sie werden ihn, was Zeichnung, Kolorit und Physiognomie betrifft, allerliebst finden! Noch mehr! stülpen Sie ihn um, sezieren Sie ihn mit dem grammatischen Anatomiermesser, immer herrlicher wird sich sein innerer Gehalt zeigen. Es ist ganz unmöglich, Vortreffliche, dass Sie meines Namens Abstammung in dem Worte Kraus finden und mich, nach der Analogie des Wortes Haarkräusler, für einen Tonkräusler oder gar für einen Kräusler überhaupt halten könnten, da ich mich alsdann eben Kräusler schreiben müsste. Sie können nicht wegkommen von dem Worte Kreis, und der Himmel gebe, dass Sie denn gleich an die wunderbaren Kreise denken mögen, in denen sich unser ganzes Sein bewegt, und aus denen wir nicht herauskommen können, wir mögen es anstellen, wie wir wollen. In diesen Kreisen kreiselt sich der Kreisler, und wohl mag es sein, dass er oft, ermüdet von den Sprüngen des St.-Veits-Tanzes, zu dem er gezwungen, rechtend mit der dunklen unerforschlichen Macht, die jene Kreise umschrieb, sich mehr als es einem Magen, der ohnedies nur schwächlicher Konstitution, zusagt, hinaussehnt ins Freie. Und der tiefe Schmerz dieser Sehnsucht mag nun wieder eben jene Ironie sein, die Sie, Verehrte, so bitter tadeln, nicht beachtend, dass die kräftige Mutter einen Sohn gebar, der in das Leben eintritt wie ein gebietender König. Ich meine den Humor, der nichts gemein hat mit seinem ungeratenen Stiefbruder, dem Spott!« – »Ja«, sprach die Rätin, »eben dieser Humor, dieser Wechselbalg einer ausschweifenden grillenhaften Phantasie, ohne Gestalt, ohne Farbe, von dem ihr harten Männerseelen selbst nicht wisst, für wen ihr ihn ausgeben sollt nach Stand und Würden, ebendieser ist es, den ihr uns gern als etwas Großes, Herrliches unterschieben möchtet, wenn ihr alles, was uns lieb und wert, in bitterm Hohn zu vernichten trachtet. – Wissen Sie wohl, Kreisler, dass Prinzessin Hedwiga noch jetzt ganz außer sich ist über Ihre Erscheinung, über Ihr Betragen im Park? Reizbar wie sie ist, verwundet sie jeder Scherz, in dem sie nur die leiseste Verspottung ihrer Persönlichkeit findet, überdies aber beliebten Sie, lieber Johannes, sich ihr als ein vollkommen Wahnsinniger darzustellen und ihr so ein Entsetzen zu erregen, das sie hätte auf das Krankenlager werfen können. Ist das zu entschuldigen?«

»Ebensowenig«, erwiderte Kreisler, »als wenn ein Prinzesslein es unternimmt, in dem offenen Park ihres Herrn Papas einem Fremden von honettem Aussehen, der ihr zufällig begegnet, durch ihre kleine Person imponieren zu wollen.«

»Dem sei, wie ihm wolle«, fuhr die Rätin fort, »genug, Ihre abenteuerliche Erscheinung in unserm Park hätte böse Folgen haben können. Dass sie abgewandt, dass die Prinzessin wenigstens sich an den Gedanken gewöhnt, Sie wiederzusehen, alles das haben wir meiner Julia zu verdanken. Sie allein nimmt Sie in Schutz, indem sie in allem, was Sie begonnen, was Sie gesprochen, nur den Erguss einer überspannten Laune findet, wie sie oft einem tief verletzten oder zu reizbaren Gemüt eigen. Mit einem Wort, Julia, die erst vor kurzer Zeit Shakespeares: ›Wie es euch gefällt‹, kennen gelernt, hat Sie gerade mit dem melancholischen Monsieur Jacques verglichen.« »O du ahnendes Himmelskind«, rief Kreisler, während ihm die Tränen in die Augen traten.

»Überdies«, sprach die Benzon weiter, »hat meine Julia in Ihnen, als Sie auf der Gitarre phantasierten und, wie sie erzählt, dazwischen sangen und sprachen, den sublimen Musiker und Komponisten erkannt. Sie meint, in dem Augenblick sei ihr ein ganz besonderer Geist der Musik aufgegangen, sie habe, wie von unsichtbarer Macht dazu gezwungen, singen und spielen müssen, und das sei ihr gar anders geglückt, als sonst jemals. – Erfahren Sie es nur, Julia konnte sich gar nicht darin finden, dass sie den seltsamen Mann nicht wiedersehen, dass er ihr nur wie ein anmutig wunderlicher, musikalischer Spuk erschienen sein solle; wogegen die Prinzessin mit aller ihr eignen Heftigkeit behauptete, dass ein zweiter Besuch des gespenstischen Wahnsinnigen ihr den Tod geben würde. Da die Mädchen sonst ein Herz und eine Seele, und niemals eine Entzweiung unter ihnen stattgefunden, so konnt' ich mit vollem Recht behaupten, dass sich jene Szene aus früher Kindheit umgekehrt wiederhole, als Julia einen etwas bizarren Skaramuz, der ihr beschert worden, durchaus in den Kamin werfen wollte, die Prinzessin hingegen ihn in Schutz nahm und zu ihren Liebling erklärte.«

»Ich lasse mich«, fiel Kreisler der Benzon laut lachend in die Rede, »ich lasse mich, ein zweiter Skaramuz, von der Prinzessin in den Kamin werfen und vertraue der süßen Huld der holden Julia.« – »Sie müssen«, fuhr die Benzon fort, »die Erinnerung an den Skaramuz für einen humoristischen Einfall halten, und diesen können Sie Ihrer eignen Theorie gemäß nicht übel deuten. Übrigens mögen Sie es sich wohl vorstellen, dass ich in der Schilderung, die die Mädchen mir von Ihrer Erscheinung, von dem ganzen Vorfall im Park machten, Sie augenblicklich wiedererkannte, und dass es Juliens Sehnsucht, Sie wiederzusehen, gar nicht bedurfte; ohnedies hätte ich in dem nächsten Augenblick alle Leute, die mir zu Gebote standen, in Bewegung gesetzt, den ganzen Park, ganz Sieghartsweiler durchsuchen lassen, um Sie, der mir bei kurzer Bekanntschaft so wert geworden, wiederzufinden. Alle Nachforschungen blieben vergebens, ich glaubte Sie verloren, um so mehr musste ich erstaunen, als Sie heute morgen bei mir eintraten. Julia ist bei der Prinzessin, welch ein Zwiespalt der verschiedensten Empfindungen würde sich erheben, wenn die Mädchen in diesem Augenblick Ihre Ankunft erführen. – Was Sie, den ich als wohlbestallten Kapellmeister am Hof des Großherzogs glaubte, so plötzlich herbringt, darüber verlange ich nur dann Aufschluss, wenn es Ihnen recht und gemütlich sein wird, mir darüber etwas zu sagen.«

Kreisler war, als die Rätin dies alles sprach, in tiefes Nachdenken versunken. Er starrte zur Erde nieder und fingerte an der Stirne wie einer, der sich auf etwas Vergessenes zu besinnen trachtet.

»Ach«, begann er, als die Rätin schwieg, »ach, das ist eine sehr alberne Geschichte, kaum des Erzählens wert. Doch soviel ist gewiss, dass das, was die kleine Prinzessin für die wirren Reden eines Wahnwitzigen zu halten geruht hat, in der Wahrheit begründet ist. In der Tat befand ich mich damals, als ich das Unglück hatte, die kleine Reizbare im Park zu erschrecken, auf einer Visitenfahrt, denn ich kam eben von einer Visite, die ich niemandem anders abstattete als dem Durchlauchtigsten Großherzog selbst, und hier in Sieghartsweiler wollte ich nun ja eben mit den außerordentlichsten, angenehmsten Visiten kontinuieren.«

»O Kreisler«, rief die Rätin, ein wenig lächelnd, niemals lachte sie stark und laut, »o Kreisler, das ist gewiss wieder irgendein bizarrer Einfall, dem Sie freien Lauf gestattet. Irre ich nicht, so liegt die Residenz wenigstens dreißig Stunden entfernt von Sieghartsweiler?«

»So ist es«, erwiderte Kreisler, »aber man wandelt in einem Garten, der mir in solch großem Stil angelegt scheint, dass selbst ein Le Nôtre darüber staunen müsste. Statuieren Sie nun, Verehrte, nicht meine Visitenfahrt, so mögen Sie bedenken, dass ein empfindsamer Kapellmeister, Stimme in Kehle und Brust, Gitarre in der Hand, lustwandelnd durch duftende Wälder, über frisch grünende Wiesen, über wild getürmtes Steingeklüft, über schmale Stege, unter denen die Waldbäche schäumend fortbrausen, ja, dass ein solcher Kapellmeister, als Solosänger einstimmend in die Chöre, die überall ihn umtönen, sehr leicht hineingeraten kann in einzelne Partien des Gartens, absichtslos, ohne es zu wollen. So mag ich hineingeraten sein in den fürstlichen Park zu Sieghartshof, der nichts ist als eine etwas kleinliche Partie in dem großen Park, den die Natur anlegte. – Doch nein, es ist dem nicht so! – Als Sie vorhin davon sprachen, wie ein ganzes lustiges Jägervolk aufgeboten worden, mich einzufangen als jagdbares Wild, das sich verlaufen, gewann ich erst die innere feste Überzeugung von der Notwendigkeit meines Hierseins. Eine Notwendigkeit, die mich, hätte ich auch meinen irren Lauf fortsetzen wollen, ins Garn treiben musste. – Sie erwähnten gütig, dass meine Bekanntschaft Ihnen wert geworden, mussten mir dabei nicht jene verhängnisvollen Tage der Verwirrung, der allgemeinen Not einfallen, in denen uns das Schicksal zusammenführte? Sie fanden mich damals hin und her schwankend, unfähig, einen Entschluss zu fassen, zerrissen im innersten Gemüt. Sie nahmen mich auf mit freundlicher Gesinnung, und indem Sie, mir den klaren wolkenlosen Himmel einer ruhigen, in sich abgeschlossenen Weiblichkeit auftuend, mich zu trösten gedachten, tadelten und verziehen Sie zugleich die tolle Ausgelassenheit meines Treibens, welches Sie durch den Drang der Umstände herbeigeführter trostloser Verzweiflung zuschrieben. Sie entzogen mich einer Umgebung, die ich selbst für zweideutig anerkennen musste, Ihr Haus wurde das friedliche freundliche Asyl, in dem ich, Ihren stillen Schmerz ehrend, den meinigen vergaß. Ihre Gespräche voll Heiterkeit und Milde wirkten als wohltuende Arznei, ohne dass Sie meine Krankheit kannten. Nicht die bedrohlichen Ereignisse, die meine Stellung im Leben vernichten konnten, waren es, die so feindlich auf mich wirkten. Längst hatte ich gewünscht, Verhältnisse aufzugeben, die mich drückten und ängstigten, und nicht zürnen konnte ich auf das Schicksal, welches das bewirkte, was auszuführen ich selbst so lange nicht Mut und Kraft genug gehabt hatte. Nein! – Als ich mich frei fühlte, da erfasste mich jene unbeschreibliche Unruhe, die, seit meinen frühen Jugendjahren, so oft mich mit mir selbst entzweit hat. Nicht die Sehnsucht ist es, die, wie jener tiefe Dichter so herrlich sagt, aus dem höheren Leben entsprungen, ewig währt, weil sie ewig nicht erfüllt wird, weder getäuscht noch hintergangen, sondern nur nicht erfüllt, damit sie nicht sterbe; nein – ein wüstes wahnsinniges Verlangen bricht oft hervor nach einem Etwas, das ich in rastlosem Treiben außer mir selbst suche, da es doch in meinem eignen Innern verborgen, ein dunkles Geheimnis, ein wirrer rätselhafter Traum von einem Paradies der höchsten

Befriedigung, das selbst der Traum nicht zu nennen, nur zu ahnen vermag, und diese Ahnung ängstigt mich mit den Qualen des Tantalus. Dies Gefühl bemeisterte sich schon, als ich noch ein Kind, meiner oft so plötzlich, dass ich mitten aus dem frohsten Spiel mit meinen Kameraden davonlief in den Wald, auf den Berg, dort mich niederwarf auf die Erde und trostlos weinte und schluchzte, ungeachtet ich eben der tollste, ausgelassenste von allen gewesen. Später lernte ich mich selbst mehr bekämpfen, aber nicht auszusprechen vermag ich die Marter meines Zustandes, wenn in der heitersten Umgebung gemütlicher wohlwollender Freunde, bei irgendeinem Kunstgenuss, ja selbst in den Momenten, wenn meine Eitelkeit in Anspruch genommen wurde auf diese, jene Weise, ja! wenn mir dann plötzlich alles elend, nichtig, farblos, tot erschien und ich mich versetzt fühlte in eine trostlose Einöde. Nur einen Engel des Lichts gibt es, der Macht hat über den bösen Dämon. Es ist der Geist der Tonkunst, der oft aus mir selbst sich siegreich erhebt, und vor dessen mächtiger Stimme alle Schmerzen irdischer Bedrängnis verstummen.« –

»Immer«, nahm die Rätin das Wort, »immer habe ich geglaubt, dass die Musik auf Sie zu stark, mithin verderblich wirke; denn indem bei der Aufführung irgendeines vortrefflichen Werks Ihr ganzes Wesen durchdrungen schien, veränderten sich alle Züge Ihres Gesichts. Sie erblassten, Sie waren keines Wortes mächtig, Sie hatten nur Seufzer und Tränen und fielen dann her mit dem bittersten Spott, mit tief verletzendem Hohn über jeden, der auch nur ein Wort über das Werk des Meisters sagen wollte. – Ja wenn – «

»O beste Rätin«, fiel Kreisler der Benzon ins Wort, indem er, so ernst und tiefbewegt er zuvor gesprochen, plötzlich den besondern Ton der Ironie wieder aufnahm, der ihm eigen, »o beste Rätin, das ist nun alles anders geworden. Sie glauben gar nicht, Verehrte, was ich an dem großherzoglichen Hofe artig und gescheit geworden bin. Ich kann mit der größten Seelenruhe und Gemütlichkeit zum ›Don Juan‹ und zur ›Armida‹ den Takt schlagen, ich kann der ersten Sängerin freundlich zuwinken, wenn sie in der merkwürdigsten Kadenz auf den Sprossen der Tonleiter herumhopst, ich kann, wenn der Hofmarschall nach Haydns ›Jahreszeiten‹ mir zuflüstert: ›C'étoit bien ennuyant, man cher maître de chapelle‹, lächelnd mit dem Kopfe nicken und eine bedeutungsvolle Prise nehmen, ja, ich kann es geduldig anhören, wenn der kunstverständige Kammer- und Spektakelherr mir weitläufig demonstriert, dass Mozart und Beethoven den Teufel was von Gesang verstünden, und dass Rossini, Pucitta und wie die Männerchen alle heißen mögen, sich à la hauteur aller Opernmusik geschwungen. – Ja, Verehrte, Sie glauben nicht, was ich während meiner Kapellmeisterschaft profitiert, vorzüglich aber die schöne Überzeugung, wie gut es ist, wenn Künstler förmlich in Dienst treten, der Teufel und seine Großmutter könnten es sonst mit dem stolzen übermütigen Volke aushalten. Lasst den braven Komponisten Kapellmeister oder Musikdirektor werden, den Dichter Hofpoet, den Maler Hofporträtisten, den Bildhauer Hofporträtmeißler, und Ihr habt bald keine unnützen Phantasten mehr im Lande, vielmehr lauter nützliche Bürger von guter Erziehung und milden Sitten!« –

»Still still«, rief die Rätin unmutig, »halten Sie ein, Kreisler, Ihr Steckenpferd fängt wieder an sich zu bäumen nach gewöhnlicher Art und Weise. Übrigens merke ich Unrat und wünsche jetzt in der Tat recht sehnlich zu wissen, welch ein schlimmes Ereignis Sie zur schnellen übereilten Flucht aus der Residenz nötigte. Denn auf eine solche Flucht deuten alle Umstände Ihrer Erscheinung im Park.«

»Und ich«, sprach Kreisler ruhig, indem er seinen Blick fest auf die Rätin heftete, »und ich kann versichern, dass das schlimme Ereignis, welches mich forttrieb aus der Residenz, unabhängig von allen äußern Dingen, nur in mir selbst lag.

Eben jene Unruhe, von der ich vorhin vielleicht mehr und ernster sprach, als gerade nötig, überfiel mich mit stärkerer Macht als jemals, es war meines Bleibens nicht länger. – Sie wissen, wie ich mich auf meine Kapellmeisterschaft bei dem Großherzog freute. Törichterweise glaubte ich, dass, in der Kunst lebend, meine Stellung eben mich ganz beschwichtigen, dass der Dämon in meinem Innern besiegt werden würde. Aus dem wenigen, was ich erst über meine Bildung am großherzoglichen Hofe angebracht, werden Sie, Verehrte, aber entnehmen, wie sehr ich mich täuschte. Erlassen Sie mir die Schilderung, wie ich durch fade Spielerei mit der heiligen Kunst, zu der ich notgedrungen die Hand bieten musste, durch die Albernheiten seelenloser Kunstpfuscher, abgeschmackter Dilettanten, durch das ganze tolle Treiben einer Welt voll Kunst Gliederpuppen immer mehr und mehr dahin gebracht wurde, die erbärmliche Nichtswürdigkeit meiner Existenz einzusehen. An einem Morgen musst' ich zum Großherzog, um meine Mitwirkung bei den Festlichkeiten, die in den nächsten Tagen stattfinden sollten, zu erfahren. Der Spektakelherr war, wie natürlich, zugegen und stürmte auf mich ein mit allerlei sinn- und geschmacklosen Anordnungen, denen ich mich fügen sollte. Vorzüglich war es ein von ihm selbst verfasster Prolog, den er, als höchste Spitze der Theaterfeste, von mir komponiert verlangte. Da diesmal, so sprach er zum Fürsten, einen stechenden Seitenblick auf mich werfend, nicht von gelehrter deutscher Musik, sondern von geschmackvollem italienischen Gesang die Rede sein solle, so habe er selbst einige zarte Melodien aufgesetzt, die ich gehörig anzubringen. Der Großherzog genehmigte nicht nur alles, sondern nahm auch Gelegenheit, mir überhaupt anzudeuten, dass er meine fernere Ausbildung durch eifriges Studium der neuern Italiener hoffe und erwarte. – Wie ich so erbärmlich dastand! – Ich verachtete mich selbst tief – Alle Demütigungen erschienen mir gerechte Strafe für meinen kindischen aberwitzigen Langmut! – Ich verließ das Schloss, um nie wieder zurückzukehren. Noch denselben Abend wollte ich meine Entlassung fordern, aber selbst dieser Entschluss konnte mich nicht über mich selbst beruhigen, da ich mich schon durch einen geheimen Ostrazismus verbannt sah. Die Gitarre, die ich zu anderm Behuf mitgenommen, nahm ich aus dem Wagen, den ich, vors Tor gekommen, fortschickte, und lief hinaus ins Freie, unaufhaltsam fort, immer weiter fort! – Schon sank die Sonne, immer breiter und schwärzer wurden die Schatten der Berge, des Waldes. Unerträglich, ja vernichtend, war mir der Gedanke, zurückzukehren nach der Residenz – ›Welche Macht zwingt mich zum Rückweg?‹ so rief ich laut. Ich wusste, dass ich mich auf dem Weg nach Sieghartsweiler befand, ich gedachte meines alten Meisters Abraham, von dem ich Tags zuvor einen Brief erhalten, worin er, meine Lage in der Residenz ahnend, mich wegwünschte von dort, mich zu sich einlud.« – »Wie«, unterbrach die Rätin den Kapellmeister, »wie, Sie kennen den wunderlichen Alten?«

»Meister Abraham«, fuhr Kreisler fort, »war der innigste Freund meines Vaters, mein Lehrer, zum Teil mein Erzieher! – Nun, Verehrte, wissen Sie ausführlich, wie ich in den Park des wackern Fürsten Irenäus kam, und werden nicht mehr daran zweifeln, dass ich, kommt es darauf an, imstande bin, ruhig, mit erforderlicher historischer Genauigkeit und so angenehm zu erzählen, dass mir selbst davor graut. Überhaupt kommt mir die ganze Geschichte meiner Flucht aus der Residenz, wie gesagt, so albern vor und von solch allen Geist zerstörender Nüchternheit, dass man selbst nicht davon sprechen kann, ohne in erkleckliche Schwachheit zu verfallen. – Möchten Sie, Teure, aber die seichte Begebenheit als krampfstillendes Wasser der erschrockenen Prinzessin beibringen, damit sie sich beruhige, und daran denken, dass ein ehrlicher deutscher Musikus, den, als er gerade seidene Strümpfe angezogen und sich in einem saubern Kutschkasten vornehm gebärdete, Rossini und Pucitta und Pavesi und Fioravanti und Gott weiß, welche andere inis und ittas in die Flucht schlugen, sich unmöglich sehr gescheit betragen kann. Verzeihung ist zu hoffen, will ich hoffen! – Als poetischen Nachklang des langweiligen Abenteuers vernehmen Sie aber, beste Rätin, dass in dem Augenblick, da ich, gepeitscht von meinem Dämon, fortrennen wollte, mich der süßeste Zauber festbannte. Schadenfroh trachtete der Dämon eben das tiefste Geheimnis meiner Brust zuschanden zu machen, da rührte der mächtige Geist der Tonkunst die Schwingen, und vor dem melodischen Rauschen erwachte der Trost, die Hoffnung, ja selbst die Sehnsucht, die die unvergängliche Liebe selbst ist und das Entzücken ewiger Jugend. – Julia sang!« –

Kreisler schwieg. Die Benzon horchte auf, gespannt auf das, was nun nachfolgen würde. Da der Kapellmeister sich in stumme Gedanken zu verlieren schien, fragte sie mit kalter Freundlichkeit: »Sie finden den Gesang meiner Tochter in der Tat angenehm, lieber Johannes?«

Kreisler fuhr heftig auf, das, was er sagen wollte, erstickte aber ein Seufzer aus der tiefsten Brust.

»Nun«, fuhr die Rätin fort, »das ist mir recht lieb. Julia kann von Ihnen, lieber Kreisler, was den wahren Gesang betrifft, recht viel lernen, denn dass Sie hier bleiben, sehe ich nun als eine ausgemachte Sache an.«

»Verehrteste«, begann Kreisler, aber in dem Augenblick öffnete sich die Türe, und Julia trat hinein.

Als sie den Kapellmeister gewahrte, verklärte ihr holdes Antlitz ein süßes Lächeln, und ein leises: Ach! hauchte von ihren Lippen.

Die Benzon stand auf, nahm den Kapellmeister bei der Hand und führte ihn Julien entgegen, indem sie sprach: »Nun mein Kind, da ist der seltsame – – – «

(M. f. f.) – der junge Ponto los auf mein neuestes Manuskript, das neben mir lag, fasste es, ehe ich's verhindern konnte, zwischen die Zähne und rannte damit spornstreichs auf und davon. Er stieß dabei ein schadenfrohes Gelächter aus, und schon dies hätte mich vermuten lassen sollen, dass nicht bloßer jugendlicher Mutwille ihn zur bösen Tat spornte, sondern dass noch etwas mehr im Spiele war. Bald wurde ich darüber aufgeklärt.

Nach ein paar Tagen trat der Mann, bei dem der junge Ponto in Diensten, hinein zu meinem Meister. Es war, wie ich nachher erfahren, Herr Lothario, Professor der Ästhetik am Gymnasio zu Sieghartsweiler. – Nach gewöhnlicher Begrüßung schaute der Professor im Zimmer umher und sprach, als er mich erblickte: »Wolltet Ihr nicht, lieber Meister, den Kleinen dort aus der Stube entfernen?« – »Warum«, fragte der Meister, »warum? – Ihr konntet doch sonst die Katzen leiden, Professor, und vorzüglich meinen Liebling, den zierlichen, gescheiten Kater Murr!« – »Ja«, sprach der Professor, indem er höhnisch lachte, »ja zierlich und gescheit, das ist wahr! – Aber tut mir den Gefallen, Meister, und entfernt Euern Liebling, denn ich habe Dinge mit Euch zu reden, die er durchaus nicht hören darf.« – »Wer?« rief Meister Abraham, indem er den Professor anstarrte. »Nun«, fuhr dieser fort, »Euer Kater. Ich bitte Euch, fragt nicht weiter, sondern tut, warum ich Euch bitte.« – »Das ist doch seltsam«, sprach der Meister, indem er die Türe des Kabinetts öffnete und mich hineinrief. Ich folgte seinem Ruf, ohne dass er es gewahrte, schlüpfte ich aber wieder hinein und verbarg mich im untersten Fach des Bücherschranks, so dass ich unbemerkt das Zimmer übersehen und jedes Wort, was gesprochen wurde, vernehmen konnte.

»Nun möchte ich«, sprach Meister Abraham, indem er sich dem Professor gegenüber in seinen Lehnstuhl setzte, »nun möchte ich doch in aller Welt wissen, welch ein Geheimnis Ihr mir zu entdecken habt, das meinem ehrlichen Kater Murr verschwiegen bleiben soll.«

»Sagt mir«, begann der Professor sehr ernst und nachdenklich, »sagt mir zuvörderst, lieber Meister, was haltet Ihr von dem Grundsatz, dass, nur körperliche Gesundheit vorausgesetzt, sonst ohne Rücksicht auf angeborne geistige Fähigkeit, auf Talent, auf Genie, vermöge einer besonders geregelten Erziehung aus jedem Kinde in kurzer Zeit, mithin noch in den Knabenjahren, ein Heros in Wissenschaft und Kunst geschaffen werden kann?«

»Ei«, erwiderte der Meister, »was kann ich von diesem Grundsatz anders halten, als dass er albern und abgeschmackt ist? Möglich, ja sogar leicht mag es sein, dass man einem Kinde, das die Auffassungsgabe, wie sie ungefähr bei den Affen anzutreffen, und ein gutes Gedächtnis besitzt, eine Menge Dinge systematisch eintrichtern kann, die es dann vor den Leuten auskramt; nur muss es diesem Kinde durchaus an allem natürlichen Ingenium fehlen, da sonst der innere bessere Geist der heillosen Prozedur widerstrebt. Wer wird aber jemals solch einen einfältigen, mit allerlei verschluckbaren Brocken des Wissens dick gemästeten Jungen einen Gelehrten im echten Sinne des Worts nennen?«

»Die Welt«, rief der Professor heftig, »die ganze Welt! – O, es ist entsetzlich! – Aller Glaube an die innere, höhere, angeborne Geisteskraft, die allein nur den Gelehrten, den Künstler schafft, geht ja über jenen heillosen, tollen Grundsatz zum Teufel!« –

»Ereifert Euch nicht«, sprach der Meister lächelnd, »soviel ich weiß, ist bis jetzt in unserm guten Deutschland nur ein einziges Produkt jener Erziehungsmethode aufgestellt worden, von dem die Welt eine Zeitlang sprach und zu sprechen aufhörte, als sie einsah, dass das Produkt eben nicht sonderlich geraten. Zudem fiel die

Blütezeit jenes Präparats in die Periode, als gerade die Wunderkinder in Mode gekommen, die, wie sonst mühsam abgerichtete Hunde und Affen, gegen ein billiges Entree ihre Künste zeigten.«

»So sprecht Ihr nun«, nahm der Professor das Wort, »so sprecht Ihr nun, Meister Abraham, und man würde Euch glauben, kennte man nicht den verborgenen Schalk in Euch, wüsste man nicht, dass Euer ganzes Leben eine Reihe der wunderlichsten Experimente darbietet. Gesteht es nur, Meister Abraham, gesteht es nur, Ihr habt ganz im Stillen, im geheimsten Geheim, experimentiert nach jenem Grundsatz, aber überbieten wolltet Ihr den Mann, den Verfertiger jenes Präparats, von dem wir sprachen. – Ihr wolltet, wart Ihr ganz fertig, hervortreten mit Eurem Zögling und alle Professoren in der ganzen Welt in Erstaunen versetzen und Verzweiflung, Ihr wolltet den schönen Grundsatz: ›non ex quovis ligno fit Mercurius‹ ganz und gar zuschanden machen! – Nun! Kurz, der quovis ist da, aber kein Mercurius, sondern ein Kater!« – »Was sagt Ihr«, rief der Meister, indem er laut auflachte, »was sagt Ihr, ein Kater?«

»Leugnet es nur nicht«, fuhr der Professor fort, »leugnet es nur nicht, an dem Kleinen dort in der Kammer habt Ihr jene abstrakte Erziehungsmethode versucht, Ihr habt ihn lesen, schreiben gelehrt, Ihr habt ihm die Wissenschaften beigebracht, sodass er sich schon jetzt unterfängt, den Autor zu spielen, ja sogar Verse zu machen.«

»Nun«, sprach der Meister, »das ist doch in der Tat das Tollste, was mir jemals vorgekommen! – Ich meinen Kater erziehen, ich ihm die Wissenschaften beibringen! – Sagt, was für Träume rumoren in Eurem Sinn, Professor? – Ich versichere Euch, dass ich von meines Katers Bildung nicht das mindeste weiß, dieselbe auch für ganz unmöglich halte.«

»So?« fragte der Professor mit gedehntem Ton, zog ein Heft aus der Tasche, das ich augenblicklich für das mir von dem jungen Ponto geraubte Manuskript erkannte, und las:

»Sehnsucht nach dem Höheren

Ha, welch Gefühl, das meine Brust beweget?
Was sagt dies unruh-, ahnungsvolle Beben,
Will sich zum kühnen Sprung der Geist erheben,
Vom Sporn des mächt'gen Genius erreget?

Was ist es, was der Sinn im Sinne träget,
Was will dem liebesdrangerfüllten Leben
Dies rastlos brennend feurig-süße Streben,
Was ist es, das im bangen Herzen schläget?

Entrückt werd' ich nach fernen Zauberlanden,
Kein Wort, kein Laut, die Zunge ist gebunden,
Ein sehnlich Hoffen weht mit Frühlingsfrische,

Befreit mich bald von drückend schweren Banden.
Erträumt, erspürt, im grünsten Laub gefunden!

Hinauf mein Herz! beim Fittich ihn erwische!«

Ich hoffe, dass jeder meiner gütigen Leser die Musterhaftigkeit dieses herrlichen Sonetts, das aus der tiefsten Tiefe meines Gemüts hervorfloss, einsehen und mich um so mehr bewundern wird, wenn ich versichere, dass es zu den ersten gehört, die ich überhaupt verfertigt habe. Der Professor las es aber in seiner Bosheit so ohne allen Nachdruck, so abscheulich vor, dass ich mich kaum selbst erkannte, und dass ich, von plötzlichem Jähzorn, wie er jungen Dichtern wohl eigen, übermannt, im Begriff war, aus meinem Schlupfwinkel hervor dem Professor ins Gesicht zu springen und ihn die Schärfe meiner Krallen fühlen zu lassen. Der kluge Gedanke, dass ich doch, wenn beide, der Meister und der Professor, sich über mich hermachten, notwendig den kürzern ziehen müsse, ließ mich meinen Zorn mit Gewalt niederkämpfen, jedoch entfuhr mir unwillkürlich ein knurrendes Miau, das mich unfehlbar verraten haben würde, hätte der Meister nicht, da der Professor mit dem Sonett fertig, aufs neue eine dröhnende Lache angeschlagen, die mich beinahe noch mehr kränkte als des Professors Ungeschick.

»Hoho«, rief der Meister, »wahrhaftig, das Sonett ist eines Katers vollkommen würdig, aber noch immer verstehe ich nicht Euern Spaß, Professor, sagt mir nur lieber geradezu, worauf Ihr hinauswollt.«

Der Professor, ohne dem Meister zu antworten, blätterte im Manuskript und las weiter:

»Glosse

Liebe schwärmt auf allen Wegen,
Freundschaft bleibt für sich allein,
Liebe kommt uns rasch entgegen,
Aufgesucht will Freundschaft sein.

Schmachtend wehe, bange Klagen
Hör' ich überall ertönen,
Ob den Sinn zum Schmerz gewöhnen,
Ob zur Lust, ich kann's nicht sagen,
Möchte oft mich selber fragen,
Ob ich träume, ob ich wache.
Diesem Fühlen, diesem Regen,
Leih ihm, Herz, die rechte Sprache;
Ja, im Keller, auf dem Dache,
Liebe schwärmt auf allen Wegen!

Doch es heilen alle Wunden,
Die der Liebesschmerz geschlagen,
Und in einsam stillen Tagen
Mag, von aller Qual entbunden,
Geist und Herz wohl bald gesunden;
Art'ger Kätzchen los Gehudel,
Darf es auf die Dauer sein?

Nein! – fort aus dem bösen Strudel,
Unterm Ofen mit dem Pudel,
Freundschaft bleibt für sich allein!

Wohl ich weiß es – «

»Nein«, unterbrach hier der Meister den lesenden Professor, »nein, mein Freund, Ihr macht mich in der Tat ungeduldig, Ihr oder ein anderer Schalk hat sich den Spaß gemacht, im Geist eines Katers, der nun gerade mein guter Murr sein soll, Verse zu machen, und nun foppt Ihr mich den ganzen Morgen damit herum. Der Spaß ist übrigens nicht übel und wird vorzüglich dem Kreisler sehr wohl gefallen, der wohl nicht unterlassen dürfte, damit eine kleine Parforcejagd anzustellen, in der Ihr am Ende selbst ein gehetztes Wild sein könntet. Aber nun lasst Eure sinnreiche Einkleidung fahren und sagt mir ganz ehrlich und trocken, was es mit Eurem seltsamen Spaß eigentlich für eine Bewandtnis hat.«

Der Professor schlug das Manuskript zusammen, sah dem Meister ernst ins Auge und sprach dann: »Diese Blätter brachte mir vor einigen Tagen mein Pudel Ponto, der, wie Euch bekannt sein wird, mit Eurem Kater Murr in freundschaftlichen Verhältnissen lebt. Zwar trug er das Manuskript zwischen den Zähnen, wie er nun einmal alles zu tragen gewohnt ist, indessen legte er es mir doch ganz unversehrt in den Schoß und gab mir dabei deutlich zu verstehen, dass er es von keinem andern habe, als von seinem Freunde Murr. Als ich nun einen Blick hineinwarf, fiel mir gleich die ganz besondere, eigentümliche Handschrift auf, als ich aber einiges gelesen, stieg in mir, selbst weiß ich nicht, auf welche unbegreifliche Art, der seltsame Gedanke auf, Murr könnte das alles selbst gemacht haben. So sehr mir die Vernunft, ja, eine gewisse Lebenserfahrung, der wir alle nicht entgehen können, und die am Ende nun wieder weiter nichts ist als die Vernunft, so sehr mir also eben diese Vernunft sagt, dass jener Gedanke unsinnig, da Kater weder zu schreiben noch Verse zu machen imstande, so konnte ich ihn doch durchaus nicht loswerden. Ich beschloss, Euern Kater zu beobachten, und stieg, da ich von meinem Ponto wusste, dass Murr viel auf Eurem Boden hausiere, auf meinen Boden, nahm einige Dachziegel herab, so dass ich mir die freie Aussicht in Eure Dachluken verschaffte. Was gewahrte ich! – Hört es und staunt! – In dem einsamsten Winkel des Bodens sitzt Euer Kater! – sitzt aufgerichtet vor einem kleinen Tisch, auf dem Schreibzeug und Papier befindlich, sitzt und reibt sich bald mit der Pfote Stirn und Nacken, fährt sich übers Gesicht, tunkt bald die Feder ein, schreibt, hört wieder auf, schreibt von neuem, überliest das Geschriebene, knurrt (ich konnte es hören), knurrt und spinnt vor lauter Wohlbehagen. – Und um ihn her liegen verschiedene Bücher, die, nach ihrem Einband, aus Eurer Bibliothek entnommen.« –

»Das wäre ja der Teufel«, rief der Meister, »nun so will ich dann gleich nachsehen, ob mir Bücher fehlen.«

Damit stand er auf und trat an den Bücherschrank. Sowie er mich erblickte, prallte er drei Schritte zurück und blickte mich an voll Erstaunen. Aber der Professor rief: »Seht Ihr wohl, Meister! Ihr denkt, der Kleine sitzt harmlos in der Kammer, in die Ihr ihn eingesperrt, und er hat sich hineingeschlichen in den Bücherschrank, um zu studieren, oder noch wahrscheinlicher, um uns zu belauschen. Nun hat er alles gehört, was wir gesprochen, und kann seine Maßregeln darnach nehmen.« – »Kater«, begann der Meister, indem er fortwährend den Blick voll Erstaunen auf mir ruhen ließ, »Kater, wenn ich wüsste, dass du, deine ehrliche natürliche Natur ganz und gar verleugnend, dich wirklich darauf verlegtest, solche vertrackte Verse zu machen, wie sie der Professor vorgelesen, wenn ich glauben könnte, dass du wirklich den Wissenschaften nachstelltest, statt den Mäusen, ich glaube, ich könnte dir die Ohren wund zwicken, oder gar – «

Mich überfiel eine schreckliche Angst, ich kniff die Augen zu und tat, als schliefe ich fest. –

»Aber nein, nein«, fuhr der Meister fort, »schaut nur einmal her, Professor, wie mein ehrlicher Kater so sorglos schläft, und sagt selbst, ob er in seinem gutmütigen Antlitz etwas trägt, das auf solche geheime wunderbare Schelmereien, wie Ihr sie ihm schuld gebt, gedeutet werden könnte – Murr! – Murr! – «

So rief der Meister mich an, und ich unterließ nicht wie gewöhnlich mit meinem Krr – Krr – zu antworten, die Augen aufzuschlagen, mich zu erheben und einen hohen, sehr anmutigen Katzenbuckel zu machen.

Der Professor warf mir voller Zorn mein Manuskript an den Kopf, ich tat aber, (die mir angeborne Schlauheit gab es mir ein) als wollte er mit mir spielen, und zerrte, springend und tänzelnd, die Papiere hin und her, so dass die Stücke umherflogen.

»Nun«, sprach der Meister, »nun ist es ausgemacht, dass Ihr ganz unrecht habt, Professor, und dass Euch Ponto etwas vorlog. Seht nur hin, wie Murr die Gedichte bearbeitet, welcher Dichter würde sein Manuskript handhaben auf die Weise?«

»Ich habe Euch gewarnt, Meister, tut nun, was Ihr wollt«, erwiderte der Professor und verließ das Zimmer.

Nun glaubte ich, der Sturm sei vorüber, wie sehr war ich im Irrtum! – Meister Abraham hatte sich, mir zum großen Verdruss, gegen meine wissenschaftliche Bildung erklärt, und demunerachtet so getan, als glaube er den Worten des Professors gar nicht, so wurde ich doch bald gewahr, dass er mir auf allen Gängen nachspürte, mir den Gebrauch seiner Bibliothek dadurch abschnitt, dass er den Schrank sorgfältig verschloss, und es durchaus nicht mehr leiden wollte, dass ich mich, wie sonst, auf seinen Schreibtisch unter die Papiere legte.

So kam Leid und Kümmernis über meine keimende Jugend! Was kann einem Genie mehr Schmerz verursachen, als sich verkannt, ja verspottet zu sehen, was kann einen großen Geist mehr erbittern, als da auf Hindernisse zu stoßen, wo er nur allen möglichen Vorschub erwartete! – Doch, je stärker der Druck, desto gewaltiger die Kraft der Entlastung, je straffer der Bogen gespannt, desto schärfer der Schuss! – War mir die Lektüre versperrt, so arbeitete desto freier mein eigner Geist und schuf aus sich selbst.

Unmutig, wie ich war, brachte ich in dieser Periode manche Nächte, manche Tage in den Kellern des Hauses zu, wo mehrere Mäusefallen aufgestellt waren und sich überdies viele Kater verschiedenen Alters und Standes versammelten. Einem tapfern philosophischen Kopf entgehen überall nicht die geheimsten Beziehungen des Lebens im Leben, und er erkennt, wie sich eben aus denselben das Leben gestaltet in Gesinnung und Tat. So gingen mir auch in den Kellern die Verhältnisse der Mäusefallen und der Katzen in ihrer Wechselwirkung auf. Es wurde mir, als einem Kater von edlem echten Sinn, warm ums Herz, wenn ich gewahren musste, wie jene toten Maschinen in ihrem pünktlichen Treiben eine große Schlaffheit in den Katerjünglingen hervorbrachten. Ich ergriff die Feder und schrieb das unsterbliche Werk, dessen ich schon vorhin gedachte, nämlich: »Über Mäusefallen und deren Einfluss auf Gesinnung und Tatkraft der Katzheit«. In diesem Büchlein hielt ich den verweichlichten Katerjünglingen einen Spiegel vor die Augen, in dem sie sich selbst erblicken mussten, aller eignen Kraft entsagend, indolent, träge, ruhig es ertragend, dass die schnöden Mäuse nach dem Speck liefen! – Ich rüttelte sie aus dem Schlafe mit donnernden Worten. – Nächst dem Nutzen, den das Werklein schaffen musste, hatte das Schreiben desselben auch noch den Vorteil für mich, dass ich selbst indessen keine Mäuse fangen durfte, und auch nachher, da ich so kräftig gesprochen, es wohl keinem einfallen konnte, von mir zu verlangen, dass ich selbst ein Beispiel des von mir ausgesprochenen Heroismus im Handeln geben solle.

Damit könnte ich nun meine erste Lebensperiode schließen und zu meinen eigentlichen Jünglingsmonaten, die an das männliche Alter streifen, übergehen; unmöglich kann ich aber den geneigten Lesern die beiden letzten Strophen der herrlichen Glosse vorenthalten, die mein Meister nicht hören wollte. Hier sind sie:

»Wohl, ich weiß es, widerstehen
Mag man nicht dem süßen Kosen,
Wenn aus Büschen duft'ger Rosen
Süße Liebeslaute wehen.
Will das trunkne Aug' dann sehen,
Wie die Holde kommt gesprungen,
Die da lauscht an Blumenwegen,
Kaum ist Sehnsuchts-Ruf erklungen,
Hat sich schnell hinangeschwungen.
Liebe kommt uns rasch entgegen.

Dieses Sehnen, dieses Schmachten
Kann wohl oft den Sinn berücken,
Doch wie lange kann's beglücken,
Dieses Springen, Rennen, Trachten!
Holder Freundschaft Trieb' erwachten,
Strahlten auf bei Hespers Scheine.
Und den Edlen brav und rein,
Ihn zu finden, den ich meine,
Klettr' ich über Maur und Zäune,
Aufgesucht will Freundschaft sein.«

(Mak. Bl.) – gerade den Abend in solch heitrer gemütlicher Stimmung, wie man sie an ihm nicht verspürt hatte seit gar geraumer Zeit. Und diese Stimmung war es, die das Unerhörte geschehen ließ. Denn ohne wild aufzufahren und davonzurennen, wie er sonst in gleichem Fall wohl zu tun pflegte, hörte er ruhig und sogar mit gutmütigem Lächeln den langen und noch langweiligern ersten Akt eines entsetzlichen Trauerspiels an, den ein junger hoffnungsvoller Leutnant mit roten Wangen und wohlgekräuseltem Haupthaar verfasst hatte und mit aller Prätention des glücklichsten Dichters vortrug. Ja, als besagter Leutnant, da er geendet, ihn heftig fragte, was er von der Dichtung halte, begnügte er sich, mit dem mildesten Ausdruck des innern Ergötzens im ganzen Gesicht dem jungen Kriegs- und Vershelden zu versichern, dass der Aushängeakt, das gierigen ästhetischen Leckermäulern dargebotene Koststück, in der Tat herrliche Gedanken enthalte, für deren originelle Genialität schon der Umstand spräche, dass auch anerkannt große Dichter wie z. B. Calderon, Shakespeare und der moderne Schiller darauf verfallen. Der Leutnant umarmte ihn sehr und verriet mit geheimnisvoller Miene, dass er gedenke, noch denselben Abend eine ganze Gesellschaft der auserlesensten Fräuleins, unter denen sogar eine Gräfin befindlich, die spanisch lese und in Öl male, mit dem vortrefflichsten aller ersten Akte zu beglücken. Auf die Versicherung, dass er daran ungemein wohl tun werde, lief er voller Enthusiasmus von dannen.

»Ich begreife«, sprach jetzt der kleine Geheime Rat, »ich begreife dich heute gar nicht, lieber Johannes, mit deiner unbeschreiblichen Sanftmut! – Wie war es dir möglich, das durchaus abgeschmackte Zeug so ruhig, so aufmerksam anzuhören! – Angst und bange wurde mir, als der Leutnant uns, die wir, unbewacht, keine Gefahr ahnten, überfiel und uns rettungslos eingarnte in die tausendfältigen Schlingen seiner endlosen Verse! – Ich dachte, jeden Augenblick würdest du dazwischen fahren, wie du es sonst wohl tust bei geringerem Anlass; aber du bleibst ruhig, ja, dein Blick spricht Wohlgefallen aus, und am Ende, nachdem ich für meine Person ganz schwach und elend worden, fertigst du den Unglückseligen ab mit einer Ironie, die er nicht einmal zu fassen imstande, und sagst ihm wenigstens nicht zur Warnung für künftige Fälle, dass das Ding viel zu lang sei und merklich amputiert werden müsse.« »Ach«, erwiderte Kreisler, »ach, was hätte ich denn ausgerichtet mit diesem kläglichen Rat! – Kann denn ein prägnanter Dichter wie unser lieber Leutnant wohl mit Nutzen irgendeine Amputation an seinen Versen vornehmen, wachsen sie ihm nicht nach unter der Hand? – Und weißt du denn nicht, dass überhaupt die Verse unserer jungen Dichter die Reproduktionskraft der Eidechsen besitzen, denen die Schwänze munter wiederum hervorschießen, hat man sie auch an der Wurzel weggeschnitten! – Wenn du aber meinst, dass ich des Leutnants Leserei ruhig angehört, so bist du in großem Irrtum! – Der Sturm war vorüber, alle Gräser und Blumen im kleinen Garten erhoben ihre gebeugten Häupter und schlürften begierig den Himmelsnektar ein, der aus den Wolkenschleiern in einzelnen Tropfen herabfiel. Ich stellte mich unter den großen blühenden Apfelbaum und horchte auf die verhallende Stimme des Donners in den fernen Bergen, die wie eine Weissagung von unaussprechlichen Dingen in meiner Seele widerklang, und schaute auf zu dem Blau des Himmels, das wie mit leuchtenden Augen dort und dort durch die fliehenden Wolken blickte! – Aber dazwischen rief der Onkel, ich solle fein ins Zimmer und mir den neuen geblümten Schlafrock nicht verderben durch unziemliche Nässe und mir nicht den Schnupfen holen im feuchten Gras. Und dann war es wieder nicht der Onkel, welcher sprach, sondern irgendein Filou von Papagei oder Starmatz hinterm Busch oder im Busch oder Gott weiß wo sonst machte sich den unnützen Spaß, mich damit zu necken, dass er mir allerlei köstliche Gedanken aus dem Shakespeare zurief nach seiner Manier. Und das war nun wieder der Leutnant und sein Trauerspiel! – Geheimer Rat, gib dir die Mühe zu merken, dass es eine Erinnerung an meine Knabenzeit war, die mich dir und dem Leutnant entführte. Ich stand wirklich, ein Junge von höchstens zwölf Jahren, in des Onkels kleinem Garten und hatte den schönsten Zitz als Schlafrock an, den jemals eine Kattundruckerseele ersonnen, und vergebens hast du, o Geheimer Rat, heute dein Königsräucherpulver verschwendet, denn ich habe nichts verspürt als das Aroma meines blühenden Apfelbaums, nicht einmal das Haaröl des Versifikanten, der sein Haupt salbt, ohne es jemals schützen zu können gegen Wind und Wetter durch eine Krone, vielmehr nichts aufstülpen darf, als Filz und Leder, durch das Reglement ausgeprägt zu einem Tschako! – Genug, Bester, du warst von uns dreien das einzige Opferlamm, das sich dem infernalischen Trauerspielmesser des dichterischen Helden darbot. Denn während ich mich, alle Extremitäten sorglich einziehend, in das kleine Schlafröckchen eingepuppt hatte und mit zwölfjähriger, zwölflötiger Leichtigkeit hineingesprungen war in mehrbesagten Garten, verbrauchte Meister Abraham, wie du siehst, drei bis vier Bogen des schönsten Notenpapiers, um allerlei ergötzliche Phantasmata zuzuschneiden. Auch er ist also dem Leutnant entwischt!« –

Kreisler hatte recht, Meister Abraham verstand sich darauf, Kartonblätter so zuzuschneiden, dass, fand man auch aus dem Gewirre durchschnittner Flecke nicht das mindeste deutlich heraus, doch, hielt man ein Licht hinter das Blatt, in den auf die Wand geworfenen Schatten sich die seltsamsten Gestalten in allerlei Gruppen bildeten. Hatte nun Meister Abraham schon an und für sich selbst natürliche Abscheu gegen alles Vorlesen, war ihm noch besonders des Leutnants Verselei im Grunde des Herzens zuwider, so konnt' es nicht fehlen, dass er, kaum hatte der Leutnant begonnen, begierig nach dem steifen Notenpapier griff, das zufällig auf dem Tisch des Geheimen Rats lag, eine kleine Schere aus der Tasche langte und eine Beschäftigung begann, die ihn dem Attentat des Leutnants gänzlich entzog.

»Höre«, begann nun der Geheime Rat, »höre, Kreisler, – also eine Erinnerung an deine Knabenzeit war es, die in deine Seele kam, und dieser Erinnerung mag ich es wohl zuschreiben, dass du heute so mild bist, so gemütlich, – höre, mein innigstgeliebter Freund! Es wurmt mich, wie alle, die dich ehren und lieben, dass ich von deinem frühern Leben so ganz und gar nichts weiß, dass du der leisesten Frage darüber so unfreundlich ausweichst, ja, dass du absichtlich Schleier über die Vergangenheit wirfst, die doch zuweilen zu durchsichtig sind, um nicht durch allerlei in seltsamer Verzerrung durchschimmernde Bilder die Neugierde zu reizen. Sei offen gegen die, denen du doch schon dein Vertrauen schenktest.« –

Kreisler blickte den Geheimen Rat an mit großen Augen voll Verwunderung, wie einer, der, aus tiefem Schlaf erwachend, eine fremde unbekannte Gestalt vor sich erblickt, und fing dann sehr ernsthaft an:

»Am Tage Johannis Chrysostomi, das heißt am vierundzwanzigsten Januar des Jahres Eintausendsiebenhundert und etliche dazu, um die Mittagsstunde, wurde einer geboren, der hatte ein Gesicht und Hände und Füße. Der Vater aß eben Erbsensuppe und goss sich vor Freuden einen ganzen Löffel voll über den Bart, worüber die Wöchnerin, ungeachtet sie es nicht gesehen, dermaßen lachte, dass von der Erschütterung dem Lautenisten, der dem Säugling seinen neuesten Murki vorspielte, alle Saiten sprangen und er bei der atlasnen Nachthaube seiner Großmutter schwor, was Musik betreffe, würde der kleine Hans Hase ein elender Stümper bleiben ewiglich und immerdar. Darauf wischte sich aber der Vater das Kinn rein und sprach pathetisch: ›Johannes soll er zwar heißen, jedoch kein Hase sein‹. Der Lautenist – «

»Ich bitte dich«, unterbrach der kleine Geheime Rat den Kapellmeister, »ich bitte dich, Kreisler, verfalle nicht in die verdammte Sorte von Humor, die mir, ich mag's wohl sagen, den Atem versetzt. Verlange ich denn, dass du mir eine pragmatische Selbstbiographie geben, will ich denn mehr, als dass du mir vergönnen sollst, einige Blicke in dein früheres Leben zu tun, ehe ich dich kannte? – In der Tat magst du eine Neugierde nicht verargen, die keine andere Quelle hat als die innigste Zuneigung recht aus dem tiefsten Herzen. Und nebenher musst du es dir, da du nun einmal seltsam genug auftrittst, gefallen lassen, dass jeder glaubt, nur das bunteste Leben, eine Reihe der fabelhaftesten Ereignisse könne die psychische Form so auskneten und bilden, wie es bei dir geschehen.« – »O des groben Irrtums«, sprach Kreisler, indem er tief seufzte, »o des groben Irrtums, meine Jugendzeit gleicht einer dürren Heide ohne Blüten und Blumen, Geist und Gemüt erschlaffend im trostlosen Einerlei! – «

»Nein nein«, rief der Geheime Rat, »dem ist nicht so, denn ich weiß wenigstens, dass in dieser Heide ein hübscher kleiner Garten steht, mit einem blühenden Apfelbaum, der mein feinstes Königspulver überduftet. Nun! Ich meine, Johannes, du rückst heraus mit der Erinnerung an deine frühere Jugendzeit, die heute, wie du erst sagtest, deine ganze Seele befängt.«

»Ich dächte«, sprach Meister Abraham, indem er dem eben fertig gewordenen Kapuziner die Tonsur einschnitt, »ich dächte auch, Kreisler, dass Ihr in Eurer heutigen passablen Stimmung nichts Besseres tun könntet, als Euer Herz oder Euer Gemüt, oder wie Ihr sonst gerade Euer inneres Schatzkästlein nennen möget, aufzuschließen und dies oder jenes daraus hervorzulangen. Das heißt, da Ihr nun einmal verraten, dass Ihr wider den Willen des besorgten Oheims im Regen hinausliefet und abergläubischer Weise auf die Weissagungen des sterbenden Donners horchtet, so möget Ihr immer noch mehr erzählen, wie sich damals alles begab. Aber lügt nicht, Johannes, denn Ihr wisst, dass Ihr, was wenigstens die Zeit betrifft, als Ihr die ersten Hosen trugt und dann der erste Haarzopf Euch eingeflochten wurde, unter meiner Kontrolle steht.«

Kreisler wollte etwas erwidern, aber Meister Abraham wandte sich schnell zum kleinen Geheimen Rat und sprach: »Sie glauben gar nicht, Vortrefflichster, wie unser Johannes sich dem bösen Geist des Lügens ganz und gar hingibt, wenn er, wie es jedoch gar selten geschieht, von seiner frühesten Jugendzeit erzählt. Gerade, wenn die Kinder noch sagen: ›Pä Pä und Mä Mä!‹ und mit den Fingern ins Licht fahren, gerade zu der Zeit will er schon alles beachtet und tiefe Blicke getan haben ins menschliche Herz.« »Ihr tut mir unrecht«, sprach Kreisler, mild lächelnd, mit sanfter Stimme, »Ihr tut mir großes Unrecht, Meister! Sollt' es mir denn möglich sein, Euch was weismachen zu wollen von frühreifem Geistesvermögen, wie es wohl eitle Gecken tun? – Und ich frage dich, Geheimer Rat, ob es dir auch nicht widerfährt, dass oft Momente lichtvoll vor deine Seele treten aus einer Zeit, die manche erstaunlich kluge Leute ein bloßes Vegetieren nennen und nichts statuieren wollen als bloßen Instinkt, dessen höhere Vortrefflichkeit wir den Tieren einräumen müssen? – Ich meine, dass es damit eine eigene Bewandtnis hat! – Ewig unerforschlich bleibt uns das erste Erwachen zum klaren Bewusstsein! – Wäre es möglich, dass dies mit einem Ruck geschehen könnte, ich glaube, der Schreck darüber müsste uns töten. – Wer hat nicht schon die Angst der ersten Momente im Erwachen aus tiefem Traum, bewusstlosem Schlaf empfunden, wenn er, sich selbst fühlend, sich auf sich selbst besinnen musste? – Doch, um mich nicht zu weit zu verlieren, ich meine, jeder starke psychische Eindruck in jener Entwicklungszeit lässt wohl ein Samenkorn zurück, das eben mit dem Emporsprossen des geistigen Vermögens fortgedeiht, und so lebt aller Schmerz, alle Lust jener Stunden der Morgendämmerung in uns fort, und es sind wirklich die süßen wehmutsvollen Stimmen der Lieben, die wir, als sie uns aus dem Schlaf weckten, nur im Traum zu hören glaubten, und die noch in uns forthallen! – Ich weiß aber, worauf der Meister anspielt. Auf nichts anders als auf die Geschichte von der verstorbenen Tante, die er mir wegstreiten will, und die ich, um ihn erklecklich zu ärgern, nur gerade dir, Geheimer Rat, erzählen werde, wenn du mir versprichst, mir was weniges empfindelnde Kinderei zugute zu halten. – Was ich dir von der Erbsensuppe und dem Lautenisten – « – »O«, unterbrach der Geheime Rat den Kapellmeister, »o still, still, nun merk' ich wohl, du willst mich foppen, und das ist denn doch wider alle Sitte und Ordnung.« »Keineswegés«, fuhr Kreisler fort, »keineswegés, mein Herz! Aber von dem Lautenisten muss ich anfangen, denn er bildet den natürlichsten Übergang zur Laute, deren Himmelstöne das Kind in süße Träume wiegten. Die jüngere Schwester meiner Mutter war Virtuosin auf diesem zurzeit in die musikalische Polterkammer verwiesenen Instrument. Gesetzte Männer, die schreiben und rechnen können und wohl noch mehr als das, haben in meiner Gegenwart Tränen vergossen, wenn sie bloß dachten an das Lautenspiel der seligen Mamsell Sophie, mir ist es deshalb gar nicht zu verdenken, wenn ich, ein durstig Kind, meiner selbst nicht mächtig, noch ohne in Wort und Rede aufgekeimtes Bewusstsein, alle Wehmut des wunderbaren Tonzaubers, den die Lautenistin aus ihrem Innersten strömen ließ, in begierigen Zügen einschlürfte. – Jener Lautenist an der Wiege war aber der Lehrer der Verstorbenen, klein von Person, mit hinlänglich krummen Beinen, hieß Monsieur Turtel und trug eine sehr saubere weiße Perücke mit einem breiten Haarbeutel, sowie einen roten Mantel. – Ich sage das nur, um zu beweisen, wie deutlich mir die Gestalten aus jener Zeit aufgehen, und dass weder Meister Abraham noch sonst jemand daran zweifeln darf, wenn ich behaupte, dass ich, ein Kind von noch nicht drei Jahren, mich finde auf dem Schoß eines Mädchens, deren mildblickende Augen mir recht in die Seele leuchteten, dass ich noch die süße Stimme höre, die zu mir sprach, zu mir sang, dass ich es noch recht gut weiß, wie ich der anmutigen Person all meine Liebe, all meine Zärtlichkeit zuwandte. Dies war aber eben Tante Sophie, die in seltsamer Verkürzung ›Füßchen‹ gerufen wurde. Eines Tages lamentierte ich sehr, weil ich Tante Füßchen nicht gesehen hatte. Die Wärterin brachte mich in ein Zimmer, wo Tante Füßchen im Bett lag, aber ein alter Mann, der neben ihr gesessen, sprang schnell auf und führte, heftig scheltend, die Wärterin, die mich auf dem Arm hatte, hinaus. Bald darauf kleidete man mich an, hüllte mich ein in dicke Tücher, brachte man mich ganz und gar in ein anderes Haus zu andern Personen, die sämtlich Onkel und Tanten von mir sein wollten und versicherten, dass Tante Füßchen sehr krank sei und ich, wäre ich bei ihr geblieben, ebenso krank geworden sein würde. Nach einigen Wochen brachte man mich zurück zu meinem vorigen Aufenthalt. Ich weinte, ich schrie, ich wollte zu Tante Füßchen. Sowie ich in jenes Zimmer gekommen, trippelte ich hin an das Bett, in dem Tante Füßchen gelegen, und zog die Gardinen auseinander. Das Bett war leer, und eine Person, die nun wieder eine Tante von mir war, sprach, indem ihr die Tränen aus den Augen stürzten: ›Du findest sie nicht mehr, Johannes, sie ist gestorben und liegt unter der Erde.‹ –

Ich weiß wohl, dass ich den Sinn dieser Worte nicht verstehen konnte, aber noch jetzt, jenes Augenblicks gedenkend, erbebe ich in dem namenlosen Gefühl, das mich damals erfasste. Der Tod selbst presste mich hinein in seinen Eispanzer, seine Schauer drangen in mein Innerstes, und vor ihnen erstarrte alle Lust der ersten Knabenjahre. – Was ich begann, weiß ich nicht mehr, wüsste es vielleicht niemals, aber erzählt hat man mir oft genug, dass ich langsam die Gardinen fahren ließ, ganz ernst und still einige Augenblicke stehen blieb, dann aber, wie tief in mich gekehrt und darüber nachsinnend, was man mir eben gesagt, mich auf ein kleines Rohrstühlchen setzte, das mir eben zur Hand. Man fügte hinzu, dass diese stille Trauer des sonst zu den lebhaftesten Ausbrüchen geneigten Kindes etwas unbeschreiblich Rührendes gehabt, und dass man selbst einen nachteiligen psychischen Einfluss gefürchtet, da ich mehrere Wochen in demselben Zustande geblieben, nicht weinend, nicht lachend, zu keinem Spiel aufgelegt, kein freundlich Wort erwidernd, nichts um mich her beachtend.« –

In diesem Augenblick nahm Meister Abraham ein in Kreuz- und Querzügen wunderlich durchschnittenes Blatt zur Hand, hielt es vor die brennenden Kerzen, und auf der Wand reflektierte sich ein ganzer Chor von Nonnen, die auf seltsamen Instrumenten spielten.

»Hoho!« rief Kreisler, indem er die ganz artig geordnete Gruppe der Schwestern erblickte, »hoho, Meister, ich weiß wohl, woran Ihr mich erinnern wollt! – Und noch jetzt behaupte ich keck, dass Ihr unrecht tatet, mich auszuschelten, mich einen störrigen, unverständigen Burschen zu nennen, der durch die dissonierende Stimme seiner Torheit einen ganzen singenden und spielenden Konvent aus Ton und Takt bringen könne. Hatte ich nicht zu der Zeit, als Ihr mich, zwanzig oder dreißig Meilen weit von meiner Vaterstadt, in das Clarissenkloster führtet, um die erste wahrhaft katholische Kirchenmusik zu hören; hatte ich, sag' ich, damals nicht den gerechtesten Anspruch auf die brillanteste Lümmelhaftigkeit, da ich gerade mitten in den Lümmeljahren stand? War es nicht desto schöner, dass demunerachtet der längst verwundene Schmerz des dreijährigen Knaben erwachte mit neuer Kraft und einen Wahn gebar, der meine Brust mit allem tötenden Entzücken der herzzerschneidendsten Wehmut erfüllte? – Musste ich nicht behaupten und alles Einredens unerachtet dabei bleiben, dass niemand anders das wunderliche Instrument, die Trompette marine geheißen, spiele als Tante Füßchen, unerachtet sie längst verstorben? – Warum hieltet Ihr mich ab, einzudringen in den Chor, wo ich sie wiedergefunden hätte in ihrem grünen Kleid mit rosfarbnen Schleifen!« –

Nun starrte Kreisler hin nach der Wand und sprach mit bewegter, zitternder Stimme: »Wahrhaftig! – Tante Füßchen ragt hervor unter den Nonnen! – Sie ist auf eine Fußbank getreten, um das schwierige Instrument besser handhaben zu können.« – Doch der Geheime Rat trat vor ihn hin, so dass er ihm den Anblick des Schattenbildes entzog, fasste ihn bei beiden Schultern und begann: »In der Tat, Johannes, es wäre gescheiter, du überließest dich nicht deinen seltsamen Träumereien und sprächest nicht von Instrumenten, die gar nicht existieren, denn in meinem Leben habe ich nichts gehört von einer Trompette marine!« – »O«, rief Meister Abraham lachend, indem er, das Blatt unter den Tisch werfend, den ganzen Nonnenkonvent samt der chimärischen Tante Füßchen mit ihrer Trompette marine schnell verschwinden ließ, »o mein würdigster Geheimer Rat, der Herr Kapellmeister ist auch jetzt, wie immer, ein vernünftiger, ruhiger Mann und kein Phantast oder Haselant, wofür ihn gern viele ausgeben möchten. Ist es nicht möglich, dass die Lautenistin, nachdem sie Todes verblichen, sich mit Effekt auf das wunderbare Instrument verlegte, welches Sie vielleicht noch jetzt hin und wieder in Nonnenklöstern wahrnehmen und darüber in Erstaunen geraten können? – Wie! – die Trompette marine soll nicht existieren? – Schlagen Sie doch nur diesen Artikel gefälligst in Kochs "musikalischem Lexikon" nach, das Sie ja selbst besitzen.«

Der Geheime Rat tat es auf der Stelle und las laut: »Dieses alte, ganz einfache Bogeninstrument besteht aus drei dünnen, sieben Schuh langen Brettern, die unten, wo das Instrument auf dem Fußboden aufsteht, sechs bis sieben Zoll, oben aber kaum zwei Zoll breit und in der Form eines Triangels zusammengeleimt sind, so dass der Korpus, welcher oben eine Art von Wirbelkasten hat, von unten bis oben verjüngt zuläuft. Eins von diesen drei Brettern macht den Sangboden aus, der mit einigen Schalllöchern versehen und mit einer einzigen, etwas starken Darmsaite bezogen ist. Beim Spielen stellt man das Instrument schief vor sich hin und stemmt den obern Teil desselben gegen die Brust. Mit dem Daumen der linken Hand berührt der Spieler die Saite da, wo die zu greifenden Töne liegen, ganz gelinde und ungefähr ebenso wie bei dem Flautino oder Flageolett auf der Geige, während mit der rechten Hand die Saite mit dem Bogen angestrichen wird. Der eigentümliche Ton dieses Instruments, der dem Ton einer gedämpften Trompete gleicht, wird durch den besondern Steg hervorgebracht, auf welchem die Saite unten auf dem Resonanzboden ruht. Dieser Steg hat beinahe die Gestalt eines kleinen Schuhs, der vorn ganz niedrig und dünn, hinten hingegen höher und stärker ist. Auf dem hintern Teil desselben liegt die Saite auf und verursacht, wenn sie angestrichen wird, durch ihre Schwingungen, dass sich der vordere und leichte Teil des Stegs auf dem Sangboden auf und nieder bewegt, wodurch der schnarrende und der gedämpften Trompete ähnliche Ton hervorgebracht wird!« –

»Baut mir ein solches Instrument«, rief der Geheime Rat mit glänzenden Augen, »baut mir ein solches Instrument, Meister Abraham, ich werfe meine Nagelgeige in den Winkel, Berühre nicht mehr das Euphon, sondern setze Hof und Stadt in Erstaunen, auf der Trompette marine die wunderbarsten Lieder spielend!« –

»Ich tue das«, erwiderte Meister Abraham, »und möge, bester Geheimer Rat, der Geist von Tante Füßchen im grüntaftnen Kleide über Sie kommen und Sie eben als Geist begeistern!« –

Der Geheime Rat umarmte entzückt den Meister, aber Kreisler trat zwischen beide, indem er beinahe ärgerlich sprach: »Ei! seid Ihr nicht ärgere Haselanten, als ich jemals einer gewesen bin, und dabei unbarmherzig gegen den, den Ihr zu lieben vorgebt! – Begnügt Euch doch damit, dass Ihr mit jener Beschreibung eines Instruments, dessen Ton mein Innerstes durchbebte, mir Eiswasser über die heiße Stirn gegossen, und schweigt von der Lautenistin! – Nun! Du wolltest ja, Geheimer Rat, ich sollte von meiner Jugend sprechen, und schnitt der Meister dazu Schattenbilder, die zu Momenten aus jener Zeit passten, so konntest du mit der schönen, mit Kupferstichen verzierten Ausgabe meiner biographischen Skizzen zufrieden sein. Als du aber den Artikel aus dem Koch lasest, fiel mir sein lexikalischer Kollege Gerber ein, und ich erblickte mich, ein Leichnam, ausgestreckt auf der Tafel liegend, bereit zur biographischen Sektion. – Der Prosektor könnte sagen: ›Es ist gar nicht zu verwundern, dass in dem Innern dieses jungen Mannes durch tausend Adern und Äderchen lauter musikalisches Blut läuft, denn das war der Fall bei vielen seiner Blutsverwandten, deren Blutsverwandter er eben deshalb ist.‹ – Ich will nämlich sagen, dass die meisten von meinen Tanten und Onkels, deren es, wie der Meister weiß und du eben erst erfahren hast, eine nicht geringe Anzahl gab, Musik trieben und noch dazu meistenteils Instrumente spielten, die schon damals sehr selten waren, jetzt aber zum Teil verschwunden sind, so dass ich nur noch im Traum die ganz wunderbar klingenden Konzerte vernehme, die ich ungefähr bis zu meinem zehnten, elften Jahr hörte. – Mag es sein, dass deshalb mein musikalisches Talent schon im ersten Aufkeimen die Richtung genommen hat, die in meiner Art zu instrumentieren sich kundtun soll, und die man als zu phantastisch verwirft. – Kannst du dich, Geheimer Rat, der Tränen enthalten, wenn du recht schön auf dem uralten Instrument, auf der Viola d'Amore, spielen hörst, so danke dem Schöpfer für deine robuste Konstitution; ich für mein Teil flennte beträchtlich, als der Ritter Eßer sich darauf hören ließ, früher aber noch mehr, wenn ein großer ansehnlicher Mann, dem die geistliche Kleidung ungemein gut stand, und der nun wieder mein Onkel war, mir darauf vorspielte. So war auch eines andern Verwandten Spiel auf der Viola di Gamba gar angenehm und verlockend, wiewohl derjenige Onkel, der mich erzog oder vielmehr nicht erzog, und der das Spinett mit barbarischer Virtuosität zu hantieren wusste, ihm mit Recht Mangel an Takt vorwarf. Der Arme geriet auch bei der ganzen Familie in nicht geringe Verachtung, als man erfahren, dass er in aller Fröhlichkeit nach der Musik einer Sarabande eine Menuett à la Pompadour getanzt. Ich könnte Euch überhaupt viel erzählen von den musikalischen Belustigungen meiner Familie, die oft einzig in ihrer Art sein mochten, aber es würde manches Groteske mit unterlaufen, worüber Ihr lachen müsstet, und meine werten Verwandten Eurem Gelächter preiszugeben, das verbietet der Respectus Parentelae.« – »Johannes«, begann der Geheime Rat, »Johannes! Du wirst es mir in deiner Gemütlichkeit nicht verargen, wenn ich eine Saite in deinem Innern anschlage, deren Berührung dich vielleicht schmerzt. – Immer sprichst du von Onkeln, von Tanten, nicht gedenkst du deines Vaters, deiner Mutter!« –

»O mein Freund«, erwiderte Kreisler mit dem Ausdruck der tiefsten Bewegung, »o mein Freund, eben heute gedachte ich, – doch nein, nichts mehr von Erinnerungen, von Träumen, nichts von dem Augenblick, der heute alles nur gefühlte, nicht verstandene Weh meiner frühen Knabenzeit weckte, aber eine Ruhe kam dann in mein Gemüt, die der ahnungsvollen Stille des Waldes gleicht, wenn der Gewittersturm vorüber! – Ja, Meister, Ihr habt recht, ich stand unter dem Apfelbaum und horchte auf die weissagende Stimme des hinsterbenden Donners! – Du kannst dir deutlicher die dumpfe Betäubung denken, in der ich wohl ein paar Jahre fortleben mochte, als ich Tante Füßchen verloren, wenn ich dir sage, dass der Tod meiner Mutter, der in diese Zeit fällt, keinen sonderlichen Eindruck auf mich machte. Weshalb aber mein Vater mich ganz dem Bruder meiner Mutter überließ oder überlassen musste, darf ich dir nicht sagen, da du Ähnliches in manchem verbrauchten Familienroman oder in irgendeiner Ifflandschen Hauskreuzkomödie nachlesen kannst. Es genügt, dir zu sagen, dass, wenn ich meine Knaben-, ja einen guten Teil meiner Jünglingsjahre im trostlosen Einerlei verlebte, dies wohl eben dem Umstande zuzuschreiben, dass ich elternlos war. Der schlechte Vater ist noch immer viel besser als jeder gute Erzieher, mein' ich, und mir schaudert die Haut, wenn Eltern in lieblosem Unverstand ihre Kinder von sich lassen und verweisen in diese, jene Erziehungsanstalt, wo die Armen ohne Rücksicht auf ihre Individualität, die ja niemanden anders als eben den Eltern recht klar aufgehen kann, nach bestimmter Norm zugeschnitten und appretiert werden. – Was nun eben die Erziehung betrifft, so darf sich kein Mensch auf Erden darüber wundern, dass ich ungezogen bin, denn der Oheim zog oder erzog mich ganz und gar nicht, sondern überließ mich der Willkür der Lehrer, die ins Haus kamen, da ich keine Schule besuchen und auch durch irgendeine Bekanntschaft mit einem Knaben meines Alters die Einsamkeit des Hauses, das der unverheiratete Oheim mit einem alten trübsinnigen Bedienten allein bewohnte, nicht stören durfte. – Ich besinne mich nur auf drei verschiedene Fälle, in denen der beinahe bis zum Stumpfsinn gleichgültige, ruhige Oheim einen kurzen Akt der Erziehung vornahm, indem er mir eine Ohrfeige zuteilte, sodass ich wirklich während meiner Knabenzeit drei Ohrfeigen empfangen. Ich könnte dir, mein Geheimer Rat, da ich eben zum Schwatzen so aufgelegt, die Geschichte von den drei Ohrfeigen als ein romantisches Kleeblatt auftischen, doch hebe ich nur die mittlere heraus, da ich weiß, dass du auf nichts so erpicht bist als auf meine musikalischen Studien und es dir nicht gleichgültig sein kann, zu erfahren, wie ich zum ersten Mal komponierte. – Der Oheim hatte eine ziemlich starke Bibliothek, in der ich nach Gefallen stöbern und lesen durfte, was ich wollte; mir fielen Rousseaus ›Bekenntnisse‹ in der deutschen Übersetzung in die Hände. Ich verschlang das Buch, das eben nicht für einen zwölfjährigen Knaben geschrieben, und das den Samen manches Unheils in mein Inneres hätte streuen können. Aber nur ein einziger Moment aus allen, zum Teil sehr verfänglichen Begebenheiten erfüllte mein Gemüt so ganz und gar, dass ich alles übrige darüber vergaß. Gleich elektrischen Schlägen traf mich nämlich die Erzählung, wie der Knabe Rousseau, von dem mächtigen Geist seiner innern Musik getrieben, sonst aber ohne alle Kenntnis der Harmonik, des Kontrapunkts, aller praktischen Hilfsmittel, sich entschließt, eine Oper zu komponieren, wie er die Vorhänge des Zimmers herablässt, wie er sich aufs Bett wirft, um sich ganz der Inspiration seiner Einbildungskraft hinzugeben, wie ihm nun sein Werk aufgeht, gleich einem herrlichen Traum! – Tag und Nacht verließ mich nicht der Gedanke an diesen Moment, mit dem mir die höchste Seligkeit über den Knaben Rousseau gekommen zu sein schien! – Oft war es mir, als sei ich auch schon dieser Seligkeit teilhaftig geworden, und dann, nur von meinem festen Entschluss hinge es ab, mich auch in dies Paradies hinaufzuschwingen, da der Geist der Musik in mir ebenso mächtig beschwingt. Genug, ich kam – dahin, es meinem Vorbilde nachmachen zu wollen. Als nämlich an einem stürmischen Herbstabend der Oheim wider seine Gewohnheit das Haus verlassen, ließ ich sofort die Vorhänge herab und warf mich auf des Oheims Bett, um, wie Rousseau, eine Oper im Geiste zu empfangen. So vortrefflich aber die Anstalten waren, so sehr ich mich abmühte, den dichterischen Geist hinanzulocken, blieb er doch in störrischem Eigensinn fort! – Durchaus summte mir, statt aller herrlichen Gedanken, die mir aufgehen sollten, ein altes erbärmliches Lied vor den Ohren, dessen weinerlicher Text begann: ›Ich liebte nur Ismenen, Ismene liebt' nur mich‹, und ließ, so sehr ich mich dagegen sträubte, nicht nach. ›Jetzt kommt der erhabene Priesterchor: Hoch von Olympos' Höhn'‹, rief ich mir zu, aber: ›Ich liebte nur Ismenen‹, summte die Melodie unaufhörlich weiter, bis ich zuletzt fest einschlief. Mich weckten laute Stimmen, während ein unerträglicher Geruch mir in die Nase fuhr und den Atem versetzte! Das ganze Zimmer war von dickem Rauch erfüllt, und in dem Gewölk stand der Oheim und trat die Reste der flammenden Gardine, die den Kleiderschrank verbarg, nieder und rief: ›Wasser her – Wasser her!‹ bis der alte Diener Wasser in reichlicher Fülle herbeibrachte, über den Boden ausgoss und so das Feuer löschte. Der Rauch zog langsam durch die Fenster. ›Wo ist nur der Unglücksvogel?‹ fragte der Oheim, indem er im Zimmer umherleuchtete. Ich wusste wohl, welchen Vogel er meinte, und blieb mäuschenstill im Bette, bis der Oheim hinzutrat und mir mit einem zornigen: ›Will Er wohl gleich heraus!‹ auf die Beine half. ›Steckt mir der Bösewicht das Haus über dem Kopf an!‹ fuhr der Onkel fort. – Ich versicherte auf weiteres Befragen ganz ruhig, dass ich auf dieselbe Weise wie der Knabe Rousseau nach dem Inhalt seiner ›Bekenntnisse‹ es getan, eine Opera seria im Bett komponiert hätte, und dass ich durchaus gar nicht wisse, wie der Brand entstanden. ›Rousseau? Komponiert? Opera seria? – Pinsel!‹ So stotterte der Oheim vor Zorn und teilte mir die kräftige Ohrfeige zu, die ich als die zweite empfing, sodass ich, vor Schreck erstarrt, sprachlos stehen blieb, und in dem Augenblick hörte ich wie einen Nachklang des Schlages ganz deutlich: ›Ich liebte nur Ismenen etc. etc.‹. Sowohl gegen dieses Lied als gegen die Begeisterung des Komponierens überhaupt empfand ich von diesem Augenblick an einen lebhaften Widerwillen.«

»Aber wie war nur das Feuer entstanden?« fragte der Geheime Rat. »Noch«, erwiderte Kreisler, »noch in diesem Augenblick ist es mir unbegreiflich, durch welchen Zufall die Gardine in Brand geriet und einen schönen Schlafrock des Oheims sowie drei oder vier schön frisierte Toupets, die der Oheim als partielle Perückenstudien aus einer Gesamtfrisur aufzusetzen pflegte, mit in ihr Verderben riss. Mir ist es auch immer so vorgekommen, als habe ich nicht des unverschuldeten Feuers, sondern nur der unternommenen Komposition halber die Ohrfeige erhalten. – Seltsam genug war es die Musik allein, die zu treiben mich der Oheim mit Strenge anhielt, unerachtet der Lehrer, getäuscht von dem nur momentanen Widerwillen, den ich dagegen äußerte, mich für ein durchaus unmusikalisches Prinzip hielt. Was ich übrigens lernen oder nicht lernen mochte, das war dem Oheim völlig gleich. Äußerte er manchmal lebhaften Unwillen, dass es so schwer hielt, mich zur Musik anzuhalten, so hätte man denken sollen, dass er von Freude hätte durchdrungen sein müssen, als nach ein paar Jahren der musikalische Geist sich so mächtig in mir regte, dass er alles übrige überflügelte; das war aber nun wieder ganz und gar nicht der Fall. Der Oheim lächelte bloß ein wenig, wenn er bemerkte, dass ich bald mehrere Instrumente mit einiger Virtuosität spielte, ja, dass ich manches kleine Stück aufsetzte zur Zufriedenheit der Meister und Kenner. Ja, er lächelte bloß ein wenig und sprach, wenn man ihn mit Lobeserhebungen anfuhr, mit schlauer Miene: ›Ja, der kleine Neveu ist närrisch genug‹.« –

»So ist«, nahm der Geheime Rat das Wort, »so ist es mir aber ganz unbegreiflich, dass der Oheim deiner Neigung nicht Freiheit ließ, sondern dich hineinzwang in eine andere Laufbahn. Soviel ich nämlich weiß, ist deine Kapellmeisterschaft eben nicht von lange her.«

»Und auch nicht weit her«, rief Meister Abraham lachend und fuhr, indem er das Bildnis eines kleinen, wunderlich gebauten Mannes an die Wand warf, weiter fort: »Aber nun muss ich mich des wackern Oheims, den mancher verruchte Neffe den O-weh-Onkel nannte, weil er sich mit Vornamen Ottfried Wenzel schrieb, ja, nun muss ich mich seiner annehmen und der Welt versichern, dass, wenn der Kapellmeister Johannes Kreisler es sich einfallen ließ, Legationsrat zu sein und sich abzuquälen mit seiner innersten Natur ganz widrigen Dingen, niemand weniger daran schuld ist als eben der O-weh-Onkel.« – »O still«, sprach Kreisler, »o still davon, Meister, und nehmt mir dort den Oheim von der Wand, denn möcht' er auch wirklich lächerlich genug aussehen, so mag ich doch eben heute über den Alten, der lange im Grabe ruht, nicht lachen!« –

»Ihr übernehmt Euch heute ja ganz in ziemlicher Empfindsamkeit«, erwiderte der Meister; Kreisler achtete aber nicht darauf, sondern sprach, sich zum kleinen Geheimen Rat wendend: »Du wirst es bedauern, mich zum Schwatzen gebracht zu haben, da ich dir, der vielleicht das Außerordentliche erwartete, nur Gemeines, wie es sich tausendmal im Leben wiederholt, auftischen kann. – So ist es auch gewiss, dass es nicht Erziehungszwang, nicht besonderer Eigensinn des Schicksals, nein, dass es der gewöhnlichste Lauf der Dinge war, der mich fortschob, sodass ich unwillkürlich dort hinkam, wo ich eben nicht hin wollte. – Hast du nicht bemerkt, dass es in jeder Familie einen gibt, der sich, sei es durch besonderes Genie oder durch das glückliche Zusammentreffen günstiger Ereignisse, zu einer gewissen Höhe hinaufschwang, und der nun, ein Heros, in der Mitte des Kreises steht, zu dem die lieben Verwandten demütig hinaufblicken, dessen gebietende Stimme vernommen wird in entscheidenden Sprüchen, von denen keine Appellation möglich? – So ging es mit dem jüngern Bruder meines Oheims, der dem musikalischen Familiennest entflohen war und in der Residenz als Geheimer Legationsrat in der Nähe des Fürsten eine ziemlich wichtige Person vorstellte. Sein Emporsteigen hatte die Familie in eine staunende Bewunderung gesetzt, die nicht nachließ. Man nannte den Legationsrat mit feierlichem Ernst, und wenn es hieß: ›Der Geheime Legationsrat hat geschrieben, der Geheime Legationsrat hat das und das geäußert‹, so horchte alles in stummer Ehrfurcht auf. Dadurch schon seit meiner frühesten Kindheit daran gewöhnt, den Oheim in der Residenz als einen Mann anzusehen, der das höchste Ziel alles menschlichen Strebens erreicht, musste ich es natürlich finden, dass ich gar nichts anders tun konnte, als in seine Fußtapfen treten. Das Bildnis des vornehmen Oheims hing in dem Prunkzimmer, und keinen größern Wunsch hegte ich, als so frisiert, so gekleidet umherzugehen wie der Oheim auf dem Bild. Diesen Wunsch gewährte mein Erzieher, und ich muss wirklich als zehnjähriger Knabe anmutig genug ausgesehen haben, im himmelhoch frisierten Toupet und kleinen zirkelrunden Haarbeutel, im zeisiggrünen Rock mit schmaler silberner Stickerei, seidenen Strümpfen und kleinem Degen. Dies kindische Streben ging tiefer ein, als ich älter worden, da, um mir Lust zur trockensten Wissenschaft einzuflößen, es genügte, mir zu sagen, dies Studium sei mir nötig, damit ich, dem Oheim gleich, dereinst Legationsrat werden könne. Dass die Kunst, welche mein Inneres erfüllte, mein eigentliches Streben, die wahre einzige Tendenz meines Lebens sein dürfe, fiel mir um so weniger ein, als ich gewohnt war, von Musik, Malerei, Poesie nicht anders reden zu hören als von ganz angenehmen Dingen, die zur Erheiterung und Belustigung dienen könnten. Die Schnelle, mit der ich, ohne dass sich jemals auch nur ein einziges Hindernis offenbart hätte, durch mein erlangtes Wissen und durch den Vorschub des Oheims in der Residenz, in der Laufbahn, die ich gewissermaßen selbst gewählt, vorwärts schritt, ließ mir keinen Moment übrig, mich umzuschauen und die schiefe Richtung des Weges, den ich genommen, wahrzunehmen. Das Ziel war erreicht, umzukehren nicht mehr möglich, als in einem nicht geahnten Moment die Kunst sich rächte, der ich abtrünnig worden, als der Gedanke eines ganzen verlornen Lebens mich mit trostlosem Weh erfasste, als ich mich in Ketten geschlagen sah, die mir unzerbrechlich dünkten!« –

»Glückselig«, rief der Geheime Rat, »glückselig, heilbringend also die Katastrophe, die dich aus den Fesseln befreite!« »Sag das nicht«, erwiderte Kreisler, »zu spät trat die Befreiung ein. Mir geht es wie jenem Gefangenen, der, als er endlich befreit wurde, dem Getümmel der Welt, ja dem Licht des Tages so entwöhnt war, dass er nicht vermögend, der goldnen Freiheit zu genießen, und sich wieder zurücksehnte in den Kerker.« »Das ist«, nahm Meister Abraham das Wort, »das ist nun eine von Euern konfusen Ideen, Johannes, mit denen Ihr Euch und andere plagt! – – Geht! Geht! – Immer hat es das Schicksal mit Euch gut gemeint, aber dass Ihr nun einmal nicht im gewöhnlichen Trott bleiben könnt, dass Ihr rechts, links herausspringt aus dem Wege, daran ist niemand schuld als Ihr selbst. Recht habt Ihr indessen wohl, dass, was Eure Knabenjahre betrifft, Euer Stern besonders waltete, und – – – «

Zweiter Abschnitt

Lebenserfahrungen des Jünglings

Auch ich war in Arkadien

(M. f. f.) »Närrisch genug und zugleich ungemein merkwürdig wär' es doch«, sprach eines Tages mein Meister zu sich selbst, »wenn der kleine graue Mann dort unter dem Ofen wirklich die Eigenschaften besitzen sollte, die der Professor ihm andichten will! – Hm! Ich dächte, er könnte mich dann reich machen, mehr als mein unsichtbares Mädchen es getan. Ich sperrt' ihn ein in einen Käfig, er müsste seine Künste machen vor der Welt, die reichlichen Tribut dafür gern zahlen würde. Ein wissenschaftlich gebildeter Kater will doch immer mehr sagen als ein frühreifer Junge, dem man die Exerzitia eingetrichtert. – Überdies erspart' ich mir einen Schreiber! – Ich muss dem Dinge näher auf die Spur kommen!«

Ich gedachte, als ich des Meisters verfängliche Worte vernahm, der Warnung meiner unvergesslichen Mutter Mina, und wohl mich hütend, auch nur durch das geringste Zeichen zu verraten, dass ich den Meister verstanden, nahm ich mir fest vor, auf das Sorgfältigste meine Bildung zu verbergen. Ich las und schrieb daher nur des Nachts und erkannte auch dabei mit Dank die Güte der Vorsehung, die meinem verachteten Geschlecht manchen Vorzug vor den zweibeinichten Geschöpfen, die sich, Gott weiß warum, die Herren der Schöpfung nennen, gegeben hat. Versichern kann ich nämlich, dass ich bei meinen Studien weder des Lichtziehers noch des Ölfabrikanten bedurfte, da der Phosphor meiner Augen hell leuchtet in der finstersten Nacht. Gewiss ist es daher auch, dass meine Werke erhaben sind über den Vorwurf, der irgendeinem Schriftsteller aus der alten Welt gemacht wurde, dass nämlich die Erzeugnisse seines Geistes nach der Lampe röchen.

Doch innig überzeugt von der hohen Vortrefflichkeit, mit der mich die Natur begabt hat, muss ich doch gestehen, dass alles hienieden gewisse Unvollkommenheiten in sich trägt, die wieder ein gewisses abhängiges Verhältnis verraten. Von den leiblichen Dingen, die die Ärzte nicht natürlich nennen, unerachtet sie mir eben recht natürlich dünken, will ich gar nicht reden, sondern nur rücksichts unseres psychischen Organismus bemerken, dass sich auch darin jene Abhängigkeit recht deutlich offenbart. Ist es nicht ewig wahr, dass unseren Flug oft Bleigewichte hemmen, von denen wir nicht wissen, was sie sind, woher sie kommen, wer sie uns angehängt?

Doch besser und richtiger ist es wohl, wenn ich behaupte, dass alles Übel vom bösen Beispiel herrührt, und dass die Schwäche unserer Natur lediglich darin liegt, dass wir dem bösen Beispiel zu folgen gezwungen sind. Überzeugt bin ich auch, dass das menschliche Geschlecht recht eigentlich dazu bestimmt ist, dies böse Beispiel zu geben. Bist du, geliebter Katerjüngling, der du dieses liesest, nicht einmal in deinem Leben in einen Zustand geraten, der dir selbst unerklärlich, dir überall die bittersten Vorwürfe und vielleicht auch – einige tüchtige Bisse deiner Kumpane zuzog? Du warst träge, zänkisch, ungebärdig, gefräßig, fandest an nichts Gefallen, warst immer da, wo du nicht sein solltest, fielst allen zur Last, kurz, warst ein ganz unausstehlicher Bursche! – Tröste dich, o Kater! Nicht aus deinem eigentlichen, tiefern Innern formte sich diese heillose Periode deines Lebens, nein, es war der Zoll, den du dem über uns waltenden Prinzip dadurch darbrachtest, dass auch du dem bösen Beispiel der Menschen, die diesen vorübergehenden Zustand eingeführt haben, folgtest. Tröste dich, o Kater! Denn auch mir ist es nicht besser ergangen!

Mitten in meinen Lukubrationen überfiel mich eine Unlust – eine Unlust gleichsam der Übersättigung von unverdaulichen Dingen, sodass ich ohne weiteres auf demselben Buch, worin ich gelesen, auf demselben Manuskript, woran ich geschrieben, mich zusammenkrümmte und einschlief. Immer mehr und mehr nahm diese Trägheit zu, so dass ich zuletzt nicht mehr schreiben, nicht mehr lesen, nicht mehr springen, nicht mehr laufen, nicht mehr mit meinen Freunden im Keller, auf dem Dache mich unterhalten mochte. Statt dessen fühlte ich einen unwiderstehlichen Trieb, alles das zu tun, was dem Meister, was den Freunden nie angenehm sein, womit ich ihnen beschwerlich fallen musste. Was den Meister anlangt, so begnügte er lange Zeit hindurch sich damit, mich fortzujagen, wenn ich zu meiner Lagerstätte immer Plätze erkor, wo er mich durchaus nicht leiden konnte, bis er endlich genötigt wurde, mich etwas zu prügeln. Immer wieder auf des Meisters Schreibtisch gesprungen, hatt' ich nämlich so lange hin und her geschwänzelt, bis die Spitze meines Schweifs in das große Tintenfass geraten, mit der ich nun auf Boden und Kanapee die schönsten Malereien ausführte. Das brachte den Meister, der keinen Sinn für dieses Genre der Kunst zu haben schien, in Harnisch. Ich flüchtete auf den Hof, aber beinah' noch schlimmer ging es mir dort. Ein großer Kater von Ehrfurcht gebietendem Ansehen hatte längst sein Missfallen über mein Betragen geäußert; jetzt, da ich, freilich tölpischerweise, einen guten Bissen, den er zu verzehren eben im Begriff, vor dem Maule wegschnappen wollte, gab er mir ohne Umstände eine solche Menge Ohrfeigen von beiden Seiten, dass ich ganz betäubt wurde und mir beide Ohren bluteten. – Irre ich nicht, so war der würdige Herr mein Oheim, denn Minas Züge strahlten aus seinem Antlitz, und die Familienähnlichkeit des Barts unleugbar. – Kurz, ich gestehe, dass ich mich in dieser Zeit in Unarten erschöpfte, sodass der Meister sprach: »Ich weiß gar nicht, was dir ist, Murr, ich glaube am Ende, du bist jetzt in die Lümmeljahre eingetreten!« Der Meister hatte recht, es war meine verhängnisvolle Lümmelzeit, die ich überstehen musste, nach dem bösen Beispiel der Menschen, die, wie gesagt, diesen heillosen Zustand, als durch ihre tiefste Natur bedingt, eingeführt haben. Lümmeljahre nennen sie diese Periode, unerachtet mancher zeit seines Lebens nicht herauskommt, unsereins kann nur von Lümmelwochen reden, und ich meinerseits kam nun auf einmal heraus mittelst eines starken Rucks, der mir ein Bein oder ein paar Rippen hätte kosten können. Eigentlich sprang ich heraus aus den Lümmelwochen auf vehemente Weise.

Ich muss sagen, wie sich das begab: Auf dem Hof der Wohnung meines Meisters stand eine inwendig reich ausgepolsterte Maschine auf vier Rädern, wie ich nachher einsehen lernte, ein englischer Halbwagen. Nichts war in meiner damaligen Stimmung natürlicher, als dass mir die Lust ankam, mit Mühe hinaufzuklettern und hineinzukriechen in diese Maschine. Ich fand die darin befindlichen Kissen so angenehm, so anlockend, dass ich nun die meiste Zeit in den Polstern des Wagens verschlief, verträumte. Ein heftiger Stoß, dem ein Knattern, Klirren, Brausen, wirres Lärmen folgte, weckte mich, als eben süße Bilder von Hasenbraten und dergleichen vor meiner Seele vorüberzogen. Wer schildert meinen jähen Schreck, als ich wahrnahm, dass die ganze Maschine sich mit ohrenbetäubendem Getöse fortbewegte, mich hin und her schleudernd auf meinen Polstern. Die immer steigende und steigende Angst wurde Verzweiflung, ich wagte den entsetzlichen Sprung heraus aus der Maschine, ich hörte das wiehernde Hohngelächter höllischer Dämonen, ich hörte ihre barbarischen Stimmen: »Katz – Katz, huz huz!« hinter mir her kreischen, sinnlos rannte ich in voller Furie von dannen, Steine flogen mir nach, bis ich endlich hineingeriet in ein finstres Gewölbe und ohnmächtig niedersank.

Endlich war es mir, als höre ich hin und her gehen über meinem Haupte, und schloss aus dem Schall der Tritte, da ich wohl schon Ähnliches erfahren, dass ich mich unter einer Treppe befinden müsse. Es war dem so! – Als ich nun aber herausschlich, Himmel! Da dehnten sich überall unabsehbare Straßen vor mir aus, und eine Menge Menschen, von denen ich nicht einen einzigen kannte, wogte vorüber. Kam noch hinzu, dass Wagen rasselten, Hunde laut bellten, ja, dass zuletzt eine ganze Schar, deren Waffen in der Sonne blitzten, die Straße einengte; dass dicht bei mir einer urplötzlich so ganz schrecklich auf eine große Trommel schlug, dass ich unwillkürlich drei Ellen hochsprang, ja, so konnte es nicht fehlen, dass eine seltsame Angst meine Brust erfüllte! – Ich merkte nun wohl, dass ich mich in der Welt befand – in der Welt, die ich aus der Ferne von meinem Dach erblickt, oft nicht ohne Sehnsucht, ohne Neugierde, ja, mitten in dieser Welt stand ich nun, ein unerfahrener Fremdling. Behutsam spazierte ich dicht an den Häusern die Straße entlang und begegnete endlich ein paar Jünglingen meines Geschlechts. Ich blieb stehen, ich versuchte ein Gespräch mit ihnen anzuknüpfen, aber sie begnügten sich, mich mit funkelnden Augen anzuglotzen, und sprangen dann weiter. »Leichtsinnige Jugend«, dacht' ich, »du weißt nicht, wer es war, der dir in den Weg trat! – So gehen große Geister durch die Welt, unerkannt, unbeachtet. – Das ist das Los sterblicher Weisheit!« – Ich rechnete auf größere Teilnahme bei den Menschen, sprang auf einen hervorragenden Kellerhals und stieß manches fröhliche, wie ich glaubte, anlockende Miau aus, aber kalt, ohne Teilnahme, kaum sich nach mir umblickend, gin-gen alle vorüber. Endlich gewahrte ich einen hübschen blondgelockten Knaben, der mich freundlich ansah und endlich, mit den Fingern schnalzend, rief: »Mies – Mies!« –

»Schöne Seele, du verstehst mich«, dacht' ich, sprang herab und nahte mich ihm, freundlich schnurrend. Er fing mich an zu streicheln, aber indem ich glaubte, mich dem freundlichen Gemüt ganz hingeben zu können, kniff er mich dermaßen in den Schwanz, dass ich vor rasendem Schmerz aufschrie. Das eben schien dem tückischen Bösewicht rechte Freude zu machen, denn er lachte laut, hielt mich fest und versuchte das höllische Manöver zu wiederholen. Da fasste mich der tiefste Ingrimm, vom Gedanken der Rache durchflammt, grub ich meine Krallen tief in seine Hände, in sein Gesicht, so dass er aufkreischend mich fahren ließ. Aber in dem Augenblick hörte ich auch rufen: »Tyras – Kartusch – hez, hez!« – Und laut blaffend setzten zwei Hunde hinter mir her. – Ich rannte, bis mir der Atem verging, sie waren mir auf den Fersen – keine Rettung. – Blind vor Angst fuhr ich hinein in das Fenster eines Erdgeschosses, dass die Scheiben zusammenklirrten und ein paar Blumentöpfe, die auf der Fensterbank gestanden, krachend hineinfielen in das Stübchen. Erschrocken fuhr eine Frau, die an einem Tisch sitzend arbeitete, in die Höhe, rief dann: »Seht die abscheuliche Bestie«, ergriff einen Stock und ging auf mich los. Aber meine zornglühenden Augen, meine ausgestreckten Krallen, das Geheul der Verzweiflung, das ich ausstieß, hielten sie zurück, so dass, wie es in jenem Trauerspiel heißt, der zum Schlagen aufgehobene Stock in der Luft gehemmt schien und sie dastand, ein gemalter Wüterich, parteilos zwischen Kraft und Willen! – In dem Augenblick ging die Türe auf, schnellen Entschluss fassend, schlüpfte ich dem eintretenden Mann zwischen den Beinen hindurch und war so glücklich, mich aus dem Hause herauszufinden auf die Straße.

Ganz erschöpft, ganz entkräftet, gelangte ich endlich zu einem einsamen Plätzchen, wo ich mich ein wenig niederlassen konnte. Da fing aber der wütendste Hunger an, mich zu peinigen, und ich gedachte nun erst mit tiefem Schmerz des guten Meisters Abraham, von dem mich ein hartes Schicksal getrennt. – Aber wie ihn wiederfinden! – Ich blickte wehmütig umher, und als ich keine Möglichkeit sah, den Weg zur Rückkehr zu erforschen, traten mir die blanken Tränen in die Augen.

Doch neue Hoffnung ging mir auf, als ich an der Ecke der Straße ein junges freundliches Mädchen wahrnahm, die vor einem kleinen Tisch saß, auf dem die appetitlichsten Brote und Würste lagen. Ich näherte mich langsam, sie lächelte mich an, und um mich ihr gleich als Jüngling von guter Erziehung, von galanten Sitten darzustellen, machte ich einen höheren, schöneren Katzenbuckel als jemals. Ihr Lächeln wurde lautes Lachen. »Endlich eine schöne Seele, ein teilnehmendes Herz gefunden! – O Himmel, wie tut das wohl der wunden Brust!« So dachte ich und langte mir eine von den Würsten herab, aber in demselben Nu schrie auch das Mädchen laut auf, und hätte mich der Schlag, den sie mit einem derben Stück Holz nach mir führte, getroffen, in der Tat, weder die Wurst, die ich mir im Vertrauen auf die Loyalität, auf die menschenfreundliche Tugend des Mädchens herabgelangt, noch irgendeine andere hätte ich jemals mehr genossen. Meine letzte Kraft setzte ich daran, der Unholdin, die mich verfolgte, zu entrinnen. Das gelang mir, und ich erreichte endlich einen Platz, wo ich die Wurst in Ruhe verzehren konnte.

Nach dem frugalen Mahle kam viel Heiterkeit in mein Gemüt, und da eben die Sonne mir warm auf den Pelz schien, fühlte ich lebhaft, dass es doch schön sei auf dieser Erde. Als aber dann die kalte feuchte Nacht einbrach, als ich kein weiches Lager fand wie bei meinem guten Meister, als ich, vor Frost starrend, vom Hunger aufs neue gepeinigt, am andern Morgen erwachte, da überfiel mich eine Trostlosigkeit, die an Verzweiflung grenzte. »Das ist« (so brach ich aus in laute Klagen), »das ist also die Welt, in die du dich hineinsehntest von dem heimatlichen Dache? – Die Welt, wo du Tugend zu finden hofftest und Weisheit und die Sittlichkeit der höhern Ausbildung! – O diese herzlosen Barbaren! – Worin besteht ihre Kraft als im Prügeln? Worin ihr Verstand als in hohnlachender Verspottung? Worin ihr ganzes Treiben als in scheelsüchtiger Verfolgung tieffühlender Gemüter? – O, fort – fort aus dieser Welt voll Gleißnerei und Trug! – Nimm mich auf in deine kühlen Schatten, süßer heimatlicher Keller! – O Boden! – Ofen – o Einsamkeit, die mich erfreut, nach dir mein Herz sich sehnt mit Schmerz!« Der Gedanke meines Elends, meines hoffnungslosen Zustandes übermannte mich. Ich kniff die Augen zu und weinte sehr. Bekannte Töne schlugen an mein Ohr. »Murr – Murr! – geliebter Freund, wo kommst du her? Was ist mit dir geschehen?« Ich schlug die Augen auf, der junge Ponto stand vor mir!

So sehr mich Ponto auch gekränkt hatte, doch war mir seine unverhoffte Erscheinung tröstlich. Ich vergaß die Unbill, die er mir angetan, erzählte ihm, wie sich alles mit mir begeben, stellte ihm unter vielen Tränen meine traurige, hilflose Lage vor, schloss damit, ihm zu klagen, dass mich ein tötender Hunger quäle. Statt mir, wie ich geglaubt, seine Teilnahme zu bezeugen, brach der junge Ponto in ein schallendes Gelächter aus. »Bist du«, sprach er dann, »bist du nicht ein ausgemachter törichter Geck, lieber Murr? – Erst setzt sich der Hase in eine Halbchaise hinein, wo er nicht hingehört, schläft ein, erschrickt, als er weggefahren wird, springt hinaus in die Welt, wundert sich gar mächtig, dass ihn, der kaum vor die Türe seines Hauses geguckt, niemand kennt, dass er mit seinen dummen Streichen überall schlecht ankommt, und ist dann so einfältig, nicht einmal den Rückweg finden zu können zu seinem Herrn. – Sieh, Freund Murr, immer hast du geprahlt mit deiner Wissenschaft, mit deiner Bildung, immer hast du vornehm getan gegen mich, und nun sitzest du da, verlassen, trostlos, und all die großen Eigenschaften deines Geistes reichen nicht hin, dich zu belehren, wie du es anfangen musst, deinen Hunger zu stillen und nach Hause zurückzufinden zu deinem Meister! – Und wenn sich nun der, den du tief unter dir glaubtest, nicht deiner annimmt, so stirbst du zuletzt eines elendiglichen Todes, und keine sterbliche Seele fragt was nach deinem Wissen, nach deinem Talent, und keiner von den Dichtern, denen du dich befreundet glaubtest, setzt ein freundliches: Hic jacet! an die Stelle, wo du aus lauter Kurzsichtigkeit verschmachtetest! Siehst du, dass ich wohl auch durch die Schulen gelaufen bin und lateinische Brocken einmischen kann, trotz einem? – Aber du hungerst, armer Kater, und diesem Bedürfnis muss zuerst abgeholfen werden, komm nur mit mir.«

Der junge Ponto hüpfte fröhlich voraus, ich folgte niedergeschlagen, ganz zerknirscht über seine Reden, die mir in meiner hungrigen Stimmung viel Wahres zu enthalten schienen. Doch wie erschrak ich, als – – –

(Mak. Bl.) – für den Herausgeber dieser Blätter das angenehmste Ereignis von der Welt, dass er das ganze merkwürdige Gespräch Kreislers mit dem kleinen Geheimen Rat brühwarm wieder erfuhr. Dadurch wurde er in den Stand gesetzt, dir, geliebter Leser, wenigstens ein paar Bilder aus der frühern Jugendzeit des seltnen Mannes, dessen Biographie er aufzuschreiben gewissermaßen genötigt, vor die Augen zu bringen, und er vermeint, dass, was Zeichnung und Kolorit betrifft, diese Bilder wohl für charakteristisch und bedeutsam genug gelten können. Wenigstens mag man nach dem, was Kreisler von Tante Füßchen und ihrer Laute erzählt, nicht daran zweifeln, dass die Musik mit all ihrer wunderbaren Wehmut, mit all ihrem Himmelsentzücken recht in die Brust des Knaben mit tausend Adern verwuchs, und nicht zum Verwundern mag's darum auch sein, dass eben dieser Brust, wird sie nur leise verwundet, gleich heißes Herzblut entquillt. Auf zwei Momente aus dem Leben des geliebten Kapellmeisters war bemeldeter Herausgeber besonders begierig, ja, wie man zu sagen pflegt, ganz versessen. Nämlich, auf welche Weise Meister Abraham in die Familie geriet und einwirkte auf den kleinen Johannes, und welche Katastrophe den ehrlichen Kreisler aus der Residenz warf und umstempelte zum Kapellmeister, welches er hätte von Haus aus sein sollen, wiewohl man der ewigen Macht trauen darf, die jeden zu rechter Zeit an die rechte Stelle setzt. Manches ist darüber ausgemittelt worden, welches du, o Leser, sogleich erfahren sollst.

Fürs erste ist gar nicht daran zu zweifeln, dass zu Göniönesmühl, wo Johannes Kreisler geboren und erzogen wurde, es einen Mann gab, der in seinem ganzen Wesen, in allem, was er unternahm, seltsam und eigentümlich erschien. Überhaupt ist das Städtlein Göniönesmühl seit jeher das wahre Paradies aller Sonderlinge gewesen, und Kreisler wuchs auf, umgeben von den seltsamsten Figuren, die einen desto stärkern Eindruck auf ihn machen mussten, als er wenigstens während der Knabenzeit mit seinesgleichen keinen Umgang pflegte. Jener Mann trug aber mit einem bekannten Humoristen gleichen Namen, denn er hieß Abraham Liscov und war ein Orgelbauer, welches Metier er bisweilen tief verachtete, zu anderer Zeit aber hoch in den Himmel hob, so dass man nicht recht wusste, was er eigentlich wollte.

So wie Kreisler erzählt, wurde in der Familie von dem Herrn Liscov immer mit hoher Bewunderung gesprochen. Man nannte ihn den geschicktesten Künstler, den es geben könne, und bedauerte nur, dass seine tollen Grillen, seine ausgelassenen Einfälle ihn von jedermann entfernt hielten. Als einen besondern Glücksfall rühmten dieser und jener, dass Herr Liscov wirklich dagewesen und seinen Flügel neu befiedert und gestimmt habe. Eben von Liscovs phantastischen Streichen wurde dann auch manches erzählt, welches auf den kleinen Johannes ganz besonders wirkte, sodass er sich von dem Mann, ohne ihn zu kennen, ein ganz bestimmtes Bild entwarf, sich nach ihm sehnte und, als der Oheim versicherte, Herr Liscov würde vielleicht kommen und den schadhaften Flügel reparieren, jeden Morgen fragte, ob Herr Liscov denn nicht endlich erscheinen werde. Dieses Interesse des Knaben für den unbekannten Herrn Liscov steigerte sich aber bis zur höchsten Ehrfurcht, als er in der Hauptkirche, die der Oheim in der Regel nicht zu besuchen pflegte, zum ersten Mal die mächtigen Töne der großen schönen Orgel vernahm, und als der Oheim ihm sagte, niemand anders als eben Herr Abraham Liscov habe dies herrliche Werk verfertigt. Von diesem Augenblick an verschwand auch das Bild, das Johannes sich von Herrn Liscov entworfen, und ein ganz anderes trat an seine Stelle. Herr Liscov musste nach des Knaben Meinung ein großer schöner Mann sein, von stattlichem Aussehen, hell und stark sprechen und vor allen Dingen einen pflaumfarbnen Rock tragen mit breiten goldnen Tressen wie der Pate Kommerzienrat, der so gekleidet ging, und vor dessen reicher Tracht der kleine Johannes den tiefsten Respekt hegte.

Als eines Tages der Oheim mit Johannes am offnen Fenster stand, kam ein kleiner hagerer Mann die Straße herab geschossen, in einem Roquelaur von hellgrünem Berkan, dessen offene Ärmelklappen seltsam im Wind auf und nieder flatterten. Dazu hatte er ein kleines dreieckiges Hütchen martialisch auf die weißgepuderte Frisur gedrückt, und ein zu langer Haarzopf schlängelte sich herab über den Rücken. Er trat hart auf, dass das Straßenpflaster dröhnte, und stieß auch bei jedem zweiten Schritt mit dem langen spanischen Rohr, das er in der Hand trug, heftig auf den Boden. Als der Mann vor dem Fenster vorbeikam, warf er aus seinen funkelnden pechschwarzen Augen dem Oheim einen stechenden Blick zu, ohne seinen Gruß zu erwidern. Dem kleinen Johannes bebte es eiskalt durch alle Glieder, und zugleich war es ihm zumute, als müsse er über den Mann entsetzlich lachen und könne nur nicht dazu kommen, weil ihm die Brust so beengt. »Das war der Herr Liscov«, sprach der Oheim. »Das wusste ich ja«, erwiderte Johannes, und er mochte recht haben. Weder ein großer stattlicher Mann war Herr Liscov, noch trug er einen pflaumfarbnen Rock mit goldnen Tressen, wie der Pate Kommerzienrat, seltsam, ja wunderbar genug begab es sich aber, dass Herr Liscov ganz genau so aussah, wie der Knabe sich ihn früher gedacht hatte, ehe er das Orgelwerk vernommen. Noch hatte sich Johannes nicht von seinem Gefühl erholt, das dem eines jähen Schrecks zu vergleichen, als Herr Liscov plötzlich stillstand, sich umdrehte, die Straße entlang hinanpolterte, bis vor das Fenster, dem Oheim eine tiefe Verbeugung machte, davonrannte unter lautem Gelächter.

»Ist das«, sprach der Oheim, »ist das wohl ein Betragen für einen gesetzten Mann, der in dcn Studiis nicht unerfahren, der als privilegierter Orgelbauer zu den Künstlern zu rechnen, und dem die Gesetze des Landes verstatten, einen Degen zu tragen? Sollte man nicht vermeinen, er habe schon am lieben frühen Morgen zu tief ins Glas geguckt oder sei dem Tollhause entsprungen? Aber ich weiß es, nun wird er herkommen und den Flügel in Ordnung bringen.«

Der Oheim hatte recht. Schon andern Tags war Herr Liscov da, aber statt die Reparatur des Flügels vorzunehmen, verlangte er, der kleine Johannes sollte ihm vorspielen. Dieser wurde auf den mit Büchern bepackten Stuhl gesetzt, Herr Liscov ihm gegenüber am schmalen Ende des Flügels stützte beide Arme auf das Instrument und sah dem Kleinen starr ins Antlitz, welches ihn dermaßen außer Fassung brachte, dass die Menuetts, die Arien, die er aus dem alten Notenbuche abspielte, holpricht genug gingen. Herr Liscov blieb ernst, aber plötzlich rutschte der Knabe herab und versank unter des Flügels Gestell, worüber der Orgelbauer, der ihm mit einem Ruck die Fußbank unter den Füßen weggezogen, eine unmäßige Lache aufschlug. Beschämt rappelte sich der Knabe hervor, doch in dem Augenblick saß Herr Liscov auch schon vor dem Flügel, hatte einen Hammer hervorgezogen und hämmerte auf das arme Instrument so unbarmherzig los, als wolle er alles in tausend Stücke schlagen. »Herr Liscov, sind Sie von Sinnen!« schrie der Onkel, aber der kleine Johannes, ganz entrüstet, ganz außer sich über des Orgelbauers Beginnen, stemmte sich mit aller Gewalt gegen den Deckel des Instruments, so, dass er mit lautem Krachen zuschlug, und Herr Liscov schnell den Kopf zurückziehen musste, um nicht getroffen zu werden. Dann rief er: »Ei, lieber Onkel, das ist nicht der geschickte Künstler, der die schöne Orgel gebaut hat, er kann es nicht sein, denn dieser hier ist ja ein alberner Mensch, der sich beträgt wie ein ungezogner Bube!« –

Der Oheim verwunderte sich über die Dreistigkeit des Knaben; aber Herr Liscov sah ihn lange starr an, sprach: »Er ist wohl ein kurioser Monsieur!« öffnete leise und behutsam den Flügel, zog Instrumente hervor, begann seine Arbeit, die er in ein paar Stunden beendete, ohne ein einziges Wort zu sprechen.

Seit diesem Augenblick zeigte sich des Orgelbauers entschiedene Vorliebe für den Knaben. Beinahe täglich kam er ins Haus und wusste den Knaben bald für sich zu gewinnen, indem er ihm eine ganz neue bunte Welt erschloss, in der sich sein reger Geist mutiger und freier bewegen konnte. Eben nicht löblich war es, dass Liscov, vorzüglich als Johannes schon in Jahren mehr vorgerückt, den Knaben anregte zu den seltsamsten Foppereien, die oft gegen den Oheim selbst gerichtet waren, der freilich, beschränkten Verstandes und voll der lächerlichsten Eigenheiten, dazu reichen Anlass bot. Gewiss ist es aber, dass, wenn Kreisler über die trostlose Verlassenheit in seinen Knabenjahren klagt, wenn er das zerrissene Wesen, das ihn oft in seiner innersten Natur verstört, jener Zeit zuschreibt, wohl das Verhältnis mit dem Oheim in Anschlag zu bringen ist. Er konnte den Mann, der Vaterstelle zu vertreten berufen, und der ihm mit seinem ganzen Tun und Wesen lächerlich erscheinen musste, nicht achten.

Liscov wollte den Johannes ganz an sich reißen, und es wäre ihm gelungen, hätte sich nicht des Knaben edlere Natur dagegen gesträubt. Ein durchdringender Verstand, ein tiefes Gemüt, eine ungewöhnliche Erregbarkeit des Geistes, alles das waren anerkannte Vorzüge des Orgelbauers. Was man aber Humor zu nennen beliebte, war nicht jene seltne wunderbare Stimmung des Gemüts, die aus der tieferen Anschauung des Lebens in all seinen Bedingnissen, aus dem Kampf der feindlichsten Prinzipien sich erzeugt, sondern nur das entschiedene Gefühl des Ungehörigen, gepaart mit dem Talent, es ins Leben zu schaffen, und der Notwendigkeit der eignen bizarren Erscheinung. Dies war die Grundlage des verhöhnenden Spottes, den Liscov überall ausströmen ließ, der Schadenfreude, mit der er alles als ungehörig Erkannte rastlos verfolgte bis in die geheimsten Winkel. Eben diese schadenfrohe Verspottung verwundete des Knaben zartes Gemüt und stand dem innigsten Verhältnis, wie es der in wahrhafter innerer Gesinnung väterliche Freund herbeigeführt haben würde, entgegen. Zu leugnen ist aber auch nicht, dass der wunderliche Orgelbauer recht dazu geeignet war, den Keim des tiefen Humors, der in des Knaben Innern lag, zu hegen und zu pflegen, der denn auch sattsam gedieh und emporwuchs.

Herr Liscov pflegte viel von Johannes' Vater zu erzählen, dessen vertrautester Freund er in seinen Jünglingsjahren gewesen, zum Nachteil des erziehenden Oheims, der merklich in den Schatten trat, wenn der Bruder in hellem Sonnenlicht erschien. So rühmte auch eines Tages der Orgelbauer den tiefen musikalischen Sinn des Vaters und verspottete die verkehrte Art, wie der Oheim dem Knaben die ersten Elemente der Musik beigebracht. Johannes, dessen ganze Seele durchdrungen war von dem Gedanken an den, der ihm der Nächste gewesen, und den er nie gekannt, wollte immer noch mehr hören. Da verstummte aber Liscov plötzlich und sah wie einer, dem irgendein das Leben erfassender Gedanke vor die Seele tritt, starr zum Boden nieder.

»Was ist mit Euch, Meister«, fragte Johannes, »was bewegt Euch so?« – Liscov fuhr auf wie aus einem Traum und sprach lächelnd: »Weißt du noch, Johannes, wie ich dir die Fußbank wegzog unter den Beinen und du hinabschobst unter den Flügel, da du mir des Oheims abscheuliche Murkis und Menuetten vorspielen musstest?« »Ach«, erwiderte Johannes, »wie ich Euch zum ersten Male sah, daran mag ich gar nicht denken. Es machte Euch gerade Spaß, ein Kind zu betrüben.« »Und das Kind«, nahm Liscov das Wort, »war dafür tüchtig grob. – Doch nimmermehr hätt' ich damals geglaubt, dass in Euch ein solch tüchtiger Musiker verborgen, und darum, Söhnlein, tu mir den Gefallen und spiele mir einen ordentlichen Choral vor auf dem papiernen Positiv. Ich will den Balg treten.« –

Es ist hier nachzuholen, dass Liscov großen Geschmack fand an allerlei wunderlichen Spielereien und den Johannes damit sehr ergötzte. Schon als Johannes noch ein Kind, pflegte Liscov bei jedem Besuch ihm irgend etwas Seltsames mitzubringen. Empfing das Kind bald einen Apfel, der in hundert Stücke zerfiel, wenn er abgeschält wurde, oder irgendein seltsam geformtes Backwerk, so wurde der erwachsene Knabe bald mit diesem, bald mit jenem überraschenden Kunststück aus der natürlichen Magie erfreut, so half der Jüngling optische Maschinen bauen, sympathetische Tinten kochen usw. An der Spitze der mechanischen Künsteleien, die der Orgelbauer für den Johannes verfertigte, stand aber ein Positiv mit achtfüßigem Gedackt, dessen Pfeifen von Papier geformt, das mithin jenem Kunstwerk des alten Orgelbauers aus dem siebzehnten Jahrhundert, Eugenius Casparini geheißen, glich, welches in der kaiserlichen Kunstkammer in Wien zu sehen. Liscovs seltsames Instrument hatte einen Ton, dessen Stärke und Anmut unwiderstehlich hinriss, und Johannes versichert noch, dass er niemals hatte darauf spielen können, ohne in die tiefste Bewegung zu geraten, und dass ihm dabei manche wahrhaft fromme Kirchenmelodie hell aufgegangen. –

Auf diesem Positiv musste Johannes nun dem Orgelbauer vorspielen. Nachdem er, wie Liscov verlangt, ein paar Choräle gespielt, fiel er in den Hymnus: »Misericordias domini cantabo«, den er vor wenigen Tagen gesetzt. – Als Johannes geendet, sprang Liscov auf, drückte ihn stürmisch an die Brust, rief laut lachend: »Hasenfuß, was foppst du mich mit deiner lamentablen Kantilena? Wär' ich nicht immer und ewig dein Kalkant gewesen, nichts Vernünftiges hättest du jemals herausgebracht. – Aber nun renne ich fort und lasse dich im Stich ganz und gar, und du magst dir in der Welt einen andern Kalkanten suchen, der es mit dir so gut meint als ich!« – Dabei standen ihm die hellen Tränen in den Augen. Er sprang zur Tür heraus, die er sehr heftig zuschlug. Dann steckte er aber nochmals den Kopf hinein und sprach sehr weich: »Es kann nun einmal nicht anders sein. – Adieu, Johannes! – Wenn der Oheim seine rotgeblümte Gros-de-Tourweste vermisst, so sage nur, ich hätte sie gestohlen und ließe mir daraus einen Turban machen, um dem Großsultan vorgestellt zu werden! – Adieu, Johannes!« – Kein Mensch konnte begreifen, warum Herr Liscov so plötzlich die angenehme Stadt Göniönesmühl verlassen, warum er niemanden entdeckt, wohin er sich zu wenden entschlossen. Der Oheim sprach: »Längst hab' ich vermutet, dass der unruhige Geist sich auf und davon machen würde, denn er hält es, unerachtet er schöne Orgeln verfertigt, doch nicht mit dem Spruch: Bleib im Lande und nähre dich redlich! – Es ist nur gut, dass unser Flügel instand; nach dem überspannten Menschen selbst frag' ich nicht viel!« – Anders dachte wohl Johannes, dem Liscov überall fehlte, und dem nun ganz Göniönesmühl ein totes düstres Gefängnis dünkte. So kam es, dass er den Rat des Orgelbauers befolgen und sich, in der Welt einen andern Kalkanten suchen wollte. Der Oheim meinte, da er seine Studien vollendet, könne er in der Residenz sich unter den Fittich des Geheimen Legationsrates begeben und vollends ausbrüten lassen. – Es geschah so! –

In diesem Augenblick ärgert sich gegenwärtiger Biograph über alle Maßen, denn indem er zu dem zweiten Moment aus Kreislers Leben kommt, von dem er dir, geliebter Leser, zu erzählen versprochen, nämlich wie Johannes Kreisler den wohlerworbnen Posten eines Legationsrates verlor und gewissermaßen aus der Residenz verwiesen wurde, wird er gewahr, dass alle Nachrichten, die ihm darüber zu Gebote stehen, ärmlich, dürftig, seicht, unzusammenhängend sind. –

Es genügt indessen am Ende wohl, zu sagen, dass bald, nachdem Kreisler an die Stelle seines verstorbenen Oheims getreten und Legationsrat geworden, ehe man sich's versah, ein gewaltiger gekrönter Koloss den Fürsten in der Residenz heimsuchte und ihn als seinen besten Freund so innig und herzlich in seine eiserne Arme schloss, dass der Fürst darüber den besten Teil seines Lebensatems verlor. Der Gewaltige hatte in seinem Tun und Wesen etwas ganz Unwiderstehliches, und so kam es, dass seine Wünsche befriedigt werden mussten, sollte auch, wie es wirklich geschah, darüber alles in Not und Verwirrung geraten. Manche fanden die Freundschaft des Gewaltigen etwas verfänglich, wollten sich wohl gar dagegen auflehnen, gerieten aber selbst darüber in das verfängliche Dilemma, entweder die Vortrefflichkeit jener Freundschaft anzuerkennen oder außerhalb Landes einen andern Standpunkt zu suchen, um vielleicht den Gewaltigen im richtigeren Licht zu erblicken.

Kreisler befand sich unter diesen.

Trotz seines diplomatischen Charakters hatte Kreisler ziemliche Unschuld konserviert, und ebendeshalb gab es Augenblicke, in denen er nicht wusste, wozu sich entschließen. Eben in einem solchen Augenblick erkundigte er sich bei einer hübschen Frau in tiefer Trauer, was sie überhaupt von Legationsräten halte. Sie erwiderte vieles in zierlichen artigen Worten, am Ende kam aber so viel heraus, dass sie von einem Legationsrat gar nicht viel halten könne, sobald er sich auf enthusiastische Weise mit der Kunst beschäftige, ohne sich ihr ganz zuzuwenden.

»Vortrefflichste der Witwen«, sprach darauf Kreisler, »ich reiße aus!«

Als er bereits Reisestiefeln angezogen und mit dem Hut in der Hand sich empfehlen wollte, nicht ohne Rührung und gehörigen Abschiedsschmerz, steckte ihm die Witwe den Ruf zur Kapellmeisterstelle bei dem Großherzog, der das Ländchen des Fürsten Irenäus verspeist, in die Tasche. Kaum ist es nötig, hinzuzufügen, dass die Dame in Trauer niemand anders war, als die Rätin Benzon, die eben des Rates verlustig geworden, da der Gemahl verstorben. Merkwürdigerweise trug es sich zu, dass die Benzon eben zu der Zeit, als – – –

(M. f. f.) – Ponto gerade zu auf das Brot und Würste feilhaltende Mädchen loshüpfte, die mich, da ich freundlich bei ihr zulangte, beinahe totgeschlagen. »Mein Pudel Ponto, mein Pudel Ponto, was tust du, nimm dich in acht, hüte dich vor der herzlosen Barbarin, vor dem rachedürstenden Wurstprinzip!« – So rief ich hinter Ponto her, ohne auf mich zu achten, setzte er aber seinen Weg fort, und ich folgte in der Ferne, um, sollte er in Gefahr geraten, mich gleich aus dem Staube machen zu können. – Vor dem Tisch angekommen, richtete sich Ponto auf den Hinterfüßen in die Höhe und tänzelte in den zierlichsten Sprüngen um das Mädchen her, die sich darüber gar sehr erfreute. Sie rief ihn zu sich, er kam, legte den Kopf in ihren Schoß, sprang wieder auf, bellte lustig, hüpfte wieder um den Tisch, schnupperte bescheiden und sah dem Mädchen freundlich in die Augen. »Willst du ein Würstchen, artiger Pudel?« So fragte das Mädchen, und als nun Ponto, anmutig schwänzelnd, laut aufjauchzte, nahm sie zu meinem nicht geringen Erstaunen eine der schönsten größten Würste und reichte sie dem Ponto dar. Dieser tanzte wie zur Danksagung noch ein kurzes Ballett und eilte dann zu mir mit der Wurst, die er mit den freundlichen Worten hinlegte: »Da iss, erquicke dich, Bester!« Nachdem ich die Wurst verzehrt, lud mich Ponto ein, ihm zu folgen, er wolle mich zurückführen zum Meister Abraham.

Wir gingen langsam nebeneinander her, so dass es uns nicht schwer fiel, wandelnd vernünftige Gespräche zu führen. »Ich seh' es wohl ein«, (so begann ich die Unterredung) »dass du, geliebter Ponto, es viel besser verstehst, in der Welt fortzukommen, als ich. Nimmermehr würd' es mir gelungen sein, das Herz jener Barbarin zu rühren, welches dir so ungemein leicht wurde. Doch verzeih! – In deinem ganzen Benehmen gegen die Wurstverkäuferin lag doch etwas, wogegen mein innerer mir angeborner Sinn sich auflehnt. Eine gewisse unterwürfige Schmeichelei, ein Verleugnen des Selbstgefühls, der edleren Natur – nein! guter Pudel, nicht entschließen könnte ich mich, so freundlich zu tun, so mich außer Atem zu setzen mit angreifenden Manövern, so recht demütig zu betteln, wie du es tatest. Bei dem stärksten Hunger, oder wenn mich ein Appetit nach etwas Besonderem anwandelt, begnüge ich mich, hinter dem Meister auf den Stuhl zu springen und meine Wünsche durch ein sanftes Knurren anzudeuten. Und selbst dies ist mehr Erinnerung an die übernommene Pflicht, für meine Bedürfnisse zu sorgen, als Bitte um eine Wohltat.«

Ponto lachte laut auf, als ich dies gesprochen, und begann dann: »O Murr, mein guter Kater, du magst ein tüchtiger Literatus sein und dich wacker auf Dinge verstehen, von denen ich gar keine Ahnung habe, aber von dem eigentlichen Leben weißt du gar nichts und würdest verderben, da dir alle Weltklugheit gänzlich abgeht. – Fürs erste würdest du vielleicht anders geurteilt haben, ehe du die Wurst genossen, denn hungrige Leute sind viel artiger und fügsamer als satte, dann aber bist du rücksichts meiner sogenannten Unterwürfigkeit in großem Irrtum. Du weißt ja, dass das Tanzen und Springen mir großes Vergnügen macht, so dass ich es oft auf meine eigene Hand unternehme. Treibe ich nun, eigentlich nur zu meiner Motion, meine Künste vor den Menschen, so macht es mir ungemeinen Spaß, dass die Toren glauben, ich täte es aus besonderen Wohlgefallen an ihrer Person und nur, ihnen Lust und Freude zu erregen. Ja, sie glauben das, sollte auch eine andere Absicht ganz klar sein. Du hast, Geliebter, das lebendige Beispiel davon soeben erfahren. Musste das Mädchen nicht gleich einsehen, dass es mir nur um eine Wurst zu tun war, und doch geriet sie in volle Freude, dass ich ihr, der Unbekannten, meine

Künste vormachte, als einer Person, die dergleichen zu schätzen vermögend, und eben in dieser Freude tat sie das, was ich bezweckte. Der Lebenskluge muss es verstehen, allem, was er bloß seinetwegen tut, den Anschein zu geben, als täte er es um anderer willen, die sich dann hoch verpflichtet glauben und willig sind zu allem, was man bezweckte. Mancher erscheint gefällig, dienstfertig, bescheiden, nur den Wünschen anderer lebend und hat nichts im Auge als sein liebes Ich, dem die andern dienstbar sind, ohne es zu wissen. Das, was du also unterwürfige Schmeichelei zu nennen beliebst, ist nichts als weltkluges Benehmen, das in der Erkenntnis und der foppenden Benutzung der Torheit anderer seine eigentlichste Basis findet.«

»O Ponto«, erwiderte ich, »du bist ein Weltmann, das ist gewiss, und ich wiederhole, dass du dich auf das Leben besser verstehst als ich, aber demunerachtet kann ich kaum glauben, dass deine seltsamen Künste dir selbst Vergnügen machen sollten. Wenigstens ist mir das entsetzliche Kunststück durch Mark und Bein gegangen, als du in meiner Gegenwart deinem Herrn ein schönes Stück Braten apportiertest, es sauber zwischen den Zähnen haltend, und nicht eher einen Bissen davon genossest, bis dein Herr dir die Erlaubnis zuwinkte.« »Sage mir doch«, fragte Ponto, »sage mir doch, guter Murr, was sich nachher begab!« »Beide«, erwiderte ich, »dein Herr und Meister Abraham, lobten dich über alle Maßen und setzten dir einen ganzen Teller mit Braten hin, den du mit erstaunlichem Appetit verzehrtest.« »Nun«, fuhr Ponto fort, »nun also, bester Kater, glaubst du wohl, dass, hätt' ich apportierend das kleine Stück Braten gefressen, dass ich dann eine solch reichliche Portion und überhaupt Braten erhalten? Lerne, o unerfahrner Jüngling, dass man kleine Opfer nicht scheuen darf, um Großes zu erreichen. Mich wundert's, dass bei deiner starken Lektüre dir nicht bekannt worden, was es heißt, die Wurst nach der Speckseite werfen. – Pfote aufs Herz, muss ich dir gestehen, dass, träf' ich einsam im Winkel einen ganzen schönen Braten an, ich ihn ganz gewiss verzehren würde, ohne auf die Erlaubnis meines Herrn zu warten, könnt' ich das nur unbelauscht vollbringen. Es liegt nun einmal in der Natur, dass man im Winkel ganz anders handelt als auf offner Straße. – Übrigens ist es auch ein aus tiefer Weltkenntnis geschöpfter Grundsatz, dass es ratsam ist, in Kleinigkeiten ehrlich zu sein.«

Ich schwieg einige Augenblicke, über Pontos geäußerte Grundsätze nachdenkend, mir fiel ein, irgendwo gelesen zu haben, ein jeder müsse so handeln, dass seine Handlungsweise als allgemeines Prinzip gelten könne, oder wie er wünsche, dass alle rücksichts seiner handeln möchten, und bemühte mich vergebens, dies Prinzip mit Pontos Weltklugheit in Übereinstimmung zu bringen. Mir kam in den Sinn, dass alle Freundschaft, die mir Ponto in dem Augenblick erzeigte, wohl auch gar zu meinem Schaden, nur seinen eignen Vorteil bezwecken könne, und ich äußerte dies unverhohlen. »Kleiner Schäker«, rief Ponto lachend, »von dir ist gar nicht die Rede! – Du kannst mir keinen Vorteil gewähren, keinen Schaden verursachen. Um deine toten Wissenschaften beneide ich dich nicht, dein Treiben ist nicht das meinige, und solltest du dir es etwa beikommen lassen, feindliche Gesinnungen gegen mich zu äußern, so bin ich dir an Stärke und Gewandtheit überlegen. Ein Sprung, ein tüchtiger Biss meiner scharfen Zähne würde dir auf der Stelle den Garaus machen.«

Mich wandelte eine große Furcht an vor meinem eignen Freunde, die sich vermehrte, als ein großer schwarzer Pudel ihn freundlich nach gewöhnlicher Art begrüßte und beide, mich mit glühenden Augen anblickend, leise miteinander sprachen. Die Ohren angekniffen, drückte ich mich zur Seite, doch bald sprang Ponto, den der Schwarze verlassen, wieder auf mich zu und rief: »Komm nur, mein Guter!« »Ach Himmel«, fragte ich in der Bestürzung, »wer war denn der ernste Mann, der vielleicht ebenso weltklug als du?« »Ich glaube gar«, erwiderte Ponto, »du fürchtest dich vor meinem guten Oheim, dem Pudel Skaramuz? Ein Kater bist du schon und willst nun gar ein Hase werden.« – »Aber«, sprach ich, »warum warf der Oheim mir solch glühende Blicke zu, und was flüstertet ihr so heimlich, so verdächtig miteinander?« – »Nicht verhehlen«, erwiderte Ponto, »nicht verhehlen will ich's dir, mein guter Murr, dass mein alter Oheim etwas mürrisch ist und, wie es denn nun bei alten Leuten gewöhnlich der Fall, an verjährten Vorurteilen hängt. Er wunderte sich über unser Beisammensein, da die Ungleichheit unsers Standes jede Annäherung verbieten müsse. Ich versicherte, dass du ein junger Mann von vieler Bildung und angenehmem Wesen wärst, der mich bisweilen sehr belustige. Da meinte er, dann könne ich mich wohl dann und wann einsam mit dir unterhalten, nur solle ich's mir nicht etwa einfallen lassen, dich mitzubringen in eine Pudelassemblee, da du nun und nimmermehr assembleefähig werden könntest, schon deiner kleinen Ohren wegen, die nur zu sehr deine niedere Abkunft verrieten und von tüchtigen großgeohrten Pudeln durchaus für unanständig erachtet würden. – Ich versprach das.« Hätt' ich schon damals etwas gewusst von meinem großen Ahnherrn, dem gestiefelten Kater, der Ämter und Würden erlangte, dem Busenfreund König Gottliebs, ich würde Freund Ponto sehr leicht bewiesen haben, dass jede Pudelassemblee sich geehrt fühlen müsse durch die Gegenwart eines Abkömmlings aus der illustersten Familie, so musste ich, aus der Obskurität noch nicht hervorgetreten, es aber leiden, dass beide, Skaramuz und Ponto, sich über mich erhaben dünkten. – Wir schritten weiter fort. Dicht vor uns wandelte ein junger Mann, der trat mit einem lauten Ausruf der Freude so schnell zurück, dass er mich, sprang ich nicht schnell zur Seite, schwer verletzt haben würde. Ebenso laut schrie ein anderer junger Mann, der, die Straße herab, jenem entgegenkam. Und nun stürzten sich beide in die Arme, wie Freunde, die sich lange nicht gesehen, und wandelten dann eine Strecke vor uns her, Hand in Hand, bis sie stillstanden und, ebenso zärtlich voneinander Abschied nehmend, sich trennten. Der, der vor uns hergeschritten, sah dem Freunde lange nach und schlüpfte dann schnell in ein Haus hinein. Ponto stand still, ich desgleichen. Da wurde im zweiten Stock des Hauses, in das der junge Mann getreten, ein Fenster geöffnet, ein bildhübsches Mädchen schaute heraus, hinter ihr stand der junge Mann, und beide lachten sehr, dem Freunde nachschauend, von dem sich der junge Mann soeben getrennt. Ponto sah herauf und murmelte etwas zwischen den Zähnen, welches ich nicht verstand. »Warum weilst du hier, lieber Ponto, wollen wir nicht weiter gehen?« So fragte ich, Ponto ließ sich aber nicht stören, bis er nach einigen Augenblicken heftig den Kopf schüttelte und dann schweigend den Weg fortsetzte. »Lass uns«, sprach er, als wir auf einen mit Bäumen umgebenen, mit Statuen verzierten, anmutigen Platz gelangten, »lass uns hier ein wenig verweilen, guter Murr. Mir kommen jene beiden jungen Männer, die sich so herzlich auf der Straße umarmten, nicht aus dem Sinn. Es sind Freunde wie Damon und Pylades.«

»Damon und Pythias«, verbesserte ich, »Pylades war der Freund des Orestes, den er jedes Mal getreulich im Schlafrock zu Bette brachte und mit Kamillentee bediente, wenn die Furien und Dämonen dem armen Mann zu hart zugesetzt. Man merkt, guter Ponto, dass du in der Geschichte nicht sonderlich bewandert.«

»Gleichviel«, fuhr der Pudel fort, »gleichviel, aber die Geschichte von den beiden Freunden weiß ich sehr genau und will sie dir erzählen mit allen Umständen, so wie ich sie zwanzigmal von meinem Herrn erzählen hörte. Vielleicht wirst du neben Damon und Pythias, Orestes und Pylades als drittes Paar Walter und Formosus nennen. Formosus ist nämlich derselbe junge Mann, der dich beinahe zu Boden getreten, in der Freude, seinen geliebten Walter wiederzusehen. – Dort in dem schönen Hause mit den hellen Spiegelfenstern wohnt der alte steinreiche Präsident, bei dem sich Formosus durch seinen leuchtenden Verstand, durch seine Gewandtheit, durch sein glänzendes Wissen so einzuschmeicheln wusste, dass er dem Alten bald war wie der eigne Sohn. Es begab sich, dass Formosus plötzlich all seine Heiterkeit verlor, dass er blass aussah und kränklich, dass er in einer Viertelstunde zehnmal aus tiefer Brust aufseufzte, als wolle er sein Leben aushauchen, dass er, ganz in sich gekehrt, ganz in sich verloren, für nichts in der Welt mehr seine Sinne aufschließen zu können schien. – Lange Zeit hindurch drang der Alte vergebens in den Jüngling, dass er ihm die Ursache seines geheimen Kummers entdecken möge; endlich kam es heraus, dass er bis zum Tode verliebt war in des Präsidenten einzige Tochter. Anfangs erschrak der Alte, der mit seinem Töchterlein ganz andere Dinge im Sinne haben mochte, als sie an den rang- und amtlosen Formosus zu verheiraten, als er aber den armen Jüngling immer mehr und mehr hinwelken sah, ermannte er sich und fragte Ulriken, wie ihr der junge Formosus gefalle, und ob er ihr schon etwas von seiner Liebe gesagt. – Ulrike schlug die Augen nieder und meinte, erklärt habe sich der junge Formosus zwar gar nicht gegen sie, aus lauter Zurückhaltung und Bescheidenheit, aber gemerkt habe sie wohl längst, dass er sie liebe, denn so was sei wohl zu bemerken. Übrigens gefalle ihr der junge Formosus recht wohl, und wenn sonst dem nichts im Wege stände, und wenn der Herzenspapa nichts dagegen habe, und – kurz, Ulrike sagte alles, was Mädchen bei derlei Gelegenheit zu sagen pflegen, die nicht mehr in der ersten, vollsten Blüte stehen und fleißig denken: ›Wer wird der sein, der dich heimführt?‹ – Darauf sprach der Präsident zum Formosus: ›Richte dein Haupt auf, mein Junge! – Sei froh und glücklich, du sollst sie haben, meine Ulrike!‹ Und so wurde Ulrike die Braut des jungen Herrn Formosus. Alle Welt gönnte dem hübschen bescheidenen Jüngling sein Glück, nur einer geriet darüber in Gram und Verzweiflung, und das war Walter, mit dem Formosus ein Herz und eine Seele aufgewachsen. Walter hatte Ulriken einige Mal gesehen, auch wohl gesprochen und sich in sie verliebt, vielleicht noch viel ärger als Formosus! – Doch ich rede immer von Liebe und verliebt sein und weiß nicht, ob du, mein Kater, schon jemals in Liebe gewesen bist und also dies Gefühl kennst?« – »Was mich betrifft«, erwiderte ich, »was mich betrifft, lieber Ponto, glaube ich nicht, dass ich schon geliebt habe oder liebe, da ich mir bewusst bin, noch nicht in den Zustand geraten zu sein, wie ihn mehrere Dichter beschreiben. Den Dichtern ist nicht allemal ganz zu trauen, nach dem, was ich aber sonst darüber weiß und gelesen habe, muss die Liebe eigentlich nichts anders sein als ein psychischer Krankheitszustand, der sich bei dem menschlichen Geschlecht als partieller Wahnsinn darin offenbart, dass man irgendeinen Gegenstand für etwas ganz anders hält, als was er eigentlich ist, z. B. ein kleines dickes Ding von Mädchen, welche Strümpfe stopft, für eine Göttin. Doch fahre nur fort, geliebter Pudel, in deiner Erzählung von den beiden Freunden Formosus und Walter.« –

»Walter« (so sprach Ponto weiter) »stürzte dem Formosus an den Hals und sprach unter vielen Tränen: ›Du raubst mir das Glück meines Lebens, aber dass du es bist, dass du glücklich wirst, das ist mein Trost, lebe wohl, mein Geliebter, lebe wohl auf ewig!‹ – Darauf lief Walter in den Busch, wo er am dicksten war, und wollte sich totschießen. Es unterblieb aber, weil er in der Verzweiflung vergessen hatte, die Pistole zu laden, er begnügte sich daher mit einigen Ausbrüchen des Wahnsinns, die jeden Tag wiederkehrten. Eines Tages trat Formosus, den er in vielen Wochen nicht gesehen, ganz unvermutet zu ihm hinein, als er eben vor Ulrikens Pastellgemälde, das unter Glas und Rahmen an der Wand hing, auf den Knien lag und grässlich lamentierte: ›Nein‹, rief Formosus, indem er den Walter an seine Brust drückte: ›nein, ich konnte deinen Schmerz, deine Verzweiflung nicht ertragen, dir opfere ich gern mein Glück. – Ich habe Ulriken entsagt, ich habe den alten Vater dahin gebracht, dass er dich zum Eidam annimmt! – Ulrike liebt dich, vielleicht ohne es selbst zu wissen. – Bewirb dich um sie, ich scheide! – Lebe wohl!‹ – Er wollte fort, Walter hielt ihn fest. Es war diesem, als läge er im Traum, er glaubte an alles nicht früher, als bis Formosus ein eigenhändiges Billett des alten Präsidenten hervorzog, worin es ungefähr hieß: ›Edler Jüngling! Du hast gesiegt, ungern lasse ich dich, aber ich ehre deine Freundschaft, die dem Heroismus gleicht, von welchem man in den alten Skribenten lieset. Mag Herr Walter, der ein Mann ist von löblichen Eigenschaften und ein schönes einträgliches Amt hat, sich um meine Tochter Ulrike bewerben, will sie ihn ehelichen, so habe ich meinerseits nichts dagegen.‹ Formosus verreiste wirklich, Walter bewarb sich um Ulriken, Ulrike wurde wirklich Walters Frau. – Der alte Präsident schrieb nun nochmals an Formosus, überhäufte ihn mit Lobsprüchen und fragte, ob es ihm vielleicht Vergnügen machen würde, nicht etwa als Entschädigung, denn er wisse wohl, dass es in solchem Fall keine gebe, sondern nur als ein geringes Zeichen seiner innigen Zuneigung dreitausend Taler anzunehmen. Formosus antwortete, der Alte kenne die Geringfügigkeit seiner Bedürfnisse, Geld mache, könne ihn nicht glücklich machen und nur die Zeit ihn trösten über einen Verlust, an dem niemand schuld sei, als das Schicksal, welches in der Brust des teuren Freundes die Liebe zu Ulriken entzündet, und nur dem Schicksal sei er gewichen, von irgendeiner edlen Tat daher gar nicht die Rede. Übrigens nehme er das Geschenk an unter der Bedingung, dass der Alte es einer armen Witwe, die da und da mit einer tugendhaften Tochter in trostlosem Elend lebe, zuwende. Die Witwe wurde ausfindig gemacht und erhielt die dem Formosus zugedachten dreitausend Reichstaler. Bald darauf schrieb Walter dem Formosus: ›Ich kann nicht mehr leben ohne dich, kehre zurück in meine Arme!‹ Formosus tat es und erfuhr, als er gekommen, dass Walter seinen schönen einträglichen Posten aufgegeben, unter der Bedingung, dass Formosus, der sich längst einen ähnlichen gewünscht, ihn erhalte. Formosus erhielt den Posten wirklich und geriet, rechnete man die getäuschte Hoffnung rücksichts der Heirat mit Ulriken ab, in die behaglichste Lage. Stadt und Land erstaunten über den Wettstreit des Edelmuts beider Freunde, ihre Tat wurde als Nachklang aus einer längst vergangenen schönern Zeit vernommen, als Beispiel aufgestellt eines Heroismus, dessen nur hohe Geister fähig.«

»In der Tat«, begann ich, als Ponto schwieg, »in der Tat, nach allem, was ich gelesen, müssen Walter und Formosus edle kräftige Menschen sein, die in treuer Aufopferung füreinander nichts von deiner gerühmten Weltklugheit wissen.«

»Hm«, erwiderte Ponto hämisch lächelnd, »es kommt darauf an! – Ein paar Umstände, von denen die Stadt keine Notiz genommen, und die ich zum Teil von meinem Herrn erfahren, teils selbst belauscht habe, sind noch nachzuholen. – Mit der Liebe des Herrn Formosus zu der reichen Präsidententochter muss es doch nicht so arg gewesen sein, wie der Alte glaubte, denn im höchsten Stadium dieser tötenden Leidenschaft unterließ es der junge Mann nicht, nachdem er den Tag über verzweifelt, jeden Abend eine hübsche niedliche Putzmacherin zu besuchen. Als Ulrike nun aber seine Braut geworden, fand er bald, dass das engelsmilde Fräulein das eigne Talent besaß, sich bei schicklicher Gelegenheit plötzlich in einen kleinen Satan zu verwandeln. Außerdem kam ihm aus sichrer Quelle die verdrießliche Nachricht zu, dass Fräulein Ulrike in der Residenz, was Liebe und Liebesglück betrifft, ganz besondere Erfahrungen gemacht, und nun ergriff ihn plötzlich ein unwiderstehlicher Edelmut, vermöge dessen er die reiche Braut dem Freunde abtrat. Walter hatte sich in seltsamer Verwirrung in Ulriken, die er an öffentlichen Orten im höchsten Glanz aller Toilettenkünste gesehen, wirklich verliebt, und Ulriken ihrerseits war es ziemlich einerlei, wer von beiden sich ihr als Gemahl anheftete, Formosus oder Walter. Dieser hatte auch wirklich ein schönes einträgliches Amt, bei dessen Verwaltung aber solche krause Streiche gemacht, dass er der Entsetzung binnen kurzer Zeit entgegensehen musste. Er zog es vor, früher zugunsten seines Freundes den Abschied zu nehmen und so durch einen Akt, der alle Kennzeichen der edelsten Gesinnung trug, seine Ehre zu retten. Die dreitausend Taler wurden in guten Papieren einer alten, sehr anständigen Frau ausgehändigt, die zuweilen die Mutter, zuweilen die Muhme, zuweilen die Aufwärterin jener hübschen Putzmacherin vorstellte. Bei diesem Geschäft erschien sie in doppelter Gestalt. Erst bei dem Empfang des Geldes als Mutter, dann, als sie das Geld überbrachte und einen guten Tragelohn empfing, als Aufwärterin des Mädchens, die du kennst, lieber Murr, da sie eben erst mit dem Herrn Formosus zum Fenster hinausschaute. – Übrigens wissen beide, Formosus und Walter, längst, auf welche Weise sie sich in edelmütiger Gesinnung überboten, sie haben sich, um wechselseitigen Lobeserhebungen auszuweichen, lange vermieden, und deshalb waren ihre heutigen Begrüßungen, als der Zufall sie auf der Straße zusammenführte, so herzlich.« –

In diesem Augenblick entstand ein fürchterlicher Lärm. Die Menschen liefen durcheinander, schrien: »Feuer! – Feuer!« Reiter sprengten durch die Straßen –

Wagen rasselten. – Aus den Fenstern eines Hauses, unfern von uns, strömten Rauchwolken und Flammen. – Ponto sprang schnell vorwärts, ich aber in Angst kletterte eine hohe Leiter hinauf, die an ein Haus gelehnt, und befand mich bald auf dem Dache in voller Sicherheit. Plötzlich kam mir – – –

(Mak. Bl.) »– ganz unvermutet über den Hals«, sprach Fürst Irenäus, »ohne Anfrage des Hofmarschalls, ohne Vorwort des diensttuenden Kammerherrn, beinahe – ich sag' Euch das unter uns, Meister Abraham, bringt es nicht etwa unter die Leute – beinahe unangemeldet – keine Liverei in den Vorzimmern. Die Esel spielten Brausebart im Vestibül. Spielen ist ein großes Laster. Schon in die Türe getreten, erwischte ihn der Tafeldecker, der zum Glück gerade durchging, beim Rockschoß und fragte, wer der Herr sei, und wie er ihn dem Fürsten servieren solle. Aber er hat mir wohl gefallen, es ist ein ganz artiger Mensch. Sagtet Ihr nicht, dass er sonst nichts weniger gewesen wäre als ein purer simpler Musikant? sogar von einigem Stande?« – Meister Abraham versicherte, dass Kreisler allerdings sonst in ganz anderen Verhältnissen gelebt, die es ihm sogar vergönnt, an der fürstlichen Tafel zu speisen, und dass nur der verwüstende Sturm der Zeit ihn aus diesen Verhältnissen vertrieben. Übrigens wünsche er aber, dass der Schleier, den er über die Vergangenheit geworfen, unverrückt liegen bleiben möge.

»Also«, nahm der Fürst das Wort, »also von Adel, vielleicht Baron – Graf – vielleicht gar – Nun, man muss nicht zu weit gehen in träumerischer Hoffnung! – Ich habe ein Faible für dergleichen Mysterien! Es war eine schöne Zeit nach der französischen Revolution, als Marquis Siegellack fabrizierten und Comtes Nachtmützen strickten von Filet und nichts sein wollten als simple Monsieurs, und man sich erlustigte auf dem großen Maskenball. – Ja, was den Herrn von Kreisler betrifft! – Die Benzon versteht sich auf so etwas, sie rühmte ihn, sie empfahl mir ihn, sie hat recht. An der Manier, den Hut unter dem Arm zu halten, erkannte ich gleich den Mann von Bildung, von feinem geläutertem Ton.«

Der Fürst setzte noch einiges Lob über Kreislers äußere Erscheinung hinzu, so dass Meister Abraham überzeugt war, sein Plan müsse gelingen. Er hatte nämlich im Sinn, den Herzensfreund dem eingebildeten Hofstaat unterzuschieben als Kapellmeister und ihn so in Sieghartsweiler festzuhalten. Als er nun aber aufs neue davon sprach, erwiderte der Fürst ganz entschieden, dass daraus ganz und gar nichts werden könne. »Sagt selbst«, fuhr er dann fort, »sagt selbst, Meister Abraham, ob es möglich sein würde, den angenehmen Mann in meinen engeren Familienkreis zu ziehen, wenn ich ihn zum Kapellmeister und so zu meinem Offizianten mache? – Ich könnte ihm eine Hofcharge verleihen und ihn zum Maître de Plaisir oder der Spectacles machen, aber der Mann versteht die Musik aus dem Grunde und ist auch, wie Ihr sagt, im Theaterwesen wohl erfahren. Nun weiche ich aber nicht ab von dem Grundsatz meines höchstseligen, in Gott ruhenden Herrn Vaters, der immer behauptete, besagter Maître müsse um des Himmels willen sich auf die Sachen, deren Maître er repräsentiere, nicht verstehen, da er sich sonst gar zu sehr darum bekümmere und sich viel zu sehr für die Menschen, die dabei beschäftigt, als da sind Schauspieler, Musikanten usw., interessiere – Also dafür behalte Herr von Kreisler die Maske des fremden Kapellmeisters und schreite damit hinein in die inneren Gemächer des fürstlichen Hauses nach dem Beispiel eines hinlänglich vornehmen Mannes, der vor einiger Zeit in der freilich verwerflichen Maske eines schnöden Histrionen die auserlesensten Zirkel mit den unmutigsten Faxen amüsierte.«

»Und«, rief der Fürst dem Meister Abraham, der sich fortbegeben wollte, zu, »und da Ihr gewissermaßen den Chargé d'Affaires des Herrn von Kreisler zu machen scheint, so will ich es Euch nicht verhehlen, dass nur zwei Dinge mir nicht recht an ihm gefallen wollen, die vielleicht mehr Gewohnheiten sind als wirkliche Dinge. – Ihr versteht schon, wie ich das meine. – Fürs erste starrt er mir, wenn ich mit ihm spreche, geradezu ins Antlitz. Ich habe doch konsiderable Augen, kann fürchterlich daraus blitzen, wie weiland Friedrich der Große, kein Kammerjunker, kein Page wagt es aufzuschauen, wenn ich, den entsetzlichen Blick auf ihn schießend, frage, ob das mauvais sujet schon wieder Schulden gemacht oder den Marzipan aufgefressen, aber der Herr von Kreisler, den mag ich anblitzen, wie ich will, er macht sich gar nichts daraus, sondern lächelt mich an auf eine Weise, dass – ich selbst die Augen niederschlagen muss. Dann hat der Mann eine solche besondere Art zu sprechen, zu antworten, das Gespräch fortzuführen, dass man zuweilen ordentlich glaubt, das, was man selbst gesagt, sei eben nicht sonderlich gewesen, man wäre gewissermaßen eine Be – Beim St. Januar, Meister, das ist ganz unausstehlich, und Ihr müsst dafür sorgen, dass Herr von Kreisler sich diese Dinge oder Gewohnheiten abgewöhne.«

Meister Abraham versprach zu tun, was Fürst Irenäus von ihm verlangte, und wollte aufs neue davon, da erwähnte der Fürst noch des besondern Widerwillens, den Prinzessin Hedwiga gegen Kreisler geäußert, und meinte, dass das Kind seit einiger Zeit von seltsamen Träumen und Einbildungen geplagt werde, weshalb der Leibarzt die Molkenkur zum nächsten Frühjahr angeraten. Hedwiga sei nämlich jetzt auf den sonderbaren Gedanken geraten, dass Kreisler dem Tollhaus entsprungen und allerlei Unheil anrichten werde bei nächster Gelegenheit.

»Sagt«, sprach der Fürst, »sagt, Meister Abraham, ob der vernünftige Mann wohl nur die mindeste Spur der Geisteszerrüttung an sich trägt?« Abraham erwiderte, dass Kreisler zwar ebenso wenig verrückt sei als er selbst, jedoch sich zuweilen etwas seltsam gebärde und in einen Zustand gerate, der beinahe dem des Prinzen Hamlet zu vergleichen, dadurch aber nur um so interessanter werde. – »Soviel wie ich weiß«, nahm der Fürst das Wort, »war der junge Hamlet ein vortrefflicher Prinz aus einem alten angesehenen Regentenhause, der sich nur zuzeiten mit der sonderbaren Idee herumtrug, dass sämtliche Hofleute sich auf das Flötenblasen verstehen sollten. Hohen Personen steht es wohl an, auf Seltsames zu verfallen, es vermehrt den Respekt. Was bei dem Mann ohne Rang und Stand eine Absurdität zu nennen, ist bei ihnen bloß die angenehme Kapriole eines ungemeinen Geistes, welche Staunen erregen muss und Bewunderung. – Herr von Kreisler sollte fein auf dem geraden Weg bleiben, will er aber durchaus den Prinzen Hamlet imitieren, so ist das ein schönes Streben nach dem Höheren, vielleicht veranlasst durch seine überwiegende Neigung zu den musikalischen Studien. Man mag es ihm verzeihen, wenn er bisweilen sich wunderlich betragen will.« –

Es schien, als wenn Meister Abraham heute nun einmal nicht aus dem Zimmer des Fürsten kommen sollte; denn wiederum rief der Fürst ihn zurück, als er schon die Türe geöffnet, und verlangte zu wissen, woher der seltsame Widerwille der Prinzessin Hedwiga gegen den Kreisler wohl rühren möge. Meister Abraham erzählte die Art, wie Kreisler der Prinzessin und Julien zum ersten Mal im Park zu Sieghartshof erschienen, und meinte, dass die aufgeregte Stimmung, in der der Kapellmeister damals gewesen, auf eine Dame von zarten Nerven wohl habe feindlich wirken müssen.

Der Fürst gab mit einiger Heftigkeit zu erkennen, wie er hoffe, dass Herr von Kreisler nicht wirklich zu Fuß nach Sieghartshof gekommen, sondern dass der Wagen hier oder dort im breiten Fahrwege des Parks gehalten, da nur gemeine Abenteurer zu Fuß zu reisen pflegten.

Meister Abraham meinte, dass man zwar das Beispiel eines tapfern Offiziers vor Augen habe, der von Leipzig nach Syrakus gelaufen, ohne sich ein einziges Mal die Stiefeln versohlen zu lassen, was aber den Kreisler betreffe, so sei er überzeugt, dass ein Wagen wirklich im Park gehalten. – Der Fürst war zufrieden. –

Während sich dies im Gemach des Fürsten begab, saß Johannes bei der Rätin Benzon vor dem schönsten Flügel, den jemals die kunstreiche Nannette Streicher gebaut, und begleitete Julien das große leidenschaftliche Rezitativ der Klytämnestra aus Glucks »Iphigenie in Aulis«. –

Gegenwärtiger Biograph ist leider genötigt, seinen Helden, soll das Porträt richtig sein, als einen extravaganten Menschen darzustellen, der, vorzüglich was die musikalische Begeisterung betrifft, oft dem ruhigen Beobachter beinahe wie ein Wahnsinniger erscheint. Er hat ihm schon die ausschweifende Redensart nachschreiben müssen, dass »als Julia sang, aller sehnsüchtige Schmerz der Liebe, alles Entzücken süßer Träume, die Hoffnung, das Verlangen durch den Wald wogte und niederfiel wie erquickender Tau in die duftenden Blumenkelche, in die Brust horchender Nachtigallen.« Kreislers Urteil über Julias Gesang scheint hiernach eben nicht von sonderlichem Wert. Versichern kann aber bemeldeter Biograph bei dieser Gelegenheit dem günstigen Leser, dass Julias Gesang, den er, dem Himmel sei's geklagt, niemals selbst hörte, etwas Geheimnisvolles, etwas ganz Wunderbares in sich getragen haben muss. Ungemein solide Leute, die sich erst seit kurzer Zeit den Zopf wegschneiden lassen, die, nachdem sie einen tüchtigen Rechtsfall, eine maliziös merkwürdige Krankheit oder einen jungen Ankömmling von Straßburger Pastete gehörig erprobt, der Umgang mit Gluck, Mozart, Beethoven, Spontini im Theater nicht im mindesten aus der schicklichen Seelenruhe brachte, ja, solche Leute haben oft versichert, dass, sänge das Fräulein Julia Benzon, ihnen ganz absonderlich zumute würde, sie könnten gar nicht sagen, wie. Eine gewisse Beklommenheit, die ihnen denn doch ein unbeschreibliches Wohlbehagen errege, bemächtige sich ihrer ganz und gar, und oft kämen sie auf den Punkt, Narrenstreiche zu machen und sich zu gebärden wie junge Phantasten und Versmacher. Anzuführen ist auch ferner, dass einmal, als Julia bei Hofe sang, Fürst Irenäus vernehmlich ächzte, und als der Gesang geendet, geradezu losschritt auf Julien, ihre Hand an den Mund drückte und dabei sehr weinerlich sprach: »Bestes Fräulein!« – Der Hofmarschall wagte zu behaupten, Fürst Irenäus habe der kleinen Julia wirklich die Hand geküsst, und dabei wären ihm ein paar Tränen aus den Augen getröpfelt. Auf Veranlassung der Oberhofmeisterin wurde aber diese Behauptung als ungeziemend und dem Wohl des Hofes zuwider unterdrückt.

Julia, einer vollen metallreichen, glockenreinen Stimme mächtig, sang mit dem Gefühl, mit der Begeisterung, die aus dem im Innersten bewegten Gemüt hervorströmt, und darin mochte wohl der wunderbare unwiderstehliche Zauber liegen, den sie auch heute übte. Der Atem jedes Zuhörers stockte, als sie sang, jeder fühlte seine Brust beengt von süßem namenlosen Weh, erst ein paar Augenblicke nachher, als sie geendet, brach das Entzücken los im stürmischen ungemessensten Beifall. Nur Kreisler saß da, stumm und starr, zurückgelehnt in den Sessel; dann stand er leise und langsam auf, Julia wandte sich zu ihm mit einem Blick, der deutlich fragte: »War es denn auch wohl so recht?« – Errötend schlug sie aber die Augen nieder, als Kreisler, die Hand aufs Herz legend, mit zitternder Stimme lispelte: »Julia!« und dann mit gebücktem Haupt mehr schlich als ging hinter den Kreis, den die Damen geschlossen.

Mit Mühe hatte die Rätin Benzon Prinzessin Hedwiga dahin vermocht, in der Abendgesellschaft zu erscheinen, wo sie den Kapellmeister Kreisler antreffen musste. Sie gab nur nach, als die Rätin ihr sehr ernsthaft vorstellte, wie kindisch es sein würde, einen Mann zu meiden, bloß weil er nicht zu den auf eine Art und Weise wie Scheidemünze Ausgeprägten zu rechnen, sondern sich in freilich hin und wieder bizarrer Eigentümlichkeit darstelle. Zudem habe Kreisler auch Eingang gefunden beim Fürsten, und unmöglich würd' es daher sein, den seltsamen Eigensinn durchzuführen.

Prinzessin Hedwiga wusste sich den ganzen Abend über so geschickt zu drehen und zu wenden, dass Kreisler, dem es, harmlos und gefügig, wie er war, wirklich galt, die Prinzessin zu versöhnen, alles Mühens ungeachtet sich nicht ihr nähern konnte. Den geschicktesten Manövern wusste sie zu begegnen mit schlauer Taktik. Desto mehr musste der Benzon, die das alles bemerkt, es auffallen, als die Prinzessin jetzt plötzlich den Kreis der Damen durchbrach und geradezu losschritt auf den Kapellmeister. So tief in sich versunken stand Kreisler da, dass erst die Anrede der Prinzessin, ob er allein denn keine Zeichen, keine Worte habe für den Beifall, den Julia errungen, ihn aus dem Traume weckte.

»Gnädigste«, erwiderte Kreisler mit einem Ton, der die innere Bewegung verriet, »Gnädigste, nach der bewährten Meinung berühmter Schriftsteller haben die Seligen statt des Worts nur Gedanken und Blick. – Ich war, glaub' ich, im Himmel!«

»So ist«, erwiderte die Prinzessin lächelnd, »unsere Julia ein Engel des Lichts, da sie vermochte, Ihnen das Paradies zu erschließen. – Jetzt bitte ich Sie aber, auf einige Augenblicke den Himmel zu verlassen und einem armen Erdenkinde, wie ich es nun einmal bin, Gehör zu geben.« – Die Prinzessin hielt inne, als erwarte sie, dass Kreisler etwas sage. Da dieser sie aber schweigend anschaute mit leuchtendem Blick, schlug sie die Augen nieder und wandte sich rasch um, so dass der leicht umgeworfene Shawl von den Schultern hinabwallte. Kreisler fasste ihn im Fallen. Die Prinzessin blieb stehen. »Lassen Sie uns«, sprach sie dann mit unsicherm schwankendem Ton, als ringe sie mit irgendeinem Entschluss, als würd' es ihr schwer, es herauszusagen, was sie im Innern beschlossen – »lassen Sie uns von poetischen Dingen ganz prosaisch reden. Ich weiß, Sie geben Julien Unterricht im Gesang, und ich muss gestehen, dass sie seit der Zeit in Stimme und Vortrag unendlich gewann. Das gibt mir die Hoffnung, dass Sie imstande wären, selbst ein mittelmäßiges Talent, wie das meinige, zu heben. – Ich meine, dass –« Die Prinzessin stockte hocherrötend, die Benzon trat hinzu und versicherte, dass die Prinzessin sich selbst großes Unrecht tue, wenn sie ihr musikalisches Talent mittelmäßig nenne, da sie das Pianoforte vorzüglich spiele und recht ausdrucksvoll singe. Kreisler, dem die Prinzessin in ihrer Verlegenheit auf einmal über alle Maßen liebenswürdig erschien, ergoss sich in einen Strom freundlicher Redensarten und schloss damit, dass ihm nichts Glücklicheres begegnen könne, als wenn die Prinzessin es vergönne, ihr beizustehen im Studium der Musik mit Rat und Tat.

Die Prinzessin hörte den Kapellmeister an mit sichtlichem Wohlgefallen, und als er geendet und der Benzon Blick ihr die seltsame Scheu vor dem artigen Mann vorwarf, da sprach sie halb leise: »Ja, ja, Benzon, Sie haben recht, ich bin wohl oft ein kindisches Kind! – « In demselben Augenblick fasste sie, ohne hinzublicken, nach dem Shawl, den Kreisler noch immer in den Händen hielt, und den er ihr nun hinreichte. Selbst wusste er nicht, wie es sich begab, dass er dabei der Prinzessin Hand berührte. Aber ein heftiger Pulsschlag dröhnte ihm durch alle Nerven, und es war, als wollten ihm die Sinne vergehen. –

Wie einen Lichtstrahl, der durch finstere Wolken bricht, vernahm Kreisler Juliens Stimme. »Ich soll«, sprach sie, »ich soll noch mehr singen, lieber Kreisler, man lässt mir keine Ruhe. – Wohl möchte ich das schöne Duett versuchen, das Sie mir letzthin gebracht.« – »Sie dürfen das«, nahm die Benzon das Wort, »Sie dürfen das meiner Julie nicht abschlagen, lieber Kapellmeister – fort an den Flügel!« –

Kreisler, keines Wortes mächtig, saß am Flügel, schlug die ersten Akkorde des Duetts an, wie von einem seltsamen Rausch betört und befangen. Julia begann: »Ah che mi manca l'anima in si fatal momento« – Es ist nötig zu sagen, dass die Worte dieses Duetts nach gewöhnlicher italischer Weise ganz einfach die Trennung eines liebenden Paars aussprachen, dass auf momento natürlicherweise sento und tormento gereimt war, und dass es, wie in hundert andern Duetten ähnlicher Art, auch nicht an dem Abbi pietade o cielo und an der pena di morir fehlte. Kreisler hatte indessen diese Worte in der höchsten Aufregung des Gemüts mit einer Inbrunst komponiert, die beim Vortrag jeden, dem der Himmel nur passable Ohren gegeben, unwiderstehlich hinreißen musste. Das Duett war den leidenschaftlichsten dieser Art an die Seite zu stellen und, da Kreisler nur nach dem höchsten Ausdruck des Moments und nicht darnach strebte, was eben ganz ruhig und bequem von der Sängerin aufzufassen, in der Intonation ziemlich schwer geraten. So kam es, dass Julia schüchtern, mit beinahe ungewisser Stimme begann, und dass Kreisler eben nicht viel besser eintrat. Bald erhoben sich aber beide Stimmen auf den Wellen des Gesanges wie schimmernde Schwäne und wollten bald mit rauschendem Flügelschlag emporsteigen zu dem goldnen strahlenden Gewölk, bald in süßer Liebesumarmung sterbend untergehen in dem brausenden Strom der Akkorde, bis tief aufatmende Seufzer den nahen Tod verkündeten und das letzte Addio in dem Schrei des wilden Schmerzes wie ein blutiger Springquell herausstürzte aus der zerrissenen Brust.

Niemand befand sich in dem Kreis, den das Duett nicht tief ergriffen, vielen standen die hellen Tränen in den Augen, selbst die Benzon gestand, dass sie selbst im Theater bei irgendeiner gut dargestellten Abschiedsszene Ähnliches noch nicht empfunden. Man überhäufte Julien und den Kapellmeister mit Lobsprüchen, man sprach von der wahren Begeisterung, die beide beseelt, und stellte die Komposition vielleicht noch höher, als sie es verdiente.

Der Prinzessin Hedwiga hatte man während des Gesanges die innere Bewegung wohl angemerkt, ungeachtet sie bemüht war, ruhig zu scheinen, ja durchaus jede Teilnahme zu verbergen. Neben ihr saß ein junges Ding von Hofdame mit roten Wangen, zum Weinen und Lachen gleich aufgelegt, der raunte sie allerlei in die Ohren, ohne dass es ihr gelang, irgend andere Antwort zu erhalten als einzelne Wörter, in der Angst der höfischen Konvenienz ausgestoßen. Auch der Benzon, die an der andern Seite saß, flüsterte sie gleichgültige Dinge zu, als höre sie gar nicht auf das Duett; die nach ihrer strengen Manier bat aber die Gnädigste, die Unterhaltung aufzusparen bis nach geendetem Duett. Jetzt aber sprach die Prinzessin, im ganzen Gesicht glühend, mit blitzenden Augen so laut, dass sie die Lobsprüche der ganzen Gesellschaft übertönte: »Es wird mir nun wohl erlaubt sein, auch meine Meinung zu sagen. Ich gebe zu, dass das Duett als Komposition seinen Wert haben mag, dass meine Julie vortrefflich gesungen hat, aber ist es recht, ist es billig, dass man im gemütlichen Zirkel, wo freundliche Unterhaltung obenanstehen soll, wo wechselseitige Anregungen Rede, Gesang forttreiben sollen wie einen zwischen Blumenbeeten sanft murmelnden Bach, dass man da extravagante Sachen auftischt, die das Innere zerschneiden, deren gewaltsamen zerstörenden Eindruck man nicht verwinden kann? Ich habe mich bemüht, mein Ohr, meine Brust zu verschließen dem wilden Schmerz des Orkus, den Kreisler mit unser leicht verletzliches Inneres verhöhnender Kunst in Tönen aufgefasst hat, aber niemand war so gütig, sich meiner anzunehmen. Gern will ich meine Schwäche Ihrer Ironie preisgeben, Kapellmeister, gern will ich gestehen, dass der üble Eindruck Ihres Duetts mich ganz krank gemacht hat. – Gibt es denn keinen Cimarosa, keinen Paisiello, deren Kompositionen recht für die Gesellschaft geschrieben sind?«

»O Gott«, rief Kreisler, indem sein Gesicht in dem mannigfaltigsten Muskelspiel vibrierte, wie es allemal zu geschehen pflegte, wenn der Humor aufstieg in dem Innern, »o Gott, gnädigste Prinzessin! – wie ganz bin ich ärmster Kapellmeister Ihrer gütigen gnädigen Meinung! – Ist es nicht gegen alle Sitte und Kleiderordnung, die Brust mit all der Wehmut, mit all dem Schmerz, mit all dem Entzücken, das darin verschlossen, anders in die Gesellschaft zu tragen, als dick verhüllt mit dem Fichu vortrefflicher Artigkeit und Konvenienz? Taugen denn alle Löschanstalten, die der gute Ton überall bereitet, taugen sie wohl was, sind sie wohl hinlänglich, um das Naphthafeuer zu dämpfen, das hie und da hervorlodern will? Spült man noch so viel Tee, noch so viel Zuckerwasser, noch so viel honettes Gespräch, ja noch so viel angenehmes Dudeldumdei hinunter, doch gelingt es diesem, jenem freveligen Mordbrenner, eine Congrevische Rakete ins Innere zu werfen, und die Flamme leuchtet empor, leuchtet und brennt sogar, welches dem puren Mondschein niemals geschieht! – Ja! Gnädigste Prinzessin! – ja, ich! – aller Kapellmeister hienieden unseligster, ich habe schändlich gefrevelt mit dem entsetzlichen Duett, das wie ein höllisches Feuerwerk mit allerlei Leuchtkugeln, Schwanzraketen, Schwärmern und Kanonenschlägen durch die ganze Gesellschaft gefahren ist und, leider merk' ich's, fast überall gezündet hat! – Ha! – Feuer – Feuer – Mordio! – es brennt – Spritzenhaus auf – Wasser – Wasser – Hilfe, rettet!«

Kreisler stürzte zu auf den Notenkasten, zog ihn hervor unter dem Flügel, öffnete ihn – warf die Noten umher, riss eine Partitur heraus, es war Paisiellos »Molinara«, setzte sich an das Instrument, begann das Ritornell der bekannten hübschen Ariette: »La Rachelina molinarina«, mit der die Müllerin auftritt –

»Aber lieber Kreisler!« sprach Julie ganz schüchtern und erschrocken. Doch Kreisler warf sich vor Julien nieder auf beide Knie und flehte: »Teuerste, holdseligste Julia! Erbarmen Sie sich der hochverehrten Gesellschaft, gießen Sie Trost in die hoffnungslosen Gemüter, singen Sie die Rachelina! – Tun Sie es nicht, so bleibt mir nichts übrig, als mich hier vor Ihren sichtlichen Augen hinabzustürzen in die Verzweiflung, an deren Rand ich mich bereits befinde, und Sie halten den verlornen Maître de la Chapelle vergebens am Rockschoß, denn indem Sie gutmütig rufen: ›Bleibe bei uns, o Johannes!‹ so ist er schon hinabgefahren zum Acheron und wagt im dämonischen Shawltanz die allerzierlichsten Sprünge: darum singen Sie, Werte!« Julia tat, wiewohl, so schien es, mit einigem Widerwillen, worum Kreisler sie gebeten.

Sowie die Ariette geendet, begann Kreisler sofort das bekannte komische Duett des Notars mit der Müllerin. – Julias Gesang in Stimme und Methode neigte sich ganz zum Ernsten, Pathetischen, demungeachtet stand ihr eine Laune zu Gebote, wenn sie komische Sachen vortrug, die die reizendste Liebenswürdigkeit selbst war. Kreisler hatte sich den seltsamen, aber unwiderstehlich hinreißenden Vortrag der italienischen Buffi zu eigen gemacht, das ging heute aber beinahe bis zur Übertreibung, denn indem Kreislers Stimme nicht dieselbe schien, da sie dem höchsten dramatischen Ausdruck in tausend Nuancen sich fügte, so schnitt er dabei auch solche absonderliche Gesichter, die einen Cato zum Lachen gebracht hätten. Es konnte nicht fehlen, dass alle laut aufjauchzten, losbrachen in schallendem Gelächter.

Kreisler küsste Julien entzückt die Hand, die sie ihm ganz unmutig schnell wegzog. »Ach«, sprach Julie, »ach, Kapellmeister, ich kann mich nun einmal in Ihre seltsame Launen – abenteuerliche möcht' ich sie nennen, ich kann mich nun einmal gar nicht darein finden! – Dieser Todessprung von einem Extrem zum andern zerschneidet nur die Brust! – Ich bitte Sie, lieber Kreisler, verlangen Sie nicht mehr, dass ich mit tief bewegtem Gemüt, wenn noch die Töne der tiefsten Wehmut widerklingen in meinem Innern, dass ich dann Komisches singe, sei es auch noch so artig und hübsch. Ich weiß es – ich vermag es, ich setze es durch, aber es macht mich ganz matt und krank. – Verlangen Sie es nicht mehr! – Nicht wahr, Sie versprechen mir das, lieber Kreisler?« – Der Kapellmeister wollte antworten, im Augenblick umarmte aber die Prinzessin Julien, stärker, ausgelassener lachend, als es irgendeine Oberhofmeisterin für schicklich halten oder verantworten kann.

»Komm an meine Brust«, rief sie, »du aller Müllerinnen holdeste, stimmreichste, launigste! – Du mystifizierst alle Barone, Amtsverweser, Notare in der ganzen Welt, und wohl noch gar – « Das übrige, was sie noch sagen wollte, ging unter in der dröhnenden Lache, die sie von neuem anschlug.

Und dann sich rasch zum Kapellmeister wendend: »Sie haben mich ganz mit sich ausgesöhnt, lieber Kreisler! O, jetzt verstehe ich Ihren springenden Humor. – Er ist köstlich, in der Tat köstlich! – Nur in dem Zwiespalt der verschiedensten Empfindungen, der feindlichsten Gefühle geht das höhere Leben auf! – Haben Sie Dank, herzlichen Dank – da! – ich erlaube Ihnen, mir die Hand zu küssen!«

Kreisler fasste die ihm dargebotene Hand, und wiederum, wiewohl nicht so heftig als zuvor, durchdröhnte ihn der Pulsschlag, so dass er einen Moment zu zögern genötigt, ehe er nun die zarten enthandschuhten Finger an den Mund drückte, sich mit solchem Anstand verbeugend, als sei er noch Legationsrat. Selbst wusste er nun nicht, wie es kam, dass ihm diese physische Empfindung bei dem Berühren der fürstlichen Hand ungemein lächerlich bedünken wollte. »Am Ende«, sprach er zu sich selbst, als die Prinzessin ihn verlassen, »am Ende ist die Gnädigste eine Art von Leydner Flasche und walkt honette Leute durch mit elektrischen Schlägen nach fürstlichem Belieben!« –

Die Prinzessin hüpfte, tänzelte im Saal umher, lachte, trällerte dazwischen: »La Rachelina molinarina« und herzte und küsste bald diese, bald jene Dame versicherte, nie in ihrem Leben sei sie froher gewesen, und das habe sie dem wackern Kapellmeister zu verdanken. Der ernsten Benzon war das alles im höchsten Grade zuwider, sie konnte es nicht lassen, die Prinzessin endlich beiseite zu ziehen und ihr ins Ohr zu flüstern: »Hedwiga, ich bitte Sie, welch ein Betragen!« »Ich dächte«, erwiderte die Prinzessin mit funkelnden Augen, »ich dächte, liebe Benzon, wir ließen heute das Hofmeistern und gingen alle zu Bette! – Ja! – zu Bette – zu Bette!« Und damit rief sie nach ihrem Wagen.

Schweifte die Prinzessin aus in krampfhafter Lustigkeit, so war Julia indessen still und trübe geworden. Den Kopf auf die Hand gestützt, saß sie am Flügel, und ihr sichtliches Verbleichen, das umflorte Auge bewies, dass ihr Unmut bis zum physischen Weh sich gesteigert.

Auch Kreislern war das Brillantfeuer des Humors verlöscht. Jedem Gespräch ausweichend, tappte er mit leisen Schritten zur Tür. Die Benzon trat ihm in den Weg. »Ich weiß nicht«, sprach sie, »welch sonderbare Verstimmung heute mir – – «

(M. f. f.) alles so bekannt, so heimisch vor, ein süßes Aroma, selbst wusst' ich nicht, von welchen vortrefflichen Braten, wallte in bläulichen Wolken über die Dächer daher, und wie aus weiter – weiter Ferne, im Säuseln des Abendwindes, lispelten holde Stimmen: »Murr, mein Geliebter, wo weiltest du so lange?« –

»Was ist's, das die beengte Brust
Mit Wonneschauer so durchbebt,
Den Geist zum Himmel hoch erhebt,
Ist's Ahnung hoher Götterlust?
Ja – springe auf, du armes Herz,

Ermut'ge dich zu kühnen Taten,
Umwandelt ist in Lust und Scherz
Der trostlos bittre Todesschmerz,
Die Hoffnung lebt – ich rieche Braten!«

So sang ich und verlor mich, des entsetzlichen Feuerlärms nicht achtend, in die angenehmsten Träume! Doch auch hier auf dem Dache sollten mich noch die schreckhaften Erscheinungen des grotesken Weltlebens, in das ich hineingesprungen, verfolgen. Denn ehe ich mich's versah, stieg aus dem Rauchfang eines jener seltsamen Ungetüme empor, die die Menschen Schornsteinfeger nennen. Kaum mich gewahrend, rief der schwarze Schlingel: »Husch Katz!« und warf den Besen nach mir. Dem Wurf ausweichend, sprang ich über das nächste Dach hinweg und hinunter in die Dachrinne. Doch wer schildert mein frohes Erstaunen, ja, meinen freudigen Schreck, als ich wahrnahm, dass ich mich auf dem Haus meines wackern Herrn befand. Behände kletterte ich von Dachluke zu Dachluke, doch alle waren verschlossen. Ich erhob meine Stimme, jedoch umsonst, niemand hörte mich. Indessen wirbelten die Rauchwolken von dem brennenden Haus hoch auf, Wasserstrahlen zischten dazwischen, tausend Stimmen schrien durcheinander, das Feuer schien bedrohlicher zu werden. Da öffnete sich die Dachluke, und Meister Abraham schaute heraus in seinem gelben Schlafrock. »Murr, mein guter Kater Murr, da bist du ja – Komm herein, komm herein, kleiner Graupelz!« So rief der Meister freudig, als er mich erblickte. Ich unterließ nicht, ihm durch alle Zeichen, die mir zu Gebote standen, auch meine Freude zu erkennen zu geben: es war ein schöner herrlicher Moment des Wiedersehens, den wir feierten. Der Meister streichelte mich, als ich zu ihm hinein in den Dachboden gesprungen, so dass ich vor Wohlbehagen in jenes sanfte, süße Knurren ausbrach, das die Menschen in höhnender Verspottung mit dem Worte »spinnen« bezeichnen. »Ha, ha«, sprach der Meister lachend, »ha ha, mein Junge, dir ist wohl, da du vielleicht von weiter Wanderung zurückgekehrt bist in die Heimat, du erkennst nicht die Gefahr, in der wir schweben. – Beinahe möchte ich wie du ein glücklicher harmloser Kater sein, der sich den Teufel was schert um Feuer und Spritzenmeister, und dem kein Mobiliar verbrennen kann, da das einzige Mobile, dessen sein unsterblicher Geist mächtig, er selbst ist.« –

Damit nahm mich der Meister auf den Arm und stieg herab in sein Zimmer. Kaum waren wir eingetreten, als Professor Lothario uns nachstürzte, dem noch zwei Männer folgten. »Ich bitte Euch«, rief der Professor, »ich bitte Euch um des Himmels willen, Meister! Ihr seid in der dringendsten Gefahr, das Feuer schlägt schon über Euer Dach. – Erlaubt, dass wir Eure Sachen wegtragen.« – Der Meister erklärte sehr trocken, dass in solcher Gefahr der jähe Eifer der Freunde viel verderblicher sich gestalte, als die Gefahr selbst, da das, was vor dem Feuer geborgen, gewöhnlich zum Teufel ginge, wiewohl auf schönere Art. Er selbst habe in früherer Zeit einem Freunde, der von Feuer bedroht, in dem wohlwollendsten Enthusiasmus beträchtliches chinesisches Porzellan durchs Fenster geworfen, damit es nur ja nicht verbrenne. Wollten sie aber fein ruhig drei Nachtmützen, ein paar graue Röcke und andere Kleidungsstücke, worunter eine seidne Hose vorzüglich zu beachten, nebst einiger Wäsche in einen Koffer, Bücher und Manuskripte in ein paar Körbe packen, seine Maschinen aber nicht mit einem Finger anrühren, so werde es ihm lieb sein. Stehe dann das Dach in Flammen, so wolle er samt dem Mobiliar sich von dannen machen. »Erst aber«, (so schloss er) »erst aber erlaubt, dass ich meinen Hausgenossen und Stubenkameraden, der soeben von weiten Reisen müde, ermattet zurückgekommen, mit Speis' und Trank erquicke, nachher möget ihr wirtschaften!« –

Alle lachten sehr, da sie gewahrten, dass der Meister niemanden anders gemeint als mich.

Es schmeckte mir herrlich, und die schöne Hoffnung, die ich auf dem Dach in sehnsuchtsvollen süßen Tönen ausgesprochen, wurde ganz erfüllt.

Als ich mich erquickt, setzte mich der Meister in einen Korb; neben mir, es war dazu Platz, stellte er eine kleine Schüssel mit Milch hin und deckte den Korb sorgfältig zu.

»Wart's ruhig ab«, sprach der Meister, »wart's ruhig ab, mein Kater, in dunkler Behausung, was aus uns noch werden wird, nippe zum Zeitvertreib von deinem Lieblingstrank, denn springst oder trottierst du hier im Zimmer umher, so treten sie dir den Schwanz, die Beine entzwei im Tumult des Rettens. Kommt es zur Flucht, so trage ich dich selbst mit mir fort, damit du dich nicht wieder verläufst, wie es schon geschehen. Sie glauben nicht«, wandte sich nun der Meister zu den andern, »Sie glauben nicht, verehrteste Herren und Helfer in der Not, was der kleine graue Mann im Korbe, was das für ein herrlicher grundgescheiter Kater ist. Naturhistorische Galls behaupten, dass sonst mit den vortrefflichsten Organen, als da sind Mordlust, Diebessinn, Schelmerei usw., ausgerüsteten Katern von leidlicher Edukation doch der Ortsinn gänzlich mangle, dass sie, einmal sich verlaufen, die Heimat nie wiederfänden, aber mein guter Murr macht davon eine glänzende Ausnahme. Seit ein paar Tagen vermisste ich ihn und betrauerte recht herzlich seinen Verlust, heut, soeben ist er zurückgekehrt und hat, wie ich mit Recht vermuten darf, noch dazu die Dächer benutzt als angenehme Kunststraße. Die gute Seele hat nicht allein Klugheit bewiesen und Verstand, sondern auch die treueste Anhänglichkeit an seinen Herrn, weshalb ich ihn nun noch viel mehr liebe als vorher.« – Mich erfreute des Meisters Lob ganz ungemein, mit innerm Wohlbehagen fühlte ich meine Überlegenheit über mein ganzes Geschlecht, über ein ganzes Heer verirrter Kater ohne Ortsinn und wunderte mich, dass ich selbst das ganz Ungemeine meines Verstandes nicht hinlänglich eingesehen. Zwar dacht' ich daran, dass eigentlich der junge Ponto mich auf den rechten Weg und der Wurf des Schornsteinfegers auf das rechte Dach gebracht, indessen glaubte ich doch nicht im mindesten an meiner Sagazität und an der Wahrheit des Lobes, das mir der Meister erteilte, zweifeln zu dürfen. Wie gesagt, ich fühlte meine innere Kraft, und dies Gefühl bürgte mir für jene Wahrheit. Dass unverdientes Lob viel mehr erfreue und den Gelobten viel mehr aufblähe als verdientes, wie ich einmal las oder jemanden behaupten hörte, das gilt wohl nur für Menschen, gescheite Kater sind frei von solcher Torheit, und ich glaube bestimmt, dass ich vielleicht ohne Ponto und Schornsteinfeger den Rückweg nach Hause gefunden hätte, und dass beide sogar nur den richtigen Ideengang im Innern verwirrten. Das bisschen Weltklugheit, womit der junge Ponto so prahlte, wäre mir auch wohl zugekommen auf andere Weise, wenngleich die mancherlei Begebenheiten, die ich mit dem liebenswürdigen Pudel – mit dem aimable roué erlebte, mir guten Stoff gaben zu den freundschaftlichen Briefen, in welche ich meine Reisebeschreibung einkleidete. In allen Morgen- und Abendzeitungen, in allen eleganten und freimütigen Blättern könnten diese Briefe mit Effekt abgedruckt stehen, da mit Geist und Verstand darin die glänzendsten Seiten meines Ichs hervorgehoben sind, was doch jedem Leser am interessantesten sein muss. Aber ich weiß es schon, die Herren Redakteure und Verleger fragen: »Wer ist dieser Murr?« und erfahren sie denn, dass ich ein Kater bin, wiewohl der vortrefflichste auf Erden, so sprechen sie verächtlich: »Ein Kater und will schreiben!« – Und hätt' ich Lichtenbergs Humor und Hamanns Tiefe – von beiden habe ich viel Gutes vernommen, sie sollen für Menschen nicht übel geschrieben haben, sind aber Todes verblichen, welches für jeden Schriftsteller und Dichter, der leben will, eine durchaus riskante Sache ist – und, sag' ich noch einmal, hätt' ich Lichtenbergs Humor und Hamanns Tiefe, doch erhielte ich das Manuskript zurück, bloß weil man mir vielleicht meiner Krallen halber keine amüsante Schreibart zutraut. So was chagriniert! – O Vorurteil, himmelschreiendes Vorurteil, wie befängst du doch die Menschen und vorzüglich diejenigen, die da heißen Verleger!

Der Professor und die, die mit ihm gekommen waren, machten nun ein grimmiges Spektakel um mich her, der meines Bedünkens wenigstens beim Verpacken der Nachtmützen und der grauen Röcke nicht nötig gewesen wäre. Auf einmal rief draußen eine hohle Stimme: »Das Haus brennt!« – »Hoho«, sprach Meister Abraham, »da muss ich auch dabei sein, bleibt nur ruhig, ihr Herren! Wenn die Gefahr da ist, bin ich wieder hier, und wir packen an!« – Und damit verließ er eilig das Zimmer. Mir wurde in meinem Korbe wirklich bange. Das wilde Getöse – der Rauch, der nun ins Zimmer zu dringen begann, alles mehrte meine Angst! Allerlei schwarze Gedanken stiegen in mir auf! – Wie wenn der Meister mich vergäße, wenn ich schmachvoll umkommen müsste in den Flammen! – Ich fühlte, die furchtbare Angst mochte es verschulden, ein besonderes hässliches Kneifen im Leibe. – »Ha!« dacht' ich, »wenn im Herzen falsch, wenn neidisch ob meiner Wissenschaft, mich los zu werden, enthoben jeder Sorg' zu sein, nun mich der Meister noch in diesen Korb gespunden. – Wie wenn selbst dieser unschuldsweiße Trank – wie, wär' es Gift, das er mit schlauer Kunst hier zubereitet, mir den Tod zu geben?« – Herrlicher Murr, selbst in der Todesangst denkst du in Jamben, lässt nicht aus der Acht, was du im Shakespeare-Schlegel einst gelesen! –

Meister Abraham steckte jetzt den Kopf zur Tür herein und sprach: »Die Gefahr ist vorüber, ihr Herren! Setzt euch nur ruhig hin an jenen Tisch und trinkt die paar Flaschen Wein aus, die ihr im Wandschrank gefunden, ich meinesteils begebe mich noch ein wenig aufs Dach und will erklecklich spritzen. – Doch halt, erst muss ich nachsehen, was mein guter Kater macht.« Der Meister trat vollends ein, nahm den Deckel vom Korb, in dem ich saß, sprach mir zu mit freundlichen Worten, erkundigte sich nach meinem Wohlbefinden, fragte, ob ich vielleicht noch einen gebratenen Vogel verspeisen wolle, welches alles ich mit mehrmaligem süßen Miau erwiderte und mich recht bequem ausstreckte, welches mein Meister mit Recht für das beredte Zeichen nahm, dass ich satt sei, noch im Korbe zu bleiben wünsche, und stülpte den Deckel wieder darüber.

Wie wurde ich nun von der guten freundlichen Gesinnung überzeugt, die Meister Abraham für mich hegte. Ich hätte mich meines schnöden Misstrauens schämen müssen, wenn es überhaupt für einen Mann von Verstand schicklich wäre, sich zu schämen. »Am Ende«, dacht' ich, »war auch die fürchterliche Angst, das ganze Unheil ahnende Misstrauen weiter nichts als poetische Schwärmerei, wie sie jungen genialen Enthusiasten eigen, die dergleichen oft förmlich brauchen als berauschendes Opium.« Das beruhigte mich ganz und gar.

Kaum hatte der Meister die Stube verlassen, als der Professor, ich konnt' es durch eine kleine Ritze des Korbes bemerken, sich mit misstrauischen Blicken nach dem Korb umschaute und dann den andern zuwinkte, als habe er ihnen irgend Wichtiges zu entdecken. Dann sprach er mit so leiser Stimme, dass ich kein Wörtlein verstanden, hätte der Himmel nicht in meine spitzen Ohren mir unglaublich scharfes Gehör gelegt: »Wisst ihr wohl, wozu ich eben jetzt Lust hätte? – Wisst ihr wohl, dass ich hingehen zu jenem Korbe, ihn öffnen und dem verfluchten Kater, der drinnen sitzt, und der uns jetzt vielleicht alle mit seinem übermütigen Selbstgenugsein verhöhnt, dies spitze Messer in die Kehle stoßen möchte?« »Was fällt Euch ein«, rief ein anderer, »was fällt Euch ein, Lothario, den hübschen Kater, den Liebling unseres wackern Meisters, wolltet Ihr umbringen? – Und warum sprecht Ihr denn so leise?«

Der Professor, ebenso mit gedämpfter Stimme wie vorher weiter sprechend, erklärte, dass ich alles verstehe, dass ich lesen und schreiben könne, dass mir Meister Abraham auf eine, freilich geheimnisvolle, unerklärliche Weise die Wissenschaften beigebracht, so dass ich schon jetzt, wie ihm der Pudel Ponto verraten, schriftstellere und dichte, und dass das alles dem schelmischen Meister zu nichts anderm dienen werde als zur Verspottung der vortrefflichsten Gelehrten und Dichter. »O«, sprach Lothario mit unterdrückter Wut, »o, ich seh' es kommen, dass Meister Abraham, der ohnedies das Vertrauen des Großherzogs in vollem Maße besitzt, dass er mit dem unglückseligen Kater alles durchsetzt, was er nur will. Die Bestie wird Magister legens werden, die Doktorwürde erhalten, zuletzt als Professor der Ästhetik Collegia lesen über den Aeschylos – Corneille – Shakespeare! – Ich komme von Sinnen! – Der Kater wird in meinen Eingeweiden wühlen und hat ganz infame Krallen!« – Alle gerieten bei diesen Reden Lotharios, des Professors der Ästhetik, in das tiefste Erstaunen. Einer meinte, es sei ganz unmöglich, dass ein Kater lesen und schreiben lernen könne, da diese Elemente aller Wissenschaft nächst der Geschicklichkeit, der nur der Mensch fähig, eine gewisse Überlegung, man möchte sagen, Verstand erforderten, der sogar nicht allemal bei dem Menschen, dem Meisterstück der Schöpfung, anzutreffen, viel weniger bei gemeinem Vieh!

»Bester«, nahm ein anderer, wie mir's in meinem Korbe schien, sehr ernsthafter Mann das Wort, »Bester, was nennen Sie gemeines Vieh? – Es gibt gar kein gemeines Vieh. Oft in stille Selbstbetrachtung versunken, empfinde ich den tiefsten Respekt vor Eseln und andern nützlichen Tieren. Ich begreife nicht, warum einer angenehmen Hausbestie von glücklichen natürlichen Anlagen nicht sollte das Lesen und Schreiben beigebracht werden, ja, warum – sich ein solches Tierlein nicht sollte erheben können zum Gelehrten und Dichter? – Ist denn das so etwas Beispielloses? – An Tausendundeine Nacht, als der besten historischen Quelle voll pragmatischer Authentizität, mag ich gar nicht denken, sondern Sie, mein Allerliebster, nur an den gestiefelten Kater erinnern, einen Kater, der voll Edelmut, durchdringendem Verstande war und tiefer Wissenschaft.«

Voll Freude über dieses Lob eines Katers, der, wie mir eine deutliche Stimme im Innern sagte, mein würdiger Ahnherr sein musste, konnt' ich mich nicht enthalten, zwei-, dreimal ziemlich stark zu niesen. – Der Redner hielt inne, und alle schauten sich ganz verschüchtert um nach meinem Korb. »Contentement mon cher«, rief endlich der ernsthafte Mann, der eben gesprochen, und fuhr dann weiter fort: »Irre ich nicht, so erwähnten Sie, teurer Ästhetiker, vorhin eines Pudels Ponto, der Ihnen des Katers dichterisches und wissenschaftliches Treiben verraten. Dies bringt mich denn auf Cervantes höchst vorzügliche ›Berganza‹, von dessen neuesten Schicksalen in einem gewissen neuen, höchst abenteuerlichen Buch Nachricht gegeben wird. Auch dieser Hund gibt ein entscheidendes Beispiel über das Naturell und über die Bildungsfähigkeit der Tiere.« »Aber«, nahm der andere das Wort, »aber mein teurer, liebster Freund, welche Beispiele führen Sie denn da an? Von dem Hund Berganza spricht ja Cervantes, der bekanntlich ein Romanschreiber war, und die Geschichte vom gestiefelten Kater ist ja ein Kindermärchen, welches Herr Tieck freilich mit solcher Lebendigkeit uns vor Augen gebracht hat, dass man beinahe die Torheit begehen könnte, wirklich daran zu glauben. Also zwei Dichter allegieren Sie, als wären es ernste Naturhistoriker und Psychologen, nun sind aber Dichter nichts weniger als das, sondern ausgemachte Phantasten, die lauter eingebildetes Zeug ausbrüten und vorbringen. Sagen Sie, wie mag denn aber ein verständiger Mann wie Sie sich auf Dichter berufen, um das zu bewahrheiten, was wider Sinn und Verstand läuft? Lothario ist Professor der Ästhetik, und es ist billig, dass er als solcher bisweilen etwas weniges über die Schnur haue, aber Sie – «

»Halt«, sprach der Ernste, »halt, mein Liebster, ereifern Sie sich nicht. Bedenken Sie fein, dass, wenn vom Wunderbaren, Unglaublichen die Rede, man füglich Dichter allegieren darf, denn simple Historiker verstehen den Teufel was davon. Ja, wenn das Wunderbare in Schick und Form gebracht und als reine Wissenschaft vorgetragen werden soll, wird der Beweis irgendeines Erfahrungssatzes am besten aus berühmten Dichtern entnommen, auf deren Wort man bauen darf. Ich führe Ihnen, und damit werden Sie, selbst ein gelehrter Arzt, zufrieden sein – ja! sage ich, ich führe Ihnen das Beispiel eines berühmten Arztes an, der in seiner wissenschaftlichen Darstellung des animalischen Magnetismus, um unsern Rapport mit dem Weltgeist, um das Dasein eines wunderbaren Ahnungsvermögens unleugbar ins Licht zu stellen, sich auf Schiller und dessen Wallenstein bezieht, welcher sagt: ›Es gibt im Menschenleben Augenblicke‹ und ›Dergleichen Stimmen gibt's – es ist kein Zweifel‹ – und wie es dann weiter heißt. Sie können das Weitere selbst nachlesen in der Tragödie.« – »Ho ho!« erwiderte der Doktor, – »Sie springen ab – Sie geraten in den Magnetismus und sind imstande, zuletzt zu behaupten, dass nächst allen Wundern, die dem Magnetiseur zu Gebote stehen, er auch den Schulmeister für empfängliche Kater abgeben könnte.« – »Nun«, sprach der Ernste, »wer weiß, wie der Magnetismus auf Tiere wirkt. Kater, die schon das elektrische Fluidum in sich tragen, wie Sie sich gleich überzeugen können – «

Plötzlich an Mina denkend, die über dergleichen Versuche, die mit ihr angestellt worden, so bitter klagte, erschrak ich so heftig, dass ich ein lautes Miau ausstieß!

»Beim Orkus«, rief der Professor erschrocken, »beim Orkus und all seinem Entsetzen, der höllische Kater hört uns, versteht uns – Herz gefasst – mit diesen Händen erwürg' ich ihn.« –

»Ihr seid nicht klug«, sprach der Ernste »Ihr seid wahrhaftig nicht klug, Professor. Nimmermehr leide ich, dass Ihr dem Kater, den ich schon jetzt herzlich liebgewonnen, ohne das Glück seiner nähern Bekanntschaft zu genießen, dass Ihr ihm nur das geringste Leid zufügt. Am Ende muss ich glauben, dass Ihr eifersüchtig seid auf ihn, weil er Verse macht? Professor der Ästhetik kann ja der kleine graue Mann niemals werden, darüber beruhigen Sie sich nur ganz. Steht es denn nicht deutlich in den uralten akademischen Statuten, dass überhandgenommenen Missbrauchs halber keine Esel mehr zur Professur gelangen sollen, und ist diese Verordnung nicht auch auf Tiere auszudehnen von jeder Art und Gattung, mithin auch auf Kater?«

»Mag sein«, sprach der Professor unmutig, »mag sein, dass der Kater niemals weder Magister legens, noch Professor der Ästhetik werden wird, als Schriftsteller tritt er doch auf über kurz oder lang, findet der Neuheit wegen Verleger und Leser, schnappt uns gute Honorare weg – « »Ich finde«, erwiderte der Ernste, »ich finde durchaus keine Ursache, warum dem guten Kater, dem aimablen Liebling unsers Meisters, es verwehrt sein solle, eine Bahn zu betreten, auf der sich so viele ohne Rücksicht auf Kraft und Haltung tummeln. Die einzige Maßregel, die dabei zu beobachten, wäre, dass man ihn nötigte, sich die spitzen Krallen verschneiden zu lassen, und das wäre vielleicht das einzige, was wir jetzt gleich tun könnten, um sicher zu sein, dass er uns nie verwunde, wenn er ein Autor worden.«

Alle standen auf. Der Ästhetiker griff nach der Schere.

Man kann sich meine Lage denken, ich beschloss, mit Löwenmut zu kämpfen gegen die Verunglimpfung, die man mir zugedacht, den ersten, der sich mir nahen würde, zu zeichnen auf ewige Zeiten; ich rüstete mich zum Sprung, sowie der Korb geöffnet werden würde.

In dem Augenblick trat Meister Abraham herein, und vorüber war meine Angst, die schon sich steigern wollte zur Verzweiflung. Er öffnete den Korb, und noch ganz außer mir, sprang ich mit einem Satz hinaus und schoss am Meister wild vorbei unter den Ofen.

»Was ist dem Tiere widerfahren?« rief der Meister, die andern misstrauisch anblickend, welche dastanden ganz verlegen und, vom bösen Gewissen geplagt, gar nicht zu antworten vermochten.

So bedrohlich auch meine Lage im Gefängnis war, doch empfand ich inniges Wohlbehagen darüber, was der Professor von meiner mutmaßlichen Laufbahn sagte, sowie sein deutlich ausgesprochner Neid mich höchlich erfreute. Ich fühlte schon das Doktorhütlein auf meiner Stirn, ich sah mich schon auf dem Katheder! – Sollten meine Vorlesungen denn nicht am häufigsten besucht werden von der wissbegierigen Jugend? – Sollte wohl ein einziger Jüngling von milden Sitten es übel deuten können, wenn der Professor bäte, keine Hunde ins Kollegium zu bringen? – Nicht alle Pudel hegen solch freundlichen Sinn wie mein Ponto, und dem Jägervolk mit langen hangenden Ohren ist nun vollends gar nicht zu trauen, da sie überall mit den gebildetsten Leuten meines Geschlechts unnütze Händel anfangen und sie mit Gewalt nötigen zu den unartigsten Äußerungen des Zorns, als da ist Prusten – Kratzen – Beißen etc. etc.

Wie höchst fatal müsst' es – – –

(Mak. Bl.) – nur der kleinen rotwangigen Hofdame gelten, die Kreisler bei der Benzon gesehen. »Tun Sie mir«, sprach die Prinzessin, »tun Sie mir den Gefallen, Nannette, gehen Sie selbst herab und sorgen Sie, dass man die Nelkenstöcke in meinen Pavillon trage, die Leute sind saumselig genug, um nichts auszurichten.« – Das Fräulein sprang auf, verbeugte sich sehr zeremoniös, flog dann aber schnell zum Zimmer hinaus, wie ein Vogel, dem man den Käfig geöffnet.

»Ich kann«, wandte sich die Prinzessin zu Kreisler, »ich kann nun einmal nichts herausbringen, wenn ich nicht mit dem Lehrer allein bin, der den Beichtvater vorstellt, dem man ohne Scheu alle Sünden anvertrauen kann. Überhaupt werden Sie, lieber Kreisler, die steife Etikette bei uns seltsam, werden es lästig finden, dass ich überall von Hofdamen umgeben, gehütet werde wie die Königin von Spanien. – Wenigstens sollte man hier in dem schönen Sieghartshof mehr Freiheit genießen. Wäre der Fürst im Schloss, ich hätte Nannette nicht fortschicken dürfen, die sich selbst bei unseren musikalischen Studien ebenso sehr langweilt, als sie mich geniert. – Fangen wir noch einmal an, jetzt wird es besser gehen.« – Kreisler, bei dem Unterricht die Geduld selbst, begann das Gesangstück, welches die Prinzessin einzustudieren unternommen, von neuem, aber so sichtlich Hedwiga sich auch mühte, so viel Kreisler auch aushelfen mochte, sie verirrte sich in Takt und Ton, sie machte Fehler über Fehler, bis sie, glutrot im ganzen Gesicht, aufsprang, an das Fenster lief und hinausschaute in den Park. Kreisler glaubte zu bemerken, dass die Prinzessin heftig weine, und fand seinen ersten Unterricht, den ganzen Auftritt etwas peinlich. Was konnte er Besseres tun als versuchen, ob der feindliche unmusikalische Geist, der die Prinzessin zu verstören schien, sich nicht bannen lasse eben durch Musik. Er ließ daher allerlei angenehme Melodien fortströmen, variierte die bekanntesten Lieblingslieder in kontrapunktischen Wendungen und melismatischen Schnörkeln, sodass er zuletzt sich selbst darüber wunderte, wie er so scharmant den Flügel zu spielen verstehe, und die Prinzessin vergaß samt ihrer Arie und ihrer rücksichtslosen Ungeduld.

»Wie herrlich doch der Geierstein in der leuchtenden Abendsonne steht«, sprach die Prinzessin, ohne sich umzuwenden.

Kreisler war eben in einer Dissonanz begriffen, natürlicherweise musste er diese auflösen und konnte daher nicht mit der Prinzessin den Geierstein und die Abendsonne bewundern. »Gibt's wohl einen reizendern Aufenthalt weit und breit als unser Sieghartshof«, sprach Hedwiga lauter und stärker als vorher. – Nun musste Kreisler wohl, nachdem er einen tüchtigen Schlussakkord angeschlagen, zu der Prinzessin ans Fenster treten, der Aufforderung zum Gespräch höflich genügend. »In der Tat«, sprach der Kapellmeister, »in der Tat, gnädigste Prinzessin, der Park ist herrlich, und ganz besonders ist es mir lieb, dass sämtliche Bäume grünes Laub tragen, welches ich überhaupt an allen Bäumen, Sträuchern und Gräsern sehr bewundere und verehre, und jeden Frühling dem Allmächtigen danke, dass es wieder grün worden und nicht rot, welches in jeder Landschaft zu tadeln, und bei den besten Landschaften, wie z. B. Claude Lorrain, oder Berghem, ja selbst bei Hackert, der bloß seine Wiesengründe was weniges pudert, nirgends zu finden.«

Kreisler wollte weiter reden, als er aber in dem kleinen Spiegel, der zur Seite des Fensters angebracht, der Prinzessin todbleiches, seltsam verstörtes Antlitz erblickte, verstummte er vor dem Schauer, der sein Inneres durcheiste.

Die Prinzessin unterbrach endlich das Schweigen, indem sie, ohne sich umzuwenden, immerfort hinausschauend, mit dem rührenden Ton der tiefsten Wehmut sprach: »Kreisler, das Schicksal will es nun einmal, dass ich Ihnen überall wie von seltsamen Einbildungen geplagt – aufgeregt, ich möchte sagen, albern erscheine, dass ich Ihnen Stoff darbieten soll, Ihren schneidenden Humor an mir zu üben. Es ist Zeit, Ihnen zu erklären, dass und warum Sie es sind, dessen Anblick mich in einen Zustand versetzt, der dem nervenerschütternden Anfall eines heftigen Fiebers zu vergleichen. Erfahren Sie alles. Ein offenes Geständnis wird meine Brust erleichtern und mir die Möglichkeit verschaffen, Ihren Anblick, Ihre Gegenwart zu ertragen. – Als ich Sie zum erstenmal dort im Park antraf, da erfüllten Sie, da erfüllte Ihr ganzes Betragen mich mit dem tiefsten Entsetzen, selbst wusste ich nicht warum! – aber es war eine Erinnerung aus meinen frühsten Kinderjahren, die plötzlich mit all ihrem Schrecken in mir aufstieg, und die sich erst später in einem seltsamen Traume deutlich gestaltete. – An unserm Hofe befand sich ein Maler, Ettlinger geheißen, den Fürst und Fürstin sehr hoch hielten, da sein Talent wunderbar zu nennen. Sie finden auf der Galerie vortreffliche Gemälde von seiner Hand, auf allen erblicken Sie die Fürstin in dieser, jener Gestalt in der historischen Gruppe angebracht. Das schönste Gemälde, das die höchste Bewunderung aller Kenner erregt, hängt aber in dem Kabinett des Fürsten. Es ist das Porträt der Fürstin, die er, als sie in der höchsten Blüte der Jugend stand, ohne dass sie ihm jemals gesessen, so ähnlich malte, als habe er das Bild aus dem Spiegel gestohlen. Leonhard, so wurde der Maler mit seinem Vornamen am Hofe genannt, muss ein milder guter Mensch gewesen sein. Alle Liebe, deren meine kindliche Brust fähig, ich mochte kaum drei Jahre alt gewesen sein, hätte ich ihm zugewandt, ich wollte, er sollte mich nie verlassen. Aber unermüdlich spielte er auch mit mir, malte mir kleine bunte Bilder, schnitt mir allerlei Figuren aus. Plötzlich, es mochte ein Jahr vergangen sein, blieb er aus. Die Frau, der meine erste Erziehung anvertraut, sagte mir mit Tränen in den Augen, Herr Leonhard sei gestorben. Ich war untröstlich, ich mochte nicht mehr in dem Zimmer bleiben, wo Leonhard mit mir gespielt. Sowie ich nur konnte, entschlüpfte ich meiner Erzieherin, den Kammerfrauen, lief im Schlosse umher, rief laut den Namen: Leonhard! Denn immer glaubt' ich, es sei nicht wahr, dass er gestorben, und er sei irgendwo im Schloss versteckt. So begab es sich, dass ich auch an einem Abend, als die Erzieherin sich nur auf einen Augenblick entfernt, mich aus dem Zimmer schlich, um die Fürstin aufzusuchen. Die sollte mir sagen, wo Herr Leonhard sei, und mir ihn wiederschaffen. Die Türen des Korridors standen offen, und so gelangte ich wirklich zur Haupttreppe, die ich hinauf lief und oben, auf gut Glück, in das erste geöffnete Zimmer trat. Als ich mich nun umschaute, wurde die Türe, die, wie ich meinte, in die Gemächer der Fürstin führen musste, und an die ich zu pochen im Begriff stand, heftig aufgestoßen, und hinein stürzte ein Mensch in zerrissenen Kleidern, mit verwildertem Haar. Es war Leonhard, der mich mit fürchterlich funkelnden Augen anstarrte. Totenbleich, eingefallen, kaum wiederzuerkennen war sein Antlitz. ›Ach, Herr Leonhard‹, rief ich, ›wie siehst du aus, warum bist du so blass, warum hast du solch glühende Augen, warum starrst du mich so an? – Ich fürchte mich vor dir! – O sei doch gut wie sonst – male mir wieder hübsche bunte Bilder!‹ – Da sprang Leonhard mit einem wilden wiehernden Gelächter auf mich los, – eine Kette, die um den Leib befestigt schien, klirrte ihm nach – kauerte nieder auf den Boden, sprach mit heiserer Stimme: ›Ha ha, kleine Prinzess – bunte Bilder? – Ja, nun kann ich erst recht malen, malen – nun will ich dir ein Bild malen und deine schöne Mutter! nicht wahr, du hast eine schöne Mutter? – Aber bitte sie, dass sie mich nicht wieder verwandelt – ich will nicht der elende Mensch Leonhard Ettlinger sein – der ist längst gestorben. Ich bin der rote Geier und kann malen, wenn ich Farbenstrahlen gespeist! – Ja, malen kann ich, wenn ich heißes Herzblut habe zum Firnis, – und dein Herzblut brauche ich, kleine Prinzess!‹ Und damit fasste er mich, riss mich an sich, entblößte mir den Hals, mir war's, als sähe ich ein kleines Messer in seiner Hand blinken. Auf das durchdringende Angstgeschrei, das ich ausstieß, stürzten Diener hinein und warfen sich über den Wahnsinnigen. Der schlug sie aber mit Riesenkraft zu Boden. In demselben Augenblick polterte und klirrte es aber die Treppe herauf, ein großer, starker Mann sprang herein mit dem lauten Ausruf: ›Jesus, er ist mir entsprungen! Jesus, das Unglück! – Warte, warte, Höllenkerl!‹ – So wie der Wahnsinnige diesen Mann gewahrte, schienen ihn plötzlich alle Kräfte zu verlassen, heulend stürzte er zu Boden. Man legte ihm Ketten an, die der Mann mitgebracht, man führte ihn fort, indem er entsetzliche Töne ausstieß wie ein gefesseltes wildes Tier.

Sie mögen sich es denken, mit welch verstörenden Gewalt dieser entsetzliche Auftritt das vierjährige Kind erfassen musste. Man versuchte mich zu trösten, mir begreiflich zu machen, was wahnsinnig sei. Ohne dies ganz zu verstehen, ging doch ein tiefes namenloses Grausen durch mein Inneres, das noch jetzt wiederkehrt, wenn ich einen Wahnsinnigen erblicke, ja, wenn ich nur an den fürchterlichen Zustand denke, der einer fortgesetzten, ununterbrochenen Todesqual zu vergleichen. – Jenem Unglücklichen sehen Sie ähnlich, Kreisler, als wären Sie sein Bruder. – Vorzüglich erinnert mich Ihr Blick, den ich oft seltsam nennen möchte, nur zu lebhaft an Leonhard, und dies ist es, was mich, als ich Sie zum erstenmal erblickte, außer Fassung brachte, was mich noch jetzt in Ihrer Gegenwart beunruhigt – beängstigt!«

Kreisler stand da, tief erschüttert, keines Wortes mächtig. Von jeher hatte er die fixe Idee, dass der Wahnsinn auf ihn lauere, wie ein nach Beute lechzendes Raubtier, und ihn einmal plötzlich zerfleischen werde; er erbebte nun in demselben Grausen, das die Prinzessin bei seinem Anblick erfasst, vor sich selbst, rang mit dem schauerlichen Gedanken, dass er es gewesen, der die Prinzessin in Raserei hätte ermorden wollen. Nach einigen Augenblicken des Schweigens fuhr die Prinzessin fort: »Der unglückliche Leonhard liebte insgeheim meine Mutter, und diese Liebe, schon selbst Wahnsinn, brach zuletzt aus in Wut und Raserei.«

»So«, sprach Kreisler sehr weich und mild, wie er pflegte, wenn ein Sturm im Innern vorübergegangen, »so war in Leonhards Brust nicht die Liebe des Künstlers aufgegangen.« »Was wollen Sie damit sagen, Kreisler?« fragte die Prinzessin, während sie sich rasch umwandte. »Als«, erwiderte Kreisler sanft lächelnd, »als ich einst in einem hinlänglich toll lustigen Schauspiel einen Witzbold von Diener die Spielleute mit der süßen Anrede beehren hörte: ›Ihr guten Leute und schlechten Musikanten‹, teilte ich, wie der Weltenrichter, flugs alles Menschenvolk in zwei verschiedene Haufen, einer davon bestand aber aus den guten Leuten, die schlechte oder vielmehr gar keine Musikanten sind, der andere aber aus den eigentlichen Musikanten. Doch niemand sollte verdammt, sondern alle sollten selig werden, wiewohl auf verschiedene Weise. – Die guten Leute verlieben sich leichtlich in ein paar schöne Augen, strecken beide Arme aus nach der angenehmen Person, aus deren Antlitz besagte Augen strahlen, schließen die Holde ein in Kreise, die, immer enger und enger werdend, zuletzt zusammenschrumpfen zum Trauring, den sie der Geliebten an den Finger stecken als pars pro toto – Sie verstehen einiges Latein, gnädigste Prinzess – als pars pro toto sag' ich, als Glied der Kette, an der sie die in Liebeshaft Genommene heimführen in das Ehestandsgefängnis. Dabei schreien sie dann ungemein: ›O Gott‹ – oder ›o Himmel!‹ oder, sind sie der Astronomie ergeben, ›o ihr Sterne!‹ oder haben sie Inklination zum Heidentum, ›o all ihr Götter, sie ist mein, die Schönste, all mein sehnend Hoffen erfüllt!‹ – Also lärmend, gedenken die guten Leute es nachzumachen den Musikanten, jedoch vergebens, da es mit der Liebe dieser durchaus sich anders verhält. – Es begibt sich wohl, dass besagten Musikanten unsichtbare Hände urplötzlich den Flor wegziehen, der ihre Augen verhüllte, und sie erschauen, auf Erden wandelnd, das Engelsbild, das, ein süßes unerforschtes Geheimnis, schweigend ruhte in ihrer Brust. Und nun lodert auf in reinem Himmelsfeuer, das nur leuchtet und wärmt, ohne mit verderblichen Flammen zu vernichten, alles Entzücken, alle namenlose Wonne des höheren, aus dem Innersten emporkeimenden Lebens, und tausend Fühlhörner streckt der Geist aus in brünstigem Verlangen und umnetzt die, die er geschaut, und hat sie und hat sie nie, da die Sehnsucht ewig dürstend fortlebt! – Und sie, sie selbst ist es, die Herrliche, die, zum Leben gestaltete Ahnung, aus der Seele des Künstlers hervorleuchtet als Gesang – Bild – Gedicht! – Ach, Gnädigste, glauben Sie mir, sei'n Sie überzeugt, dass wahre Musikanten, die mit ihren leiblichen Armen und den daran gewachsenen Händen nichts tun als passabel musizieren, sei es nun mit der Feder, mit dem Pinsel oder sonst, in der Tat nach der wahrhaften Geliebten nichts ausstrecken als geistige Fühlhörner, an denen weder Hand noch Finger befindlich, die mit konvenabler Zierlichkeit einen Trauring erfassen und anstecken könnten an den kleinen Finger der Angebeteten; schnöde Mesalliancen sind daher durchaus nicht zu befürchten, und es scheint ziemlich gleichgültig, ob die Geliebte, die in dem Innern des Künstlers lebt, eine Fürstin ist oder eine Bäckerstochter, insofern letztere nur keine Eule. Besagte Musikanten schaffen, und sie in Liebe gekommen, mit der Begeisterung des Himmels herrliche Werke und sterben weder elendiglich dahin an der Schwindsucht, noch werden sie wahnsinnig. Sehr verdenke ich es daher dem Herrn Leonhard Ettlinger, dass er in einige Raserei verfiel, er hätte, nach der Art echter Musikanten, die durchlauchtige Frau Fürstin ohne allen Nachteil lieben können, wie er nur wollte!« –

Die humoristischen Töne, die der Kapellmeister anschlug, gingen am Ohr der Prinzessin vorüber, unvernommen oder übertönt von dem Nachhall der Saite, die er berührt, und die in der weiblichen Brust, schärfer gespannt, stärker vibrieren musste als alle Übrigen.

»Die Liebe des Künstlers«, sprach sie, indem sie niedersank in den Lehnstuhl und wie im Nachsinnen den Kopf auf die Hand stützte, »die Liebe des Künstlers! – so geliebt zu werden! – o, es ist ein schöner herrlicher Traum des Himmels – nur ein Traum, ein leerer Traum. – « »Sie scheinen«, nahm Kreisler das Wort, »Sie scheinen, Gnädigste, für Träume eben nicht sehr portiert, und doch sind es lediglich die Träume, in denen uns recht die Schmetterlingsflügel wachsen, so dass wir, dem engsten festesten Kerker zu entfliehen, uns bunt und glänzend in die hohen, in die höchsten Lüfte zu erheben vermögen. Jeder Mensch hat doch am Ende einen angebornen Hang zum Fliegen, und ich habe ernste honette Leute gekannt, die am späten Abend sich bloß mit Champagner, als einem dienlichen Gas, füllten, um in der Nacht, Luftballon und Passagier zugleich, aufsteigen zu können.« – »Sich so geliebt zu wissen«, wiederholte die Prinzessin noch bewegter als zuvor. – »Und«, sprach, als die Prinzessin schwieg, Kreisler weiter, »und was die Liebe des Künstlers betrifft, wie ich sie zu schildern mich bemüht, so haben Sie, Gnädigste, freilich das böse Beispiel des Herrn Leonhard Ettlinger vor Augen, der Musikant war und lieben wollte, wie die guten Leute, worüber sein schöner Verstand freilich etwas wacklicht werden konnte, aber ebendeshalb, mein' ich, war Herr Leonhard kein echter Musikant. Diese tragen die erkorne Dame im Herzen und wollen nichts als ihr zu Ehren singen, dichten, malen und sind in der vorzüglichsten Courtoisie den galanten Rittern zu vergleichen, ja, was unschuldsvolle Gesinnung betrifft, ihnen vorzuziehen, da sie nicht verfahren wie sonst diese, die blutdürstiger Weise, waren nicht gleich Riesen, Drachen bei der Hand, die schätzbarsten Leute niederstreckten in den Staub, um der Herzensdame zu huldigen!« – »Nein«, rief die Prinzessin, wie erwachend aus einem Traum, »nein, es ist unmöglich, dass in der Brust des Mannes ein solch reines Vesta-Feuer sich entzünden sollte! – Was ist Mannesliebe anderes als die verräterische Waffe, die er gebraucht, einen Sieg zu feiern, der das Weib verdirbt, ohne ihn zu beglücken.« –

Kreisler wollte sich eben über solche absonderliche Gesinnungen einer siebzehn-, achtzehnjährigen Prinzessin höchlich verwundern, als die Tür aufging und Prinz Ignatius hereintrat.

Der Kapellmeister war froh, ein Gespräch zu enden, das er sehr gut mit einem wohleingerichteten Duett verglich, in dem jede Stimme ihrem eigentümlichen Charakter treu bleiben muss. Während die Prinzessin, so behauptete er, im wehmütigen Adagio beharrt und nur hie und da einen Mordent, einen Pralltriller angebracht, sei er als ein vorzüglicher Buffo und erzkomischer Chanteur mit einer ganzen Legion kurzer Noten parlando dazwischengefahren, so dass er, da das Ganze ein wahres Meisterstück der Komposition und der Ausführung zu nennen, nichts weiter gewünscht, als der Prinzessin und sich selbst zuhören zu können aus irgendeiner Loge oder einem schicklichen Sperrsitz.

Also Prinz Ignatius trat ein mit einer zerbrochenen Tasse in der Hand, schluchzend und weinend.

Es ist nötig, zu sagen, dass der Prinz, ungeachtet hoch in die zwanzig, doch sich noch immer nicht von den Lieblingsspielen der Kinderjahre trennen konnte. Ganz vorzüglich liebte er schöne Tassen, mit denen er stundenlang in der Art spielen konnte, dass er sie in Reihen vor sich hinstellte auf den Tisch und diese Reihen immer anders und anders ordnete, so dass bald die gelbe Tasse neben der roten, dann die grüne bei der roten usw. stehen musste. Dabei freute er sich so innig, so herzlich wie ein frohes zufriedenes Kind. Das Unglück, worüber er jetzt lamentierte, bestand darin, dass ihm der kleine Mops unversehens auf den Tisch gesprungen war und die schönste der Tassen herabgeworfen hatte. Die Prinzessin versprach, dafür zu sorgen, dass er eine Mundtasse im neuesten Geschmack aus Paris erhalten solle. Da gab er sich zufrieden und lächelte mit dem ganzen Gesicht. Jetzt erst schien er den Kapellmeister zu bemerken. Er wandte sich ihm zu mit der Frage, ob er auch viele schöne Tassen besitze. Kreisler wusste schon, von Meister Abraham hatte er es erfahren, was man darauf zu antworten hatte. Er versicherte nämlich, dass er keineswegs solch schöne Tassen besitze wie der gnädigste Herr, und dass es ihm auch ganz unmöglich sei, so viel Geld darauf zu verwenden, als der gnädigste Herr es tue.

»Sehen Sie wohl«, erwiderte Ignaz sehr vergnügt, »sehen Sie wohl, ich bin ein Prinz und kann deshalb schöne Tassen haben, wie ich nur mag, aber das können Sie nicht, weil Sie kein Prinz sind, denn weil ich nun einmal ganz gewiss ein Prinz bin, so sind schöne Tassen – « Tassen und Prinzen und Prinzen und Tassen gingen nun durcheinander in immer mehr verwirrter Rede, und dabei lachte und hüpfte Ignatius und klatschte in die Hände vor seligem Vergnügen! – Hedwiga schlug errötend die Augen nieder, sie schämte sich des imbezillen Bruders, sie fürchtete mit Unrecht Kreislers Spott, dem, nach seiner innersten Gemütsstimmung, des Prinzen Albernheit als ein Zustand des wirklichen Wahnsinnes nur ein Mitleid erregte, das eben nicht wohltun konnte, vielmehr die Spannung des Augenblicks vermehren musste. Um den Armen nur abzubringen von den unseligen Tassen, bat die Prinzessin ihn, die kleine Handbibliothek in Ordnung zu bringen, die in einem zierlichen Wandschrank aufgestellt stand. Ganz vergnügt, unter fröhlichem Gelächter begann der Prinz sogleich die sauber gebundenen Bücher herauszunehmen und, sie, nach dem Format sorglich ordnend, so hinzustellen, dass die goldnen Schnitte, nach außen stehend, eine blanke Reihe formten, worüber er sich über alle Maßen freute.

Fräulein Nannette stürzte herein und rief laut: »Der Fürst, der Fürst mit dem Prinzen!« – »O mein Gott«, sprach die Prinzessin, »meine Toilette, in der Tat, Kreisler, wir haben die Stunden verplaudert, ohne daran zu denken. – Ich habe mich ganz vergessen! – Mich und den Fürsten und den Prinzen.« Sie verschwand mit Nannetten in das Nebengemach. Prinz Ignaz ließ sich in seinem Geschäft gar nicht stören. Schon rollte der Staatswagen des Fürsten heran; als Kreisler sich unten an der Haupttreppe befand, stiegen eben die beiden Läufer in Staatslivree aus der Wurst. – Das muss näher erklärt werden.

Fürst Irenäus ließ nicht ab von dem alten Brauch, und so hatte er zur selben Zeit, als kein schnellfüßiger Hanswurst in bunter Jacke vor den Pferden herzulaufen genötigt wie ein gehetztes Tier, in der zahlreichen Dienerschaft von allen Waffen auch noch zwei Läufer, artige hübsche Leute von gesetzten Jahren, wohlgefüttert und nur zuweilen von Unterleibsbeschwerden geplagt wegen der sitzenden Lebensweise. Viel zu menschenfreundlich war nämlich der Fürst gesinnt, um irgendeinem Diener zuzumuten, dass er sich zuzeiten umsetze in ein Windspiel oder einen andern vergnügten Köter, um indessen doch die gehörige Etikette im Ansehen zu erhalten, mussten die beiden Läufer, fuhr der Fürst in Gala aus, vorausfahren auf einer passablen Wurst und an schicklichen Stellen, wo z. B. einige Gaffer sich versammelt, etwas die Beine rühren, als Andeutung des wirklichen Laufs. – Es war hübsch anzusehen. –

Also – die Läufer waren eben ausgestiegen, die Kammerherrn traten ins Portal, und ihnen folgte Fürst Irenäus, an dessen Seite ein junger Mann von stattlichem Aussehen daherschritt, in reicher Uniform der neapolitanischen Garde, Sterne und Kreuze auf der Brust. – »Je vous salue, Monsieur de Krösel«, sprach der Fürst, als er Kreisler erblickte. – Krösel pflegte er zu sagen statt Kreisler, wenn er bei festlichen, feierlichen Gelegenheiten Französisch sprach und sich auf keinen deutschen Namen recht besinnen konnte. Der fremde Prinz – denn den jungen stattlichen Mann hatte doch wohl die Fräulein Nannette gemeint, als sie rief, dass der Fürst komme mit dem Prinzen – nickte Kreislern im Vorbeigehen flüchtig zu mit dem Kopfe, eine Art der Begrüßung, die Kreislern selbst von den vornehmsten Personen ganz unausstehlich war. Er bückte sich daher bis tief an die Erde auf solch burleske Weise, dass der dicke Hofmarschall, der überhaupt Kreislern für einen ausgemachten Spaßmacher und alles für Spaß hielt, was er tat und sprach, nicht umhin konnte, etwas zu kichern. Der junge Fürst warf aus seinen dunkeln Augen Kreislern einen glühenden Blick zu, murmelte zwischen den Zähnen: »Hasenfuß« und schritt dann schnell dem Fürsten hinterher, der sich mit milder Gravität nach ihm umschaute. – »Für einen italienischen Gardisten«, rief Kreisler laut lachend dem Hofmarschall zu, »spricht der durchlauchtige Herr ein passables Deutsch, sagen Sie ihm, beste Exzellenz, dass ich ihm dafür dienen mit dem auserlesensten Neapolitanisch und dabei kein artiges Romanisch, am wenigsten aber als Gozzische Maske schnödes Venetianisch einschwärzen, kurz kein X vor ein U machen will. – Sagen Sie ihm, beste Exzellenz – « Aber die Exzellenz stieg schon, die Schultern hoch heraufgezogen als Bollwerk und Schutzschanze der Ohren, die Treppe herauf. –

Der fürstliche Wagen, mit dem Kreisler gewöhnlich nach Sieghartshof zu fahren pflegte, hielt, der alte Jäger öffnete den Schlag und fragte, ob's gefällig wäre. In dem Augenblick rannte aber ein Küchenjunge vorbei, heulend und schreiend: »Ach, das Unglück – ach, das Malheur!« – »Was ist geschehen?« rief ihm Kreisler nach. »Ach, das Unglück«, erwiderte der Küchenjunge, noch heftiger weinend, »da drinnen liegen der Herr Oberküchenmeister in der Verzweiflung, in purer Raserei und wollen sich durchaus das Ragoutmesser in den Leib stoßen, weil der gnädigste Herr plötzlich befohlen hat zu soupieren und es ihm an Muscheln fehlt zum italienischen Salat. Er will selbst in die Stadt, und der Herr Oberstallmeister weigern sich anspannen zu lassen, da es an einer Order des gnädigsten Herrn fehlt.« – »Da ist zu helfen«, sprach Kreisler, »der Herr Oberküchenmeister steige in gegenwärtigen Wagen und versehe sich mit den schönsten Muscheln in Sieghartsweiler, während ich zu Fuß nach selbiger Stadt promeniere.« – Damit rannte er fort in den Park. –

»Große Seele – edles Gemüt – scharmanter Herr!« rief ihm der alte Jäger nach, während ihm die Tränen in die Augen traten. –

In den Flammen des Abendrots stand das ferne Gebirg, und der goldne glühende Widerschein glitt spielend über den Wiesenplan, durch die Bäume, durch die Büsche, wie getrieben vom Abendwind, der sich säuselnd erhoben. Kreisler blieb mitten auf der Brücke stehen, die über einen breiten Arm des Sees zu dem Fischerhäuschen führte, und schaute in das Wasser hinab, in dem sich der Park mit seinen wunderbaren Baumgruppen, der hoch darüber emporragende Geierstein, der seine weißblinkende Ruinen auf dem Haupt wie eine seltsame Krone trug, abspiegelte in magischem Schimmer. Der zahme Schwan, der auf den Namen Blanche hörte, plätscherte auf dem See daher, den schönen Hals stolz emporgehoben, rauschend mit den glänzenden Schwingen. »Blanche, Blanche«, rief Kreisler laut, indem er beide Arme weit ausstreckte, »singe dein schönstes Lied, glaube ja nicht, dass du dann sterben musst! Du darfst dich nur singend an meine Brust schmiegen, dann sind deine herrlichsten Töne mein, und nur ich gehe unter in brünstiger Sehnsucht, während du in Liebe und Leben daherschwebst auf den kosenden Wellen!« – Selbst wusste Kreisler nicht, was ihn plötzlich so tief bewegte, er stützte sich auf das Geländer, schloss unwillkürlich die Augen. Da hörte er Julias Gesang, und ein unnennbar süßes Weh durchbebte sein Inneres. Düstere Wolken zogen daher und warfen breite Schatten über das Gebirge, über den Wald, wie schwarze Schleier. Ein dumpfer Donner dröhnte im Morgen, stärker sauste der Nachtwind, rauschten die Bäche, und dazwischen schlugen einzelne Töne der Wetterharfe an wie ferne Orgelklänge, aufgescheucht erhob sich das Geflügel der Nacht und schweifte kreischend durch das Dickicht.

Kreisler erwachte aus dem Traume und erblickte seine dunkle Gestalt im Wasser. Da war es ihm, als schaue ihn Ettlinger, der wahnsinnige Maler, an aus der Tiefe. »Hoho«, rief er herab, »hoho, bist du da, geliebter Doppelgänger, wackerer Kumpan? – Höre, mein ehrlicher Junge, für einen Maler, der etwas über die Schnur gehauen, der in stolzem Übermut fürstliches Herzblut verbrauchen wollte statt Firnis, siehst du passabel genug aus. – Ich glaube am Ende, guter Ettlinger, dass du illustre Familien genarrt hast mit deinem wahnsinnigen Treiben! – Je länger ich dich anschaue, desto mehr gewahre ich an dir die vornehmsten Manieren, und so du magst, will ich der Fürstin Maria versichern, du wärst, was deinen Stand oder deine Lage im Wasser betrifft, ein Mann von dem importantesten Rang, und sie könne dich lieben ohne alle weiteren Umstände. – Willst du aber, Kumpan, dass die Fürstin noch jetzt deinem Bilde gleiche, so musst du es nachtun dem fürstlichen Dilettanten, der seine Porträts ausglich mit den zu Porträtierenden durch geschicktes Anpinseln der letztern! – Nun! – Haben sie dich einmal unverdienterweise hinabgeschickt in den Orkus, so trage ich dir hiermit allerlei Neuigkeiten zu! – Wisse, verehrter Tollhauskolonist, dass die Wunde, die du dem armen Kinde, der schönen Prinzessin Hedwiga, beibrachtest, noch immer nicht recht geheilt ist, so dass sie vor Schmerz manchmal allerlei Faxen macht. Trafst du denn ihr Herz so hart, so schmerzlich, dass ihr noch jetzt heißes Blut entquillt, wenn sie deine Larve erblickt, so wie Leichname bluten, wenn der Mörder hinantritt? Rechne es mir nicht zu, Guter, dass sie mich für ein Gespenst hält, und zwar für das deinige. – Aber bin ich so recht in voller Lust, ihr zu beweisen, dass ich kein schnöder Revenant bin, sondern der Kapellmeister Kreisler, dann kommt mir der Prinz Ignatius in die Quere, der offenbar an einer Paranoia laboriert, an einer fatuitas, stoliditas, die nach Kluge eine sehr angenehme Sorte der eigentlichen Narrheit ist. – Mach mir nicht alle Gesten nach, Maler, wenn ich ernsthaft mit dir rede! – Schon wieder? Fürchtete ich mich nicht vor dem Schnupfen, ich spränge zu dir herab und prügelte dich erklecklich. – Schere dich zum Teufel, halunkischer Mimiker!« – Kreisler sprang schnell fort. – Es war nun ganz finster geworden, Blitze leuchteten durch die schwarzen Wolken, der Donner rollte, und der Regen begann in großen Tropfen herabzufallen. Aus dem Fischerhäuschen strahlte ein helles blendendes Licht, dem eilte Kreisler schnell entgegen. Unfern der Türe, im vollen Schimmer des Lichts, erblickte Kreisler sein Ebenbild, sein eignes Ich, das neben ihm daherschritt. Vom tiefsten Entsetzen erfasst, stürzte Kreisler hinein in das Häuschen, sank atemlos, zu Tode erbleicht, in den Sessel. Meister Abraham, der vor einem kleinen Tisch saß, auf dem eine Astrallampe ihre blendende Strahlen umherwarf, in einem großen Folianten lesend, fuhr erschrocken in die Höhe, nahte sich Kreisler, rief: »Um des Himmels willen, was ist Euch, Johannes, wo kommt Ihr her am späten Abend – was hat Euch so entsetzt!« –

Mit Mühe ermannte sich Kreisler und sprach dann mit dumpfer Stimme: »Es ist nun nicht anders, wir sind unserer zwei – ich meine ich und mein Doppelgänger, der aus dem See gesprungen ist und mich verfolgt hat hierher. – Seid barmherzig, Meister, nehmt Euern Dolchstock, stoßt den Halunken nieder – er ist rasend, glaubt mir das, und kann uns beide verderben. Er hat draußen das Wetter heraufbeschworen. – Die Geister rühren sich in den Lüften, und ihr Choral zerreißt die menschliche Brust! – Meister – Meister, lockt den Schwan herbei, – er soll singen – erstarrt ist mein Gesang, denn der Ich hat seine weiße kalte Totenhand auf meine Brust gelegt, die muss er wegziehen, wenn der Schwan singt – und wieder untertauchen im See.« – Meister Abraham ließ Kreislern nicht weiterreden, er sprach ihm zu mit freundlichen Worten, nötigte ihm einige Gläser eines feurigen italienischen Weins auf, den er eben zur Hand hatte, und fragte ihm dann nach und nach ab, wie sich alles begeben. Aber kaum hatte Kreisler geendet, als Meister Abraham, laut lachend, rief: »Da sieht man den eingefleischten Phantasten, den vollendeten Geisterseher! – Was den Organisten betrifft, der Euch draußen im Park schauerliche Choräle vorgespielt hat, so ist das niemand anders gewesen als der Nachtwind, der durch die Lüfte brausend daherfuhr, und vor dem die Saiten der Wetterharfe erklangen. Ja ja, Kreisler, die Wetterharfe habt Ihr vergessen, die zwischen den beiden Pavillons am Ende des Parks aufgespannt ist [Der Abt Gattoni zu Mailand ließ von einem Turm zum andern fünfzehn eiserne Saiten ausspannen und dergestalt stimmen, dass sie die diatonische Tonleiter angaben. Bei jeder Veränderung in der Atmosphäre erklangen diese Saiten stärker oder schwacher, nach dem Maß jener Veränderung. Man nannte diese Äolsharfe im großen Riesen- oder Wetterharfe.]. Und was Euern Doppelgänger betrifft, der im Schimmer meiner Astrallampe neben Euch herlief, so will ich Euch sogleich beweisen, dass, sobald ich nur vor die Tür trete, auch mein Doppelgänger bei der Hand ist, ja, dass ein jeder, der zu mir hineintritt, solch einen Chevalier d'Honneur seines Ichs an der Seite leiden muss.« Meister Abraham trat vor die Tür, und sogleich stand im Schimmer ein zweiter Meister Abraham ihm zur Seite. Kreisler merkte die Wirkung eines verborgenen Hohlspiegels und ärgerte sich wie jeder, dem das Wunderbare, woran er geglaubt, zu Wasser gemacht wird. Dem Menschen behagt das tiefste Entsetzen mehr, als die natürliche Aufklärung dessen, was ihm gespenstisch erschienen, er will sich durchaus nicht mit dieser Welt abfinden lassen; er verlangt etwas zu sehen aus einer andern, die des Körpers nicht bedarf, um sich ihm zu offenbaren. »Ich kann«, sprach Kreisler, »ich kann nun einmal, Meister, Euren seltsamen Hang zu solchen Foppereien nicht begreifen. Ihr präpariert das Wunderbare, wie ein geschickter Mundkoch, aus allerlei scharfen Ingredienzien und meint, dass die Menschen, deren Phantasie, wie der Magen der Schlemmer, flau geworden, irritiert werden müssen durch solches Unwesen. Nichts ist abgeschmackter, als wenn man bei solchen vermaledeiten Kunststückchen, die einem die Brust zusammenschnüren, dahinterkommt, dass alles natürlich zugegangen.« »Natürlich! – natürlich«, rief Meister Abraham, »als ein Mann von ziemlichem Verstande solltet Ihr doch einsehen, dass nichts in der Welt natürlich zugeht, gar nichts! – Oder glaubt Ihr, werter Kapellmeister, dass deshalb, weil wir mit uns zu Gebote stehenden Mitteln eine bestimmte Wirkung hervorzubringen vermögen, uns die aus dem geheimnisvollen Organism strömende Ursache der Wirkung klar vor Augen liegt? – Ihr habt doch sonst großen Respekt vor meinen Kunststücken gehabt, ungeachtet Ihr die Krone davon niemals schautet.« – »Ihr meint das unsichtbare Mädchen«, sprach Kreisler. »Allerdings«, fuhr der Meister fort, »eben dieses Kunststück – es ist wohl mehr als das – würde Euch bewiesen haben, dass die gemeinste, am leichtesten zu berechnende Mechanik oft mit den geheimnisvollsten Wundern der Natur in Beziehung treten und dann Wirkungen hervorbringen kann, die unerklärlich, – selbst dies Wort im gewöhnlichen Sinn genommen, bleiben müssen.« – »Hm«, sprach Kreisler, »wenn Ihr nach der bekannten Theorie des Schalls verfuhret, den Apparat geschickt zu verbergen wusstet und ein schlaues gewandtes Wesen an der Hand hattet – « »O Chiara!« rief Meister Abraham, während Tränen in seinen Augen perlten, »o Chiara, mein süßes liebes Kind!«

Kreisler hatte noch nie den Alten so tief bewegt gesehen, wie dieser denn von jeher keiner wehmütigen Empfindung Raum geben wollte, sondern dergleichen wegzuspotten pflegte.

»Was ist denn mit Chiara?« fragte der Kapellmeister. »Es ist wohl dumm«, sprach der Meister lächelnd, »es ist wohl dumm, dass ich Euch heute erscheinen muss wie ein alter weinerlicher Geck, aber die Gestirne wollen es nun einmal, dass ich von einem Moment meines Lebens mit Euch reden soll, über den ich so lange schwieg. – Kommt her, Kreisler, schaut dieses große Buch, es ist das merkwürdigste, was ich besitze, das Erbstück eines Tausendkünstlers, Severino geheißen, und eben sitze ich da und lese die wunderbarsten Sachen und schaue die kleine Chiara an, die darin abgebildet, und da stürzt Ihr herein, außer Euch selbst, und verachtet meine Magie in dem Augenblick, als ich eben in der Erinnerung schwelge an ihr schönstes Wunder, das mein war in der Blütezeit meines Lebens!«

»Nun erzählt nur«, rief Kreisler, »damit ich stracks mit Euch heulen kann« – »Es ist«, begann Meister Abraham, »es ist nun eben nicht sehr merkwürdig, dass ich, sonst ein junger kräftiger Mann von ganz hübschem Aussehn, aus übertriebenem Eifer und großer Ruhmbegier mich matt und krank gearbeitet hatte an der großen Orgel in der Hauptkirche zu Göniönesmühl. Der Arzt sprach: ›Laufen Sie, werter Orgelbauer, laufen Sie über Berg und Tal, weit in die Welt hinein‹, und das tat ich denn wirklich, indem ich mir den Spaß machte, überall als Mechaniker aufzutreten und den Leuten die artigsten Kunststücke vorzumachen. Dies ging recht gut und brachte mir viel Geld ein, bis ich auf den Mann stieß, Severino geheißen, der mich derb auslachte mit meinen Kunststückchen und durch manches mich beinahe dahin gebracht hätte, mit dem Volk zu glauben, er stehe mit dem Teufel oder wenigstens mit andern honetteren Geistern im Bunde. Das mehreste Aufsehen erregte sein weibliches Orakel, ein Kunststück, das eben später unter dem Namen des unsichtbaren Mädchens bekannt geworden. Mitten im Zimmer, von der Decke herab, hing frei eine Kugel vom feinsten klarsten Glas, und aus dieser Kugel strömten, wie ein linder Hauch, die Antworten auf die an das unsichtbare Wesen gerichtete Fragen. Nicht allein das unbegreiflich Scheinende dieses Phänomens, sondern auch die ins Herz dringende, das Innerste erfassende Geisterstimme der Unsichtbaren, das Treffende ihrer Antworten, ja ihre wahrhafte Weissagungsgabe verschaffte dem Künstler unendlichen Zulauf. Ich drängte mich an ihn, ich sprach viel von meinen mechanischen Kunststücken, er verachtete aber, wiewohl im andern Sinn, als Ihr es tut, Kreisler, all mein Wissen und bestand darauf, ich sollte ihm eine Wasserorgel bauen zu seinem häuslichen Gebrauch, unerachtet ich ihm bewies, dass, wie auch der verstorbene Herr Hofrat Meister zu Göttingen in seinem Traktat: ›De veterum Hydraulo‹ versichere, an einem solchen Hydraulos gar nichts sei und nichts erspart werde als einige Pfund Luft, die man, dem Himmel sei es gedankt, doch noch überall umsonst haben könne. Endlich beteuerte Severino, er brauche die sanfteren Töne eines solchen Instruments, um der Unsichtbaren beizustehen, und er wolle mir das Geheimnis entdecken, wenn ich auf das Sakrament schwöre, es weder selbst zu gebrauchen, noch andern zu entdecken, wiewohl er glaube, dass es nicht leicht möglich sein werde, sein Kunstwerk nachzuahmen ohne – hier stockte er und machte ein geheimnisvoll süßes Gesicht, wie weiland Cagliostro, wenn er von seinen zaubrischen Verzückungen zu Weibern sprach. Voll Begier, die Unsichtbare zu schauen, versprach ich, die Wasserorgel zu verfertigen, so gut es ginge, und nun schenkte er mir sein Zutrauen, – gewann mich sogar lieb, als ich ihm willig Beistand leistete in seinen Arbeiten. Eines Tages, eben wollte ich zu Severino gehen, war das Volk auf der Straße zusammengelaufen. Man sagte mir, ein anständig gekleideter Mann sei ohnmächtig zu Boden gefallen. Ich drängte mich durch und erkannte Severino, den man eben aufhob und ins nächste Haus trug. Ein Arzt, der des Weges gekommen, nahm sich seiner an. Severino schlug, nachdem verschiedene Mittel angewandt, mit einem tiefen Seufzer die Augen auf. Der Blick, mit dem er unter den krampfhaft zusammengezogenen Augenbrauen mich anstarrte, war furchtbar, alle Schrecken des Todeskampfs glühten darin in düstrem Feuer. Seine Lippen bebten, er versuchte zu reden und vermocht's nicht. Endlich schlug er einige Mal heftig mit der Hand auf die Westentasche. Ich fasste hinein und zog einige Schlüssel hervor: ›Das sind die Schlüssel Eurer Wohnung‹, sprach ich, er nickte: ›Das ist‹, fuhr ich fort, indem ich ihm einen von den Schlüsseln vor Augen hielt, ›das ist der Schlüssel zu dem Kabinett, in das Ihr mich niemals hineinlassen wolltet‹. Er nickte aufs neue. Als ich aber weiterfragen wollte, begann er wie in fürchterlicher Angst zu ächzen und zu stöhnen, kalte Schweißtropfen standen ihm auf der Stirn, er breitete die Arme aus und bog sie im Zirkel zusammen, wie wenn man etwas umfasst, und wies auf mich: ›Er will‹, sprach der Arzt, ›dass Sie seine Sachen, seine Apparate in Sicherheit bringen, vielleicht, stirbt er, behalten sollen?‹ Severino nickte stärker mit dem Kopfe, schrie endlich: ›Corre!‹ und sank aufs neue ohnmächtig zurück. Schnell eilte ich nun nach Severinos Wohnung, vor Neugier, vor Erwartung bebend, öffnete ich das Kabinett, in dem die geheimnisvolle Unsichtbare verschlossen sein musste, und erstaunte nicht wenig, als ich es ganz leer fand. Das einzige Fenster war dicht verhängt, sodass das Licht nur hineindämmerte, und ein großer Spiegel hing an der Wand, der Tür des Zimmers gegenüber. Sowie ich zufällig vor diesen Spiegel trat und meine Gestalt im schwachen Schimmer erblickte, durchströmte mich ein seltsames Gefühl, als befände ich mich auf dem Isolierstuhl einer Elektrisiermaschine. In demselben Augenblick sprach die Stimme des unsichtbaren Mädchens auf Italienisch: ›Verschont mich nur heute, Vater! – Geißelt mich nicht so grausam, Ihr seid ja doch nun gestorben!‹ – Schnell öffnete ich die Türe des Zimmers, so, dass das volle Licht hineinströmte, aber keine lebendige Seele konnt' ich erblicken: ›Es ist gut‹, sprach die Stimme: ›es ist gut, Vater, dass Ihr Herrn Liscov geschickt habt, aber der lässt es nicht mehr zu, dass Ihr mich geißelt, er zerbricht den Magnet, und Ihr könnt nicht mehr aus dem Grab heraus, in das er Euch legen lässt, Ihr mögt Euch sträuben, wie Ihr wollt, denn Ihr seid doch nun ein Verstorbner und gehört nicht mehr dem Leben.‹ Ihr könnt wohl denken, Kreisler, dass mich tiefe Schauer durchbebten, da ich niemand sah, und die Stimme doch dicht vor meinen Ohren schwebte. ›Teufel‹, sprach ich laut, um mich zu ermutigen: ›säh' ich nur irgendwo ein lumpiges Fläschlein, so würd' ich es zerschmeißen, und der diable boiteux stünde, seinem Kerker entronnen, leibhaftig vor mir, aber so –‹ Nun kam es mir plötzlich vor, als gingen die leisen Seufzer, die durch das Kabinett wehten, aus einem Verschlage hervor, der in der Ecke stand und mir viel zu klein schien, um ein menschliches Wesen zu beherbergen. Doch ich springe hin, öffne den Schieber, und zusammengekrümmt, wie ein Wurm, liegt ein Mädchen darin, starrt mich an mit großen, wunderbar schönen Augen, streckt endlich mir den Arm entgegen, als ich rufe: ›Komm heraus, mein Lämmchen, komm heraus, meine kleine Unsichtbare!‹ – Ich fasse endlich die Hand, die sie emporhält, und ein elektrischer Schlag fährt mir durch alle Glieder.« – »Halt«, rief Kreisler, »halt, Meister Abraham, was ist das, als ich das erste Mal zufällig der Prinzessin Hedwiga Hand berührte, ging es mir ebenso, und noch immer, wiewohl schwächer, fühl' ich dieselbe Wirkung, wenn sie mir sehr gnädig die Hand reicht.« – »Hoho«, erwiderte Meister Abraham, »hoho, am Ende ist unser Prinzesslein eine Art von Gymnotus electricus oder Raja torpedo oder Trichiurus indicus, wie in gewisser Art meine süße Chiara es war, oder auch wohl nur eine muntere Hausmaus, wie jene, die dem wackern Signor Cotugno eine tüchtige Ohrfeige versetzte, als er sie beim Rücken fasste, um sie zu sezieren, was Ihr freilich mit der Prinzessin nicht im Sinn haben konntet! – Doch sprechen wir ein andermal von der Prinzessin, und bleiben wir jetzt bei meiner Unsichtbaren! – Als ich, erschrocken über den unvermuteten Schlag des kleinen Torpedo, zurückprallte, sprach das Mädchen mit wunderbar anmutigem Ton auf Deutsch: ›Ach, nehmt es doch ja nur nicht übel, Herr Liscov, aber ich kann nicht anders, der Schmerz ist gar zu groß.‹ – Ohne mich weiter mit meinem Staunen aufzuhalten, fasste ich die Kleine sanft bei den Schultern, zog sie aus dem abscheulichen Gefängnis, und ein zart gebautes liebliches Ding in der Größe eines zwölfjährigen Mädchens, nach der körperlichen Ausbildung zu urteilen, aber wenigstens sechzehn Jahre alt, stand vor mir. Schaut nur dort ins Buch hinein, das Bild ist ähnlich, und Ihr werdet gestehen müssen, dass es kein lieblicheres ausdrucksvolleres Antlitz geben kann, wozu Ihr aber rechnen müsst, dass das wunderbare, das Innerste entzündende Feuer der schönsten schwarzen Augen in keinem Bild zu erreichen. Jeder, der nicht auf eine Schneehaut und Flachshaar erpicht ist, müsste das Gesichtlein für vollendet schön anerkennen, denn freilich war die Haut meiner Chiara etwas zu braun, und ihr Haar glänzte im brennenden Schwarz. – Chiara – Ihr wisst nun schon, dass die kleine Unsichtbare so geheißen – Chiara fiel vor mir nieder, ganz Wehmut und Schmerz, ein Tränenstrom stürzte ihr aus den Augen, und sie sprach mit einem unnennbaren Ausdruck: ›Je suis sauvée.‹ Ich fühlte mich von dem tiefsten Mitleid durchdrungen, ich ahnte entsetzliche Dinge! – Man brachte jetzt Severinos Leiche, ein zweiter Schlaganfall hatte ihn, gleich nachdem ich ihn verlassen, getötet. Sowie Chiara den Leichnam gewahrte, versiegten ihre Tränen, sie schaute den toten Severino an mit ernstem Blick und entfernte sich dann, als die Leute, die mitgekommen, sie neugierig betrachteten und lachend meinten, das sei wohl gar am Ende das unsichtbare Mädchen in dem Kabinett. Ich fand es unmöglich, das Mädchen allein zu lassen bei dem Leichnam; die gutmütigen Wirtsleute erklärten sich bereit, sie bei sich aufzunehmen. Als ich nun aber, nachdem sich alles entfernt, hineintrat ins Kabinett, saß Chiara vor dem Spiegel in dem seltsamsten Zustande. Mit fest auf den Spiegel gerichteten Augen schien sie nichts zu gewahren, gleich einer Mondsüchtigen. Sie lispelte unverständliche Worte, die aber immer deutlicher und deutlicher wurden, bis sie, Deutsch, Französisch, Italienisch, Spanisch wechselnd, von Dingen sprach, die sich auf entfernte Personen zu beziehen schienen. – Ich bemerke zu meinem nicht geringen Erstaunen, dass gerade die Stunde eingetreten, in der Severino das weibliche Orakel reden zu lassen pflegte. – Endlich schloss Chiara die Augen und schien in tiefen Schlaf verfallen. Ich nahm das arme Kind in meine Arme und trug sie herab zu den Wirtsleuten. Am andern Morgen fand ich die Kleine heiter und ruhig, erst jetzt schien sie ihre Freiheit ganz zu begreifen und erzählte alles, was ich zu wissen verlangte. – Es wird Euch nicht verschnupfen, Kapellmeister, ungeachtet Ihr sonst auf

gute Geburt was haltet, dass meine kleine Chiara nichts anderes war als ein Zigeunermägdlein, die mit einer ganzen Bande des schmutzigen Volks auf dem Markt in irgendeiner großen Stadt, von Häschern bewacht, sich von der Sonne braten ließ, als eben Severino vorüberging. ›Blanker Bruder, soll ich dir wahrsagen?‹ rief ihn das achtjährige Mädchen an. Severino sah der Kleinen lange in die Augen, ließ sich dann wirklich die Züge seines Handtellers deuten und äußerte ein besonderes Erstaunen. Er musste etwas ganz Besonderes an dem Mädchen gefunden haben, denn sogleich trat er zu dem Polizeileutnant, der den Zug der verhafteten Zigeuner führte, und meinte, er wolle was Erkleckliches geben, wenn es ihm vergönnt würde, das Zigeunermädchen mit sich zu nehmen. Der Polizeileutnant erklärte barsch, es sei hier kein Sklavenmarkt, setzte indessen hinzu, dass, da die Kleine doch eigentlich nicht zu den wirklichen Menschen zu rechnen und das Zuchthaus nur molestiere, so stände sie zu Befehl, wenn der Herr zehn Dukaten zur Stadtarmenkasse zahlen wolle. Severino zog sogleich seinen Beutel hervor und zählte die Dukaten ab. Chiara und ihre alte Großmutter, beide hatten die ganze Verhandlung gehört, fingen an zu heulen und zu schreien und wollten sich nicht trennen. Da traten aber die Häscher hinzu, schmissen die Alte auf den Leiterwagen, der zum Abfahren bereitstand, der Polizeileutnant, der vielleicht seinen Beutel in dem Augenblick für die Stadtarmenkasse halten mochte, steckte die blanken Dukaten ein, und Severino schleppte die kleine Chiara fort, die er dadurch möglichst zu beruhigen suchte, dass er ihr auf demselben Markt, wo er sie gefunden, ein hübsches neues Röcklein kaufte und sie überdies mit Zuckerwerk fütterte. – Es ist gewiss, dass Severino damals eben das Kunststück mit dem unsichtbaren Mädchen im Kopf hatte und in der kleinen Zigeunerin alle Anlagen fand, die Rolle der Unsichtbaren zu übernehmen. Neben einer sorgfältigen Erziehung suchte er auf ihren Organism, der zu einem erhöhten Zustande besonders geeignet, zu wirken. Er brachte diesen erhöhten Zustand, in dem ein prophetischer Geist in dem Mädchen aufglühte, durch künstliche Mittel hervor, – denkt an Mesmer und seine furchtbaren Operationen – und versetzte sie jedesmal, wenn sie wahrsagen sollte, in diesen Zustand.
Ein unglückliches Ungefähr ließ ihn wahrnehmen, dass die Kleine nach empfundenem Schmerz vorzüglich reizbar war, und dass dann ihre Gabe, das fremde Ich zu durchschauen, bis zum Unglaublichen stieg, so dass sie ganz vergeistigt schien. Nun geißelte sie der entsetzliche Mensch jedesmal vor der Operation, die sie in den Zustand des höhern Wissens versetzte, auf die grausamste Weise. Zu dieser Qual kam noch, dass Chiara, die Ärmste, oft tagelang, wenn Severino abwesend, sich zusammenkrümmen musste in jenem Verschlag, damit, dränge selbst jemand in das Kabinett, doch Chiaras Gegenwart ein Geheimnis bliebe. Ebenso machte sie die Reisen mit Severino in jenem Kasten. Unglücklicher, fürchterlicher war Chiaras Schicksal als das jenes Zwergs, den der bekannte Kempelen mit sich führte, und der, in dem Türken versteckt, Schach spielen musste. – Ich fand in Severinos Pult eine namhafte Summe in Gold und Papieren, es gelang mir, der kleinen Chiara dadurch ein gutes Einkommen zu sichern, den Apparat zum Orakel, das heißt die akustischen Vorrichtungen im Zimmer und Kabinett vernichtete ich, sowie manches andere Kunstwerk, das nicht transportabel, wogegen ich nach Severinos deutlich

ausgesprochenem Vermächtnis manches Geheimnis aus seinem Nachlass mir zu eigen machte. Dies alles abgetan, nahm ich von der kleinen Chiara, die die Wirtsleute behalten wollten wie ihr liebes Kindlein, den wehmütigsten Abschied und verließ den Ort. – Ein Jahr war vergangen, ich wollte zurück nach Göniönesmühl, wo der Hochlöbliche Magistrat die Reparatur der Stadtorgel von mir verlangte, aber der Himmel hatte ein besonderes Wohlgefallen daran, mich als Taschenspieler hinzustellen vor den Leuten, und gab daher einem verfluchten Spitzbuben die Macht, meine Börse, in der mein ganzer Reichtum befindlich, zu stehlen und mich so zu zwingen, noch als berühmter, mit vielen Attesten und Konzessionen versehener Mechaniker Künste zu machen des nötigen Proviants halber. – Das geschah an einem Örtchen unfern Sieghartsweiler. Eines Abends sitze ich und hämmere und feile an einem Zauberkästchen, da geht die Tür auf, ein weibliches Wesen tritt herein, ruft: ›Nein, ich konnte es nicht länger ertragen, ich musste Euch nach, Herr Liscov – ich wäre gestorben vor Sehnsucht! – Ihr seid mein Herr, gebietet über mich!‹ – stürzt auf mich zu, will mir zu Füßen fallen, ich fange sie auf in meinen Armen – es ist Chiara! – Kaum erkenne ich das Mädchen, wohl einen Fuß größer, stärker ist sie geworden, ohne dass das den zartesten Formen ihres Wuchses geschadet! – ›Liebe süße Chiara!‹ rief ich tiefbewegt und drückte sie an meine Brust! ›Nicht wahr‹, spricht nun Chiara, ›Ihr leidet mich bei Euch, Herr Liscov, Ihr verstoßt nicht die arme Chiara, die Euch Freiheit und Leben zu verdanken hat?‹ – Und damit springt sie schnell an den Kasten, den eben ein Postknecht hineinschiebt, drückt dem Kerl so viel Geld in die Hand, dass er, mit einem großen Katzensprung zur Tür hinaus, laut ruft: ›Ei der Daus, das liebe Mohrenkind‹, öffnet den Kasten, nimmt dieses Buch heraus, gibt mir es, sprechend: ›Da, Herr Liscov, nehmt das Beste aus Severinos Nachlass, das Ihr vergessen‹, fängt an, während ich das Buch aufschlage, ganz getrost Kleider und Wäsche auszupacken –

Ihr mögt denken, Kreisler, dass mich die kleine Chiara in nicht geringe Verlegenheit setzte; aber – nun ist es Zeit, Kerl, dass du auf mich was halten lernst, da du, weil ich dir half, dem Oheim die reifen Birnen vom Baume naschen und ihm hölzerne mit saubrer Malerei hinhängen oder ihm gedüngtes Pomeranzenwasser hinstellen in der Gießkanne, womit er die auf dem Rasen zum Bleichen ausgespannten weißen Kanevashosen begoss und einen schönen Marmor herausbrachte ohne Mühe, – kurz, weil ich dich zu tollen Narrenstreichen anführte, da du, sag' ich, sonst mich selbst zu nichts anderm machtest, als zu einem puren Schalksnarren, der niemals ein Herz, oder wenigstens die Hanswurstjacke so dick darüber gelegt hatte, dass er nichts von seinen Schlägen spürte! – Brüste dich nicht, Mensch, mit deiner Empfindsamkeit, mit deinen Tränen, denn siehe, schon wieder muss ich, so wie du es nur zu oft tust, niederträchtig flennen, aber der Teufel hole doch alles, wenn man erst im hohen Alter jungen Leuten das Innere aufschließen soll wie eine Chambre garnie.« – Meister Abraham trat ans Fenster und schaute hinaus in die Nacht. Das Gewitter war vorüber, im Säuseln des Waldes hörte man die einzelnen Tropfen fallen, die der Nachtwind hinabschüttelte. Von fern her aus dem Schloss ertönte lustige Tanzmusik. »Prinz Hektor«, sprach Meister Abraham, »Prinz Hektor eröffnet die Partie à la Chasse mit einigen Sprüngen, glaub' ich« –

»Und Chiara?« fragte Kreisler. »Recht«, fuhr Meister Abraham fort, indem er sich erschöpft in den Lehnstuhl niederließ, »recht, mein Sohn, dass du mich erinnerst an Chiara, denn ich muss in dieser verhängnisvollen Nacht den Kelch der bittersten Erinnerung nun einmal ausschlürfen bis auf den letzten Tropfen. – Ach! – sowie Chiara geschäftig hin und her hüpfte, wie aus ihren Blicken die reinste Freude strahlte, da fühlt' ich es wohl, dass es mir ganz unmöglich sein würde, mich jemals von ihr zu trennen, dass sie mein Weib werden müsse. – Und doch sprach ich: ›Aber Chiara, was soll ich mit dir anfangen, wenn du nun hier bleibst?‹ – Chiara trat vor mich hin und sprach sehr ernst: ›Meister, Ihr findet in dem Buch, das ich Euch gebracht, die genaue Beschreibung des Orakels, Ihr habt ja ohnedies die Vorrichtungen dazu gesehen. – Ich will Euer unsichtbares Mädchen sein!‹ – ›Chiara‹, rief ich ganz bestürzt, ›Chiara, was sprichst du? – Kannst du mich für einen Severino halten?‹ – ›O schweigt von Severino‹, erwiderte Chiara. – Nun, was soll ich Euch alles umständlich erzählen, Kreisler, Ihr wisst ja schon, dass ich alle Welt in Erstaunen setzte mit meinem unsichtbaren Mädchen, und möget mir wohl zutrauen, dass ich es verabscheute, auch nur durch irgendein künstliches Mittel meine liebe Chiara aufzuregen oder auf irgendeine Weise ihre Freiheit zu einzuschränken. – Sie deutete mir selbst Zeit und Stunde an, wenn sie sich fähig fühlte oder vielmehr fühlen würde, die Rolle der Unsichtbaren zu spielen, und nur dann sprach mein Orakel. – Überdies war meiner Kleinen jene Rolle zum Bedürfnis geworden. Gewisse Umstände, die Ihr künftig erfahren sollt, brachten mich nach Sieghartsweiler. Es lag in meinem Plan, sehr geheimnisvoll aufzutreten. Ich bezog eine einsame Wohnung bei der Witwe des fürstlichen Mundkochs, durch die ich sehr bald das Gerücht von meinen wunderbaren Kunststücken an den Hof brachte. Was ich erwartet hatte, geschah. Der Fürst – ich meine den Vater des Fürsten Irenäus, – suchte mich auf, und meine weissagende Chiara war die Zauberin, die, wie von überirdischer Kraft beseelt, ihm oft sein eignes Inneres erschloss, so dass er manches, was ihm sonst verschleiert gewesen, jetzt klar durchschaute. Chiara, die mein Weib geworden, wohnte bei einem mir vertrauten Mann in Sieghartshof und kam zu mir im Dunkel der Nacht, so dass ihre Gegenwart ein Geheimnis blieb. Denn seht, Kreisler, so versessen sind die Menschen auf Wunder, dass, war auch das Kunststück mit dem unsichtbaren Mädchen nicht anders möglich, als durch die Mitwirkung eines menschlichen Wesens, sie doch das ganze Ding für eine dumme Fopperei geachtet haben würden, sobald sie erführen, dass das unsichtbare Mädchen von Fleisch und Blut. Sowie denn in jener Stadt den Severino nach seinem Tod alle Leute einen Betrüger schalten, da es herausgekommen, dass eine kleine Zigeunerin im Kabinett gesprochen, ohne die künstliche akustische Einrichtung, die den Ton aus der Glaskugel kommen ließ, auch nur im mindesten zu beachten. – Der alte Fürst starb, ich hatte die Kunststücke, die Geheimniskrämerei mit meiner Chiara herzlich satt, ich wollte mit meinem lieben Weib hinziehen nach Göniönesmühl und wieder Orgeln bauen. Da blieb eine Nacht Chiara, die zum letztenmal die Rolle des unsichtbaren Mädchens spielen sollte, aus, ich musste die Neugierigen unbefriedigt fortschicken. – Mir schlug das Herz vor banger Ahnung. – Am Morgen lief ich nach Sieghartshof, Chiara war zur gewöhnlichen Stunde fortgegangen. – Nun, Kerl, was schaust du mich so an? Ich hoffe, dass du keine alberne Frage stellen wirst! – Du weißt es ja – Chiara war spurlos verschwunden, nie – nie – hab' ich sie wieder gesehen!« –

Meister Abraham sprang rasch auf und stürzte ans Fenster. Ein tiefer Seufzer machte den Blutstropfen Luft, die aus der aufgerissenen Herzwunde quollen. Kreisler ehrte den tiefen Schmerz des Greises durch Schweigen.

»Ihr könnt«, begann endlich Meister Abraham, »Ihr könnt nun nicht mehr zurück in die Stadt, Kapellmeister. Mitternacht ist heran, draußen, Ihr wisst es, hausen böse Doppelgänger, und allerlei anderes bedrohliches Zeug könnt' uns in den Kram pfuschen. Bleibt bei mir! – Toll, ganz toll müsst' es ja – « – – –

(M. f. f.) aber sein, wenn dergleichen Unschicklichkeiten vorfielen an heiliger Stätte – ich meine im Auditorio. – Es wird mir so eng, so beklommen ums Herz – ich vermag, von den erhabensten Gedanken durchströmt, nicht weiter zu schreiben – ich muss abbrechen, muss ein wenig spazierengehen! –

Ich kehre zurück an den Schreibtisch, mir ist besser – Aber wovon das Herz voll ist, davon geht der Mund über und auch wohl der Federkiel des Dichters! – Ich hört' einmal den Meister Abraham erzählen, in einem alten Buch stände etwas von einem kuriosen Menschen, dem eine besondere Materia peccans im Leibe rumorte, die nicht anders abging als durch die Finger. Er legte aber hübsches weißes Papier unter die Hand und fing so alles, was nur von dem bösen rumorenden Wesen abgehen wollte, auf und nannte diesen schnöden Abgang Gedichte, die er aus dem Innern geschaffen. Ich halte das Ganze für eine boshafte Satire, aber wahr ist es, zuweilen fährt mir ein eignes Gefühl, beinahe möcht' ich's geistiges Leibkneifen nennen, bis in die Pfoten, die alles hinschreiben müssen, was ich denke. – Eben jetzt geht's mir so – es kann mir Schaden tun, betörte Kater können in ihrer Verblendung böse werden, sogar mich ihre Krallen fühlen lassen, aber es muss heraus! –

Mein Meister hatte heute den ganzen Vormittag hindurch in einem schweinsledernen Quartanten gelesen, als er sich endlich zur gewöhnlichen Stunde entfernte, ließ er das Buch aufgeschlagen auf dem Tisch liegen. Schnell sprang ich herauf, um neugierig, erpicht auf die Wissenschaften, wie ich nun einmal bin, zu erschnuppern, was das wohl für ein Buch sein könne, worin der Meister mit so vieler Anstrengung studiert. Es war das schöne herrliche Werk des alten Johannes Kunisperger vom natürlichen Einfluss der Gestirne, Planeten und zwölf Zeichen. Jawohl, mit Recht kann ich das Werk schön und herrlich nennen, denn, indem ich las, gingen mir da nicht die Wunder meines Seins, meines Wandelns hienieden auf in voller Klarheit? – Ha! Während ich dies schreibe, flammt über meinem Haupt das herrliche Gestirn, das in treuer Verwandtschaft in meine Seele hinein-, aus meiner Seele herausleuchtet – ja, ich fühle den glühenden, sengenden Strahl des langgeschweiften Kometen auf meiner Stirn, – ja, ich bin selbst der glänzende Schwanzstern, der himmlische Meteor, der in hoher Glorie prophetisch dräuend durch die Welt zieht. So wie der Komet alle Sterne überleuchtet, so verschwindet ihr, stell' ich nur nicht meine Gaben unter den Scheffel, sondern lasse mein Licht gehörig leuchten, und das dependiert ganz von mir – – ja, so verschwindet ihr alle in finstre Nacht, ihr Kater, andere Tiere und Menschen! – – – Aber trotz der göttlichen Natur, die aus mir, dem geschwänzten Lichtgeist, herausstrahlt, teile ich doch nicht das Los aller Sterblichen? – – Mein Herz ist zu gut, ich bin ein zu empfindsamer Kater, möchte mich gern gemütlich anschließen den Schwächern und gerate darüber in Trauer und Herzeleid. – Denn muss ich nicht überall gewahren, dass ich allein stehe wie in der tiefsten Einöde, da ich nicht dem jetzigen Zeitalter, nein, einem künftigen der höhern Ausbildung angehöre, da es keine einzige Seele gibt, die mich gehörig zu bewundern versteht? Und es macht mir doch so viel Freude, wenn ich tüchtig bewundert werde, selbst das Lob junger gemeiner, ungebildeter Kater tut mir unbeschreiblich wohl. Ich weiß sie vor Erstaunen außer sich selbst zu setzen, aber was hilft's, sie können doch, bei aller Anstrengung, nicht den rechten Lobposaunenton treffen, schreien sie auch noch so sehr Mau – Mau! – An die Nachwelt muss ich denken, die mich würdigen wird. Schreib' ich jetzt ein philosophisches Werk, wer ist's, der die Tiefen meines Geistes durchdringt? Lass ich mich herab, ein Schauspiel zu dichten, wo sind die Schauspieler, die es aufzuführen vermögen? Lass ich mich ein auf andere literarische Arbeiten; schreib' ich z. B. Kritiken, die mir schon deshalb anstehen, weil ich über alles, was Dichter, Schriftsteller, Künstler heißt, schwebe, mich gleich überall selbst als, freilich unerreichbares, Muster, als Ideal der Vollkommenheit hinstellen, deshalb auch allein ein kompetentes Urteil aussprechen kann, wer ist's, der sich auf meinen Standpunkt hinaufzuschwingen, meine Ansichten mit mir zu teilen vermag? – Gibt es denn Pfoten oder Hände, die mir den verdienten Lorbeerkranz auf die Stirn drücken könnten? – Doch dafür ist guter Rat vorhanden, das tue ich selbst und lasse den die Krallen fühlen, der sich etwa unterstehen möchte, an der Krone zu zupfen. – Es existieren wohl solch neidische Bestien, ich träume oft nur, dass ich von ihnen angegriffen werde, fahre, in der Einbildung, mich verteidigen zu müssen, mir selbst ins Gesicht mit meinen spitzen Waffen und verwunde kläglich das holde Antlitz – Man wird auch wohl im edlen Selbstgefühl etwas misstrauisch, aber es kann nicht anders sein. Hielt ich es doch neulich für einen versteckten Angriff auf meine Tugend und Vortrefflichkeit, als der junge Ponto mit mehreren Pudeljünglingen auf der Straße über die neuesten Erscheinungen des Tages sprach, ohne meiner zu erwähnen, unerachtet ich doch kaum sechs Schritte von ihm an der Kellerluke meiner Heimat saß. Nicht wenig ärgerte es mich, dass der Fant, als ich ihm Vorwürfe darüber machte, behaupten wollte, er habe mich wirklich gar nicht bemerkt.

Doch es ist Zeit, dass ich euch, mir verwandte Seelen einer schönern Nachwelt, – o, ich wollte, diese Nachwelt befände sich schon mitten in der Gegenwart und hätte gescheite Gedanken über Murrs Größe und spräche diese Gedanken laut aus mit so heller Stimme, dass man nichts anderes vernehmen könnte vor dem lauten Geschrei, – ja, dass ihr etwas Weiteres davon erfahrt, was sich mit eurem Murr zutrug in seinen Jünglingsjahren. – Passt auf, gute Seelen, ein merkwürdiger Lebenspunkt tritt ein. – Des Märzen Idus war angebrochen, die schönen milden Strahlen der Frühlingssonne fielen auf das Dach, und ein sanftes Feuer durchglühte mein Inneres. Schon seit ein paar Tagen hatte mich eine unbeschreibliche Unruhe, eine unbekannte wunderbare Sehnsucht geplagt, – jetzt wurde ich ruhiger, doch nur um bald in einen Zustand zu geraten, den ich niemals geahnt! – Aus einer Dachluke, unfern von mir, stieg leis und lind ein Geschöpf heraus, – o, dass ich es vermöchte, die Holdeste zu malen! – Sie war ganz weiß gekleidet, nur ein kleines schwarzes Samtkäppchen bedeckte die niedliche Stirn, sowie sie auch schwarze Strümpfchen an den zarten Beinen trug. Aus dem lieblichsten Grasgrün der schönsten Augen funkelte ein süßes Feuer, die sanften Bewegungen der feingespitzten Ohren ließen ahnen, dass Tugend in ihr wohne und Verstand, sowie das wellenförmige Ringeln des Schweifs hohe Anmut aussprach und weiblichen Zartsinn! –

Das holde Kind schien mich nicht zu erschauen, es blickte in die Sonne, blinzelte und nieste. – O, der Ton durchbebte mein Innerstes mit süßen Schauern, meine Pulse schlugen – mein Blut wallte siedend durch alle Adern, – mein Herz wollte zerspringen, – alles unnennbar schmerzliche Entzücken, das mich außer mir selbst setzte, strömte heraus in dem lang gehaltenen Miau! das ich ausstieß. – Schnell wandte die Kleine den Kopf nach mir, blickte mich an, Schreck, kindliche süße Scheu in den Augen. – Unsichtbare Pfoten rissen mich hin zu ihr mit unwiderstehlicher Gewalt – aber sowie ich auf die Holde lossprang, um sie zu fassen, war sie schnell wie der Gedanke hinter dem Schornstein verschwunden! – Ganz Wut und Verzweiflung, rannte ich auf dem Dach umher und stieß die kläglichsten Töne aus, alles umsonst – sie kam nicht wieder! – Ha, welcher Zustand! – mir schmeckte kein Bissen, die Wissenschaften ekelten mich an, ich mochte weder lesen noch schreiben. – »Himmel!« rief ich andern Tages aus, als ich die Holde überall gesucht auf dem Dach, auf dem Boden, im Keller, in allen Gängen des Hauses, und nun trostlos heimkehrte, als, da ich die Kleine beständig in Gedanken, mich nun selbst der Bratfisch, den mir der Meister hingesetzt, aus der Schüssel anstarrte mit ihren Augen, so dass ich laut rief im Wahnsinn des Entzückens: »Bist du es, Langersehnte?« und ihn auffraß mit einem Schluck: ja, da rief ich: »Himmel, o Himmel! Sollte das Liebe sein?« ich wurde ruhiger, ich beschloss als ein Jüngling von Erudition, mich über meinen Zustand ganz ins klare zu setzen, und begann sogleich, wiewohl mit Anstrengung, den Ovid »de arte amandi« durchzustudieren sowie Mansos »Kunst zu lieben«, aber keines von den Kennzeichen eines Liebenden, wie es in diesen Werken angegeben, wollte recht auf mich passen. Endlich fuhr es mir plötzlich durch den Sinn, dass ich in irgendeinem Schauspiel [Der Kater meint Shakespeares »Wie es euch gefällt«, dritter Aufzug, zweite Szene] gelesen, ein gleichgültiger Sinn und ein verwilderter Bart seien sichere Kennzeichen eines Verliebten! – Ich schaute in einen Spiegel, Himmel, mein Bart war verwildert! – Himmel, mein Sinn war gleichgültig!

Da ich nun wusste, dass es seine Richtigkeit hatte mit meinem Verliebtsein, kam Trost in meine Seele. Ich beschloss, mich gehörig mit Speis' und Trank zu stärken und dann die Kleine aufzusuchen, der ich mein ganzes Herz zugewandt. Eine süße Ahnung sagte mir, dass sie vor der Tür des Hauses sitze, ich stieg die Treppe hinab und fand sie wirklich! – O welch ein Wiedersehen! – wie wallte in meiner Brust das Entzücken, die unnennbare Wonne des Liebesgefühls. – Miesmies, so wurde die Kleine geheißen, wie ich von ihr später erfuhr, Miesmies saß da in zierlicher Stellung auf den Hinterfüßen und putzte sich, indem sie mit den Pfötchen mehrmals über die Wangen, über die Ohren fuhr. Mit welcher unbeschreiblichen Anmut besorgte sie vor meinen Augen das, was Reinlichkeit und Eleganz erfordern, sie bedurfte nicht schnöder Toilettenkünste, um die Reize, die ihr die Natur verliehen, zu erhöhen! Bescheidener als beim ersten Mal nahte ich mich ihr, setzte mich zu ihr hin! – Sie floh nicht, sie sah mich an mit forschendem Blick und schlug dann die Augen nieder. – »Holdeste«, begann ich leise, »sei mein!« – »Kühner Kater«, erwiderte sie verwirrt, »kühner Kater, wer bist du? Kennst du mich denn? – Wenn du aufrichtig bist so wie ich und wahr, so sage und schwöre mir, dass du mich wirklich liebst.« – »O«, rief ich begeistert, »ja bei den Schrecken des Orkus, bei dem heiligen Mond, bei allen sonstigen Sternen und Planeten, die künftige Nacht scheinen werden, wenn der Himmel heiter, schwöre ich dir's, dass ich dich liebe!« – »Ich dich auch«, lispelte die Kleine und neigte in süßer Verschämtheit das Haupt mir zu. Ich wollte sie voll Inbrunst umpfoten, da sprangen aber mit teuflischem Geknurre zwei riesige Kater auf mich los, zerbissen, zerkratzten mich kläglich und wälzten mich zum Überfluß noch in die Gosse, sodass das schmutzige Spülwasser über mir zusammenschlug. Kaum konnt' ich mich aus den Krallen der mordlustigen Bestien retten, die meinen Stand nicht achteten, mit vollem Angstgeschrei lief ich die Treppe herauf. Als der Meister mich erblickte, rief er, laut lachend: »Murr, Murr, wie siehst du aus? Ha, ha! ich merke schon, was geschehen, du hast Streiche machen wollen, wie ›der im Irrgarten der Liebe herumtaumelnde Kavalier‹, und dabei ist's dir übel ergangen!« – Und dabei brach der Meister zu meinem nicht geringen Verdruss aufs neue aus in ein schallendes Gelächter. Der Meister hatte ein Gefäß mit lauwarmem Wasser füllen lassen, darein stülpte er mich ohne Umstände einige Mal, sodass mir vor Niesen und Prusten Hören und Sehen verging, wickelte mich dann fest in Flanell ein und legte mich in meinen Korb. Ich war beinahe besinnungslos vor Wut und Schmerz, ich vermochte kein Glied zu rühren. Endlich wirkte die Wärme wohltätig auf mich, ich fühlte meine Gedanken sich ordnen. »Ha«, klagte ich, »welch neue bittere Täuschung des Lebens! – Das ist also die Liebe, die ich schon so herrlich besungen, die das Höchste sein, die uns mit namenloser Wonne erfüllen, die uns in den Himmel tragen soll! – Ha! – mich hat sie in die Gosse geworfen! – ich entsage einem Gefühl, das mir nichts eingebracht als Bisse, ein abscheuliches Bad und niederträchtige Einmummung in schnöden Flanell!« – Aber kaum war ich wieder in Freiheit und genesen, als aufs neue Miesmies mir unaufhörlich vor Augen stand und ich, jener ausgestandenen Schmach wohl eingedenk, zu meinem Entsetzen gewahrte, dass ich noch in Liebe. Mit Gewalt nahm ich mich zusammen und las als ein vernünftiger gelehrter Kater den Ovid nach, da ich mich wohl erinnerte, in der »Ars amandi« auch auf Rezepte gegen die Liebe gestoßen zu sein. Ich las die Verse:

»Venus otia amat. Qui finem quaeris amoris,
Cedit amor rebus, res age, tutus eris!«

Mit neuem Eifer wollt' ich mich dieser Vorschrift gemäß in die Wissenschaften vertiefen, aber Miesmies hüpfte auf jedem Blatt mir vor den Augen, Miesmies dachte – las – schrieb ich! – Der Autor, dacht' ich, muss andere Arbeit meinen, und da ich von andern Katern gehört, dass die Mäusejagd ein ungemein angenehmes zerstreuendes Vergnügen sein solle, war es ja möglich, dass unter den rebus auch die Mäusejagd begriffen sein konnte. Ich begab mich daher, sowie es finster geworden, in den Keller und durchstrich die düstern Gänge, indem ich sang: »Im Walde schlich ich still und wild, gespannt mein Feuerrohr –« Ha, statt des Wildes, das ich zu jagen trachtete, schaute ich aber wirklich ihr holdes Bild, aus den tiefen Gründen trat es wirklich überall hervor! Und dabei zerschnitt der herbe Liebesschmerz mein nur zu leicht verwundbar Herz! Und ich sprach: »Lenk' auf mich die holden Blicke, jungfräulichen Morgenschein, und als Braut und Bräutigam wandeln Murr und Miesmies selig heim.« Also sprach ich, freud'ger Kater, hoffend auf des Sieges Preis. – Armer! Mit verhüllten Augen floh sie, scheue Katz', dachein! –

So geriet ich Bedauernswürdiger immer mehr und mehr in Liebe, die ein feindlicher Stern mir zum Verderben in meiner Brust entzündet zu haben schien. Wütend, mich auflehnend gegen mein Schicksal, fiel ich aufs neue her über den Ovid und las die Verse:

»Exige, quod cantet, si qua est sine voce puella,
Non didicit chordas tangere, posce lyram.«

»Ha«, rief ich, »zu ihr hinauf aufs Dach! – Ha, ich werde sie wiederfinden, die süße Huldin, da, wo ich sie zum ersten Mal erblickte, aber singen soll sie, ja singen, und bringt sie nur eine einzige falsche Note heraus, dann ist's vorbei, dann bin ich geheilt, gerettet.« Der Himmel war heiter, und der Mond, bei dem ich der holden Miesmies Liebe zugeschworen, schien wirklich, als ich auf das Dach stieg, um sie zu erlauern. Lange gewahrte ich sie nicht, und meine Seufzer wurden laute Liebesklagen. Ich stimmte endlich ein Liedlein an im wehmütigsten Ton, ungefähr folgendermaßen:

»Rauschende Wälder, flüsternde Quellen,
Strömender Ahnung spielende Wellen,
Mit mir o klaget!
Saget, o saget!
Miesmies, die Holde, wo ist sie gegangen,
Jüngling in Liebe, Jüngling, wo hat er
Miesmies, die süße Huldin, umfangen?
Tröstet den Bangen.
Tröstet den gramverwilderten Kater!
Mondschein, o Mondschein,
Sag' mir, wo thront mein
Artiges Kindlein, liebliches Wesen!
Wütender Schmerz kann niemals genesen!
Trostloser Liebender kluger Berater,
Eil' ihn zu retten
Von Liebesketten,
Hilf ihm, o hilf dem verzweifelnden Kater.«

Seht ein, geliebter Leser, dass ein wackrer Dichter weder sich im rauschenden Wald befinden, noch an einer flüsternden Quelle sitzen darf, ihm strömen der Ahnung spielende Wellen doch zu, und in diesen Wellen erschaut er doch alles, was er will, und kann davon singen, wie er will. Sollte jemand über die hohe Vortrefflichkeit obiger Verse zu sehr in Erstaunen geraten, so will ich bescheiden ihn darauf aufmerksam machen, dass ich mich in der Ekstase befand, in verliebter Begeisterung, und nun weiß jeder, dass jedem, der von dem Liebesfieber ergriffen, konnt' er auch sonst kaum Wonne auf Sonne und Triebe auf Liebe reimen, konnt' er, sag' ich, auf diese nicht ganz ungewöhnlichen Reime trotz aller Anstrengung sich durchaus nicht besinnen, plötzlich das Dichten ankommt und er die vortrefflichsten Verse heraussprudeln muss, wie einer, der vom Schnupfen befallen, unwiderstehlich ausbricht in schreckliches Niesen. Wir haben dieser Ekstase prosaischer Naturen schon viel Vortreffliches zu verdanken, und schön ist es, dass oft dadurch menschliche Miesmiese von nicht sonderlicher Beauté auf einige Zeit einen herrlichen Ruf erhielten. Geschieht das nun am dürren Holz, was muss sich am grünen begeben? – Ich meine, werden schon hündische Prosaiker bloß durch die Liebe umgesetzt in Dichter, was muss erst wirklichen Dichtern geschehen in diesem Stadium des Lebens? – Nun! Weder im rauschenden Wald saß ich, noch an flüsternder Quelle, ich saß auf einem kahlen hohen Dach, das bisschen Mondschein war kaum zu rechnen, und doch flehte ich in jenen meisterhaften Versen Wälder und Quellen und Wellen und zuletzt meinen Freund Ovid an, mir zu helfen, mir beizustehen in der Liebesnot. Etwas schwer wurde es mir, Reime zu den Namen meines Geschlechts zu finden, den gewöhnlichen, Vater, wusste ich selbst in der Begeisterung nicht anzubringen. Dass ich aber wirklich Reime fand, bewies mir aufs neue den Vorzug meines Geschlechts vor dem menschlichen, da auf das Wort Mensch sich bekanntlich nichts reimt, weshalb, wie schon irgendein Witzbold von Theaterdichter bemerkt hat, der Mensch ein ungereimtes Tier ist. Ich bin dagegen ein gereimtes. – Nicht vergebens hatte ich die Töne der schmerzhaften Sehnsucht angeschlagen, nicht vergebens Wälder, Quellen, den Mondschein beschworen, mir die Dame meiner Gedanken zuzuführen, hinter dem Schornstein kam die Holde daherspaziert mit leichten anmutigen Schritten. »Bist du es, lieber Murr, der so schön singt?« So rief mir Miesmies entgegen. »Wie«, erwiderte ich mit freudigem Erstaunen, »wie, du kennst mich, süßes Wesen?« – »Ach«, sprach sie, »ach, jawohl, du gefielst mir gleich beim ersten Blick, und es hat mir in der Seele weh getan, dass meine beiden unartigen Vettern dich so unbarmherzig in die Gosse« – »Schweigen wir«, unterbrach ich sie, »schweigen wir von der Gosse, bestes Kind – o sage mir, sage mir, ob du mich liebst?« – »Ich habe mich«, sprach Miesmies weiter, »nach deinen Verhältnissen erkundigt und erfahren, dass du Murr hießest und bei einem sehr gütigen Mann nicht allein dein reichliches Auskommen hättest, sondern auch alle Bequemlichkeiten des Lebens genössest, ja, diese wohl mit einer zärtlichen Gattin teilen könntest! – o, ich liebe dich sehr, guter Murr!« – »Himmel«, rief ich im höchsten Entzücken, »Himmel, ist es möglich, ist es Traum, ist es Wahrheit? – O halte dich – halte dich, Verstand, schnappe nicht über! – Ha! Bin ich noch auf Erden? – Sitz ich noch auf dem Dach? – Schweb ich nicht in den Wolken? Bin ich noch der Kater Murr? Bin ich nicht der Mann im Mond? – Komm an meinen Busen, Geliebte – doch sag mir erst deinen Namen, Schönste.« – »Ich heiße Miesmies«, erwiderte die Kleine, süß lispelnd in holder Verschämtheit, und setzte sich traulich neben mich. Wie schön sie war! Silbern glänzte ihr weißer Pelz im Mondenschein, in sanftem schmachtendem Feuer funkelten die grünen Äuglein. »Du – « – – –

(Mak. Bl.) – hättest, geliebter Leser, das freilich schon etwas früher erfahren können, aber der Himmel gebe, dass ich nicht noch mehr querfeldein springen muss, als es bis jetzt schon geschehen. – Also, wie gesagt, dem Vater des Prinzen Hektor war es ebenso ergangen wie dem Fürsten Irenäus, er hatte, selbst wusste er nicht wie, sein Ländlein aus der Tasche verloren. Prinz Hektor, der zu nichts wenigerem aufgelegt, als zum stillen, friedlichen Leben, der, ungeachtet ihm der Fürstenstuhl unter den Beinen weggezogen, doch gern aufrecht stehen und, statt zu regieren, wenigstens kommandieren wollte, nahm französische Dienste, war ungemein tapfer, ging aber, als ihn eines Tages ein Zithermädel anplärrte: »Kennst du das Land, wo die Zitronen glühn«, sofort nach dem Lande, wo dergleichen Zitronen wirklich glühn, das heißt nach Neapel, und zog statt der französischen Uniform eine neapolitanische an. Er wurde nämlich so geschwinde General, wie es nur irgendeinem Prinzen geschehen kann. – Als der Vater des Prinzen Hektor gestorben, schlug Fürst Irenäus das große Buch auf, worin er selbst sämtliche fürstliche Häupter in Europa verzeichnet, und notierte den erfolgten Tod seines fürstlichen Freundes und Gefährten im Malheur. Nachdem dies geschehen, schaute er lange den Namen des Prinzen Hektor an, rief dann sehr laut: »Prinz Hektor!« und klappte den Folianten so heftig zu, dass der Hofmarschall entsetzt drei Schritte zurückprallte. Nun stand der Fürst auf, ging langsam im Zimmer auf und ab und schnupfte so viel Spaniol als nötig, um eine ganze Welt von Gedanken in Ordnung zu bringen. Der Hofmarschall sprach viel von dem seligen Herrn, der nächst vielen Reichtümern ein aimables Herz besessen, vom jungen Prinzen Hektor, der vergöttert werde in Neapel von dem Monarchen und der Nation usw. Fürst Irenäus schien das alles nicht zu beachten, er blieb plötzlich dicht vor dem Hofmarschall stehen, schaute ihn an mit dem entsetzlichen Friedrichsblick, sprach sehr stark: »Peut-être« und verschwand in das Nebenkabinett.

»Gott«, sagte der Hofmarschall, »der gnädigste Fürst haben gewiss die considerabelsten Gedanken, vielleicht gar Pläne.«

Es war dem so. – Fürst Irenäus dachte an den Reichtum des Prinzen, an seine Verwandtschaft mit mächtigen Häuptern, er rief sich die Überzeugung ins Gedächtnis, dass Prinz Hektor gewiss noch den Degen mit dem Zepter vertauschen werde, und ihm kam der Gedanke, dass die Vermählung des Prinzen mit der Prinzessin Hedwiga von den ersprießlichsten Folgen sein könne. Ganz im geheimsten Geheim musste der Kammerherr, den der Fürst sogleich absandte, um dem Prinzen seinerseits namhaftes Beileid über den Tod des Vaters zu bezeigen, das bis auf die Farbe der Haut wohlgetroffene Miniaturbild der Prinzessin in die Tasche stecken. – Es ist hier zu bemerken, dass die Prinzessin in der Tat eine vollendete Schönheit zu nennen gewesen, hätte ihre Haut weniger ins Gelbliche gespielt. Daher war ihr die Beleuchtung des Kerzenscheins günstig. –

Der Kammerherr richtete den geheimen Auftrag des Fürsten – niemanden, selbst nicht der Fürstin, hatte dieser das mindeste von seiner Absicht anvertraut, – sehr ge-

schickt aus. Als der Prinz das Gemälde sah, geriet er beinahe in dieselbe Ekstase, wie sein prinzlicher Kollege in der »Zauberflöte«. Wie Tamino hätte er beinahe, wenn auch nicht gesungen, doch gerufen: »Dies Bildnis ist bezaubernd schön«, und dann weiter: »Soll die Empfindung Liebe sein? Ja, ja, die Liebe ist's allein!« –
Bei Prinzen ist es sonst eben nicht die Liebe allein, die sie streben lässt nach der Schönsten, indessen dachte Prinz Hektor gerade nicht an andere Verhältnisse, als er sich hinsetzte und an den Fürsten Irenäus schrieb, es möge ihm vergönnt sein, sich um Herz und Hand der Prinzessin Hedwiga zu bewerben.

Fürst Irenäus antwortete, dass, da er mit Freuden in eine Vermählung willige, die er schon seines verstorbenen fürstlichen Freundes halber aus dem Grunde des Herzens wünsche, es gar keiner weitern Bewerbung eigentlich bedürfe. Da aber die Form sauviert werden müsse, möge der Prinz einen artigen Mann von gehörigem Stande nach Sieghartsweiler senden, den er ja auch gleich mit Vollmacht versehen könne, die Trauung zu vollziehen und, nach altem schönem Herkommen, gestiefelt und gespornt den Bettsprung zu unternehmen. Der Prinz schrieb zurück: »Ich komme selbst, mein Fürst!« –

Dem Fürsten war das nicht recht, er hielt die Trauung durch einen Bevollmächtigten für schöner, erhabner, fürstlicher, hatte sich im Innersten auf das Fest gefreut und beruhigte sich nur damit, dass vor dem Beilager ein großes Ordensfest gefeiert werden könne. Er wollte nämlich das Großkreuz eines Hausordens, den sein Vater gestiftet hatte, und den kein Ritter mehr trug, nicht tragen durfte, dem Prinzen umhängen auf die solenneste Weise.

Prinz Hektor kam also nach Sieghartsweiler, um die Prinzessin Hedwiga heimzuführen und nebenher das Großkreuz eines verschollenen Hausordens zu erhalten. Es schien ihm erwünscht, dass der Fürst seine Absicht geheimgehalten, er bat vorzüglich rücksichts Hedwigas, in diesem Schweigen zu verharren, da er erst der vollen Liebe Hedwigas versichert sein müsse, ehe er mit seiner Bewerbung hervortreten könne.

Der Fürst verstand nicht recht, was der Prinz damit sagen wollte, und meinte, dass, soviel er wisse und sich erinnere, diese Form, was nämlich die Versicherung der Liebe vor dem Beilager beträfe, in fürstlichen Häusern niemals üblich gewesen sei. Verstehe der Prinz aber darunter weiter nichts als die Äußerung eines gewissen Attachements, so dürfe das vorzüglich während des Brautstandes wohl eigentlich nicht stattfinden, könne aber, da doch die leichtsinnige Jugend über alles, was die Etikette gebiete, hinwegzuspringen geneigt, ja in der Kürze abgemacht werden, drei Minuten vor dem Ringewechseln. Herrlich und erhaben wär's freilich, wenn das fürstliche Brautpaar in diesem Augenblick einigen Abscheu gegeneinander bewiese, leider wären aber diese Regeln des höchsten Anstandes in neuester Zeit zu leeren Träumen geworden.

Als der Prinz Hedwiga zum ersten Mal erblickte, flüsterte er seinem Adjutanten in den andern unverständlichem neapolitanischen Dialekt zu: »Bei allen Heiligen! Sie ist schön, aber unfern des Vesuvs geboren, und sein Feuer blitzt aus ihren Augen.«

Prinz Ignaz hatte sich bereits sehr angelegentlich erkundigt, ob es in Neapel schöne Tassen gebe, und wie viel davon Prinz Hektor besitze, sodass dieser, durch die ganze Tonleiter der Begrüßungen durchgestiegen, sich wieder zu Hedwiga wenden wollte, als die Türen sich öffneten und der Fürst den Prinzen einlud zu der Prachtszene, die er durch die Zusammenberufung sämtlicher Personen, welche nur im mindesten was Hoffähiges an und in sich trugen, im Prunksaal bereitet. Er war diesmal in dem Auswählen weniger strenge gewesen als sonst, da der Zirkel in Sieghartshof eigentlich für eine Landpartie zu achten. Auch die Benzon war zugegen mit Julien.

Prinzessin Hedwiga war still, in sich gekehrt, teilnahmlos, sie schien den schönen Fremdling aus dem Süden nicht mehr, nicht weniger zu beachten als jede andere neue Erscheinung am Hof und fragte ziemlich mürrisch ihr Hoffräulein, die rotwangige Nannette, ob sie närrisch worden, als diese nicht aufhören konnte, ihr ins Ohr zu flüstern, der fremde Prinz sei doch gar zu hübsch, und eine schönere Uniform habe sie zeit ihres Lebens nicht gesehen.

Prinz Hektor entfaltete nun vor der Prinzessin den bunten prahlenden Pfauenschweif seiner Galanterie, sie, beinahe verletzt durch das Ungestüm seiner süßlichen Verzücktheit, fragte nach Italien, nach Neapel. Der Prinz gab ihr die Beschreibung eines Paradieses, in dem sie als herrschende Göttin wandelte. Er bewährte sich als ein Meister in der Kunst, zu der Dame so zu sprechen, dass alles, alles sich gestaltet als ein Hymnus, der ihre Schönheit, ihre Anmut preist. Mitten aus diesem Hymnus sprang aber die Prinzessin heraus und hin zu Julien, die sie in der Nähe gewahrte. Die drückte sie an ihre Brust, nannte sie mit tausend zärtlichen Namen, rief: »Das ist meine liebe, liebe Schwester, meine herrliche süße Julia!« als der Prinz, etwas betroffen über Hedwigas Flucht, hinzutrat. Der Prinz heftete einen langen seltsamen Blick auf Julien, so dass diese, über und über errötend, die Augen niederschlug und sich scheu zur Mutter wandte, die hinter ihr stand. Aber die Prinzessin umarmte sie aufs neue und rief: »Meine liebe, liebe Julia« und dabei traten ihr die Tränen in die Augen. »Prinzessin«, sprach die Benzon leise, »Prinzessin, warum dieses krampfhafte Benehmen?« Die Prinzessin, ohne die Benzon zu beachten, drehte sich zum Prinzen, dem wirklich über alles das der Strom der Rede versiegt, und war sie erst still, ernst, missmutig gewesen, so schweifte sie beinahe jetzt aus in seltsamer krampfhafter Lustigkeit. Endlich ließen die stark gespannten Saiten nach, und die Melodien, die nun aus ihrem Innern heraustönten, waren weicher, milder, jungfräulich zarter. Sie war liebenswürdiger als jemals, und der Prinz schien ganz und gar hingerissen. Endlich begann der Tanz. Der Prinz, nachdem mehrere Tänze gewechselt, erbot sich, einen neapolitanischen Nationaltanz anzuführen, und es gelang ihm bald, den Tanzenden die volle Idee davon zu geben, sodass sich alles gar artig fügte und selbst der leidenschaftlich zärtliche Charakter des Tanzes gut hervortrat.

Niemand hatte aber eben diesen Charakter so ganz begriffen als Hedwiga, die mit dem Prinzen tanzte. Sie verlangte die Wiederholung, und als der Tanz zum zweiten Mal geendet, bestand sie, des Mahnens der Benzon, die auf ihren Wangen schon die verdächtige Blässe wahrnahm, nicht achtend, darauf, zum dritten Mal den Tanz auszuführen, der ihr nun erst recht gelingen werde. Der Prinz war entzückt. Er schwebte hin mit Hedwiga, die in jeder Bewegung die Anmut selbst schien. Bei einer der vielen Verschlingungen, die der Tanz gebot, drückte der Prinz die Holde stürmisch an die Brust, aber in demselben Augenblick sank auch Hedwiga entseelt in seinen Armen zusammen. –

Der Fürst meinte, eine unschicklichere Störung eines Hofballs könne es nicht geben, und nur das Land entschuldige vieles. –

Prinz Hektor hatte selbst die Ohnmächtige in ein benachbartes Zimmer auf ein Sofa getragen, wo ihr die Benzon die Stirne rieb mit irgendeinem starken Wasser, das der Leibarzt zur Hand gehabt. Dieser erklärte übrigens die Ohnmacht für einen Nervenzufall, den die Erhitzung des Tanzes veranlasst, und der sehr bald vorübergehen werde.

Der Arzt hatte recht, nach wenigen Sekunden schlug die Prinzessin mit einem tiefen Seufzer die Augen auf. Der Prinz, sobald er vernommen, die Prinzessin habe sich erholt, drang durch den dichten Kreis der Damen, von dem sie umschlossen, kniete nieder bei dem Sofa, klagte sich bitter an, dass er allein schuld sei an dem Begegnis, das ihm das Herz durchschneide. Sowie die Prinzessin ihn aber erblickte, rief sie mit allen Zeichen des Abscheues: »Fort, fort!« und sank aufs neue in Ohnmacht.

»Kommen Sie«, sprach der Fürst, indem er den Prinzen bei der Hand fasste, »kommen Sie, bester Prinz, Sie wissen nicht, dass die Prinzessin oft an den seltsamsten Reverien leidet. Weiß der Himmel, auf welch sonderbare Weise Sie ihr in diesem Augenblick erschienen sind! – Imaginieren Sie sich, bester Prinz, schon als Kind – entre nous soit dit – schon als Kind hielt mich einmal die Prinzessin einen ganzen Tag hindurch für den Großmogul und prätendierte, ich solle in Samtpantoffeln ausreiten, wozu ich mich auch endlich entschloss, wiewohl nur im Garten.«

Prinz Hektor lachte dem Fürsten ohne Umstände ins Gesicht und rief nach dem Wagen.

Die Benzon musste, so wollt' es die Fürstin aus Besorgnis für Hedwiga, mit Julien im Schloss bleiben. Sie wusste, welche psychische Macht sonst die Benzon über die Prinzessin übte, und ebenso, dass dieser psychischen Macht auch Krankheitszufälle der Art zu weichen pflegten. In der Tat geschah es auch diesmal, dass Hedwiga in ihrem Zimmer sich bald erholte, als die Benzon ihr unermüdlich zugeredet mit sanften Worten. Die Prinzessin behauptete nichts Geringeres, als dass im Tanzen der Prinz sich in ein drachenartiges Ungeheuer verwandelt und mit spitzer glühender Zunge ihr einen Stich ins Herz gegeben habe. »Gott behüte«, rief die Benzon, »am Ende ist Prinz Hektor gar das mostro turchino aus der Gozzischen Fabel! – Welche Einbildungen, zuletzt wird es sich so begehen wie mit Kreisler, den Sie für einen bedrohlichen Wahnsinnigen hielten!« – »Nimmermehr«, rief die Prinzessin heftig und setzte dann lachend hinzu, »wahrhaftig, ich wollte nicht, dass mein guter Kreisler sich so plötzlich in das mostro turchino verwandelte wie Prinz Hektor!« –

Als am frühsten Morgen die Benzon, die bei der Prinzessin gewacht, in Juliens Zimmer trat, kam ihr diese entgegen, erblasst, übernächtigt, das Köpfchen hängend wie eine kranke Taube. »Was ist mit dir, Julie?« rief ihr die Benzon, die nicht gewohnt, die Tochter in solchem Zustande zu sehen, erschrocken entgegen. »Ach, Mutter«, sprach Julie ganz trostlos, »ach, Mutter, niemals mehr in diese Umgebungen, mein Herz erbebt, wenn ich an die gestrige Nacht denke. – Es ist etwas Entsetzliches in diesem Prinzen; als er mich anblickte, ich kann dir's nicht beschreiben, was in meinem Innern vorging. – Ein Blitzstrahl fuhr tötend aus diesen dunklen unheimlichen Augen, von dem getroffen ich Ärmste vernichtet werden konnte. – Lache mich nicht aus, Mutter, aber es war der Blick des Mörders, der sein Opfer erkoren, das mit der Todesangst getötet wird, noch ehe der Dolch gezückt! – – Ich wiederhol' es, ein ganz fremdes Gefühl, ich vermag es nicht zu nennen, bebte wie ein Krampf mir durch alle Glieder! – Man spricht von Basilisken, deren Blick, ein giftiger Feuerstrahl, augenblicklich tötet, wenn man es wagt, sie anzuschauen. Der Prinz mag solchem bedrohlichen Untier gleichen.« »Nun«, rief die Benzon laut lachend, »nun muss ich in der Tat glauben, dass es mit dem mostro turchino seine Richtigkeit hat, da der Prinz, ist er gleich der schönste, liebenswürdigste Mann, zweien Mädchen erschienen ist als Drache, als Basilisk. Der Prinzessin traue ich die tollsten Einbildungen zu, aber dass meine ruhige sanfte Julie, mein süßes Kind, sich hingeben sollte närrischen Träumen? – « »Und Hedwiga«, unterbrach Julie die Benzon, »und Hedwiga, ich weiß nicht, welch eine böse feindliche Macht sie losreißen von meinem Herzen, ja, mich hineinstürzen will in den Kampf einer fürchterlichen Krankheit, der in ihrem Innern wütet! – Ja, Krankheit nenne ich der Prinzessin Zustand, gegen den die Ärmste nichts vermag. Als sie gestern sich schnell abwandte von dem Prinzen, als sie mich liebkoste, umarmte, da fühlte ich, wie sie in Fieberhitze glühte. Und dann das Tanzen, das entsetzliche Tanzen! Du weißt, Mutter, wie ich die Tänze hasse, in denen es den Männern vergönnt, uns zu umschlingen. – Es ist mir, als müssten wir in dem Augenblick alles aufgeben, was Sitte und Anstand erfordern, und den Männern eine Übermacht einräumen, die wenigstens den zartfühlenden unter ihnen unerfreulich bleiben wird. – Und nun Hedwiga, die nicht aufhören konnte, jenen südlichen Tanz zu tanzen, der mir, je länger er dauerte, desto abscheulicher schien. Rechte teuflische Schadenfreude war es, die aus den Augen des Prinzen blitzte – «

»Närrin«, sprach die Benzon, »was fällt dir alles ein! – Doch! – Ich kann deine Gesinnung über das alles nicht tadeln, bewahre sie treulich, aber sei nicht ungerecht gegen Hedwiga, denke überhaupt gar nicht weiter nach, was mit ihr ist und mit dem Prinzen, schlage es dir aus dem Sinn! – Willst du, so werd' ich dafür sorgen, dass du eine Zeitlang weder Hedwiga noch den Prinzen sehen darfst. Nein, deine Ruhe soll nicht gestört werden, mein gutes liebes Kind! Komm an mein Herz!« – Damit umarmte die Benzon Julien mit aller mütterlichen Zärtlichkeit. »Und«, fuhr Julie fort, indem sie das glühende Antlitz an die Brust der Mutter drückte, »und aus der entsetzlichen Unruhe, die ich empfand, mochten auch wohl die seltsamen Träume kommen, die mich ganz verstört haben.« »Was träumtest du denn?« fragte die Benzon. »Mir war's«, sprach Julie weiter, »mir war's, ich wandle in einem herrlichen Garten, in dem unter dichtem dunklem Gebüsch Nachtviolen und Rosen durcheinander blühten und ihr süßes Aroma in die Lüfte streuten. Ein wunderbarer Schimmer, wie Mondesglanz, ging auf in Ton und Gesang, und wie er die Bäume, die Blumen mit goldnem Strahl berührte, bebten sie vor Entzücken, und die Büsche säuselten, und die Quellen flüsterten in leisen sehnsüchtigen Seufzern. Da gewahrte ich aber, dass ich selbst der Gesang sei, der durch den Garten ziehe, doch so wie der Glanz der Töne verbleiche, müsse ich auch vergehen in schmerzlicher Wehmut! – Nun sprach aber eine sanfte Stimme: ›Nein! Der Ton ist die Seligkeit und keine Vernichtung, und ich halte dich fest mit starken Armen, und in deinem Wesen ruht mein Gesang, der ist aber ewig wie die Sehnsucht!‹ – Es war Kreisler, der vor mir stand und diese Worte sprach. Ein himmlisches Gefühl von Trost und Hoffnung ging durch mein Inneres, und selbst wusste ich nicht – ich sage dir alles, Mutter! – ja, selbst wusste ich nicht, wie es kam, dass ich Kreislern an die Brust sank. Da fühlte ich plötzlich, wie mich eiserne Arme fest umschlangen und eine entsetzliche höhnende Stimme rief: ›Was sträubst du dich, Elende, du bist ja schon getötet und musst nun mein sein.‹ – Es war der Prinz, der mich festhielt. – Mit einem lauten Angstgeschrei fuhr ich auf aus dem Schlaf, ich warf mein Nachtkleid über und lief ans Fenster, das ich öffnete, da die Luft im Zimmer schwül und dunstig. In der Ferne gewahrte ich einen Mann, der mit einem Perspektiv nach den Fenstern des Schlosses schaute, dann aber die Allee hinabsprang auf seltsame, ich möchte sagen, närrische Weise, indem er von beiden Seiten allerlei Entrechats und andere Tänzerpas ausführte, mit den Armen in den Lüften herumfocht und, wie ich zu vernehmen glaubte, laut dazu sang. Ich erkannte Kreislern, und indem ich über sein Beginnen herzlich lachen musste, kam er mir doch vor wie der wohltätige Geist, der mich schützen würde vor dem Prinzen. Ja, es war, als würde mir jetzt erst Kreislers inneres Wesen recht klar, und ich sähe jetzt erst ein, wie sein schalkisch scheinender Humor, von dem mancher sich oft verwundet fühle, aus dem treuesten herrlichsten Gemüt komme. Ich hätte hinablaufen in den Park, ich hätte Kreislern alle Angst des entsetzlichen Traums klagen mögen!« – »Das ist«, sprach die Benzon ernst, »das ist ein einfältiger Traum und das Nachspiel noch einfältiger! – Du bedarfst der Ruhe, Julie, ein leichter Morgenschlummer wird dir wohltun, auch ich gedenke noch ein paar Stunden zu schlafen.«

Damit verließ die Benzon das Zimmer, und Julie tat, wie ihr geheißen.

Als sie erwachte, strahlte die Mittagssonne in die Fenster hinein, und ein starker Duft von Nachtviolen und Rosen strömte durch das Zimmer. »Was ist das«, rief Julie voll Erstaunen, »was ist das! – mein Traum! – « Doch wie sie sich umschaute, lag über ihr auf der Lehne des Sofas, auf dem sie geschlafen, ein schöner Strauß jener Blumen! – »Kreisler, mein lieber Kreisler«, sprach Julie sanft, nahm den Strauß und geriet in träumerisches Sinnen.

Prinz Ignaz ließ anfragen, ob es ihm nicht erlaubt sei, Julien ein Stündchen zu sehen. Schnell kleidete sich Julie an und eilte in das Zimmer, wo Ignaz sie schon mit einem ganzen Korb voll Porzellantassen und chinesischer Puppen erwartete. Julie, das gute Kind, ließ es sich gefallen, stundenlang mit dem Prinzen, der ihr tiefes Mitleid einflößte, zu spielen. Kein Wort der Neckerei oder wohl gar der Verachtung entschlüpfte ihr, wie es wohl andern bisweilen, vorzüglich der Prinzessin Hedwiga, geschah, daher kam es, dass dem Prinzen Julias Gesellschaft über alles ging und er sie oft gar seine kleine Braut nannte. – Die Tassen waren aufgestellt, die Puppen geordnet, Julie hielt eben im Namen eines kleinen Harlekins eine Rede an den Kaiser von Japan (beide Püppchen standen einander gegenüber), als die Benzon eintrat.

Nachdem sie eine Weile dem Spiele zugeschaut, drückte sie Julien einen Kuss auf die Stirn und sprach: »Du bist doch mein liebes gutes Kind!« –

Es war späte Dämmerung angebrochen. Julie, die, wie sie gewünscht, bei der Mittagstafel nicht hatte erscheinen dürfen, saß einsam in ihrem Zimmer und erwartete die Mutter. Da schlichen leise Tritte hinan, die Tür öffnete sich, und totenbleich, mit starren Augen, in weißem Kleid, gespenstisch, trat die Prinzessin herein. »Julia«, sprach sie leise und dumpf »Julia! – Nenn mich töricht, ausgelassen, wahnsinnig, aber entzieh mir nicht dein Herz, ich bedarf deines Mitleids, deines Trostes! Es ist nichts als der Überreiz, die heillose Erschöpfung des abscheulichen Tanzes, die mich krank gemacht hat, aber es ist vorüber, mir ist besser!« »Der Prinz ist fort nach Sieghartsweiler! – Ich muss an die Luft, lass uns hinabwandeln in den Park!« Als beide, Julie und die Prinzessin, sich am Ende der Allee befanden, strahlte ein helles Licht ihnen aus dem tiefsten Dickicht entgegen, und sie vernahmen fromme Gesänge. »Das ist die Abendlitanei aus der Marienkapelle«, rief Julia. »Ja«, sprach die Prinzessin, »wir wollen hin, lass uns beten! – Bete du auch für mich, Julie!« »Wir wollen«, erwiderte Julie, vom tiefsten Schmerz über der Freundin Zustand ergriffen, »wir wollen beten, dass nie ein böser Geist Macht habe über uns, dass unser reines frommes Gemüt nicht verstört werden möge durch des Feindes Verlockung.«

Eben zogen, als die Mädchen bei der Kapelle angekommen, die am äußersten Ende des Parks befindlich, die Landleute von dannen, die die Litanei vor dem mit Blumen geschmückten und mit vielen Kerzen erleuchteten Marienbilde gesungen. Sie knieten nieder im Betstuhl. Da begannen die Sänger auf dem kleinen Chor, der zur Seite des Altars angebracht, das »Ave maris stella«, das Kreisler erst vor kurzem komponiert.

Leise beginnend, brauste der Gesang stärker und mächtiger auf in dem »dei mater alma«, bis die Töne, in dem »felix coeli porta« dahinsterbend, fortschwebten auf den Fittichen des Abendwindes.

Noch immer lagen die Mädchen auf den Knien, tief versunken in brünstige Andacht. Der Priester murmelte Gebete, und aus weiter Ferne, wie ein Chor von Engelsstimmen aus dem nächtlichen verschleierten Himmel, hallte der Hymnus: »O sanctissima«, den die heimziehenden Sänger angestimmt.

Endlich erteilte ihnen der Priester den Segen. Da standen sie auf und fielen sich in die Arme. Ein namenloses Weh, aus Entzücken und Schmerz gewoben, schien gewaltsam sich loswinden zu wollen aus ihrer Brust, und Blutstropfen, dem wunden Herzen entquollen, waren die heißen Tränen, die aus ihren Augen stürzten. »Das war er«, lispelte die Prinzessin leise. »Er war's«, erwiderte Julie. – Sie verstanden sich.

In ahnungsvollem Schweigen harrte der Wald, dass die Mondscheibe aufsteige und ihr schimmerndes Gold über ihn ausstreue. Der Choral der Sänger, noch immer vernommen in der Stille der Nacht, schien entgegenzuziehen dem Gewölk, das glühend aufflammte und sich über den Bergen lagerte, die Bahn des leuchtenden Gestirns bezeichnend, vor dem die Sterne erblassten. »Ach«, sprach Julia, »was ist es denn, das uns so bewegt, das so mit tausend Schmerzen unser Inneres durchschneidet? – Horch doch nur, wie das ferne Lied so tröstend zu uns herüberhallt! Wir haben gebetet, und aus den goldnen Wolken sprechen fromme Geister zu uns herab von himmlischer Seligkeit.« – »Ja, meine Julia«, erwiderte die Prinzessin ernst und fest, »ja, meine Julia, über den Wolken ist Heil und Seligkeit, und ich wollte, dass ein Engel des Himmels mich hinauftrüge zu den Sternen, ehe mich die finstre Macht erfasste. Ich möchte wohl sterben, aber ich weiß es, dann trügen sie mich in die fürstliche Gruft, und die Ahnherrn, die dort begraben, würden es nicht glauben, dass ich gestorben bin, und erwachen aus der Totenerstarrung zum entsetzlichen Leben und mich hinaustreiben. Dann gehörte ich ja aber weder den Toten an noch den Lebendigen und fände nirgends Obdach.« »Was sprichst du, Hedwiga, um aller Heiligen willen; was sprichst du?« rief Julie erschrocken. »Mir hat«, fuhr die Prinzessin fort, in demselben festen, beinahe gleichgültigen Ton beharrend, »mir hat dergleichen einmal geträumt. Es kann aber auch sein, dass ein bedrohlicher Ahnherr im Grab zum Vampir geworden, der mir nun das Blut aussaugt. Davon mögen meine häufigen Ohnmachten herrühren.« »Du bist krank«, rief Julia, »du bist sehr krank, Hedwiga, die Nachtluft schadet dir, lass uns forteilen.« Damit umschlang sie die Prinzessin, die sich schweigend fortführen ließ.

Der Mond war nun hoch heraufgestiegen über den Geierstein, und in magischer Beleuchtung standen die Büsche, die Bäume und flüsterten und rauschten, mit dem Nachtwinde kosend, in tausend lieblichen Weisen.

»Es ist doch schön«, sprach Julie, »o es ist doch schön auf der Erde, bietet uns die Natur nicht ihre herrlichsten Wunder dar wie eine gute Mutter ihren lieben Kindern?« – »Meinst du?« erwiderte die Prinzessin und fuhr dann nach einer Weile fort: »Ich wollte nicht, dass du mich erst ganz verstanden hättest, und bitte, alles nur für den Erguss einer bösen Stimmung zu halten. – Du kennst noch nicht den vernichtenden Schmerz des Lebens. Die Natur ist grausam, sie hegt und pflegt nur die gesunden Kinder, die kranken verlässt sie, ja richtet bedrohliche Waffen gegen ihr Dasein. – Ha! Du weißt, dass mir sonst die Natur nichts war als eine Bildergalerie, hingestellt, um die Kräfte des Geistes und der Hand zu üben, aber jetzt ist es anders geworden, da ich nichts fühle, nichts ahne, als ihr Entsetzen. Ich möchte lieber in erleuchteten Sälen zwischen bunter Gesellschaft wandeln, als einsam mit dir in dieser mondhellen Nacht.« –

Julien wurde nicht wenig bange, sie bemerkte, wie Hedwiga immer schwächer, erschöpfter wurde, so dass die Arme all ihre geringe Kraft anwenden musste, um sie im Gehen aufrecht zu erhalten. Endlich hatten sie das Schloss erreicht. Unfern desselben, auf der steinernen Bank, die unter einem Holunderbusch stand, saß eine finstre verhüllte Gestalt. Sowie Hedwiga diese gewahrte, rief sie voll Freude: »Dank der Jungfrau und allen Heiligen, da ist sie!« und ging, plötzlich gekräftigt und sich von Julien losmachend, auf die Gestalt los, die sich erhob und mit dumpfer Stimme sprach: »Hedwiga, mein armes Kind!« – Julia gewahrte, dass die Gestalt eine von Kopf bis Fuß in braune Gewänder gehüllte Frau war, die tiefen Schatten ließen die Züge ihres Gesichts nicht erkennen. Von innern Schauern durchbebt, blieb

Julia stehen. Beide, die Frau und die Prinzessin, ließen sich auf die Bank nieder. Die Frau strich ihr sanft die Haarlocken von der Stirn, legte dann die Hände darauf und sprach langsam und leise in einer Sprache, die Julie sich nicht erinnern konnte, jemals gehört zu haben. Nachdem dies einige Minuten gewährt, rief die Frau Julien zu: »Mädchen, eil zum Schloss, ruf die Kammerfrauen, sorge, dass man die Prinzessin hineinschaffe. Sie ist in sanften Schlaf gesunken, von dem sie gesund und froh erwachen wird.« Julie, ihrem Erstaunen nicht einen Augenblick Raum gebend, tat schnell, wie ihr geheißen.

Als sie mit den Kammerfrauen ankam, fand man die Prinzessin, sorgsam in ihren Shawl eingehüllt, wirklich im sanften Schlaf, die Frau war verschwunden.

»Sag mir«, sprach Julie am andern Morgen, als die Prinzessin ganz genesen erwacht und keine Spur innerer Zerrüttung sich zeigte, was Julie befürchtet, »sag mir um Gottes willen, wer war die wunderbare Frau?« »Ich weiß es nicht«, erwiderte die Prinzessin, »ein einziges Mal in meinem Leben habe ich sie gesehen. Du erinnerst dich, wie ich einmal, noch ein Kind, in eine tödliche Krankheit verfallen, so dass die Ärzte mich aufgaben. Da saß sie in einer Nacht plötzlich an meinem Bett und lullte mich, wie heute, ein in süßen Schlummer, von dem ich ganz genesen erwachte. – In der gestrigen Nacht trat zum erstenmal das Bild dieser Frau mir wieder vor die Augen, es war mir, als müsse sie mir wieder erscheinen und mich retten, und so hat es sich wirklich begeben. – Tu es mir zuliebe und schweige ganz von der Erscheinung, lass dir auch nichts anmerken durch Wort oder Zeichen, dass uns etwas Wunderbares begegnet. Denk an den Hamlet und sei mein lieber Horatio! – Es ist gewiss, dass es mit dieser Frau eine geheimnisvolle Bewandtnis haben muss, aber, mag das Geheimnis mir und dir verschlossen bleiben, weiteres Forschen bedünkt mir gefährlich. – Ist es nicht genug, dass ich genesen bin und froh, frei von allen Gespenstern, die mich verfolgten?« – Alles verwunderte sich über der Prinzessin so plötzlich wiedergekehrte Gesundheit. Der Leibarzt behauptete, der nächtliche Spaziergang nach der Marienkapelle habe durch die Erschütterung aller Nerven so drastisch gewirkt, und er nur vergessen, denselben ausdrücklich zu verordnen. Die Benzon sprach aber in sich hinein: »Hm! – Die Alte ist bei ihr gewesen – mag das diesmal hingehen!« – Es ist nun an der Zeit, dass jene verhängnisvolle Frage des Biographen: »Du – – –

(M. f. f.) liebst mich also, holde Miesmies? O wiederhol' es mir, wiederhol' es mir tausendmal, damit ich noch in ferneres Entzücken geraten und so viel Unsinn aussprechen möge, wie es einem von dem besten Romandichter geschaffenen Liebeshelden ziemt! – Doch, Beste, du hast meine erstaunliche Neigung zum Gesang sowie meine Kunstfertigkeit darin schon bemerkt, würd' es dir wohl gefällig sein, Teure, mir ein kleines Liedchen vorzusingen?« – »Ach«, erwiderte Miesmies, »ach, geliebter Murr, zwar bin ich auch in der Kunst des Gesanges nicht unerfahren, aber du weißt, wie es jungen Sängerinnen geht, wenn sie zum ersten Mal singen sollen vor Meistern und Kennern! – Die Angst, die Verlegenheit schnürt ihnen die Kehle zu, und die schönsten Töne, Trillos und Mordenten bleiben auf die fatalste Weise in der Kehle stecken wie Fischgräten. – Eine Arie zu singen ist dann pur unmöglich, weshalb der Regel nach mit einem Duett begonnen wird. Lass uns ein kleines Duett versuchen, Teurer, wenn's dir gefällig!« – Das war mir recht. Wir stimmten nun gleich das zärtliche Duett an: »Bei meinem ersten Blick flog dir mein Herz entgegen« etc. etc. Miesmies begann furchtsam, aber bald ermutigte sie mein kräftiges Falsett. Ihre Stimme war allerliebst, ihr Vortrag gerundet, weich, zart, kurz, sie zeigte sich als wackre Sängerin. Ich war entzückt, wiewohl ich einsah, dass mich Freund Ovid wiederum im Stich gelassen. Da Miesmies mit dem cantare so herrlich bestanden, so war es mit dem chordas tangere gar nichts, und ich durfte nicht erst nach der Gitarre verlangen. – Miesmies sang nun mit seltener Geläufigkeit, mit ungemeinem Ausdruck, mit höchster Eleganz das bekannte: »Di tanti palpiti« etc. etc. Von der heroischen Stärke des Rezitativs stieg sie herrlich hinein in die wahrhaft kätzliche Süßigkeit des Andantes. Die Arie schien ganz für sie geschrieben, so dass auch mein Herz überströmte und ich in ein lautes Freudengeschrei ausbrach. Ha! – Miesmies musste mit dieser Arie eine Welt fühlender Katerseelen begeistern! – Nun stimmten wir noch ein Duett an aus einer ganz neuen Oper, das ebenfalls herrlich gelang, da es ganz und gar für uns geschrieben schien. Die himmlischen Rouladen gingen glanzvoll aus unserm Innern heraus, da sie meistenteils aus chromatischen Gängen bestanden. Überhaupt muss ich bei dieser Gelegenheit bemerken, dass unser Geschlecht chromatisch ist, und dass daher jeder Komponist, der für uns komponieren will, sehr wohl tun wird, Melodien und alles übrige chromatisch einzurichten. Leider hab' ich den Namen des trefflichen Meisters, der jenes Duett komponiert, vergessen, das ist ein wackrer lieber Mann, ein Komponist nach meinem Sinn.

Während dieses Singens war ein schwarzer Kater heraufgestiegen, der uns mit glühenden Augen anfunkelte. »Bleiben Sie gefälligst weg, bester Freund«, rief ich ihm entgegen, »sonst kratze ich Ihnen die Augen aus und werfe Sie vom Dach herab, wollen Sie aber eins mit uns singen, so kann das geschehen.« – Ich kannte den jungen schwarzgekleideten Mann als einen vortrefflichen Bassisten und schlug daher vor, eine Komposition zu singen, die ich zwar sonst nicht sehr liebe, die sich aber zu der bevorstehenden Trennung von Miesmies sehr gut schickte. – Wir sangen: »Soll ich dich, Teurer, nicht mehr sehen!« Kaum versicherte ich aber mit dem Schwarzen, dass die Götter mich bewahren würden, als eine gewaltige Ziegelscherbe zwischen uns durchfuhr und eine entsetzliche Stimme rief: »Wollen die verfluchten Katzen wohl die Mäuler halten!« – Wir stoben, von Todesfurcht gehetzt, wild auseinander in den Dachboden hinein. – O die herzlosen Barbaren ohne Kunstgefühl, die selbst unempfindlich bleiben bei den rührendsten Klagen der unaussprechlichen Liebeswehmut und nur Rache und Tod brüten und Verderben! – Wie gesagt, das, was mich befreien sollte von meiner Liebesnot, stürzte mich nur noch tiefer hinein. Miesmies war so musikalisch, dass wir beide auf das anmutigste miteinander zu phantasieren vermochten. Zuletzt sang sie meine eignen Melodien herrlich nach, darüber wollte ich denn nun ganz und gar närrisch werden und quälte mich schrecklich ab in meiner Liebespein, so dass ich ganz blass, mager und elend wurde. – Endlich, endlich, nachdem ich mich lange genug abgehärmt, fiel mir das letzte, wiewohl verzweifelte Mittel ein, mich von meiner Liebe zu heilen. – Ich beschloss, meiner Miesmies Herz und Pfote zu bieten. Sie schlug ein, und sobald wir ein Paar worden, merkte ich auch alsbald, wie meine Liebesschmerzen sich ganz und gar verloren. Mir schmeckte Milchsuppe und Braten vortrefflich, ich gewann meine joviale Laune wieder, mein Bart kam in Ordnung, mein Pelz erhielt wieder den alten schönen Glanz, da ich nun die Toilette mehr beachtete als vorher, wogegen meine Miesmies sich gar nicht mehr putzen mochte. Ich fertigte demunerachtet, wie zuvor geschehen, noch einige Verse auf meine Miesmies, die um so hübscher, um so wahrer empfunden waren, als ich den Ausdruck der schwärmerischen Zärtlichkeit so immer mehr und mehr heraufschrob, bis er mir die höchste Spitze erreicht zu haben schien. Ich dedizierte endlich der Guten noch ein dickes Buch und hatte so auch in literarisch-ästhetischer Hinsicht alles abgetan, was von einem honetten treuverliebten Kater nur verlangt werden kann. Übrigens führten wir, ich und meine Miesmies, auf der Strohmatte vor der Türe meines Meisters ein häuslich ruhiges, glückliches Leben. – Doch welches Glück ist hienieden auch nur von einigem Bestand! – Ich bemerkte bald, dass Miesmies oft in meiner Gegenwart zerstreut war, dass sie, wenn ich mit ihr sprach, verwirrtes Zeug antwortete, dass ihr tiefe Seufzer entflohen, dass sie nur schmachtende Liebeslieder singen mochte, ja, dass sie zuletzt ganz matt und krank tat. Fragte ich denn, was ihr fehle, so streichelte sie mir zwar die Wangen und erwiderte: »Nichts, gar nichts, mein liebes gutes Papachen«, aber das Ding war mir doch gar nicht recht. Oft erwartete ich sie vergebens auf der Strohmatte, suchte sie vergebens im Keller, auf dem Boden, und fand ich sie denn endlich und machte ihr zärtliche Vorwürfe, so entschuldigte sie sich damit, dass ihre Gesundheit weite Spaziergänge erfordere, und dass ein ärztlicher Kater sogar eine Badereise angeraten. Das war mir wieder nicht recht. Sie mochte wohl meinen versteckten Ärger gewahren und ließ es sich angelegen sein, mich mit Liebkosungen zu überhäufen, aber auch in diesen Liebkosungen lag so etwas Sonderbares, ich weiß es nicht zu nennen, das mich erkältete, statt mich zu erwärmen, und auch das war mir nicht recht. Ohne zu vermuten, dass dies Betragen meiner Miesmies seinen besonderen Grund haben könnte, wurde ich nur inne, dass nach und nach auch das letzte Fünkchen der Liebe zu der Schönsten erlosch, und dass in ihrer Nähe mich die tötendste Langeweile erfasste. Ich ging daher meine Wege und sie die ihrigen; kamen wir aber einmal zufällig auf der Strohmatte zusammen, so machten wir uns die liebevollsten Vorwürfe, waren dann die zärtlichsten Gatten und besangen die friedliche Häuslichkeit, in der wir lebten.

Es begab sich, dass mich einmal der schwarze Bassist in dem Zimmer meines Meisters besuchte. Er sprach in abgebrochenen geheimnisvollen Worten, fragte dann stürmisch, wie ich mit meiner Miesmies lebe – kurz, ich merkte wohl, dass der Schwarze etwas auf dem Herzen hatte, das er mir entdecken wollte. Endlich kam es denn auch zum Vorschein. Ein Jüngling, der im Felde gedient, war zurückgekehrt und lebte in der Nachbarschaft von einer kleinen Pension, die ihm ein dort wohnender Speisewirt an Fischgräten und Speisabgang ausgeworfen. Schön von Figur, herkulisch gebaut, wozu noch kam, dass er eine reiche fremde Uniform trug, schwarz, grau und gelb, und wegen bewiesener Tapferkeit, als er mit wenigen Kameraden einen ganzen Speicher von Mäusen hatte reinigen wollen, das Ehrenzeichen des gebrannten Specks auf der Brust trug, fiel er allen Mädchen und Frauen in der Gegend auf. Alle Herzen schlugen ihm entgegen, wenn er auftrat keck und kühn, den Kopf emporgehoben, feurige Blicke um sich werfend. Der hatte sich, wie der Schwarze versicherte, in meine Miesmies verliebt, sie war ihm ebenso mit Liebe entgegengekommen, und es war nur zu gewiss, dass sie heimliche verliebte Zusammenkünfte hielten allnächtlich hinter dem Schornstein oder im Keller.

»Mich wundert«, sprach der Schwarze, »mich wundert, bester Freund, dass Sie bei Ihrer sonstigen Sagazität das nicht längst bemerkt, aber liebende Gatten sind oft blind, und es tut mir leid, dass Freundespflicht mir gebot, Ihnen die Augen zu öffnen, da ich weiß, dass Sie in Ihre vortreffliche Gattin ganz und gar vernarrt sind.«

»O Muzius«, so hieß der Schwarze, »o Muzius«, rief ich, »ob ich ein Narr bin, ob ich sie liebe, die süße Verräterin! Ich bete sie an, mein ganzes Wesen gehört ihr! – Nein, sie kann mir das nicht antun, die treue Seele! – Muzius, schwarzer Verleumder, empfange den Lohn deiner Schandtat!« – Ich hob die gekrallte Pfote auf, Muzius blickte mich freundlich an und sprach sehr ruhig: »Ereifern Sie sich nicht, mein Guter, Sie teilen das Los vieler vortrefflichen Leute, überall ist schnöder Wankelmut zu Hause und leider vorzüglich bei unserm Geschlecht.« Ich ließ die aufgehobene Pfote wieder sinken, sprang in voller Verzweiflung einige Mal in die Höhe und schrie dann wütend: »Wär' es möglich, wär' es möglich! – O Himmel – Erde! Was noch sonst? – Nenn' ich die Hölle mit! – Wer hat mir das getan, der schwarzgraugelbe Kater? – Und sie, die süße Gattin, treu und hold sonst, sie konnte, höllischen Trugs voll, den verachten, der oft, an ihrem Busen eingewiegt, in süßen Liebesträumen selig schwelgte? – O fließt, ihr Zähren, fließt der Undankbaren! – Himmel tausend sapperment, das geht nicht an, den bunten Kerl am Schornstein soll der Teufel holen!«

»Beruhigen Sie sich«, sprach Muzius, »beruhigen Sie sich doch nur, Sie überlassen sich zu sehr der Wut des jähen Schmerzes. Als Ihr wahrer Freund mag ich Sie jetzt weiter nicht in Ihrer angenehmen Verzweiflung stören. Wollen Sie sich in Ihrer Trostlosigkeit ermorden, so könnte ich Ihnen zwar mit einem tüchtigen Rattenpulver aufwarten, ich will es aber nicht tun, da Sie sonst ein lieber, scharmanter Kater sind und es jammerschade wäre um Ihr junges Leben. Trösten Sie sich, lassen Sie Miesmies laufen, es gibt der anmutigen Katzen noch viele in der Welt. – Adieu, Bester!« – Damit sprang Muzius fort durch die geöffnete Tür.

Sowie ich still, unter dem Ofen liegend, mehr nachsann über die Entdeckungen, die mir der Kater Muzius gemacht, fühlte ich wohl etwas in mir sich regen wie heimliche Freude. Ich wusste nun, wie ich mit Miesmies dran war, und die Quälerei mit dem ungewissen Wesen war am Ende. Hatte ich aber anstandshalber erst die gehörige Verzweiflung geäußert, so glaubte ich, dass derselbe Anstand es erfordere, dem Schwarzgraugelben zu Leibe zu gehen. Ich belauschte zur Nachtzeit das Liebespaar hinter dem Schornstein und fuhr mit den Worten: »Höllischer bestialischer Verräter« auf meinen Nebenbuhler grimmig los. Der aber, an Stärke, wie ich leider zu spät bemerkte, mir weit überlegen, packte mich, ohrfeigte mich grässlich ab, dass ich mehreres Pelzwerk einbüßte, und sprang dann schnell fort. Miesmies lag in Ohnmacht, als ich mich ihr aber näherte, sprang sie ebenso behände als ihr Liebhaber auf und ihm nach in den Dachboden hinein. Lendenlahm, mit blutigen Ohren schlich ich herab zu meinem Meister und verwünschte den Gedanken, meine Ehe konservieren zu wollen, hielt es auch für gar keine Schande, die Miesmies dem Schwarzgraugelben ganz und gar zu überlassen. »Welch ein feindliches Schicksal«, dacht' ich, »der himmlischromantischen Liebe halber werd ich in die Gosse geworfen, und das häusliche Glück verhilft mir zu nichts anderm als zu grässlichen Prügeln.«

Am nächsten Morgen erstaunte ich nicht wenig, als ich, aus dem Zimmer des Meisters heraustretend, Miesmies auf der Strohmatte fand. »Guter Murr«, sprach sie sanft und ruhig, »ich glaube zu fühlen, dass ich dich nicht mehr so liebe als sonst, welches mich sehr schmerzt.« »O teure Miesmies«, erwiderte ich zärtlich, »es zerschneidet mir das Herz, aber ich muss es gestehen, seit der Zeit, dass sich gewisse Dinge begeben, bist du mir auch gleichgültig geworden.« »Nimm es nicht übel«, sprach Miesmies weiter, »nimm es nicht übel, süßer Freund, aber es ist mir so, als wärst du mir schon längst ganz unausstehlich gewesen.« »Mächt'ger Himmel«, rief ich begeistert, »welche Sympathie der Seelen, mir geht es so wie dir.«

Nachdem wir auf diese Weise einig geworden, dass wir uns einander ganz unausstehlich wären und uns notwendigerweise trennen müssten auf ewig, umpfoteten wir uns auf das zärtlichste und weinten heiße Tränen der Freude und des Entzückens! – Dann trennten wir uns, jeder war hinfort von der Vortrefflichkeit, von der Seelengröße des andern überzeugt und pries sie jedem an, der davon hören mochte. »Auch ich war in Arkadien«, rief ich und legte mich auf die schönen Künste und Wissenschaften eifriger als jemals. – – –

(Mak. Bl.) – »Euch«, sprach Kreisler, »ja, ich sag' es Euch aus tiefer Seele, diese Ruhe scheint mir bedrohlicher als der wütendste Sturm. Es ist die dumpfe taube Schwüle vor dem zerstörenden Gewitter, in der sich jetzt alles am Hof bewegt, den Fürst Irenäus im Duodez-Format mit vergoldetem Schnitt, wie einen Almanach, ans Tageslicht gebracht. Vergebens steckt der gnädigste Herr unaufhörlich glänzende Feste auf, wie Gewitterableiter, als zweiter Franklin, die Blitze werden doch einschlagen und vielleicht sein eignes Staatskleid versengen. – Es ist wahr, Prinzessin Hedwiga gleicht jetzt in ihrem ganzen Wesen einer hell und klar hinströmenden Melodie, statt dass sonst wilde, unruhige Akkorde durcheinander auffuhren aus ihrer wunden Brust, aber – Nun! Und Hedwiga schreitet jetzt in verklärtem freundlichem Stolz am Arm des wackern Neapolitaners daher, und Julia lächelt ihn an auf ihre holdselige Weise und lässt sich seine Galanterien gefallen, die der Prinz, ohne ein Auge von der bestimmten Braut zu lassen, ihr so geschickt zuzuwenden weiß, dass sie ein junges unerfahrnes Gemüt wie Ricochet-Schüsse schärfer treffen müssen, als wenn das bedrohliche Geschütz geradezu darauf gerichtet! – Und doch glaubte sich, wie mir die Benzon erzählt, erst Hedwiga von dem mostro turchino erdrückt, und der sanften ruhigen Julia, dem Himmelskinde wurde der schmucke General en Chef zum schnöden Basilisk! – O ihr ahnenden Seelen, ihr hattet ja recht! – Teufel, hab' ich denn nicht in Baumgartens Welthistorie gelesen, dass die Schlange, die uns um das Paradies gebracht, stolzierte in goldgleißendem Schuppenwams? –

Das fällt mir ein, wenn ich den goldverbrämten Hektor sehe. – Hektor hieß übrigens sonst ein sehr würdiger Bullenbeißer, der unbeschreibliche Liebe und Treue zu mir hegte. – Ich wollt', er wär' bei mir, und ich könnt' ihn dem fürstlichen Namensvetter in die Rockschöße hetzen, wenn er sich so recht spreizt zwischen dem holden Schwesternpaar! Oder sagt, Meister, da Ihr so manches Kunststück wisset, sagt mir, wie ich es anfange, mich bei schicklicher Gelegenheit in eine Wespe zu verwandeln und den fürstlichen Hund dermaßen zu turbieren, dass er aus seinem verfluchten Konzept kommt!« –»Ich habe«, nahm Meister Abraham das Wort, »ich habe Euch ausreden lassen, Kreisler, und frage Euch nun, ob Ihr mich ruhig anhören wollt, wenn ich Euch gewisse Dinge entdecke, die Eure Ahnungen rechtfertigen?« »Bin ich«, erwiderte Kreisler, »bin ich denn nicht ein gesetzter Kapellmeister – ich meine das nicht im philosophischen Sinn, dass ich mein Ich gesetzt als Kapellmeister, sondern beziehe das bloß auf die geistige Fähigkeit, in honetter Gesellschaft ruhigzubleiben, wenn mich ein Floh sticht.« »Nun also«, fuhr Meister Abraham fort, »wisset, Kreisler, dass ein seltsamer Zufall mir tiefe Blicke in des Prinzen Leben vergönnt hat. Ihr habt recht, wenn Ihr ihn mit der Schlange im Paradiese vergleicht. Unter der schönen Hülle – die werdet Ihr ihm nicht absprechen – liegt giftige Verderbtheit, ich möchte lieber sagen, Verruchtheit, verborgen. – Er führt Böses im Schilde – er hat, aus vielem, was sich zugetragen, weiß ich's, er hat es abgesehen auf die holde Julia.« –

»Hoho«, schrie Kreisler, indem er im Zimmer umhersprang, »hoho, blanker Vogel, sind das deine süßen Lieder? – Wetter, Wetter, der Prinz ist ein tüchtiger Kerl, er greift zu, mit beiden Krallen auf einmal, nach gebotenen und verbotenen Früchten! – Holla, süßer Neapolitaner, du weißt nicht, dass Julien ein wackrer Kapellmeister, mit hinlänglicher Musik im Leibe, zur Seite steht, der hält dich, sowie du dich ihr näherst, für einen verdammten Ouartquinten-Akkord, der aufgelöst werden muss. Und der Kapellmeister tut, was seines Berufs ist, das heißt, er löst dich auf, indem er dir eine Kugel durch das Gehirn jagt oder dir gegenwärtigen Stockdegen durch den Leib rennt!« – Damit zog Kreisler seine Stockklinge heraus, setzte sich in Fechtpositur und fragte den Meister, ob er Anstand genug besitze, einen fürstlichen Hund zu durchspießen. – »Seid doch nur ruhig«, erwiderte Meister Abraham, »seid doch nur ruhig, Kreisler, es bedarf solcher Heldentaten gar nicht, um dem Prinzen das Spiel zu verderben. Es gibt andere Waffen für ihn, und die geb' ich Euch in die Hand. Gestern war ich im Fischerhäuschen, der Prinz kam mit seinem Adjutanten vorüber. Sie gewahrten mich nicht. ›Die Prinzessin ist schön‹, sprach der Prinz, ›aber die kleine Benzon ist göttlich! Mein ganzes Blut wallte siedend auf, als ich sie sah – ha, sie muss mein werden, noch ehe ich der Prinzessin die Hand reiche. – Glaubst du, dass sie unerbittlich sein wird?‹ – ›Welches Weib hat Euch widerstanden, gnädigster Herr‹, erwiderte der Adjutant, ›Aber beim Teufel‹, fuhr der Prinz fort, ›sie scheint ein frommes Kind zu sein‹ – ›und ein argloses‹, fiel ihm der Adjutant lachend ins Wort: ›und die frommen arglosen Kindlein sind es ja eben, die, überrascht von dem Angriff des sieggewohnten Mannes, duldend unterliegen und dann alles für Gottes Fügung halten, wohl gar in ungemeine Liebe geraten zu dem Sieger! – Das kann Euch auch so gehen, gnädigster Herr.‹ – ›Das wäre toll genug‹, rief der Prinz. ›Aber könnte ich sie nur allein sehen, – wie das anfangen?‹ – ›Nichts‹, erwiderte der Adjutant, ›nichts ist leichter als das. Ich habe bemerkt, dass die Kleine oft allein lustwandelt in diesem Park. Wenn nun‹ – Jetzt verhallten die Stimmen in der Ferne, ich konnte nichts mehr verstehen! – Wahrscheinlich wird irgendein höllischer Plan schon heute ausgeführt, und der muss vereitelt werden. Ich könnte das selbst tun, aber wegen gewisser Ursachen möchte ich mich zurzeit dem Prinzen nicht zeigen, daher müsst Ihr, Kreisler, gleich fort nach Sieghartshof und aufpassen, wenn Julia etwa in der Dämmerung, wie sie zu tun pflegt, zum See lustwandelt, um den zahmen Schwan zu füttern. Diesen Gang hat wahrscheinlich der italienische Bösewicht erspäht. – Doch, empfangt die Waffe, Kreisler, und die höchst nötige Instruktion, damit Ihr im Kampf gegen den bedrohlichen Prinzen als ein guter Feldherr Euch zeigen möget!« –

Der Biograph erschrickt abermals über das total Abrupte der Nachrichten, aus denen er gegenwärtige Geschichte zusammenstoppeln muss. – Wäre hier nicht schicklich einzurücken gewesen, welche Instruktion Meister Abraham dem Kapellmeister erteilte? Denn zeigt sich auch später die Waffe selbst, so wird es dir, geliebter Leser, doch unmöglich sein, einzusehen, was es damit für eine Bewandtnis hat. Doch kein einziges Wörtlein weiß der unglückliche Biograph zurzeit von jener Instruktion, mittelst der (so viel scheint gewiss) der wackre Kreisler in ein ganz besonderes Geheimnis eingeweiht wurde. – Doch, gedulde dich, günstiger Leser, noch ein wenig, bemeldeter Biograph setzt seinen Schreibdaumen zum Pfand, dass noch vor Schluss des Buches auch dieses Geheimnis an den Tag kommen soll. –

Es ist nun zu erzählen, dass, sobald die Sonne zu sinken begann, Julia, ein Körbchen mit Weißbrot am Arm, singend durch den Park wandelte zum See und sich mitten auf die Brücke unweit des Fischerhäuschens stellte. Aber Kreisler lag im Hinterhalt des Gebüschs und hatte einen tüchtigen Dollond vor den Augen, mit dem er scharf hinüberschaute durch die Sträucher, die ihn versteckten. Der Schwan plätscherte heran, und Julie warf ihm Brocken hinab, die er begierig wegnaschte. Julie fuhr fort im lauten Gesange, und so kam es, dass sie es nicht gewahrte, wie Prinz Hektor schnell heraneilte. Als er plötzlich bei ihr stand, fuhr sie zusammen, wie im heftigen Schreck. Der Prinz fasste ihre Hand, drückte sie an die Brust, an die Lippen und legte sich dann dicht neben Julien über das Geländer der Brücke. Julia fütterte, während der Prinz eifrig sprach, den Schwan, in den See hinabschauend. –

»Schneide nicht solche infame süße Gesichter, Potentat! Merkst du denn nicht, dass ich dicht vor dir auf dem Geländer sitze und dich kecklich maulschellieren kann? – O Gott, warum färben sich deine Wangen in immer höherem Purpur, du holdes Himmelskind? – Warum blickst du jetzt den Bösen so seltsam an? – Du lächelst? – Ja, es ist der glühende Gifthauch, vor dem sich deine Brust öffnen muss, wie vor dem sengenden Sonnenstrahl sich die Knospe in den schönsten Blättern entfaltet, um desto jäher hinzusterben!« – So sprach Kreisler, das Paar beobachtend, das der gute Dollond ihm dicht herangerückt. – Der Prinz warf jetzt auch Brocken hinab, der Schwan verschmähte sie aber und brach in ein lautes widriges Geschrei aus. Nun schlang der Prinz den Arm um Julia und warf so die Brocken hinab, als solle der Schwan glauben, dass es Julia sei, die ihn füttere. Dabei berührte seine Wange beinahe die Wange Julias. – »Recht so«, sprach Kreisler, »recht so, gnädigster Halunke, umkralle, würdiger Stoßvogel, nur deine Beute recht fest, hier liegt aber einer im Busch, der schon auf dich zielt und sogleich dir deinen glänzenden Fittich lahm schießen wird, und es steht dann erbärmlich mit dir und deiner Freijagd!«

Nun fasste der Prinz Julias Arm, und beide schritten dem Fischerhäuschen zu. Dicht vor demselben trat aber Kreisler aus dem Gebüsch, schritt auf das Paar zu und sprach, indem er sich vor dem Prinzen tief verneigte: »Ein herrlicher Abend, eine ungemein heitere Luft, ein erquickliches Aroma darin, Sie müssen sich, gnädigster Herr, hier befinden wie im schönen Neapolis.« – »Wer sind Sie, mein Herr?« fuhr ihn der Prinz barsch an. Doch im selben Augenblick machte sich auch Julia los von seinem Arm, trat freundlich auf Kreislern zu, reichte ihm die Hand und sprach: »O wie herrlich, lieber Kreisler, dass Sie wieder da sind. Wissen Sie wohl, dass ich mich recht herzlich nach Ihnen gesehnt habe? – In der Tat, die Mutter schilt, dass ich mich gebärde wie ein weinerliches ungezogenes Kind, wenn Sie nur einen einzigen Tag ausbleiben. Ich könnte krank werden vor Verdruss, wenn ich glaube, dass Sie mich und meinen Gesang außer Acht lassen.« – »Ha«, rief der Prinz, giftige Blicke schießend auf Julien, auf Kreislern, »ha, Sie sind Monsieur de Krösel. Der Fürst sprach sehr günstig von Ihnen!« – »Gesegnet«, sprach Kreisler, indem sein ganzes Gesicht in hundert Falten und Fältchen seltsam vibrierte, »gesegnet sei der gute Herr dafür, denn so wird es mir vielleicht gelingen, das zu erhalten, worum ich Sie, gnädigster Prinz, anflehen wollte, nämlich Ihre angenehme Protektion. – Ich habe die kühne Ahnung, dass Sie mir auf den ersten Blick Ihr Wohlwollen zuwandten, da Sie im Vorübergehen aus höchst eigner Bewegung mich zum Hasenfuß zu kreieren geruhten, und da nun Hasenfüße zu allem nur Ersinnlichen taugen, so« – »Sie sind«, unterbrach ihn der Prinz, »Sie sind ein spaßhafter Mann – « – »Ganz und gar nicht«, fuhr Kreisler fort, »ich liebe zwar den Spaß, aber nur den schlechten, und der ist nun wieder nicht spaßhaft. Gegenwärtig wollt' ich gern nach Neapel gehen und beim Molo einige gute Fischer- und Banditenlieder aufschreiben ad usum delphini. Sie sind, bester Prinz, ein gütiger kunstliebender Herr, sollten Sie mir vielleicht durch einige Empfehlungen – « – »Sie sind«, unterbrach ihn der Prinz aufs neue, »Sie sind ein spaßhafter Mann, Monsieur de Krösel, ich liebe das, ich liebe das in der Tat, aber jetzt mag ich Sie in Ihrem Spaziergange nicht aufhalten – Adieu!« – »Nein, gnädigster Herr«, rief Kreisler, »ich kann die Gelegenheit nicht vorüberlassen, ohne mich Ihnen in meinem vollsten Lüster zu zeigen. Sie wollten in das Fischerhäuschen treten, dort steht ein kleines Pianoforte, Fräulein Julia ist gewiss so gütig, mit mir ein Duett zu singen!« – »Mit tausend Freuden«, rief Julia und hing sich an Kreislers Arm. Der Prinz biss die Zähne zusammen und schritt stolz voran. Im Gehen flüsterte Julia Kreislern ins Ohr: »Kreisler! welch seltsame Stimmung?« – »O Gott«, erwiderte Kreisler ebenso leise, »o Gott, und du liegst eingelullt in betörenden Träumen, wenn die Schlange sich naht, dich zu töten mit giftigem Biss?« – Julia blickte ihn an im tiefsten Erstaunen. Nur ein einziges Mal, im Moment der höchsten musikalischen Begeisterung, hatte Kreisler sie Du genannt.

Als das Duett geendet, brach der Prinz, der schon während des Gesanges öfters brava, bravissima gerufen, aus in stürmischen Beifall. Er bedeckte Julias Hände mit feurigen Küssen, er schwor, dass kein Gesang jemals so sein ganzes Wesen durchdrungen, und bat Julien, es zu verstatten, dass er einen Kuss auf die Himmelslippen drücke, über die der Nektarstrom der Paradieseslaute geflossen.

Julia wich scheu zurück. Kreisler trat vor den Prinzen hin und sprach: »Da Sie mir, Gnädigster, auch nicht ein Wörtlein des Lobes zuwenden wollen, das ich als Komponist und wackrer Sänger ebensogut verdient zu haben vermeine als Fräulein Julia, so merke ich schon, dass ich mit meinen schwachen musikalischen Kenntnissen nicht stark genug wirke. Aber auch in der Malerei bin ich erfahren und werde die Ehre haben, Ihnen ein kleines Bildnis zu zeigen, das eine Person darstellt, deren merkwürdiges Leben und seltsames Ende mir so bekannt sind, dass ich alles jedem erzählen kann, der es nur hören will.« – »Überlästiger Mensch!« murmelte der Prinz. Kreisler zog ein Kästchen aus der Tasche, nahm ein kleines Bildnis heraus und hielt es dem Prinzen entgegen. Er blickte hin, alles Blut schwand von dem Antlitz, seine Augen starrten, seine Lippen bebten, zwischen den Zähnen murmelnd: »Maledetto!« stürzte er fort.

»Was ist das?« rief Julia, zu Tode erschrocken, »um aller Heiligen willen, was ist das, Kreisler – sagen Sie mir alles!«

»Tolles Zeug«, erwiderte Kreisler, »lustige Streiche, Teufelsbannerei! Sehn Sie, teures Fräulein, wie der gütige Prinz mit den allerlängsten Schritten, deren seine gnädigsten Beine mächtig, über die Brücke läuft. – Gott! Er verleugnet ganz seine süße idyllische Natur, er schaut nicht einmal in den See, er verlangt nicht mehr, den Schwan zu füttern, der liebe gute – Teufel!«

»Kreisler«, sprach Julia, »Ihr Ton geht eiskalt durch mein Inneres, ich ahne Unheil – was haben Sie gegen den Prinzen?«

Der Kapellmeister trat vom Fenster weg, an dem er gestanden, schaute tief bewegt Julia an, die vor ihm stand, die Hände gefaltet, als wolle sie den guten Geist anflehen, dass er die Angst von ihr nehme, die ihr Tränen aus den Augen presste. »Nein«, sprach Kreisler, »kein feindlicher Misston soll den Wohllaut des Himmels verstören, der in deinem Gemüt wohnt, du frommes Kind! – In gleißnerischer Verkappung gehen die Geister der Hölle durch die Welt, aber sie haben keine Macht über dich, und du darfst sie nicht erkennen in ihrem schwarzen Tun und Treiben! – Sei'n Sie ruhig, Julia! – lassen Sie mich schweigen, es ist nun alles vorüber!« –

In diesem Augenblick trat die Benzon herein in großer Bewegung. »Was ist geschehen«, rief sie, »was ist geschehen? – Wie rasend stürzt der Prinz dicht an mir vorüber, ohne mich zu sehen. Nah beim Schloss kommt ihm der Adjutant entgegen, sie sprechen beide heftig miteinander, dann gibt der Prinz, so glaubt' ich zu bemerken, dem Adjutanten irgendeinen wichtigen Auftrag, denn indes der Prinz ins Schloss schreitet, stürzt der Adjutant in größter Eil' zum Pavillon, in dem er wohnt. Der Gärtner sagte mir, du hättest mit dem Prinzen auf der Brücke gestanden, da überfiel mich, selbst weiß ich nicht warum, die fürchterliche Ahnung irgendetwas Entsetzlichen, das sich begeben – ich eilte her, sagt, was ist geschehen?« – Julia erzählte alles. »Geheimnisse?« fragte die Benzon scharf, indem sie einen durchbohrenden Blick auf Kreislern warf. »Beste Rätin«, antwortete Kreisler, »es gibt Augenblicke – Lagen – Situationen viel mehr, mein' ich, in denen der Mensch durchaus das Maul halten muss, da er, sobald er es öffnet, nichts herausbringt als konfuses Zeug, das die vernünftigen Leute irritiert!« –

Dabei blieb es, unerachtet die Benzon verletzt schien durch Kreislers Schweigen.

Der Kapellmeister begleitete die Rätin mit Julien bis ans Schloss, dann begab er sich auf den Rückweg nach Sieghartsweiler. Sowie er in den Laubgängen des Parks verschwunden, trat der Adjutant des Prinzen aus dem Pavillon und verfolgte denselben Weg, den Kreisler genommen. Bald darauf fiel tief im Walde ein Schuss!

In derselben Nacht verließ der Prinz Sieghartsweiler, er hatte sich bei dem Fürsten schriftlich beurlaubt und baldige Rückkehr versprochen. Als am nächsten Morgen der Gärtner mit seinen Leuten den Park durchsuchte, fand er Kreislers Hut, an dem blutige Spuren befindlich. Er selbst war und blieb verschwunden. Man – – –

Zweiter Band

Dritter Abschnitt

Die Lehrmonate

Launisches Spiel des Zufalls

(M. f. f.) Sehnsucht, heißes Verlangen erfüllt die Brust, aber hat man endlich das gewonnen, nach dem man rang mit tausend Not und Sorgen, so erstarrt jenes Verlangen alsbald zur todkalten Gleichgültigkeit, und man wirft das errungene Gut von sich wie ein abgenutztes Spielzeug. Und kaum ist dies geschehen, so folgt bittere Reue der raschen Tat, man ringt aufs neue, und das Leben eilt dahin in Verlangen und Abscheu. – So ist einmal der Katz. – Richtig bezeichnet dieser Ausdruck mein Geschlecht, zu dem sich auch der hochmütige Löwe zählt, den deshalb auch der berühmte Hornvilla in Tiecks »Oktavian« einen großen Katz nennt. – Ja, wiederhole ich, so und nicht anders ist einmal der Katz, und das katzliche Herz ein ganz wankelmütiges Ding.

Des ehrlichen Biographen erste Pflicht ist, aufrichtig zu sein und sich beileibe nicht selbst zu schonen. Ganz aufrichtig, Pfote aufs Herz, will ich daher gestehen, dass trotz des unsäglichen Eifers, mit dem ich mich auf die Künste und Wissenschaften legte, doch oft der Gedanke an die schöne Miesmies plötzlich in mir aufstieg und mein Studium unterbrach ganz und gar.

Es war mir, als hätte ich sie nicht lassen sollen, als hätte ich ein treuliebendes Herz verschmäht, das nur von einem falschen Wahn augenblicklich verblendet. Ach! Oft, wenn ich mich an dem großen Pythagoras erlaben wollte (ich studierte zu der Zeit viel Mathematik), verschob plötzlich ein zartes schwarzbestrumpftes Pfötchen alle Katheten und Hypotenusen, und vor mir stand sie selbst, die holde Miesmies, ihr kleines allerliebstes Samtkäppchen auf dem Haupt, und aus dem anmutigen Grasgrün der schönsten Augen traf mich der funkelnde Blick des zärtlichsten

Vorwurfs. – Welch niedliche Seitensprünge, welches holdselige Wirbeln und Schlängeln des Schweifs! – Umpfoten wollt' ich sie mit Entzücken neu entflammter Lie-be, doch verschwunden war die neckende Truggestalt. –

Nicht fehlen konnt' es, dass dergleichen Träumereien aus dem Arkadien der Liebe mich in eine gewisse Schwermut versenkten, die der gewählten Laufbahn als Dichter und Gelehrter schädlich werden musste, zumal sie bald in eine Trägheit ausartete, der ich nicht zu widerstehen vermochte. Mit Gewalt wollte ich mich herausreißen aus diesem verdrießlichen Zustande, einen raschen Entschluss fassen, Miesmies wieder aufzusuchen. Doch, hatte ich schon die Pfote auf die erste Treppenstufe gesetzt, um hinaufzusteigen in die obern Regionen, wo ich die Holde zu finden hoffen durfte, so wandelte mich Scham und Scheu an, und ich zog die Pfote wieder zurück und begab mich traurig unter den Ofen.

Dieser psychischen Bedrängnisse unerachtet, erfreute ich mich indessen doch eines außerordentlichen körperlichen Wohlseins, ich nahm merklich zu, wo nicht in Wissenschaften, so doch in der Stärke meines Leibes und bemerkte, wenn ich mich im Spiegel anschaute, mit Vergnügen, dass mein rundbackiges Antlitz nächst der jugendlichen Frische etwas Ehrfurchtgebietendes zu erhalten begann.

Selbst der Meister gewahrte meine veränderte Stimmung. Es ist wahr, sonst knurrte ich und machte lustige Sprünge, wenn er mir schmackhafte Speisung reichte, sonst wälzte ich mich zu seinen Füßen, kaboltzte und sprang wohl auch auf seinen Schoß, wenn er, nachdem er morgens aufgestanden, mir zurief: »Guten Morgen, Murr!« – Jetzt unterließ ich das alles und begnügte mich mit einem freundlichen Miau! und jener anmutig stolzen Erhebung des Rückens, die dem geneigten Leser unter dem Namen: Katzenbuckel bekannt sein wird. Ja, ich verachtete jetzt sogar das mir sonst so liebe Vogelspiel. – Es möchte für junge Gymnastiker oder Turner meines Geschlechts lehrreich sein zu sagen, worin dieses Spiel bestand. – Mein Meister band nämlich eine oder ein paar Schreibfedern an einen langen Faden und ließ sie schnell in der Luft auf- und absteigen, ordentlich fliegen. Im Winkel lauernd und die richtigen Tempos wahrnehmend, sprang ich nun so lange nach den Federn, bis ich sie erwischte und wacker zerzauste. Dies Spiel riss mich oft ganz hin, ich hielt die Federn wirklich für einen Vogel, ich geriet in Feuer und Flammen, sodass Geist und Körper, zugleich in Anspruch genommen, sich bildeten und stärkten. – Ja, selbst dies Spiel verachtete ich jetzt und blieb ruhig auf meinem Kissen liegen, der Meister mochte seine Federn fliegen lassen, soviel er wollte. – »Kater«, sprach der Meister eines Tages zu mir, als ich, wenn die Feder, an meine Nase streifend, selbst auf mein Kissen flog, kaum blinzelnd die Pfote darnach ausstreckte, »Kater, du bist gar nicht mehr wie sonst, du wirst mit jedem Tag träger und fauler. Ich glaube, du frissest, du schläfst zu viel.«

Ein Lichtstrahl fiel bei diesen Worten des Meisters in meine Seele! – Nur dem Andenken an Miesmies, an das verscherzte Paradies der Liebe hatte ich meine träge Traurigkeit zugeschrieben, nun erst gewahrte ich aber, wie das irdische Leben mich mit meinen aufwärts strebenden Studien entzweit und seine Ansprüche geltend gemacht hatte. Es gibt Dinge in der Natur, die es deutlich erkennen lassen, wie die gefesselte Psyche dem Tyrannen, Körper genannt, ihre Freiheit hinopfern muss. Zu diesen Dingen rechne ich nun ganz vorzüglich den wohlschmeckenden Brei von Mehl, süßer Milch und Butter, sowie ein breites, mit Rosshaaren wohlgepolstertes Kissen. Jenen süßen Brei wusste die Aufwärterin des Meisters gar herrlich zu bereiten, so dass ich jeden Morgen zum Frühstück zwei tüchtige Teller voll mit dem größten Appetit verzehrte. Hatte ich aber dermaßen gefrühstückt, dann wollten mir die Wissenschaften gar nicht mehr munden, sie kamen mir vor wie trockene Speise, und nichts half es auch, wenn ich, davon ablassend, mich rasch in die Poesie warf. Die hochgepriesensten Werke der neuesten Autoren, die gerühmtesten Trauerspiele hochgefeierter Dichter konnten meinen Geist nicht festhalten, ich geriet in ein ausschweifendes Gedankenspiel, unwillkürlich trat die kunstfertige Aufwärterin des Meisters in Konflikt mit dem Autor, und es wollte mir gemuten, als verstehe jene sich viel besser auf die gehörige Gradation und Mischung der Fettigkeit, Süße und Stärke als dieser. – Unglückliche träumerische Verwechselung des geistigen und leiblichen Genusses! – Ja, träumerisch kann ich sie nennen, diese Verwechslung, denn Träume stiegen auf und ließen mich jenes zweite gefährliche Ding, das breite, mit Rosshaaren gepolsterte Kissen suchen, um sanft darauf zu entschlummern. Dann erschien mir das süße Bild der holden Miesmies! – Himmel, so stand wohl alles im Zusammenhange, Milchbrei, Verachtung der Wissenschaften, Melancholie, Polster, unpoetische Natur, Liebesandenken! – Der Meister hatte recht, ich fraß, ich schlief zuviel! – Mit welchem stoischen Ernst nahm ich mir vor, mäßiger zu sein, aber schwach ist des Katers Natur, die besten, herrlichsten Entschlüsse scheiterten an dem süßen Geruch des Milchbreies, an dem einladend aufgeschwellten Polster. – Eines Tages hört' ich den Meister, da er zum Zimmer herausgetreten, auf dem Flur zu jemanden sagen: »Mag es sein, meinetwegen, vielleicht heitert ihn Gesellschaft auf. Aber macht ihr mir dumme Streiche, springt ihr mir auf die Tische, schmeißt ihr mir das Tintenfass um oder sonst was herab, so werf' ich euch alle beide zum Tempel heraus.«

Darauf öffnete der Meister die Türe ein wenig und ließ jemanden herein. Dieser Jemand war aber kein anderer als Freund Muzius. Beinahe hätte ich ihn nicht wiedererkannt. Seine Haare, sonst glatt und glänzend, waren struppig und unscheinbar, die Augen lagen ihm tief im Kopf, und sein sonst zwar etwas rauhes, aber doch ganz leidliches Wesen hatte etwas Übermütiges, Brutales angenommen. »Na«, prustete er mich an, »na, findet man Euch einmal! Muss man Euch aufsuchen hinter Euerm verfluchten Ofen? – Doch mit Verlaub!« Er trat an den Teller und verzehrte die Backfische, die ich mir aufgespart hatte zum Abendbrot. »Sagt«, sprach er dazwischen, »sagt mir nur in Teufels Namen, wo Ihr steckt, warum Ihr auf kein Dach mehr kommt, Euch nirgends mehr sehen lasst, wo es munter hergeht?«

Ich erklärte, dass, nachdem ich die Liebe zur holden Miesmies aufgegeben, mich die Wissenschaften ganz und gar beschäftigt hätten, weshalb denn an Spaziergänge nicht zu denken gewesen wäre. Nicht im mindesten sehne ich mich nach Gesellschaft, da ich beim Meister alles hätte, was mein Herz nur wünschen könne, Milchbrei, Fleisch, Fische, ein weiches Lager usw. Ein ruhiges, sorgenfreies Leben, das sei für einen Kater von meinen Neigungen und Anlagen das ersprießlichste Gut, und um so mehr müsst' ich fürchten, dass dies, ginge ich aus, verstört werden könne, da, wie ich leider wahrgenommen, meine Inklination zur kleinen Miesmies noch nicht ganz erloschen und ihr Wiedersehen mich leicht zu Übereilungen hinreißen dürfe, die ich nachher vielleicht sehr schwer zu bereuen haben würde.

»Ihr könnt mir nachher noch einen Backfisch aufwixen!« So sprach Muzius, putzte sich mit gekrümmter Pfote nur ganz obenhin Maul, Bart und Ohren und nahm den Platz dicht neben mir auf dem Polster.

»Rechnet«, begann Muzius, nachdem er zum Zeichen seiner Zufriedenheit ein paar Sekunden gesponnen, mit sanfter Stimme und Gebärde, »rechnet es Euch, mein guter Bruder Murr, für ein Glück an, dass ich auf den Einfall geriet, Euch zu besuchen in Eurer Klause, und dass der Meister mich zu Euch ließ ohne Widerrede. Ihr seid in der größten Gefahr, in die ein tüchtiger junger Kerl von Kater, der Grütz' im Kopfe hat und Stärke in den Gliedern, nur geraten kann. Das heißt, Ihr seid in der Gefahr, ein arger abscheulicher Philister zu werden. Ihr sagt, dass Ihr den Wissenschaften zu strenge obliegt, um Zeit übrig zu behalten, Euch umzusehen unter Katern. Verzeiht, Bruder, das ist nicht wahr, Ihr seht, rund, gemästet, spiegelglatt, wie ich Euch finde, gar nicht aus wie ein Bücherwurm, wie ein Lukubrant. Glaubt mir, das verfluchte bequeme Leben ist es, was Euch faul und träge macht. Ganz anders wird Euch zumute sein, wenn Ihr Euch wie unsereins abstrapazieren müsstet, bis Ihr einmal ein paar Fischgräten erwischtet oder ein Vöglein finget.« – »Ich dachte«, unterbrach ich den Freund, »dass Ihre Lage gut und glücklich zu nennen, Sie waren ja sonst – « »Davon«, fuhr mich Muzius zornig an, »davon ein andermal, aber nennt mich nicht Sie, das verbitt' ich mir, sondern Ihr, bis wir Schmolles getrunken haben. – Doch Ihr seid ein Philister und versteht Euch nicht auf den Komment.«

Nachdem ich mich bei dem erzürnten Freunde zu entschuldigen gesucht, fuhr er sanfter fort: »Also wie gesagt, Eure Lebensart taugt nichts, Bruder Murr. Ihr müsst heraus, Ihr müsst heraus in die Welt.« –»Himmel«, rief ich voll Schreck, »was sprecht Ihr, Bruder Muzius, in die Welt soll ich? – Habt Ihr vergessen, was ich Euch vor einigen Monaten im Keller davon erzählte, wie ich einst hinaussprang aus einem englischen Halbwagen in die Welt? Welche Gefahren mir von allen Seiten drohten? Wie mich endlich der gute Ponto rettete und zurückbrachte zu meinem Meister?« Muzius lachte hämisch. – »Ja«, sprach er dann, »ja, das ist es eben, darin liegt es eben, der gute Ponto! – Der stutzerische, superkluge, narrenhafte, stolze Heuchler, der sich Eurer annahm, weil er gerade nichts Besseres zu tun wusste, weil es ihn gerade belustigte, der, suchtet Ihr ihn auf in seinen Assembleen und Koterien, Euch gar nicht wiedererkennen, ja Euch, weil Ihr nicht seinesgleichen seid, hinausbeißen würde! Der gute Ponto, der, statt Euch einzuführen in das wahre Weltleben, Euch unterhielt mit albernen, menschlichen Geschichten! – Nein, guter Murr, jenes Ereignis hat Euch eine ganz andere Welt gezeigt, als die ist, in welche Ihr hineingehört! Glaubt mir aufs Wort, all Euer einsames Studieren hilft Euch ganz und gar nichts und ist Euch vielmehr noch schädlich. Denn Ihr bleibt dennoch ein Philister, und es gibt auf der ganzen weiten Erde nichts Langweiligeres und Abgeschmackteres als einen gelehrten Philister!« Aufrichtig gestand ich dem Freunde Muzius, dass ich den Ausdruck Philister sowie seine eigentliche Meinung nicht ganz fasste. »O mein Bruder«, erwiderte Muzius, indem er anmutig lächelte, so dass er in dem Augenblick sehr hübsch aussah und wieder ganz der alte propre Muzius schien, »o mein Bruder Murr, ganz vergeblich würde der Versuch sein, Euch dieses alles zu erklären, denn nimmermehr könnt Ihr begreifen, was ein Philister ist, solange Ihr selbst einer seid. Wollt Ihr indessen zur Zeit mit einigen Grundzügen eines Katzphilisters vorliebnehmen, so kann – – –

(Mak. Bl.) – – gar seltsames Schauspiel. In der Mitte des Zimmers stand Prinzessin Hedwiga; ihr Antlitz war leichenblass, totenstarr ihr Blick. Prinz Ignatius trieb sein Spiel mit ihr, wie mit einer Gliederpuppe. Er hob ihr den Arm in die Höhe, der stehen blieb und sank, wenn er ihn niederbeugte. Er stieß sie sanft vorwärts, sie ging, er ließ sie stehen, sie stand, er setzte sie in den Sessel, sie saß. So vertieft war der Prinz in dies Spiel, dass er die Eintretenden gar nicht bemerkte.

»Was machen Sie da, Prinz!« – So rief ihm die Fürstin zu, da versicherte er kichernd und fröhlich sich die Hände reibend, dass Schwester Hedwiga jetzt gut und artig geworden und alles tue, was er wünsche, auch ihm gar nicht so widerspreche und ihn ausschelte wie sonst. – Und damit begann er aufs neue, indem er militärisch kommandierte, die Prinzessin in allerlei Stellungen zu bringen, und jedesmal, wenn sie wie festgezaubert in der Stellung blieb, die er ihr gegeben, lachte er laut und sprang vor Freuden in die Höhe. »Das ist nicht zu ertragen«, sprach die Fürstin leise mit zitternder Stimme, indem Tränen ihr in den Augen glänzten, doch der Leibarzt trat auf den Prinzen zu und rief mit strengem gebietendem Ton: »Lassen Sie das bleiben, gnädigster Herr!« Dann nahm er die Prinzessin in die Arme, ließ sie sanft nieder auf die Ottomane, die im Zimmer befindlich, und zog die Vorhänge zu. »Es ist«, wandte er sich dann zur Fürstin, »es ist zurzeit der Prinzessin nichts nötiger als die unbedingteste Ruhe, ich bitte, dass der Prinz das Zimmer verlasse.«

Prinz Ignatius stellte sich sehr ungebärdig an und klagte schluchzend, dass jetzt allerlei Leute, die gar keine Prinzen wären und nicht einmal von Adel, sich unterfingen, ihm zu widersprechen. Er wolle nun bei der Prinzessin Schwester bleiben, die ihm lieber geworden sei als seine schönsten Tassen, und der Herr Leibarzt habe ihm gar nichts zu befehlen.

»Gehen Sie, lieber Prinz«, sprach die Fürstin sanft, »gehen Sie in Ihre Zimmer, die Prinzessin muss jetzt schlafen, und nach der Tafel kommt Fräulein Julia.«

»Fräulein Julia!« rief der Prinz, indem er kindisch lachte und hüpfte, »Fräulein Julia! – Ha, das ist schön, der zeige ich die neuen Kupferstiche, und wie ich abgebildet bin in der Geschichte vom Wasserkönig als Prinz Lachs mit dem großen Orden!« – damit küsste er der Fürstin zeremoniös die Hand und reichte die seinige mit stolzem Blick dar dem Leibarzt zum Kuss. Der fasste aber die Hand des Prinzen und führte ihn zur Tür, die er öffnete, sich höflich verneigend. Der Prinz ließ es sich gefallen, auf diese Art hinausgewiesen zu werden.

Die Fürstin sank, ganz Schmerz und Erschöpfung, nieder in den Lehnstuhl, stützte den Kopf in die Hand und sprach mit dem Ausdruck des tiefsten Wehs leise vor sich hin: »Welche Todsünde lastet auf mir, dass mich der Himmel so hart straft. –

Dieser Sohn zu ewiger Unmündigkeit verdammt – und nun – Hedwiga – meine Hedwiga!« – Die Fürstin verfiel in trübes düstres Nachdenken.

Der Leibarzt hatte indessen mit Mühe der Prinzessin ein paar Tropfen irgendeiner heilsamen Arznei eingeflößt und die Kammerfrauen herbeigerufen, die die Prinzessin, deren automatischer Zustand sich nicht im mindesten änderte, fortbrachten in ihre Zimmer, nachdem sie vom Leibarzt die Weisung erhalten, bei dem kleinsten Zufall, den die Prinzessin erleiden könne, ihn sogleich herbeizurufen.

»Gnädigste Frau«, wandte sich der Leibarzt zur Fürstin, »so höchst seltsam, so höchst besorglich auch der Zustand der Prinzessin scheinen mag, so glaube ich doch mit Gewissheit versichern zu können, dass er bald aufhören wird, ohne die mindesten gefährlichen Folgen zu hinterlassen. Die Prinzessin leidet an jener ganz besondern, wunderbaren Art des Starrkrampfs, die in der ärztlichen Praxis so selten vorkommt, dass mancher hochberühmte Arzt niemals in seinem Leben Gelegenheit fand, dieselbe zu beobachten. Ich muss mich daher in der Tat glücklich schätzen – « Der Leibarzt stockte – »Ha«, sprach die Fürstin mit bitterm Ton, »daran erkenne ich den praktischen Arzt, der grenzenloses Leiden nicht achtet, wenn er nur seine Kenntnis bereichert.« »Noch«, fuhr der Leibarzt fort, ohne den Vorwurf der Fürstin zu beachten, »noch vor ganz kurzer Zeit fand ich in einem wissenschaftlichen Buche das Beispiel eines Zufalls, der ganz dem gleich ist, in den die Prinzessin verfallen. Eine Dame (so erzählt mein Autor) kam von Vesoul nach Besançon, um einen Rechtshandel zu betreiben. Die Wichtigkeit der Sache, der Gedanke, dass der Verlust des Prozesses die letzte, höchste Stufe der empfindlichsten Widerwärtigkeiten, die sie erduldet, sein und sie in Not und Elend stürzen musste, erfüllte sie mit der lebhaftesten Unruhe, die bis zu einer Exaltation ihres ganzen Gemüts stieg. Sie brachte die Nächte schlaflos zu, aß wenig, man sah sie in der Kirche auf ungewöhnliche Weise niederfallen und beten, genug, auf verschiedene Art tat sich der abnorme Zustand kund. Endlich aber an demselben Tage, da ihr Prozess entschieden werden sollte, traf sie ein Zufall, den die anwesenden Personen für einen Schlagfluss hielten. Die herbeigerufenen Ärzte fanden die Dame in einem Lehnstuhl unbeweglich mit gen Himmel gerichteten funkelnden Augen, offenen und unbeweglichen Augenlidern, mit erhobenen Armen und gefaltenen Händen. Ihr vorher trauriges bleiches Gesicht war blühender, heiterer, angenehmer als sonst, ihr Atem ungehindert und gleich, der Puls weich, langsam, ziemlich voll, beinahe wie bei einer ruhig schlafenden Person. Ihre Glieder waren biegsam, leicht und ließen ohne den geringsten Widerstand sich in alle Stellungen bringen. Aber darin äußerte sich die Krankheit und die Unmöglichkeit irgendeiner Täuschung, dass die Glieder von selbst nicht aus der Stellung kamen, in die sie versetzt worden. Man drückte ihr Kinn abwärts, der Mund öffnete sich und blieb offen. Man hob einen Arm, nachher den andern auf, sie fielen nicht abwärts, man bog sie ihr nach dem Rücken hin, streckte sie hoch in die Höhe, so dass es jedem unmöglich gewesen sein würde, sich lange in dieser Stellung zu behaupten, und doch geschah es. Man mochte den Körper so sehr herabbeugen, als man wollte, immer blieb er in dem vollkommensten Gleichgewicht. Sie schien gänzlich ohne Empfindung, man rüttelte, kneipte, quälte sie, stellte ihr die Füße auf ein heißes Kohlenbecken, schrie ihr in die Ohren, sie werde ihren Prozess gewinnen, alles umsonst, sie gab kein Zeichen des willkürlichen Lebens von sich. Nach und nach kam sie zu sich selbst, doch führte sie unzusammenhängende Reden – Endlich – «

»Fahren Sie fort«, sprach die Fürstin, als der Leibarzt innehielt, »fahren Sie fort, verschweigen Sie mir nichts, und sei es das Entsetzlichste! – Nicht wahr? – in Wahnsinn verfiel die Dame!« »Es genügt«, sprach der Leibarzt weiter, »es genügt, hinzuzufügen, dass ein sehr böser Zustand der Dame nur vier Tage hindurch anhielt, dass sie in Vesoul, wohin sie zurückkehrte, völlig genas und nicht die mindesten schlimmen Folgen ihrer harten ungewöhnlichen Krankheit verspürte.« –

Während die Fürstin aufs neue in trübes Nachdenken versank, verbreitete sich der Leibarzt weitläufig über die ärztlichen Mittel, die er anzuwenden gedenke, um der Prinzessin zu helfen, und verlor sich zuletzt in solche wissenschaftliche Demonstrationen, als spräche er in einer ärztlichen Beratung zu den tief gelehrtesten Doktoren.

»Was«, unterbrach endlich die Fürstin den wortreichen Leibarzt, »was helfen alle Mittel, die die spekulierende Wissenschaft darbietet, wenn das Heil, das Wohl des Geistes gefährdet?«

Der Leibarzt schwieg einige Augenblicke, dann fuhr er fort: »Gnädigste Frau, das Beispiel von der wunderbaren Starrsucht jener Dame in Besançon zeigt, dass der Grund ihrer Krankheit in einer psychischen Ursache lag. Man fing, als sie zu einiger Besinnung gekommen, ihre Kur damit an, dass man ihr Mut einsprach und ihr den bösen Prozess als gewonnen darstellte. – Einig sind auch die erfahrensten Ärzte darüber, dass eben irgendeine plötzliche starke Gemütsbewegung jenen Zustand am ehesten hervorbringt. Prinzessin Hedwiga ist reizbar bis zum höchsten ungewöhnlichen Grade, ja, ich möchte den Organismus ihres Nervensystems manchmal schon an und für sich selbst abnorm nennen. Gewiss scheint es, dass irgendeine heftige Erschütterung des Gemüts auch ihren Krankheitszustand erzeugte. Man muss die Ursache zu erforschen suchen, um psychisch mit Erfolg auf sie wirken zu können! – Die schnelle Abreise des Prinzen Hektor – Nun, gnädigste Frau, die Mutter dürfte vielleicht tiefer schauen als jeder Arzt und diesem die besten Mittel an die Hand geben können zur heilsamen Kur.«

Die Fürstin erhob sich und sprach stolz und kalt: »Selbst die Bürgersfrau bewahrt gern die Geheimnisse des weiblichen Herzens, das Fürstenhaus erschließt sein Inneres nur der Kirche und ihren Dienern, zu denen der Arzt sich nicht zählen darf!« »Wie«, rief der Leibarzt lebhaft, »wer vermag das leibliche Wohl so scharf zu trennen von dem geistigen? Der Arzt ist der zweite Beichtvater, in die Tiefe des psychischen Seins müssen ihm Blicke vergönnt werden, wenn er nicht jeden Augenblick Gefahr laufen will, zu fehlen. Denken Sie an die Geschichte jenes kranken Prinzen, gnädigste Frau – « »Genug!« unterbrach die Fürstin den Arzt beinah mit Unwillen, »genug! – Nie werde ich mich bewegen lassen, eine Unschicklichkeit zu begehen, ebensowenig als ich glauben kann, dass irgendeine Unschicklichkeit auch nur in Gedanke und Empfindung die Krankheit der Prinzessin veranlasst haben kann.« Damit entfernte sich die Fürstin und ließ den Leibarzt stehen. »Wunderliche«, sprach dieser zu sich selbst, »wunderliche Frau, diese Fürstin! Gern möchte sie andere, ja sich selbst überreden, dass der Kitt, womit die Natur Seel' und Körper zusammenleimt, wenn es darauf ankommt, etwas Fürstliches zu bilden, von ganz besonderer Art sei und keinesweges dem zu vergleichen, den sie bei uns armen Erdensöhnen bürgerlicher Abkunft verbraucht. – Man soll gar nicht daran denken, dass die Prinzessin ein Herz hat, so wie jener höfische Spanier, der das Geschenk von seidnen Strümpfen, das gute niederländische Bürger seiner Fürstin machen wollten, deshalb verschmähte, weil es unschicklich sei, daran zu erinnern, dass eine spanische Königin wirklich Füße habe wie andere ehrliche Leute! – Und doch: zu wetten ist es, dass in dem Herzen, dem Laboratorio alles weiblichen Wehs, die Ursache des fürchterlichsten aller Nervenübel zu suchen ist, das die Prinzessin befallen.« – Der Leibarzt dachte an Prinz Hektors schnelle Abreise, an der Prinzessin übermäßige krankhafte Reizbarkeit, an die leidenschaftliche Art, wie sie sich (so hatte er es vernommen) gegen den Prinzen betragen haben sollte, und so schien es ihm gewiss, dass irgendein plötzlicher Liebeszwist die Prinzessin bis zu jäher Krankheit verletzt. Man wird sehen, ob des Leibarztes Vermutungen Grund hatten oder nicht. Was die Fürstin betrifft, so mochte sie Ähnliches vermuten und eben deshalb alle Nachfrage, alles Forschen des Arztes für unschicklich halten, da der Hof überhaupt jedes tiefere Gefühl als unstatthaft verwirft und gemein. – Die Fürstin hatte sonst Gemüt und Herz, aber das seltsam halb lächerliche, halb widrige Ungeheuer, Etikette genannt, hatte sich auf ihre Brust gelegt wie ein bedrohlicher Alp, und keine Seufzer, kein Zeichen des innern Lebens sollte mehr heraufsteigen aus dem Herzen. Gelingen musst' es ihr daher, selbst Szenen der Art, wie sie sich eben mit dem Prinz und der Prinzessin begeben, zu verwinden und den stolz abzuweisen, der nichts wollte als helfen.

Während sich dies im Schlosse begab, ereignete sich auch im Park manches, was hier beizubringen ist. In dem Gebüsch links bei dem Eingang stand der dicke Hofmarschall, zog ein kleines goldnes Döschen aus der Tasche, wischte, nachdem er eine Prise Tabak genommen, mit dem Rockärmel einige Mal darüber weg, reichte es dem Leibkammerdiener des Fürsten hin und sprach: »Schätzenswerter Freund, ich weiß, Sie lieben dergleichen artige Pretiosen, nehmen Sie gegenwärtiges Döschen als ein geringes Zeichen meines gnädigen Wohlwollens an, auf das Sie stets rechnen können. – Doch sagen Sie, Liebster, wie kam das mit dem seltsamen ungewöhnlichen Spaziergange?« »Mich untertänigst zu bedanken«, erwiderte der Leibkammerdiener, indem er die goldne Dose einsteckte. Dann räusperte er sich und fuhr fort: »Versichern kann ich, hochgebietende Exzellenz, dass unser gnädigster Herr sehr alarmiert sind seit dem Augenblick, als der gnädigsten Prinzessin Hedwiga, man weiß nicht wie, die fünf Sinne abhanden gekommen. Heute standen sie am Fenster ganz hoch aufgerichtet wohl eine halbe Stunde und trommelten mit den gnädigsten Fingern der rechten Hand schrecklich auf die Spiegelscheibe, dass es klirrte und krachte. Aber lauter hübsche Märsche von anmutiger Melodie und frischem Wesen, wie mein seliger Schwager, der Hoftrompeter, zu sagen pflegte. Exzellenz wissen, mein seliger Schwager, der Hoftrompeter, war ein Geschickter, er brachte sein Flattergrob heraus wie ein Däuschen, seine Grobstimme, seine Faulstimme klang wie Nachtigallenschlag, und was das Prinzipalblasen betrifft – « »Alles«, unterbrach der Hofmarschall den Schwätzer, »alles weiß ich, mein Bester! Ihr seliger Herr Schwager war ein vortrefflicher Hoftrompeter, aber jetzt, was taten, was sprachen Durchlaucht, als sie die Märsche zu trommeln geruht hatten?« »Taten, sprachen!« fuhr der Leibkammerdiener fort, »hm! – eben nicht viel. Durchlaucht wandten sich um, sahen mich starr an mit recht feurigen Augen, zogen die Klingel auf furchtbare Weise und riefen dabei laut: ›François – François!‹ – ›Durchlaucht, ich bin schon hier‹, rief ich. Da sprachen aber der gnädigste Herr ganz zornig: ›Esel, warum sagt Er das nicht gleich!‹ Und darauf: ›Mein Promenadenkleid!‹ – Ich tat, wie mir geheißen. Durchlaucht geruhten den grünseidenen Überrock ohne Stern anzulegen und sich in den Park zu begeben. Sie verboten mir, Ihnen zu folgen, aber – hochgebietende Exzellenz, man muss doch wissen, wo sich der gnädigste Herr befinden, wenn etwa ein Unglück – Nun! – ich folgte so ganz von weitem und gewahrte, dass der gnädigste Herr in das Fischerhäuschen ging.« »Zum Meister Abraham!« – rief der Hofmarschall ganz verwundert. »So ist es«, sprach der Leibkammerdiener und schnitt ein sehr wichtiges geheimnisvolles Gesicht. »Ins Fischerhäuschen«, wiederholte der Hofmarschall, »ins Fischerhäuschen zu Meister Abraham! – Nie haben Durchlaucht den Meister aufgesucht im Fischerhäuschen!« –

Ein ahnungsvolles Stillschweigen folgte, dann sprach der Hofmarschall weiter: »Und sonst äußerten Durchlaucht gar nichts?« – »Gar nichts«, erwiderte der Leibkammerdiener bedeutungsvoll. »Doch«, fuhr er schlau lächelnd fort, »ein Fenster des Fischerhäuschens geht heraus nach dem dicksten Gebüsch, es ist dort eine Vertiefung, man versteht jedes Wort, was drinnen im Häuschen gesprochen wird – man könnte – « – »Bester, wenn Sie das tun wollten!« rief der Hofmarschall entzückt. – »Ich tue es«, sprach der Kammerdiener und schlich leise fort. Doch als er aus dem Gebüsch trat, stand der Fürst, der eben zum Schloss zurückkehrte, dicht vor ihm, sodass er ihn beinahe berührte. In scheuer Ehrfurcht prallte er zurück: »Vous êtes un grand Tölpel!« donnerte ihn der Fürst an, rief dem Hofmarschall ein kaltes »dormez bien!« zu und entfernte sich mit dem Leibkammerdiener, der ihm folgte, ins Schloss.

Ganz bestürzt blieb der Hofmarschall stehen, murmelte: »Fischerhäuschen – Meister Abraham – dormez bien – « und beschloss, sogleich zu dem Kanzler, des Reichs zu fahren, um sich über die außerordentliche Begebenheit zu beraten und womöglich die Konstellation herauszufinden, die am Hofe ob dieses Ereignisses sich erzeugen könne. –

Meister Abraham hatte den Fürsten bis eben an das Gebüsch begleitet, in dem sich der Hofmarschall und der Leibkammerdiener befanden, hier war er umgekehrt auf Geheiß des Fürsten, der nicht wollte, dass man ihn aus den Fenstern des Schlosses in Gesellschaft des Meisters bemerke. – Der geneigte Leser weiß, wie gut es dem Fürsten gelungen, seinen einsamen geheimen Besuch bei dem Meister Abraham im Fischerhäuschen zu verbergen. Aber noch eine Person außer dem Kammerdiener hatte den Fürsten, ohne dass er es ahnen konnte, belauscht.

Beinahe war Meister Abraham angelangt in seiner Wohnung, als ihm ganz unvermutet aus den Gängen, die schon zu dunkeln begannen, die Rätin Benzon entgegentrat.

»Ha«, rief die Benzon mit bittrem Lachen, »der Fürst hat sich bei Euch Rat geholt, Meister Abraham. In der Tat, Ihr seid die wahre Stütze des fürstlichen Hauses, dem Vater und dem Sohne lasst Ihr Eure Weisheit und Erfahrung zufließen, und wenn guter Rat teuer oder gar nicht zu haben – « – »So«, fiel Meister Abraham der Benzon ins Wort, »so gibt es eine Rätin, die eigentlich das glanzvolle Gestirn ist, das hier alles erleuchtet, und unter dessen Einfluss auch nur ein armer alter Orgelbauer bestehen und sein einfaches Leben ungestört durchfristen kann.«

»Scherzt«, sprach die Benzon, »scherzt nicht so bitter, Meister Abraham, ein Gestirn, das glanzvoll geleuchtet, kann, unserm Horizont entfliehend, schnell verbleichen und endlich ganz untergehen. Die seltsamsten Ereignisse scheinen sich durchkreuzen zu wollen in diesem einsamen Familienkreise, den eine kleine Stadt und ein paar Dutzend Menschen mehr als eben darin wohnen, Hof zu nennen gewohnt sind. Die schnelle Abreise des sehnlich erwarteten Bräutigams – Hedwigas bedrohlicher Zustand! – In der Tat, tief niederbeugen musste dies den Fürsten, wäre er nicht ein ganz gefühlloser Mann.« – »Nicht«, unterbrach der Meister Abraham die Benzon, »nicht immer waren Sie dieser Meinung, Frau Rätin.« – »Ich verstehe Euch nicht«, sprach die Benzon mit verächtlichem Ton, indem sie dem Meister einen stechenden Blick zuwarf und dann schnell das Gesicht abwandte. –

Fürst Irenäus hatte im Gefühl des Vertrauens, das er dem Meister Abraham schenken, ja der geistigen Übermacht, die er ihm zugestehen musste, alle fürstlichen Bedenklichkeiten beiseite gestellt und im Fischerhäuschen sein ganzes Herz ausgeschüttet, auf alle Äußerungen der Benzon über die verstörenden Ereignisse des Tages aber geschwiegen. Dies wusste der Meister, und um so weniger durfte ihm die Empfindlichkeit der Rätin auffallen, wiewohl er sich verwunderte, dass, kalt und in sich verschlossen, wie sie war, sie diese Empfindlichkeit nicht besser zu verbergen vermochte.

Wohl musste es aber die Rätin tief schmerzen, dass sie das Monopol der Vormundschaft über den Fürsten, das sie sich angeeignet, aufs neue und zwar in einem kritischen, verhängnisvollen Augenblick gefährdet sah. Aus Gründen, die sich vielleicht später klar entwickeln dürften, war die Verbindung der Prinzessin Hedwiga mit dem Prinzen Hektor der Rätin feurigster Wunsch. Auf dem Spiele stand diese Verbindung, so musste sie glauben und jede Einmischung eines Dritten in diese Angelegenheit ihr bedrohlich erscheinen. Überdies sah sie sich zum ersten Mal von unerklärlichen Geheimnissen umringt, zum ersten Mal schwieg der Fürst; konnte sie, die gewohnt, das ganze Spiel des phantastischen Hofes zu regieren, tiefer gekränkt werden?

Meister Abraham wusste, dass einem aufgeregten Weibe nichts besser entgegenzusetzen ist als unüberwindliche Ruhe, er sprach daher kein Wörtchen, sondern schritt schweigend daher neben der Benzon, die sich in tiefen Gedanken zu jener Brücke wandte, die der geneigte Leser schon kennt. Sich auf das Geländer stützend, schaute die Rätin hinein in die fernen Büsche, denen die sinkende Sonne noch, wie zum Abschied, goldene leuchtende Blicke zuwarf. – »Ein schöner Abend«, sprach die Rätin, ohne sich umzudrehen. »Gewiss«, erwiderte Meister Abraham, »gewiss, still, ruhig, heiter wie ein unbefangenes, unverstörtes Gemüt.« »Sie können«, fuhr die Rätin fort, das vertraulichere Ihr, mit dem sie sonst den Meister anredete, aufgebend, »Sie können, mein lieber Meister, es mir nicht verargen, dass ich mich schmerzhaft berührt fühlen muss, wenn der Fürst plötzlich nur Sie zu seinem Vertrauten macht, nur Sie zu Rate zieht in einer Angelegenheit, über die eigentlich die welterfahrene Frau besser zu raten, zu entscheiden weiß. Doch vorüber, ganz vorüber ist die kleinliche Empfindlichkeit, die ich nicht zu bergen vermochte. Ich bin ganz beruhigt, da nur die Form verletzt ist. Der Fürst selbst hätte mir das alles sagen sollen, was ich nun erfahren habe auf andere Weise, und ich kann in der Tat alles, was Sie, lieber Meister, ihm erwiderten, nur höchlich billigen. – Selbst will ich gestehen, dass ich etwas tat, was eben nicht lobenswert ist. Mag es nicht sowohl weibliche Neugierde, als die tiefste Teilnahme an allem, was sich in dieser fürstlichen Familie begibt, entschuldigen. Erfahren Sie es, Meister, ich habe Sie belauscht, Ihre ganze Unterredung mit dem Fürsten angehört, jedes Wort verstanden – «

Den Meister Abraham erfasste bei diesen Worten der Benzon ein seltsames, von höhnender Ironie und tiefer Verbitterung gemischtes Gefühl. Ebensogut wie jener Leibkammerdiener des Fürsten hatte Meister Abraham bemerkt, dass man in der buschichten Vertiefung, dicht vor dem einen Fenster des Fischerhäuschens versteckt, jedes Wort vernehmen konnte, was drinnen gesprochen wurde. Durch eine geschickte akustische Vorrichtung war ihm indessen gelungen, es zu bewirken, dass jedes Gespräch im Innern des Häuschens dem draußen Stehenden nur wie ein verwirrtes unverständliches Geräusch klang und es schlechterdings unmöglich blieb, auch nur eine Silbe zu unterscheiden. – Erbärmlich musste es daher dem Meister erscheinen, wenn die Benzon zu einer Lüge ihre Zuflucht nahm, um hinter Geheimnisse zu kommen, die sie zwar ahnen mochte, aber nicht der Fürst, und die dieser daher auch nicht wohl dem Meister Abraham anvertrauen konnte. – Man wird erfahren, was der Fürst mit dem Meister im Fischerhäuschen verhandelte. –

»O«, rief der Meister, »o meine Gnädigste, es war der rege Geist der lebensweisen unternehmenden Frau selbst, der Sie an das Fischerhäuschen führte. Wie kann ich armer alter, jedoch unerfahrner Mann mich in allen diesen Dingen zurechtfinden ohne Ihren Beistand? Eben wollt' ich alles, was mir der Fürst anvertraut, weitläufig hererzählen, aber es bedarf keiner fernern Erläuterungen, da Ihnen schon alles bekannt. Möchten Sie, Gnädige, mich würdig erachten, sich über alles, was vielleicht schlimmer sich darstellen mag, als es wirklich ist, recht von Herzen auszusprechen.«

Meister Abraham traf den Ton der biedern Zutraulichkeit so gut, dass die Benzon, all ihrer Scharfsichtigkeit unerachtet, nicht gleich zu entscheiden wusste, ob es hier auf eine Mystifikation abgesehen sei oder nicht, und die Verlegenheit darüber schnitt ihr jeden Faden ab, den sie erfassen und zur für den Meister verfänglichen Schlinge hätte knüpfen können. So geschah es aber, dass sie, vergebens nach Worten ringend, wie festgebannt auf der Brücke stehenblieb und hinabschaute in den See.

Der Meister weidete sich einige Augenblicke an ihrer Pein, dann richteten sich aber seine Gedanken auf die Begebnisse des Tages. Er wusste wohl, wie Kreisler in dem Mittelpunkt eben dieser Begebnisse gestanden, ein tiefer Schmerz über den

Verlust des teuersten Freundes erfasste ihn, und unwillkürlich entfloh ihm der Ausruf: »Armer Johannes!«

Da wandte sich die Benzon rasch zum Meister und sprach mit losbrechender Heftigkeit: »Wie, Meister Abraham, Ihr seid doch nicht so töricht, an Kreislers Untergang zu glauben? Was kann ein blutiger Hut beweisen? – Was sollte ihn auch so plötzlich zu dem schrecklichen Entschluss gebracht haben, sich selbst zu töten – man hätte ihn ja auch gefunden.« –

Nicht wenig erstaunte der Meister, die Benzon von Selbstmord sprechen zu hören, hier, wo ein ganz anderer Verdacht sich zu regen schien; ehe er indessen antworten konnte, fuhr die Rätin fort: »Wohl uns, wohl uns, dass er fort ist, der Unglückliche, der überall, wo er sich blicken lässt, nur verstörendes Unheil anrichtet. Sein leidenschaftliches Wesen, seine Verbitterung, nicht anders kann ich seinen hochgepriesenen Humor bezeichnen, steckt jedes reizbare Gemüt an, mit dem er dann sein grausames Spiel treibt. Zeugt die höhnende Verachtung aller konventionellen Verhältnisse, ja der Trotz gegen alle übliche Formen von Übergewicht des Verstandes, so müssen wir alle unsere Knie beugen vor diesem Kapellmeister, doch soll er uns in Ruhe lassen und sich nicht auflehnen gegen alles, was durch die richtige Ansicht des wirklichen Lebens bedingt und als unsere Zufriedenheit begründend anerkannt wird. Darum! – Dem Himmel sei gedankt, dass er fort ist, ich hoffe ihn nie wiederzusehen.« »Und doch«, sprach der Meister sanft, »und doch waren Sie sonst die Freundin meines Johannes, Frau Rätin, und doch nahmen Sie sich seiner an in einer bösen kritischen Zeit und führten ihn selbst auf die Bahn, von der ihn nur eben jene konventionellen Verhältnisse, die Sie so eifrig in Schutz nehmen, weggelockt hatten? – Welch ein Vorwurf trifft jetzt so plötzlich meinen guten Kreisler? – Was für Böses hat sich aus seinem Innern aufgetan? Will man ihn darum hassen, weil in den ersten Augenblicken, da der Zufall ihn in eine neue Region geworfen, das Leben feindlich auf ihn zutrat, weil das Verbrechen ihn bedrohte, weil – ein italienischer Bandit ihm nachschlich?« –

Die Rätin fuhr bei diesen Worten sichtlich zusammen. »Welch«, sprach sie dann mit zitternder Stimme, »welch einen Gedanken der Hölle hegt Ihr in der Brust, Meister Abraham? – Aber wäre es so, wäre Kreisler wirklich gefallen, so wurde in dem Augenblick die Braut gerächt, die er verdorben. Eine innere Stimme sagt es mir, Kreisler allein ist schuld an dem fürchterlichen Zustand der Prinzessin. Schonungslos spannte er die zarten Saiten im innern Gemüt der Kranken, bis sie zersprangen.« – »So war«, erwiderte Meister Abraham giftig, »so war der italienische Herr ein Mann von raschem Entschluss, der die Rache der Tat vorausschickte. Sie haben ja, Gnädige, alles angehört, was ich mit dem Fürsten gesprochen im Fischerhäuschen, Sie wissen daher auch, dass Prinzessin Hedwiga in demselben Augenblick, als der Schuss im Walde fiel, zur Leblosigkeit erstarrte.« »In der Tat«, sprach die Benzon, »man möchte an all das chimärische Zeug glauben, das uns jetzt aufgetischt wird, an psychische Korrespondenzen und dergleichen! – Doch! Noch einmal, wohl uns, dass er fort ist, der Zustand der Prinzessin kann und wird sich ändern. – Das Verhängnis hat den Störer unserer Ruhe vertrieben und – sagt selbst, Meister Abraham, ist nicht unser Freund im Innersten zerrissen auf solche Weise, dass das Leben ihm keinen Frieden mehr zu geben vermag? – Gesetzt also wirklich, dass – « Die Rätin endete nicht, aber Meister Abraham fühlte den Zorn, den er mit Mühe unterdrückt, hoch aufflammen.

»Was«, rief er mit erhöhter Stimme, »was habt ihr alle gegen diesen Johannes, was hat er euch Böses getan, dass ihr ihm keine Freistatt, kein Plätzchen gönnt auf dieser Erde? – Wisst ihr's nicht? – Nun, so will ich es euch sagen. – Seht, der Kreisler trägt nicht eure Farben, er versteht nicht eure Redensarten, der Stuhl, den ihr ihm hinstellt, damit er Platz nehme unter euch, ist ihm zu klein, zu enge; ihr könnt ihn gar nicht für euresgleichen achten, und das ärgert euch. Er will die Ewigkeit der Verträge, die ihr über die Gestaltung des Lebens geschlossen, nicht anerkennen, ja, er meint, dass ein arger Wahn, von dem ihr befangen, euch gar nicht das eigentliche Leben erschauen lasse, und dass die Feierlichkeit, mit der ihr über ein Reich zu herrschen glaubt, das euch unerforschlich, sich gar spaßhaft ausnehme, und das alles nennt ihr Verbitterung. Vor allen Dingen liebt er jenen Scherz, der sich aus der tiefern Anschauung des menschlichen Seins erzeugt und der die schönste Gabe der Natur zu nennen, die sie aus der reinsten Quelle ihres Wesens schöpft. Aber ihr seid vornehme ernste Leute und wollt nicht scherzen – Der Geist der wahren Liebe wohnt in ihm, doch vermag dieser ein Herz zu erwärmen, das auf ewig zum Tode erstarrt ist, ja, in dem niemals der Funke war, den jener Geist zur Flamme aufhaucht? Ihr möget den Kreisler nicht, weil euch das Gefühl des Übergewichts, das ihr ihm einzuräumen gezwungen, unbehaglich ist, weil ihr ihn, der Verkehr treibt mit höheren Dingen, als die gerade in euern engen Kreis passen, fürchtet.« –

»Meister«, sprach die Benzon mit dumpfer Stimme, »Meister Abraham, der Eifer, mit dem du für deinen Freund sprichst, führt dich zu weit. Du wolltest mich verletzen? – Nun wohl, es ist dir gelungen, denn du hast Gedanken in mir geweckt, die lange, lange schlummerten! – Totenstarr nennst du mein Herz? – Weißt du denn, ob jemals der Geist der Liebe freundlich zu ihm gesprochen, ob ich nicht allein in konventionellen Verhältnissen des Lebens, die der überspannte Kreisler verächtlich finden mag, Trost und Ruhe fand? – Glaubst du denn nicht überhaupt, alter Mann, der auch wohl so manches Leid erfahren, dass es ein gefährliches Spiel ist, sich über jene Verhältnisse erheben und dem Weltgeist näher treten zu wollen in der Mystifikation des eignen Seins? Ich weiß es, die kälteste regungsloseste Prosa des Lebens selbst hat mich Kreisler gescholten, und es ist sein Urteil, das sich in dem deinigen ausspricht, wenn du mich totenstarr nennst, aber habt ihr jemals dieses Eis zu durchblicken vermocht, das meiner Brust schon längst ein schützender Harnisch war? – Mag bei den Männern die Liebe nicht das Leben schaffen, sondern es nur auf eine Spitze stellen, von der herab noch sichre Wege führen, unser höchster Lichtpunkt, der unser ganzes Sein erst schafft und gestaltet, ist der Augenblick der ersten Liebe. Will es das feindliche Geschick, dass dieser Augenblick verfehlt wurde, verfehlt ist das ganze Leben für das schwache Weib, das untergeht in trostloser Unbedeutsamkeit, während das mit stärkerer Geisteskraft begabte sich mit Gewalt emporrafft und eben in den Verhältnissen des gewöhnlichen Lebens eine Gestaltung erringt, die ihm Ruhe und Frieden gibt. – Lass es dir sagen, alter Mann – hier in der Dunkelheit der Nacht, die das Vertrauen verschleiert, lass es dir sagen! – Als jener

Moment in mein Leben trat, als ich den erblickte, der alle Glut der innigsten Liebe, deren die weibliche Brust nur fähig, in mir entzündete – da stand ich vor dem Traualtar mit jenem Benzon, der ein guter Ehemann wurde wie kein anderer. Seine völlige Bedeutungslosigkeit gewährte mir alles, was ich, um ein friedfertiges Leben zu führen, nur wünschen konnte, und nie ist eine Klage, ein Vorwurf meinen Lippen entflohen. Nur den Kreis des Gewöhnlichen nahm ich in Anspruch, und wenn dann selbst in diesem Kreise sich manches begab, das mich unvermerkt irreleitete, wenn ich manches, das strafbar erscheinen möchte, mit nichts anderm zu entschuldigen weiß als mit dem Drang des augenblicklichen Verhältnisses, so mag das Weib mich zuerst verdammen, die so wie ich den schweren Kampf durchkämpfte, der zu gänzlichem Verzicht auf alles höhere Glück führt, sollte dies auch nichts anderes sein als ein süßer träumerischer Wahn. – Fürst Irenäus machte meine Bekanntschaft. – Doch ich schweige von dem, was längst vergangen, nur von der Gegenwart soll noch die Rede sein. – Ich hab' es dir vergönnt, in mein Innerstes zu schauen, Meister Abraham, du weißt nun, warum ich, so wie die Dinge sich hier gestalten, jedes Hineindrängen eines fremdartigen exotischen Prinzips als bedrohlich fürchten muss. Mein eigenes Geschick in jener verhängnisvollen Stunde grinst mich an wie ein furchtbar warnendes Gespenst. Retten muss ich die, die mir teuer sind, ich habe meine Pläne gemacht. – Meister Abraham, seid mir nicht entgegen, oder, wollt Ihr in den Kampf treten mit mir, so seht Euch vor, dass ich Eure besten Taschenspielerkünste nicht zuschanden mache!«

»Unglückliche Frau«, rief Meister Abraham. »Unglücklich nennst du mich«, erwiderte die Benzon, »mich, die ich ein feindliches Geschick zu bekämpfen wusste und mir da, wo alles verloren schien, Ruhe und Zufriedenheit gewann?« »Unglückliche Frau«, rief Meister Abraham nochmals mit einem Ton, der von seiner innern Bewegung zeugte, »arme unglückliche Frau! Ruhe, Zufriedenheit vermeinst du gewonnen zu haben und ahnst nicht, dass es die Verzweiflung war, die, ein Vulkan, alle flammenden Gluten aus deinem Innern hinausströmen ließ, und dass du nun die tote Asche, aus der keine Blüte, keine Blume mehr sprosst, in starrer Betörung für das reiche Feld des Lebens hältst, das dir noch Früchte spenden soll. – Ein künstliches Gebäude willst du aufführen auf den Grundstein, den ein Blitzstrahl zermalmte, und befürchtest nicht, dass es einstürzen wird in dem Augenblick, da lustig bunte Bänder wehen von der Blumenkrone, die den Sieg des Baumeisters verkünden soll? – Julia – Hedwiga – ich weiß es, für sie wurden jene Pläne künstlich gewoben! – Unglückliche Frau, hüte dich, dass jenes unheilbringende Gefühl, jene eigentliche Verbitterung, die du mit großem Unrecht meinem Johannes vorwirfst, nicht aus deinem eignen tiefsten Innern hervortritt, so dass deine weisen Entwürfe weiter nichts sind als das feindliche Auflehnen gegen ein Glück, das du niemals genossest, und das du nun selbst deinen Lieben missgönnst. – Ich weiß mehr von deinen Entwürfen, als du glauben magst, mehr von deinen gerühmten Verhältnissen des Lebens, die dir Ruhe bringen sollen, und die – dich verlockten zu strafbarer Schande!« –

Ein dumpfer unartikulierter Schrei, den die Benzon bei diesen letzten Worten des Meisters ausstieß, verriet ihre tiefe Erschütterung. Der Meister hielt inne, da aber die Benzon ebenfalls schwieg, ohne sich von der Stelle zu rühren, fuhr er gelassen fort: »Zu nichts wenigerm habe ich Lust, als mich in irgendeinen Kampf mit Ihnen zu begeben, Gnädige! Was aber meine sogenannten Taschenspielerkünste betrifft, so wissen Sie ja recht gut, werteste Frau Rätin, dass seit der Zeit, da mein unsichtbares Mädchen mich verlassen – « In diesem Augenblick erfasste den Meister der Gedanke an die verlorne Chiara mit einer Gewalt, wie seit langer Zeit nicht mehr, er glaubte ihre Gestalt zu erblicken in der dunklen Ferne, er glaubte ihre süße Stimme zu vernehmen. – »O Chiara! – meine Chiara!« So rief er in der schmerzlichsten Wehmut. –

»Was ist Euch«, sprach die Benzon, sich schnell nach ihm umwendend, »was ist Euch, Meister Abraham! – welchen Namen nanntet Ihr? – Doch noch einmal, lasst ruhen alles Vergangene, beurteilt mich nicht nach jenen seltsamen Ansichten des Lebens, die Ihr mit Kreislern teilt, versprecht mir das Vertrauen nicht zu missbrauchen, das Euch Fürst Irenäus geschenkt, versprecht mir nicht entgegen zu sein meinem Tun und Treiben.« So ganz vertieft in das schmerzliche Andenken an seine Chiara war Meister Abraham, dass er kaum vernahm, was die Rätin sprach, und nur unverständliche Worte zu erwidern vermochte. »Weiset«, fuhr die Rätin fort, »weiset mich nicht zurück, Meister Abraham, Ihr seid, wie es scheint, in der Tat mit manchem mehr bekannt, als ich vermuten durfte, doch ist es möglich, dass ich auch noch Geheimnisse bewahre, deren Mitteilung Euch sehr viel wert sein würde, ja, dass ich Euch vielleicht einen Liebesdienst erzeigen könnte, an den Ihr gar nicht denkt. Lasst uns zusammen diesen kleinen Hof beherrschen, der in der Tat des Gängelbandes bedarf. – ›Chiara‹ rieft Ihr mit einem Ausdruck des Schmerzes der –« Ein starkes Geräusch vom Schlosse her unterbrach die Benzon. Meister Abraham erwachte aus Träumen, das Geräusch – – –

(M.f.f.) »– ich folgendes beibringen. Ein Katzphilister beginnt, ist er auch noch so durstig, die Schüssel Milch vom Rande rund umher an aufzulecken, damit er sich nicht Schnauze und Bart bemilche und anständig bleibe, denn der Anstand gilt ihm mehr, als der Durst. Besuchst du einen Katzphilister, so bietet er dir alles nur mögliche an, versichert dich aber, wenn du scheidest, bloß seiner Freundschaft und frisst nachher heimlich und allein die Leckerbissen, die er dir angeboten. Ein Katzphilister weiß vermöge eines sichern untrüglichen Takts überall, auf dem Boden, im Keller usw. den besten Platz zu finden, wo er sich so wohlbehaglich und bequem hinstreckt, als es nur geschehen kann. Er erzählt viel von seinen guten Eigenschaften, und wie er, dem Himmel sei Dank, nicht klagen könne, dass das Schicksal diese guten Eigenschaften übersehen. Sehr wortreich setzt er dir auseinander, wie er zu dem guten Platz gekommen, den er behaupte, und was er noch alles tun werde, um seine Lage zu verbessern. Willst du nun aber auch endlich von dir und deinem geringer günstigen Schicksal etwas sagen, so kneift der Katzphilister sofort die Augen zu und drückt die Ohren an, tut auch wohl, als wenn er schliefe, oder spinnt. Ein Katzphilister leckt sich fleißig den Pelz rein und glänzend und passiert selbst auf der Mäusejagd keine nasse Stelle, ohne bei jedem Schritt die Pfoten auszuschütteln, damit er, geht auch das Wild darüber verloren, doch in allen Verhältnissen des Lebens ein feiner, ordentlicher, wohlgekleideter Mann bleibe. Ein Katzphilister scheut und vermeidet die leiseste Gefahr und bedauert, befindest du dich in solcher und sprichst seine Hilfe an, unter den heiligsten Beteuerungen seiner freundschaftlichen Teilnahme, dass gerade in dem Augenblick es seine Lage, die Rücksichten, die er nehmen müsse, es ihm nicht erlaubten dir beizustehen. Überhaupt ist alles Tun und Treiben des Katzphilisters bei jeder Gelegenheit abhängig von tausend und tausend Rücksichten. Selbst z. B. gegen den kleinen Mops, der ihm in den Schwanz gebissen auf empfindliche Weise, bleibt er artig und höflich, um es nicht mit dem Hofhund zu verderben, dessen Protektion er zu erlangen gewusst, und er nutzt nur den nächtlichen Hinterhalt, um jenem Mops ein Auge auszukratzen. Tags darauf bedauert er den teuern Mopsfreund gar von Herzen und schmält über die Bosheit arglistiger Feinde. Übrigens gleichen diese Rücksichten einem wohlangelegten Fuchsbau, der dem Katzphilister Gelegenheit gibt, überall zu entwischen in dem Augenblick, als du ihn zu fassen glaubst. Ein Katzphilister bleibt am liebsten unter dem heimischen Ofen, wo er sich sicher fühlt, das freie Dach verursacht ihm Schwindel. – Und seht Ihr nun wohl, Freund Murr, das ist Euer Fall. Sage ich Euch nun, dass der Katzbursch offen, ehrlich, uneigennützig, herzhaft, stets bereit, dem Freunde zu helfen, ist, dass er keine andere Rücksichten kennt, als die Ehre und redlicher Sinn gebieten, genug, dass der Katzbursch durchaus der Antipode des Katzphilisters ist, so werdet Ihr keinen Anstand nehmen, Euch zu erheben aus dem Philistertum, um ein ordentlicher tüchtiger Katzbursch zu werden.« –

Lebhaft fühlte ich die Wahrheit in Muzius' Worten. Ich sahe ein, dass ich nur das Wort Philister nicht gekannt, wohl aber den Charakter, da mir schon manche Philister, d. h. schlechte Katzkerle vorgekommen waren, die ich herzlich verachtet hatte. Um so schmerzhafter fühlte ich daher den Irrtum, von dem befangen ich in die Kategorie jener verächtlichen Leute hätte geraten können, und beschloss Muzius' Rat in allem zu folgen, um so vielleicht noch ein tüchtiger Katzbursche zu werden.

Ein junger Mensch sprach einst zu meinem Meister von einem treulosen Freund und bezeichnete diesen mit einem sehr seltsamen, mir unverständlichen Ausdruck. Er nannte ihn einen pomadigen Kerl. Nun war es mir, als sei das Beiwort pomadig sehr passend dem Hauptwort Philister hinzuzufügen, und ich befragte Freund Muzius darum. Kaum hatte ich aber das Wort pomadig ausgesprochen, als Muzius laut jauchzend aufsprang und, mich kräftig umhalsend, rief: »Herzensjunge, nun gewahre ich, dass du mich ganz verstanden hast – ja, pomadiger Philister! Das ist die verächtliche Kreatur, die sich aufstellt gegen das edle Burschentum, und die wir überall, wo wir sie finden, tothetzen möchten. Ja, Freund Murr, du hast jetzt schon dein inneres wahrhaftes Gefühl für alles Edle, Große bewiesen, lass dich nochmals an diese Brust drücken, in der ein treues deutsches Herz schlägt.« – Damit umhalste mich Freund Muzius aufs neue und erklärte, wie er in der nächstfolgenden Nacht mich einzuführen gedenke in das Burschentum, ich möge mich nur in der Mitternachtsstunde einfinden auf dem Dach, wo er mich abholen werde zu einem Fest, das ein Katzsenior veranstaltet, nämlich der Kater Puff.

Der Meister trat ins Zimmer. Ich sprang wie gewöhnlich ihm entgegen, schmiegte mich, wälzte mich auf dem Boden, um ihm meine Freude zu bezeugen. Auch Muzius glotzte ihn an mit zufriedenem Blick. Nachdem der Meister ein bisschen mir Kopf und Hals gekraut, sah er sich um im Zimmer und sprach, da er alles in gehöriger Ordnung fand: »Nun, das ist recht! Eure Unterhaltung ist still und friedlich gewesen, wie es anständigen, gut erzognen Leuten ziemt. Das verdient belohnt zu werden.«

Der Meister schritt zur Tür hinaus, die in die Küche führte, und wir, Muzius und ich, seine gute Absicht erratend, schritten hinter ihm her mit einem fröhlichen Mau – Mau – Mau! Wirklich öffnete auch der Meister den Küchenschrank und holte die Skelette und Knöchelchen von ein paar jungen Hühnern hervor, deren Fleisch er gestern verzehrt hatte. Es ist bekannt, dass mein Geschlecht Hühnerskelette zu den allerfeinsten Leckerbissen rechnet, die es geben kann, und daher kam es, dass Muzius' Augen in glanzvollem Feuer strahlten, dass er den Schweif in den anmutigsten Windungen schlängelte, dass er laut schnurrte, als der Meister die Schüssel vor uns hinsetzte auf den Boden. Des pomadigen Philisters wohl eingedenk, schob ich dem Freunde Muzius die besten Bissen hin, die Hälse, die Bäuche, die Steiße, und begnügte mich mit den gröbern Schenkel- und Flügelknochen. Als wir mit den Hühnern fertig waren, wollte ich den Freund Muzius fragen, ob ihm vielleicht mit einer Tasse süßer Milch gedient sei. Doch den pomadigen Philister stets vor Augen, unterließ ich es und schob statt dessen die Tasse, welche, wie ich wusste, unter dem Schrank stand, hervor und lud Muzius freundlich ein zuzusaufen, indem ich ihm Bescheid tat. – Muzius soff die Tasse rein aus, dann drückte er mir die Pfote und sprach, während ihm die hellen Tränen in die Augen traten: »Freund Murr, Ihr lebt lukullisch, aber Ihr habt mir Euer treues, biederes und edelmütiges Herz kundgetan, und so wird die eitle Lust der Welt Euch nicht verlocken zum schnöden Philistertum! Habt Dank, habt innigen Dank!« –

Mit einem biedern deutschen Pfotendruck nach altvörderischer Sitte nahmen wir Abschied. Muzius war, gewiss um die tiefe Rührung, die ihm Tränen auspresste, zu verbergen, mit einem halsbrecherischen Satz schnell zum offnen Fenster hinaus auf das nächst anstoßende Dach. – Selbst mich, den die Natur doch mit vorzüglicher Schwungkraft begabt, setzte dieser gewagte Satz in Erstaunen, und ich fand Gelegenheit, aufs neue mein Geschlecht zu preisen, das aus geborenen Turnern besteht, die keines Springstocks, keiner Kletterstange bedürfen.

Übrigens gab mir Freund Muzius auch den Beweis, wie oft hinter einem rauhen abschreckenden Äußern sich ein zartes, tief fühlendes Gemüt verbirgt. –

Ich kehrte ins Zimmer zu meinem Meister zurück und legte mich unter den Ofen. Hier in der Einsamkeit die Gestaltung meines bisherigen Seins bedenkend, meine letzte Stimmung, meine ganze Lebensweise erwägend, erschrak ich bei dem Gedanken, wie nah ich dem Abgrund gewesen, und Freund Muzius erschien mir trotz seines struppigen Balgs wie ein schöner rettender Engel. In eine neue Welt sollte ich treten, die Leere im Innern sollte ausgefüllt, ein anderer Kater sollte ich werden, mir klopfte das Herz vor banger freudiger Erwartung.

Noch lange war es nicht Mitternacht, als ich den Meister mit der gewöhnlichen Redensart: »Ma – – au« bat, mich hinauszulassen. »Recht gerne«, erwiderte er, indem er die Türe öffnete, »recht gerne, Murr. Aus dem ewigen unterm Ofen liegen und schlafen kommt gar nichts heraus. Geh – geh, dass du wieder in die Welt unter

Kater kommst. Vielleicht findest du gemütsverwandte Katerjünglinge, die sich mit dir ergötzen in Ernst und Scherz.«

Ach! – der Meister ahnte wohl, dass ein neues Leben mir bevorstand! – Endlich, nachdem ich bis Mitternacht gewartet, stellte sich Freund Muzius ein und führte mich fort über verschiedene Dächer, bis endlich auf einem beinah ganz platten italienischen Dach uns zehn stattliche, nur ebenso nachlässig und seltsam wie Muzius gekleidete Katerjünglinge mit lautem Jubelgeschrei empfingen. Muzius stellte mich den Freunden vor, rühmte meine Eigenschaften, meinen treuen biedern Sinn, hob vorzüglich hervor, wie ich ihn mit Backfischen, Hühnerknochen und süßer Milch gastlich bewirtet, und schloss damit, dass ich als tüchtiger Katzbursch aufgenommen sein wolle. Alle gaben ihre Zustimmung.

Es erfolgten nun gewisse Feierlichkeiten, die ich indessen verschweige, da geneigte Leser meines Geschlechts vielleicht argwöhnen, ich sei in einen verbotenen Orden getreten, und noch jetzt Red' und Antwort darüber von mir verlangen könnten. Ich versichere aber auf Gewissen, dass von einem Orden und seinen Bedingnissen, als da sind Statuten, geheime Zeichen u. s., durchaus nicht die Rede war, sondern dass der Verein lediglich auf Gleichheit der Gesinnung beruhte. Denn es fand sich bald, dass jeder von uns süße Milch lieber zu sich nahm als Wasser, Braten lieber als Brot.

Nachdem die Feierlichkeiten vorüber, empfing ich von allen den brüderlichen Kuss und Pfotendruck, und sie nannten mich: Du! – Dann setzten wir uns zu einem einfachen, aber fröhlichen Mahl, dem eine wackere Zecherei folgte. Muzius hatte trefflichen Katzpunsch bereitet. – Sollte ein lüsterner Katerjüngling nach dem Rezept dieses köstlichen Getränks Begierde tragen, so kann ich leider darüber keine genügende Auskunft geben. So viel ist gewiss, dass die hohe Annehmlichkeit des Geschmacks sowie die siegende Kraft vorzüglich durch eine derbe Zutat von Heringslake hervorgebracht wird.

Mit einer Stimme, die weit über viele Dächer hinwegdonnerte, intonierte nun der Senior Puff das schöne Lied: »Gaudeamus igitur!« – Mit Wonne fühlte ich mich im Innern und Äußern ganz trefflicher Juvenis und mochte gar nicht an den tumulus denken, den ein düstres Verhängnis unserm Geschlecht selten in der stillen friedlichen Erde gönnt. Es wurden noch verschiedene schöne Lieder gesungen, wie z. B. »Lasst die Politiker nur sprechen« usw., bis der Senior Puff mit gewichtiger Pfote auf den Tisch schlug und verkündete, dass nun das wahre echte Weihelied, nämlich das »Ecce quam bonum« gesungen werden müsse, und intonierte sofort den Chor: »Ecce etc. etc.«

Noch nie hatte ich dieses Lied gehört, dessen Komposition ebenso tief gedacht, so harmonisch und melodisch richtig, als wunderbar und geheimnisvoll zu nennen. Der Meister ist, soviel ich weiß, nicht bekannt geworden, doch schreiben viele dieses Lied dem großen Händel zu, andere dagegen behaupten, dass es lange, lange vor Händels Zeit schon existiert habe, da nach der Chronik von Wittenberg es schon gesungen worden, als Prinz Hamlet noch Fuchs gewesen. Doch gleichviel, wer es gemacht hat, das Werk ist groß und unsterblich und vorzüglich zu bewundern, wie die in den Chor eingeflochtenen Solos den Sängern freien Spielraum lassen zu den anmutigsten unerschöpflichsten Veränderungen. Einige dieser Veränderungen, die ich in dieser Nacht hörte, habe ich treu im Gedächtnis behalten.

Als der Chor geendet, fiel ein schwarz und weiß gefleckter Jüngling ein:

»Gar zu spitzig klafft der Spitz,
Gar zu grob der Pudel.
Jenem gönnt den Steiß zum Sitz,
Dem die Schnauz zum Hudel.«

Chor. »Ecce quam etc. etc.«

Darauf ein Grauer:

»Höflich zieht die Mütz' vom Kopf,
Kommt Philister gangen.
Froh gebärdet sich der Tropf,
Will vor nichts ihm bangen.«

Chor. »Ecce quam etc. etc.«

Darauf ein Gelber:

»Schwimmen muss der muntre Fisch,
Vögelein muss fliegen,
Floss' und Federn wachsen frisch,
Werd't sie nimmer kriegen.«

Chor. »Ecce quam etc. etc.«

Darauf ein Weißer:

»Miaut und knurrt und knurrt und miaut.
Nur beileib' nicht kratzen;
Seid galant, dass man euch traut,
Schonet eure Tatzen.«

Chor. »Ecce quam etc. etc.«

Darauf Freund Muzius:

»Denkt Herr Aff' nach seinem Maß
Alle uns zu messen!
Spitzt das Maul, trägt hoch die Nas',
Wird uns doch nicht fressen.«

Chor. »Ecce quam etc. etc.«

Ich saß neben Muzius, an mir war daher jetzt die Reihe, mit einem Solo einzufallen. Alle Solos, die bis jetzt vorgetragen, wichen so sehr von den Versen ab, die ich sonst gedichtet, dass ich in Unruhe und Angst geriet, den Ton, die Haltung des Ganzen zu verfehlen. Daher kam es, dass ich, als der Chor geendet, noch schwieg. Schon erhoben einige die Gläser und riefen: »pro poena«, als ich mich mit aller Gewalt zusammennahm und sofort sang:

»Pfot' in Pfot' und Brust an Brust

Soll uns nichts verdüstern.
Katzbursch sein ist unsere Lust,
Trotzen Katzphilistern!«

Chor. »Ecce quam etc. etc.«

Meine Variation fand den lautesten, unerhörtesten Beifall. Die hochherzigen Jungen stürmten jubelnd auf mich ein, umpfoteten mich, drückten mich an ihre klopfende Brust. Auch hier erkannte man also den hohen Genius in meinem Innern. Es war einer der schönsten Augenblicke meines Lebens. – Nun wurde noch manchen großen berühmten Katern, vorzüglich solchen, die, ihrer Größe und Berühmtheit unerachtet, sich von aller und jeder Philisterei entfernt gehalten und es bewiesen hatten durch Wort und Tat, ein feuriges Lebehoch! gebracht, und dann schieden wir voneinander.

Der Punsch war mir doch etwas zu Kopfe gestiegen, die Dächer schienen sich zu drehen, kaum vermochte ich mittelst des Schweifes, den ich als Balancierstange benutzte, mich aufrecht zu erhalten. Der treue Muzius, meinen Zustand bemerkend, nahm sich meiner an und brachte mich glücklich durch die Dachluke nach Hause.

Wüste im Kopfe, wie ich mich noch niemals gefühlt, konnte ich lange nicht – – –

(Mak. Bl.)» – – ebenso gut gewusst, als die scharfsinnige Frau Benzon, aber dass ich gerade heute, eben jetzt von dir Nachricht erhalten sollte, du treue Seele, das hat mein Herz nicht geahnt.« So sprach Meister Abraham, verschloss den Brief, den er erhalten, und in dessen Aufschrift er mit freudiger Überraschung Kreislers Hand erkannt hatte, ohne ihn zu öffnen, in den Schubkasten seines Schreibtisches und ging hinaus in den Park. – Meister Abraham hatte schon seit vielen Jahren die Gewohnheit, Briefe, die er erhielt, stunden-, ja, oft tagelang ungeöffnet liegen zu lassen. »Ist der Inhalt gleichgültig«, sprach er, »so kommt es auf den Verzug nicht an; enthält der Brief eine böse Nachricht, so gewinne ich noch einige frohe oder wenigstens ungetrübte Stunden; steht eine Freudenpost darin, so kann ein gesetzter Mann wohl es abwarten, dass die Freude ihm über den Hals komme.« Diese Gewohnheit des Meisters ist zu verwerfen, denn einmal ist solch ein Mensch, der Briefe liegen lässt, ganz untauglich zum Kaufmann, zum politischen oder literarischen Zeitungsschreiber, dann leuchtet es aber auch ein, wie manches Unheil sich sonst noch bei Personen, die weder Kaufleute sind noch Zeitungsschreiber, daraus zeugen kann. –

Was gegenwärtigen Biographen betrifft, so glaubt er ganz und gar nicht an Abrahams stoischen Gleichmut, sondern rechnet jene Gewohnheit vielmehr einer gewissen ängstlichen Scheu zu, das Geheimnis eines verschlossenen Briefes zu entfalten. – Es ist eine ganz eigene Lust Briefe zu empfangen, und darum sind uns die Personen besonders angenehm, die zunächst uns diese Lust verschaffen, nämlich die Briefträger, wie schon irgendwo ein geistreicher Schriftsteller bemerkt hat. Dies mag eine anmutige Selbstmystifikation genannt werden. Der Biograph erinnert sich, dass, als er einst auf der Universität mit dem sehnlichsten Schmerz lange vergebens auf einen Brief von einer geliebten Person gewartet hatte, er den Briefträger mit Tränen im Auge bat, ihm doch recht bald einen Brief aus der Vaterstadt zu bringen, er solle auch dafür ein namhaftes Trinkgeld erhalten. Der Kerl versprach, was von ihm verlangt wurde, mit pfiffiger Miene, brachte den Brief, der in der Tat nach wenigen Tagen einging, triumphierend, als habe es nur an ihm gelegen Wort zu halten, und strich das versprochene Trinkgeld ein. – Doch weiß der Biograph, der eben vielleicht selbst gewissen Selbstmystifikationen zu sehr Raum gibt – doch weiß er nicht, ob du, geliebter Leser, mit ihm gleichen Sinnes, mit jener Lust eine seltsame Angst fühlest, die dir, indem du den erhaltenen Brief öffnen willst, Herzklopfen verursacht, selbst wenn es kaum möglich, dass der Brief Wichtiges für dein Leben enthalten sollte. – Mag es sein, dass dasselbe die Brust beengende Gefühl, mit dem wir in die Nacht der Zukunft schauen, auch hier sich regt und dass eben deshalb, weil ein leichter Druck der Finger hinreicht, das Verborgene zu enthüllen, der Moment auf einer Spitze steht, die uns beunruhigt. Und! – wie viele schöne Hoffnungen zerbrachen schon mit dem verhängnisvollen Siegel, und die lieblichen Traumbilder, die aus unserm eignen Innern gestaltet, unsere brünstige Sehnsucht selbst schienen, zerrannen in nichts und das kleine Blättchen war der Zauberfluch, vor dem der Blumengarten, in dem wir zu wandeln gedachten, verdorrte, und das Leben lag vor uns wie eine unwirtbare trostlose Wüstenei! – Scheint es gut, den Geist zu sammeln, ehe jener leichte Druck der Finger das Verborgene erschließt, so kann dies vielleicht Meister Abrahams sonst verwerfliche Gewohnheit entschuldigen, die übrigens auch gegenwärtigem Biographen anklebt aus einer gewissen verhängnisvollen Zeit, in der beinah jeder Brief, den er erhielt, der Büchse Pandoras glich, aus der, sowie sie geöffnet, tausend Unheil und Ungemach aufstieg ins Leben. – Hat aber nun auch Meister Abraham des Kapellmeisters Brief verschlossen in seinen Schreibpult oder Schreibtischkasten, und ist er auch spazierengegangen in den Park, soll der geneigte Leser doch den Inhalt sogleich buchstäblich erfahren. – Johannes Kreisler hatte folgendes geschrieben:

»Mein herzlieber Meister!

›La fin couronne les oeuvres!‹ hätte ich rufen können, wie Lord Clifford in Shakespeares ›Heinrich dem Sechsten‹, als ihm der sehr edle Herzog von York eins versetzt hatte zum Tode. Denn bei Gott, mein Hut stürzte schwer verwundet ins Gebüsch und ich ihm nach, rücklings wie einer, von dem man in der Schlacht zu sagen pflegt, ›Er fällt, oder er ist gefallen.‹ – Dergleichen Leute stehen aber selten wieder auf, dagegen tat das aber Euer Johannes, mein lieber Meister, und das auf der Stelle. – Um meinen schwer verwundeten Kameraden, der nicht sowohl an meiner Seite als über oder von meinem Haupte gefallen, konnte ich mich gar nicht bekümmern, da ich genug zu tun hatte, durch einen tüchtigen Seitensatz (ich nehme das Wort Satz hier weder in philosophischem noch in musikalischem, sondern lediglich in gymnastischem Sinn) der Mündung einer Pistole auszuweichen, die jemand etwa drei Schritte davon auf mich hielt. Doch ich tat noch mehr als das, ich ging plötzlich aus der Defensive in die Offensive über, sprang auf den Pistolanten los und stieß ihm ohne weitere Umstände meinen Stockdegen in den Leib. – Immer habt Ihr mir den Vorwurf gemacht, Meister, dass ich des historischen Stils nicht mächtig und unfähig, etwas zu erzählen ohne unnütze Phrasen und Abschweifungen. Was sagt Ihr zu der bündigen Darstellung meines italienischen Abenteuers im Park zu

Sieghartshof, den ein hochsinniger Fürst so mild beherrscht, dass er selbst Banditen toleriert vergnüglicher Abwechslung halber?

Nehmt, lieber Meister, das bisher Gesagte nur für die vorläufige epitomatische Inhaltsanzeige des historischen Kapitels, das ich, erlaubt es meine Ungeduld und der Herr Prior, statt eines ordinären Briefes für Euch aufschreiben will. – Wenig nachzuholen ist über das eigentliche Abenteuer im Wald. – Gewiss war es mir sogleich, dass, als der Schuss fiel, ich davon profitieren sollte, denn im Niederstürzen empfand ich einen brennenden Schmerz an der linken Seite meines Kopfs, den der Konrektor in Göniönesmühl mit Recht einen hartnäckigen nannte. Hartnäckigen Widerstand hatte der wackere Knochenbau nämlich geleistet dem schnöden Blei, sodass die Streifwunde kaum zu achten. – Aber sagt mir, lieber Meister, sagt mir auf der Stelle oder heute Abend oder wenigstens Morgen in aller Frühe, in wessen Leib meine Stockklinge gefahren? Sehr lieb würde es mir sein zu vernehmen, dass ich eigentlich gar kein gemeines Menschenblut vergossen, sondern bloß einigen prinzlichen Ichor; und es will mir ahnen, als wäre dem so. – Meister! – So hätte der Zufall mich denn zu der Tat geführt, die der finstere Geist mir verkündete bei Euch im Fischerhäuschen! – War vielleicht diese kleine Stockklinge in dem Augenblick, als ich sie brauchte zur Notwehr gegen Mörder, das furchtbare Schwert der Blutschuld rächenden Nemesis? – Schreibt mir alles, Meister, und vor allen Dingen, was es mit der Waffe, die Ihr mir in die Hand gabt, mit dem kleinen Bild für eine Bewandtnis hat. – Doch nein – nein, sagt mir davon nichts. Lasst mich dieses Medusenbild, vor dessen Anblick der bedrohliche Frevel erstarrt, bewahren, mir selbst ein unerklärliches Geheimnis. Es ist mir, als würde dieser Talisman seine Kraft verlieren, sobald ich wüsste, was für eine Konstellation ihn gefeit zur Zauberwaffe! – Wollt Ihr mir's glauben, Meister, dass ich bis jetzt Euer kleines Bild noch gar nicht einmal recht angeschaut? – Ist es an der Zeit, so werdet Ihr mir alles sagen, was mir zu wissen nötig, und dann gebe ich den Talisman zurück in Eure Hände. Also für jetzt kein Wort weiter davon! – Doch fortfahren will ich nun in meinem historischen Kapitel.

Als ich besagtem Jemand, besagtem Pistolanten meinen Stockdegen in den Leib gerannt, so dass er lautlos niederstürzte, sprang ich fort mit der Schnellfüßigkeit eines Ajax, da ich Stimmen im Park zu hören und mich noch in Gefahr glaubte. Ich gedachte nach Sieghartsweiler zu laufen, aber die Dunkelheit der Nacht ließ mich den Weg verfehlen. Schneller und schneller rannte ich fort, immer noch hoffend, mich zurechtzufinden. Ich durchwatete Feldgraben, ich erklimmte eine steile Anhöhe und sank endlich in einem Gebüsch vor Ermattung nieder. Es war, als blitze es dicht vor meinen Augen, ich fühlte einen stechenden Schmerz am Kopf und erwachte aus tiefem Todesschlaf. Die Wunde hatte stark geblutet, ich machte mir, das Taschentuch benutzend, einen Verband, der dem geschicktesten Kompagnie-Chirurgus auf dem Schlachtfelde zur Ehre gereicht haben würde, und schaute nun ganz froh und fröhlich umher. Unfern von mir stiegen die mächtigen Ruinen eines Schlosses empor. – Ihr merkt es, Meister, ich war zu meiner nicht geringen Verwunderung auf den Geierstein geraten. – Die Wunde schmerzte nicht mehr, ich fühlte mich frisch und leicht, ich trat heraus aus dem Gebüsch, das mir zum Schlafgemach gedient, die Sonne stieg empor und warf blinkende Streiflichter auf Wald und Flur wie fröhliche Morgengrüße. Die Vögel erwachten in den Gebüschen und badeten sich zwitschernd im kühlen Morgentau und schwangen sich auf in die Lüfte. Noch in nächtliche Nebel gehüllt lag tief unter mir Sieghartshof, doch bald sanken die Schleier, und im flammenden Gold standen Bäume und Büsche. Der See des Parks glich einem blendend strahlenden Spiegel: ich unterschied das Fischerhäuschen wie einen kleinen weißen Punkt – sogar die Brücke glaubte ich deutlich zu schauen. – Das Gestern trat auf mich ein, aber als sei es eine längst vergangene Zeit, aus der mir nichts geblieben, als die Wehmut der Erinnerung an das ewig Verlorne, die in demselben Augenblick die Brust zerreißt und mit süßer Wonne erfüllt, ›Haselant, was willst du denn eigentlich damit sagen, was hast du denn in dem längst vergangenen Gestern auf ewig verloren?‹ So ruft Ihr mich an, Meister, ich höre es. – Ach Meister, noch einmal stelle ich mich hin auf jene hervorragende Spitze des Geiersteins – noch einmal breite ich die Arme aus wie Adlersflügel, mich dort hinzuschwingen, wo ein süßer Zauber waltete, wo jene Liebe, die nicht in Raum und Zeit bedingt, die ewig ist wie der Weltgeist, mir aufging in den ahnungsvollen Himmelstönen, die die dürstende Sehnsucht selbst sind und das Verlangen! – Ich weiß es, dicht vor meiner Nase setzt sich ein Teufelskerl von hungrigem Opponenten hin, der nur opponiert des indischen Gerstenbrots halber, und fragt mich höhnisch, ob es möglich sei, dass ein Ton dunkelblaue Augen haben könne. Ich führe den bündigsten Beweis, dass der Ton eigentlich auch ein Blick sei, der aus einer Lichtwelt durch zerrissene Wolkenschleier hinabstrahle; der Opponent geht aber weiter und frägt nach Stirn, nach Haar, nach Mund und Lippen, nach Armen, Händen, Füßen und zweifelt durchaus mit hämischem Lächeln, dass ein bloßer purer Ton mit diesem allem begabt sein könne. – O Gott, ich weiß, was der Schlingel meint, nämlich nichts weiter, als dass, solange ich ein glebae adscriptus sei, wie er und die übrigen, solange wir alle nicht bloß Sonnenstrahlen fräßen und uns manchmal noch auf einen andern Stuhl setzen müssten als auf den Lehrstuhl, es mit jener ewigen Sehnsucht, die nichts will als sich selbst und von der jeder Narr zu schwatzen weiß – Meister! Ich wünschte nicht, dass Ihr auf die Seite des hungrigen Opponenten trätet – es würde mir unangenehm sein. – Und sagt selbst, könnte Euch wohl eine einzige vernünftige Ursache dazu treiben? – hab' ich jemals Hang gezeigt zu trister Sekundanernarrheit? – Ja, hab' ich, zu reifen Jahren gekommen, mich nicht stets nüchtern zu halten gewusst, hab' ich etwa jemals gewünscht, ein Handschuh zu sein, bloß um Julias Wange zu küssen, wie Vetter Romeo? – Glaubt es nur, Meister, die Leute mögen auch sagen, was sie wollen, im Kopf trag' ich nichts als Noten und im Gemüt und Herzen die Klänge dazu, denn, alle Teufel! wie sollt ich sonst imstande sein, solche manierliche, bündige Kirchenstücke zu setzen, als die Vesper es ist, die da eben vollendet auf dem Pult liegt. – Doch – schon wieder war es um die Historie geschehen – ich erzähle weiter.

Aus der Ferne vernahm ich den Gesang einer kräftigen Männerstimme, der sich immer mehr und mehr näherte. Bald gewahrte ich denn auch einen Benediktiner-Geistlichen, der, auf dem Fußsteig unterwärts fortwandelnd, einen lateinischen Hymnus sang. Nicht weit von meinem Platz stand er still, hielt inne mit dem Singen und schaute, indem er den breiten Reisehut vom Kopfe nahm und sich mit einem Tuch den Schweiß von der Stirne trocknete, in der Gegend um, dann verschwand er ins Gebüsch. Mir kam die Lust an, mich zu ihm zu gesellen, der Mann war mehr als wohlgenährt, die Sonne brannte stärker und stärker, und so konnt' ich wohl denken, dass er ein Ruheplätzchen gesucht haben würde im Schatten. Ich hatte mich nicht geirrt, denn in das Gebüsch tretend, erblickte ich den ehrwürdigen Herrn, der sich auf einen dick bemoosten Stein niedergelassen hatte. Ein höheres Felsstück dicht daneben diente ihm zum Tisch; er hatte ein weißes Tuch darüber ausgebreitet und holte eben aus dem Reisesack Brot und gebratenes Geflügel hervor, das er mit vielem Appetit zu bearbeiten begann: ›Sed praeter omnia bibendum quid‹, so rief er sich selbst zu und schenkte aus einer Korbflasche Wein ein in einen kleinen silbernen Becher, den er aus der Tasche hervorgezogen. Eben wollte er trinken, als ich mit einem ›Gelobt sei Jesus Christ!‹ zu ihm hintrat. Mit dem Becher an den Lippen schaute er auf, und ich erkannte im Augenblick meinen alten gemütlichen Freund aus der Benediktiner-Abtei zu Kanzheim, den ehrlichen Pater und Präfektus Chori Hilarius. ›In Ewigkeit!‹ stammelte Pater Hilarius, indem er mich mit weit aufgerissenen Augen starr anblickte. Ich dachte sogleich an meinen Kopfputz, der mir vielleicht ein fremdes Aussehen geben mochte, und begann: ›O mein sehr geliebter würdiger Freund Hilarius, haltet mich nicht für einen verlaufenen vagabundierenden Hindu, auch nicht für ein auf den Kopf gefallenes Landeskind, da ich doch nun einmal nichts anderes bin und sein will, als Euer Intimus, der Kapellmeister Johannes Kreisler!‹ – ›Beim heil'gen Benedikt‹, rief Pater Hilarius freudig, ›ich hatte Euch gleich erkannt, herrlicher Kompositor und angenehmer Freund, aber per diem sagt mir, wo kommt Ihr her, was ist Euch geschehen, Euch, den ich mir in floribus dachte am Hofe des Großherzogs?‹ Ich nahm gar keinen Anstand, dem Pater kürzlich alles zu erzählen, was sich mit mir begeben, und wie ich genötigt gewesen, dem, dem es beliebt, nach mir, wie nach einem aufgestellten Ziel, Probeschüsse zu tun, meinen Stockdegen in den Leib zu stoßen, und wie besagter Zielschießer wahrscheinlich ein italienischer Prinz gewesen, der Hektor geheißen, wie mancher würdige Pirschhund. – ›Was nun beginnen, zurückkehren nach Sieghartsweiler oder – ratet mir, Pater Hilarius!‹ So schloss ich meine Erzählung. – Pater Hilarius, der manches ›– Hm! – so! – ei! – heiliger Benedikt‹ – dazwischen geworfen, sah jetzt vor sich nieder, murmelte: ›Bibamus!‹ und leerte den silbernen Becher auf einen Zug. Dann rief er lachend: ›In der Tat, Kapellmeister, der beste Rat, den ich Euch fürs erste erteilen kann, ist, dass Ihr Euch fein zu mir hersetzt und mit mir frühstückt. Ich kann Euch diese Feldhühner empfehlen, erst gestern schoss sie unser ehrwürdiger Bruder Macarius, der, wie Ihr Euch wohl erinnert, alles trifft, nur nicht die Noten in den Responsorien, und wenn Ihr den Kräuteressig vorschmeckt, mit dem sie angefeuchtet, so verdankt Ihr das der Sorgfalt des Bruders Eusebius, der sie selbst gebraten mir zuliebe. Was aber den Wein betrifft, so ist er wert, die Zunge eines landflüchtigen Kapellmeisters zu netzen. Echter Bocksbeutel, carrissime Johannes, echter Bocksbeutel aus dem St. Johannis-Hospital zu Würzburg, den wir, unwürdige Diener des Herrn, erhalten in bester Qualität. – Ergo bibamus!‹ Damit schenkte er den Becher voll und reichte ihn mir hin. – Ich ließ mich nicht nötigen, ich trank und aß wie einer, der solcher Stärkung bedarf. Pater Hilarius hatte den anmutigsten Platz gewählt, um sein Frühstück einzunehmen. Ein dichtes Birkengebüsch beschattete den blumichten Rasen des Bodens, und der kristallhelle Waldbach, der über hervorragendes Gestein plätscherte, vermehrte noch die erfrischende Kühle. Die einsiedlerische Heimlichkeit des Orts erfüllte mich mit Wohlbehagen und Ruhe, und während Pater Hilarius mir von allem erzählte, was sich seit der Zeit in der Abtei begeben, wobei er nicht vergaß, seine gewöhnlichen Schwänke und sein hübsches Küchenlatein einzumischen, horchte ich auf die Stimmen des Waldes, der Gewässer, die zu mir sprachen in tröstenden Melodien.

Pater Hilarius mochte mein Schweigen der bittern Sorge zuschreiben, die mir das Geschehene verursachte.

›Seid‹, begann er, indem er mir den aufs neue gefüllten Becher hinreichte, ›seid guten Muts, Kapellmeister! Ihr habt Blut vergossen, das ist wahr, und Blut vergießen ist Sünde, doch distinguendum est inter et inter – Jedem ist sein Leben das liebste, er hat es nur einmal. Ihr habt das Eurige verteidigt, und das verbietet die Kirche keineswegs, wie sattsam zu erweisen, und weder unser hochwürdiger Herr Abt, noch irgendein anderer Diener des Herrn wird Euch die Absolution versagen, seid Ihr auch unversehens in fürstliche Eingeweide gefahren. – Ergo bibamus! – Vir sapiens non te abhorrebit, Domine! –

Aber, teuerster Kreisler, kehrt Ihr zurück nach Sieghartsweiler, so wird man Euch garstig befragen über das cur, quomodo, quando, ubi, und wollt Ihr den Prinzen des mörderischen Angriffs zeihen, wird man Euch glauben? Ibi jacet lepus in pipere! – Aber seht, Kapellmeister, wie – doch, bibendum quid –‹ Er leerte den vollgeschenkten Becher und fuhr dann fort: ›Ja, seht, Kapellmeister, wie der gute Rat kommt mit dem Bocksbeutel. – Erfahrt, dass ich mich eben zum Kloster Allerheiligen begeben wollte, um mir von dem dortigen Präfektus Chori Musik zu holen zu den nächsten Festen. Ich habe die Kasten schon zwei-, dreimal umgekehrt, es ist alles alt und verbraucht, und was die Musik betrifft, die Ihr uns komponiert habt während Eures Aufenthalts in der Abtei, ja, die ist gar schön und neu, aber – nehmt mir es nicht übel, Kapellmeister, so auf kuriose Weise gesetzt, dass man keinen Blick wenden darf von der Partitur. Will man nur ein bisschen durchs Gitter schielen nach dieser, jener hübschen Dirn unten im Schiff, gleich hat man einen Halt verfehlt oder sonst was und schlägt einen falschen Takt und schmeißt das Ganze um – Pump, da liegt's, und Di – di – Diedel diedel greift Bruder Jakob in die Orgeltasten! – ad patibulum cum illis – Ich durfte also – doch bibamus!‹ –

Nachdem wir beide getrunken, floss der Strom der Rede also weiter: ›Desunt, die nicht da sind, und die nicht da sind, können nicht gefragt werden, ich dächte daher, Ihr wandertet sogleich mit mir zurück zur Abtei, die, schlägt man Richtwege ein, kaum zwei Stunden von hier entfernt ist. In der Abtei seid Ihr gesichert gegen alle Nachstellungen, contra hostium insidias, ich bringe Euch hin als lebendige Musik, und Ihr bleibt da, solange es Euch gefällt, oder solange Ihr es geraten findet. Der hochwürdige Herr Abt versorgt Euch mit allem Nötigen. Ihr kleidet Euch in die feinste Wäsche und zieht das Benediktiner-Gewand darüber, das Euch sehr wohl stehen wird. Aber damit Ihr nicht unterwegs ausseht, wie der Wundgeschlagene auf dem Bilde vom mitleidigen Samariter, so setzt meinen Reisehut auf, ich werde mir den Kapuschon über die Glatze ziehen. – Bibendum quid, Liebster!‹

Damit leerte er den Becher noch einmal, schwenkte ihn aus im nahen Waldbach, packte alles schnell in seinen Reisesack, drückte mir seinen Hut auf die Stirn und rief ganz fröhlich: ›Kapellmeister, wir dürfen nur ganz langsam und bequem einen Fuß vor den andern setzen und kommen doch gerade an, wenn sie läuten ad conventum, conventuales, d. h. wenn der hochwürdige Abt sich zu Tische setzt.‹

Ihr dürft wohl denken lieber Meister, dass ich gegen den Vorschlag des fröhlichen Paters Hilarius nicht das mindeste einzuwenden hatte, dass es mir vielmehr gar willkommen sein musste, mich an einen Ort zu begeben, der mir in so mancher Hinsicht ein wohltätiges Asyl werden konnte. Wir schritten gemächlich fort unter allerlei Gesprächen und langten so, wie Pater Hilarius es gewollt, in der Abtei an, als man gerade die Tischglocke läutete. Um vor der Hand allen Fragen zuvorzukommen, sagte Pater Hilarius dem Abt, dass, da er zufällig erfahren, wie ich mich in Sieghartsweiler aufhalte, er es vorgezogen, statt der Musik aus dem Kloster Allerheiligen, lieber den Komponisten zu holen, der ja ein ganzes unerschöpfliches Magazin von Musik in sich trage. Der Abt Chrysostomus (mich dünkt, ich hätte Euch schon viel von ihm erzählt) empfing mich mit jener gemütlichen Freude, die nur wahrhaft guter Gesinnung eigen, und lobte den Entschluss des Paters Hilarius!

Seht mich nun, Meister Abraham, wie ich, umgeschaffen zum passablen Benediktinermönch, in einem hohen geräumigen Zimmer des Hauptgebäudes der Abtei sitze und emsig Vespern und Hymnen ausarbeite, ja, wie ich schon mitunter Gedanken notiere zu einem feierlichen Hochamt, wie sich die singenden und spielenden Brüder, die Chorknaben versammeln, wie ich emsig Proben halte, wie ich hinter dem Gitter des Chors dirigiere! In der Tat, so vergraben fühle ich mich in diese Einsamkeit, dass ich mich mit Tartini vergleichen möchte, der, die Rache des Kardinals Cornaro fürchtend, in das Minoritenkloster zu Assisi floh, wo ihn endlich nach Jahren ein Paduaner entdeckte, der sich in der Kirche befand und den verlornen Freund auf dem Chore erblickte, als ein Windstoß den Vorhang, der das Orchester verhüllte, einige Augenblicke aufhob. – Es hätte Euch selbst, Meister, so mit mir gehen können wie jenem Paduaner, aber ich musste Euch ja doch sagen, wo ich geblieben, Ihr könntet sonst Wunder gedacht haben, was aus mir geworden. – Hat man vielleicht meinen Hut gefunden und sich gewundert, dass ihm der Kopf abhanden gekommen? – Meister! Eine besondere wohltätige Ruhe ist in mein Inneres gekommen; sollte ich vielleicht hier am Ankerplatz gelandet sein? Als ich neulich an dem kleinen See, der in der Mitte des weitläufigen Gartens der Abtei liegt, wandelte und mein Bild, neben mir wandelnd, im See erblickte, da sprach ich: ›Der Mensch, der da unten neben mir hergeht, das ist ein ruhiger besonnener Mensch, der, nicht mehr wild umherschwirrend in vagen unbegrenzten Räumen, die gefundene Bahn festhält, und es ist ein Glück für mich, dass der Mensch kein andrer ist als ich selbst.‹ – Aus einem andern See schaute mich einst ein fataler Doppelgänger an – Doch still – still von dem allen. – Meister, nennt mir keinen Namen – erzählt mir nichts – auch nicht einmal, wen ich gespießt – Aber von Euch selbst schreibt mir viel – Die Brüder kommen zur Probe, ich schließe mein historisches Kapitel und zugleich meinen

Brief. Lebt wohl, mein guter Meister, und gedenkt meiner! Etc. etc. etc. etc.« – – – In den fernen, wild verwachsenen Gängen des Parks einsam wandelnd, bedachte Meister Abraham das Schicksal des geliebten Freundes, und wie er ihn, kaum wieder gewonnen, aufs neue verloren. Er sah den Knaben Johannes, sich selbst in Göniönesmühl vor dem Flügel des alten Onkels, der Kleine hämmerte mit stolzem Blick Sebastian Bachs schwerste Sonaten herunter mit beinahe männlicher Faust, er steckte ihm dafür eine Tüte Zuckerwerk heimlich in die Tasche – Es war ihm, als sei dies erst wenige Tage her, und er musste sich verwundern, dass der Knabe eben kein anderer als der Kreisler, der in ein wunderliches launenhaftes Spiel geheimnisvoller Verhältnisse verflochten schien. – Aber mit dem Gedanken an jene vergangene Zeit, an die verhängnisvolle Gegenwart stieg das Bild seines eigenen Lebens vor ihm auf.

Sein Vater, ein strenger eigensinniger Mann, hatte ihn beinahe mit Zwang zu der Kunst des Orgelbaues angehalten, die er selbst trieb wie ein gewöhnliches rohes Handwerk. Er litt nicht, dass irgendein anderer als der Orgelbauer selbst Hand anlege an das Werk, und so mussten die Lehrlinge geübte Tischler, Zinngießer u. s. werden, ehe sie zu der innern Mechanik gelangten. – Genauigkeit, Dauerhaftigkeit, gute Spielart des Werks galt dem Alten für alles; für die Seele, für den Ton hatte er keinen Sinn, und merkwürdig genug sprach sich dies aus in den Orgeln, die er baute, und denen man mit Recht einen harten spitzen Klang vorwarf. Nächstdem war der Alte den kindischen Künsteleien verjährter Zeit ganz und gar ergeben. So hatte er an einer Orgel die Könige David und Salomo angebracht, die während des Spiels wie vor Verwunderung die Köpfe drehten; so fehlte es keinem seiner Werke an paukenden, posaunenden, taktierenden Engeln, mit den Flügeln schlagenden krähenden Hähnen usw. Abraham konnte oft verdienten oder nicht verdienten Schlägen nicht anders entgehen und dem Alten eine Äußerung väterlicher Freude entlocken, als wenn er vermöge eigner Erfindungsgabe irgendeine neue Künstelei, etwa ein schärfer tönendes Kikeriki herausgebracht für den nächsten Orgelhahn. Mit angstvoller Sehnsucht hatte Abraham die Zeit herbeigewünscht, in der er dem Handwerksbrauch gemäß auf Wanderschaft gehen sollte. Endlich kam diese Zeit heran, und Abraham verließ das väterliche Haus, um nie wieder zurückzukehren.

Auf dieser Wanderung, die er in Gemeinschaft mit andern Gesellen, meistens wüsten, rohen Burschen, unternahm, sprach er einst ein in der Abtei St. Blasius, die im Schwarzwald gelegen, und hörte dort das berühmte Orgelwerk des alten Johann Andreas Silbermann. In den vollen herrlichen Tönen dieses Werks ging zum ersten Mal der Zauber des Wohllauts auf in seinem Innern, er fühlte sich in eine andere Welt versetzt, und von dem Augenblick an war er ganz Liebe für eine Kunst, die er sonst mit Widerwillen hatte treiben müssen. – Nun kam ihm aber auch sein ganzes Leben in der Umgebung, wie er es bis jetzt geführt hatte, so nichtswürdig vor, dass er alle Kraft aufbot, sich herauszureißen aus dem Schlamm, in den er sich versunken glaubte. – Sein natürlicher Verstand, seine Fassungsgabe ließen ihn in der wissenschaftlichen Bildung Riesenschritte machen, und doch – fühlte er oft die Bleigewichte, die die frühere Erziehung, das Forttreiben in der Gemeinheit ihm angehängt. – Chiara, die Verbindung mit diesem seltsamen geheimnisvollen Wesen, das war der zweite Lichtpunkt in seinem Leben, und so bildete beides, jenes Erwachen des Wohllauts und Chiaras Liebe, einen Dualismus seines poetischen Seins, der wohltätig hineinwirkte in seine rohe, aber kräftige Natur. – Kaum den Herbergen, kaum den Schenken, wo im dicken Tabaksqualm Zotenlieder ertönten, entronnen, brachte der Zufall oder vielmehr die Geschicklichkeit in mechanischen Künsteleien, denen er den Anstrich des Geheimnisses zu geben wusste (wie der geneigte Leser schon erfahren), den jungen Abraham in Umgebungen, die ihm eine neue Welt sein mussten, und in denen er, ewig Fremdling bleibend, sich nur dadurch aufrecht hielt, dass er den festen Ton behauptete, den seine innere Natur ihm gegeben. Dieser feste Ton wurde mit der Zeit immer fester, und da er keineswegs der eines simplen Grobians, sondern auf klaren gesunden Menschenverstand, richtige Lebensansicht und daraus sich erzeugenden treffenden Spott basiert war, so konnt' es nicht fehlen, dass da, wo der Jüngling sich nur aufrecht gehalten und toleriert worden, der Mann als ein zu fürchtendes Prinzip großen Respekt einflößte. Es ist nichts leichter als gewissen vornehmen Leuten zu imponieren, die immer noch weit unter dem stehen, wofür man sie etwa halten mochte. Daran dachte nun Meister Abraham eben in dem Augenblick, als er von seinem Spaziergang wieder ans Fischerhäuschen gekommen, und schlug eine laute herzliche Lache an, die Luft machte seiner gepressten Brust.

Zur innigsten Wehmut, die ihm sonst wohl gar nicht eigen, hatte den Meister nämlich das lebhafte Andenken an den Moment in der Kirche der Abtei St. Blasius und an die verlorne Chiara gestimmt. »Warum«, sprach er zu sich selbst, »warum blutet eben die Wunde jetzt so häufig, die ich längst verharscht glaubte, warum hänge ich jetzt leeren Träumereien nach, da es mir scheint, als müsse ich tätig eingreifen in das Maschinenwerk, das ein böser Geist falsch zu treiben scheint!« – Der Meister fühlte sich beängstigt durch den Gedanken, dass er, selbst wusste er nicht wodurch, in seinem eigentümlichsten Tun und Treiben sich gefährdet sah, bis, wie gesagt, er im Ideengange auf die vornehmen Leute kam, über die er lachte und augenblicklich merkliche Linderung verspürte. Er trat ins Fischerhäuschen, um nun Kreislers Brief zu lesen. –

Im fürstlichen Schlosse hatte sich Merkwürdiges begeben. Der Leibarzt sprach: »Wunderbar! – es geht über alle Praxis, über alle Erfahrung hinaus!« – Die Fürstin: »So musste es kommen, und die Prinzessin ist nicht kompromittiert!« Der Fürst: »Hätt' ich's nicht ausdrücklich verboten, aber die Crapule der dienenden Esel hat keine Ohren – Nun – der Oberforstmeister soll dafür sorgen, dass der Prinz kein Pulver mehr in die Hände bekommt!« Die Rätin Benzon: »Dank dem Himmel, sie ist gerettet!« – Währenddessen schaute Prinzessin Hedwiga zum Fenster ihres Schlafgemachs heraus, indem sie dann und wann abgebrochene Akkorde anschlug auf derselben Gitarre, die Kreisler im Unmut von sich warf und aus Julias Händen, wie er meinte, geheiligt zurückempfing. Auf dem Sofa saß Prinz Ignatius und weinte und klagte: »Es tut weh, es tut weh«, vor ihm aber Julia, die emsig beschäftigt war, in eine kleine silberne Schüssel hinein, rohe Kartoffeln zu schaben. – Alles dieses bezog sich auf ein Ereignis, das der Leibarzt mit vollem Recht wunderbar nannte und über alle Praxis erhaben. Prinz Ignatius hatte sich, wie der geneigte Leser schon mehrmals erfahren, den unschuldig tändelnden Sinn, die glückliche Unbefangenheit des sechsjährigen Knaben erhalten und spielte daher gern wie ein solcher. Unter anderem Spielzeug besaß er auch eine kleine, aus Metall gegossene Kanone, die ihm zu seinem Lieblingsspiel diente, an dem er sich jedoch höchst selten ergötzen konnte, da manche Dinge dazu gehörten, die nicht gleich zur Hand waren, nämlich einige Körner Pulver, ein tüchtiges Schrotkorn und ein kleiner Vogel. Hatte er das alles, so ließ er seine Truppen aufmarschieren, hielt Kriegsgericht über den kleinen Vogel, der eine Rebellion angezettelt in des fürstlichen Papas verlorenem Lande, lud die Kanone und schoss den Vogel, den er mit einem schwarzen Herzen auf der Brust an einen Leuchter gebunden, tot, zuweilen aber auch nicht, so dass er mit dem Federmesser nachhelfen musste, um die gerechte Strafe an dem Hochverräter zu vollstrecken.

Fritz, des Gärtners zehnjähriger Knabe, hatte dem Prinzen einen gar hübschen bunten Hänfling verschafft und dafür, wie gewöhnlich, eine Krone erhalten. Sogleich war dann aber der Prinz in die Jägerstube geschlichen, gerade wenn die Jäger abwesend, hatte richtig Schrotbeutel und Pulverhorn gefunden und sich daraus mit der nötigen Munition versehen. Schon wollte er mit der Exekution beginnen, die Beschleunigung zu fordern schien, da der bunte zwitschernde Rebell alle nur möglichen Mittel versuchte zu entwischen, als es ihm einfiel, dass er der Prinzessin Hedwiga, die jetzt so artig geworden, durchaus nicht die Lust versagen dürfe, bei der Hinrichtung des kleinen Hochverräters gegenwärtig zu sein. Er nahm also den Kasten, worin seine Armee befindlich, unter den einen, die Kanone unter den andern Arm, den Vogel aber in die hohle Hand und schlich, da es ihm von dem Fürsten untersagt worden, die Prinzessin zu sehen, leise, leise zu Hedwigas Schlafgemach, wo er sie in dem fortdauernden kataleptischen Zustand auf dem Ruhebett angekleidet liegen fand. Schlimm und, wie man sehen wird, zugleich gut war es, dass die Kammerfrau die Prinzessin eben verlassen.

Ohne weiteres band nun der Prinz den Vogel an einen Leuchter, ließ die Armee in Reihe und Glied antreten und lud die Kanone, dann hob er die Prinzessin vom Ruhebett, ließ sie zum Tisch gehen und erklärte, dass sie jetzt den kommandierenden General vorstelle, er seinerseits bleibe der regierende Fürst und brenne nebenher die Artillerie ab, welche den Rebellen töte. – Überfluss an Munition hatte den Prinzen verführt, und er hatte nicht allein das Geschütz überladen, sondern auch Pulver rund umher auf den Tisch verstreut. Sowie er das Stück abprotzte, gab es nicht allein einen ungewöhnlichen Knall, sondern das umhergestreute Pulver flog auch auf und verbrannte ihm tüchtig die Hand, so dass er laut aufschrie und gar nicht einmal bemerkte, dass die Prinzessin im Augenblick der Explosion hart zu Boden gestürzt war. Der Schuss hallte durch die Korridore, alles eilte, Unglück ahnend, herbei, und selbst Fürst und Fürstin drängten sich, alle Etikette im jähen Schreck vergessend, mit der Dienerschaft durch die Türe hinein. Die Kammerfrauen hoben die Prinzessin vom Boden und legten sie aufs Ruhebett, während man nach dem Leibarzt, nach dem Chirurgus rief. Der Fürst ersah aus den Anstalten auf dem Tische sehr bald, was geschehen, und sprach zum Prinzen, der entsetzlich schrie und lamentierte, mit zornfunkelnden Augen: »Sieht Er, Ignaz! das kommt von Seinen dummen kindischen Faxen. Lass' Er sich Brandsalbe auflegen und heul' Er nicht, wie ein Straßenjunge! – Mit einem Birkenreis – sollt – Hint – « Die bebenden Lippen ließen keine Deutlichkeit der Sprache zu, der Fürst wurde unverständlich und verließ gravitätisch das Zimmer. Tiefes Entsetzen hatte die Dienerschaft erfasst, denn erst zum dritten Mal redete der Fürst den Prinzen an mit Er und Ignaz, und jedes Mal bewies er den wildesten, schwer zu sühnenden Zorn.

Als der Leibarzt erklärte, die Krisis sei eingetreten, und er hoffe, dass der bedrohliche Zustand der Prinzessin nun bald vorüber und sie völlig genesen werde, sprach die Fürstin mit weniger Teilnahme, als man wohl denken sollte: »Dieu soit loué, man gebe mir weitere Nachricht.« Den weinenden Prinzen schloss sie aber zärtlich in ihre Arme, tröstete ihn mit süßen Worten und folgte dann dem Fürsten.

Indessen war die Benzon, die im Sinn gehabt, mit Julien die unglückliche Hedwiga zu sehen, im Schloss angekommen. Kaum hörte sie, was geschehen, als sie hinaufeilte ins Zimmer der Prinzessin, zuflog auf das Ruhebett, niederkniete, Hedwigas Hand fasste und ihr starr in die Augen blickte, während Julia heiße Tränen vergoss, wähnend, dass wohl der Todesschlaf über die Herzensfreundin kommen werde. Da holte Hedwiga tief Atem und sprach mit dumpfer, kaum vernehmlicher Stimme: »Ist er tot?« – Sogleich hielt Prinz Ignatius ein mit Weinen trotz seines Schmerzes und erwiderte in voller Freude über die gelungene Exekution lachend und kichernd: »Ja ja – Prinzessin Schwester, ganz tot, gerade durchs Herz geschossen.« – »Ja«, sprach die Prinzessin weiter, indem sie die Augen, die sie aufgeschlagen, wieder sinken ließ, »ja, ich weiß es. Ich sah den Blutstropfen der aus dem Herzen quoll, aber er fiel in meine Brust, und ich erstarrte zu Kristall, und er nur lebte in dem Leichnam!« – »Hedwiga«, begann die Rätin leise und zärtlich, »Hedwiga, erwachen Sie aus bösen unglücklichen Träumen, Hedwiga, erkennen Sie mich?« Die Prinzessin winkte sanft mit der Hand, als wolle sie verlassen sein. »Hedwiga«, fuhr die Benzon fort, »Julia ist hier.« Ein Lächeln schimmerte auf Hedwigas Wangen. Julia beugte sich über sie, drückte einen leisen Kuss auf die erblassten Lippen der Freundin. Da lispelte Hedwiga kaum hörbar: »Es ist nun alles vorüber, in wenigen Minuten bin ich ganz erkräftigt, ich fühl' es.« –

Niemand hatte sich bis jetzt um den kleinen Hochverräter bekümmert, der mit zerfleischter Brust auf dem Tisch lag. Nun fiel er Julien ins Auge, und erst in dem Augenblick wurde sie auch inne, dass Prinz Ignatius wieder das abscheuliche, ihr verhasste Spiel gespielt. »Prinz«, sprach sie, indem ihre Wangen sich hoch röteten, »Prinz, was hat Ihnen der arme Vogel getan, dass Sie ihn ohne Erbarmen töten hier im Zimmer? – Das ist ein rechtes einfältiges grausames Spiel – Sie haben mir längst versprochen, es zu lassen, und doch nicht Wort gehalten – Aber, tun Sie es noch einmal, niemals ordne ich mehr Ihre Tassen oder lehre Ihre Püppchen reden oder erzähle Ihnen die Geschichte vom Wasserkönig!« – »Nicht böse sein«, wimmerte der Prinz, »nicht böse sein, Fräulein Julia! Aber es war ein bunter Erzschelm. Er hatte allen Soldaten heimlich die Rockschöße abgeschnitten und überdies eine Rebellion angezettelt. Aber es tut weh – es tut weh!« – Die Benzon blickte den Prinzen, dann Julien an mit seltsamem Lächeln, dann rief sie: »Was das für ein Wehklagen ist über ein paar verbrannte Finger! – Aber es ist wahr, der Chirurgus wird ewig mit seiner Brandsalbe nicht fertig. Doch hilft ein gemeines Hausmittel auch wohl ungemeinen Leuten. Man schaffe rohe Kartoffeln herbei!« Sie schritt zur Tür, aber wie plötzlich von irgendeinem Gedanken erfasst, blieb sie stehen, kehrte um, schloss Julien in die Arme, küsste sie auf die Stirne und sprach: »Du bist mein gutes liebes Kind und wirst immer das ganz sein, was du sein sollst! – Hüte dich nur vor überspannten wahnsinnigen Toren und verschließe dein Gemüt dem bösen Zauber ihrer verlockenden Reden!« – Damit warf sie noch einen forschenden Blick auf die Prinzessin, die sanft und süß zu schlummern schien, und verließ das Zimmer.

Der Chirurgus trat hinein mit einem ungeheuren Pflaster in den Händen, unter vielen Beteuerungen versichernd, dass er schon seit geraumer Zeit gewartet in den Zimmern des gnädigsten Prinzen, da er nicht hatte vermuten können, dass er in dem Schlafgemach der gnädigsten Prinzessin – Er wollte mit dem Pflaster los auf den Prinzen, die Kammerfrau, die ein paar stattliche Kartoffeln auf einer silbernen Schüssel herbeigebracht, vertrat ihm aber den Weg und versicherte, dass für Verletzungen durch Brand geschabte Kartoffeln das allerbeste Mittel wären. »Und ich«, fiel Julia der Kammerfrau ins Wort, indem sie ihr die silberne Schüssel abnahm, »und ich selbst will für Sie, mein Prinzchen, das Pflaster gar fein bereiten.«

»Gnädigster Herr«, sprach der Chirurg erschrocken, »bedenken Sie! – ein Hausmittel für verbrannte Finger eines hohen fürstlichen Herrn! – Die Kunst – die Kunst soll – muss hier allein helfen!« Er wollte von neuem auf den Prinzen los, der prallte aber zurück und rief: »Weg da, weg da! Fräulein Julia soll mir das Pflaster bereiten, die Kunst soll sich zum Zimmer hinausscheren!« Die Kunst empfahl sich samt ihrem wohlpräparierten Pflaster, indem sie giftige Blicke auf die Kammerfrau warf. Stärker und stärker hörte Julia die Prinzessin atmen, doch wie erstaunte sie, als – –

(M. f. f.) – einschlafen. Hin und her wälzte ich mich auf meinem Lager; ich versuchte alle nur möglichen Stellungen. Bald streckte ich mich lang aus, bald wickelte ich mich rund zusammen, ließ den Kopf auf den weichen Pfoten ruhen und ringelte den Schweif zierlich um mich herum, so dass er die Augen bedeckte, bald warf ich mich auf die Seite, ließ die Pfoten wegstarren vom Leib, den Schweif in lebloser Gleichgültigkeit hinabhängen vom Lager. Alles – alles vergebens! – Wirrer und wirrer wurden Vorstellungen, Gedanken, bis ich endlich in jenes Delirium fiel, das kein Schlaf, sondern ein Kampf zwischen Schlafen und Wachen zu nennen, wie Moritz, Davidson, Nudow, Tiedemann, Wienholt, Reil, Schubert, Kluge und andere physiologische Schriftsteller, die über Schlaf und Traum geschrieben und die ich nicht gelesen, mit Recht behaupten.

Die helle Sonne schien in des Meisters Zimmer hinein, als ich aus diesem Delirium, aus diesem Kampf zwischen Schlafen und Wachen, wirklich zum klaren Bewusstsein erwachte. Aber welch ein Bewusstsein, welch ein Erwachen! – O Katerjüngling, der du dieses liesest, spitze die Ohren und lies aufmerksam, dass dir die Moral nicht entwische! – Nimm dir zu Herzen, was ich über einen Zustand sage, dessen unnennbare Trostlosigkeit ich dir nur mit schwachen Farben schildern kann. – Nimm dir diesen Zustand, wiederhole ich, zu Herzen und dich selbst möglichst in acht, wenn du zum ersten Mal in einer Katzburschengesellschaft Katzpunsch genießest. Nippe mäßig und berufe dich, will man das nicht leiden, auf mich und meine Erfahrung, der Kater Murr sei deine Autorität, die jeder, hoff' ich, anerkennen und gelten lassen wird.

Nun also! – Was zuvörderst mein physisches Befinden betrifft, so fühlte ich mich nicht allein matt und elend, sondern was mir ganz besondere Qualen schuf, war ein gewisser kecker abnormer Anspruch des Magens, der eben seiner Abnormität halber nicht durchzusetzen war und nur einen unnützen Rumor im Innern verursachte, an dem sogar die affizierten Ganglien teilnahmen, die in ewigem physischem Wollen und Nichtvermögen krankhaft zitterten und bebten. – Es war ein heilloser Zustand! – Aber beinahe noch empfindlicher war die psychische Affektion. Mit der bittern Reue und Zerknirschung eines Gestern halber, das ich doch eigentlich gar nicht für tadelnswert erachten konnte, kam eine trostlose Gleichgültigkeit in meine Seele gegen alles irdische Wohl! – Ich verachtete alle Güter der Erde, alle Gaben der Natur, Weisheit, Verstand, Witz usw. Die größten Philosophen, die geistreichsten Dichter galten mir nicht höher als Lumpenpuppen, sogenannte Hansemänner, und was das Ärgste war, auf mich selbst dehnte sich jene Verachtung aus, und ich glaubte zu erkennen, dass ich nichts sei als ein ganz gewöhnlicher miserabler Mausekatz! – Niederschlagenderes gibt es nicht! Der Gedanke, dass ich in dem größten Jammer befangen, dass die ganze irdische Erde überhaupt ein Jammertal sei, vernichtete mich in namenlosem Schmerz. – Ich kniff die Augen zu und weinte sehr! –

»Du hast geschwärmt, Murr, und nun ist dir miserabel zumute? – Ja, ja, so geht's! – Nun schlaf' nur aus, alter Junge, dann wird's besser werden!« – So rief der Meister mir zu, als ich das Frühstück stehen ließ und einige Schmerzenstöne von mir gab. Der Meister! – o Gott, er wusste nicht, er kannte nicht meine Leiden! – er ahnte nicht, wie Burschentum und Katzpunsch wirken auf ein zartfühlendes Gemüt! –

Es mochte Mittag sein, noch hatte ich mich nicht vom Lager gerührt, als plötzlich, der Himmel weiß, wie er hineinzuschleichen gewusst, Bruder Muzius vor mir stand. – Ich klagte ihm meinen unseligen Zustand, statt aber, wie ich gehofft, mich zu bedauern, mich zu trösten, schlug er eine unmäßige Lache an und rief: »Hoho, Bruder Murr, es ist weiter nichts als die Krisis, der Übergang von unwürdiger philistriger Knabenschaft zum würdigen Burschentum, die dich glauben lässt, dass du krank bist und elend. Du bist das edle Kommersieren noch nicht gewohnt! – Aber tu mir den Gefallen und halt das Maul und klag nicht etwa dem Meister dein Leiden. Unser Geschlecht ist überdies schon verrufen genug dieser Scheinkrankheit halber, und der schmähsüchtige Mensch hat ihr einen Namen gegeben, der sich auf uns bezieht, und den ich nicht wiederholen mag. Aber raff dich auf, nimm dich zusammen, komm mit mir, die frische Luft wird dir wohl tun, und dann musst du vor allen Dingen Haare auflegen. Komm nur, du wirst schon praktisch erfahren, was das heißt.«

Bruder Muzius übte seit der Zeit, als er mich dem Philistertum entrissen, eine unbedingte Herrschaft über mich aus; ich musste tun, was er wollte. Mühsam stand ich daher auf von meinem Lager, dehnte mich, so gut es bei den erschlafften Gliedern gehen wollte, und folgte dem treuen Bruder aufs Dach. Wir spazierten einige

Mal auf und nieder, und in der Tat, mir wurde etwas wohler, frischer zumut. Dann führte mich Bruder Muzius hinter den Schornstein, und hier musste ich, wollte ich mich auch dagegen sträuben, zwei, drei Schnäpschen reine Heringslake nehmen. Dies waren die Haare, die ich, nach Muzius' Ausdruck, auflegen sollte. – O, wunderbarer als wunderbar war die drastische Wirkung dieses Mittels! Was soll ich sagen? – Des Magens abnorme Ansprüche schwiegen, der Rumor war gestillt, das Gangliensystem beruhigt, das Leben wieder schön, ich schätzte das irdische Wohl, die Wissenschaft, die Weisheit, den Verstand, den Witz u. s., ich war mir selbst wiedergegeben, ich war wieder der herrliche, höchst exzellente Kater Murr! – O Natur, Natur! Kann es denn geschehen, dass ein paar Tropfen, die der leichtsinnige Kater genießt in unzähmbarer freier Willkür, Rebellion zu erwecken vermögen gegen dich, gegen das wohltätige Prinzip, das du mit mütterlicher Liebe in seine Brust gepflanzt hast, und nach dem er überzeugt sein muss, dass die Welt mit ihren Freuden, als da sind Bratfische, Hühnerknochen, Milchbrei etc., die beste sei und er das Allerbeste in dieser Welt, da ihre Freuden nur für ihn und seinethalben geschaffen sind? – Aber – ein philosophischer Kater erkennt das, es ist tiefe Weisheit darin – jener trostlose ungeheure Jammer ist nur das Gegengewicht, das die zum Forttreiben in der Bedingung des Seins nötige Reaktion bewirkt, und so ist derselbe (der Jammer nämlich) in dem Gedanken des ewigen Weltalls begründet! – Legt Haare auf, Katerjünglinge, und tröstet euch dann mit diesem philosophischen Erfahrungssatz eures gelehrten, scharfsinnigen Standesgenossen.

Es genügt zu sagen, dass ich nun manche Zeit hindurch ein frisches frohes Burschenleben führte auf den Dächern ringsumher, in Kompanie mit Muzius und andern kreuzbraven, biderben fidelen Jungs, weißen, gelben und bunten.

Ich komme nun zu einer wichtigern Begebenheit meines Lebens, die nicht ohne Folgen blieb. Als ich nämlich einmal bei Anbruch der Nacht, im Schimmer des hellen Mondscheins, mit dem Bruder Muzius zu einer Kneiperei, die die Burschen angeordnet, gehen wollte, begegnete mir jener schwarz, grau, gelbe Verräter, der mir meine Miesmies geraubt. Wohl konnt' es sein, dass ich beim Anblick des verhassten Nebenbuhlers, dem ich noch dazu schändlicherweise hatte unterliegen müssen, etwas stutzte. Er ging indessen stracks an mir vorbei, ohne mich zu grüßen, und es wollte mich bedünken, als lächle er mich höhnisch an, im Gefühl der Übermacht, die er über mich gewonnen. Ich dachte an die verlorne Miesmies, an die erhaltenen Prügel, das Blut kochte mir in den Adern! Muzius bemerkte meine Aufwallung, und da ich ihm mitteilte, was ich bemerkt zu haben glaubte, so sprach er: »Du hast recht, Bruder Murr. Der Kerl schnitt solch ein schiefes Gesicht und trat dabei so keck auf: am Ende wollte er dich wirklich tuschieren. – Nun, das wollen wir bald erfahren. Irre ich nicht, so hat der bunte Philister hier in der Nähe eine neue Liebschaft angesponnen, er schleicht alle Abende hier auf diesem Dach umher. Warten wir ein wenig, vielleicht kommt der Monsieur bald zurück, und da kann sich ja wohl das übrige bald finden.«

In der Tat dauerte es nicht lang, so kam der Bunte wieder trotzig zurück und maß schon von weitem mich mit verächtlichen Blicken. Ich trat ihm herzhaft und keck entgegen, wir gingen so hart aneinander vorüber, dass unsere Schweife sich unsanft berührten. Sogleich blieb ich stehen, drehte mich um und sprach mit fester Stimme: »Mau!« – Er blieb ebenfalls stehen, drehte sich um und erwiderte trotzig: »Mau!« – Dann ging ein jeder seinen Weg.

»Das war Tusch«, rief Muzius ganz zornig aus, »ich werde den bunten trotzigen Kerl morgen koramieren.«

Muzius begab sich den andern Morgen zu ihm hin und fragte ihn in meinem Namen, ob er meinen Schweif berührt. Er ließ mir ausrichten, er hätte meinen Schweif berührt. Darauf ich, habe er meinen Schweif berührt, so müsse ich das für Tusch nehmen. Darauf er, ich könne es nehmen, wie ich wollte. Darauf ich, ich nehme es für Tusch. Darauf er, ich sei gar nicht imstande zu beurteilen, was Tusch sei. Darauf ich, ich wisse das sehr gut und besser als er. Darauf er, ich sei nicht der Mann dazu, dass er mich tuschieren solle. Darauf ich nochmals, ich nehme es aber für Tusch. Darauf er, ich sei ein dummer Junge. Darauf ich, um mich in Avantage zu setzen, wenn ich ein dummer Junge sei, so sei er ein niederträchtiger Spitz! – Dann kam die Ausforderung.

(Randglosse des Herausgebers. O Murr, mein Kater! Entweder hat sich der Ehrenpunkt seit Shakespeares Zeiten nicht geändert, oder ich ertappe dich bei einer schriftstellerischen Lüge. Das heißt, bei einer Lüge, die dazu dienen soll, der Begebenheit, die du erzählst, mehr Glanz und Feuer zu geben! – Ist die Art, wie es zum Duell mit dem bunten Pensionär kam, nicht die rein ausgesprochene Parodie von Probsteins siebenmal zurückgeschobener Lüge in »Wie es euch gefällt«? Finde ich nicht in deinem angeblichen Duellprozess die ganze Stufenleiter von dem höflichen Bescheid, dem feinen Stich, der groben Erwiderung, der beherzten Abfertigung bis zum trotzigen Widerspruch, und kann es dich wohl einigermaßen retten, dass du anstatt mit der bedingten offenbaren Lüge mit ein paar Schimpfreden schließest? – Murr! mein Kater! die Rezensenten werden über dich herfallen, aber bewiesen hast du doch wenigstens, dass du den Shakespeare mit Verstand und Nutzen gelesen, und das entschuldigt vieles.)

Aufrichtig gestanden, fuhr es mir doch etwas in die Glieder, als ich die Ausforderung erhielt, die auf den Kratz lautete. Ich dachte daran, wie übel mich der bunte Verräter zugerichtet hatte, als, von Eifersucht und Rache getrieben, ich ihn angriff, und wünschte wenigstens die Avantage, zu der mir Freund Muzius verholfen, hinweg. Muzius mochte gewahren, dass ich beim Lesen des blutfordernden Handbilletts erblasste, und überhaupt meine Seelenstimmung bemerken. »Bruder Murr«, sprach er, »mir scheint, als ob dir das erste Duell, das du bestehen sollst, etwas in die Glieder führe?« – Keinen Anstand nahm ich, dem Freunde mein ganzes Herz zu öffnen, ihm zu sagen, was meinen Mut erschütterte. »O mein Bruder«, sprach Muzius, »o mein geliebter Bruder Murr! Du vergissest, dass damals, als der übermütige Frevler dich ausprügelte auf schnöde Weise, du noch ein blutjunger Neuling und kein wackrer, tüchtiger Bursche warst wie jetzt. Auch war dein Kampf mit dem Bunten kein ordentliches Duell nach Regel und Recht, ja nicht einmal ein Renkontre zu nennen, sondern nichts weiter als eine philistermäßige Balgerei, die unanständig ist für jeden Katzbursch. Merk' dir's, Bruder Murr, dass der auf unsre besondre

Gaben neidische Mensch uns die Neigung vorwirft, uns auf ehrwidrige beschimpfende Weise zu prügeln, und fällt unter seinem Geschlecht dergleichen vor, dies mit dem Schimpf- und Spottnamen: Katzbalgerei bezeichnet. Schon darum wird und muss ein ordentlicher Kater, der Ehre im Leibe hat und auf gute Sitten hält, jedes böse Renkontre der Art vermeiden; er beschämt den Menschen, der unter gewissen Umständen sehr geneigt ist, zu prügeln und geprügelt zu werden. – Also, geliebter Bruder, lass alle Furcht und Scheu fahren, bewahre dein tapfres Herz und sei überzeugt, dass du im ordentlichen Duell genugsam Rache für alle erfahrne Unbill nehmen und den bunten Gecken dermaßen zerkratzen kannst, dass er das dumme Liebeln und alberne Daherstolzieren wohl auf einige Zeit lassen wird. – Doch halt! – Eben will mich bedünken, dass nach dem, was zwischen euch vorgefallen, der Zweikampf auf den Kratz keinen genügenden Ausschlag geben kann, dass ihr euch vielmehr auf entscheidendere Weise, nämlich auf den Biss, schlagen müsst. – Wir wollen die Meinung der Burschen hören!« –

Muzius trug in einer sehr wohlgesetzten Rede den Fall, der sich mit mir und dem Bunten ereignet, der Burschenversammlung vor. Alle stimmten dem Redner bei, und ich ließ daher dem Bunten durch Muzius sagen, ich nehme die Ausforderung zwar an, könnte und würde bei der Schwere der erlittenen Beschimpfung mich aber nicht anders schlagen, als auf den Biss. Der Bunte wollte zwar Einwendungen machen, vorschützen, er habe stumpfe Zähne usw.; da aber Muzius ihm nach seiner ernsten und festen Weise erklärte, dass hier nur durchaus von dem entscheidenderen Duell auf den Biss die Rede sein könne, und dass, wenn er dies nicht eingehen wolle, er den niederträchtigen Spitz auf sich sitzen lassen müsste, entschloss er sich zu diesem Duell auf den Biss. – Die Nacht, in der der Zweikampf vor sich gehen sollte, kam heran. Ich stellte mich auf dem Dach des Hauses, das an der Grenze des Reviers lag, mit Muzius um die bestimmte Stunde ein. Auch mein Gegner kam bald mit einem stattlichen Kater, der beinahe bunter gefleckt war und noch viel trotzigere, keckere Züge im Antlitz trug als er selbst. Er war, wie wir vermuten konnten, sein Sekundant; beide hatten verschiedene Feldzüge als Kameraden zusammen gemacht und befanden sich auch beide bei der Eroberung des Speichers, die dem Bunten den Orden des gebrannten Specks erwarb. Außerdem hatte sich, wie ich nachher erfuhr, auf des um- und vorsichtigen Muzius Anlass eine kleine lichtgraue Katze eingefunden, die sich ganz außerordentlich auf Chirurgie verstehen und die schlimmsten, gefährlichsten Wunden zweckmäßig behandeln und in kurzer Zeit heilen sollte. – Es wurde noch verabredet, dass der Zweikampf in drei Sprüngen stattfinden, und falls bei dem dritten Sprunge noch nichts Entscheidendes geschehen, weiter beschlossen werden sollte, ob das Duell in neuen Sprüngen fortzusetzen, oder die Sache als abgemacht anzusehen. Die Sekundanten maßen die Schritte aus, und wir setzten uns gegenüber in Positur. Der Sitte gemäß erhoben die Sekundanten ein Zetergeschrei, und wir sprangen aufeinander los.

Im Augenblick hatte mein Gegner, indem ich ihn fassen wollte, mein rechtes Ohr gepackt, das er dermaßen zerbiss, dass ich wider Willen laut aufschrie. »Auseinander!« rief Muzius. Der Bunte ließ ab, wir gingen in die Position zurück. Neuer Zeter der Sekundanten, zweiter Sprung. Nun glaubte ich meinen Gegner besser zu fassen, aber der Verräter duckte sich und biss mir in die linke Pfote, dass das Blut in dicken Tropfen hervorquoll. – »Auseinander!« rief Muzius zum zweiten Mal. »Eigentlich«, sprach der Sekundant meines Gegners, sich zu mir wendend, »eigentlich ist nun die Sache ausgemacht, da Sie, mein Bester, durch die bedeutende Wunde an der Pfote hors de combat gesetzt sind.« Doch Zorn, tiefer Ingrimm ließen mich keinen Schmerz fühlen, und ich entgegnete, dass es sich bei dem dritten Sprunge finden würde, inwiefern es mir an Kraft gebräche und die Sache als abgemacht anzusehen. »Nun«, sprach der Sekundant mit höhnischem Lachen, »nun, wenn Sie denn durchaus von der Pfote Ihres Ihnen überlegenen Gegners fallen wollen, so geschehe Ihr Wille!« – Doch Muzius klopfte mir auf die Schulter und rief: »Brav, brav, mein Bruder Murr, ein echter Bursche achtet solch einen Ritz nicht! – Halt dich tapfer!«

Zum dritten Mal Zeter der Sekundanten, dritter Sprung! – Meiner Wut ungeachtet hatte ich die List meines Gegners gemerkt, der immer etwas seitwärts sprang, weshalb ich ihn fehlte, während er mich mit Sicherheit packte. – Diesmal nahm ich mich in acht, sprang auch seitwärts, und als er mich zu fassen glaubte, hatte ich ihn schon dermaßen in den Hals gebissen, dass er nicht schreien, nur stöhnen konnte. »Auseinander!« rief jetzt der Sekundant meines Gegners. Ich sprang sogleich zurück, der Bunte sank aber ohnmächtig nieder, indem das Blut reichlich aus der tiefen Wunde hervorquoll. Die hellgraue Katze eilte sogleich auf ihn zu und bediente sich, um vor dem Verbande das Blut einigermaßen zu stillen, eines Hausmittels, das, wie Muzius versicherte, ihr stets zu Gebote stand, da sie es immer bei sich führte. Sie goss nämlich sofort eine Flüssigkeit in die Wunde und besprengte überhaupt den Ohnmächtigen ganz und gar damit, die ich ihres scharfen beizenden Geruchs halber für stark und drastisch wirkend halten musste. Thedensche Arkebusade war es nicht, auch nicht Eau de Cologne. – Muzius drückte mich feurig an seine Brust und sprach: »Bruder Murr, du hast deine Ehrensache ausgefochten wie ein Kater, dem das Herz auf dem rechten Flecke sitzt. – Murr, du wirst dich erheben zur Krone des Burschentums, du wirst keinen Makel dulden und stets bei der Hand sein, wenn es darauf ankommt, unsere Ehre zu verteidigen.« – Der Sekundant meines Gegners, der so lange dem hellgrauen Chirurgus beigestanden, trat nun trotzig auf und behauptete, dass ich im dritten Gang gegen den Komment gefochten. Da setzte sich aber Bruder Muzius in Positur und erklärte mit funkelnden Augen und hervorgestreckten Krallen, dass der, der solches behaupte, es mit ihm zu tun habe, und dass die Sache gleich auf der Stelle ausgemacht werden könne. Der Sekundant hielt es für geraten, nichts weiter darauf zu erwidern, sondern packte stillschweigend den wunden Freund, der was weniges zu sich selbst gekommen, auf den Rücken und marschierte mit ihm ab durch die Dachluke. – Der aschgraue Chirurgus fragte an, ob er meiner Wunden halber mich auch etwa mit seinem Hausmittel bedienen solle. Ich lehnte das aber ab, so sehr mich auch Ohr und Pfote schmerzten, sondern machte mich im Hochgefühl des errungenen Sieges, der gestillten Rache für Miesmies' Entführung und erhaltene Prügel auf den Weg nach Hause.

Für dich, o Katerjüngling, habe ich mit gutem Bedacht die Geschichte meines ersten Zweikampfs so umständlich aufgeschrieben. Außerdem dass dich diese merkwürdige Geschichte über den Ehrenpunkt belehrt ganz und gar, kannst du auch noch manche für das Leben höchst nötige und nützliche Moral daraus schöpfen. Wie z. B. dass Mut und Tapferkeit gar nichts ausrichten gegen Finten, und dass daher das genaue Studium der Finten unerlässlich ist, um nicht zu Boden getreten zu werden, sondern sich aufrecht zu erhalten. »Chi no se aiuta, se nega«, sagt Brighella in Gozzis »glücklichem Bettler«, und der Mann hat recht, vollkommen recht. – Sieh das ein, Katerjüngling, und verachte keineswegs Finten, denn in ihnen liegt, wie im reichen Schacht, die wahre Lebensweisheit verborgen. –

Als ich herabkam, fand ich des Meisters Tür verschlossen und musste daher mit der Strohmatte, die davor lag, als Nachtlager vorliebnehmen. Die Wunden hatten mir einen starken Blutverlust verursacht, und mir wurde in der Tat etwas ohnmächtig zumute. Ich fühlte mich sanft fortgetragen. Es war mein guter Meister, der (ich mochte wohl, ohne es zu wissen, etwas gewinselt haben) mich vor der Tür gehört, aufgemacht und meine Wunden bemerkt hatte. »Armer Murr«, rief er, »was haben sie mit dir gemacht? Das hat tüchtige Bisse gegeben – nun, ich hoffe, du wirst deinen Gegnern nichts geschenkt haben!« – »Meister«, dacht' ich, »wenn du wüsstest!« und aufs neue fühlte ich mich von dem Gedanken des vollständig erfochtenen Sieges, der Ehre, die ich mir gewonnen, gar mächtig erhoben. – Der gute Meister legte mich auf mein Lager, holte aus dem Schrank eine kleine Büchse, in der Salbe befindlich, hervor, bereitete zwei Pflaster und legte sie mir auf Ohr und Pfote. Ruhig und geduldig ließ ich alles geschehen und stieß nur ein kleines leises Mrrr! aus, als der erste Verband mich etwas schmerzen wollte. – »Du bist«, sprach der Meister, »ein kluger Kater, Murr! du verkennst nicht, wie andre knurrige Wildfänge deines Geschlechts, die gute Absicht deines Herrn. Halt dich nur ruhig, und wenn es Zeit ist, dass du die Wunde an der Pfote heil leckst, so wirst du schon selbst den Verband lösen. Was aber das wunde Ohr betrifft, so kannst du nichts dafür tun, armer Gesell, und musst das Pflaster leiden.«

Ich versprach das dem Meister und reichte zum Zeichen meiner Zufriedenheit und Dankbarkeit für seine Hilfe ihm meine gesunde Pfote hin, die er wie gewöhnlich nahm und leise schüttelte, ohne sie im mindesten zu drücken. – Der Meister verstand mit gebildeten Katern umzugehen.

Bald spürte ich die wohltätige Wirkung der Pflaster und war froh, dass ich des kleinen aschgrauen Chirurgus fatales Hausmittel nicht angenommen. Muzius, der mich besuchte, fand mich heiter und kräftig. Bald war ich imstande ihm zu folgen zur Burschenkneiperei. Man kann sich denken, mit welchem unbeschreiblichen Jubel ich empfangen wurde. Allen war ich doppelt lieb geworden. Von nun an führte ich ein köstliches Burschenleben und übersah es gern, dass ich dabei die besten Haare aus dem Pelz verlor. – Doch gibt es hienieden ein Glück, das von Dauer sein sollte? Lauert bei jeder Freude, die man genießt, nicht schon der – – –

(Mak. Bl.) – hohen und steilen Hügel, im flachen Lande hätte er für einen Berg gegolten, belegen. Ein breiter, bequemer, von duftendem Gebüsch eingeschlossener Weg, an dessen beiden Seiten häufig angebrachte steinerne Sitze und Lauben die gastliche Sorge für die wandernden Pilger bewiesen, führte hinauf. Oben angekommen, gewahrte man erst die Größe und Pracht des Gebäudes, das man in der Ferne nur für eine einzeln dastehende Kirche gehalten. Wappen, Bischofsmütze, Krummstab und Kreuz, über dem Tor in Stein gehauen, zeigten, dass sonst hier eine bischöfliche Residenz gewesen, und die Inschrift: »Benedictus, qui venit in nomine domini« lud fromme Gäste ein zum Eintritt. Aber jeder, der eingetreten, blieb wohl unwillkürlich stehen, überrascht, erfasst von dem Anblick der Kirche, die mit ihrer prächtigen, im Stil des Palladio erbauten Fassade, mit ihren beiden hohen luftigen Türmen in der Mitte stand als Hauptgebäude, an das sich von beiden Seiten Flügel anschlossen. In dem Hauptgebäude befanden sich noch die Zimmer des Abts, in den Seitenflügeln dagegen die Wohnungen der Mönche, das Refektorium, andere Versammlungssäle, sowie auch Zimmer zur Aufnahme der einkehrenden Fremden. Unfern dem Kloster lagen die Wirtschaftsgebäude, die Meierei, das Haus des Amtmanns; tiefer im Tal umflocht aber das schöne Dorf Kanzheim den Hügel mit der Abtei wie ein bunter üppiger Kranz.

Dieses Tal breitete sich aus bis an den Fuß des fernen Gebirges. Zahlreiche Herden weideten in den von spiegelhellen Bächen durchschnittenen Wiesengründen, fröhlich zogen die Landleute aus den Dörfern, die hin und wieder verstreut lagen, durch die reichen Kornfelder, jubelnder Gesang der Vögel scholl aus den anmutigen Gebüschen, sehnsüchtiger Hörnerschall rief herüber aus der fernen dunklen Waldung, beschwingt mit weißen Segeln, glitten schwer beladene Kähne auf dem breiten Fluss, der das Tal durchströmte, schnell vorüber, und man vernahm die frohen Grüße der Schiffer. Überall üppige Fülle, reichlich gespendeter Segen der Natur, überall reges, ewig forttreibendes Leben. Die Aussicht in die lachende Landschaft vom Hügel herab, aus den Fenstern der Abtei, erhob das Gemüt und erfüllte es zugleich mit innigem Wohlbehagen.

Mocht' es sein, dass man dem innern Schmuck der Kirche, der edlen, grandiosen Grundanlage unerachtet, bei dem vielen bunten, vergoldeten Schnitzwerk und der kleinlichen Bildnerei mit Recht den Vorwurf der Überladung, des mönchischen Ungeschmacks machen könnte, so fiel dafür der reine Stil, in dem die Zimmer des Abts gebaut und verziert waren, desto mehr ins Auge. Aus dem Chor der Kirche trat man unmittelbar in einen geräumigen Saal, der zur Versammlung der Geistlichen und zugleich zur Aufbewahrung der Instrumente und Musikalien diente. Aus diesem Saal führte ein langer Korridor, der eine ionische Säulenstellung bildete, in die Gemächer des Abts. Seidene Tapeten, auserlesene Gemälde der besten Meister aus verschiedenen Schulen, Büsten, Statuen großer Männer der Kirche, Teppiche, zierlich ausgelegte Fußböden, kostbares Gerät, alles deutete hier auf den Reichtum des wohldotierten Klosters. Dieser Reichtum, der in dem Ganzen herrschte, war aber nicht jener glänzende Prunk, der das Auge blendet, ohne ihm wohlzutun, und der Staunen, aber nicht Wohlbehagen erzeugt. Alles war an seiner rechten Stelle angebracht, nichts wollte prahlerisch die Aufmerksamkeit für sich allein fesseln und die Wirkung des andern zerstören, und so dachte man nicht an die Kostbarkeit dieses, jenes einzelnen Schmucks, sondern fühlte sich von dem Ganzen gemütlich angeregt. Das durchaus Gehörige in der Anordnung brachte diesen gemütlichen Eindruck hervor, und eben das richtig entscheidende Gefühl des Gehörigen mochte wohl das sein, was man guten Geschmack zu nennen pflegt. Das Bequeme, Wohnliche dieser Gemächer des Abts grenzte an das Üppige, ohne in der Tat üppig zu werden, und so durfte es keinen Anstoß geben, dass ein Geistlicher alles dies selbst angeordnet und herbeigeschafft. Der Abt Chrysostomus hatte, als er vor wenigen Jahren nach Kanzheim kam, die abteiliche Wohnung einrichten lassen, wie sie sich jetzt fand, und sein ganzer Charakter, seine ganze Art zu sein, sprach sich schon lebhaft aus in dieser Einrichtung, ehe man ihn selbst sah und bald die hohe Stufe seiner geistigen Bildung gewahrte. Noch in den vierziger Jahren, groß, wohlgebaut, geistvollen Ausdruck im männlich schönen Antlitz, Anmut und Würde im ganzen Betragen, flößte der Abt jedem, der sich ihm nahte, die Ehrfurcht ein, die sein Stand forderte. Eifriger Kämpfer für die Kirche, rastloser Verfechter der Rechte seines Ordens, seines Klosters, schien er doch nachgiebig und duldsam. Aber eben diese scheinbare Nachgiebigkeit war eine Waffe, die er wohl zu führen und damit jeden Widerstand, selbst den der obersten Gewalt, zu besiegen wusste. Durfte man denn auch ahnen, dass hinter einfachen salbungsreichen Worten, die aus dem treusten Herzen zu kommen schienen, sich mönchische Schlauheit verberge, so gewahrte man nur die Gewandtheit eines eminenten Geistes, der in die tiefern Verhältnisse der Kirche eingedrungen. Der Abt war ein Zögling der Propaganda in Rom. – – – Selbst gar nicht geneigt, den Ansprüchen des Lebens zu entsagen, insofern sie mit geistlicher Sitte und Ordnung verträglich, ließ er seinen zahlreichen Untergebenen alle Freiheit, die sie nur nach ihrem Stande fordern konnten. So kam es denn, dass, während einige dieser, jener Wissenschaft ergeben, in einsamer Zelle studierten, andere lustig umherschwärmten im Park der Abtei und sich belustigten im heitern Gespräch, während einige, zu schwärmerischer Andacht geneigt, fasteten und ihre Zeit hinbrachten in stetem Gebet, andere sich es wohl schmecken ließen an der reichbesetzten Tafel und ihre religiösen Übungen auf die Ordensregel beschränkten, während einige die Abtei nicht verlassen mochten, andere sich auf weite Wege begaben, auch wohl, kam die Zeit heran, das lange Priestergewand vertauschten mit dem kurzen Jägerrock und sich als wackre Weidmänner herumtummelten. Waren nun aber die Neigungen der Brüder verschieden, und durfte jeder der seinigen nachhängen, wie er wollte, so kamen sie alle in der enthusiastischen Vorliebe für die Musik überein. Beinahe ein jeder war ausgebildeter Musiker, und es gab Virtuosen unter ihnen, die der besten fürstlichen Kapelle Ehre gemacht hätten. Eine reiche Musikaliensammlung, eine Auswahl der vortrefflichsten Instrumente setzte jeden in den Stand, die Kunst zu treiben, wie er wollte, und häufige Aufführungen auserlesener Werke hielten jeden in praktischer Übung.

Eben diesem musikalischen Treiben gab nun Kreislers Ankunft in der Abtei einen neuen Schwung. Die Gelehrten schlugen ihre Bücher zu, die Andächtigen kürzten ihre Gebete ab, alle versammelten sich um Kreisler, den sie liebten, und dessen Werke sie hochschätzten wie keine anderen. Der Abt selbst hing ihm an mit inniger Freundschaft, und er sowie alle übrigen beeiferten sich, ihm ihre Achtung, ihre Liebe darzutun, wie sie es nur vermochten. War nun die Gegend, in der die Abtei lag, ein Paradies zu nennen, gewährte das Leben im Kloster die bequemste Behaglichkeit, wozu ein leckrer Tisch und edler Wein, für den der Vater Hilarius sorgte, wohl auch zu rechnen, herrschte unter den Brüdern die gemütliche Heiterkeit, welche von dem Abt selbst ausging, schwamm überdies Kreisler, den die Kunst rastlos beschäftigte, recht in seinem Element, so konnt' es nicht fehlen, dass sein bewegtes Gemüt ruhig wurde wie seit langer Zeit nicht mehr. Selbst der Zorn seines Humors dämpfte sich, er wurde sanft und weich wie ein Kind. Aber noch mehr als das alles, er glaubte an sich selbst, verschwunden war jener gespenstische Doppelgänger, der emporgekeimt aus den Blutstropfen der zerrissenen Brust. –

Irgendwo [»Fantasiestücke in Callots Manier«, Neue Ausgabe, Teil 1, S. 32; siehe oben S. 84] heißt es vom Kapellmeister Johannes Kreisler, dass seine Freunde es nicht dahin hätten bringen können, dass er eine Komposition aufgeschrieben, und sei dies wirklich einmal geschehen, so habe er doch das Werk, so viel Freude er auch über das Gelingen geäußert, gleich nachher ins Feuer geworfen. – So mag es sich begeben haben in einer sehr verhängnisvollen Zeit, die dem armen Johannes den rettungslosen Untergang drohte, von der der gegenwärtiger Biograph bis jetzt aber nicht recht viel weiß. Jetzt in der Abtei Kanzheim wenigstens hütete sich Kreisler wohl, die Kompositionen zu vernichten, die recht aus seinem Innersten hervorgingen, und seine Stimmung sprach sich in dem Charakter süßer wohltuender Wehmut aus, den seine Werke trugen, statt dass er sonst nur zu oft im mächtigen Zauber aus der Tiefe der Harmonik die gewaltigen Geister heraufbeschwor, die die Furcht, das Entsetzen, alle Qualen hoffnungsloser Sehnsucht aufregen in der menschlichen Brust. –

– Man hatte eines Abends im Chor der Kirche die letzte Probe eines Hochamts gehalten, mit dem Kreisler fertig geworden und das am folgenden Morgen aufgeführt werden sollte. Die Brüder waren zurückgekehrt in ihre Zellen, Kreisler allein weilte im Säulengang und schaute hinaus in die Gegend, die im Schimmer der letzten Strahlen der sinkenden Sonne vor ihm lag. Da war es ihm, als vernähme er aus weiter Ferne noch einmal sein Werk, das ihm eben lebendig dargestellt von den Brüdern. Als nun aber das Agnus Dei kam, da erfasste ihn aufs neue und stärker die namenlose Wonne jener Augenblicke, in denen ihm dieses Agnus aufgegangen. »Nein«, rief er aus, während glühende Tränen seine Augen füllten; »nein! – ich bin es nicht, du allein! Du mein einziger Gedanke, du mein einziges Sehnen!« –

Wunderbar war es wohl, auf welche Weise Kreisler diesen Satz, in dem der Abt, die Brüder den Ausdruck der brünstigsten Andacht, der himmlischen Liebe selbst fanden, hervorgebracht hatte. Ganz erfüllt von dem Hochamt, das er zu setzen begonnen, aber noch lange nicht vollendet hatte, träumte er in einer Nacht, der Heiligentag, für den die Komposition bestimmt, sei da, das Hochamt eingeläutet, er stehe an dem Pult, die fertige Partitur vor sich, der Abt, selbst die Messe lesend, intoniere, und sein Kyrie fange an. – Satz auf Satz folge nun, die Aufführung, gediegen und kraftvoll, überrasche ihn, reiße ihn fort bis zum Agnus Dei. Da gewahre er zu seinem Schreck in der Partitur weiße Blätter, keine Note aufgeschrieben, die Brüder schauten ihn, der plötzlich den Taktstock hat sinken lassen, an, gewärtig, dass er endlich wieder anfangen, dass die Stockung endlich aufhören werde. Aber bleischwer drücke ihn Verlegenheit und Angst nieder, und er könne, ungeachtet er das ganze Agnus fertig in seiner Brust bewahre, nur es nicht herausbringen in die Partitur. Da erschiene aber plötzlich eine holde Engelsgestalt, trete an den Pult, sänge das Agnus mit Tönen des Himmels, und diese Engelsgestalt wäre Julia! – Im Entzücken hoher Begeisterung erwachte Kreisler und schrieb das Agnus auf, das im seligen Traum ihm aufgegangen. – Und diesen Traum träumte Kreisler nun noch einmal, er vernahm Julias Stimme, höher und höher schlugen die Wellen des Gesanges, als nun der Chor einfiel: »Dona nobis pacem«, er wollte untergehen in dem Meer von tausend seligen Wonnen, das ihn überströmte.

Ein leiser Schlag auf die Schulter weckte Kreisler aus der Ekstase, in die er geraten. Es war der Abt, der vor ihm stand und ihn mit Wohlgefallen anblickte. »Nicht wahr«, begann der Abt, »nicht wahr, mein Sohn Johannes, was du tief in deinem Gemüt empfunden, was dir gelang, herrlich und kräftig in das Leben zu rufen, das erfreut jetzt deine ganze Seele? – Ich meine, du dachtest an dein Hochamt, das ich zu den besten Werken zähle, die du jemals geschaffen.« – Kreisler starrte den Abt stillschweigend an, noch war er keines Wortes mächtig. – »Nun, nun«, fuhr der Abt lächelnd fort, »steige herab aus der obern Region, zu der du dich hinaufgeschwungen! – Ich glaube gar, du komponierst in Gedanken und lässest so nicht ab von der Arbeit, die dir freilich eine Lust ist, wiewohl eine gefährliche, da sie zuletzt deine Kräfte aufzehrt. Entschlage dich jetzt aller schaffenden Gedanken, lass uns in diesem kühlen Gange auf und ab wandeln und unbefangen miteinander plaudern.«

Der Abt sprach nun von den Einrichtungen des Klosters, von der Lebensweise der Mönche, rühmte den wahrhaft heiter-frommen Sinn, den alle in sich trügen, und fragte zuletzt den Kapellmeister, ob er (der Abt) sich nicht täusche, wenn er bemerkt zu haben glaube, dass Kreisler seit den Monaten, dass er sich in der Abtei befinde, ruhiger, unbefangener, dem tätigen Forttreiben in der hohen Kunst, die den Dienst der Kirche verherrliche, geneigter geworden. – Kreisler konnte nicht anders als dies zugeben und überdies versichern, dass die Abtei sich ihm aufgetan wie ein Asyl, in das er geflüchtet, und dass er sich so heimisch dünke, als sei er wirklich Ordensbruder und werde das Kloster niemals mehr verlassen. »Lassen Sie«, so endete Kreisler, »lassen Sie mir, ehrwürdiger Herr, die Täuschung, die dies Kleid befördert. Lassen Sie mich glauben, dass, von bedrohlichem Sturm verschlagen, mich die Gunst des versöhnten Geschicks an einem Eilande stranden ließ, wo ich geborgen, wo nie mehr der schöne Traum zerstört werden kann, der nichts anderes ist, als die Begeisterung der Kunst selbst.« – »In der Tat«, erwiderte der Abt, während eine besondere Freundlichkeit sein Antlitz überstrahlte, »in der Tat, mein Sohn Johannes, das Kleid, das du angelegt, um als unser Bruder zu erscheinen, steht dir wohl, und ich wollte, dass du es nie wieder ablegtest. Du bist der würdigste Benediktiner, den man nur sehen kann.«

»Doch«, fuhr der Abt nach einem kurzen Stillschweigen fort, indem er Kreislers Hand fasste, »doch, kein Scherz ist hier zu treiben. Sie wissen, mein Johannes, wie lieb Sie mir gewesen sind seit dem Augenblick, als ich Sie kennen lernte, wie meine innige Freundschaft, sich mit der hohen Achtung für Ihr ausgezeichnetes Talent paarend, immer höher gestiegen ist. Für den, den man liebt, wird man mit Sorge erfüllt, und eben diese Sorge war es, die mich Sie seit der Zeit Ihres Aufenthalts im Kloster bis zur Ängstlichkeit beobachten ließ. Das Resultat dieser Beobachtungen brachte mich zu einer Überzeugung, die ich nicht aufgeben darf! – Längst wollt' ich Ihnen in dieser Hinsicht mein ganzes Herz öffnen, ich wartete auf einen günstigen

Augenblick, er ist gekommen! – Kreisler! Entsagen Sie der Welt, treten Sie ein in unsern Orden!« –

So sehr sich auch Kreisler in der Abtei gefiel, so willkommen es ihm war, einen Aufenthalt verlängern zu können, der ihm Ruhe und Frieden gab, indem er seine rege künstlerische Tätigkeit in Anspruch nahm, doch überraschte ihn der Antrag des Abts auf beinahe unangenehme Weise, da er an nichts weniger mit wirklichem Ernst gedacht als, seine Freiheit aufgebend, sich unter die Mönche stecken zu lassen auf immer, wiewohl ihm manchmal schon solch eine Grille aufgestiegen und dies vom Abt bemerkt sein mochte. Ganz verwundert schaute er den Abt an, der ihn aber nicht zu Worte kommen ließ, sondern fortfuhr: »Hören Sie mich erst ruhig an, Kreisler, ehe Sie mir antworten. Wohl muss es mir angelegen sein, der Kirche einen tüchtigen Diener zu gewinnen, indessen verwirft die Kirche selbst jede künstliche Überredung und will nur, dass der innere Funke der wahren Erkenntnis angeregt werde, damit er zur hell lodernden Flamme des Glaubens aufleuchte und jede Betörung vernichte. Und so will ich nur das, was dunkel und verworren vielleicht in Ihrer eignen Brust liegt, entfalten, Ihnen selbst zur deutlichen Erkenntnis bringen. Darf ich zu Ihnen, mein Johannes, denn von den aberwitzigen Vorurteilen sprechen, die man in der Welt gegen das Klosterleben hegt? – Immer muss den Mönch irgendein ungeheures Schicksal in die Klause getrieben haben, wo er, aller Lust der Welt entsagend, unter beständiger Qual ein trostloses Leben vertrauert. So wäre das Kloster der finstre Kerker, wo die trostloste Trauer um ewig verlornes Gut, die Verzweiflung, der Wahnsinn erfinderischer Selbstqual sich eingesperrt, wo abgehärmte bleiche Todesgestalten ein elendes Dasein hinschleppten und ihre herzzermalmende Angst aushauchten in dumpfmurmelnden Gebeten!«

Kreisler konnte sich nicht eines Lächelns erwehren, denn er gedachte, als der Abt von abgehärmten bleichen Todesgestalten sprach, so manches wohlgenährten Benediktiners und vorzüglich des wackeren rotwangichten Hilarius, der keine größere Qual kannte, als Wein zu trinken von schlechtem Gewächs, und nur die Angst, die ihm eine neue Partitur verursachte, welche er nicht gleich verstand.

»Sie lächeln«, sprach der Abt weiter, »Sie belächeln den Kontrast des Bildes, das ich aufstellte, mit dem Klosterleben, wie Sie es hier kennen gelernt, und haben gewiss Ursache dazu. – Mag es auch sein, dass mancher, zerrissen von irdischem Leide, alles Glück, alles Heil der Welt für immer aufgebend, in das Kloster flieht, wohl ihm dann, dass die Kirche ihn aufnimmt und er in ihrem Schoß einen Frieden findet, der allein ihn über alles erlittene Ungemach trösten und ihn erheben kann über das verderbliche Geschick im weltlichen Treiben. Aber wie viele gibt es, die der wahre innere Hang zum andächtigen kontemplativen Leben in das Kloster führt, die, ungefügig in der Welt, jeden Augenblick verstört durch das Andringen aller kleinlichen Verhältnisse, wie sie sich nun einmal im Leben erzeugen, nur in selbstgewählter Einsamkeit sich wohl befinden. Dann gibt es aber andere, die ohne entschiedenen Hang zum klösterlichen Leben doch nirgends anders hingehören als eigentlich ins Kloster. – Ich meine diejenigen, die Fremdlinge in der Welt sind und bleiben, weil sie einem höheren Sein angehören und die Ansprüche dieses höheren Seins für die Bedingung des Lebens halten, so aber rastlos das verfolgend, was hienieden nicht zu finden, ewig dürstend in nie zu befriedigender Sehnsucht, hin und her schwanken und vergeblich Ruhe suchen und Frieden, deren offene Brust jeder abgeschossene Pfeil trifft, für deren Wunden es keinen Balsam gibt als die bittere Verhöhnung des stets wider sie bewaffneten Feindes. Nur die Einsamkeit, ein einförmiges Leben ohne feindliche Unterbrechung und vor allem das stete freie Aufschauen zur Lichtwelt, der sie angehören, kann das Gleichgewicht herstellen und sie im Innern eine überirdische Zufriedenheit fühlen lassen, die in dem wirren Treiben der Welt nicht zu erringen. – Und Sie – Sie, mein Johannes, gehören zu diesen Menschen, die die ewige Macht im Druck des Irdischen hoch erhebt zum Himmlischen. Das rege Gefühl des höhern Seins, das Sie ewig mit dem schalen irdischen Treiben entzweien wird, entzweien muss, strahlt mächtig heraus in der Kunst, die einer andern Welt gehört und die, ein heiliges Geheimnis der himmlischen Liebe, mit Sehnsucht in Ihrer Brust verschlossen ist. Die glühendste Andacht selbst ist diese Kunst, und, ihr ganz ergeben, haben Sie nichts mehr gemein mit einer buntscheckigen Welttändelei, die Sie von sich werfen mit Verachtung, wie der zum Jüngling gereifte Knabe das abgenutzte Spielzeug. – Entfliehen Sie für immer den aberwitzigen Neckereien hohnlächelnder Toren, die Sie, mein armer Johannes, oft gequält haben bis aufs Blut! – Der Freund breitet die Arme aus, Sie zu empfangen, Sie einzuführen in den sichern Port, den kein Gewittersturm bedroht!« –

»Tief«, sprach Johannes, da der Abt schwieg, ernst und düster, »tief fühle ich die Wahrheit Ihrer Worte, mein ehrwürdiger Freund! Tief, dass ich wirklich nicht in eine Welt tauge, die sich mir gestaltet wie ein ewiges rätselhaftes Missverständnis. Und doch – ich gestehe es frei, erregt mir der Gedanke Schauer auf Kosten so mancher Überzeugung, die ich mit der Muttermilch eingesogen, dies Kleid zu tragen, wie einen Kerker, aus dem ich nimmer wieder herauskann. Es ist mir, als wenn dem Mönch Johannes dieselbe Welt, in der der Kapellmeister Johannes doch so manches hübsche Gärtlein voll duftender Blumen fand, plötzlich eine öde unwirtbare Wüste sein würde, als wenn, einmal in das rege Leben verflochten, die Entsagung – «

»Entsagung«, unterbrach der Abt den Kapellmeister mit erhöhter Stimme, »Entsagung? – Gibt es für dich, Johannes, eine Entsagung, wenn der Geist der Kunst immer mächtiger wird in dir, wenn du mit starkem Fittich dich erhebst in die leuchtenden Wolken? – Welche Lust des Lebens gibt es denn noch, die dich betören könnte? Doch« (so fuhr der Abt mit sanfterer Stimme fort) »doch wohl hat die ewige Macht ein Gefühl in unsere Brust gelegt, das mit unbesiegbarer Gewalt unser ganzes Wesen erschüttert; es ist das geheimnisvolle Band, das Geist und Körper verbindet, indem jener nach dem höchsten Ideal einer chimärischen Glückseligkeit zu streben vermeint und doch nur will, was dieser als notwendiges Bedürfnis in Anspruch nimmt, und so eine Wechselwirkung entsteht, die in der Fortexistenz des menschlichen Geschlechts bedingt ist. – Nicht hinzufügen darf ich, dass, ich von der Geschlechtsliebe spreche, und dass, ich es allerdings für nichts Geringes achte, ihr ganz zu entsagen. – Doch, Johannes, wenn du entsagst, so rettest du dich vom Verderben; niemals, niemals kannst du, wirst du des eingebildeten Glücks der irdischen Liebe teilhaftig werden.« – Der Abt sprach die letzten Worte so feierlich, mit solcher Salbung, als läge das Buch des Schicksals offen vor ihm, und er verkündige daraus dem armen Kreisler alles bedrohliche Leid, dem zu entgehen, er sich hineinretten müsse ins Kloster.

Da begann aber auf Kreislers Antlitz jenes seltsame Muskelspiel, das den Geist der Ironie zu verkünden pflegte, der seiner mächtig geworden. »Hoho«, sprach er, »hoho! Ew. Hochehrwürden haben unrecht, haben durchaus unrecht. Ew. Hochwürden irren sich in meiner Person, werden konfus durch das Gewand, das ich angelegt, um en masque einige Zeit hindurch die Leute zu foppen und, selbst unerkannt, ihnen ihre Namen in die Hand zu schreiben, damit sie wissen, woran sie sind! – Bin ich denn nicht ein passabler Mensch, noch in den besten Jahren, von leidlich hübschem Aussehn und sattsam gebildet und artig? – Kann ich nicht den schönsten schwarzen Frack ausbürsten, ihn anlegen und, was die Unterkleider betrifft, ganz Seide, keck hintreten vor jede rotwangichte Professors-, vor jede blau- oder braunäugichte Hofratstochter und, alle Süßigkeit des zierlichsten Amoroso in Gebärde, Antlitz und Ton, ohne weiteres fragen: ›Allerschönste, wollen Sie mir Ihre Hand geben und Ihre ganze werte Person dazu, als Attinenz derselben?‹ Und die Professorstochter würde die Augen niederschlagen und ganz leise lispeln ›Sprechen Sie mit Papa!‹ oder die Hofratstochter mir gar einen schwärmerischen Blick zuwerfen und dann versichern, wie sie schon lange im Stillen die Liebe bemerkt, der ich nun erst Sprache geliehen, und beiläufig vom Besatz des Brautkleides sprechen. Und, o Gott! Die respektiven Herrn Väter, wie gern würden sie die Tochter losschlagen auf das Gebot einer solchen respektablen Person als es ein großherzoglicher Exkapellmeister ist! – Aber ich könnte mich auch versteigen in das höhere Romantische, eine Idylle beginnen und der glauen Pächterstochter mein Herz offerieren und meine Hand, wenn sie eben Ziegenkäse zubereitet, oder, ein zweiter Notar Pistofolus, in die Mühle laufen und meine Göttin suchen in den Himmelswolken des Mehlstaubs! – Wo würde ein treues ehrliches Herz verkannt werden, das nichts will, nichts verlangt als Hochzeit – Hochzeit – Hochzeit! – Kein Glück in der Liebe? – Ew. Hochehrwürden bedenken gar nicht, dass ich eigentlich recht der Mann dazu bin, um in der Liebe ganz horrend glücklich zu sein, deren einfaches Thema weiter nichts ist als: ›Willst du mich, so nehm' ich dich!‹, dessen weitere Variationen nach dem Allegro brillante der Hochzeit dann in der Ehe weiter fortgespielt werden. Ew. Hochehrwürden wissen ferner nicht, dass ich schon vor einiger Zeit sehr ernsthaft daran gedacht, mich zu vermählen. Ich war damals freilich noch ein junger Mensch von weniger Erfahrung und Ausbildung, nämlich erst sieben Jahre alt, aber das dreiunddreißigjährige Fräulein, das ich zu meiner Braut erkieset, versprach mir doch mit Hand und Mund, keinen andern Mann zu nehmen als mich, und ich weiß selbst nicht, warum sich die Sache nachher zerschlug. Bemerken Ew. Hochehrwürden doch nur, dass mir das Glück der Liebe lachte von Kindesbeinen an, und nun – Seidene Strümpfe her – seidene Strümpfe her – Schuhe her, um gleich mit beiden Freiersfüßen hineinzufahren und unmäßig zu rennen nach der, die schon den niedlichsten Zeigefinger ausgestreckt hat, damit er stracks bereift werde. – Wäre es nicht für einen ehrsamen Benediktiner unanständig, sich in Hasensprüngen zu erlustieren, ich tanzte sogleich hier auf der Stelle vor Ew. Hochehrwürden Augen einen Matelot oder eine Gavotte oder einen Hopswalzer aus purer Freude, die mich ganz übernimmt, wenn ich nur an Braut und Hochzeit denke. – Hoho! – was Liebesglück und Heirat betrifft, da bin ich ein ganzer Kerl! – Ich wünschte, Ew. Hochehrwürden möchten das einsehen.« – »Ich habe«, erwiderte der Abt als Kreisler nun endlich innehielt, »ich habe Sie nicht unterbrechen mögen in Ihren seltsamen Scherzreden, Kapellmeister, die eben das beweisen, was ich behaupte. – Wohl fühle ich auch den Stachel, der mich verwunden sollte, aber nicht verwundet hat! – Wohl mir, dass ich nie an jene chimärische Liebe geglaubt, die körperlos in den Lüften schwebt und nichts gemein haben soll mit dem Bedingnis des menschlichen Prinzips! – Wie ist es möglich, dass Sie bei dieser krankhaften Spannung des Geistes – Doch genug hiervon! – Es ist an der Zeit, dem bedrohlichen Feind näherzutreten, der Sie verfolgt – Haben Sie während Ihres Aufenthalts in Sieghartshof nicht von dem Schicksal jenes unglücklichen Malers, jenes Leonhard Ettlinger gehört?« – Kreislern durchfuhren Schauer unheimlichen Grauens, als der Abt diesen Namen nannte. Weggelöscht vom Antlitz war jede Spur jener bitteren Ironie, die ihn zuvor erfasst, und er fragte mit dumpfer Stimme: »Ettlinger? – Ettlinger? Was soll mir der? – Was habe ich mit dem zu schaffen? – Nie hab' ich ihn gekannt, nur ein Spiel erhitzter Phantasie war es, als ich einmal wähnte, er spräche zu mir herauf aus dem Wasser.«

»Ruhig«, sprach der Abt sanft und milde, indem er Kreislers Hand fasste, »ruhig, mein Sohn Johannes! – Nichts hast du gemein mit jenem Unglücklichen, den die Verirrung einer zu mächtig gewordenen Leidenschaft in das tiefste Verderben stürzte. Doch zum warnenden Beispiel mag dir sein entsetzliches Schicksal dienen. Mein Sohn Johannes! – auf noch schlüpfrigerem Wege befindest du dich als jener, drum entflieh – flieh! – Hedwiga! – Johannes! Ein böser Traum hält die Prinzessin fest in Banden, die unauflöslich scheinen, wenn ein freier Geist sie nicht durchschneidet! – Und du?« – Tausend Gedanken gingen auf in Kreisler bei diesen Worten des Abts. Er gewahrte, dass der Abt nicht allein mit allen Begebnissen des fürstlichen Hauses zu Sieghartshof, sondern auch mit dem bekannt war, was sich dort während seines Aufenthalts zugetragen. Klar wurd' es ihm, dass die krankhafte Reizbarkeit der Prinzessin wohl in seiner Annäherung eine Gefahr hatte befürchten lassen, an die er gar nicht gedacht, und eben diese Furcht, wer anders konnte sie hegen und darum wünschen, dass er vom Schauplatz ganz abtrete, als die Benzon? – Eben diese Benzon musste mit dem Abt in Verbindung stehen, von seinem (Kreislers) Aufenthalt in der Abtei unterrichtet sein, und so war sie die Triebfeder alles Beginnens des ehrwürdigen Herrn. Lebhaft gedachte er aller Momente, in denen die Prinzessin wirklich, wie von einer im Innern aufkeimenden Leidenschaft befangen, erschienen, aber, selbst wusste er nicht, warum bei dem Gedanken, dass er der Gegenstand jener Leidenschaft sein könne, es ihn erfasste wie Gespensterfurcht. Es war ihm, als wolle eine fremde geistige Macht gewaltsam in sein Inneres dringen und ihm die Freiheit des Gedankens rauben. Prinzessin Hedwiga stand plötzlich vor ihm, starrte ihn an mit jenem seltsamen Blick, der ihr eigen, aber in dem Augenblick dröhnte ein Pulsschlag ihm durch alle Nerven, wie damals, als er zum ersten Mal der Prinzessin Hand berührte. Doch war ihm auch nun jene unheimliche Angst genommen, er fühlte eine elektrische Wärme wohltätig sein Inneres durchgleiten, er sprach leise wie im Traum: »Kleiner schalkischer Raja torpedo, neckst du mich schon wieder und weißt doch, dass du nicht ungestraft verwunden darfst, da ich aus reiner Liebe zu dir Benediktinermönch geworden?«

Der Abt betrachtete den Kapellmeister mit durchbohrendem Blick, als wollte er sein ganzes Ich durchschauen, und begann dann ernst und feierlich: »Mit wem redest du, mein Sohn Johannes?« Kreisler wurde aber wach aus seinen Träumen; es fiel ihm ein, dass der Abt, war er von allem, was sich in Sieghartshof zugetragen, unterrichtet, vor allen Dingen den weiteren Verlauf der Katastrophe, die ihn fortgetrieben, wissen musste, und wohl war ihm daran gelegen, mehr davon zu erfahren. »Mit«, erwiderte er dem Abt, skurril lächelnd, »mit niemandem anders sprach ich, hochehrwürdiger Herr, als, wie Sie ja vernommen haben, mit einer schalkischen Raja torpedo, die sich ganz unberufenerweise in unser vernünftiges Gespräch mischen und mich noch konfuser machen wollte, als ich es schon wirklich bin. – Doch aus allem muss ich ja zu meinem großen Leid gewahren, dass diverse Leute mich für einen ebensolch großen Narren halten als den seligen Hofporträtisten Leonardus Ettlinger, der eine erhabene Person, die sich natürlicherweise aus ihm gar nichts machen konnte, nicht bloß malen wollte, sondern auch lieben, und zwar so ganz ordinär wie Hans seine Grete. O Gott! Hab' ich es denn jemals an Respekt fehlen lassen, wenn ich die schönsten Akkorde griff zu schnöder Singefaselei! – Habe ich jemals unziemliche oder grillenhafte Materien aufs Tapet zu bringen gewagt, von Entzücken und Schmerz, von Liebe und Hass, wenn der kleine fürstliche Eigensinn sich seltsam gebärden in allerlei wunderbaren Gemütsergötzlichkeiten und ehrsame Leute vexieren wollte mit magnetischen Visionen? – Habe ich solches jemals getan? Sagt – « »Doch«, unterbrach ihn der Abt, »doch sprachst du, mein Johannes, einst von der Liebe des Künstlers –« Kreisler starrte den Abt an, dann rief er, indem er die Hände zusammenschlug und den Blick aufwärts richtete: »O Himmel! Das also! – Schätzbare Leute«, sprach er dann weiter, indem jenes skurrile Lächeln auf dem Antlitz wieder die Oberhand gewann und dabei die innere Wehmut die Stimme beinahe erstickte, »schätzbare Leute allzumal, habt ihr denn nicht jemals irgendwo, sei es auch auf ordinären Brettern, den Prinzen Hamlet zu einem ehrlichen Mann, Güldenstern geheißen, sagen gehört: ›Ihr könnt mich zwar verstimmen, aber nicht auf mir spielen?‹ – Wetter! – Das ist ja ganz mein Kasus! – Warum belauscht ihr den harmlosen Kreisler, wenn der Wohllaut der Liebe, der in seiner Brust verschlossen, euch nur misstönt? – O Julia! – «

Der Abt schien, plötzlich von etwas ganz Unerwartetem überrascht, vergebens Worte zu suchen, während Kreisler vor ihm stand und ganz verzückt in das Feuermeer schaute, das im Abend emporgewogt. Da erhoben sich die Glockentöne von den Türmen der Abtei und zogen, wunderbare Stimmen des Himmels, durch das golden leuchtende Abendgewölk. »Mit euch«, rief Kreisler, indem er beide Arme weit ausbreitete, »mit euch will ich ziehen, ihr Akkorde! Von euch getragen, soll sich aller trostlose Schmerz emporrichten zu mir und sich selbst vernichten in meiner eigenen Brust, und eure Stimmen sollen wie himmlische Friedensboten es verkünden, dass der Schmerz untergegangen in der Hoffnung, in der Sehnsucht der ewigen Liebe.« – »Die Abendhora«, sprach der Abt, »wird eingeläutet, ich höre die

Brüder kommen. Morgen, mein lieber Freund, sprechen wir vielleicht weiter von manchen Begebnissen in Sieghartshof.« – »Ei«, rief Kreisler, dem nun erst wieder einfiel, was er von dem Abt zu wissen verlangt, »ei, hochehrwürdiger Herr, ich will viel erfahren von lustiger Hochzeit und dergleichen! – Prinz Hektor wird doch nun nicht zaudern, die Hand zu ergreifen, nach der er schon aus der Ferne gelangt? Dem herrlichen Bräutigam ist doch nichts Arges widerfahren?« Da verschwand alles Feierliche aus des Abts Antlitz, und er sprach mit dem gemütlichen Humor, der ihm sonst wohl eigen: »Nichts ist dem herrlichen Bräutigam geschehen, mein ehrlicher Johannes, aber seinen Adjutanten soll im Walde eine Wespe gestochen haben.« – »Hoho«, erwiderte Kreisler, »hoho! eine Wespe, die er mit Feuer und Dampf vertreiben wollte!«

Die Brüder traten in den Korridor und –

(M. f. f.) – böse Feind und sucht den guten Bissen einem ehrlichen harmlosen Kater recht vor dem Maule wegzuschnappen? – Nicht lange dauerte es nämlich, so erhielt unser gemütliche Verein auf dem Dach einen Stoß, der ihn erschütterte zum gänzlichen Verfall. – Jener böse, alles katzliche Behagen verstörende Feind erschien uns nämlich in Gestalt eines gewaltigen wütenden Philisters, namens Achilles. Mit seinem homerischen Namensvetter war er in weniger Hinsicht zu vergleichen, man müsste denn annehmen, dass des letzteren Heldentum vorzüglich auch in einer gewissen unbehilflichen Tappigkeit und in groben topfhohlen Redensarten bestanden. Achilles war eigentlich ein gemeiner Fleischerhund, stand aber in Diensten als Hofhund, und der Herr, bei dem er in Dienst getreten, hatte ihn, um sein Attachement an das Haus zu befestigen, anketten lassen, so dass er nur des Nachts frei umherlaufen konnte. Mancher von uns bedauerte ihn sehr, trotz seines unleidlichen Wesens, er aber ließ sich den Verlust seiner Freiheit gar nicht zu Herzen gehen, da er töricht genug war, zu meinen, die schwer lastende Kette gereiche ihm zur Ehre und Zierde. Achilles fand sich nun zu seinem nicht geringen Verdruss durch unsere Konvivia in der Nacht, wenn er umherlaufen und das Haus beschützen sollte gegen jede Unbill, im Schlafe gestört und drohte uns als Ruhestörern Tod und Verderben. Da er aber seiner Unbehilflichkeit halber nicht einmal auf den Boden, geschweige denn auf das Dach kommen konnte, so machten wir uns aus seinen Drohungen auch nicht das allermindeste, sondern trieben unser Wesen so nach- wie vorher. Achilles nahm andere Maßregeln; er begann den Angriff gegen uns, wie ein guter General manche Schlacht, mit verdeckten Angriffen und dann mit offenbarer Plänkelei.

Verschiedene Spitze, denen Achilles zuweilen die Ehre antat, mit ihnen zu spielen, indem er sie mit seinen ungeschickten Tatzen handhabte, mussten nämlich auf sein Geheiß, sobald wir unsern Gesang begannen, dermaßen bestialisch bellen, dass wir keine vernünftige Note verstehen konnten! – Noch mehr! – Bis auf den Dachboden drangen einige dieser Philisterknechte und trieben, ohne sich mit uns, wenn wir ihnen die Krallen zeigten, auf irgendeinen offenen ehrlichen Kampf einlassen zu wollen, solch einen fürchterlichen Lärm mit Schreien und Bellen, dass, wurde erst nur der Hofhund in seinem Schlaf gestört, jetzt der Herr des Hauses selbst kein Auge zudrücken konnte und, da der Zeterspektakel gar nicht enden wollte, die Hetzpeitsche ergriff, um die Tumultuanten über seinem Haupte zu vertreiben. – O Kater, der du dieses liesest, ist dir, trägst du wahren männlichen Sinn in der Brust, hellen Verstand im Kopf, hast du keine verwöhnten Ohren, ist dir, sage ich, denn jemals etwas abscheulicher, widriger, verhasster und dabei erbärmlicher vorgekommen als das kreischende, gellende, durch alle Tonarten dissonierende Gebell in Harnisch geratener Spitze? – Diese kleinen wedelnden, schmatzenden, sich niedlich gebärdenden Kreaturen, nimm dich vor ihnen in Acht, Kater! trau' ihnen nicht. Glaub' mir, eines Spitzes Freundlichkeit ist gefährlicher als die hervorgestreckte Kralle des Tigers! – Schweigen wir von bitteren Erfahrungen, die wir in dieser Hinsicht leider! nur zu oft gemacht, und kehren wir zurück zum ferneren Verlauf unsrer Geschichte.

Also wie gesagt, der Herr ergriff die Peitsche, um die Tumultuanten vom Boden zu vertreiben. Was aber geschah? Die Spitze schwanzwedelten dem erzürnten Herrn entgegen, leckten ihm die Füße und spiegelten ihm vor, wie aller Zeterlärm nur seiner Ruhe wegen erhoben, ungeachtet er eben dadurch aus aller behaglichen Ruhe gekommen. Gebellt hätten sie bloß, um uns, die wir allerlei unduldsamen Unfug trieben auf dem Dach mit Singen von Liedern in allzu hell klingenden Tonarten u. d., zu verjagen. Der Herr ließ sich leider durch der Spitze geschwätzige Beredsamkeit umso mehr dahin bringen, alles zu glauben, als der Hofhund, den er darum zu befragen nicht unterließ, in dem bitteren Hass, den er wider uns im Inneren trug, es bestätigte. Uns traf nun die Verfolgung! – Überall wurden wir vertrieben, von Hausknechten mit Besenstielen, mit geworfenen Dachziegeln, ja! überall waren Schlingen und Fuchseisen aufgestellt, in die wir uns verfangen sollten und leider! wirklich verfingen. Selbst mein lieber Freund Muzius fiel ins Malheur, das heißt in ein Fuchseisen, welches ihm die rechte Hinterpfote jämmerlich zerquetschte!

So war es um unser fröhliches Zusammenleben geschehen, und ich kehrte zurück unter den Ofen des Meisters, beweinend in tiefer Einsamkeit das Schicksal meiner unglücklichen Freunde. –

Eines Tages trat Herr Lothario, der Professor der Ästhetik, in meines Herrn Zimmer, und hinter ihm her – sprang Ponto hinein. – Gar nicht zu sagen vermag ich, welch ein unangenehmes unheimliches Gefühl mir Pontos Anblick verursachte. War er auch geradezu selbst weder Hofhund noch Spitz, so gehörte er doch zu dem Geschlecht, dessen üble feindselige Gesinnung mein Leben in der lustigen Katzburschen-Gesellschaft verstört hatte, und schon deshalb mir mitsamt aller Freundschaft, die er mir erwiesen, dennoch zweideutig. Überdies schien mir in Pontos Blick, in seinem ganzen Wesen etwas Übermütiges, Verhöhnendes zu liegen, und ich beschloss daher, ihn lieber gar nicht zu sprechen. Leise, leise schlich ich weg von meinem Kissen und war mit einem Satz im Ofen, dessen Türe gerade offen stand, die ich hinter mir zuzog.

Herr Lothario sprach nun mit dem Meister so manches, was meine Teilnahme um so weniger erregte, als ich meine ganze Aufmerksamkeit auf den jungen Ponto gerichtet hatte, der, nachdem er, recht stutzermäßig ein Liedchen trällernd, im Zimmer herumgetänzelt, auf die Fensterbank gesprungen war, zum Fenster hinausschaute und, wie es Fanfarons zu tun pflegen, jeden Augenblick vorübergehenden Bekannten zunickte, auch wohl gar ein wenig blaffte, gewiss um die Blicke vorübergehender Schönen seines Geschlechts auf sich zu ziehen. – An mich schien der Leichtsinnige gar nicht zu denken, und unerachtet ich, wie gesagt, ihn gar nicht zu sprechen wünschte, so war es mir doch gar nicht recht, dass er nicht nach mir fragte, gar keine Notiz von mir nahm.

Ganz anderer und, wie es mich bedünken wollte, viel artigerer und vernünftigerer Gesinnung war der ästhetische Professor, Herr Lothario, der, nachdem er sich überall im Zimmer nach mir umhergeschaut, zum Meister sprach: »Aber wo ist denn Euer vortrefflicher Monsieur Murr!« – Es gibt für einen ehrlichen Katzburschen keine schnödere Benennung als das fatale Wort: Monsieur, indessen muss man von Ästhetikern in der Welt viel leiden, und so verzieh ich dem Professor die Unbill.

Meister Abraham versicherte, dass ich seit einiger Zeit meine eigenen Gänge gehabt und vorzüglich nachts selten zu Hause gewesen, wovon ich denn müde und ermattet geschienen. Soeben habe ich auf dem Kissen gelegen, und er wisse in der Tat nicht, wohin ich eben jetzt so schnell verschwunden. »Ich vermute«, sprach der Professor weiter, »ich vermute fast, Meister Abraham, dass euer Murr – Doch ist er auch hier irgendwo versteckt und lauscht? – Lasst uns doch einmal ein wenig nachsehen.«

Leise verzog ich mich in den Hintergrund des Ofens, aber man kann denken, wie ich die Ohren spitzte, da nun von mir die Rede. – Der Professor hatte vergebens alle Winkel durchsucht zu nicht geringer Verwunderung des Meisters, der lachend rief: »In der Tat, Professor, Ihr tut meinem Murr unglaubliche Ehre an!« »Hoho«, erwiderte der Professor, »der Verdacht, den ich gegen Euch, Meister, hege wegen des pädagogischen Experiments, vermöge dessen ein Kater zum Dichter und Schriftsteller wurde, kommt mir nicht aus der Seele. Gedenkt Ihr nicht mehr des Sonetts, der Glosse, die mein Ponto Euerm Murr recht unter den Pfoten weggeraubt? – Doch dem sei, wie ihm wolle, ich nutze Murrs Abwesenheit, um Euch eine schlimme Vermutung mitzuteilen und Euch recht dringend zu empfehlen, achtsam zu sein auf Murrs Betragen. – Sowenig ich mich sonst um Katzen kümmere, ist es mir doch nicht entgangen, dass manche Kater, die sonst ganz artig und manierlich waren, jetzt plötzlich ein Wesen annehmen, das gegen alle Sitte und Ordnung gröblich verstößt. Statt wie sonst sich demütig zu biegen und zu schmiegen, stolzieren sie trotzig daher und scheuen sich gar nicht, durch funkelnde Blicke, durch zorniges Knurren ihre ursprüngliche wilde Natur zu verraten, auch wohl gar die Krallen zu zeigen. Sowenig sie auf ein bescheidenes stilles Betragen achten, ebensowenig ist ihnen daran gelegen, was das Äußere betrifft, als gesittete Weltleute zu erscheinen. Da ist an kein Putzen des Bartes, an kein Glänzendlecken des Fells, an kein Abbeißen der zu lang gewordenen Krallen zu denken; zottig und rau mit struppigem Schweif rennen sie daher, allen gebildeten Katzen ein Gräuel und Abscheu. Was aber vorzüglich tadelnswert erscheint und nicht geduldet werden darf, sind die heimlichen Zusammenkünfte, die sie zur Nachtzeit halten und dabei ein tolles Wesen treiben, welches sie Gesang nennen, unerachtet dabei nichts vernehmbar als ein widersinniges Geschrei, dem es an schicklichem Takt, ordnungsmäßiger Melodie und Harmonie gänzlich mangelt. Ich fürchte, ich fürchte, Meister Abraham, dass Euer Murr sich auf die schlechte Seite gelegt hat und teilnimmt an jenen unanständigen Belustigungen, die ihm nichts einbringen können als tüchtige Prügel. – Es sollte mir leid tun, wenn alle Mühe, die Ihr auf den kleinen Grauen verwandt, umsonst wäre und er sich trotz aller Wissenschaft zu dem gewöhnlichen wüsten Treiben gemeiner liederlicher Kater herabließe.« – Als ich mich, meinen guten Muzius, meine hochherzigen Brüder verkannt sah auf so schnöde Weise, entfloh mir unwillkürlich ein Schmerzenslaut. »Was war das?« rief der Professor, »ich glaube gar, Murr sitzt doch versteckt im Zimmer! – Ponto! Allons! – Such', such'!« – Mit einem Satz war Ponto herunter von der Fensterbank und schnüffelte im Zimmer umher. Vor der Ofentüre blieb er stehen, knurrte, bellte, sprang herauf. – »Er ist im Ofen, ohne Zweifel!« So sprach der Meister und öffnete die Türe. Ich blieb ruhig sitzen und blickte den Meister mit klaren glänzenden Augen an. »Wahrhaftig«, rief der Meister, »wahrhaftig, da sitzt er ganz hinten im Ofen. – Nun? – bequemt Er sich hervorzukommen? – Ob Er heraus will!«

Sowenig ich auch Lust hatte, meinen Versteck zu verlassen, so musste ich doch wohl dem Befehl des Meisters gehorchen, wollte ich es nicht auf Gewalt gegen mich ankommen lassen und dabei den kürzeren ziehen. Langsam kroch ich daher hervor. Kaum war ich aber an das Tageslicht gekommen, als beide, der Professor und der Meister, laut riefen: »Murr! – Murr! wie siehst du aus! – Was sind das für Streiche!« – Freilich war ich über und über voller Asche, und kam noch hinzu, dass wirklich mein Äußeres seit einiger Zeit merklich gelitten, so dass ich mich in der Schilderung, die der Professor von schismatischen Katern gemacht, wiedererkennen musste, so konnte ich mir freilich die erbärmliche Figur, in der ich erschien, wohl denken. Verglich ich nun eben meine erbärmliche Figur mit der meines Freundes Ponto, der in seinem stattlichen, glänzenden, schön gekräuselten Pelz in der Tat ganz hübsch anzusehen, so erfüllte mich tiefe Scham, und ich kroch still und betrübt in den Winkel.

»Ist das«, rief der Professor, »ist das der gescheite sittige Kater Murr? Der elegante Schriftsteller, der geistreiche Dichter, der Sonette schreibt und Glossen? – Nein, das ist ein ganz gemeiner Katz, der sich in Küchen auf den Herden herumtreibt und sich auf sonst weiter nichts versteht, als Mäuse zu fangen in Kellern und auf Böden! – Hoho! Sag' mir doch, mein sittiges Vieh, ob du bald zu promovieren verlangst oder gar das Katheder zu besteigen als Professor der Ästhetik? – In der Tat, ein netter Doktorhabit, in den du dich geworfen!« –

So ging es fort in verhöhnenden Redensarten; was konnt' ich tun, als, wie es bei derlei Fällen, nämlich wenn ich ausgehunzt wurde, meine Sitte war, die Ohren dicht anzukneifen an den Kopf.

Beide, der Professor und der Meister, schlugen zuletzt eine helle Lache auf, die mir das Herz durchbohrte. Beinahe noch empfindlicher war mir aber Pontos Betragen. Nicht allein dass er durch Mienen und Gebärden den Hohn seines Herrn teilte, so bewies er auch durch allerlei Seitensprünge offenbar seine Scheu, sich mir zu nahen, wahrscheinlich fürchtete er seinen schönen reinen Pelz zu beschmutzen. Es ist nichts Geringes für einen Kater, der sich solcher Vortrefflichkeit bewusst ist als ich, von einem stutzerhaften Pudel dergleichen Verachtung dulden zu müssen. Der Professor geriet nun mit dem Meister in ein weitläufiges Gespräch, das sich nicht auf mich und auf mein Geschlecht zu beziehen schien, und von dem ich eigentlich wenig verstand. Doch so viel vernahm ich wohl, dass davon die Rede war, ob es besser sei, dem oftmals wirren ungezügelten Treiben exaltierter Jugend mit offener Gewalt entgegenzutreten oder es nur einzugrenzen auf geschickte unbemerkbare Weise und Raum zu geben der eigenen Erkenntnis, in der sich jenes Treiben alsbald selbst vernichtet. Der Professor war für die offene Gewalt, da die Gestaltung der Dinge zum äußern Wohl es fordere, dass jeder Mensch, alles Widerstrebens unerachtet, so zeitig als möglich in die Form gepresst werde, wie sie durch das Verhältnis aller einzelnen Teile zum Ganzen bedingt werde, da sonst sogleich eine verderbliche Monstrosität entstehe, die allerlei Unheil verursachen könne. – Der Professor sprach dabei etwas von Pereatbringen und Fenstereinwerfen, welches ich aber durchaus nicht verstand. – Der Meister meinte dagegen, dass es mit jugendlichen exaltierten Gemütern so gehe wie mit den Partiell-Wahnsinnigen, die der offne Widerstand immer wahnsinniger mache, wogegen die selbst errungene Erkenntnis des Irrtums radikal heile und nie einen Rückfall befürchten lasse.

»Nun«, rief der Professor endlich, indem er aufstand und Stock und Hut ergriff, »nun, Meister, was die offne Gewalt gegen exaltiertes Treiben betrifft, so werdet Ihr mir doch insofern recht geben, dass sie da schonungslos eintreten muss, wenn jenes Treiben verstörend hineingreift in das Leben, und so ist es, um wieder auf Euren Kater Murr zurückzukommen, denn doch recht gut, dass, wie ich höre, tüchtige Spitze die verwünschten Kater auseinandergetrieben haben, die so bestialisch sangen und dabei sich Wunder was für große Virtuosen dünkten.«

»Wie man's nimmt«, erwiderte der Meister, »hätte man sie singen lassen, vielleicht wären sie das geworden, was sie sich irrtümlicherweise schon zu sein dünkten, nämlich in der Tat gute Virtuosen, statt dass sie jetzt vielleicht an der wahren Virtuosität zweifeln ganz und gar.«

Der Professor empfahl sich, Ponto sprang hinterdrein, ohne mich einmal, wie er doch sonst mit vieler Freundlichkeit getan, eines Abschiedsgrußes zu würdigen.

»Ich«, wandte sich nun der Meister zu mir, »ich bin selbst bisher unzufrieden gewesen mit deinem Betragen, Murr, und es ist Zeit, dass du einmal wieder ordentlich und vernünftig wirst, damit du wieder zu besserm Ruf gelangest, als in dem du jetzt zu stehen scheinst. Wäre es möglich, dass du mich ganz verstündest, so würde ich dir raten, immer still, freundlich zu sein, und alles, was du beginnen magst, ohne alles Geräusch zu vollbringen, denn auf diese Weise erhält man sich den guten Ruf am besten. – Ja, ich würde dir als Beispiel zwei Leute zeigen, von denen der eine jeden Tag still für sich allein im Winkel sitzt und solange eine Flasche Wein nach der andern trinkt, bis er in völlig trunknen Zustand gerät, den er aber vermöge langer praktischer Übung so gut zu verbergen weiß, dass ihn niemand ahnt. Der andere trinkt dagegen nur dann und wann in Gesellschaft fröhlicher gemütlicher Freunde ein Glas Wein; das Getränk macht ihm Herz und Zunge frei, er spricht, indem seine Laune steigt, viel und eifrig, doch ohne Sitte und Anstand zu verletzen, und eben ihn nennt die Welt einen leidenschaftlichen Weintrinker, während jener geheime Trunkenbold als stiller mäßiger Mann gilt. Ach, mein guter Kater Murr! Kenntest du den Lauf der Welt, so würdest du einsehen, dass ein Philister, der stets die Fühlhörner einzieht, es am besten hat. Aber wie kannst du wissen, was ein Philister ist, unerachtet es wohl in deinem Geschlecht auch dergleichen genug geben mag.«

Bei diesen Worten des Meisters konnte ich mich im Bewusstsein der vortrefflichen Katerkenntnis, die ich mir durch des wackern Muzius Belehrungen sowohl als durch eigne Erfahrung erworben, eines lauten freudigen Prustens und Knurrens nicht erwehren. »Ei«, rief der Meister laut lachend, »ei, Murr, mein Kater! ich glaube gar, du verstehst mich, und der Professor hat recht, der in dir einen besondern Verstand entdeckt haben will und dich gar fürchtet als seinen ästhetischen Nebenbuhler?« Zur Bestätigung, dass dem wirklich so sei, gab ich ein sehr klares, wohltönendes Miau von mir und sprang ohne weiteres dem Meister auf den Schoß. Nicht bedacht hatte ich indessen, dass der Meister gerade seinen Staatsschlafrock von gelbem, großgeblümtem, seidenem Zeug angezogen, den ich notwendigerweise beschmutzen musste. Mit einem zornigen: »Will Er wohl!« schleuderte der Meister mich so heftig von sich, dass ich überpurzelte und, ganz erschrocken die Ohren unkneifend, die Augen zudrückend, niederduckte auf den Fußboden. Gepriesen sei aber die Gutmütigkeit meines guten Meisters! »Nun«, sprach er freundlich, »nun, nun, Murr, mein Kater! so böse war es nicht gemeint! – Ich weiß es, deine Absicht war gut, du wolltest mir deine Zuneigung beweisen, aber das tatest du auf täppische Weise, und geschieht dieses, so fragt man freilich den Henker was nach der Absicht! – Nun, komm nur her, kleiner Äscherling, ich muss dich putzen, damit du wieder aussiehst wie ein honetter Kater!« Damit warf der Meister den Schlafrock ab, nahm mich in die Arme und ließ es sich nicht verdrießen, mir mit einer weichen Bürste den Pelz rein zu bürsten und dann die Haare mit einem kleinen Kamm glänzend zu kämmen.

Als die Toilette beendet und ich beim Spiegel vorüber spazierte, erstaunte ich selbst, wie ich so plötzlich ein ganz anderer Kater geworden. Ich konnt es gar nicht unterlassen, mich behaglich anzuschnurren, so schön kam ich mir vor, und nicht leugnen mag ich, dass in dem Augenblick sich große Zweifel gegen die Anständigkeit und Nützlichkeit des Burschenklubs in mir regten. Dass ich in den Ofen gekrochen, schien mir ein wahrer Barbarismus, den ich nur einer Art Verwilderung zuschreiben konnte, und nicht einmal nötig war daher die Warnung des Meisters, der mir zurief: »Dass Er mir nur nicht wieder in den Ofen kriecht!«

In der folgenden Nacht war es mir, als vernehme ich an der Tür ein leises Kratzen und ein furchtsames Miau! das mir sehr bekannt vorkam. Ich schlich heran und fragte, wer da sei. – Da erwiderte (ich erkannte ihn sogleich an der Stimme) der wackre Senior Puff: »Ich bin es, trauter Bruder Murr, und habe dir eine höchst betrübliche Nachricht zu bringen!« – O Himmel, was – – –

(Mak. Bl.) » – großes Unrecht getan, meine liebe süße Freundin. – Nein! Mehr bist du mir als das, meine treue Schwester! Ich habe dich nicht genug geliebt, dir nicht genug vertraut. Erst jetzt öffnet sich dir meine ganze Brust, erst jetzt, da ich weiß – « Die Prinzessin stockte, ein Tränenstrom stürzte ihr aus den Augen, aufs neue drückte sie Julien zärtlich an ihr Herz. »Hedwiga«, sprach Julie sanft, »hast du mich denn nicht sonst mit ganzer Seele geliebt, trugst du denn jemals Geheimnisse in dir, die du mir nicht anvertrauen wolltest? – Was weißt du, was hast du erst jetzt erfahren? Doch nein, nein! Kein Wort weiter, bis diese Pulse wieder ruhig schlagen, bis diese Augen nicht mehr so düster glühen.« – »Ich weiß nicht«, erwiderte die Prinzessin, plötzlich zur Empfindlichkeit gereizt, »ich weiß nicht, was ihr alle wollt. Krank soll ich noch sein, und nie fühlte ich mich kräftiger, gesünder. Der seltsame Zufall, der mich traf, hat euch erschreckt, und doch mag es sein, dass solche elektrische Schläge, die den ganzen Organismus des Lebens ins Stocken bringen, mir gerade nötig und nützlicher sind als alle Mittel, die eine blöde dürftige Kunst in unglückseliger Selbsttäuschung darbietet. – Wie er mir fatal ist, dieser Leibarzt, der die menschliche Natur zu handhaben vermeint wie ein Uhrwerk, das man abstauben, aufziehen muss! – Grauenhaft ist er mir mit seinen Tropfen, mit seinen Essenzen. – Von diesen Dingen soll mein Wohl abhängig sein? – So wäre ja das Leben hienieden eine entsetzliche Neckerei des Weltgeistes.«

»Und«, unterbrach Julie die Prinzessin, »und eben diese Überspannung ist der Beweis, dass du noch krank bist, meine Hedwiga, und dich viel mehr schonen solltest, als du es wirklich tust.« »Auch du willst mir weh tun!« rief die Prinzessin, sprang hastig auf und eilte ans Fenster, das sie öffnete und hinausschaute in den Park. Julie folgte ihr, umschlang sie mit einem Arm und bat mit der zärtlichsten Wehmut, dass sie doch wenigstens den rauen Herbstwind scheuen und sich die Ruhe gönnen möge, die der Leibarzt für so heilsam erachtet. Die Prinzessin erwiderte indessen, dass sie sich gerade durch den kalten Luftzug, der zum Fenster hineinströme, erquickt und gestärkt fühle.

Recht aus dem innigsten Gemüt heraus sprach nun Julia von der letztvergangenen Zeit, in der ein finstrer bedrohlicher Geist gewaltet, und wie sie alle innere Kraft aufbieten müssen, um nicht verstört zu werden von so mancher Erscheinung, die ihr ein Gefühl erregt, dem sie kein anderes gleichstellen könne als die wahre tötende Gespensterfurcht. Dahin rechnete sie vorzüglich den geheimnisvollen Zwiespalt, der sich zwischen dem Prinzen Hektor und Kreisler erhoben, und der das Entsetzlichste ahnen lassen, denn nur zu gewiss sei es, dass der arme Johannes hatte fallen sollen von der Hand des rachsüchtigen Italieners und nur, wie Meister Abraham versichere, durch ein Wunder gerettet worden. »Und«, so sprach Julia, »und dieser furchtbare Mann, er sollte dein Gemahl werden? – Nein – nimmermehr! Dank der ewigen Macht! Du bist gerettet! Niemals kehrt er zurück. Nicht wahr, Hedwiga? Niemals!«

»Niemals!« erwiderte die Prinzessin mit dumpfer, kaum vernehmbarer Stimme. Dann seufzte sie auf aus tiefer Brust und sprach leise weiter wie im Traume: »Ja, dieses reine Himmelsfeuer soll nur leuchten und wärmen, ohne mit verderblichen Flammen zu vernichten, und aus der Seele des Künstlers leuchtet die zum Leben gestaltete Ahnung – sie selbst – seine Liebe hervor! So sprachst du hier an dieser Stelle.« – »Wer«, rief Julia ganz bestürzt, »wer sprach so? – An wen dachtest du, Hedwiga?« Die Prinzessin fuhr mit der Hand über die Stirn, als müsse sie sich besinnen auf die Gegenwart, der sie entrückt. Dann wankte sie, von Julien unterstützt, zum Sofa, auf dem sie sich ganz erschöpft niederließ. Julia, um die Prinzessin besorgt, wollte die Kammerfrauen herbeirufen, Hedwiga zog sie aber sanft nieder auf den Sofa, während sie leise lispelte: »Nein, Mädchen! – Du, du allein sollst bei mir bleiben, glaube ja nicht, dass mich etwa Krankheit erfasst. – Nein, es war der Gedanke der höchsten Seligkeit, der zu mächtig wurde, der diese Brust zersprengen wollte, und dessen Himmelsentzücken sich gestaltete wie tötender Schmerz. Bleib' bei mir, Mädchen, du weißt es selbst nicht, welch einen wunderbaren Zauber du auf mich zu üben vermagst! – Lass mich schauen in deine Seele wie in einen klaren reinen Spiegel, damit ich mich selbst nur wiedererkenne! – Julia! Oft ist es mir, als käme die Begeisterung des Himmels über dich, und die Worte, die wie Liebeshauch über deine süßen Lippen strömten, wären trostreiche Prophezeiung. Julia! – Mädchen, bleib' bei mir, verlass' mich nie – nie!« Damit sank die Prinzessin, während sie Julias Hände festhielt, mit geschlossenen Augen zurück auf das Sofa.

Wohl war Julia an Augenblicke gewöhnt, in denen Hedwiga geistig krankhafter Überspannung erlag, doch fremd, ganz fremd und rätselhaft war ihr der Paroxysmus, wie er sich eben jetzt zeigte. Sonst war es eine leidenschaftliche Verbitterung, die, erzeugt von dem Missverhältnis des innern Gefühls mit der Gestaltung des Lebens, beinahe bis zum Gehässigen sich steigernd, Julias kindliches Gemüt verletzte. Jetzt schien Hedwiga, wie sonst niemals, ganz aufgelöst in Schmerz und namenloser Wehmut, und dieser trostlose Zustand rührte Julien in eben dem Grade, als ihre Angst stieg um die geliebte Freundin. »Hedwiga«, rief sie, »meine Hedwiga, ich verlasse dich ja nicht, kein treueres Herz neigt sich zu dir als das meinige, aber sprich, o sprich doch nur, vertrau mir doch an, welche Qual dein Inneres zerreißt? – Mit dir will ich klagen, mit dir will ich weinen!« Da verbreitete sich ein seltsames Lächeln auf Hedwigas Antlitz, ein sanftes Rot schimmerte auf den Wangen, und ohne die Augen zu öffnen, lispelte sie leise: »Nicht wahr, Julia, du bist nicht in Liebe?« Seltsam fühlte sich Julia von dieser Frage der Prinzessin getroffen, als durchbebe sie ein jäher Schreck.

In welches Mädchens Brust regen sich nicht Ahnungen einer Leidenschaft, die das Hauptbedingnis scheint seiner Existenz, denn nur das liebende Weib ist dies ganz. Doch ein reiner, kindlicher, frommer Sinn lässt diese Ahnungen ruhen, ohne weiter zu forschen, ohne im lüsternen Vorwitz das süße Geheimnis enthüllen zu wollen, das nur in dem Moment aufgeht, den eine dunkle Sehnsucht verheißen. So war es mit Julia, die plötzlich ausgesprochen hörte, was sie zu denken nicht gewagt, und geängstigt, als zeihe man sie einer Sünde, der sie selbst nicht klar sich bewusst, ihr eignes Innres ganz zu durchschauen sich mühte.

»Julia«, wiederholte die Prinzessin, »du liebst nicht? – sag' es mir! – sei aufrichtig.« »Wie sonderbar«, erwiderte Julia, »wie seltsam du mich fragst, was kann, was soll ich dir antworten?« »Sprich, o sprich«, flehte die Prinzessin. – Da ward es sonnenhell in Julias Seele, und sie fand Worte, das auszusprechen, was sie deutlich erblickte in ihrem eignen Innern.

»Was«, so begann Julia sehr ernst und gefasst, »was geht vor in deinem Gemüt, Hedwiga, indem du mich so fragst? Was ist dir die Liebe, von der du sprichst? Nicht wahr, man soll sich hingezogen fühlen zu dem Geliebten mit solch unwiderstehlichen Macht, dass man nur ist, nur lebt im Gedanken an ihn, dass man sein ganzes Ich aufgibt um ihn, dass er allein uns alles Sehnen, alles Hoffen, alles Verlangen, die ganze Welt dünkt? Und diese Leidenschaft soll die höchste Stufe der Seligkeit gewähren? – Mich schwindelt's vor dieser Höhe, denn dem Blick herab gähnt der bodenlose Abgrund mit allen Schrecknissen des rettungslosen Verderbens entgegen. Nein, Hedwiga, diese Liebe, die ebenso entsetzlich ist als sündhaft, hat dies Gemüt nicht erfasst, und fest will ich halten an dem Glauben, dass es ewig rein, ewig davon frei bleiben wird. Doch wohl mag es sich begeben, dass ein Mann vor allen übrigen in uns die höchste Achtung, ja, bei der männlich eminenten Kraft seines Geistes wahre Bewunderung erregt. Doch noch mehr als das, wir fühlen uns in seiner Nähe von einem gewissen gemütlichen Wohlbehagen geheimnisvoll durchströmt, erhoben über uns selbst, es scheint, als wenn unser Geist dann erst recht erwache, als wenn uns das Leben dann erst recht leuchte, und so sind wir froh, wenn er kommt, und traurig, wenn er geht. – Nennst du dieses Liebe? – Nun, warum sollte ich es dir nicht gestehen, dass unser verlorne Kreisler mir dies Gefühl erweckt hat, und dass ich ihn schmerzlich vermisse.«

»Julia«, rief die Prinzessin, plötzlich auffahrend und Julien mit glühendem Blick durchbohrend, »Julia, kannst du ihn dir denken in den Armen einer andern, ohne zu vergehn in namenloser Qual?« Hoch errötete Julia, und mit einem Ton, der erkennen ließ, wie sehr sie sich verletzt fühlte, erwiderte sie: »Nie habe ich ihn mir gedacht in meinen Armen!« – »Ha! – du liebst ihn nicht – du liebst ihn nicht!« – so schrie die Prinzessin gellend auf und sank dann wieder zurück auf das Sofa! »O«, sprach Julie, »o, dass er wiederkehrte! – Rein und schuldlos ist das Gefühl, das ich für den teuern Mann hege in dieser Brust, und sehe ich ihn niemals wieder, so wird der Gedanke an ihn, den Unvergesslichen, in mein Leben hineinleuchten wie ein schöner heller Stern. – Doch gewiss, er kehrt zurück! – Denn wie kann – « »Niemals«, unterbrach die Prinzessin Julien mit schroffem schneidendem Ton, »niemals kann, darf er wiederkehren, denn wie man vernimmt, befindet er sich in der Abtei Kanzheim und wird, sich der Welt entziehend, in den Orden des heiligen Benedikt eintreten.«

Julien kamen die hellen Tränen in die Augen, sie stand schweigend auf und begab sich ans Fenster.

»Deine Mutter«, fuhr die Prinzessin fort, »deine Mutter hat recht, ganz recht. Wohl uns, dass er fort ist, dieser Wahnsinnige, der sich wie ein böser Geist eindrängte in unseres Herzens Rat, der uns in unserm eignen Innern zu zerreißen wusste. – Und die Musik war das Zaubermittel, mit dem er uns umstrickte. – Nie mag ich ihn wiedersehen.« –

Dolchstiche waren für Julien die Worte der Prinzessin, sie griff nach Hut und Schal.

»Du willst«, rief die Prinzessin, »du willst mich verlassen, meine süße Freundin? – Bleib' – bleibe – tröste mich, wenn du kannst! – Unheimliches Grauen geht durch diese Säle, durch den Park! denn wisse – « Damit führte Hedwiga Julien an das Fenster, zeigte nach dem Pavillon hin, in dem der Adjutant des Prinzen Hektor gewohnt hatte, und begann mit dumpfer Stimme: »Schau' dort hin, Julia, jene Mauern verbergen ein bedrohliches Geheimnis; der Kastellan, die Gärtner beteuern, dass seit der Abreise des Prinzen niemand dort wohne, dass die Türe fest verschlossen, und doch – O schau' nur hin – Schau' nur hin! – Siehst du es nicht, am Fenster?« In der Tat gewahrte Julia an dem Fenster, das in dem Giebel des Pavillons angebracht war, eine dunkle Gestalt, die im selben Augenblick wieder schnell verschwand.

Hier dürfe, meinte Julia, während sie fühlte, wie Hedwigas Hand krampfhaft in der ihrigen bebte, von einem bedrohlichen Geheimnis oder gar von etwas Gespenstischem durchaus nicht die Rede sein, da es nur zu leicht möglich, dass irgend jemand von der Dienerschaft den leeren Pavillon unbefugterweise benutze. Der Pavillon könne ja augenblicklich durchsucht und so auf der Stelle aufgeklärt werden, was es mit der Gestalt, die sich am Fenster blicken lasse, für eine Bewandtnis habe; die Prinzessin versicherte aber dagegen, dass der alte treue Kastellan dies längst auf ihren Wunsch getan und beteuert hatte, dass er im ganzen Pavillon auch nicht die Spur eines menschlichen Wesens gefunden.

»Lass es«, sprach die Prinzessin, »lass es dir erzählen, was sich vor drei Nächten begab! – Du weißt, dass mich oft der Schlaf flieht, und dass ich dann aufzustehen und so lange durch die Zimmer zu wandeln pflege, bis mich eine Müdigkeit überfällt, der ich mich überlasse und es wirklich zum Einschlafen bringe. So geschah es, dass mich vor drei Nächten Schlaflosigkeit in dies Zimmer trieb. Plötzlich zitterte der Widerschein eines Lichts an der Wand vorüber, ich schaute durch das Fenster und gewahrte vier Männer, von denen einer eine Blendlaterne trug, und die in der Gegend des Pavillons verschwanden, ohne dass ich bemerken konnte, ob sie wirklich hineingingen in den Pavillon. Nicht lange dauerte es aber, so wurde eben jenes Fenster hell, und Schatten huschten inwendig hin und her. Dann wurde es wieder finster, aber durch das Gebüsch strahlte nun bald ein blendender Schimmer, der aus der Türe des geöffneten Pavillons kommen musste. Immer mehr näherte sich der Schein, bis endlich aus dem Gebüsch ein Benediktinermönch hinaustrat, der in der linken Hand eine Fackel, in der rechten aber ein Kruzifix trug. Ihm folgten vier Männer, eine mit schwarzen Tüchern behängte Bahre auf den Schultern. Nur einige Schritte waren sie gezogen, als ihnen eine in einen weiten Mantel gehüllte Gestalt entgegentrat. Sie standen still, setzten die Bahre nieder, die Gestalt zog die Tücher weg, und ein Leichnam wurde sichtbar. Mir wollten die Sinne vergehn, kaum gewahrte ich noch, dass die Männer die Bahre aufhoben und dem Mönch schnell nacheilten auf dem breiten Seitenweg, der bald zum Park hinausführt auf die Straße zur Abtei Kanzheim. Seit dieser Zeit lässt sich jene Gestalt am Fenster sehen, und vielleicht ist es der Spuk eines Ermordeten, der mich ängstigt.«

Julia war geneigt, den ganzen Vorgang, wie ihn Hedwiga erzählte, für einen Traum oder, stand sie in der Tat wach am Fenster, für das täuschende Spiel der aufgeregten Sinne zu halten. Wer sollte, wer konnte der Tote sein, den man unter solchen geheimnisvollen Umständen aus dem Pavillon forttrug, da niemand vermisst worden, und wer mochte daran glauben, dass dieser unbekannte Tote noch spuken solle in der Behausung, aus der man ihn fortgebracht? Julia sagte dies alles der Prinzessin und fügte noch hinzu, dass jene Erscheinung am Fenster auch wohl auf optischer Illusion beruhen, auch wohl gar ein Scherz des alten Magikers, Meister Abraham, sein könne, der ja oft sein Wesen treibe mit solchem Spiel und vielleicht dem leeren Pavillon einen gespenstischen Insassen gegeben habe. »Wie«, sprach die Prinzessin, die ihre ganze Fassung wieder gewonnen, sanft lächelnd, »wie man doch gleich mit der Erklärung bei der Hand ist, geschieht das Wunderbare, Übernatürliche! – Was den Toten betrifft, so vergisst du das, was sich im Park begab, ehe Kreisler uns verließ.« – »Gott«, rief Julia, »sollte denn wirklich eine grässliche Tat begangen worden sein? – Wer? – von wem?« »Du weißt«, fuhr Hedwiga fort, »du weißt ja, Mädchen, dass Kreisler lebt. – Aber auch er lebt, der in Liebe ist zu dir – Sieh mich nicht so erschrocken an! – Solltest du das nicht längst ahnen, was ich dir sagen muss, damit dir es klar werde, was, länger verborgen, dich verderben könnte? – Prinz Hektor liebt dich, dich, Julia, mit all der wilden Leidenschaft, die seiner Nation eigen. Ich war, ich bin seine Braut, du aber, Julia, bist seine Geliebte.« Die letzten Worte betonte die Prinzessin auf eine eigne scharfe Weise, ohne übrigens jenen besonderen Akzent hineinzulegen, der dem Gefühl innerer Kränkung eigen.

»O ewige Macht«, rief Julia heftig, indem ihr die Tränen aus den Augen stürzten, »Hedwiga, willst du denn meine Brust zerreißen? – Welcher finstre Geist spricht aus dir! – Nein, nein, gern will ich es leiden, dass du aller bösen Träume halber, die dich verstörten, an mir Ärmsten Rache nimmst, aber nie werde ich an die Wahrheit dieser bedrohlichen Phantome glauben! – Hedwiga! – Besinne dich doch nur, du bist ja nicht mehr die Braut des entsetzlichen Mannes, der uns erschien wie das Verderben selbst! Nie kehrt er zurück, niemals wirst du sein!« »Doch«, erwiderte die Prinzessin, »doch! – Fasse dich nur Mädchen! – Nur dann, wenn die Kirche mich mit dem Prinzen verbunden, löst sich vielleicht das ungeheure Missverständnis des Lebens, das mich elend macht! – Dich rettet des Himmels wunderbare Fügung. – Wir trennen uns, ich folge dem Gemahl, du bleibst!« – Die Prinzessin verstummte vor innerer Bewegung, auch Julia war keines Wortes mächtig, beide fielen sich schweigend, in Tränen zerfließend, an die Brust!

Man meldete, dass der Tee serviert sei. Julia war aufgeregter, als es ihr besonnenes ruhiges Gemüt zuzulassen schien. Es war ihr unmöglich, in Gesellschaft zu bleiben, und die Mutter erlaubte ihr gern, nach Hause zu gehen, da die Prinzessin sich ebenfalls nach Ruhe sehnte.

Fräulein Nannette versicherte auf Befragen der Fürstin, dass die Prinzessin den Nachmittag und Abend sich sehr wohl befunden, indessen mit Julien durchaus hatte allein sein wollen. Soviel sie im Nebenzimmer beobachten können, hätten beide, die Prinzessin und Julia, sich allerlei Geschichten erzählt, auch Komödie gespielt und bald gelacht, bald geweint. »Die lieben Mädchen«, sprach der Hofmarschall leise. »Die aimable Prinzessin, das liebe Mädchen!« verbesserte der Fürst, indem er den Hofmarschall mit großen Augen anblitzte. Dieser wollte in der Bestürzung über den entsetzlichen Fehlgriff ein ziemliches Stücklein Zwieback, das er sattsam in Tee getränkt, auf einmal hinunterschlucken. Das blieb ihm aber in der Kehle stecken, und er brach aus in ein fürchterliches Husten, sodass er schnell den Saal verlassen musste und nur dadurch gerettet werden konnte vom schnöden Erstickungstode, dass der Hoffourier im Vorsaal mit geübter Faust ein wohlgesetztes Paukensolo ausführte auf seinem Rücken.

Nach zwei Unschicklichkeiten, deren er sich schuldig gemacht, fürchtete indessen der Hofmarschall noch die dritte zu begehen, er wagte es daher nicht zurückzukehren in den Saal, sondern ließ sich beim Fürsten mit plötzlich ihm angewandelter Krankheit entschuldigen.

Durch des Hofmarschalls Abwesenheit wurde aber die Whistpartie zerrissen, wie sie der Fürst gewöhnlich zu spielen pflegte.

Als nun die Spieltische geordnet, war alles in gespannter Erwartung, was der Fürst in diesem kritischen Fall tun werde. Der tat aber nichts, als dass er, da auf seinen Wink die übrigen sich zum Spiel gesetzt hatten, die Hand der Rätin Benzon fasste, sie zum Kanapee führte und Platz nehmen hieß, während er selbst sich ihr zur Seite setzte.

»Unlieb«, sprach er dann sanft und leise, wie immer zur Benzon, »unlieb wäre es mir doch gewesen, wenn der Hofmarschall erstickt wäre am Zwieback. Doch schien er Abwesenheiten des Geistes zu haben, wie ich es schon oftmals bemerkt, da er die Prinzessin Hedwiga ein Mädchen nannte, und würde daher im Whist miserabel gewesen sein. – Überhaupt, liebe Benzon, ist es mir heute recht erwünscht und angenehm, statt des Spiels mit Ihnen hier in der Einsamkeit einige Worte vertraulich zu wechseln wie sonst. Ach – wie sonst! Nun, Sie kennen mein Attachement für Sie, geliebte Frau! Nie kann es aufhören, ein fürstliches Herz ist jedes Mal ein treues, sobald nicht unabwendbare Verhältnisse ein anderes gebieten.« Bei diesen Worten küsste der Fürst der Benzon viel zärtlicher die Hand, als es Stand, Alter und Umgebung zu erlauben schienen. Die Benzon versicherte mit vor Freude funkelnden Augen, dass sie längst den Moment ersehnt, mit dem Fürsten vertraulich zu reden, da sie ihm so manches mitzuteilen habe, was ihm nicht unangenehm sein werde.

»Erfahren Sie«, sprach die Benzon, »erfahren Sie, gnädigster Herr, dass der Geheime Legationsrat aufs neue geschrieben, dass unsere Angelegenheit plötzlich eine günstigere Wendung genommen, dass – « »Still«, unterbrach sie der Fürst, »still, beste Frau, nichts von Regierungsgeschäften! Auch der Fürst trägt Schlafröcke und setzt eine Nachtmütze auf, wenn er, beinahe erdrückt von der Last des Regierens, sich zur Ruhe begibt, wovon freilich Friedrich der Große, König von Preußen, eine Ausnahme machte, der, wie es Ihnen als einer belesenen Frau bekannt sein wird, auch im Bett einen Filzhut aufsetzte. Nun, ich meine, dass auch der Fürst immer zuviel von dem in sich trägt, was – nun! was eben, wie die Leute sagen, das sogenannte bürgerliche Verhältnis, Ehe, Vaterfreuden usw. begründet, um sich diesen Gefühlen ganz zu entschlagen, und es ist mindestens pardonabel, wenn er sich ihnen überlässt in Augenblicken, da der Staat, die Vorsorge für den gehörigen Anstand am Hofe und im Lande nicht sein ganzes Selbst in Anspruch nimmt. – Gute Benzon! Solche Augenblicke sind die jetzigen; fertig liegen sieben Unterschriften in meinem Kabinett, und nun lassen Sie mich den Fürsten ganz vergessen, lassen Sie mich hier beim Tee ganz Hausvater sein, der ›deutsche Hausvater‹ vom Freiherrn von Gemmingen. Lassen Sie mich von meinen – ja von meinen Kindern reden, die mir solchen Kummer verursachen, dass ich oft in eine ganze unschickliche Gemütsunruhe verfalle.« – »Von Ihren«, sprach die Benzon mit spitzem Ton, »von Ihren Kindern soll die Rede sein, gnädigster Herr? Das heißt also von dem Prinzen Ignaz und von der Prinzessin Hedwiga! – Sprechen Sie, gnädigster Herr, sprechen Sie, vielleicht kann ich Rat und Trost geben wie Meister Abraham.« – »Ja«, sprach der Fürst weiter, »ja, Rat und Trost, der möchte mir manchmal vonnöten sein. – Sehn Sie, gute Benzon, was zuerst den Prinzen betrifft, so bedurfte er freilich nicht besonderer Geistesgaben, die die Natur denjenigen zuzuteilen pflegt, die sonst ihres Standes halber obskur und fühllos bleiben würden, aber etwas mehr Esprit wäre ihm doch zu wünschen, er ist und bleibt ein – Simple! – Sehn Sie nur, da sitzt er und baumelt mit den Füßen und spielt eine falsche Karte aus nach der andern und kichert und lacht wie ein Knabe von sieben Jahren! – Benzon! Entre nous soit dit, nicht die Kunst des Schreibens, insofern sie ihm nötig, ist ihm beizubringen; sein fürstlicher Name sieht aus wie eine Eulenkralle. Ewige Barmherzigkeit, was soll daraus werden! Neulich wurde ich in meinen Geschäften gestört durch ein abscheuliches Gebelle vor meinem Fenster, ich schaue heraus, um den unangenehmen Spitz fortjagen zu lassen, und was muss ich erblicken! Sollten Sie es glauben, gute Frau! Es ist der Prinz, der wie wahnsinnig laut bellend hinter dem Gärtnerburschen herspringt! – Sie spielen zusammen Hase und Hund! – Ist wohl nur einiger Verstand darin, sind das fürstliche Passionen? – Kann der Prinz wohl jemals zur geringsten Selbständigkeit kommen?« »Darum«, erwiderte die Benzon, »darum ist es nötig, dass der Prinz alsbald vermählt werde und eine Gemahlin erhalte, deren Anmut, deren Liebreiz, deren klarer Verstand seine schlafenden Sinne weckt, und die gutmütig genug ist, sich ganz zu ihm hinabzuneigen, um ihn dann allmählich zu sich heraufzuziehen. Diese Eigenschaften sind dem weiblichen Wesen, das dem Prinzen angehören soll, unerlässlich, um ihn aus einem Seelenzustande zu retten, der, mit Schmerz spreche ich es aus, gnädigster Herr, zuletzt in wirklichen Wahnsinn ausarten kann. Eben daher dürfen auch nur diese seltenen Eigenschaften entscheiden und der Stand nicht in allzustrengen Betracht kommen.« »Niemals«, sprach der Fürst, indem er die Stirn runzelte, »niemals gab es Mesalliancen in unserm Hause, lassen Sie ab von einem Gedanken, den ich nicht billigen kann. Immer war und bin ich noch bereit, sonst Ihre Wünsche zu erfüllen!« – »Dass«, erwiderte die Benzon mit scharfem Ton, »dass ich nicht wüsste, gnädigster Herr! – Wie oft mussten gerechte Wünsche schweigen chimärischer Rücksichten halber. Aber es gibt Ansprüche, die aller Verhältnisse spotten.« – »Laissons cela«, unterbrach der Fürst die Benzon, indem er sich ausräusperte und Tabak nahm. Nach einigen Augenblicken des Stillschweigens fuhr er fort: »Noch mehr Kummer als der Prinz macht mir die Prinzessin. Sagen Sie, Benzon, wie war es möglich, dass uns eine Tochter von dieser seltsamen Gemütsart, noch mehr von dieser absonderlichen Krankhaftigkeit, die selbst den Leibarzt in Verlegenheit setzt, geboren werden konnte? Hat sich die Fürstin nicht immer einer blühenden Gesundheit erfreut, hat sie zu mystischen Nervenzufällen inkliniert? Bin ich selbst nicht, was Leib und Seele betrifft, ein robuster Fürst gewesen? Wie kommen wir zu dem Kinde, das, gestehen muss ich es zu meinem bitteren Leidwesen, mir oft – ganz verrückt erscheint, alles fürstlichen Anstandes los und ledig?« – – »Auch mir«, erwiderte die Benzon, »auch mir ist der Organismus der Prinzessin unbegreiflich. – Die Mutter ist immer klar, verständig, von jeder zu heftigen verderblichen Leidenschaftlichkeit frei gewesen.« – Die letzten Worte sprach die Benzon dumpf und leise vor sich hin, indem sie den Blick niedersenkte. »Sie meinen die Fürstin?« fragte der Fürst mit Akzent, da es ihm nicht anständig schien, dass dem

Worte: Mutter nicht das Prädikat: Fürstin hinzugefügt. »Wen sonst«, erwiderte die Benzon gespannt, »wen sonst sollte ich meinen?« »Hat«, sprach der Fürst weiter, »hat mich nicht der letzte fatale Zufall der Prinzessin um den Erfolg meiner Bemühungen und die Freude ihrer baldigen Vermählung, meinen Wünschen gemäß, gebracht? – Denn, gute Benzon, entre nous soit dit, der Prinzessin plötzliche Katalepsie, die ich bloß einer starken Erkältung zuschreibe, war wohl lediglich schuld an der plötzlichen Abreise des Prinzen Hektor. – Er will abbrechen, und – juste ciel! – selbst ich muss es gestehen, ich kann es ihm nicht ganz verdenken, sodass, verböte nicht ohnehin der Anstand jede weitre Annäherung, schon dieses mich, den Fürsten, abhalten müsste, jetzt noch Schritte zu tun zur Erfüllung eines Wunsches, den ich freilich sehr ungern und nur notgedrungen aufgebe. Recht werden Sie mir nämlich geben, geliebte Frau, dass es immer etwas Ängstliches hat mit einer Gemahlin, die solch wunderlichen Zufällen unterworfen. Kann eine solche fürstliche und zugleich kataleptische Gemahlin nicht mitten in der glänzendsten Cour davon erfasst werden, automatisch dastehen und sämtliche würdigen Anwesenden zwingen, es ihr nachzutun und regungslos zu bleiben? – Freilich kann man wohl auch eine von einer allgemeinen Katalepsie befallene Cour sich als die feierlichste und erhabenste denken, die es in der Welt nur geben mag, da die leiseste Verletzung der nötigen Würde auch dem Leichtsinnigsten unmöglich. Doch ein Gefühl, das mich eben in solchen hausväterlichen Augenblicken, wie die jetzigen hier beim Spiel, befällt, lässt mich bemerken, dass ein solcher Zustand der Braut dem fürstlichen Bräutigam einiges fröstelndes Grauen erregen kann, und darum – Benzon! Sie sind eine liebenswürdige, verständige Frau, fänden Sie vielleicht eine Möglichkeit, die Sache mit dem Prinzen zu redressieren, irgendein Mittel – « »Es bedarf«, unterbrach die Benzon lebhaft den Fürsten, »es bedarf dessen gar nicht, gnädigster Herr! Nicht der Prinzessin Krankheit trieb den Prinzen so schnell fort, ein anderes Geheimnis ist hier im Spiel, und in dieses Geheimnis ist der Kapellmeister Kreisler verflochten.« »Wie«, rief der Fürst voll Erstaunen, »wie, was sagen Sie, Benzon? Der Kapellmeister Kreisler? So sollte es doch wahr sein, dass er – « »Ja«, sprach die Rätin weiter, »ja, gnädigster Herr, ein Zwiespalt zwischen ihm und dem Prinzen Hektor, der vielleicht geschlichtet werden sollte auf zu heroische Weise, war es, der den Prinzen entfernte.« – »Zwiespalt«, unterbrach der Fürst die Benzon, »Zwiespalt – geschlichtet – heroische Weise! – Der Schuss im Park – Der blutige Hut! – Benzon! Es ist ja unmöglich – der Prinz – der Kapellmeister! – Ein Duell – ein Renkontre, beides ist ja undenkbar!« – »So viel«, fuhr die Benzon fort, »so viel, gnädigster Herr, ist gewiss, dass Kreisler auf der Prinzessin Gemüt nur zu mächtig einwirkte, dass jene seltsame Angst, ja, jenes Entsetzen, das sie erst empfand in Kreislers Gegenwart, sich gestalten wollte zur verderblichen Leidenschaft. Möglich, dass der Prinz scharf genug sah, dies zu gewahren, dass er in Kreisler, der ihm von Anfang an entgegentrat mit feindlicher verhöhnender Ironie, einen Widersacher fand, den er sich vom Halse schaffen zu müssen glaubte, und dass hieraus sich eine Tat erzeugte, die freilich nur dem blutigen Hass des gekränkten Ehrgefühls, der Eifersucht verziehen werden darf, und die, Dank sei der ewigen Macht, nicht gelang. Ich gestehe, dass dies alles die schnelle Abreise des Prinzen nicht erklärt, und dass, wie gesagt, noch ein dunkles Geheimnis waltet. Der Prinz floh, wie mir Julia erzählt, entsetzt vor einem Bilde, das Kreisler bei sich trug und ihm vorzeigte. – Nun, mag dem sein, wie ihm wolle, Kreisler ist fort, und der Prinzessin Krisis ist vorüber! – Glauben Sie mir, gnädigster Herr, blieb Kreisler, so flammte die heftigste Leidenschaft für ihn auf in der Prinzessin Brust, und sie wäre lieber gestorben, als dass sie dem Prinzen ihre Hand gegeben hätte. Alles hat sich jetzt anders gestaltet, bald kehrt Prinz Hektor zurück, und die Vermählung mit der Prinzessin endigt alle Besorgnisse.« »Sehn Sie«, rief der Fürst zornig, »sehn Sie, Benzon, die Insolenz des schnöden Musikanten! – In ihn will die Prinzessin sich verlieben, seinetwegen die Hand des liebenswürdigsten Prinzen ausschlagen! – Ah le coquin! – Nun versteh' ich Euch, Meister Abraham, erst ganz! – Ihr sollt mir den fatalen Menschen vom Halse schaffen, dass er niemals wiederkehrt.« – »Jede«, sprach die Rätin, »jede Maßregel, die der weise Meister Abraham deshalb etwa vorschlagen dürfte, würde überflüssig sein, da das Erforderliche schon geschehen ist. Kreisler befindet sich in der Abtei Kanzheim, und wie mir der Abt Chrysostomus schreibt, wird er wahrscheinlich sich entschließen, der Welt zu entsagen und in den Orden einzutreten. Die Prinzessin hat dies schon erfahren von mir zur günstigen Stunde, und dass ich dabei keine sonderliche Gemütsbewegung der Prinzessin gewahrte, bürgt mir dafür, dass die bedrohliche Krisis, wie gesagt, schon vorüber.« »Herrliche«, nahm der Fürst das Wort, »herrliche, liebenswürdige Frau! Welches Attachement beweisen Sie mir und meinen Kindern! Wie sorgen Sie für das Wohl, für das Beste meines Hauses!« »Wirklich«, sprach die Benzon mit bitterem Ton, »wirklich? – tue ich das? Konnte, durfte ich immer für das Wohl Ihrer Kinder sorgen?« Die Benzon legte auf die letzten Worte einen besonderen Nachdruck, der Fürst sah schweigend vor sich nieder und spielte mit den Daumen der zusammengefalteten Hände. Endlich murmelte er leise: »Angela! – noch immer keine Spur? – ganz verschwunden?« »So ist es«, erwiderte die Benzon, »und ich fürchte, dass das unglückliche Kind das Opfer irgendeiner Schändlichkeit geworden ist. Man wollte sie in Venedig gesehen haben, aber gewiss war dies ein Irrtum. – Gestehen Sie es, gnädigster Herr, es war grausam – entsetzlich, dass Sie Ihr Kind von der Brust der Mutter reißen ließen, es in ein trostloses Exil verbannten! – Diese Wunde, die mir Ihre Strenge schlug, werde ich niemals verschmerzen!« »Benzon«, sprach der Fürst, »habe ich Ihnen, dem Kinde nicht ein ansehnliches Jahrgehalt ausgesetzt? – konnte ich mehr tun? Musste ich nicht, blieb Angela bei uns, jeden Augenblick befürchten, dass unsere faiblesses verraten werden und auf unangenehme Weise die anständige Ruhe unseres Hofes zerstören konnten? – Sie kennen die Fürstin, gute Benzon! Sie wissen, dass sie manchmal besondere Grillen hat.« – »Also«, nahm die Benzon das Wort, »also Geld, ein Jahresgehalt soll die Mutter entschädigen für allen Schmerz, für alle Trauer, für alle bittre Klage um das verlorene Kind? – In der Tat, gnädigster Herr! Es gibt eine andere Art, für sein Kind zu sorgen, die die Mutter besser zufriedenstellt als alles Gold!« –

Die Benzon sprach diese Worte mit einem Blick, mit einem Ton, der den Fürsten in einige Verlegenheit setzte.

»Vortreffliche Frau«, begann er betreten, »warum diese seltsame Gedanken! – Glauben Sie denn nicht, dass mir ebenfalls das spurlose Verschwinden unserer lieben Angela sehr unangenehm, sehr fatal ist? Es muss ein artiges schönes Mägdlein geworden sein, da es von hübschen scharmanten Eltern geboren.« Aufs neue küsste der Fürst der Benzon sehr zärtlich die Hand, die sie aber schnell wegzog und mit funkelndem durchbohrendem Blick dem Fürsten ins Ohr flüsterte: »Gestehen Sie es, gnädigster Herr, Sie waren ungerecht, grausam, als Sie darauf bestanden, dass das Kind entfernt werden müsse. Ist es nicht Ihre Pflicht, den Wunsch nicht zurückzuweisen, dessen Erfüllung ich, gutmütig genug, wirklich für einigen Ersatz all meines Leids ansehen will?« – »Benzon«, erwiderte der Fürst noch kleinlauter als zuvor, »gute herrliche Benzon, kann denn unsere Angela nicht wiedergefunden werden? Ich will Heroisches tun für Ihre Wünsche, teure Frau! Ich will mich dem Meister Abraham anvertrauen, mich mit ihm beraten. – Es ist ein vernünftiger erfahrener Mann, vielleicht kann er helfen.« »O«, unterbrach die Benzon den Fürsten, »o des weisen Meisters Abraham! Glauben Sie denn, gnädigster Herr, dass Meister Abraham wirklich aufgelegt ist, für Sie etwas zu unternehmen, dass er Ihnen, Ihrem Hause getreulich anhängt? Und wie sollte er imstande sein, etwas herauszubringen über Angelas Schicksal, nachdem in Venedig, in Florenz alle Nachforschungen vergeblich geblieben sind und, was das Schlimmste ist, ihm jenes geheimnisvolle Mittel geraubt wurde, dessen er sich sonst bediente, um das Unbekannte zu erforschen.« »Sie«, sprach der Fürst, »Sie meinen sein Weib, die böse Zauberin Chiara.« »Sehr«, erwiderte die Benzon, »sehr fraglich möchte es sein, ob die vielleicht nur inspirierte, mit höheren wunderbaren Kräften begabte Frau diesen Namen verdient. Auf jeden Fall war es ungerecht, unmenschlich, dem Meister das geliebte Wesen zu rauben, an dem er hing mit ganzer Seele, ja, die ganz ein Teil seines Ichs war.«

»Benzon«, rief der Fürst ganz erschrocken, »Benzon, ich verstehe Sie heute nicht! – Mir schwindelt's im Kopfe! Waren Sie selbst nicht dafür, dass das bedrohliche Geschöpf, vermöge dessen der Meister bald alle unsere Verhältnisse beherrschen konnte, entfernt werden möchte? Billigten Sie nicht selbst mein Schreiben an den Großherzog, in dem ich vorstellte, dass, da jede Zauberei im Lande längst verboten, Personen, die in dieser Art beeigenschaftet, ihr Wesen trieben, nicht geduldet werden dürften und sicherheitshalber ein wenig eingesperrt werden müssten? Geschah es nicht aus purer Schonung gegen den Meister Abraham, dass der mysteriösen Chiara nicht der offene Prozess gemacht, sondern dass sie in aller Stille aufgegriffen und fortgeschafft wurde, wohin weiß ich nicht einmal, da ich mich darum nicht weiter bekümmert? – Welch ein Vorwurf kann mich hier treffen?« »Verzeihung«, erwiderte die Benzon, »Verzeihung, gnädigster Herr, aber es ist doch in der Tat der Vorwurf des wenigstens übereilten Verfahrens, der Sie wohl mit Recht trifft. – Aber! – Erfahren Sie es, gnädigster Herr! Meister Abraham ist davon unterrichtet, dass seine Chiara weggeschafft wurde auf Ihren Anlass. Er ist still, er ist freundlich, aber glauben Sie nicht, Gnädigster Herr, dass Hass und Rache brütet in seinem Inneren gegen den, der ihm sein Liebstes raubte auf Erden? Und diesem Mann wollen Sie vertrauen, wollen ihm Ihr Inneres erschließen?« – »Benzon«, sprach der Fürst, indem er sich die Schweißtropfen von der Stirne wegtrocknete, »Benzon! Sie alterieren mich sehr – ganz unbeschreiblich, möcht' ich sagen! – Barmherziger! Kann ein Fürst so aus der Kontenance gebracht werden? Muss, beim

Teufel – Gott, ich glaube gar, ich fluche wie ein Dragoner hier beim Tee! – Benzon! Warum sprachen Sie nicht früher! – Er weiß schon alles! – Im Fischerhäuschen, gerade als ich ganz außer mir war über der Prinzessin Zustand, da floss mir das Herz, der Mund über. – Ich sprach von Angela, entdeckte ihm – Benzon, schrecklich ist es! – J'étois un – Esel! – Voilà tout!« »Und er erwiderte?« So fragte die Benzon gespannt. »Beinahe«, sprach der Fürst weiter, »beinahe ist es mir so, als habe der Meister Abraham zuerst angefangen, von unserem früheren Attachement zu sprechen, und wie ich ein glücklicher Vater habe sein können, statt dass ich nun ein malheureuser sei. – So viel ist aber richtig, dass, als ich meine Beichte geendet, er lächelnd erklärte, wie er schon längst alles wisse und hoffe, dass sich vielleicht in ganzer kurzer Zeit aufklären werde, wo Angela geblieben. – Mancher Trug würde dann vernichtet werden, manche Täuschung zerrinnen.« »Das«, sprach die Benzon mit bebenden Lippen, »das sagte der Meister?« »Sur mon honneur«, erwiderte der Fürst, »das sprach er. – Tausend sapperment – pardonnieren Sie, Benzon, aber ich bin im Zorn – wenn der Alte es mir nachtragen sollte? – Benzon, que faire?«

Beide, der Fürst und die Benzon, starrten sich sprachlos an. »Durchlauchtigster Herr«, lispelte leise ein Kammerlakei, indem er dem Fürsten Tee präsentierte. »Bête!« schrie aber der Fürst, im hastigen Aufspringen dem Lakei Präsentierteller samt der Tasse aus den Händen schlagend; alles fuhr entsetzt von den Spieltischen in die Höhe, das Spiel war zu Ende, der Fürst, sich mit Macht bezwingend, lächelte ein freundliches »Adieu« den Erschrockenen zu und begab sich mit der Fürstin in die inneren Gemächer. Auf jedem Gesicht las man aber ganz deutlich: »Gott, was ist das, was bedeutet das? – Der Fürst spielte nicht, sprach so lange, so ungelegentlich mit der Rätin und geriet dann in solch entsetzlichen Zorn!« –

Unmöglich konnte die Benzon auch nur entfernt ahnen, was sie in ihrer Wohnung, die in einem Seitengebäude dicht neben dem Schlosse gelegen, für ein Auftritt erwartete. – Kaum eingetreten, stürzte ihr nämlich ganz außer sich Julia entgegen und – Doch! Gegenwärtiger Biograph ist sehr zufrieden, dass er diesmal das, was sich mit Julia während des fürstlichen Tees begeben, viel besser und deutlicher zu erzählen vermag als manches andere Faktum der bis jetzt wenigstens etwas verworrenen Geschichte! – Also! – Wir wissen, dass Julien erlaubt wurde, früher nach Hause zurückzukehren. Ein Leibjäger leuchtete ihr mit einer Fackel. Kaum waren sie aber einige Schritte vom Schloss entfernt, als der Leibjäger plötzlich stillstand und die Fackel hoch emporhob. »Was gibt es?« fragte Julia. »Ei«, erwiderte der Leibjäger, »ei, Fräulein Julia, haben Sie wohl die Gestalt bemerkt, die dort vor uns so schnell forthuschte? Ich weiß gar nicht, was ich davon denken soll, seit mehreren Abend schleicht hier ein Mensch umher, der bei seiner Heimlichkeit was Böses im Schilde führen muss. Wir haben ihm schon nachgestellt auf alle nur mögliche Weise, aber er entwischt uns unter den Händen, ja, er wird vor unsern Augen unsichtbar wie ein Gespenst oder wie der Gottseibeiuns selbst.«

Julia dachte an die Erscheinung im Giebelfenster des Pavillons und fühlte sich von unheimlichen Schauern durchbebt. »Fort, ach nur schnell fort«, rief sie dem Jäger zu, der meinte aber lachend, das liebe Fräulein möge sich nur nicht fürchten, denn ehe ihr etwas geschehe, müsse ihm erst das Gespenst den Hals umdrehen, überdies habe aber wohl das unbekannte Ding, was sich in der Gegend des Schlosses blicken lasse, Fleisch und Bein wie andere ehrliche Leute und sei ein furchtsamer lichtscheuer Hase.

Julia schickte ihr Mädchen, das über Kopfschmerz und Fieberfrost klagte, zu Bette und legte ohne ihre Beihilfe die Nachtkleider an.

Nun, als sie einsam auf ihrem Zimmer, ging noch einmal alles in ihrer Seele auf, was Hedwiga in einem Zustande zu ihr gesprochen, den sie nur krankhafter Überspannung zuschreiben wollte. Und doch war es gewiss, dass eben jene krankhafte Überspannung nur eine psychische Ursache haben konnte. – Mädchen von solch unbefangenem reinem Gemüt, wie Julia, erraten in derlei intrikaten Fällen wohl selten das Richtige. So glaubte auch Julia, als sie sich alles nochmals in den Sinn gerufen, nichts anderes, als dass Hedwiga von jener entsetzlichen Leidenschaft ergriffen, die sie selbst ihr so furchtbar, als die Ahnung davon in ihrer eignen Seele lag, geschildert, und dass Prinz Hektor der Mann sei, dem sie ihr eignes Selbst geopfert. – Nun, schloss sie ferner, sei, der Himmel wisse wie, der Wahn in Hedwiga aufgestiegen, dass der Prinz in anderer Liebe befangen, und habe sie gequält wie ein fürchterliches, rastlos sie verfolgendes Gespenst, sodass daraus sich die heillose Zerrüttung im Innern erzeugte. »Ach«, sprach Julia zu sich selbst, »ach, du gute liebe Hedwiga, kehrte Prinz Hektor zurück, wie bald würdest du dich überzeugen, dass du von deiner Freundin nichts zu befürchten!« – Doch im Augenblick, als Julia diese Worte sprach, trat der Gedanke, dass der Prinz sie liebe, so aus dem Innersten hervor, dass sie vor seiner Macht und Lebendigkeit erschrak, dass sie sich von unnennbarer Angst erfasst fühlte, es könne doch wahr, was die Prinzessin glaube, und ihr Verderben gewiss sein. Jener seltsame fremdartige Eindruck, den des Prinzen Blick, sein ganzes Wesen auf sie gemacht, kam ihr wieder in den Sinn, jenes Entsetzen durchbebte aufs neue ihre Glieder. Sie gedachte jenes Moments auf der Brücke, als der Prinz, sie umschlingend, den Schwan fütterte, all der verfänglichen Worte, die er damals sprach, und die, so harmlos ihr damals alles vorgekommen, ihr jetzt von tieferer Bedeutung schienen. Aber auch des verhängnisvollen Traums gedachte sie, als sie sich von eisernen Armen fest umschlungen gefühlt und es der Prinz gewesen, der sie festgehalten, als sie dann erwacht, den Kapellmeister im Garten erblickt und sein ganzes Wesen ihr klar geworden und sie daran geglaubt, dass er sie schützen werde vor dem Prinzen.

»Nein«, rief Julia laut, »nein, es ist nicht so, es kann dem nicht so sein, es ist nicht möglich! Es ist der böse Geist der Hölle selbst, der diese sündhaften Zweifel in mir Ärmsten erregt! – Nein, er soll nicht Macht haben über mich!« –

Mit dem Gedanken an den Prinzen, an jene gefahrvollen Augenblicke regte sich in Julias tiefer Brust eine Empfindung, deren Bedrohlichkeit nur daran zu erkennen, dass sie die Scham weckte, die das wallende Blut ihr in die Wangen, heiße Tränen ihr in die Augen trieb. Wohl der holden frommen Julia, dass sie Kraft genug besaß, den bösen Geist zu beschwören, ihm keinen Raum zu verstatten, in dem er fest fußen können. Es ist hier noch wiederholt zu bemerken, dass Prinz Hektor der schönste liebenswürdigste Mann war, den man sich nur vorstellen konnte, dass seine Kunst zu gefallen auf die tiefe Weiberkenntnis gegründet war, die ihm das Leben voll glücklicher Abenteuer erworben, und dass eben ein junges unbefangenes Mädchen wohl erschrecken machte vor der siegenden Kraft seines Blicks, seines ganzen Wesens.

»O Johannes«, sprach sie sanft, »du guter herrlicher Mann, kann ich denn nicht bei dir den Schutz suchen, den du mir versprochen? Kannst du nicht selbst zu mir tröstend reden mit den Himmelstönen, die recht widerhallen in meiner Brust?« –

Damit öffnete Julia das Pianoforte und begann die Kompositionen Kreislers, die ihr die liebsten waren, zu spielen und zu singen. In der Tat fühlte sie sich bald getröstet, erheitert, der Gesang trug sie fort in eine andere, es gab keinen Prinzen, ja keine Hedwiga mehr, deren krankhafte Phantome sie verstören durften! –

»Nun noch meine liebste Kanzonetta! – « So sprach Julia und begann das von so vielen Komponisten gesetzte: »Mi lagnero tacendo etc.« In der Tat war Kreislern dieses Lied vor allen übrigen gelungen. Der süße Schmerz der brünstigsten Liebessehnsucht war darin in einfacher Melodie mit einer Wahrheit, mit einer Stärke ausgedrückt, die jedes fühlende Gemüt unwiderstehlich ergreifen musste. Julia hatte geendet, in das Andenken an Kreisler ganz und gar versunken, schlug sie noch einzelne Akkorde an, die ein Echo schienen ihrer Gefühle. Da ging die Tür auf, sie schaute hin, und ehe sie sich vom Sitz erheben konnte, lag Prinz Hektor ihr zu Füßen und hielt sie fest, beide Hände erfassend. Laut schrie sie auf vor jähem Schreck, doch der Prinz beschwor sie bei der Jungfrau und allen Heiligen, ruhig zu sein, ihm nur zwei Minuten den Himmel ihres Anblicks, ihres Worts zu gönnen. Mit Ausdrücken, wie sie nur die Raserei der heftigsten Leidenschaft einzugeben vermag, sagte er ihr dann, dass er nur sie, nur sie anbete, dass der Gedanke der Vermählung mit Hedwiga ihm schrecklich, todbringend sei. Dass er deshalb habe fliehen wollen, doch bald, von der Macht einer Leidenschaft, die erst mit seinem Tode enden könne, getrieben, zurückgekehrt sei, nur um Julien zu sehen, zu sprechen, ihr zu sagen, dass nur sie allein sein Leben, sein alles sei! – »Fort«, rief Julia in trostloser Herzensangst, »fort – Sie töten mich, Prinz!« »Nimmermehr«, schrie der Prinz, indem er in Liebeswut Julias Hände an die Lippen drückte, »nimmermehr, der Moment ist da, der Leben über mich bringt oder Tod! – Julia! Kind des Himmels! Kannst du mich, kannst du den verwerfen, dessen ganzes Sein, dessen Seligkeit du bist? – Nein, du liebst mich, Julia, ich weiß es, so sprich es aus, dass du mich liebst, und alle Himmel überschwänglichen Entzückens sind mir geöffnet!«

Damit umschlang der Prinz die vor Entsetzen und Angst halb ohnmächtige Julia und drückte sie heftig an seine Brust.

»Weh mir«, rief sie mit halberstickter Stimme, »weh mir – erbarmt sich niemand meiner?«

Da erhellte Fackelglanz die Fenster, und mehrere Stimmen ließen sich vor der Türe hören. Julia fühlte einen glühenden Kuss auf den Lippen brennen, und schnell war der Prinz entflohen.

Also – ganz außer sich, stürzte, wie gesagt, Julia der eintretenden Mutter entgegen, und mit Entsetzen vernahm diese, was sich begeben. Sie begann damit, die arme Julia zu trösten, wie sie nur vermochte, ihr zu versichern, dass sie den Prinzen zu seiner Scham aus dem Versteck, in dem er sich befinden müsse, hervorziehen werde. »O«, sprach Julia, »o, tue das nicht Mutter, ich muss vergehen, wenn der Fürst, wenn Hedwiga erfährt – « Sie fiel schluchzend an der Mutter Brust, ihr Antlitz verbergend.

»Du hast recht«, erwiderte die Rätin, »du hast recht, mein liebes gutes Kind, niemand darf zurzeit wissen, ahnen, dass der Prinz sich hier befindet, dass er dir nachstellt, du liebe fromme Julia! – Die im Komplott sind, müssen schweigen. Denn dass es deren gibt, die im Bunde sind mit dem Prinzen, hat nicht den mindesten Zweifel, da er sonst ebensowenig unbemerkt hier in Sieghartshof sich hätte aufhalten, als in unsre Wohnung schleichen können. – Unbegreiflich ist es mir, wie es dem Prinzen möglich wurde, aus dem Hause zu entfliehen, ohne mir und Friedrich, der mir leuchtete, zu begegnen! Den alten Georg fanden wir im tiefen unnatürlichen Schlaf, aber wo ist Nanny?« – »Weh mir«, lispelte Julia, »weh mir, dass sie krank war und ich sie fortschicken musste.« »Vielleicht«, sprach die Benzon, »vielleicht kann ich ihr Arzt sein«, und stieß rasch die Türe des Nebenzimmers auf. Da stand die kranke Nanny völlig angekleidet; sie hatte gelauscht und sank nun vor Schreck und Furcht nieder, der Benzon zu Füßen.

Wenige Fragen der Benzon reichten hin, um zu erfahren, dass der Prinz durch den alten, für so treu gehaltenen Kastellan –

(M. f. f.) – musst' ich erfahren! – Muzius, mein treuer Freund, mein herziger Bruder war an den Folgen der bösen Verwundung am Hinterbeine Todes verblichen. – Die Trauerpost traf mich sehr hart, nun erst fühlte ich, was mir Muzius gewesen! – In künftiger Nacht sollte, wie mir Puff sagte, im Keller desselben Hauses, wo der Meister wohnte, und wo man die Leiche hingeschafft, die Totenfeier gehalten werden. Ich versprach, mich nicht allein zu gehöriger Zeit einzufinden, sondern auch für Speis und Trank zu sorgen, damit nach alter edler Sitte auch das Trauermahl gehalten werden könne. Ich besorgte dies auch wirklich, indem ich den Tag über nach und nach meinen reichlichen Vorrat an Fischen, Hühnerknochen und Gemüse hinabtrug. – Für Leser, die alles gern auf das genaueste erklärt haben und daher auch wohl wissen möchten, wie ich es angefangen, das Getränk hinab zu transportieren, bemerke ich, dass ohne weiteres Mühen mir eine freundliche Hausmagd dazu verhalf. Die Hausmagd, welche ich gar oft im Keller zu treffen und auch wohl in ihrer Küche zu besuchen pflegte, schien meinem Geschlecht und insonderheit mir ganz vorzüglich gewogen, sodass wir uns nie sahen, ohne auf anmutige Weise miteinander zu spielen. Sie reichte mir manchen Bissen, der eigentlich schlechter war, als wie ich ihn von meinem Meister empfing, den ich aber doch verzehrte und dabei tat, als wenn er mir ganz vorzüglich schmeckte, aus purer Galanterie. So was rührt wohl das Herz einer Hausmagd, und sie tat, worauf es eigentlich abgesehen war. Ich sprang ihr nämlich auf den Schoß, und sie kratzte mir so lieblich Kopf und Ohren, dass ich ganz Wonne und Seligkeit war und an die Hand mich gar sehr gewöhnte, die »samstags ihren Besen führt und sonntags dich am besten karessiert!« – An diese freundliche Person wandte ich mich nun in dem Augenblick, als sie aus dem Keller, in dem ich mich gerade befand, einen großen Topf voll süßer Milch herauftragen wollte, und äußerte auf ihr verständliche Weise den lebhaften Wunsch, die

Milch für mich zu behalten. »Närrischer Murr«, sprach das Mädchen, die ebenso gut wie alle übrigen Leute im Hause, ja wie die ganze Nachbarschaft meinen Namen wusste, »närrischer Murr, du willst gewiss die Milch nicht für dich allein, du willst gewiss traktieren! Nun, behalt nur die Milch, kleiner Graukittel, ich muss oben schon für andere sorgen!« Damit setzte sie den Topf mit Milch auf den Boden nieder, streichelte mir, der ich in den zierlichsten Purzelbäumen meine Freude und meinen Dank zu erkennen gab, noch was weniges den Rücken und stieg dann die Kellertreppe hinauf. – Merk dir, o Katerjüngling, hierbei, dass die Bekanntschaft, ja ein gewisses sentimentales gemütliches Verhältnis mit einer freundlichen Köchin für junge Leute unseres Standes und Geschlechts ebenso angenehm ist als ersprießlich.

Um die Mitternachtsstunde begab ich mich hinab in den Keller. Trauriger, herzzerreißender Anblick! Da lag in der Mitte auf einem Katafalk, der freilich, dem einfachen Sinn, den der Verstorbene stets in sich trug, gemäß, nur in einem Bündel Stroh bestand, die Leiche des teuern geliebten Freundes! – Alle Kater waren schon versammelt, wir drückten uns, keines Wortes mächtig, die Pfoten, setzten uns, heiße Tränen in den Augen, in einen Kreis rings um den Katafalk umher und stimmten einen Klagegesang an, dessen die Brust durchschneidende Töne furchtbar in den Kellergewölben widerhallten. Es war der trostloseste, entsetzlichste Jammer, der jemals gehört worden, kein menschliches Organ vermag ihn herauszubringen.

Nachdem der Gesang geendet, trat ein sehr hübscher, anständig in Weiß und Schwarz gekleideter Jüngling aus dem Kreise, stellte sich an das Kopfende der Leiche und hielt nachfolgende Standrede, welche er mir, ungeachtet er sie aus dem Stegreif gesprochen, schriftlich mitteilte:

TRAUERREDE

am Grabe des zu früh verblichenen Katers Muzius,
der Phil. und Gesch. Befliss.,
gehalten von seinem treuen Freunde und Bruder,
dem Kater Hinzmann,
der Poes. und Bereds. Befliss.

»Teure in Betrübnis versammelte Brüder!
Wackre hochherzige Bursche!

Was ist der Kater! – ein gebrechliches vergängliches Ding, wie alles, was geboren auf Erden! – Ist es wahr, was die berühmtesten Ärzte und Physiologen behaupten, dass der Tod, dem alle Kreatur unterworfen, hauptsächlich in dem gänzlichen Aufhören alles Atmens bestehe, o, so ist unser biederer Freund, unser wackerer Bruder, dieser treue tapfere Genosse in Freud und Leid, o, so ist unser edler Muzius gewiss tot! – Seht, da liegt der Edle auf dem kalten Stroh und hat alle Viere von sich gestreckt! – Nicht der leiseste Atemzug stiehlt sich durch die auf ewig geschlossenen Lippen! Eingefallen sind die Augen, die sonst bald sanftes Liebesfeuer, bald vernichtenden Zorn strahlten in grüngleißendem Gold! Totenblässe überzieht das Antlitz, schlaff hängen die Ohren, hängt der Schweif herab! – O Bruder Muzius, wo sind nun deine lustigen Sprünge, wo ist deine Heiterkeit, deine gute Laune, dein klares fröhliches Miau! das alle Herzen erfreute, dein Mut, deine Standhaftigkeit, deine Klugheit, dein Witz? – Alles, alles hat dir der bittre Tod geraubt, und du weißt vielleicht nun nicht einmal genau, ob du gelebt hast? – Und doch warst du die Gesundheit, die Kraft selbst, gerüstet gegen alles körperliche Weh, als solltest du ewig leben! Kein Rädchen des Uhrwerks, das dein Inneres trieb, war ja auch schadhaft, und der Todesengel hatte sein Schwert nicht über dein Haupt geschwungen, weil das Räderwerk abgelaufen und nicht mehr wieder aufgezogen werden konnte. – Nein! ein feindliches Prinzip griff gewaltsam hinein in den Organismus und zerstörte frevelnd, was noch lange hätte bestehen können. – Ja! – Noch oft hätten diese Augen freundlich gestrahlt, noch oft wären lustige Einfälle, fröhliche Lieder diesen Lippen, dieser erstarrten Brust entströmt, noch oft hätte dieser Schweif, frohen Mutes innere Kraft verkündend, sich in Wellenlinien geringelt, noch oft hätten diese Pfoten Stärke und Gewandtheit bewiesen in den mächtigsten gewagtesten Sprüngen – und nun – O, kann es die Natur zulassen, dass das, was sie auf lange Dauer mühsam konstruiert hat, vor der Zeit zerstört werde, oder gibt es wirklich einen finstren Geist, Zufall genannt, der in despotischer frevelnder Willkür hineingreifen darf in die Schwingungen, die alles Sein dem ewigen Naturprinzip gemäß zu bedingen scheinen? – O du Toter, könntest du das hier der betrübten, jedoch lebendigen Versammlung sagen! – Doch, werte Anwesende, wackre Brüder, lasst uns solchen tiefsinnigen Betrachtungen nicht nachhängen, sondern uns ganz der Klage um den viel zu früh verlornen Freund Muzius zuwenden. – Es ist üblich, dass der Trauerredner den Anwesenden die ganze vollständige Biographie mit lobpreisenden Zusätzen und Anmerkungen vorträgt, und dieser Brauch ist sehr gut, da durch einen solchen Vortrag auch in dem betrübtesten Zuhörer der Ekel der Langeweile erregt werden muss, dieser Ekel aber nach der Erfahrung und dem Ausspruch bewährter Psychologen am besten jede Betrübnis zerstört, weshalb denn auf jene Weise der Trauerredner beide Pflichten, die, dem Verewigten die gehörige Ehre zu erweisen, und die, die Hinterlassenen zu trösten, auf einmal erfüllt. Man hat Beispiele, und sie sind natürlich, dass der Gebeugteste nach solcher Rede ganz vergnügt und munter von hinnen gegangen ist; über der Freude, erlöst zu sein von der Qual des Vortrags, verschmerzte er den Verlust des Hingeschiedenen. – Teure, versammelte Brüder! Wie gern folgte auch ich dem löblichen bewährten Brauch, wie gern trüge ich euch die ganze ausführliche Biographie des erblassten Freundes und Bruders vor und setzte euch um aus betrübten Katern in vergnügte, aber es geht nicht, es geht wahrhaftig nicht. – Seht das ein, teure, geliebte Brüder, wenn ich euch sage, dass ich von dem eigentlichen Leben des Verblichenen, was Geburt, Erziehung, weiteres Fortkommen betrifft, beinahe gar nichts weiß, dass ich daher euch lauter Fabeln auftischen müsste, wozu der Ort hier bei der Leiche des Erblassten viel zu ernst und unsere Stimmung viel zu feierlich ist. – Nichts für ungut, Bursche, aber ich will statt alles weitern langweiligen Sermons nur mit wenigen schlichten Worten sagen, was für ein schmähliches Ende der arme Teufel, der hier starr und tot vor uns liegt, nehmen musste, und was es für ein wackrer, tüchtiger Kerl im Leben war! – Doch, o Himmel! Ich falle aus dem Ton der Beredsamkeit, ungeachtet ich derselben beflissen und, will es das Schicksal, Professor poeseos et eloquentiae zu werden hoffe!« – (Hinzmann schwieg, putzte sich mit der rechten Pfote Ohren, Stirn, Nase und Bart, betrachtete lange unverwandten Blicks die Leiche, räusperte sich, fuhr nochmals mit der Pfote übers Gesicht und sprach dann mit erhöhtem Tone weiter.)

»O bittres Verhängnis! – O grauser Tod! Musstest du auf solch grausame Weise den verewigten Jüngling hinraffen in der Blüte seiner Jahre? – Brüder! Ein Redner darf dem Zuhörer nochmals sagen, was dieser schon erfahren bis zum Überdruss, darum wiederhole ich, was ihr schon alle wisst, dass nämlich der dahingeschiedene Bruder fiel als Opfer des wütenden Hasses der Spitzphilister. – Dorthin auf jenes Dach, wo sonst wir uns ergötzten in Friede und Freude, wo fröhliche Lieder schallten, wo Pfot' in Pfot' und Brust an Brust wir ein Herz, eine Seele waren, wollte er hinaufschleichen, um in stiller Einsamkeit mit dem Senior Puff das Andenken jener schönen Tage, wahrer Tage in Aranjuez, die nun vorüber, zu feiern, da hatten die Spitzphilister, die auf jede Weise, jede Erneuerung unseres frohen Katerbundes hintertreiben wollten, in die dunklen Winkel des Bodens Fuchseisen hingestellt; in eins derselben geriet der unglückliche Muzius, zerquetschte sich das Hinterbein und – musste sterben! – Schmerzhaft und gefährlich sind die Wunden, die Philister schlagen, denn sie bedienen sich jederzeit stumpfer schartiger Waffen, doch stark und kräftig von Natur, hätte der Dahingeschiedene, der bedrohlichen Verletzung ungeachtet, wieder aufkommen können, aber der Gram, der tiefe Gram, sich von schnöden Spitzen überwunden, in seiner schönen glanzvollen Laufbahn ganz zerstört zu sehen, der stete Gedanke an die Schmach, die wir alle erlitten, das war es, was an seinem Leben zehrte. – Er litt keinen gehörigen Verband, nahm keine Arzenei – man sagt, er wollte sterben!« – (Ich, wir alle konnten uns bei diesen letzten Worten Hinzmanns nicht lassen vor grimmem Schmerz, sondern brachen all in solch ein klägliches Geheul und Jammergeschrei aus, dass ein Felsen hätte erweicht werden können. Als wir uns nur einigermaßen beruhigt hatten, so dass wir zu hören vermochten, sprach Hinzmann mit Pathos weiter.) »O Muzius! O schau' herab! Schau' die Tränen, die wir um dich vergießen, höre die trostlose Klage, die wir um dich erheben, verewigter Kater! – Ja, schau' auf uns herab oder hinauf, wie du es nun eben vermagst, sei im Geiste unter uns, wenn du noch überhaupt eines Geistes mächtig und derselbige, der dir innegewohnt, nicht schon anderweitig verbraucht worden! – Brüder! – Wie gesagt, ich halte das Maul über die Biographie des Erblassten, weil ich nichts davon weiß, aber desto lebhafter sind mir die vortrefflichen Eigenschaften des Verewigten im Gedächtnis, und die will ich euch, meine teuersten geliebtesten Freunde, vor die Nase rücken, damit ihr den entsetzlichen Verlust, den ihr durch den Tod des herrlichen Katers erlitten, im ganzen Umfange fühlen möget! Vernehmet es, o Jünglinge, die ihr geneigt seid, nie abzuweichen vom Pfade der Tugend, vernehmt es! – Muzius war, was wenige im Leben sind, ein würdiges Glied der Katzengesellschaft, ein guter treuer Gatte, ein vortrefflicher liebender Vater, ein eifriger Verfechter der Wahrheit und des Rechts, ein unermüdlicher Wohltäter, eine Stütze der Armen, ein treuer Freund in der Not! – Ein würdiges Glied der Katzengesellschaft? – Ja! Denn immer äußerte er die besten Gesinnungen und war sogar zu einiger Aufopferung bereit, wenn geschah, was er wollte, feindete auch nur ausschließlich diejenigen an, die ihm widersprachen und seinem Willen sich nicht fügten. Ein guter treuer Gatte? Ja! – Denn er lief andern Kätzchen nur dann nach, wenn sie jünger und hübscher waren als seine Gemahlin und unwiderstehliche Lust ihn dazu trieb. Ein vortrefflicher liebender Vater? Ja! Denn niemals hat man vernommen, dass er, wie es wohl von rohen lieblosen Vätern unsers Geschlechts zu geschehen pflegt, im Anfall eines besonderen Appetits eines seiner erzielten Kleinen verspeiset; es war ihm vielmehr ganz recht, wenn die Mutter sie sämtlich forttrug und er von ihrem dermaligen Aufenthalt weiter nichts erfuhr. Ein eifriger Verfechter der Wahrheit und des Rechts? Ja! – Denn sein Leben hätte er gelassen dafür, weshalb er, da man nur einmal lebt, sich um beides nicht viel kümmerte, welches ihm auch nicht zu verargen. Ein unermüdlicher Wohltäter, eine Stütze der Armen? Ja! Denn jahraus jahrein trug er am Neujahrstage ein kleines Heringsschwänzlein oder ein paar subtile Knöchelchen hinab in den Hof für die armen Brüder, die der Speisung bedurften, und konnte wohl, da er auf diese Weise seine Pflicht als würdiger Katzenfreund erfüllte, diejenigen bedürftigen Kater mürrisch anknurren, die außerdem noch etwas von ihm verlangten. Ein treuer Freund in der Not? Ja! Denn geriet er in Not, so ließ er nicht ab selbst von denjenigen Freunden, die er sonst ganz vernachlässigt, ganz vergessen hatte. – Verewigter! Was soll ich noch sagen von deinem Heldenmut, von deinem hohen geläuterten Sinn für alles Schöne und Edle, von deiner Gelehrsamkeit, von deiner Kunstkultur, von all den tausend Tugenden, die sich in dir vereinten! Was, sag' ich, soll ich sagen davon, ohne unsern gerechten Schmerz über dein klägliches Hinscheiden nicht noch um vieles zu vermehren! – Freunde, gerührte Brüder! – Denn in der Tat, an einigen unzweideutigen Bewegungen bemerke ich zu meiner nicht geringen Befriedigung, dass es mir gelang, euch zu rühren – Also! – Gerührte Brüder! – Lasst uns ein Beispiel nehmen an diesem Verstorbenen, lasst uns alle Mühe anwenden, ganz in seine würdigen Fußstapfen zu treten, lasst uns ganz das sein, was der Vollendete war, und auch wir werden im Tode die Ruhe des wahrhaft weisen, des durch Tugenden jeder Art und Gattung geläuterten Katers genießen wie dieser Vollendete! – Seht nur selbst, wie er so still daliegt, wie er keine Pfote rührt, wie ihm all mein Lob seiner Vortrefflichkeit auch nicht ein leises Lächeln des Wohlgefallens abgewonnen! – Glaubt ihr wohl, Traurige! dass der bitterste Tadel, die gröbsten beleidigendsten Schmähungen ebenso jeden Eindruck auf den Verewigten verfehlt haben würden? Glaubt ihr wohl, dass selbst der dämonische Spitzphilister, träte er hinein in diesen Kreis, dem er sonst unmaßgeblich beide Augen ausgekratzt haben würde, jetzt ihn nur im mindesten in Harnisch bringen, seine sanfte süße Ruhe verstören dürfte?

Über Lob und Tadel, über alle Anfeindungen, alle Foppereien, allen neckhaften Spott und Hohn, über allen wirrigen Spuk des Lebens ist unser herrlicher Muzius erhaben, er hat kein anmutiges Lächeln, keine feurige Umarmung, keinen biedern Pfotendruck mehr für den Freund, aber auch keine Krallen, keine Zähne mehr für den Feind! – Er ist vermöge seiner Tugenden zu der Ruhe gelangt, der er im Leben vergebens nachgestrebt! – Zwar will es mich beinahe bedünken, dass wir alle, so wie wir hier zusammen sitzen und heulen um den Freund, zur Ruhe kommen würden, ohne gerade so ein Ausbund von aller Tugend zu sein als er, und dass es wohl noch ein anderes Motiv geben müsse, tugendhaft zu sein, als gerade die Sehnsucht nach dieser Ruhe, indessen ist das nur solch ein Gedanke, den ich euch zu fernerer Bearbeitung überlasse. – Soeben wollte ich euch ans Herz legen, euer ganzes Leben vorzüglich dazu zu verwenden, um so schön sterben zu lernen wie Freund Muzius, indessen will ich es lieber nicht tun, da ihr mir so manches Bedenkliche entgegensetzen könntet. Ich meine nämlich, dass ihr mir einwenden dürftet, der Verewigte hätte auch lernen sollen, behutsam zu sein und Fuchseisen zu vermeiden, um nicht zu sterben vor der Zeit. Dann gedenke ich aber auch, wie ein sehr junger Katerknabe auf gleiche Ermahnung des Lehrers, dass der Kater sein ganzes Leben darauf verwenden müsse, um sterben zu lernen, schnippisch genug erwiderte, es könne doch so gar schwer nicht sein, da es jedem gelinge aufs erste Mal! – Lasst uns jetzt, hochbetrübte Jünglinge, einige Augenblicke stiller Betrachtung widmen!« – (Hinzmann schwieg und fuhr sich wiederum mit der rechten Pfote über Ohren und Gesicht, dann schien er in tiefes Nachdenken zu versinken, indem er die Augen fest zudrückte. Endlich, als es zu lange währte, stieß ihn der Senior Puff an und sprach leise: »Hinzmann, ich glaube gar, du bist eingeschlafen. Mach' nur, dass du fertig wirst mit deinem Sermon, denn wir verspüren alle einen desperaten Hunger.« Hinzmann fuhr in die Höhe, setzte sich wieder in die zierliche Rednerstellung und sprach weiter.) »Teuerste Brüder! – Ich hoffte noch zu einigen erhabenen Gedanken zu gelangen und gegenwärtige Standrede glänzend zu schließen, es ist mir aber gar nichts eingefallen, ich glaube, der große Schmerz, den ich zu empfinden mich bemüht, hat mich ein wenig stupid gemacht. Lasst uns daher meine Rede, der ihr den vollkommensten Beifall nicht versagen könnt, für geschlossen annehmen und jetzt das gewöhnliche De oder Ex profundis anstimmen!« –

So endete der artige Katerjüngling seinen Trauersermon , der mir zwar in rhetorischer Hinsicht wohl geordnet und von guter Wirkung zu sein schien, an dem ich aber doch manches auszusetzen fand. Mir kam es nämlich so vor, dass Hinzmann gesprochen, mehr um ein glänzendes Rednertalent zu zeigen, als den armen Muzius noch zu ehren nach seinem betrübten Hinscheiden. Alles, was er gesagt, passte gar nicht recht auf den Freund Muzius, der ein einfacher, schlichter, gerader Kater und, ich hatte es ja wohl recht erfahren, eine treue gutmütige Seele gewesen. Überdies war auch das Lob, das Hinzmann gespendet, von zweideutiger Art, sodass mir eigentlich die Rede hinterher missfiel und ich während des Vortrags bloß durch die Anmut des Redners und durch seine in der Tat ausdrucksvolle Deklamation bestochen worden. Auch der Senior Puff schien meiner Meinung zu sein; wir wechselten Blicke, die, Hinzmanns Rede betreffend, von unserm Einverständnis zeugten.

Dem Schluss der Rede gemäß stimmten wir ein »De profundis« an, das womöglich noch viel jämmerlicher, viel herzzerschneidender klang als das entsetzliche Grabeslied vor der Rede. – Es ist bekannt, dass die Sänger von unserm Geschlecht den Ausdruck des tiefsten Wehs, des trostlosesten Jammers, mag nun die Klage wegen zu sehnsüchtiger oder verschmähter Liebe oder um einen geliebten Verstorbenen ertönen, ganz vorzüglich in der Gewalt haben, so dass selbst der kalte gefühllose Mensch von Gesängen solcher Art tief durchdrungen wird und der gepressten Brust nur Luft zu machen vermag durch seltsames Fluchen. – Als das »De profundis« geendigt, hoben wir die Leiche des verewigten Bruders auf und senkten sie in ein tiefes, in einer Ecke des Kellers befindliches Grab.

In diesem Augenblick begab sich aber das Unerwartetste und zugleich anmutig Rührendste der ganzen Totenfeier. Drei Katzenmädchen, schön wie der Tag, hüpften heran und streuten Kartoffel- und Petersilienkraut, das sie im Keller gepflückt, in das offne Grab, während eine ältere ein einfaches herziges Lied dazu sang. Die Melodie war mir bekannt, irre ich nicht, so fängt der Originaltext des Liedes, dem die Stimme untergeschoben, mit den Worten an: »O Tannenbaum, o Tannenbaum!« usw. Es waren, wie mir der Senior Puff ins Ohr sagte, die Töchter des verstorbenen Muzius, die auf diese Weise des Vaters Trauerfest mit begingen.

Nicht das Auge abwenden konnte ich von der Sängerin; sie war allerliebst, der Ton ihrer süßen Stimme, selbst das Rührende, tief Empfundene in der Melodie des Trauerliedes riss mich hin ganz und gar; ich konnte mich der Tränen nicht erwehren. Doch der Schmerz, der mir sie auspresste, war von ganz besonderer seltsamer Art, da er mir das süßeste Wohlbehagen erregte.

Dass ich es nur geradezu heraussage! – Mein ganzes Herz neigte sich der Sängerin zu, es war mir, als habe ich nie eine Katzenjungfrau erblickt von dieser Anmut, von diesem Adel in Haltung und Blick, von dieser siegenden Schönheit. –

Das Grab wurde mit Mühe von vier rüstigen Katern, die so viel Sand und Erde herankratzten, als nur möglich, gefüllt, die Beerdigung war vorbei, und wir gingen zu Tische. Muzius' schöne liebliche Töchter wollten sich entfernen, das litten wir jedoch nicht, sie mussten vielmehr teilnehmen am Trauermahl, und ich wusste es so geschickt anzufangen, dass ich die Schönste zur Tafel führte und mich dicht neben ihr hinsetzte. Hatte mir erst ihre Schönheit geglänzt, hatte mich ihre süße Stimme bezaubert, so versetzte mich jetzt ihr heller klarer Verstand, die Innigkeit, die Zartheit ihres Gefühls, das rein weibliche fromme Wesen, das aus ihrem Innern hervorstrahlte, in den höchsten Himmel des Entzückens. Alles erhielt in ihrem Munde, in ihren süßen Worten einen ganz eigenen Zauberreiz, ihr Gespräch war ganz liebliche zarte Idylle. – So sprach sie z. B. mit Wärme von einem Milchbrei, den sie wenige Tage vor des Vaters Tode nicht ohne Appetit genossen, und als ich sagte, dass bei meinem Meister solch ein Brei ganz vorzüglich bereitet würde und zwar mit einer guten Zutat von Butter, da blickte sie mich an mit ihren frommen, grünstrahlenden Taubenaugen und fragte mit einem Ton, der mein ganzes Herz durchbebte: »O gewiss – gewiss, mein Herr? – Sie lieben auch den Milchbrei? – Mit Butter!« wiederholte sie dann, wie in schwärmerische Träume versinkend. – Wer weiß nicht, dass hübschen blühenden Mädchen von sechs bis acht Monaten (so viele konnte die Schönste zählen) nichts besser kleidet als ein kleiner Anstrich von Schwärmerei, ja dass sie dann oft ganz unwiderstehlich sind. So geschah es, dass ich, ganz in Liebe entflammt, die Pfote der Schönsten heftig drückend, laut rief: »Englisches Kind, frühstücke mit mir Milchbrei, und es gibt keine Seligkeit des Lebens, gegen die ich mein Glück vertausche!« – Sie schien verlegen, sie schlug errötend die Augen nieder, doch ließ sie ihre Pfote in der meinigen, welches die schönsten Hoffnungen in mir erregte. Ich hatte nämlich einmal bei meinem Meister einen alten Herrn, der, irre ich nicht, ein Advokat war, sagen gehört, es sei für ein junges Mädchen sehr gefährlich, ihre Hand lange in der Hand eines Mannes zu lassen, weil dieser es mit Recht für eine traditio brevi manu ihrer ganzen Person ansehen und allerlei Ansprüche darauf begründen könne, die dann nur mit Mühe zurückzuweisen. – Zu solchen Ansprüchen hatte ich nun aber große Lust und wollte eben damit beginnen, als das Gespräch durch eine Libation zu Ehren des Verstorbenen unterbrochen wurde. – Die drei jüngeren Töchter des hingeschiedenen Muzius hatten indessen eine frohe Laune, eine schalkhafte Naivität entwickelt, über die alle Kater entzückt waren. Schon durch Speis und Trank merklich dem Gram und Schmerz entronnen, wurde nun die Gesellschaft immer froher und lebendiger. Man lachte, man scherzte, und als die Tafel aufgehoben, war es der ernste Senior Puff selbst, welcher vorschlug, ein Tänzchen zu machen. Schnell war alles fortgeräumt; drei Kater stimmten ihre Kehlen, und bald sprangen und drehten sich Muzius' aufgeweckte Töchter mit den Jünglingen wacker herum.

Nicht von der Seite wich ich der Schönsten, ich forderte sie auf zum Tanz, sie gab mir die Pfote, wir flogen in die Reihen. – Ha! wie ihr Atem an meiner Wange spielte! wie meine Brust an der ihrigen bebte! Wie ich ihren süßen Leib mit meinen Pfoten umschlungen hielt! – O des seligen, himmlisch seligen Augenblicks!

Als wir zwei, auch wohl drei Hopser getanzt, führte ich die Schönste in eine Ecke des Kellers und bediente sie galanter Sitte gemäß mit einigen Erfrischungen, wie sie sich eben vorfinden lassen wollten, da das Fest eigentlich auf einen Ball nicht eingerichtet. Nun ließ ich meinem innern Gefühl ganz freien Lauf. Ein Mal übers andere drückte ich ihre Pfote an meine Lippen und versicherte ihr, dass ich der glücklichste Sterbliche sein werde, wenn sie mich ein bisschen lieben wolle.

»Unglücklicher«, sprach plötzlich eine Stimme dicht hinter mir, »Unglücklicher, was beginnst du! – es ist deine Tochter Mina!«

Ich erbebte, denn wohl erkannte ich die Stimme! – Es war Miesmies! – Launisch spielte der Zufall mit mir, dass in dem Augenblick, als ich Miesmies ganz vergessen zu haben geglaubt, ich erfahren, was ich nicht ahnen können, ich in Liebe kommen musste zum eigenen Kind! – Miesmies war in tiefer Trauer, ich wusste selbst nicht, was ich davon denken sollte.

»Miesmies«, sprach ich sanft, »Miesmies, was führt Sie hierher, warum in Trauer und – o Gott! – jene Mädchen – Minas Schwestern?« – Ich erfuhr das Seltsamste! – Mein gehässiger Nebenbuhler, der Schwarzgraugelbe, hatte sich gleich nachher, als er in jenem mörderischen Zweikampf meiner ritterlichen Tapferkeit erlegen, von Miesmies getrennt und war, als nur seine Wunden geheilt, fortgegangen, niemand wusste wohin. Da warb Muzius um ihre Pfote, die sie ihm willig reichte, und es machte ihm Ehre und bewies sein Zartgefühl, dass er mir dies Verhältnis gänzlich verschwieg. So waren aber jene muntren naiven Kätzchen nur meiner Mina Stiefschwestern!

»O Murr«, sprach Miesmies zärtlich, nachdem sie erzählt, wie sich das alles ergeben, »o Murr! Ihr schöner Geist hat sich nur in dem Gefühl geirrt, das ihn überströmte. Es war die Liebe des zärtlichsten Vaters, nicht des verlangenden Liebhabers, die in Ihrer Brust erwachte, als Sie unsre Mina sahen. Unsere Mina! O welch ein süßes Wort! – Murr! Können Sie dabei unempfindlich bleiben, sollte alle Liebe erloschen sein in Ihrem Innern gegen die, die Sie so innig liebte – o Himmel, noch so innig liebt, die Ihnen treu geblieben bis in den Tod, wäre nicht ein anderer dazwischengekommen und hätte sie verlockt durch schnöde Verführungskünste? – O Schwachheit, dein Name ist Katz! Das denken Sie, ich weiß es, aber ist es nicht Katertugend, der schwachen Katze zu verzeihen? – Murr! Sie sehen mich gebeugt, trostlos über den Verlust des dritten zärtlichen Gatten, aber in dieser Trostlosigkeit flammt aufs neue die Liebe auf, die sonst mein Glück, mein Stolz, mein Leben war! – Murr! hören Sie mein Geständnis! – ich liebe Sie noch, und ich dächte, wir verhei – « Tränen erstickten ihre Stimme!

Mir war bei dem ganzen Auftritt sehr peinlich zumute. Mina saß da, bleich und schön wie der erste Schnee, der manchmal im Herbst die letzten Blumen küsst und gleich in bittres Wasser zerfließen wird!

(Anmerkung des Herausgebers. Murr! – Murr! Schon wieder ein Plagiat! – In *»Peter Schlemihls wundersamer Geschichte«* beschreibt der Held des Buchs seine Geliebte, auch Mina geheißen, mit denselben Worten {vgl. ORSYTA 62018: Joerg K. Sommermeyer, *"Taugenichts et cetera: Eichendorff, Chamisso, Büchner"*, Orlando Syrg, Berlin 2018, S. 126}.)

Schweigend betrachtete ich beide, Mutter und Tochter, die letzte gefiel mir doch unendlich viel besser, und da bei unserm Geschlecht die nächsten verwandtschaftlichen Verhältnisse kein kanonisches Ehehindernis – Vielleicht verriet mich mein Blick, denn Miesmies schien meine innerste Gedanken zu durchschauen. »Barbar!« rief sie, indem sie schnell auf Mina lossprang und sie heftig umpfotend an ihre Brust riss, »Barbar! Was willst du beginnen? – Wie? Du kannst dies dich liebende Herz verschmähen und Verbrechen häufen auf Verbrechen!« Unerachtet ich nun gar nicht begriff, was für Ansprüche Miesmies geltend machen und welche Verbrechen sie mir vorwerfen konnte, so fand ich es, um den Jubel, in den sich das Trauerfest aufgelöst, nicht zu zerstören, doch geratener, gute Miene zu machen zu bösem Spiel. Ich versicherte daher der ganz außer sich gekommenen Miesmies, dass bloß die unaussprechliche Ähnlichkeit Minas mit ihr mich irregeführt und ich geglaubt hätte, dasselbe Gefühl entflammte mein Inneres, das ich für sie, die noch immer schöne Miesmies, in mir trüge. Miesmies trocknete alsbald ihre Tränen, setzte sich dicht zu mir und fing ein so vertrauliches Gespräch mit mir an, als sei nie etwas Böses unter uns vorgefallen. Hatte nun noch der junge Hinzmann die schöne Mina zum Tanz aufgefordert, so kann man denken, in welcher unangenehmen peinlichen Lage ich mich befand. Ein Glück für mich war es, dass der Senior Puff endlich Miesmies aufzog zum Kehraus, da sie mir sonst noch allerlei seltsame Propositionen hätte machen können. Ich schlich leise, leise aus dem Keller herauf und dachte: »Kommt Zeit, kommt Rat!« Ich sehe dieses Trauerfest als den Wendepunkt an, in dem sich meine Lehrmonate schlossen und ich eintrat in einen Kreis des Lebens.

(Mak. Bl.) – Kreisler veranlasst, sich in aller Frühe in die Gemächer des Abts zu begeben. Er fand den hochehrwürdigen Herrn, wie er eben, mit Beil und Meißel in der Hand, beschäftigt war, eine große Kiste aufzuschlagen, in welcher der Form nach ein Gemälde eingepackt sein musste. »Ha!« rief der Abt dem eintretenden Kreisler entgegen, »gut, dass Ihr kommt, Kapellmeister! Ihr könnt mir beistehen in einer schweren mühseligen Arbeit. Die Kiste ist mit tausend Nägeln zugehämmert, als solle sie verschlossen bleiben in Ewigkeit. Sie kommt geradeswegs aus Neapel, und es ist ein Gemälde darin, das ich vorderhand in meinem Kabinett aufhängen und den Brüdern nicht zeigen will. Darum rief ich mir keinen zur Hilfe; aber nun sollt Ihr mir helfen, Kapellmeister.« Kreisler legte Hand an, und nicht lange dauerte es, so war das große schöne Gemälde, das in einen prächtigen vergoldeten Rahmen gefasst, aus der Kiste zutage gefördert. Nicht wenig verwunderte sich Kreisler, als er in dem Kabinett des Abts die Stelle über dem kleinen Altar, wo sonst ein sehr anmutiges Bild von Leonardo da Vinci, die heilige Familie darstellend, aufgehängt war, leer fand. Der Abt hatte dies Gemälde für eins der besten erachtet, welche die an alten Originalen reiche Sammlung besaß, und doch sollte dieses Meisterstück Platz machen einem Gemälde, dessen große Schönheit, aber auch entschiedene Neuheit Kreisler auf den ersten Blick erkannte. –

Mit großer Mühe hatten beide, der Abt und Kreisler, das Gemälde an der Wand mit Mauerschrauben befestigt, und nun stellte sich der Abt in das rechte Licht und schaute das Bild mit einem solch innigen Wohlbehagen, mit solch sichtlicher Freude an, dass es schien, als sei außer der in der Tat bewunderungswürdigen Malerei noch ein besonderes Interesse hier im Spiel. – Der Gegenstand des Gemäldes war ein Mirakel. Von der strahlenden Glorie des Himmels umflossen, erschien die heilige Jungfrau; in der linken Hand trug sie einen Lilienzweig, mit den beiden Mittelfingern der rechten Hand berührte sie aber die nackte Brust eines Jünglings, und man sah, wie unter den Fingern dickes Blut aus einer offenen Wunde hervortropfte. Der Jüngling erhob sich halb von dem Lager, auf das er ausgestreckt, er schien aus dem Todesschlafe zu erwachen, noch hatte er nicht die Augen geöffnet, aber das verklärte Lächeln, das auf seinem schönen Antlitz ausgebreitet, zeigte, dass er die Mutter Gottes schaute im seligen Traum, dass ihm der Schmerz der Wunde genommen, dass der Tod keine Macht mehr hatte über ihn. – Jeder Kenner musste die korrekte Zeichnung, die geschickte Anordnung der Gruppe, die richtige Verteilung des Lichts und Schattens, den grandiosen Wurf der Gewänder, die hohe Anmut der Gestalt Marias, vorzüglich auch die lebensvolle Farbe, die den modernen Künstlern meistens nicht zu Gebote steht, höchlich bewundern. Worin sich aber am meisten und, wie es in der Natur der Sache liegt, auch am entschiedensten der wahre Genius des Künstlers offenbarte, war der unbeschreibliche Ausdruck der Gesichter. Maria war das schönste, anmutigste Weib, das man nur sehen konnte, und doch lag auf dieser hohen Stirn des Himmels gebietende Majestät, strahlte überirdische Seligkeit in mildem Glanz aus diesen dunklen Augen. Ebenso war die himmlische Verzückung des zum Leben erwachenden Jünglings mit einer seltenen Kraft des schöpferischen Geistes vom Künstler aufgefasst und dargestellt. – Kreisler kannte in der Tat kein einziges Gemälde der neuern Zeit, das er diesem herrlichen Bilde hätte an die Seite stellen können; er äußerte dies dem Abt, indem er sich über alle einzelne Schönheiten des Werks weitläufig ausließ und dann hinzufügte, dass in der neuesten Zeit wohl kaum Gediegeneres hervorgebracht worden. »Das«, sprach der Abt lächelnd, »das hat seinen guten Grund, wie Ihr, Kapellmeister, sogleich erfahren sollt. – Es ist ein eignes Ding mit unsern jungen Künstlern, sie studieren und studieren, erfinden, zeichnen, machen gewaltige Kartons, und am Ende kommt Totes, Starres hervor, das nicht eindringen kann ins Leben, weil es selbst nicht lebt. Statt des alten großen Meisters, den sie sich zum Muster und Vorbild gewählt haben, Werke sorglich zu kopieren und so einzudringen in seinen eigentümlichsten Geist, wollen sie gleich die Meister selbst sein und Similia malen, verfallen aber darüber in eine Nachahmerei der Nebendinge, die sie ebenso kindisch und lächerlich erscheinen lässt als jenen, der, um einem großen Mann gleichzukommen, ebenso zu husten, zu schnarren, etwas gebückt zu gehen sich mühte wie dieser. – Es fehlt unsern jungen Malern an der wahren Begeisterung, die das Bild in aller Glorie des vollendetsten Lebens aus dem Innern hervorruft und ihnen vor Augen stellt. Man sieht, wie sich dieser oder jener vergebens abquält, um endlich in jene erhöhte Stimmung des Gemüts zu geraten, ohne die kein Werk der Kunst geschaffen wird. Was dann aber die Ärmsten für wahre Begeisterung halten, wie sie den heitern, ruhigen Sinn der alten Maler erhob, ist nur das seltsam gemischte Gefühl von hochmütiger Bewunderung des selbst gefassten Gedankens und von ängstlicher, quälender Sorge, nun bei der Ausführung es dem alten Vorbilde auch in der kleinsten Kleinigkeit nachzutun. – So wird denn oft die Gestalt, die, selbst lebendig, ins helle freundliche Leben treten sollte, zur widerlichen Fratze. Unsre jungen Maler bringen es nicht zur deutlichen Anschauung der im Innern aufgefassten Gestalt, und mag es vielleicht nicht lediglich daher kommen, dass sie, gerät ihnen auch sonst alles so ziemlich gut, doch die Färbung verfehlen? – Mit einem Wort, sie können höchstens zeichnen, aber durchaus nicht malen. Unwahr ist es nämlich, dass die Kenntnis der Farben und ihrer Behandlung verloren gegangen sein, dass es den jungen Malern an Fleiß fehlen sollte. Denn was das erste betrifft, so ist es unmöglich, da die Malerkunst seit der christlichen Zeit, in der sie sich erst als wahrhaftige Kunst gestaltete, nie geruht hat, sondern Meister und Schüler eine ununterbrochene, fortlaufende Reihe bilden und der Wechsel der Dinge, der freilich nach und nach die Abweichungen vom Wahrhaftigen herbeiführte, auf die Übertragung des Mechanischen keinen Einfluss haben konnte. Anlangend aber den Fleiß der Künstler, so möchte ihnen eher Übermaß als Mangel daran vorzuwerfen sein. Ich kenne einen jungen Künstler, der ein Gemälde, lässt es sich auch ziemlich gut an, so lange übermalt und übermalt, bis alles in einen stumpfen bleiernen Ton hinschwindet und so vielleicht erst dem innern Gedanken gleicht, dessen Gestalten nicht in das vollendete, lebendige Leben treten konnten. – Seht da, Kapellmeister, ein Bild, aus dem wahres herrliches Leben haucht, und das darum, weil es die wahre fromme Begeisterung schuf! – Das Mirakel ist Euch deutlich. Der Jüngling, der sich dort vom Lager erhebt, wurde in gänzlicher Hilflosigkeit von Mördern überfallen und zum Tode getroffen. Laut rief er, der sonst ein gottloser Frevler gewesen, der die Gebote der Kirche in höllischem Wahn verachtet hatte, die heilige Jungfrau um Hilfe an, und es gefiel der himmlischen Mutter Gottes, ihn aus dem Tode zu erwecken, damit er noch lebe, seine Irrtümer einsehe und sich in frommer Hingebung der Kirche weihe und ihrem Dienst. – Dieser Jüngling, dem die Gottgesandte so viel Gnade angedeihen ließ, ist zugleich der Maler des Bildes.« – Kreisler bezeugte darüber, was ihm der Abt sagte, seine nicht geringe Verwunderung und schloss damit, dass auf diese Weise das Mirakel ja in der neuesten Zeit sich zugetragen haben müsse.

»Auch Ihr«, sprach der Abt mit sanftem mildem Ton, »auch Ihr, mein lieber Johannes, seid also der törichten Meinung, dass das Gnadentor des Himmels jetzt verschlossen sei, so dass das Mitleiden, die Barmherzigkeit in der Gestalt des Heiligen, den der bedrängte Mensch in der zermalmenden Angst des Verderbens brünstig anflehte, nicht mehr hindurchwandeln, selbst dem Bedürftigen erscheinen und ihm Frieden und Trost bringen könne? – Glaubt mir, Johannes nie haben die Wunder aufgehört, aber des Menschen Auge ist verblödet in sündigem Frevel, es kann den überirdischen Glanz des Himmels nicht ertragen und vermag daher nicht die Gnade der ewigen Macht zu erkennen, wenn sie sich kundtut in sichtbarer Erscheinung. – Doch, mein lieber Johannes, die herrlichsten göttlichsten Wunder geschehen in dem innersten Gemüt des Menschen selbst, und diese Wunder soll er laut verkünden, wie er es nur vermag, in Wort, Ton oder Farbe. So hat jener Mönch, der das Bild malte, das Wunder seiner Bekehrung herrlich verkündet, und so – Johannes, ich muss von Euch reden, es strömt mir aus dem Herzen – und so verkündet Ihr in mächtigen Tönen das herrliche Wunder der Erkenntnis des ewigen klarsten Lichts aus Euerm tiefsten Innern heraus. Und dass Ihr das vermöget, ist das nicht auch ein gnadenvolles Wunder, das die ewige Macht geschehen lässt zu Euerm Heil?«

Kreisler fühlte sich von des Abts Worten gar seltsam erregt; so wie es selten geschehen, trat der volle Glaube an seine innere schöpferische Kraft lebendig hervor, und ihn durchbebte ein seliges Wohlbehagen. – Nicht den Blick hatte Kreisler indessen abgewandt von dem wunderbaren Gemälde, aber wie es wohl zu geschehen pflegt, dass wir auf Bildern, vorzüglich wenn, wie es hier der Fall, starke Lichteffekte im Vor- oder Mittelgrund angebracht sind, die in den dunklen Hintergrund gestellten Figuren erst später entdecken, so gewahrte auch jetzt erst Kreisler die Gestalt, die, in einen weiten Mantel gehüllt, den Dolch, auf den nur ein Strahl der Glorie der Himmelskönigin zu fallen schien, so dass er kaum bemerkbar blinkte, in der Hand, durch die Tür entfloh. Es war offenbar der Mörder; im Entfliehen blickte er rückwärts, und sein Gesicht trug den furchtbaren Ausdruck der Angst und des Entsetzens.

Wie ein Blitz traf es Kreisler, als er in dem Antlitz des Mörders die Züge des Prinzen Hektor erkannte, nun war es ihm auch, als habe er den zum Leben erwachenden Jüngling schon irgendwo, wiewohl nur sehr flüchtig, gesehen. Eine ihm selbst unerklärliche Scheu hielt ihn zurück, diese Bemerkungen dem Abt mitzuteilen, dagegen fragte er den Abt, ob er es nicht für störend und anstößig halte, dass der Maler ganz im Vordergrund, wiewohl im Schlagschatten, Gegenstände des modernen Anzuges angebracht und, wie er jetzt erst sehe, auch den erwachenden Jüngling, also sich selbst modern gekleidet.

In der Tat war auf dem Bild und zwar zur Seite des Vordergrundes ein kleiner Tisch und ein dicht daneben stehender Stuhl angebracht, auf dessen Lehne ein türkischer Schal hing, so wie auf dem Tisch ein Offiziershut mit einem Federbusch und ein Säbel lagen. Der Jüngling trug einen modernen Hemdkragen, eine Weste, die ganz aufgeknöpft, und einen dunklen, ebenfalls ganz aufgeknöpften Überrock, dessen Schnitt aber einen guten Faltenwurf zuließ. Die Himmelskönigin war gekleidet, wie man sie auf den Bildern der besten alten Maler zu sehen gewohnt ist.

»Mir ist«, erwiderte der Abt auf Kreislers Frage, »mir ist die Staffage im Vordergrunde sowie des Jünglings Überrock nicht allein keineswegs anstößig, sondern ich meine auch, dass der Maler nicht von des Himmels Gnade, sondern von weltlicher Torheit und Eitelkeit hätte durchdrungen sein müssen, wenn er auch nur in dem geringfügigsten Nebenpunkt von der Wahrheit abgewichen wäre. So wie es sich wirklich begab, getreu nach Ort, Umgebung, Kleidung der Personen usw. musste er das Mirakel darstellen, so sieht auch jeder auf den ersten Blick, dass sich das Mirakel in unsern Tagen begab, und so wird das Gemälde des frommen Mönchs zur schönen Trophäe der siegenden Kirche in diesen Zeiten des Unglaubens und der Verderbtheit.« »Und doch«, sprach Kreisler, »und doch ist mir dieser Hut, dieser Säbel, dieser Schal, dieser Tisch, dieser Stuhl – ist mir das alles, sage ich, fatal, und ich wollte, der Maler hätte diese Staffage des Vordergrundes weggelassen und sich selbst ein Gewand umgeworfen statt des Überrocks. Sagt selbst, hochehrwürdiger Herr, könnt Ihr Euch eine heilige Geschichte denken im modernen Kostüm, einen heiligen Joseph im Flauschrock, einen Heiland im Frack, eine Jungfrau in einer Robe, mit umgeworfenem türkischem Schal? Würde Euch das nicht als eine unwürdige, ja abscheuliche Profanation des Erhabensten erscheinen? Und doch stellten die alten, vorzüglich die deutschen Maler alle biblischen und heiligen Geschichten in dem Kostüm ihres Zeitalters dar, und ganz falsch möchte die Behauptung sein, dass sich jene Trachten besser zur malerischen Darstellung eigneten als die jetzigen, die freilich, bis auf manche Kleidung der Weiber, albern und unmalerisch genug sind; doch bis ins Übertriebene, bis ins Ungeheuere, möcht' ich sagen, gingen ja manche Moden der Vorzeit; man denke an jene ellenhoch aufgekrümmten Schnabelschuhe, an jene bauschichten Pluderhosen, an jene verschnittenen Wämser und Ärmel usw., vollends unausstehlich und Antlitz und Wuchs entstellend waren aber manche Weibertrachten, wie man sie auf alten Bildern findet, auf denen das junge blühende, bildschöne Mädchen bloß der Tracht halber das Aussehen hat einer alten grämlichen Matrone. Und doch sind gewiss jene Bilder niemandem anstößig gewesen.«

»Nun«, erwiderte der Abt, »nun kann ich Euch, mein lieber Johannes, mit wenigen Worten recht den Unterschied der alten frommen und der jetzigen verderbteren Zeit vor Augen bringen. – Seht, damals waren die heiligen Geschichten so in das Leben der Menschen eingedrungen, ja, ich möchte sagen, so im Leben bedingt, dass jeder glaubte, vor seinen Augen habe sich das Wundervolle begeben, und jeden Tag könne die ewige Allmacht gleiches geschehen lassen. So ging dem frommen Maler die heilige Geschichte, der er seinen Sinn zugewandt, in der Gegenwart auf; unter den Menschen, wie sie ihn im Leben umgaben, sah er das Gnadenreiche geschehen, und wie er es lebendig geschaut, brachte er es auf die Tafel. Heutzutage sind jene Geschichten etwas ganz Entferntes, das als für sich bestehend und in die Gegenwart nicht eintretend, nur in der Erinnerung ein mattes Leben mühsam behauptet, und vergebens ringt der Künstler nach lebendiger Anschauung, da, mag er es sich auch selbst nicht gestehen, sein innerer Sinn durch das weltliche Forttreiben verflacht ist. – Ebenso fade und lächerlich ist es aber hiernach, wenn man den alten Malern Unkenntnis des Kostüms vorwirft und darin die Ursache findet, warum sie nur die Trachten ihrer Zeit in ihren Gemälden darstellten, als wenn unsere jungen Maler sich mühen, die abenteuerlichsten geschmackwidrigsten Trachten des Mittelalters in ihren Abbildungen heiliger Geschichten anzubringen, dadurch aber zeigen, dass sie das, was sie abzubilden unternommen, nicht unmittelbar im Leben anschauten, sondern sich mit dem Reflex davon begnügten, wie er ihnen im Gemälde des alten Meisters aufging. Eben daher, mein lieber Johannes, weil die Gegenwart zu profan, um nicht mit jenen frommen Legenden im hässlichen Widerspruch zu stehen, weil niemand imstande ist, sich jene Wunder als unter uns geschehen vorzustellen, eben daher würde allerdings die Darstellung in unserem modernen Kostüm uns abgeschmackt, fratzenhaft, ja frevelig bedünken. Ließe es aber die ewige Macht geschehen, dass vor aller unser Augen sich nun wirklich ein Wunder ereigne, so würde es durchaus unzulässig sein, das Kostüm der Zeit zu ändern, so wie die jungen Maler nun freilich, wollen sie einen Stützpunkt finden, darauf bedacht sein müssen, in alten Begebenheiten das Kostüm des jeweiligen Zeitalters, so wie es erforschlich, richtig zu beobachten. – Recht, wiederhole ich noch einmal, recht hatte der Maler dieses Bildes, dass er die Gegenwart andeutete, und eben jene Staffage, die Ihr, lieber Johannes, verwerflich findet, erfüllt mich mit frommen heiligen Schauern, da ich selbst einzutreten wähne in das enge Gemach des Hauses zu Neapel, wo sich erst vor ein paar Jahren das Wunder der Erweckung jenes Jünglings begab.« –

Kreisler wurde durch die Worte des Abts zu Betrachtungen mancherlei Art veranlasst; er musste ihm in vielem recht geben, nur meinte er doch, dass, was die höhere Frömmigkeit der alten Zeit und die Verderbtheit der jetzigen betreffe, aus dem Abt gar zu sehr der Mönch spreche, der Zeichen, Wunder, Verzückungen verlange und wirklich schaue, deren ein frommer kindlicher Sinn, dem die krampfhafte Ekstase eines berauschenden Kultus fremd bleibe, nicht bedürfe, um wahrhafte christliche Tugend zu üben; und eben diese Tugend sei keineswegs von der Erde verschwunden, und könne dies wirklich geschehen, so würde die ewige Macht, die uns aufgegeben und dem finstern Dämon freie Willkür gegönnt, uns auch durch kein Mirakel zurückbringen wollen auf den rechten Weg. – Alle diese Betrachtungen behielt indessen Kreisler für sich und schaute schweigend noch immer das Bild. Aber immer mehr traten auch, wie bei näherem und näherem Anschauen, die Züge des Mörders aus dem Hintergrund hervor, und Kreisler überzeugte sich, dass das lebendige Original der Gestalt niemand anders sein könne als Prinz Hektor. – »Mich dünkt«, begann Kreisler, »mich dünkt, hochehrwürdiger Herr, ich erblicke dort im Hintergrund einen wackern Freischützen, der es abgesehen hat auf das edelste Tier, nämlich auf den Menschen, den er pirscht auf mannigfache Weise. Er hat diesmal, wie ich sehe, ein treffliches wohlgeschliffnes Fangeisen zur Hand genommen und gut getroffen, mit dem Schießgewehr hapert's aber merklich, da er vor nicht langer Zeit auf dem Anstand einen muntren Hirsch garstig verfehlte. – In der Tat, mich gelüstet's gar sehr nach dem Curriculum vitae dieses entschlossenen Weidmanns, sei es auch nur ein epitomatischer Auszug aus demselben, der mir schon zeigen könnte, wo ich eigentlich meine Stelle finde, und ob es nicht geraten, mich nur gleich an die heilige Jungfrau zu wenden wegen eines mir vielleicht nötigen Frei- und Schutzbriefs!« – »Lasst«, sprach der Abt, »lasst nur die Zeit hingehn, Kapellmeister, mich sollt' es wundern, wenn Euch nicht binnen kurzem so manches klar würde, das jetzt noch in trübem Dunkel liegt. – Es kann sich noch vieles Euern Wünschen, die ich erst jetzt erkannt, gar freudig fügen. Seltsam – ja, so viel kann ich Euch wohl sagen – seltsam genug scheint es, dass man in Sieghartshof über Euch im gröbsten Irrtum ist. Meister Abraham mag vielleicht der einzige sein, der Euer Innres durchschaut.« »Meister Abraham«, rief Kreisler, »Ihr kennt den Alten, hochehrwürdiger Herr?« »Ihr«, erwiderte der Abt lächelnd, »Ihr vergesst, dass unsere schöne Orgel ihre neue wirkungsvolle Struktur der Geschicklichkeit Meister Abrahams zu verdanken hat! – Doch künftig mehr! – Wartet nur geduldig der Dinge, die da kommen werden.« –

Kreisler beurlaubte sich beim Abt; er wollte hinab in den Park, um so manchen Gedanken nachzuhängen, die ihn durchkreuzten; doch als er schon die Treppe hinabgestiegen war, hörte er hinter sich herrufen: »Domine, domine Capellmeistere! – paucis te volo!« – Es war der Pater Hilarius, welcher versicherte, dass er mit höchster Ungeduld auf das Ende der langen Konferenz mit dem Abt gewartet. Soeben habe er sein Kellermeisteramt verrichtet und den herrlichsten Leistenwein abgezogen, der seit Jahren im Keller gewesen. Ganz unumgänglich nötig sei es, dass Kreisler sogleich einen Pokal davon leere zum Frühstück, um die Güte des edlen Gewächses zu erkennen und sich zu überzeugen, dass es ein Wein sei, der, feurig, geist- und herzstärkend, für einen tüchtigen Kompositor und echten Musikanten geboren.

Kreisler wusste wohl, dass es vergeblich sein würde, dem begeisterten Pater Hilarius entgehen zu wollen, und es war ihm selbst recht, bei der Stimmung, in die er sich versetzt fühlte, ein Glas guten Weins zu genießen, er folgte daher dem fröhlichen Kellermeister, der ihn in seine Zelle führte, wo er auf einem kleinen, mit einer saubern Serviette bedeckten Tischchen schon eine Flasche des edlen Getränks sowie frisch gebacknes Weißbrot und Salz und Kümmel vorfand. – »Ergo bibamus!« rief Pater Hilar, schenkte die zierlichen grünen Römer voll und stieß mit Kreislern fröhlich an. »Nicht wahr«, begann er, nachdem die Pokale geleert, »nicht wahr, Kapellmeister, unser hochwürdiger Herr will Euch gern in den langen Rock hinein vexieren? – Tut's nicht, Kreisler! – Mir ist wohl in der Kutte, ich möchte sie um keinen Preis wieder ablegen, aber distinguendum est inter et inter! – Für mich ist ein gut Glas Wein und ein tüchtiger Kirchengesang die ganze Welt, aber Ihr – Ihr! Nun, Ihr seid noch zu ganz andern Dingen aufgehoben, Euch lacht noch das Leben auf ganz andere Weise, Euch leuchten noch ganz andre Lichter als die Altarskerzen! – Nun, Kreisler, kurz von der Sache zu reden – stoßt an! – Vivat Euer Mädel, und wenn Ihr Hochzeit macht, so soll Euch der Herr Abt, allen Verdrusses ungeachtet, durch mich von dem besten Wein senden, der nur in unserm reichen Keller befindlich!«

Kreisler fühlte sich durch Hilarius' Worte berührt auf unangenehme Weise, so wie es uns schmerzt, wenn wir etwas Zartes, Schneereines erfasst sehn von plumpen ungeschickten Händen. »Was«, sprach Kreisler, indem er sein Glas zurückzog, »was Ihr nicht alles wisst, nicht alles erfahrt in Euern vier Mauern.« »Domine«, rief Pater Hilarius, »Domine Kreislere, nichts für ungut, video mysterium, aber ich will das Maul halten! Wollt Ihr nicht auf Euer – Nun! Lasst uns frühstücken in Camera et faciemus bonum cherubim – und bibamus, dass der Herr uns hier in der Abtei die Ruhe und Gemütlichkeit erhalten möge, die bisher geherrscht.« »Ist«, fragte Kreisler gespannt, »ist denn die jetzt in Gefahr gekommen?« – »Domine«, sprach Pater Hilarius leise, indem er Kreislern vertraulich näher rückte, »Domine dilectissime! Ihr seid lange genug bei uns, um zu wissen, in welcher Eintracht wir leben, wie sich die verschiedensten Neigungen der Brüder in einer gewissen Heiterkeit einigen, die von allem, von unserer Umgebung, von der Milde der Klosterzucht, von der ganzen Lebensweise begünstigt wird. – Vielleicht hat das am längsten gedauert. Erfahrt es, Kreisler! Eben ist Pater Cyprianus angekommen, der längst erwartete, der von Rom aus dem Abt auf das dringendste empfohlen wurde. Es ist noch ein junger Mann, aber auf diesem ausgedörrten starren Antlitz ist auch nicht eine Spur eines heitern Gemüts zu finden, vielmehr liegt in den finstren abgestorbenen Zügen eine unerbittliche Strenge, die den bis zur höchsten Selbstqual gesteigerten Asketiker verkündet. Dabei zeugt sein ganzes Wesen von einer gewissen feindseligen Verachtung all dessen, was ihn umgibt, die vielleicht wirklich dem Gefühl einer geistlichen Übermacht über uns alle ihren Ursprung verdanken mag. – Schon erkundigte er sich in abgebrochenen Worten nach der Klosterzucht und schien großes Ärgernis an unserer Lebensweise zu nehmen. – Gebt acht, Kreisler, dieser Ankömmling wird unsre ganze Ordnung, die uns so wohlgetan, verkehren! Gebt acht, nunc probo! Die Strenggesinnten werden sich leicht an ihn anschließen, und bald wird sich eine Partei wider den Abt bilden, der vielleicht der Sieg nicht entgehen kann, weil es mir gewiss scheint, dass Pater Cyprianus ein Emissär Sr. Päpstlichen Heiligkeit ist, dessen Willen sich der Abt beugen muss. – Kreisler! Was wird aus unserer Musik, aus Eurem gemütlichen Aufenthalt bei uns werden! – Ich sprach von unserm wohleingerichteten Chor, und wie wir die Werke der größten Meister recht wacker auszuführen imstande, da schnitt aber der finstre Asketiker ein entsetzliches Gesicht und meinte, dergleichen Musik sei für die profane Welt, aber nicht für die Kirche, aus der sie der Papst Marcellus der Zweite mit Recht ganz hatte verbannen wollen. – Per diem, wenn es keinen Chor mehr geben soll und man mir vielleicht auch den Weinkeller verschließt, so – doch vor der Hand bibamus! – Man muss sich vor der Zeit keine Gedanken machen, ergo – gluc-gluc.«

Kreisler meinte, dass es sich wohl mit dem neuen Ankömmling, der vielleicht strenger schiene, als er es wirklich sei, besser fügen und er seinerseits nicht glauben könne, dass der Abt bei dem festen Charakter, den er stets bewiesen, so leicht dem Willen eines fremden Mönchs nachgeben werde, zumal es ihm selbst an wichtigen, erfolgreichen Verbindungen in Rom gar nicht fehlte.

In diesem Augenblick wurden die Glocken gezogen, ein Zeichen, dass die feierliche Aufnahme des fremden Bruders Cyprianus in den Orden des heiligen Benedikt vor sich gehen solle. Kreisler begab sich mit dem Pater Hilarius, der mit einem halbängstlichen »bibendum quid« noch die Neige seines Römers schnell hinunterschluckte, auf den Weg zur Kirche. Aus den Fenstern des Korridors, den sie durchschritten, konnte man in die Gemächer des Abts hineinschauen. »Seht, seht!« rief Pater Hilar, während er Kreisler in die Ecke eines Fensters zog. Kreisler schaute hinüber und gewahrte im Gemach des Abts einen Mönch, mit dem der Abt sehr eifrig sprach, indem eine dunkle Röte sein Antlitz überzog. Endlich kniete der Abt nieder vor dem Mönch, der ihm den Segen gab.

»Hab' ich recht«, sprach Hilarius leise, »hab' ich recht, wenn ich in diesem fremden Mönch, der mit einem Mal hereinschneit in unsre Abtei, etwas Besonderes, Seltsames suche und finde?« »Gewiss«, erwiderte Kreisler, »gewiss hat es mit diesem Cyprianus eine eigne Bewandtnis, und mich sollt' es wundern, wenn nicht gewisse Beziehungen sich sehr bald kundtun sollten.«

Pater Hilarius begab sich zu den Brüdern, um mit ihnen in feierlicher Prozession, das Kreuz vorauf, die Laienbrüder mit angezündeten Kerzen und Fahnen an den Seiten, in die Kirche zu ziehen. Als nun der Abt mit dem fremden Mönch dicht bei Kreisler vorüberkam, erkannte dieser auf den ersten Blick, dass Bruder Cyprianus eben der Jüngling war, den auf jenem Bild die heilige Jungfrau aus dem Tode zum Leben erweckte. – Doch noch eine Ahnung erfasste Kreislern plötzlich. Er rannte hinauf in sein Zimmer, holte das kleine Bildnis hervor, das ihm Meister Abraham gegeben; kein Zweifel! Er erblickte denselben Jüngling, nur jünger, frischer und in Offizieruniform abgebildet. – Als nun – – –

Vierter Abschnitt

Erspriessliche Folgen höherer Kultur

Die reiferen Monate des Mannes

(M.f.f.) Hinzmanns rührenden Sermon, das Trauermahl, die schöne Mina, Miesmies' Wiederfinden, der Tanz, all das hatte in meiner Brust einen Zwiespalt der widersprechendsten Gefühle erregt, so dass ich, wie man im gewöhnlichen Leben gemeinhin sagt, mich eigentlich gar nicht zu lassen wusste und in einer gewissen trostlosen Bangigkeit des Gemüts wünschte, ich läge im Keller in der Grube wie Freund Muzius. Das war nun freilich sehr arg, und ich wüsste gar nicht, was aus mir geworden wäre, lebte nicht der wahre, hohe Dichtergeist in mir, der sofort mich mit reichlichen Versen versorgte, die ich niederzuschreiben nicht unterließ. – Die Göttlichkeit der Poesie offenbart sich vorzüglich darin, dass das Versemachen, kostet auch der Reim hin und wieder manchen Schweißtropfen, doch ein wunderbares inneres Wohlbehagen erregt, das jedes irdische Leid überwindet, sowie man denn wissen will, dass es sogar oftmals schon Hunger und Zahnschmerzen besiegt hat. Jener soll, da der Tod ihm den Vater, die Mutter, die Gattin raubte, zwar bei jedem Todesfall, wie billig, ganz außer sich, aber doch bei dem Gedanken an das herrliche Trauer-Carmen, das er nun im Geist zu empfangen gedachte, niemals untröstlich gewesen sein und bloß noch einmal sich verheiratet haben, um die Hoffnung abermaliger tragischer Begeisterung derselben Art nicht aufzugeben. – Hier sind die Verse, die meinen Zustand, sowie den Übergang von Leid zur Freude mit poetischer Kraft und Wahrheit schildern:

»Was wandelt, horch! durch finstre Räume,

In öder Keller Einsamkeit?
Was ruft mir zu: ›Nicht länger säume!‹
Wes Stimme klagt ein herbes Leid?
Dort liegt der treue Freund begraben,
Nach mir verlangt sein irrer Geist.
Mein Trost soll ihn im Tode laben,
Ich bin's, der Leben ihm verheißt!

Doch nein! – das ist kein flücht'ger Schatten,
Der solche Töne von sich gibt!
Sie seufzen nach dem treuen Gatten,
Nach ihm, der noch so heiß geliebt!
In alte Liebesketten fallen,
Rinaldo will's, er kehrt zurück,
Doch wie! – schau' ich nicht spitze Krallen?
Nicht eifersücht'gen Zornes Blick?

Sie ist's – die Frau! – wohin entfliehen! –
Ha! welch Gefühl bestürmt die Brust.
Im keuschen Schnee der Jugend blühen
Seh' ich des Lebens höchste Lust.
Sie springt, sie naht, und immer heller
Wird's um mich Hochbeglückten her.
Ein süßer Duft durchweht den Keller,
Die Brust wird leicht, das Herz wird schwer.

Der Freund gestorben – sie gefunden –
Entzücken! – Wonne! – bittrer Schmerz!
Die Gattin – Tochter – neue Wunden! –
Ha! – sollst du brechen, armes Herz?
Doch kann den Sinn wohl so betören
Ein Trauermahl, ein lust'ger Tanz?
Nein – diesem Treiben muss ich wehren,
Mich blendet nur ein falscher Glanz.

Hinweg, ihr eitlen Truggebilde,
Gebt höherm Streben willig Raum!
Gar manches führt die Katz im Schilde,
Sie liebt, sie hasst und weiß es kaum.
Kein Ton, kein Blick, senkt eure Augen,
O Mina, Miesmies, falsch Geschlecht!
Verderblich Gift, nicht will ich's saugen,
Ich flieh', und Muzius sei gerächt.

Verklärter! – ja, bei jedem Braten,
Bei jedem Fisch gedenk' ich dein!
Denk' deiner Weisheit, deiner Taten,

Denk' Kater ganz wie du zu sein.
Gelang es hünd'schem Frevelwitze
Dich zu verderben, edler Freund,
So trifft die Schmach blutgier'ge Spitze,
Es rächet dich, der um dich weint.

So flau, so jammervoll im Busen
War mir's, ich wusste gar nicht wie,
Doch hoher Dank den holden Musen,
Dem kühnen Flug der Phantasie.
Mir ist jetzt wieder leidlich besser,
Spür' gar nicht g'ringen Appetit,
Bin Muzius gleich ein wackrer Esser
Und ganz in Poesie erglüht.

Ja Kunst! du Kind aus hohen Sphären,
Du Trösterin im tiefsten Leid,
O! – Verslein lass mich stets gebären
Mit genialer Leichtigkeit.
Und: ›Murr‹, so sprechen edle Frauen,
Hochherz'ge Jünglinge, ›o Murr;
Du Dichterherz, ein zart Vertrauen
Weckt in der Brust dein süß Gemurr!‹«

Die Wirkung des Versleinmachens war zu wohltätig, ich konnte mich nicht mit diesem Gedicht begnügen, sondern machte mehre hintereinander mit gleicher Leichtigkeit, mit gleichem Glück. Die gelungensten würd' ich hier dem geneigten Leser mitteilen, hätte ich nicht im Sinn, dieselben nebst mehreren Witzwörtern und Impromptus, die ich in müßigen Stunden angefertigt, und über die ich schon beinahe vor Lachen bersten mögen, unter dem allgemeinen Titel: »Was ich gebar in Stunden der Begeisterung« herauszugeben. – Zu meinem nicht geringen Ruhm muss ich es sagen, dass selbst in meinen Jünglingsmonaten, wenn der Sturm der Leidenschaft noch nicht verbraust ist, ein heller Verstand, ein feiner Takt für das Gehörige die Oberhand behielt über jeden abnormen Sinnenrausch. So gelang es mir auch, die plötzlich aufgewallte Liebe zu der schönen Mina gänzlich zu unterdrücken. Einmal musste mir denn doch bei ruhiger Überlegung diese Leidenschaft in meinen Verhältnissen etwas töricht vorkommen; dann erfuhr ich aber auch, dass Mina, des äußern Scheins kindlicher Frömmigkeit ungeachtet, ein keckes eigensinniges Ding sei, die bei gewissen Anlässen den bescheidensten Katerjünglingen in die blanken Augen fahre. Um mir aber jeden Rückfall zu ersparen, vermied ich sorglich Mina zu sehen, und da ich Miesmies' vermeintliche Ansprüche und ihr seltsames überspanntes Wesen noch mehr scheute, so hielt ich mich, um ja keiner von beiden zu begegnen, einsam im Zimmer und besuchte weder den Keller, weder den Boden, noch das Dach. Der Meister schien dies gern zu sehen; er erlaubte, dass ich, studierte er am Schreibtisch, mich hinter seinem Rücken auf den Lehnstuhl setzen und mit vorgestrecktem Halse durch den Arm in das Buch gucken durfte, welches er eben las. – Es waren ganz hübsche Bücher, die wir, ich und mein Meister, auf diese Art zusammen durchstudierten, wie z. B. Arpe, »de prodigiosis naturae et artis operibus, Talismanes et Amuleta dictis«, Beckers »bezauberte Welt«, Francisci Petrarka »Gedenkbuch« u. a. m. Diese Lektüre zerstreute mich ungemein und gab meinem Geist einen neuen Schwung. –

Der Meister war ausgegangen, die Sonne schien so freundlich, die Frühlingsdüfte wehten so anmutig zum Fenster hinein; ich vergaß meine Vorsätze und spazierte hinauf auf das Dach. Kaum war ich aber oben, als ich auch schon Muzius' Witwe erblickte, die hinter dem Schornstein hervorkam. – Vor Schreck blieb ich regungslos stehen wie eingewurzelt; schon hörte ich mich bestürmt mit Vorwürfen und Beteuerungen. – Weit gefehlt. – Gleich hinterher folgte der junge Hinzmann, rief die schöne Witwe mit süßen Namen, sie blieb stehen, empfing ihn mit lieblichen Worten, beide begrüßten sich mit dem entschiedenen Ausdruck inniger Zärtlichkeit und gingen dann schnell an mir vorüber, ohne mich zu grüßen oder sonst im mindesten zu beachten. Der junge Hinzmann schämte sich ganz gewiss vor mir, denn er senkte den Kopf zu Boden und schlug die Augen nieder, die leichtsinnige kokette Witwe warf mir aber einen höhnischen Blick zu.

Der Kater ist, was sein psychisches Wesen betrifft, doch eine gar närrische Kreatur. – Hätte ich nicht froh sein können, sein müssen, dass Muzius' Witwe anderweitig mit einem Liebhaber versehen, und doch konnte ich mich eines gewissen innern Ärgers nicht erwehren, der beinahe das Aussehen hatte von Eifersüchtelei. – Ich schwor, niemals mehr das Dach zu besuchen, wo ich große Unbill erlebt zu haben glaubte. Statt dessen sprang ich nun fleißig auf die Fensterbank, sonnte mich, schaute, um mich zu zerstreuen, auf die Straße hinab, stellte allerlei tiefsinnige Betrachtungen an und verband so das Angenehme mit dem Nützlichen.

Ein Gegenstand dieser Betrachtungen war denn auch, warum es mir noch niemals eingefallen, mich aus eigenem freien Antriebe vor die Haustüre zu setzen oder auf der Straße zu lustwandeln, wie ich es doch viele von meinem Geschlecht tun sah, ohne alle Furcht und Scheu. Ich stellte mir das als etwas höchst Angenehmes vor und war überzeugt, dass nun, da ich zu reiferen Monaten gekommen und Lebenserfahrung genug gesammelt, von jenen Gefahren, in die ich geriet, als das Schicksal mich, einen unmündigen Jüngling, hinausschleuderte in die Welt, nicht mehr die Rede sein könne. Getrost wandelte ich daher die Treppe hinab und setzte mich fürs erste auf die Türschwelle in den hellsten Sonnenschein. Dass ich eine Stellung einnahm, die jedem auf den ersten Blick den gebildeten, wohlerzogenen Kater verraten musste, versteht sich von selbst. Es gefiel mir vor der Haustür ganz ungemein. Indem die heißen Sonnenstrahlen meinen Pelz wohltätig wärmten, putzte ich mit gekrümmter Pfote zierlich Schnauze und Bart, worüber mir ein paar vorübergehende junge Mädchen, die den großen, mit Schlössern versehenen Mappen nach, die sie trugen, aus der Schule kommen mussten, nicht allein ihr großes Vergnügen bezeugten, sondern mir auch ein Stückchen Weißbrot verehrten, welches ich nach gewohnter Galanterie dankbarlichst annahm. – Ich spielte mehr mit der mir dargebotenen Gabe, als dass ich sie wirklich zu verzehren Anstalten machte, aber wie groß war mein Entsetzen, als plötzlich ein starkes Brummen dicht bei mir dieses Spiel unterbrach und der mächtige Alte, Pontos Oheim, der Pudel Skaramuz, vor mir stand. Mit einem Satz wollte ich fort aus der Tür, doch Skaramuz rief mir zu: »Sei Er kein Hasenfuß und bleib Er ruhig sitzen; glaubt Er, ich werd' Ihn fressen?« – Mit der demütigsten Höflichkeit fragte ich, worin ich vielleicht dem Herrn Skaramuz nach meinen geringen Kräften dienen könne, der erwiderte aber barsch: »In nichts, in gar nichts kann Er mir dienen, Mosje Murr, und wie sollte das auch möglich sein? Aber fragen wollt' ich Ihn, ob Er vielleicht weiß, wo mein liederlicher Neffe steckt, der junge Ponto. Er hat sich ja wohl schon einmal mit Ihm herumgetrieben, und ihr scheint zu meinem nicht geringen Ärger ein Herz und eine Seele. Nun? – sag' Er nur an, ob Er weiß, wo der Junge herumschwärmt; ich habe ihn schon seit mehreren Tagen mit keinem Auge gesehen.« Verlegen durch des mürrischen Alten stolzes wegwerfendes Betragen, versicherte ich kalt, dass von einer engen Freundschaft zwischen mir und dem jungen Ponto gar nicht die Rede sei und auch niemals die Rede gewesen wäre. Zumal in letzter Zeit habe sich Ponto, den ich übrigens gar nicht aufgesucht, ganz von mir zurückgezogen. »Nun«, brummte der Alte, »nun, das freut mich, das zeigt doch, dass der Junge Ehre im Leibe hat und nicht gleich bei der Hand ist, mit Leuten allerlei Gelichters sein Wesen zu treiben.«

Das war denn doch nicht auszuhalten, der Zorn übermannte mich, das Burschentum regte sich in mir, ich vergaß alle Furcht und prustete dem schnöden Skaramuz ein tüchtiges: »Alter Grobian!« ins Gesicht, hob auch die rechte Pfote mit ausgespreizten Krallen in die Höhe und zwar in der Richtung nach des Pudels linkem Auge. Der Alte wich zwei Schritte zurück und sprach weniger barsch, als vorher: »Nun, nun, Murr! Nichts für ungut, Ihr seid sonst ein guter Kater, und da will ich Euch denn raten, nehmt Euch in acht vor dem Blitzjungen, dem Ponto! Er ist, Ihr mögt es glauben, eine ehrliche Haut, aber leichtsinnig! – leichtsinnig! zu allen tollen Streichen aufgelegt, kein Ernst des Lebens, keine Sitte! – Nehmt Euch in acht, sag' ich, denn bald wird er Euch verlocken in allerlei Gesellschaften, wo Ihr gar nicht hingehört und Euch mit unsäglicher Mühe zu einer Art des sozialen Umgangs zwingen müsst, die Eurer innersten Natur zuwider, und über die Eure Individualität, Eure einfache ungeheuchelte Sitte, wie Ihr sie mir eben bewiesen, zugrunde geht. – Seht, guter Murr, Ihr seid, wie ich schon gesagt, als Kater schätzenswert und habt für gute Lehre ein williges geneigtes Ohr! – Seht! – So viel tolle, unangenehme, ja zweideutige Streiche auch ein Jüngling vollführen mag, zeigt er nur dann und wann jene weichliche, ja oft süßliche Gutmütigkeit, wie sie Leuten von sanguinischem Temperament immer eigen, so heißt es denn gleich mit dem französischen Ausdruck: ›Au fond ist er doch ein guter Kerl‹, und das soll dann alles entschuldigen, was er beginnt gegen alle Sitte und Ordnung. Aber der fond, in dem der Kern des Guten steckt, liegt so tief, und über ihm hat sich so viel Unrat eines ausgelassenen Lebens gesammelt, dass er im Keim ersticken muss. – Für wahrhaftes Gefühl des Guten wird einem aber oft jene alberne Gutmütigkeit aufgetischt, die der Teufel holen soll, wenn sie nicht vermag, den Geist des Bösen in einer glänzenden Maske zu erkennen. Traut, o Kater, den Erfahrungen eines alten Pudels, der sich was in der Welt versucht, und lasst Euch nicht durch das verdammte: ›Au fond ist er ein guter Kerl‹, betören. – Seht Ihr etwa meinen liederlichen Neffen, so möget Ihr ihm alles geradezu heraussagen, was ich mit Euch gesprochen, und Euch seine fernere Freundschaft gänzlich verbitten. – Gott befohlen! – Ihr fresst das wohl nicht, guter Murr?«

Damit nahm der alte Pudel Skaramuz das Stückchen Weißbrot, das vor mir lag, hurtig ins Maul und schritt dann gemächlich von dannen, indem er mit gesenktem Haupt die lang behaarten Ohren an der Erde schleppen ließ und ein ganz klein wenig mit dem Schweif wedelte. – Gedankenvoll schaute ich dem Alten nach, dessen Lebensweisheit mir ganz eingehn wollte. »Ist er fort, ist er fort?« So lispelte es dicht hinter mir, und ich staunte nicht wenig, als ich den jungen Ponto erblickte, der sich hinter die Tür geschlichen und so lange gewartet hatte, bis der Alte mich verlassen. Pontos plötzliche Erscheinung setzte mich gewissermaßen in Verlegenheit, da mir des alten Onkels Auftrag, den ich jetzt eigentlich hätte ausrichten müssen, doch etwas bedenklich schien. Ich dachte an jene entsetzlichen Worte, die Ponto mir einst zugerufen: »Solltest du es dir etwa beikommen lassen, feindliche Gesinnungen gegen mich zu äußern, so bin ich dir an Stärke und Gewandtheit überlegen. Ein Sprung, ein tüchtiger Biss meiner scharfen Zähne würde dir auf der Stelle den Garaus machen.« Ich fand es sehr ratsam, zu schweigen. –

Diese inneren Bedenklichkeiten mochten mein äußeres Betragen kalt und gezwungen erscheinen lassen, Ponto guckte mich an mit scharfem Blick. Dann brach er aus in eine helle Lache und rief: »Ich merk' es schon, Freund Murr! Mein Alter hat dir allerlei Böses vorgeredet von meinem Treiben, er hat mich liederlich, allen tollen Streichen und Ausschweifungen ergeben geschildert. Sei nicht so töricht, von dem allem auch nur ein Wörtchen zu glauben. Fürs erste! – Schau' mich recht aufmerksam an und sag' mir, was du von meiner äußern Erscheinung hältst?« – Den jungen Ponto betrachtend, fand ich, dass er nie so wohlgenährt, so glau ausgesehen, dass nie diese Nettigkeit, diese Eleganz in seinem Anzuge, nie diese wohltuende Übereinstimmung in seinem ganzen Wesen geherrscht. Ich äußerte ihm dies unverhohlen. – »Nun wohl«, sprach Ponto, »nun wohl, guter Murr, glaubst du wohl, dass ein Pudel, der sich in schlechter Gesellschaft umhertreibt, der niedrigen Ausschweifungen ergeben, der recht systematisch liederlich ist, ohne eigentlichen Geschmack daran zu finden, sondern bloß aus Langeweile, wie es denn nun wirklich bei vielen Pudeln der Fall ist – glaubst du wohl, dass ein solcher Pudel so aussehen kann, wie du mich findest? Du rühmst vorzüglich die Harmonie in meinem ganzen Wesen. Schon das muss dich belehren, wie sehr mein grämlicher Onkel im Irrtum ist; denke, da du ein literarischer Kater bist, an jenen Lebensweisen, welcher dem, der an einem Lasterhaften vorzüglich das Unharmonische der ganzen Gestaltung rügte, erwiderte: ›Ist es möglich, dass das Laster Einheit haben kann?‹ – Wundere dich, Freund Murr, nicht einen Augenblick über die schwarzen Verleumdungen meines Alten. Grämlich und geizig, wie denn nun einmal Oheime sind, hat er deshalb seinen ganzen Zorn auf mich geworfen, weil er par honneur einige kleine Spielschulden hat bezahlen müssen, die ich bei einem Wurstkrämer aufgeborgt hatte, der bei sich verbotenes Spiel duldete und den Spielern oft in Zervelaten, Grützen und Lebern (zu Würsten aptiert nämlich) bedeutende Vorschüsse machte. Dann aber denkt der Alte noch immer an eine gewisse Periode, in der meine Lebensweise eben nicht rühmlich war, die aber längst vorüber und dem herrlichsten Anstande gewichen ist.«

In diesem Augenblick kam ein kecker Pintscher des Weges, guckte mich an, als hab' er meinesgleichen noch niemals gesehen, schrie mir die gröbsten Insolenzen in die Ohren und schnappte dann nach dem Schweif, den ich lang aus von mir gestreckt, welches ihm zu missfallen schien. Sowie ich aber hochaufgerichtet mich zur Wehr setzen wollte, war Ponto auch schon auf den ungesitteten Krakeeler losgesprungen, hatte ihn zu Boden getreten und zwei-, dreimal überrannt, so dass er unter dem jammervollsten Lamento, den Schweif fest eingeklemmt, schnell davonfuhr wie ein abgeschossener Pfeil.

Dieser Beweis, den Ponto mir von seiner guten Gesinnung, von seiner tätigen Freundschaft gab, rührte mich ungemein, und ich dachte, dass hier das: »au fond ist er ein guter Kerl!« welches der Onkel Skaramuz mir hatte verdächtig machen wollen, doch auf Ponto anzuwenden sei in besserm Sinn und ihn mit mehrerem Grunde entschuldigen könne als manch andern. Überhaupt wollt' es mich bedünken, dass der Alte gewiss zu schwarz gesehen und Ponto zwar leichtsinnige, aber nie schlechte Streiche machen könne. All dieses äußerte ich meinem Freunde ganz unverhohlen und dankte ihm dabei dafür, dass er meine Verteidigung übernommen, mit den verbindlichsten Ausdrücken.

»Es freut«, erwiderte Ponto, indem er, wie es seine Art war, mit muntren schalkischen Augen umherblickte, »es freut mich, guter Murr, dass der pedantische Alte dich nicht irregemacht hat, sondern dass du mein gutes Herz erkennst. – Nicht wahr, Murr, ich nahm den übermütigen Jungen tüchtig vor? – Er wird daran denken lange Zeit. Eigentlich hab' ich ihn heut' schon den ganzen Tag überwacht, der Bengel stahl mir gestern eine Wurst und musste dafür gezüchtigt werden. Dass dabei auch nebenher die Unbill gerächt wurde, die du von ihm erfahren, und dass ich in dieser Art dir meine Freundschaft beweisen konnte, ist mir gar nicht unlieb; ich schlug, wie man im Sprichwort zu sagen pflegt, zwei Fliegen mit einer Klappe. – Um nun aber wiederum auf unser voriges Gespräch zurückzukommen! – Betrachte mich, guter Katz, noch einmal recht genau und sage mir, ob du denn gar keine merkwürdige Veränderung in meinem Äußern wahrnimmst?« – Ich schaute meinen jungen Freund aufmerksam an und – ach der Tausend! Nun erst fiel mir das silberne, zierlich gearbeitete Halsband ins Auge, das er trug, und auf dem die Worte graviert waren: Baron Alzibiades von Wipp. Marschallstraße Nr. 46. »Wie«, rief ich erstaunt, »wie, Ponto, du hast deinen Herrn verlassen, den ästhetischen Professor, und dich zu einem Baron begeben?« »Verlassen«, erwiderte Ponto, »habe ich nun eigentlich den Professor nicht, sondern er hat mich von sich gejagt mit Fußtritten und Prügeln.« »Wie konnte das geschehen?« sprach ich, »dein Herr bewies dir ja sonst alle Liebe und Güte, wie nur möglich.« »Ach«, antwortete Ponto, »das ist eine dumme ärgerliche Geschichte, die nur durch das sonderbare Spiel des neckenden Zufalls zu meinem Glück ausschlug. An der ganzen Sache war bloß meine alberne Gutmütigkeit schuld, der freilich ein wenig eitle Prahlerei beigemischt. In jeder Minute wollt' ich meinem Herrn Aufmerksamkeiten erweisen und ihm dabei mein Geschick, meine Ausbildung zeigen. Deshalb war ich auch gewohnt, alles, was an

Kleinigkeiten am Fußboden lag, dem Herrn ohne weitere Aufforderung zu apportieren. Nun! – Du weißt vielleicht, dass der Professor Lothario eine blutjunge und dabei bildhübsche Frau hat, die ihn auf das zärtlichste liebt, woran er gar nicht zweifeln darf, da sie es ihm jeden Augenblick versichert und ihn gerade dann mit Liebkosungen überhäuft, wenn er, in Büchern begraben, sich auf die zu haltende Vorlesung vorbereitet. Sie ist die Häuslichkeit selbst, da sie das Haus niemals vor zwölf Uhr verlässt, da sie doch schon um halb elf Uhr aufgestanden, und, einfach in ihren Sitten, verschmäht sie nicht, mit der Köchin, mit dem Stubenmädchen die häuslichen Angelegenheiten bis ins tiefste Detail zu beraten und sich, ist das Wochengeld gewisser, nicht etatsmäßiger Ausgaben halber zu früh aus dem Beutel entwischt, und darf der Herr Professor nicht angegangen werden, ihre Kasse zu bedienen. Die Zinsen dieser Anleihe trägt sie ab in kaum getragnen Kleidern, sowie diese und auch wohl Federhüte, in die die erstaunte Welt der Mägde sonntags das Stubenmädchen geputzt sieht, als Lohn für gewisse geheime Gänge und andre Gefälligkeiten gelten dürften. Bei so vielen Vollkommenheiten mag wohl einer liebenswürdigen Frau die kleine Torheit (ist es überhaupt Torheit zu nennen) kaum verargt werden, dass ihr eifrigstes Streben, all ihr Dichten und Trachten dahin geht, stets nach der letzten Mode gekleidet zu gehen, dass ihr das Eleganteste, das Teuerste nicht elegant, nicht teuer genug ist, dass sie, hat sie ein Kleid dreimal, einen Hut viermal getragen, den türkischen Schal einen Monat hindurch umgehängt, eine Idiosynkrasie dagegen empfindet und die kostbarste Garderobe wegwirft um einen Spottpreis oder, wie gesagt, die Mägde sich darin putzen lässt. Dass die Frau eines Professors der Ästhetik Sinn hat für schöne äußere Gestaltung, ist wohl gar nicht zu verwundern, und nur erfreulich kann es dem Gemahl sein, wenn dieser Sinn sich darin offenbart, dass die Gemahlin mit sichtlichem Wohlgefallen den Blick der feuerblitzenden Augen auf schönen Jünglingen ruhen lässt, diesen auch wohl zuweilen etwas nachläuft. Manchmal bemerkte ich, dass dieser oder jener artige junge Mann, der die Vorlesungen des Professors besuchte, die Türe des Auditoriums verfehlte und statt dieser die Türe, welche zum Zimmer der Professorin führte, leise öffnete und ebenso leise hineintrat. Beinahe musste ich glauben, dass diese Verwechslung nicht ganz absichtslos geschah oder wenigstens niemanden gereute, denn keiner eilte, seinen Irrtum zu verbessern, sondern jeder, der hineingetreten, kam erst nach einer guten Zeit heraus und zwar mit solch lächelndem zufriednem Blick, als ob ihm der Besuch bei der Professorin ebenso angenehm und nützlich gewesen wie eine ästhetische Vorlesung des Professors. Die schöne Lätitia (so hieß des Professors Frau) war mir nicht sonderlich gewogen. Sie litt mich nicht in ihrem Zimmer und mochte recht haben, da freilich der kultivierteste Pudel nicht dort hingehört, wo er bei jedem Schritt Gefahr läuft, Florspitzen zu zerreißen, Kleider zu beschmutzen, die auf allen Stühlen umherliegen. Doch wollt' es der Professorin böser Genius, dass ich einmal bis in ihr Boudoir hineindrang. – Der Herr Professor hatte eines Tages bei einem Mittagsmahl mehr Wein getrunken als gerade dienlich und war darüber in eine hochbegeisterte Stimmung geraten. Zu Hause angekommen, ging er, ganz gegen seine Gewohnheit, geradezu ins Kabinett seiner Frau, und ich schlüpfte, selbst wusste ich nicht, was für eine besondere Lust mich dazu antrieb, mit hinein durch die Tür. Die Professorin war in Hauskleidern, deren Weiße dem frischgefallnen Schnee zu vergleichen, ihr ganzer Anzug zeigte nicht sowohl eine gewisse Sorglosigkeit als die tiefste Kunst der Toilette, die sich hinter dem Einfachen verbirgt und wie ein versteckter Feind desto gewisser siegt. Die Professorin war in der Tat allerliebst, und stärker als sonst empfand dies der halbberauschte Professor, der, ganz Liebe und Entzücken, die holde Gattin mit den süßesten Namen nannte, mit den zärtlichsten Liebkosungen überhäufte und darüber gar nicht eine gewisse Zerstreuung, ein gewisses unruhiges Missbehagen bemerkte, das sich in dem ganzen Wesen der Professorin nur zu deutlich aussprach. Mir war die steigende Zärtlichkeit des begeisterten Ästhetikers unangenehm und lästig. Ich kam auf meinen alten Zeitvertreib und suchte am Boden umher. Gerade als der Professor in der höchsten Ekstase laut rief: ›Göttliches, hehres, himmlisches Weib, lass uns –‹ tänzelte ich auf den Hinterbeinen zu ihm heran und apportierte ihm zierlich und wie bei diesem Akt jedes Mal ein wenig mit dem Stutzschweif wedelnd, den feinen pomeranzfarbnen Männerhandschuh, den ich unter dem Sofa der Frau Professorin gefunden. – Starr blickte der Professor den Handschuh an und rief, wie plötzlich aufgeschreckt aus einem süßen Traum: ›Was ist das? – Wem gehört dieser Handschuh? wie ist er in dies Zimmer gekommen?‹ – Damit nahm er den Handschuh mir aus der Schnauze, besah ihn, hielt ihn an die Nase und rief dann wieder: ›Wo kommt dieser Handschuh her? Lätitia, sprich, wer ist bei dir gewesen?‹ – ›Wie du‹, erwiderte die holde treue Lätitia mit dem ungewissen Ton der Verlegenheit, den sie sich vergebens mühte zu unterdrücken ›wie du nun auch seltsam bist, lieber Lothar, wem soll, wem wird der Handschuh gehören? Die Majorin war hier und konnte bei dem Abschiede den Handschuh nicht finden, den sie auf der Treppe ausgestreut zu haben glaubte.‹ – ›Die Majorin‹, schrie der Professor ganz außer sich, ›die Majorin, die kleine zartgebaute Frau, deren ganze Hand hineingeht in diesen Daumen! – Höll' und Teufel, welcher Zierbengel war hier? – Denn nach parfümierter Seife riecht das verfluchte Ding! – Unglückliche, wer war hier, welcher verbrecherische Trug der Hölle zerstörte hier meine Ruhe, mein Glück? – Schändliches, verruchtes Weib!‹ – Die Professorin machte gerade Anstalt, in Ohnmacht zu fallen, als das Stubenmädchen hereintrat und ich, froh, des fatalen Ehestandsauftritts, den ich veranlasst, entledigt zu werden, schnell hinaussprang.

Am nächsten Tag war der Professor ganz stumm und in sich gekehrt; ein einziger Gedanke schien ihn zu beschäftigen, einer einzigen Idee schien er nachzugrübeln. Ob er es nur sein mag! – Das waren die Worte, die dann und wann den verstummten Lippen unwillkürlich entflohen. Gegen Abend nahm er Hut und Stock, ich sprang und bellte freudig; er sah mich lange an, helle Tränen traten ihm in die Augen, er sprach im Ton der tiefsten innigsten Wehmut: ›Mein guter Ponto! – treue ehrliche Seele!‹ – Dann lief er schnell vors Tor und ich dicht hinter ihm her, fest entschlossen, den armen Mann aufzuheitern mittelst aller Künste, die mir nur zu Gebote standen. Dicht vor dem Tor begegnete uns der Baron Alzibiades von Wipp, einer der zierlichsten Herrn in unserer Stadt, auf einem schönen Engländer. Sowie der Baron den Professor gewahrte, kurbettierte er zierlich an ihn heran und fragte nach des Professors, dann aber nach der Frau Professorin Wohlbefinden. Der Professor stotterte in der Verwirrung einige unverständliche Worte hervor. ›In der Tat, sehr heiße Witterung!‹ sprach nun der Baron und zog ein seidnes Tuch aus der Rocktasche, schleuderte aber mit demselben Schwunge einen Handschuh heraus, den ich gewohnter Sitte gemäß meinem Herrn apportierte. Hastig riss mir der Professor den Handschuh fort und rief: ›Das ist Ihr Handschuh, Herr Baron?‹ – ›Allerdings‹, erwiderte dieser, verwundert über des Professors Heftigkeit, ›allerdings, ich glaube, ich schleuderte ihn in dem Augenblick aus der Rocktasche, und der dienstfertige Pudel hob ihn auf.‹ – ›So habe ich‹, sprach der Professor mit schneidendem Ton, indem er den Handschuh, den ich unter dem Sofa in der Professorin Zimmer hervorgesucht, ihm hinreichte, ›so habe ich das Vergnügen, Ihnen den Zwillingsbruder dieses Handschuhs, den Sie gestern verloren, überreichen zu können.‹

Ohne des sichtlich betretenen Barons Antwort abzuwarten, rannte der Professor wild von dannen.

Ich hütete mich wohl, dem Professor in das Zimmer seiner teuren Gattin zu folgen, da ich den Sturm ahnen konnte, der sich bald, bis auf den Flur hinausbrausend, vernehmen ließ. Aber in einem Winkel des Flurs lauschte ich und gewahrte, wie der Professor, alle Flammen der Wut im rotgleißenden Antlitz, das Stubenmädchen zur Stubentür, dann aber, als sie sich noch unterfing, einige kecke Worte zu sprechen, zum Hause hinauswarf. Endlich in später Nacht kam der Professor ganz erschöpft auf seinem Zimmer an. Ich gab ihm meine innige Teilnahme an seinem trüben Malheur durch leises Winseln zu verstehen. Da umhalste er mich und drückte mich an seine Brust, als sei ich sein bester innigster Freund. ›Guter, ehrlicher Ponto‹, so sprach er mit ganz kläglichem Ton, ›treues Gemüt, du, du allein hast mich aus dem betörenden Traum geweckt, der mich meine Schande nicht erkennen ließ, du hast mich dahin gebracht, dass ich das Joch abwerfen, in das mich ein falsches Weib gespannt hatte, dass ich wieder ein freier unbefangener Mensch werden kann! Ponto, wie soll ich dir das danken! – Nie – nie sollst du mich verlassen, ich will dich hegen und pflegen wie meinen besten treusten Freund, du allein wirst mich trösten, wenn ich bei dem Gedanken an mein hartes Missgeschick verzweifeln will.‹

Diese rührenden Äußerungen eines edlen dankbaren Gemüts wurden durch die Köchin unterbrochen, welche mit blassem verstörten Gesicht hereinstürzte und dem Professor die entsetzliche Botschaft hinterbrachte, dass die Frau Professorin in den fürchterlichsten Krämpfen liege und den Geist aufgeben wolle. Der Professor flog hinab! –

Mehrere Tage hindurch sah ich nun den Professor beinahe gar nicht. Meine Speisung, für die sonst mein Herr liebreich selbst sorgte, war der Köchin übertragen, die aber, eine mürrische garstige Person, mir mit Widerwillen statt der sonstigen guten Gerichte nur die elendesten, kaum genießbaren Bissen zukommen ließ. Zuweilen vergaß sie mich auch ganz und gar, so dass ich genötigt wurde, bei guten Bekannten zu schmarotzen, auch wohl auf Beute auszugehen, um nur meinen Hunger zu stillen. Endlich schenkte mir, als ich eines Tages hungrig und matt mit herabhängenden Ohren im Hause herumschlich, der Professor einige Aufmerksamkeit. ›Ponto‹, rief er lächelnd, wie denn überhaupt sein Antlitz ganz Sonnenschein war, ›Ponto, mein alter ehrlicher Hund, wo hast du denn gesteckt? Hab' ich dich doch so lange nicht gesehen! Ich glaube gar, man hat dich ganz gegen meinen Willen vernachlässigt und nicht sorgsam gefüttert? – Nun, komm nur, komm, heute sollst du wieder von mir selbst deine Speise erhalten.‹ Ich folgte dem gütigen Herrn in das Esszimmer. Die Frau Professorin, aufgeblüht wie eine Rose, wie der Herr Gemahl vollen Sonnenglanz im Antlitz, kam ihm entgegen. Beide taten zärtlicher miteinander als jemals, sie nannte ihn: ›englischer Mann‹, er sie aber: ›mein Mäuschen‹, und dabei herzten und küssten sie sich wie ein Turteltaubenpaar. Es war eine rechte Freude, das anzusehn. Auch gegen mich war die holde Frau Professorin freundlich wie sonst niemals, und du kannst dir denken, guter Murr, dass ich mich bei meiner angebornen Galanterie artig und zierlich zu betragen wusste. – Wer hätte ahnen können, was über mich verhängt war! – Es würde mir selbst schwer fallen, dir ausführlich all diese heimtückischen Streiche zu erzählen, die meine Feinde mir spielten, um mich zu verderben, und noch mehr als das, es würde dich ermüden. Beschränken will ich mich darauf, nur einiges zu erwähnen, welches dir ein treues Bild meiner unglücklichen Lage geben wird. – Mein Herr war gewohnt, mir im Speisezimmer, während er selbst aß, die gewöhnlichen Portionen an Suppe, Gemüse und Fleisch in einem Winkel am Ofen zu verabreichen. Ich aß mit solchem Anstande, mit solcher Reinlichkeit, dass auch nicht das kleinste Fettfleckchen auf dem getäfelten Fußboden sichtbar. Wie groß war daher mein Entsetzen, als eines Mittags der Napf, kaum hatte ich mich ihm genähert, in hundert Stücke zersprang und die Fettbrühe sich ergoss über den schönen Fußboden. Zornig fuhr der Professor auf mich los mit argen Scheltworten, und ungeachtet die Professorin mich zu entschuldigen suchte, las man doch den bittern Verdruss in ihrem blassen Gesicht. Sie meinte, dürfte auch der garstige Flecken nicht wohl fortzubringen sein, so könnte ja doch die Stelle abgehobelt oder eine neue Tafel eingesetzt werden. Der Professor hegte einen tiefen Abscheu gegen solch Reparaturen, er hörte schon die Tischlerjungen hobeln und hämmern, und so waren es die liebreichen Entschuldigungen der Professorin, die ihn mein vermeintliches Ungeschick erst recht fühlen ließen und mir noch außer jenen Scheltworten ein tüchtiges Paar Ohrfeigen einbrachten. – Ich stand da im Bewusstsein meiner Unschuld, ganz verblüfft, und wusste gar nicht, was ich denken, was ich sagen sollte. – Erst als mir dasselbe zwei – dreimal geschehen, merkte ich die Tücke! – Man hatte mir halb zerbrochene Schüsseln hingestellt, die bei der leisesten Berührung in hundert Stücke zerfallen mussten. Ich durfte nicht mehr im Zimmer bleiben, draußen erhielt ich Speise von der Köchin, aber so kärglich, dass ich, von nagendem Hunger getrieben, manches Stück Brot, manchen Knochen zu erschnappen suchen musste. Darüber entstand denn nun jedes Mal ein gewaltiger Lärm, und ich musste mir eigennützigen Diebstahl da vorwerfen lassen, wo nur von der Befriedigung des dringendsten Naturbedürfnisses die Rede sein konnte. Es kam noch ärger! – Mit großem Geschrei klagte die Köchin, dass ihr eine schöne Hammelkeule aus der Küche verschwunden, und dass ich sie ganz gewiss gestohlen. Die Sache kam als eine wichtigere häusliche Angelegenheit vor den Professor. Der meinte, dass er sonst nie den Hang zum Diebstahl an mir bemerkt, und dass auch mein Diebsorgan durchaus nicht ausgebildet sei. Auch wäre es nicht denkbar, dass ich eine ganze Hammelkeule so verspeiset, dass keine Spur mehr davon vorhanden. – Man suchte nach und – fand in meinem Lager die Überbleibsel der Keule! – Murr! Sieh, mit der Pfote auf der Brust schwöre ich's dir, dass ich völlig unschuldig war, dass es mir nicht in den Sinn gekommen, den Braten zu stehlen, doch, was halfen die Beteuerungen meiner Unschuld, da der Beweis wider mich sprach! – Um so ergrimmter war der Professor, als er meine Partei genommen und sich in seiner guten Meinung von mir getäuscht sah. – Ich erhielt eine tüchtige Tracht Prügel. – Ließ mich der Professor auch nachher den Widerwillen fühlen, den er gegen mich hegte, so war die Frau Professorin desto freundlicher, streichelte mir, was sie sonst nie getan, den Rücken und gab mir sogar dann und wann einen guten Bissen. Wie konnt' ich ahnen, dass das alles nur gleißnerischer Trug, und doch sollte sich dies bald zeigen. – Die Türe des Esszimmers stand offen, mit leerem Magen schaute ich sehnsüchtig hinein und gedachte schmerzvoll jener guten Zeit, als ich, wenn das süße Aroma des Bratens sich verbreitete, nicht vergebens den Professor bittend anschaute und dabei, wie man zu sagen pflegt, ein wenig schnüffelte! Da rief die Professorin: ›Ponto, Ponto!‹ und hielt mir geschickt zwischen dem zarten Daumen und dem niedlichen Zeigefinger ein schönes Stück Braten hin. – Mag es sein, dass ich im Enthusiasmus des aufgeregten Appetits ein wenig heftiger zuschnappte als gerade nötig, doch gebissen habe ich nicht die zarte Lilienhand, das kannst du mir glauben, guter Murr. Und doch schrie die Professorin laut auf: ›Der böse Hund!‹ und fiel wie ohnmächtig zurück in den Sessel, und doch sah' ich zu meinem Entsetzen wirklich ein paar Blutstropfen am Daumen. Der Professor geriet in Wut; er schlug mich, trat mich mit Füßen, misshandelte mich so unbarmherzig, dass ich mit dir, mein guter Kater, hier wohl nicht vor der Türe säße im lieben Sonnenschein, hätte ich mich nicht durch die schleunige Flucht zum Hause hinaus gerettet. An Rückkehr war nicht zu denken. Ich sah ein, dass gegen die schwarze Kabale, die die Professorin aus reiner Rachgier wegen des freiherrlichen Handschuhs gegen mich angezettelt, nichts auszurichten, und beschloss, mir gleich einen andern Herrn zu suchen. Sonst wäre das der schönen Gaben halber, die mir die gütige, mütterliche Natur verliehen, ein leichtes gewesen, Hunger und Gram hatten mich aber so heruntergebracht, dass ich bei meinem miserablen Aussehn in der Tat befürchten musste, überall abgewiesen zu werden. Traurig, von drückenden Nahrungssorgen gequält, schlich ich vors Tor. Ich erblickte den Herrn Baron Alzibiades von Wipp, der vor mir herging, und ich weiß nicht, wie mir der Gedanke kam, ihm meine Dienste anzubieten. Vielleicht war es ein dunkles Gefühl, dass ich auf diese Weise Gelegenheit erhalten würde, mich an dem undankbaren Professor zu rächen, wie es sich später denn auch wirklich begab. – Ich tänzelte an den Baron heran, wartete ihm auf und folgte, als er mich mit einigem Wohlgefallen betrachtete, ihm ohne Umstände nach in seine Wohnung. ›Sehen Sie‹, so sprach er zu einem jungen Menschen, den er seinen Kammerdiener nannte, ungeachtet er sonst keinen andern Diener hatte, ›Sehen Sie, Friedrich, was sich da für ein Pudel zu mir eingefunden hat. Wär' er nur hübscher!‹ Friedrich rühmte dagegen den Ausdruck meines Antlitzes sowie den zierlichen Wuchs und meinte, ich müsse von meinem Herrn schlecht gehalten sein und habe ihn wahrscheinlich deshalb verlassen. Setzte er noch hinzu, dass Pudel, die sich so von selbst aus freiem Antriebe einfänden, gewöhnlich treue rechtschaffene Tiere wären, so konnte der Baron nicht umhin, mich zu behalten. Unerachtet ich nun durch Friedrichs Vorsorge ein recht glaues Aussehen gewann, so schien der Baron doch nicht sonderlich viel auf mich zu halten und litt es nur eben zur Not, dass ich ihn auf seinen Spaziergängen begleitete. Das sollte anders kommen. – Wir begegneten auf einem Spaziergang der Professorin. – Erkenne, guter Murr, das gemütliche Gemüt – ja, so will ich sagen – eines ehrlichen Pudels, wenn ich versichere, dass, unerachtet mir die Frau sehr weh getan, ich doch eine ungeheuchelte Freude empfand, sie wiederzusehen. – Ich tanzte vor ihr her, bellte lustig und gab ihr meine Freude auf alle nur mögliche Weise zu erkennen. ›Sieh da, Ponto!‹ rief sie, streichelte mich und blickte den Baron von Wipp, der stehengeblieben, bedeutend an. Ich sprang zu meinem Herrn zurück, der mich liebkoste. Er schien auf besondere Gedanken zu geraten; mehrmals hintereinander murmelte er in sich hinein: ›Ponto! – Ponto, wenn das möglich sein sollte!‹

Wir hatten einen nahegelegenen Lustort erreicht; die Professorin nahm Platz mit ihrer Gesellschaft, bei der sich jedoch der liebe gutmütige Herr Professor nicht befand. Unfern davon setzte sich Baron Wipp, so dass er, ohne sonderlich von den andern bemerkt zu werden, die Professorin beständig im Auge behielt. Ich stellte mich vor meinen Herrn und guckte ihn an, indem ich leise mit dem Schweif wedelte, als erwarte ich seine Befehle. ›Ponto‹, wiederholte er, ›Ponto, sollte es möglich sein!‹ – ›Nun‹, setzte er nach einem kurzen Stillschweigen hinzu, ›nun, es kommt auf den Versuch an!‹ – Damit nahm er einen kleinen Papierstreifen aus der Brieftasche, schrieb einige Worte mit Bleistift darauf, rollte ihn zusammen, steckte ihn mir unter das Halsband, wies nach der Professorin und rief leise: ›Ponto – Allons!‹ – Nicht ein solcher kluger, in der Welt gewitzigter Pudel hätte ich sein müssen, als ich es wirklich bin, um nicht sogleich alles zu erraten. Ich machte mich daher sogleich an den Tisch, wo die Professorin saß, und tat, als verspüre ich großen Appetit nach dem schönen Kuchen, der auf dem Tische stand. Die Professorin war die Freundlichkeit selbst, sie reichte mir Kuchen mit der einen Hand, während sie mich mit der andern am Halse kraute. Ich fühlte, wie sie den Papierstreifen hervorzog. Bald darauf verließ sie die Gesellschaft und begab sich in einen Nebengang. Ich folgte ihr. Ich sah, wie sie des Barons Worte eifrig las, wie sie aus ihrem Strickkästchen einen Bleistift hervorholte, auf denselben Zettel einige Worte schrieb und ihn dann wieder zusammenrollte. ›Ponto‹, sprach sie dann, indem sie mich mit schalkischem Blick betrachtete, ›Ponto! Du bist ein sehr kluger vernünftiger Pudel, wenn du zu rechter Zeit apportierst!‹ – Damit steckte sie mir das Zettelchen unter das Halsband, und ich unterließ nicht, eiligst hinzuspringen zu meinem Herrn. Der mutmaßte sogleich, dass ich Antwort brächte, denn er zog alsbald den Zettel unter dem Halsbande hervor. – Der Professorin Worte mussten sehr tröstlich lauten und angenehm, denn des Barons Augen funkelten vor lauter Freude, und er rief entzückt: ›Ponto – Ponto, du bist ein herrlicher Pudel, mein guter Stern hat mir dich zugeführt.‹ Du kannst denken, guter Murr, dass ich nicht weniger erfreut war, da ich einsah, wie ich nach dem, was sich soeben zugetragen, in der Gunst meines Herrn hoch steigen müsse.

In dieser Freude machte ich beinahe unaufgefordert alle nur mögliche Kunststücke. Ich sprach wie der Hund, starb, lebte wieder auf, verschmähte das Stück Weißbrot vom Juden und verzehrte mit Appetit das vom Christen usw. ›Ein ungemein gelehriger Hund!‹ So rief eine alte Dame, die neben der Professorin saß, herüber. ›Ungemein gelehrig!‹ erwiderte der Baron. ›Ungemein gelehrig!‹ hallte der Professorin Stimme nach wie ein Echo. – Ich will dir nur ganz kurz sagen, guter Murr, dass ich den Briefwechsel auf die erwähnte Weise fortwährend besorgte und noch jetzt besorge, da ich zuweilen sogar mit Briefchen in des Professors Haus laufe, wenn er gerade abwesend. Schleicht aber manchmal in der Abenddämmerung der Herr Baron Alzibiades von Wipp zur holden Lätitia, so bleibe ich vor der Haustüre und mache, lässt sich der Herr Professor nur in der Ferne blicken, solch einen grimmigen Teufelslärm mit Bellen, dass mein Herr ebensogut wie ich die Nähe des Feindes wittert und ihm ausweicht.« –

Mir kam es vor, als könne ich Pontos Betragen doch nicht recht billigen, ich dachte an des verewigten Muzius, an meinen eignen tiefen Abscheu vor jedem Halsbande, und schon dies setzte mich darüber ins Klare, dass ein ehrliches Gemüt, so, wie es ein rechtschaffener Kater in sich trägt, dergleichen Liebeskuppeleien verschmähe. All dieses äußerte ich dem jungen Ponto ganz unverhohlen. Der lachte mir aber ins Gesicht und meinte, ob denn die Moral der Katzen so gar strenge sei, und ob ich selbst nicht schon hin und wieder über die Schnur gehauen, d. h. etwas getan, was für den engen moralischen Schubkasten etwas zu breit sei. – Ich dachte an Mina und verstummte.

»Fürs erste«, sprach Ponto weiter, »fürs erste, mein guter Murr, ist es ein ganz gemeiner Erfahrungssatz, dass niemand seinem Schicksal entgehen kann, er mag es nun anstellen, wie er auch will; du kannst als ein Kater von Bildung das Weitre darüber nachlesen in einem sehr belehrenden und ganz angenehm stilisierten Buche, ›Jacques le fataliste‹ betitelt. War es nach dem ewigen Ratschluss bestimmt, dass der Professor der Ästhetik, Herr Lothario, ein – Nun, du verstehst mich, guter Katz, aber zudem hat ja der Professor durch die Art, wie er sich bei der merkwürdigen Handschuhgeschichte – sie sollte mehr Zelebrität erhalten, schreib was darüber, Murr – benommen, seinen ganz entschiedenen, ihm von der Natur eingepflanzten Beruf bewiesen, in jenen großen Orden zu treten, den so viele, viele Männer tragen mit der gebietendsten Würde, mit dem schönsten Anstande, ohne es zu wissen. Diesen Beruf hätte Herr Lothario erfüllt, gäb' es auch keinen Baron Alzibiades von Wipp, keinen Ponto. Hatte aber wohl überhaupt Herr Lothario etwas anderes, Besseres um mich verdient, als dass ich gerade seinem Feinde mich in die Arme warf? – Dann aber fand auch der Baron gewiss andere Mittel, sich mit der Professorin zu verständigen, und derselbe Schaden kam über den Professor, ohne mir den Nutzen zu bringen, den ich jetzt wirklich von dem angenehmen Verhältnis des Barons mit der holden Lätitia verspüre. Wir Pudel sind nicht solch überstrenge Moralisten, dass wir in unserm eignen Fleische wühlen und die im Leben schon sonst knapp genug zugeschnittenen guten Bissen verschmähen sollten.« –

Ich fragte den jungen Ponto, ob denn der Nutzen, den ihm sein Dienst bei dem Baron Alzibiades von Wipp verschaffe, in der Tat so groß und wichtig sei, dass er das Unangenehme, das Drückende der damit verbundenen Knechterei aufwiege. Damit gab ich ihm nicht undeutlich zu verstehen, dass eben diese Knechterei einem

Kater, dessen Freiheitssinn in der Brust unauslöschlich, immer widerlich bleiben müsse.

»Du redest«, erwiderte Ponto stolz lächelnd, »du redest guter Murr, wie du es verstehst, oder vielmehr wie es dir deine gänzliche Unerfahrenheit in den höhern Verhältnissen des Lebens erscheinen lässt. Du weißt nicht, was es heißt, der Liebling eines solchen galanten gebildeten Mannes zu sein, wie es der Baron Alzibiades von Wipp wirklich ist. Denn dass ich seit der Zeit, als ich mich so klug und dienstfertig benommen, sein größter Liebling geworden, darf ich dir, o mein freiheitsliebender Katz, wohl nicht erst sagen. Eine kurze Schilderung unserer Lebensweise wird dich das Angenehme, das Wohltätige meiner jetzigen Lage sehr lebhaft fühlen lassen. – Des Morgens stehen wir (ich und mein Herr nämlich) nicht zu früh, aber auch nicht zu spät auf; das heißt, auf den Schlag elf Uhr. – Ich muss dabei bemerken, dass mein breites weiches Lager unfern dem Bette des Barons aufgeschlagen ist, und dass wir viel zu harmonisch schnarchen, um beim plötzlichen Erwachen zu wissen, wer geschnarcht hat. – Der Baron zieht an der Glocke, und sogleich erscheint der Kammerdiener, der dem Baron einen Becher rauchender Schokolade, mir aber einen Porzellannapf voll des schönsten süßen Kaffees mit Sahne bringt, den ich mit demselben Appetit leere wie der Baron seinen Becher. Nach dem Frühstück spielen wir ein halbes Stündchen miteinander, welche Leibesbewegung nicht allein unserer Gesundheit zuträglich ist, sondern auch unsern Geist erheitert. Ist das Wetter schön, so pflegt der Baron auch wohl zum offnen Fenster hinauszuschauen und die Vorübergehenden mit dem Fernglas zu begucken. Gehen gerade nicht viele vorüber, so gibt es noch eine andere Belustigung, die der Baron eine Stunde hindurch fortsetzen kann, ohne zu ermüden. – Unter dem Fenster des Barons ist ein Stein eingepflastert, der sich durch eine besonders rötliche Farbe auszeichnet, in der Mitte dieses Steins befindet sich aber ein kleines eingebröckeltes Loch. Nun kommt es darauf an, so geschickt herabzuspucken, dass gerade in dieses kleine Loch hineingetroffen wird. – Durch viele anhaltende Übung hat es der Baron dahin gebracht, dass er auf das dritte Mal Treffen pariert und schon manche Wette gewann. Nach dieser Belustigung tritt der sehr wichtige Moment des Anziehens ein. Das geschickte Kämmen und Kräuseln des Haars, vorzüglich aber das kunstmäßige Knüpfen des Halstuchs besorgt der Baron ganz allein ohne Hilfe des Kammerdieners. Da diese beiden schwierigen Operationen etwas lange dauern, so benutzt Friedrich die Zeit, um mich auch anzukleiden. D. h. mit einem in lauwarmes Wasser eingeweichten Schwamm wäscht er mir den Pelz, kämmt die langen Haare, die der Friseur an schicklichen Örtern zierlich hat stehen lassen, mit einem genugsam engen Kamme durch und legt mir das schöne silberne Halsband um, das der Baron mir gleich verehrte, als er meine Tugenden entdeckt. Die folgenden Augenblicke sind der Literatur und den schönen Künsten gewidmet. Wir gehen nämlich in eine Restauration oder in ein Kaffeehaus, genießen Beefsteak oder Karbonade, trinken ein Gläschen Madeira und gucken ein wenig in die neuesten Journale, in die neuesten Zeitungen. Dann beginnen die Vormittags-Visiten. Wir besuchen diese oder jene große Schauspielerin, Sängerin, ja auch wohl Tänzerin, um ihr die Neuigkeiten des Tages, hauptsächlich aber den Verlauf irgendeines Debüts von gestern Abend, zu hinterbringen. Es ist merkwürdig, mit welchem Geschick der Baron Alzibiades von Wipp seine Nachrichten einzurichten weiß, um die Damen stets bei guter Laune zu halten. Niemals ist es der Gegnerin oder wenigstens Kombattantin gelungen, sich nur einen Teil des Ruhms anzueignen, der die Gefeierte krönt, die er soeben im Schmollzimmerchen heimsucht. – Man hat die Arme ausgezischt – ausgelacht – Und ist denn wirklich erhaltener glänzender Beifall nicht wohl zu verschweigen, so weiß der Baron ganz gewiss ein neues skandalöses Geschichtchen von der Dame aufzutischen, das ebenso begierig vernommen als verbreitet wird, damit gehöriges Gift die Blumen des Kranzes vor der Zeit töte. – Die vornehmeren Visiten bei der Gräfin A., bei der Baronesse B., bei der Gesandtin C. usw. füllen die Zeit aus bis halb vier Uhr; und nun hat der Baron seine eigentlichen Geschäfte abgemacht, so dass er um vier Uhr sich beruhigt zu Tische setzen kann. Dies geschieht gewöhnlich wieder in einer Restauration. Nach Tische gehen wir zu Kaffee, spielen auch wohl eine Partie Billard und machen dann, erlaubt es die Witterung, eine kleine Promenade; ich beständig zu Fuß, der Baron aber manchmal zu Pferde. So ist die Theaterstunde herangekommen, die der Baron niemals versäumt. Er soll im Theater eine überaus wichtige Rolle spielen, da er das Publikum nicht allein von allen Verhältnissen der Bühne und der auftretenden Künstler in Kenntnis setzen, sondern auch das gehörige Lob, den gehörigen Tadel anordnen, so aber überhaupt den Geschmack im richtigen Geleise halten muss. Er fühlt einen natürlichen Beruf dazu. Da man den feinsten Leuten meines Geschlechts ungerechterweise den Eingang in das Theater durchaus nicht verstattet, so sind die Stunden während der Vorstellung die einzigen, in denen ich mich von meinem lieben Baron trenne und mich allein auf eigne Faust belustige. Wie dies nun geschieht, und wie ich die Konnexionen mit Windspielen, englischen Wachtelhunden, Möpsen und andern vornehmen Leuten benutze, das sollst du künftig erfahren, guter Murr! – Nach dem Theater speisen wir wieder in einer Restauration, und der Baron überlässt sich in heitrer Gesellschaft ganz seiner frohen Laune. Das heißt, alle sprechen, alle lachen und finden alles auf Ehre göttlich, und keiner weiß, was er spricht, und worüber er lacht, und was als auf Ehre göttlich gerühmt werden darf. Darin besteht aber das Sublime der Konversation, das ganze soziale Leben derer, die sich zur eleganten Lehre bekennen, wie mein Herr. Manchmal fährt aber auch wohl der Baron noch in später Nacht in diese oder jene Gesellschaft und soll dort ganz exzellent sein. Auch davon weiß ich nichts, denn der Baron hat mich noch niemals mitgenommen, wozu er vielleicht seine guten Gründe haben mag. – Wie ich auf weichem Lager in der Nähe des Barons herrlich schlafe, habe ich dir schon gesagt. Gestehe aber nun selbst, guter Katz, wie nach der Lebensweise, die ich hier ausführlich beschrieben, mich der alte mürrische Oheim eines wüsten, liederlichen Wandels anklagen kann? – Es ist wahr, dass ich, schon hab' ich dir 's gestanden, vor einiger Zeit gerechten Anlass gab zu allerlei Vorwürfen. Ich trieb mich umher in schlechter Gesellschaft und fand eine besondere Lust darin, mich überall, vorzüglich in Vermählungsschmäuse ungebeten einzudrängen und ganz unnützen Skandal anzufangen. Alles dies geschah aber nicht aus reinem Trieb zu wüster Balgerei, sondern aus bloßem Mangel an höherer Kultur, die ich bei den Verhältnissen, wie sie in dem Hause des Professors bestanden, nicht erhalten konnte. Jetzt ist das alles anders. Doch! – wen erblick' ich? – Dort geht der Baron Alzibiades von Wipp! – Er sieht sich nach mir um – er pfeift! – Au revoir Bester!« – Schnell wie der Blitz sprang Ponto seinem Herrn entgegen. Das Äußere des Barons entsprach ganz dem Bild, das ich mir wohl nach dem, was Ponto von ihm gesagt, machen durfte. – Er war sehr groß und nicht sowohl schlank gewachsen als spindeldürr. Kleidung, Stellung, Gang, Gebärde, alles konnte für den Prototypus der letzten Mode gelten, die aber, bis ins Phantastische hinaus getrieben, seinem ganzen Wesen etwas Seltsames, Abenteuerliches gab. Er trug ein kleines, sehr dünnes Röhrchen mit einer stählernen Krücke in der Hand, über das er Ponto einige Mal springen ließ. So herabwürdigend mir auch dieses schien, gestehen musste ich doch, dass Ponto mit der höchsten Geschicklichkeit und Stärke jetzt eine Anmut verband, die ich sonst noch niemals an ihm bemerkt. Überhaupt, wie nun der Baron mit vorgestreckter Brust, den Leib eingezogen, mit einem sonderbaren ausgespreizten Hahnentritt weiter fortwandelte und Ponto in sehr zierlichen Kurbetten bald vorwärts, bald nebenher sprang und sich nur ganz kurze, zum Teil stolze Begrüßungen vorübergehender Kameraden erlaubte, so sprach sich darin ein gewisses Etwas aus, das, ohne mir deutlich zu werden, dennoch mir imponierte. – Ich ahnte, was mein Freund Ponto mit der höheren Kultur gemeint, und suchte, soviel möglich, darüber ganz ins Klare zu kommen. Das hielt aber sehr schwer, oder vielmehr, meine Bemühungen blieben ganz vergebens. –

Später habe ich eingesehen, dass an gewissen Dingen alle Probleme, alle Theorien, die sich im Geiste bilden mögen, scheitern, und dass nur durch die lebendige Praxis die Erkenntnis zu erringen; die höhere Kultur, die beide, der Baron Alzibiades von Wipp und der Pudel Ponto, in der feinen Welt erlangt, gehört aber zu diesen gewissen Dingen. – Der Baron Alzibiades von Wipp lorgnettierte mich im Vorübergehen sehr scharf. Es schien mir, als läs' ich Neugierde und Zorn in seinem Blick. Sollte er vielleicht Pontos Unterhaltung mit mir gewahrt und ungnädig vermerkt haben? Mir wurde etwas ängstlich zumute, ich eilte schnell die Treppe hinauf. –

Ich sollte nun, um alle Pflichten eines tüchtigen Selbstbiographen zu erfüllen, wiederum meinen Seelenzustand beschreiben und könnte das nicht besser tun als mittelst einiger sublimer Verse, die ich seit einiger Zeit so recht, wie man zu sagen pflegt, aus dem Pelzärmel schüttle. Ich will – – –

(Mak. Bl.) » – mit diesem einfältigen armseligen Spielwerk den besten Teil meines Lebens vergeudet. – Und nun jammerst du, alter Tor, und klagst das Geschick an, dem du vermessen Trotz botest! – Was gingen dich die vornehmen Leute, was ging dich die ganze Welt an, die du verhöhntest, weil du sie für närrisch hieltest und selbst am närrischsten warst! – Beim Handwerk, beim Handwerk musstest du bleiben, Orgeln bauen und nicht den Hexenmeister spielen und den Wahrsager. – Sie hätten sie mir nicht gestohlen, mein Weib wäre bei mir, ein tüchtiger Arbeiter säß' ich in der Werkstatt, und rüstige Gesellen klopften und hämmerten um mich her, und wir förderten Werke, die sich hören und sehen ließen wie keine andere weit und breit. – Und Chiara! – Vielleicht hingen muntre Knaben mir am Halse, vielleicht schaukelte ich ein schmuckes Töchterlein auf den Knien. – Tausend Teufel, was hält mich ab, dass ich nicht den Augenblick davonrenne und das verlorne Weib suche in der ganzen weiten Welt!« – Damit warf Meister Abraham, der dies Selbstgespräch gehalten, den kleinen begonnenen Automaten sowie alles Handwerkszeug unter den Tisch, sprang auf und schritt heftig hin und her. – Der Gedanke an Chiara, der ihn jetzt beinahe niemals verließ, rief alle schmerzliche Wehmut in seinem Innern hervor, und wie mit Chiara damals sein höheres Leben begonnen, verließ ihn auch jetzt jener trotzige, dem Gemeinen entsprossene Unwille darüber, dass er über sein Handwerk hinweggeschaut und wirkliche Kunst zu üben sich unterfangen. – Er schlug Severinos Buch auf und schaute lange die holde Chiara an. – Wie ein Mondsüchtiger, der, der äußeren Sinne beraubt, nur nach dem innern Gedanken automatisch handelt, ging Meister Abraham dann zu einem Kasten, der in einem Winkel des Zimmers stand, räumte Bücher und Sachen, womit er bepackt, herunter, öffnete ihn, nahm die Glaskugel, den ganzen Apparat zum geheimnisvollen Experiment mit dem unsichtbaren Mädchen hervor, befestigte die Kugel an einer dünnen seidnen Schnur, die von der Decke herabhing, stellte im Zimmer alles so her, wie es zu dem versteckten Orakel nötig. Erst als er mit allem fertig geworden, erwachte er aus der träumerischen Betäubung und erstaunte nicht wenig darüber, was er begonnen. »Ach«, jammerte er dann laut, indem er ganz ermattet, ganz trostlos in den Lehnstuhl sank, »ach, Chiara, arme, verlorne Chiara, niemals werd' ich wieder deine süße Stimme verkünden hören, was in des Menschen tiefster Brust verschlossen. Kein Trost mehr auf Erden, – keine Hoffnung als das Grab!« – Da schwankte die Glaskugel hin und her, und ein melodischer Ton ließ sich vernehmen, wie wenn Windeshauch leise hinstreift über die Saiten der Harfe. Aber bald wurde der Ton zu Worten:

»Noch ist Leben nicht dahin,
Trost und Hoffnung nicht verschwunden,
Was vermag der frömmste Sinn,
Hält ihn schwerer Eid gebunden?
Meister! Mut! – Du wirst gesunden,
Blick' auf zu der Dulderin,
Die da heilt die tiefsten Wunden,
Bittrer Schmerz bringt dir Gewinn.«

»O du barmherziger Himmel«, lispelte der Alte mit bebenden Lippen, »sie ist es selbst, die zu mir spricht von dem hohen Himmel herab; sie wandelt nicht mehr unter den Lebendigen!« – Da ließ sich jener melodische Ton abermals vernehmen, und noch leiser, noch entfernter erklangen die Worte:

»Nicht erfasst der bleiche Tod,
Die im Herzen Liebe tragen;
Dem glänzt noch das Abendrot,
Der am Morgen wollt' verzagen.
Bald kann dir die Stunde schlagen,
Die entreißt dich aller Not;

Zu vollbringen magst du wagen,
Was die ew'ge Macht gebot.«

Stärker anschwellend und wieder verhallend, lockten die süßen Töne den Schlaf herbei, der den Alten einhüllte in seinen schwarzen Fittich. Aber in dem Dunkel ging strahlend wie ein schöner Stern der Traum vergangenen Glücks auf, und Chiara lag wieder an des Meisters Brust, und beide waren wieder jung und selig, und kein finstrer Geist vermochte den Himmel ihrer Liebe zu trüben. – – – – – – – – –

– Hier hat, wie der Herausgeber es dem geneigten Leser bemerklich machen muss, der Kater wieder ein paar Makulaturblätter ganz weggerissen, wodurch in dieser Geschichte voller Lücken wiederum eine Lücke entstanden. Nach der Seitenzahl fehlen aber nur acht Kolumnen, die eben nichts besonders Wichtiges enthalten zu haben scheinen, da das Folgende sich im Ganzen noch so ziemlich an das Vorhergegangene reiht. Also weiter heißt es:

– – – nicht erwarten durfte. Fürst Irenäus war überhaupt ein erklärter Feind von allen ungewöhnlichen Vorfällen, vorzüglich wenn seine eigne Person in Anspruch genommen wurde, die Sache näher zu untersuchen. Er nahm daher, wie er es in kritischen Fällen zu tun pflegte, eine Doppelprise, starrte den Leibjäger an mit dem bekannten niederschmetternden Friedrichsblick und sprach: »Lebrecht, ich glaube, wir sind ein mondsüchtiger Träumer und sehen Gespenster und machen einen ganz unnötigen Hallas?« »Durchlauchtigster Herr«, erwiderte der Leibjäger in sehr ruhiger Fassung, »lassen Sie mich fortjagen wie einen ordinären Schuft, wenn nicht alles buchstäblich wahr ist, wie ich es erzählt habe. Ich wiederhole es keck und freimütig: Rupert ist ein ausgemachter Spitzbube.« »Wie«, rief der Fürst in vollem Zorn, »wie, Rupert, mein alter treuer Kastellan, der fünfzig Jahre dem Fürstenhause gedient, ohne jemals ein Schloss einrosten zu lassen oder im Auf- und Zuschließen zu mankieren, der soll ein Spitzbube sein? Lebrecht! – Er ist besessen, Er ist rasend! Himmeltausend Sapp – «

Der Fürst stockte wie immer, wenn er sich beim Fluchen ertappte, das allem fürstlichen Anstand entgegen. Der Leibjäger nutzte diesen Augenblick, um ganz geschwinde einzufallen: »Durchlauchtigster Herr werden nur gleich so hitzig und fluchen dann so grässlich, und man darf über so etwas doch nicht schweigen, man kann doch nichts behaupten als die reine Wahrheit.« – »Wer ist hitzig«, sprach der Fürst gelassener, »wer flucht? – Esel fluchen! – Ich will, dass Er mir die ganze Sache in gedrängter Kürze wiederhole, damit ich in einer geheimen Sitzung alles meinen Räten vortragen kann zur umständlichen Beratung und Entscheidung über die fernerhin zu ergreifenden Maßregeln. Ist Rupert wirklich ein Spitzbube, so – Nun, das Weitere wird sich denn finden.« »Wie gesagt«, begann der Leibjäger, »als ich gestern Fräulein Julien leuchtete, schlüpfte derselbe Mensch, der hier schon längst herumschleicht, bei uns vorüber. ›Halt‹, dacht' ich in meinem Sinn. ›Den Urian wirst du doch ertappen‹, und löschte, als ich das liebe Fräulein bis oben heraufgebracht, meine Fackel aus und stellte mich ins Dunkel. Nicht lange dauerte es, so kam derselbe Mensch aus dem Gebüsch hervor und klopfte leise ans Haus. Behutsam schlich ich einher. Da wurde das Haus geöffnet, und ein Mädchen trat heraus, und mit diesem Mädchen schlüpfte der Fremde hinein. Es war die Nanni, Sie kennen sie doch, durchlauchtigster Herr, der Frau Rätin schöne Nanni?«

»Coquin«, rief der Fürst, »mit hohen gekrönten Häuptern spricht man nicht von schönen Nannis, doch! – fahr' Er fort, mon fils.« – »Ja«, sprach der Leibjäger weiter, »ja, die schöne Nanni, ich hätt' ihr solchen dummen Verkehr gar nicht zugetraut. – Also weiter nichts als eine einfältige Liebschaft, dacht' ich in meinem Sinn; aber es wollt' mir gar nicht in den Kopf, dass nicht noch was anders dahinterstecken sollte. Ich blieb am Hause stehen. Da kam nach einer guten Weile die Frau Rätin zurück, und kaum war sie ins Haus getreten, als oben ein Fenster geöffnet wurde und mit unglaublicher Behändigkeit der fremde Mann hinaussprang, gerade in die schönen Nelken und Levkojenstöcke hinein, die dort vergattert stehen, und die das liebe Fräulein Julia selbst so sorglich wartet. Der Gärtner lamentiert schrecklich; er ist mit den zerbrochenen Scherben draußen und wollte bei dem durchlauchtigsten Herrn selbst Klage führen. Ich habe ihn aber nicht hineingelassen, denn der Schlingel ist angesoffen schon am frühen Morgen.« – »Lebrecht«, unterbrach der Fürst den Leibjäger, »Lebrecht, das scheint eine Imitation zu sein, denn selbiges kommt schon in der Oper von Herrn Mozart, ›Figaros Hochzeit‹ geheißen, vor, die ich zu Prag geschaut. Bleib' Er der Wahrheit getreu, Jäger!« – »Auch«, sprach Lebrecht weiter, »auch nicht eine Silbe rede ich anders, als ich es bekräftigen kann mit einem körperlichen Eide. – Der Kerl war hingestürzt, und ich gedachte ihn nun zu fassen; doch schnell wie der Blitz raffte der Kerl sich auf und rannte spornstreichs – wohin? – Was denken Sie wohl, durchlauchtigster Fürst, wohin er rannte?« – »Ich denke nichts«, erwiderte der Fürst feierlich, »turbier' Er mich nicht mit lästigen Fragen nach Gedanken, Jäger, sondern erzähl' Er ruhig so lange, bis die Geschichte aus ist, dann will ich denken.«

»Gerade«, fuhr der Jäger fort, »gerade nach dem unbewohnten Pavillon rannte der Mensch. Ja – unbewohnt! – Sowie er an die Tür geklopft, wurd' es inwendig hell, und wer nun heraustrat, war niemand anders als der saubere ehrliche Herr Rupert, dem der Fremde hineinfolgte ins Haus, das er nun wieder fest verschloss. Sie sehen, durchlauchtigster Herr, dass Rupert Verkehr treibt mit fremden gefährlichen Gästen, die bei ihrer Schleicherei gewiss Böses im Schilde führen. Wer weiß, worauf alles abzielt, und es ist ja möglich, dass selbst mein durchlauchtigster Fürst hier in dem stillen ruhigen Sieghartshof von schlechten Menschen bedroht wird.«

Da Fürst Irenäus sich für eine höchst bedeutende fürstliche Person hielt, so konnt' es nicht fehlen, dass er manchmal von allerlei höfischen Kabalen und bösen Nachstellungen träumte. Des Jägers letzte Äußerung fiel ihm deshalb gar schwer aufs Herz, und er versank einige Augenblicke in tiefes Nachsinnen. »Jäger«, sprach er dann mit weit aufgerissenen Augen, »Jäger! Er hat recht. Die Sache mit dem fremden Menschen, der hier herumschleicht, mit dem Licht, das sich zur Nachtzeit im Pavillon sehen lässt, ist bedenklicher, als sie im ersten Augenblick erscheint. – Mein Leben steht in Gottes Hand! Aber mich umgeben treue Diener, und sollte einer sich für mich aufopfern, so würde ich ganz gewiss die Familie reichlich bedenken! – Verbreit' Er das unter meinen Leuten, guter Lebrecht! – Er weiß, ein fürstliches Herz ist frei von jeder Bangigkeit, von jeder menschlichen Todesfurcht, aber man hat auch Pflichten gegen sein Volk, ihm muss man sich konservieren, zumal wenn der Thronerbe noch unmündig. Darum will ich das Schloss nicht eher verlassen, bis die Kabale im Pavillon zerstört ist. – Der Förster soll mit den Revierjägern und allen übrigen Forstbedienten herankommen, alle meine Leute sollen sich bewaffnen. Der Pavillon soll sogleich umstellt, das Schloss fest verschlossen werden. Besorg' Er das, guter Lebrecht. Ich selbst schnalle meinen Hirschfänger um, lade Er meine Doppelpistolen, aber vergesse Er nicht den Schieber vorzulassen, damit kein Unglück geschieht. – Und dass man mir Nachricht gibt, wenn etwa die Zimmer des Pavillons erstürmt und so die Verschworenen gezwungen werden sollen, sich zu ergeben, damit ich mich zurückziehen kann in die innern Gemächer. Und dass man die Gefangenen auf das sorglichste durchsucht, ehe sie vor den Thron gebracht werden, damit keiner etwa in der Verzweiflung – doch, was steht Er, was sieht Er mich an, was lächelt Er, was soll das heißen, Lebrecht?« »Ei«, erwiderte der Leibjäger mit pfiffiger Miene, »ei, durchlauchtigster Herr, ich meine nur, dass es gar nicht vonnöten, den Förster mit seinen Leuten herzubeordern.« »Warum nicht«, fragte der Fürst erzürnt, »warum nicht? – Ich glaube gar, Er untersteht sich, mir zu widersprechen? – Und in jeder Sekunde steigt die Gefahr! Tausend Sapp – Lebrecht, werf' Er sich aufs Pferd – der Förster – seine Leute – geladene Büchsen – den Augenblick sollen sie einrücken.« – »Sie sind«, sprach der Leibjäger, »sie sind aber schon da, durchlauchtigster Herr!« »Wie – was!« – rief der Fürst, indem er den Mund offen behielt, um dem Erstaunen Luft zu gönnen. »Schon«, fuhr der Jäger fort, »schon als der Morgen graute, war ich draußen beim Förster. Schon ist der Pavillon so sorglich umstellt, dass keine Katze herauskann, viel weniger ein Mensch.« »Er ist«, sprach der Fürst gerührt, »Er ist ein vortrefflicher Jäger, Lebrecht, und ein treuer Diener des fürstlichen Hauses. Rettet Er mich aus dieser Gefahr, so kann Er sicher auf eine Verdienstmedaille rechnen, die ich selber erfinden und ausprägen lassen werde von Silber oder von Gold, je nachdem bei der Erstürmung des Pavillons weniger oder mehr Menschen geblieben sind.« »Erlauben«, sprach der Jäger, »erlauben Sie es, durchlauchtigster Herr, so gehen wir nun gleich ans Werk. Das heißt, wir schlagen die Tür des Pavillons ein, nehmen das Gesindel, das darin hauset, gefangen, und alles ist vorüber. Ja, ja, den Kerl, der mir so oft entschlüpft, der solch ein verfluchter Springer ist, den verdammten Kerl, der sich dort im Pavillon als ein ungebetener Gast selbst einquartiert hat, den will ich schon fassen, den Spitzbuben den, der Fräulein Julien turbiert hat!« –

»Welcher Spitzbube«, fragte die Rätin Benzon, in das Zimmer tretend, »welcher Spitzbube hat Julien turbiert? Wovon sprecht Ihr, guter Lebrecht?« – Der Fürst schritt feierlich, bedeutsam, wie jemand, dem Großes, Ungeheures begegnet, das er mit aller Stärke des Geistes bemüht ist zu tragen, der Benzon entgegen. Er fasste ihre Hand, drückte sie zärtlich und sprach dann mit sehr weicher Stimme: »Benzon! Selbst in der einsamsten, tiefsten Zurückgezogenheit folgt die Gefahr dem fürstlichen Haupt. – Es ist das Los der Fürsten, dass alle Milde, alle Güte des Herzens sie nicht schützt vor dem feindlichen Dämon, der den Neid, die Herrschsucht entflammt in der Brust verräterischer Vasallen! – Benzon, die schwärzeste Verräterei hat ihr schlangenhaariges Medusenhaupt erhoben gegen mich, Sie finden mich in der dringendsten Gefahr! – Aber bald ist der Augenblick der Katastrophe da, diesem Getreuen verdanke ich vielleicht bald mein Leben, meinen Thron! – Und ist es anders beschlossen – nun, so ergebe ich mich in mein Schicksal. – Ich weiß, Benzon, Sie konservieren Ihre Gesinnungen gegen mich, und so kann ich wie jener König in dem Trauerspiel eines deutschen Dichters, mit dem Prinzessin Hedwiga mir neulich den Tee verdarb, hochsinnig ausrufen: ›Nichts ist verloren, denn Sie blieben mein!‹ – Küssen Sie mich, gute Benzon! – Teures Malchen, wir sind und bleiben die Alten! – Guter Gott, ich radotiere wohl in der Seelenangst! – Lassen Sie uns gefasst sein, meine Liebe, wenn die Verräter gefangen sind, werd' ich sie mit einem Blick vernichten. – Leibjäger, es beginne der Angriff auf den Pavillon.« – Der Leibjäger wollte schnell fort. »Halt«, rief die Benzon, »was für ein Angriff? – auf welchen Pavillon?«

Der Leibjäger musste auf Befehl des Fürsten nochmals über den ganzen Vorfall genauen Rapport erstatten. Immer mehr und mehr schien die Benzon durch des Leibjägers Erzählung gespannt zu werden. Als er geendet, rief die Benzon lachend: »Nun, das ist das drolligste Missverständnis, das es wohl geben mag. Ich bitte, gnädigster Herr, dass der Förster mit seinen Leuten sogleich nach Hause geschickt werde. – Es ist von gar keiner Verschwörung die Rede, Sie befinden sich nicht in der mindesten Gefahr, gnädigster Herr! – Der unbekannte Bewohner des Pavillons ist schon Ihr Gefangener.« »Wer«, fragte der Fürst voll Erstaunen, »wer, welcher Unglückselige bewohnt den Pavillon ohne meine Erlaubnis?« – »Es ist«, raunte die Benzon dem Fürsten ins Ohr, »es ist Prinz Hektor, der sich im Pavillon verbirgt!«

Der Fürst prallte einige Schritte zurück, als träfe ihn plötzlich ein Schlag von unsichtbarer Hand, dann rief er: »Wer? – wie? est-il possible! – Benzon! träume ich? – Prinz Hektor?« Des Fürsten Blicke fielen auf den Leibjäger, der ganz verblüfft den Hut in der Hand zusammenknüllte. – »Jäger«, schrie der Fürst ihn an, »Jäger! Scher' Er sich herab, der Förster, die Leute, sie sollen fort – fort nach Hause! Kein Mensch soll sich blicken lassen! – Benzon«, wandte er sich dann zur Rätin, »gute Benzon, können Sie es sich vorstellen, einen Kerl, einen Spitzbuben hat Lebrecht den Prinzen Hektor genannt! – Der Unglückliche! – Doch es bleibt unter uns, Benzon, es ist ein Staatsgeheimnis. – Sagen Sie, erklären Sie mir nur, wie es geschehen konnte, dass der Prinz vorgibt abzureisen und sich hier versteckt, als wolle er auf Abenteuer ausgehen?«

Die Benzon sah sich durch die Beobachtungen des Leibjägers aus großer Verlegenheit gerettet. Hatte sie sich vollkommen überzeugt, dass es ihrerseits nicht ratsam, dem Fürsten die Gegenwart des Prinzen in Sieghartshof, am wenigsten aber seinen Anschlag auf Julien zu entdecken, so konnte doch auch die Sache nicht in der Lage bleiben, die mit jeder Minute sich für Julien, für das ganze Verhältnis, das sie, die Benzon selbst, mit aller Mühe aufrechterhielt, bedrohlicher gestalten musste. Jetzt, da der Leibjäger den Schlupfwinkel des Prinzen erlauscht und dieser Gefahr lief, auf nicht sehr ehrenvolle Weise hervorgezogen zu werden, konnte, durfte sie ihn verraten, ohne Julia preiszugeben. Sie erklärte also dem Fürsten, dass wahrscheinlich ein Liebeszwist mit der Prinzessin Hedwiga den Prinzen vermocht, eine schnelle Abreise vorzugeben und sich mit seinem treusten Kammerdiener ganz in der Nähe der Geliebten zu verstecken. Dass dies Beginnen etwas Romanhaftes, Abenteuerliches in sich trage, sei nicht zu leugnen, doch welcher Liebende habe nicht Hang zu dergleichen. Übrigens sei des Prinzen Kammerdiener ein sehr eifriger Liebhaber ihrer Nanni und durch diese ihr das Geheimnis verraten worden.

»Ha!« rief der Fürst, »dem Himmel sei gedankt, so war es der Kammerdiener und nicht der Prinz selbst, der sich zu Ihnen ins Haus stahl und dann durchs Fenster sprang in die Blumentöpfe, wie der Page Cherubin. – Mir stiegen schon allerlei unangenehme Gedanken auf. Ein Prinz und durchs Fenster springen, wie könnte sich das wohl in aller Welt reimen!« »Ei«, erwiderte die Benzon schalkisch lachend, »ich kenne doch eine fürstliche Person, die den Weg zum Fenster heraus nicht verschmähte, als – « »Sie«, unterbrach der Fürst die Rätin, »Sie alterieren mich, Benzon, Sie alterieren mich ganz ungemein! – Schweigen wir von vergangenen Dingen, überlegen wir lieber, was jetzt mit dem Prinzen anzufangen! Alle Diplomatie, alles Staatsrecht, alles Hofgesetz holt der Teufel in dieser verdammten Lage! – Soll ich ihn ignorieren? – soll ich ihn zufällig finden? – soll ich – soll ich? Alles dreht sich in meinem Kopfe wie ein Wirbel. Das kommt davon, wenn fürstliche Häupter sich zu wunderlichen Romanstreichen herabwürdigen!«

Die Benzon wusste in der Tat nicht, wie das weitere Verhältnis mit dem Prinzen zu formen. Doch auch dieser Verlegenheit wurde abgeholfen. Noch ehe die Rätin nämlich dem Fürsten antworten konnte, trat der alte Kastellan Rupert hinein und überreichte dem Fürsten ein klein zusammengefaltetes Billett, indem er schelmisch lächelnd versicherte, es käme von einer hohen Person, die er gar nicht weit von hier die Ehre hätte unter Schloss und Riegel zu bewahren. »Er wusste«, sprach der Fürst sehr gnädig zu dem Alten, »Er wusste also, Rupert, dass? – Nun, ich habe Ihn immer für einen ehrlichen treuen Diener meines Hauses gehalten, und Er hat sich auch jetzt als solcher bewährt, da Er, wie es Seine Pflicht war, dem Befehl meines erhabenen Eidams gehorchet. – Ich werde an Seine Belohnung denken.« Rupert dankte in den demütigsten Ausdrücken und entfernte sich aus dem Zimmer.

Es begibt sich gar oft im Leben, dass einer für besonders ehrlich und tugendhaft gehalten wird gerade in dem Augenblick, wenn er einen Spitzbubenstreich begangen. Daran dachte die Benzon, die von des Prinzen bösem Anschlage besser unterrichtet und überzeugt war, dass der alte heuchlerische Rupert in das böse Geheimnis eingeweiht. – Der Fürst erbrach das Billett und las:

»›Che dolce più, che più giocondo stato
Saria, di quel d'un amoroso cuore?
Che viver più felice e più beato,
Che ritrovarsi in servitù d'Amore
Se non fosse l'huom sempre stimulato
Da quel sospetto rio, da quel timore,
Da quel martir, da quella frenesia,
Da quella rabbia, detta gelosia.‹

In diesen Versen eines großen Dichters finden Sie, mein Fürst, die Ursache meines geheimnisvollen Beginnens. Ich glaubte mich nicht geliebt von der, die ich anbete,

die mein Leben ist, all mein Sehnen und Hoffen, für die alle brünstige Glut lodert in der entflammten Brust. Wohl mir! – Ich habe mich eines bessern überzeugt, ich weiß seit wenigen Stunden, dass ich geliebt bin, und trete aus meinem Schlupfwinkel hervor. – Liebe und Glück, das sei das Losungswort, das mich ankündigt. – Bald begrüße ich Sie, mein Fürst, mit der Ehrfurcht des Sohnes.
Hektor.«

Vielleicht ist es dem geneigten Leser nicht ganz unlieb, wenn der Biograph hier auf zwei Sekunden die Geschichte ruhen lässt und den Versuch einer Übersetzung jener italienischen Verse einschiebt. – Sie könnten ungefähr so lauten:

»Gäb's süßres noch, gäb's höheres Entzücken,
Als wenn das Herz entbrannt in brünst'ger Liebe?
Könnt' den ein sel'gres Himmelslos beglücken,
Der in des mächt'gen Gottes Fesseln bliebe?
Vermöchte nicht den Menschen zu berücken
Der finstre Geist, Verdacht, der Furcht Getriebe,
Trostlose Qual, Wahnsinns wuchernder Samen,
Der Hölle Furie, Eifersucht ihr Namen!«

Der Fürst las das Billett zwei-, dreimal sehr aufmerksam durch, und je öfter er es las, desto finstrer zogen sich die Falten auf seiner Stirne zusammen. »Benzon«, sprach er endlich, »Benzon! Was ist das mit dem Prinzen? Verse, italienische Verse an ein fürstliches Haupt, an einen gekrönten Schwiegervater, statt deutlicher, vernünftiger Erklärung? – Was soll das! – Es ist kein Verstand darin. Der Prinz scheint überspannt zu sein auf ganz ungebührliche Weise. Die Verse sprechen, soviel ich davon verstehe, von dem Glück der Liebe und von den Qualen der Eifersucht. Was will der Prinz mit der Eifersucht, auf wen um tausend Himmels willen kann er hier eifersüchtig sein? – Sagen Sie mir, gute Benzon, finden Sie in diesem Billett des Prinzen auch nur ein Fünkchen gesunden Menschenverstand?«

Die Benzon entsetzte sich über den tiefern Sinn, der in den Worten des Prinzen lag, und den sie nach dem, was sich gestern in ihrem Hause begeben, leicht erraten konnte. Zugleich musste sie aber die feine Wendung bewundern, die der Prinz ersonnen, um ohne weitern Anstoß aus seinem Versteck hervortreten zu dürfen. Weit entfernt, sich auch nur leise darüber gegen den Fürsten zu äußern, mühte sie sich aber, aus der Lage der Dinge so viel Vorteil zu ziehen, als nur möglich. Kreisler und Meister Abraham, das waren die Personen, von denen sie Verwirrung ihrer geheimen Pläne befürchtete, und gegen diese glaubte sie jede Waffe brauchen zu müssen, die ihr der Zufall in die Hand spielte. Sie erinnerte den Fürsten daran, was sie ihm über die Leidenschaft gesagt hatte, die in der Prinzessin Brust emporgelodert. Dem Scharfblick des Prinzen, führte sie ferner an, könne die Stimmung der Prinzessin ebenso wenig entgangen sein, als Kreislers seltsames überspanntes Betragen ihm Anlass genug gegeben haben müsse, irgendein wahnsinniges Verhältnis zwischen beiden zu vermuten. So sei hinlänglich erklärt, warum der Prinz den Kreisler auf den Tod verfolgt, warum er, da er den Kreisler getötet zu haben geglaubt, dem Schmerz, der Verzweiflung der Prinzessin aus dem Wege gegangen, dann aber, als er von Kreislers Leben unterrichtet, von Liebe und Sehnsucht getrieben, zurückgekehrt sei und die Prinzessin heimlich beobachtet habe. Niemanden anders als Kreislern habe daher die Eifersucht gegolten, von der die Verse des Prinzen sprächen, und es sei um so nötiger und ratsamer, dem Kreisler forthin keinen Aufenthalt in Sieghartshof zu gestatten, als er mit dem Meister Abraham ein gegen alle Verhältnisse des Hofes gerichtetes Komplott geschmiedet zu haben scheine.

»Benzon«, sprach der Fürst sehr ernsthaft, »Benzon, ich habe darüber nachgedacht, was Sie mir über die unwürdige Neigung der Prinzessin gesagt haben, und glaube jetzt von allem auch nicht ein Wort. Fürstliches Blut wallt in den Adern der Prinzessin.« – »Glauben Sie«, fuhr die Benzon heftig auf, indem sie bis unter die Augen errötete, »glauben Sie, gnädigster Herr, dass das fürstliche Weib über den Pulsschlag, über die innere Ader des Lebens gebieten könne wie kein anderes?«

»Sie sind«, sprach der Fürst verdrießlich, »Sie sind heute in sehr seltsamer Stimmung, Rätin! – Ich wiederhole es, entstand in dem Herzen der Prinzessin irgendeine abgeschmackte Leidenschaft, so war das nur ein krankhafter Zufall – ein Krampf sozusagen – sie leidet ja an Spasmen – von dem sie sich sehr bald ganz erholt haben würde. Was aber den Kreisler betrifft, so ist das ein ganz amüsanter Mensch, dem nur gehörige Kultur fehlt. Ich kann ihm gar nicht solche übermütige Keckheit zutrauen, sich der Prinzessin nähern zu wollen. Keck ist er, aber auf ganz andere Weise. Glauben Sie wohl, Benzon, dass nach seiner wunderlichen Art gerade eine Prinzessin bei ihm gar kein Glück machen würde, sollt' es denkbar sein, dass eine dergleichen hohe Person sich herablassen könnte, in ihn verliebt zu werden? Denn – Benzon, entre nous soit dit, – er macht sich gar nicht sonderlich viel aus uns hohen Häuptern, und das ist eben die lächerliche abgeschmackte Torheit, die ihn unfähig macht, am Hofe zu verweilen. Mag er daher entfernt bleiben; kehrt er aber zurück, so sei er mir herzlich willkommen. Denn nicht genug, dass er doch, wie ich vom Meister Abraham – ja, den Meister Abraham, den lassen Sie mir aus dem Spiele, Benzon, die Komplotte, die er geschmiedet, haben immer zum Wohl des fürstlichen Hauses gereicht. – Wie ich doch sagen wollte! Ja! – Nicht genug, dass der Kapellmeister, wie mir Meister Abraham gesagt, hat fliehen müssen auf ungebührliche Weise, unerachtet er von mir freundlich aufgenommen, so ist und bleibt er ein ganz gescheiter Mensch, der mich amüsiert trotz seines närrischen Wesens, et cela suffit!«

Die Rätin erstarrte vor innerer Wut, sich so kalt abgefertigt zu sehen. Ohne es zu ahnen, war sie, als sie fröhlich den Strom hinabschwimmen wollte, auf eine verborgene Klippe gestoßen. –

Es entstand auf dem Schlosshofe ein großes Geräusch. Eine lange Reihe Wagen rasselte heran, begleitet von einem starken Kommando großherzoglicher Husaren. Der Oberhofmarschall, der Präsident, die Räte des Fürsten, mehrere von der vornehmen Welt aus Sieghartsweiler stiegen aus. Dorthin war die Nachricht gekommen, dass in Sieghartshof eine wider das Leben des Fürsten gerichtete Revolution ausgebrochen, und nun kamen die Getreuen nebst andern Verehrern des Hofes, sich um die Person des Fürsten zu stellen, und brachten die Verteidiger des Vaterlandes mit, die sie sich vom Gouverneur mit vieler Mühe erbeten.

Vor lauter Beteuerungen der Versammelten, dass sie Leib und Leben für den gnädigsten Herrn zu opfern bereit wären, kam der Fürst gar nicht zu Wort. Eben wollt' er endlich beginnen, als der Offizier, der das Kommando führte, hereintrat und den Fürsten nach dem Operationsplan fragte.

Es liegt in der menschlichen Natur, dass, wenn die Gefahr, die uns Furcht einjagte, sich vor unsern Augen auflöst in einen eitlen nichtigen Popanz, uns dies immer mit großem Unmut erfüllt. Der Gedanke, der wirklichen Gefahr glücklich entgangen zu sein, nicht, dass gar keine vorhanden, erregt uns Freude.

So geschah es denn auch, dass der Fürst seinen Unmut, seinen Verdruss über den unnötigen Tumult kaum unterdrücken konnte. Dass der ganze Lärm über ein Stelldichein eines Kammerdieners mit einer Zofe, über die romanhafte Eifersüchtelei eines verliebten Prinzen entstanden, sollte, konnte er das sagen? Er sann hin und her; die ahnungsvolle Stille im Saal, nur unterbrochen von dem mutigen, Sieg versprechenden Wiehern der Husarenpferde, die draußen hielten, drückte ihn bleiern nieder. Endlich räusperte er sich und begann sehr pathetisch: »Meine Herren! Die wunderbare Fügung des Himmels – Was wollen Sie, mon ami?«

Mit dieser an den Hofmarschall gerichteten Frage unterbrach der Fürst sich selbst. Wirklich hatte der Hofmarschall sich mehrmals gebückt und durch Blicke zu verstehen gegeben, dass er was Wichtiges zu hinterbringen. Es kam heraus, dass soeben sich Prinz Hektor hat melden lassen.

Des Fürsten Gesicht heiterte sich auf, er sah, dass er über die vermeintliche Gefahr, in der sein Thron geschwebt, sehr kurz sein und die ehrwürdige Versammlung wie mit einem Zauberschlag in eine Bewillkommnungscour umsetzen könne. Er tat dies! –

Nicht lange dauerte es, so trat Prinz Hektor ein, in Galauniform glänzend gekleidet, schön, kräftig, stolz wie der fernhintreffende Götterjüngling. Der Fürst machte ein paar Schritte vorwärts ihm entgegen, fuhr aber auch gleich zurück, als träfe ihn der Blitz. Dicht hinter dem Prinzen Hektor her sprang Prinz Ignatius in den Saal. Der fürstliche Herr wurde leider mit jedem Tage dämlicher und abgeschmackter. Die Husaren auf dem Schlosshof mussten ihm ganz ausnehmend gefallen haben, denn er hatte einen Husaren vermocht, ihm Säbel, Tasche und Tschako zu geben, und sich in diese Herrlichkeiten geputzt. – So kurbettierte er, als säße er zu Pferde, in kurzen Sprüngen mit dem blanken Säbel in der Faust im Saal umher, während er die eiserne Scheide tüchtig auf dem Boden nachklirren ließ, und lachte und kicherte dabei ganz ungemein anmutig. »Partez – décampez! – Allez-vous- en – tout de suite.« So rief der Fürst mit glühenden Augen und donnernder Stimme dem erschrockenen Ignaz entgegen, der sich ganz geschwind davonmachte.

Keiner von den Anwesenden hatte so wenig Takt, den Prinzen Ignaz, die ganze Szene zu bemerken. –

Der Fürst, im vollsten Sonnenglanz der vorigen Milde und Freundlichkeit, sprach nun mit dem Prinzen einige Worte, und dann gingen beide, der Fürst und der Prinz, im Kreise der Versammelten umher und redeten mit diesem und jenem ein paar Worte. Die Cour war beendigt, d. h. die geistreichen, tiefsinnigen Redensarten, deren man sich bei solcher Gelegenheit zu bedienen pflegt, waren gehörig verspendet, und der Fürst begab sich mit dem Prinzen in die Gemächer der Fürstin, dann aber, da der Prinz darauf bestand, die geliebte Braut zu überraschen, in das Gemach der Prinzessin. Sie fanden Julia bei ihr. –

Mit der Hast des feurigsten Liebhabers flog der Prinz hin zur Prinzessin, drückte ihre Hand hundertmal zärtlich an die Lippen, schwur, dass er nur in dem Gedanken an sie gelebt, dass ein unglückliches Missverständnis ihm die Qualen der Hölle bereitet, dass er die Trennung von der, die er anbete, nicht länger ertragen könne, dass nun ihm alle Seligkeit des Himmels aufgegangen. –

Hedwiga empfing den Prinzen mit unbefangener Heiterkeit, die ihr sonst eben nicht eigen. Sie begegnete den zärtlichen Liebkosungen des Prinzen geradeso, wie es eine Braut wohl tun mag, ohne sich im voraus zu viel zu vergeben; ja, sie verschmähte es nicht, den Prinzen mit seinem Versteck ein wenig aufzuziehn und zu versichern, dass sie keine Verwandlung hübscher und anmutiger sich denken könne, als die eines Haubenstocks in einen Prinzenkopf. Denn für einen Haubenstock habe sie den Kopf gehalten, der sich in dem Giebelfenster des Pavillons blicken lassen. Dies gab Anlass zu allerlei artigen Neckereien des glücklichen Paars, die selbst den Fürsten zu ergötzen schienen. Nun glaubte er den großen Irrtum der Benzon rücksichts des Kreisler erst recht einzusehen, da nach seiner Meinung Hedwigas Liebe zu dem schönsten der Männer sich deutlich genug aussprach. Geist und Körper der Prinzessin schienen in der seltenen hohen Blüte zu stehen, wie sie glücklichen Bräuten ganz besonders eigen. – Gerade entgegengesetzt verhielt es sich mit Julien. Sowie sie den Prinzen erblickte, bebte sie zusammen, von innerm Schauer erfasst. Blass wie der Tod, stand sie da mit tief zu Boden gesenkten Augen, keiner Bewegung mächtig, kaum fähig, sich aufrecht zu halten. –

Nach einer guten Weile wandte sich der Prinz zu Julien mit den Worten: »Fräulein Benzon, wenn ich nicht irre?« – »Eine Freundin der Prinzessin von der frühsten Kindheit her, gleichsam ein Schwesternpaar!« – Während der Fürst diese Worte sprach, hatte der Prinz Julias Hand gefasst und ihr leise, leise zugehaucht: »Nur du bist's, die ich meine!« – Julia schwankte, Tränen der bittersten Angst drängten sich unter den Wimpern hervor; sie wäre niedergestürzt, hätte die Prinzessin nicht einen Sessel schnell herbeigeschoben.

»Julia«, sprach die Prinzessin leise, indem sie sich über die Ärmste beugte, »Julia, fasse dich doch nur! – Ahnest du denn nicht den harten Kampf, den ich kämpfe?« – Der Fürst öffnete die Türe und rief nach Eau de Luce. »Solches«, sprach der ihm entgegentretende Meister Abraham, »solches führe ich nicht bei mir, aber guten Äther. Ist jemand ohnmächtig geworden? – Äther hilft auch!« – »So kommt«, erwiderte der Fürst, »so kommt schnell herein, Meister Abraham, und helft Fräulein Julien.«

Doch sowie Meister Abraham in den Saal trat, sollte sich das Unerwartete begeben. Geisterbleich starrte Prinz Hektor den Meister an, sein Haar schien sich zu sträuben, kalter Angstschweiß ihm auf der Stirne zu stehen. Einen Schritt vorwärts, den Leib zurückgebogen, die Arme dem Meister entgegengestreckt, war er dem Macbeth zu vergleichen, wenn plötzlich Banquos entsetzliches blutiges Gespenst den leeren Platz der Tafel füllt. – Ruhig holte der Meister sein Fläschchen hervor und wollte sich Julien nahen. Da war es, als ermanne sich der Prinz wieder zum Leben. »Severino, seid Ihr's selbst?« – So rief der Prinz mit dem dumpfen Ton des tiefsten Entsetzens. »Allerdings«, erwiderte Meister Abraham, ohne im mindesten aus seiner Ruhe zu kommen, oder nur die Miene zu verändern, »allerdings. Es ist mir lieb, dass Ihr Euch meiner erinnert, gnädigster Herr; ich hatte die Ehre, Euch vor etlichen Jahren in Neapel einen kleinen Dienst zu erweisen.« Der Meister trat noch einen Schritt vorwärts, da fasste ihn der Prinz beim Arm, zog ihn mit Gewalt auf die Seite, und nun folgte ein kurzes Gespräch, von dem niemand der im Saal Befindlichen etwas verstand, da es zu schnell und im neapolitanischen Dialekt geführt wurde.

»Severino! – Wie kam der Mensch zu dem Bildnis?« »Ich gab es ihm zur Schutzwehr gegen Euch.« »Weiß er?« »Nein!« »Werdet Ihr schweigen?« »Zurzeit – ja!« »Severino! – Alle Teufel sind mir auf den Hals gehetzt! – Was nennt Ihr zurzeit?« »Solange Ihr artig seid und den Kreisler in Ruhe lasst und auch jene da!« – – –

Nun ließ der Prinz den Meister los und trat an ein Fenster. – Julia hatte sich indessen erholt. Mit dem unbeschreiblichen Ausdruck herzzerreißender Wehmut den Meister Abraham anschauend, lispelte sie mehr, als dass sie sprach: »O mein guter lieber Meister, Ihr könnt mich wohl retten! – Nicht wahr, Ihr gebietet über so manches? – Eure Wissenschaft kann noch alles zum Guten lenken!« – Der Meister gewahrte in Julias Worten den wunderbarsten Zusammenhang mit jenem Gespräch, als habe sie in der höhern Erkenntnis des Traums alles verstanden und wisse um das ganze Geheimnis!

»Du bist«, sprach der Meister Julien leise ins Ohr, »du bist ein frommer Engel, und darum hat der finstre Höllengeist der Sünde keine Macht über dich. Vertraue dich mir ganz an; fürchte nichts und fasse dich mit aller Kraft des Geistes. – Denke auch an unsern Johannes.« – »Ach«, rief Julia schmerzlich, »ach, Johannes! – Er kehrt zurück, nicht wahr, Meister? Ich werde ihn wiedersehen!« – »Gewiss«, erwiderte der Meister und legte den Finger auf den Mund; Julia verstand ihn. –

Der Prinz mühte sich, unbefangen zu scheinen; er erzählte, dass der Mann, den man hier, wie er vernehme, Meister Abraham nenne, vor mehreren Jahren in Neapel Zeuge einer sehr tragischen Begebenheit gewesen sei, in die er, der Prinz, selbst verflochten, wie er gestehen müsse. – Die Begebenheit zu erzählen, sei jetzt nicht an der Zeit, doch wolle er künftig damit nicht zurückhalten. –

Der Sturm im Innern war zu heftig, als dass sein Tosen nicht auf der Oberfläche hätte sichtbar sein sollen, und so stimmte des Prinzen verstörtes Antlitz, dem jeder Blutstropfen entschwunden schien, sehr schlecht überein mit dem gleichgültigen Gespräch, zu dem er sich nun zwang, um nur über den kritischen Moment hinwegzukommen. Besser als dem Prinzen gelang es der Prinzessin, die Spannung des Augenblicks zu besiegen. Mit der Ironie, die selbst den Argwohn, die Verbitterung verflüchtigt zum feinsten Hohn, neckte Hedwiga den Prinzen umher in dem Labyrinth seiner eignen Gedanken. Er, der gewandteste Weltmann, noch mehr, ausgerüstet mit allen Waffen einer Ruchlosigkeit, die alles Wahrhafte, jede Gestaltung des Lebens vernichtet, vermochte nicht diesem seltsamen Wesen zu widerstehen. Je lebhafter Hedwiga sprach, je feuriger und zündender die Blitze des geistreichsten

Spottes einschlugen, desto verwirrter, beängstigter schien sich der Prinz zu fühlen, bis dies Gefühl zum Unerträglichen stieg und er sich schnell entfernte.

Dem Fürsten geschah das, was ihm bei solchen Anstößen jedes Mal zu geschehen pflegte; er wusste gar nicht, was er von dem allen denken sollte. Er begnügte sich mit einigen französischen Brocken ohne sonderliche Bedeutung, die er dem Prinzen zuwarf und die dieser mit ebensolchen erwiderte.

Der Prinz war schon zur Türe heraus, als Hedwiga, plötzlich im ganzen Wesen verändert, zum Fußboden niederstarrte und mit einem seltsamen, das Herz durchschneidenden Ton laut rief: »Ich sehe die blutige Spur des Mörders!« – Dann schien sie aus dem Traum zu erwachen, drückte Julien stürmisch an ihre Brust und lispelte ihr zu: »Kind, mein armes Kind, lass dich nicht betören!«

»Geheimnisse«, sprach der Fürst verdrießlich, »Geheimnisse, Einbildungen, Albernheiten, Romanenstreiche! Ma foi, ich kenne meinen Hof nicht mehr! – Meister Abraham! Ihr bringt meine Uhren in Ordnung, wenn sie nicht richtig gehen, ich wollt', Ihr könntet hier nachsehen, was für Schaden das Räderwerk genommen, das sonst niemals stockte. – Doch was ist das mit dem Severino?« – »Unter diesem Namen«, erwiderte der Meister, »ließ ich in Neapel meine optische und mechanische Kunststücke sehen.«

»So – so«, sprach der Fürst, sah den Meister starr an, als schwebe ihm eine Frage auf den Lippen, drehte sich aber dann schnell um und verließ schweigend das Zimmer. –

Man hatte geglaubt, die Benzon befinde sich bei der Fürstin, dem war aber nicht so, sie hatte sich in ihre Wohnung begeben.

Julia sehnte sich nach frischer Luft; der Meister führte sie in den Park und, lustwandelnd durch die halb entlaubten Gänge, sprachen sie von Kreisler und seinem Aufenthalt in der Abtei. Sie waren an das Fischerhäuschen gekommen. Julia trat hinein, um sich zu erholen; Kreislers Brief lag auf dem Tisch, der Meister meinte, es sei gar nichts darin, das Julia Scheu tragen dürfe zu erfahren.

Während Julia den Brief gelesen, hatten sich ihre Wangen stärker gefärbt, und sanftes Feuer, Abglanz des erheiterten Gemüts, strahlte aus ihren Augen.

»Siehst du«, sprach der Meister freundlich, »siehst du wohl, mein liebes Kind, wie der gute Geist meines Johannes auch aus der Ferne tröstend zu dir spricht? Was hast du von bedrohlichen Anschlägen zu fürchten, wenn Standhaftigkeit, Liebe und Mut dich schützen vor den Bösen, die dir nachstellen!«

»Barmherziger Himmel«, rief Julia mit emporgerichtetem Blick, »schütze mich nur vor mir selber!« Sie erbebte wie im jähen Schreck über die Worte, die sie willenlos ausgestoßen. Halb ohnmächtig sank sie in den Sessel und bedeckte mit beiden Händen ihr glühendes Antlitz. – »Ich verstehe«, sprach der Meister, »ich verstehe dich nicht Mädchen, du verstehst dich vielleicht selbst nicht, und darum magst du dein eignes Inneres recht auf den Grund erforschen und dir nichts etwa verschweigen aus weichlicher Schonung.« –

Der Meister überließ Julien dem tiefen Nachsinnen, in das sie versunken, und schaute mit übereinandergeschlagenen Armen hinauf zu der geheimnisvollen Glaskugel. – Da schwoll ihm die Brust vor Sehnsucht und wunderbarer Ahnung.

»Dich«, sprach er, »dich muss ich ja fragen, mit dir muss ich mich ja beraten, mit dir, du meines Lebens schönes, herrliches Geheimnis! Schweige nicht, lass deine Stimme hören! – Du weißt es ja, niemals war ich ein gemeiner Mensch, ungeachtet mich manche dafür hielten. Denn in mir glühte alle Liebe, die der ewige Weltgeist selbst ist, und der Funke glimmte in meiner Brust, den der Hauch deines Wesens anfachte zur hellen fröhlichen Flamme! – Glaube nicht, Chiara, dass dies Herz darum, weil es älter worden, vereiset ist und nicht mehr so rasch zu schlagen vermag als damals, da ich dich dem unmenschlichen Severino entriss; glaube nicht, dass ich jetzt weniger deiner wert geworden, als ich es damals war, da du selbst mich aufsuchtest! – Ja! – Lass nur deine Stimme hören, und ich will mit der Hast des Jünglings dem Ton so lange nachrennen, bis ich dich gefunden, und dann wohnen wir wieder zusammen und treiben in zauberischer Gemeinschaft die höhere Magie, welche alle Menschen, selbst die allergemeinsten, notgedrungen erkennen, ohne daran zu glauben. – Und wandelst du nicht mehr leiblich hier auf Erden, spricht deine Stimme aus der Geisterwelt zu mir herab, so bin ich auch damit zufrieden und werde auch dann wohl noch ein tüchtigerer Kerl, als ich jemals gewesen. – Doch nein, nein! – Wie lauteten die tröstenden Worte, die du zu mir sprachst?

›Nicht erfasst der bleiche Tod,
Die im Herzen Liebe tragen,
Dem glänzt noch das Abendrot,
Der am Morgen wollt' verzagen!‹«

»Meister«, rief Julia, die sich aus dem Sessel erhoben und dem Alten in tiefem Erstaunen zugehorcht hatte, »Meister! Mit wem redet Ihr? Was wollt Ihr beginnen? – Ihr nanntet den Namen: Severino, güt'ger Himmel, redete der Prinz, als er sich von seinem Entsetzen erholt hatte, Euch nicht selbst an mit diesem Namen? Welches furchtbare Geheimnis liegt hier verborgen?«

Der Alte kam bei diesen Worten Julias augenblicklich aus dem erhöhten Zustande zurück, und auf seinem Gesicht verbreitete sich, wie es schon lange nicht mehr geschehen, jene seltsame, beinahe grinsende Freundlichkeit, die mit seinem übrigens treuherzigen Wesen im wunderlichsten Zwiespalt stand und seiner ganzen Erscheinung den Anstrich einer etwas unheimlichen Karikatur gab.

»Mein schönes Fräulein«, sprach er mit dem grellen Ton, in dem aufschneiderische Geheimniskrämer gewöhnlich ihre Wunder anzupreisen pflegen, »mein schönes Fräulein, nur ein wenig Geduld, ich werde bald die Ehre haben, Ihnen hier im Fischerhäuschen die allerwunderbarsten Dinge zu zeigen. – Diese tanzenden Männlein, dieser kleine Türke, welcher weiß, wie alt jeder in der Gesellschaft ist, diese Automaten, diese Palingenesien, diese deformierten Bilder, diese optischen Spiegel – alles hübsches magisches Spielzeug, aber das beste fehlt mir noch. Mein unsichtbares Mädchen ist da! – Bemerken Sie, dort oben sitzt sie bereits in der Glaskugel. Sie spricht aber noch nicht, sie ist noch müde von der weiten Reise, denn sie kommt geraden Weges aus dem fernen Indien. – In einigen Tagen, mein schönes Fräulein, kommt meine Unsichtbare, und dann wollen wir sie befragen wegen des Prinzen Hektor, wegen Severino und andern Begebnissen der Vergangenheit und Zukunft! –

Für jetzt nur etwas weniges schlichtes Amüsement.« Damit sprang der Meister mit der Schnelle und Lebendigkeit eines Jünglings im Zimmer umher, zog die Maschinen an, ordnete die magischen Spiegel. Und in allen Winkeln wurde es rege und lebendig, die Automaten schritten daher und drehten die Köpfe, und ein künstlicher Hahn schlug mit den Flügeln und krähte, während Papageien gellend dazwischen kreischten, und Julia selbst und der Meister standen draußen so gut wie im Zimmer. Julien wollte, unerachtet sie an dergleichen Possen genugsam gewöhnt, dennoch bei der seltsamen Stimmung des Meisters ein Grauen anwandeln. »Meister«, sprach sie ganz erschrocken, »Meister, was ist Euch widerfahren?«

»Kind«, erwiderte der Meister in seiner ernsten Manier, »Kind etwas Schönes und Wunderbares, aber es taugt nicht recht, dass du es erfährst. Doch! – Lass die lebendigtoten Dinger hier ihre Faxen ausspielen, während ich dir von manchem so viel vertraue, als dir zu wissen nötig und nützlich. – Meine liebe Julia, deine eigne Mutter hat dir ihr mütterliches Herz verschlossen, ich will es dir öffnen, dass du hineinzublicken, dass du die Gefahr, in der du schwebst, zu erkennen und dich ihr zu entziehen vermagst. – Erfahre also fürs erste ohne weitere Umschweife, dass deine Mutter nichts Geringeres fest in ihrem Sinn beschlossen hat, als dich – – – «

(M.f.f.) – es indessen lieber bleiben lassen – Katerjüngling, sei bescheiden wie ich und nicht gleich überall bei der Hand mit deinen Versen, wenn die schlichte ehrliche Prosa hinreicht, deine Gedanken auszuspinnen. – Verse sollen in dem in Prosa geschriebenen Buche das leisten, was der Speck in der Wurst, nämlich hin und wieder in kleinen Stückchen eingestreut, dem ganzen Gemengsel mehr Glanz der Fettigkeit, mehr süße Anmut des Geschmacks verleihen. Ich fürchte nicht, dass dichterische Kollegen dies Gleichnis zu gemein und unedel finden werden, da es von unsrer Lieblingsspeise entnommen und in der Tat manchmal ein guter Vers einem mittelmäßigen Roman ebenso dienlich sein kann als ein fetter Speck einer magern Wurst. Ich sage das als ein Kater von ästhetischer Bildung und Erfahrung. – So sehr nach meinen bisherigen philosophischen und moralischen Grundsätzen Pontos ganzes Verhältnis, seine Lebensweise, seine Art, sich in der Gunst des Herrn zu halten, mir unwürdig, ja ein wenig miserabel vorkommen mochte, doch hatte mich sein ungezwungener Anstand, seine Eleganz, seine anmutige Leichtigkeit im sozialen Umgange gar sehr bestochen. Mit aller Gewalt wollte ich mich selbst überreden, dass ich bei meiner wissenschaftlichen Bildung, bei meinem Ernst in allem Tun und Treiben auf einer viel höheren Stufe stehe als der unwissende Ponto, der nur hier und da etwas von den Wissenschaften aufgeschnappt. Ein gewisses gar nicht zu unterdrückendes Gefühl sagte mir aber ganz unverhohlen, dass Ponto überall mich in den Schatten stellen würde; ich fühlte mich gedrungen, einen vornehmern Stand anzuerkennen und den Pudel Ponto zu diesem Stande zu rechnen. –

Ein genialer Kopf wie der meinige hat bei jedem Anlass, bei jeder Lebenserfahrung immer seine besonderen eigentümlichen Gedanken, und so geriet ich auch, meine innere Seelenstimmung, mein ganzes Verhältnis mit Ponto wohl überlegend, in allerlei sehr artige Betrachtungen, die der ferneren Mitteilung wohl wert sind. – »Wie kommt es«, sprach ich zu mir selbst, indem ich sinnig die Pfote an die Stirn legte, »wie kommt es, dass große Dichter, große Philosophen, sonst geistreich, lebensweise, sich im sozialen Verhältnis mit der sogenannten vornehmeren Welt so unbehilflich zeigen? Sie stehen jederzeit da, wo sie eben in dem Augenblick nicht hingehören, sie sprechen, wenn sie gerade schweigen sollten, und schweigen umgekehrt da, wo gerade Worte nötig, sie stoßen in der Form der Gesellschaft, wie sie sich nun eben gestaltet hat, entgegengesetztem Streben überall an und verletzen sich selbst und andere; genug, sie gleichen dem, der, wenn eben eine ganze Reihe muntrer Spaziergänger einträchtig hinauswandelt, sich allein zum Tore hineindrängt und nun, mit Ungestüm seinen Weg verfolgend, diese ganze Reihe verstört.

Man schreibt, ich weiß es, dies dem Mangel gesellschaftlicher Kultur zu, die am Schreibtisch nicht zu erlangen, ich meine indessen, dass diese Kultur gar leicht zu erlangen sein, und dass jene unbesiegbare Unbehilflichkeit wohl noch einen andern Grund haben müsse. – Der große Dichter oder Philosoph müsste es nicht sein, wenn er seine geistige Überlegenheit nicht fühlen sollte; aber ebenso müsste er nicht das jedem geistreichen Menschen eigne tiefe Gefühl besitzen, um nicht einzusehen, dass jene Überlegenheit deshalb nicht anerkannt werden darf, weil sie das Gleichgewicht aufhebt, das stets zu erhalten die Haupttendenz der sogenannten vornehmeren Gesellschaft ist. Jede Stimme darf nur eingreifen in den vollkommenen Akkord des Ganzen, aber des Dichters Ton dissoniert und ist, kann er unter andern Umständen auch ein sehr guter sein, dennoch in dem Augenblick ein schlechter Ton, weil er nicht zum Ganzen passt. – Der gute Ton besteht aber so wie der gute Geschmack in der Unterlassung alles Ungehörigen. Nun meine ich ferner, dass der Unmut, der sich aus dem widersprechenden Gefühl der Überlegenheit und der ungehörigen Erscheinung bildet, den in dieser sozialen Welt unerfahrnen Dichter oder Philosophen hindert, das Ganze zu erkennen und darüber zu schweben. Es ist nötig, dass er in dem Augenblick seine innere geistige Überlegenheit nicht zu hoch anschlage, und unterlässt er dies, so wird er auch die sogenannte höhere gesellschaftliche Kultur, die auf nichts anderes hinausläuft, als auf das Bemühen, alle Ecken, Spitzen wegzuhobeln, alle Physiognomien zu einer einzigen zu gestalten, die eben deshalb aufhört eine zu sein, nicht zu hoch zu veranschlagen. Dann wird er, verlassen von jenem Unmut, unbefangen das innerste Wesen dieser Kultur und die armseligen Prämissen, worauf sie beruhet, leicht erkennen und schon durch die Erkenntnis sich einbürgern in die seltsame Welt, welche eben diese Kultur als unerlässlich fordert. – Auf eigne Weise verhält es sich mit den Künstlern sowie Dichtern und Schriftstellern, die der Vornehme hie und da in seine Zirkel lädt, um der guten Sitte nach auf eine Art von Mäzenat Anspruch machen zu können. Diesen Künstlern klebt leider gewöhnlich etwas vom Handwerk an, und deshalb sind sie entweder demütig bis zur Kriecherei oder ungezogen bis zur Bengelhaftigkeit.«

(Anm. des Herausgeb.: – Murr, es tut mir leid, dass du dich so oft mit fremden Federn schmückst. Du wirst, wie ich mit Recht befürchten muss, dadurch bei den geneigten Lesern merklich verlieren. – Kommen alle diese Betrachtungen, mit denen du dich so brüstest, nicht geradehin aus dem Munde des Kapellmeisters Johannes Kreisler, und ist es überhaupt möglich, dass du solche Lebensweisheit sammeln konntest, um eines menschlichen Schriftstellers Gemüt, das wunderlichste Ding auf Erden, so tief zu durchschauen?)

»Warum«, dacht' ich ferner, »sollt' es aber einem geistreichen Kater, ist er auch Dichter, Schriftsteller, Künstler, nicht gelingen können, sich zu jener Erkenntnis der höhern Kultur in ihrer ganzen Bedeutsamkeit hinaufzuschwingen und sie selbst zu üben mit aller Schönheit und Anmut der äußern Erscheinung? – Hat denn die Natur dem Geschlecht der Hunde allein den Vorzug jener Kultur gegönnt? Sind wir Kater, was Tracht, Lebensweise, Art und Gewohnheit betrifft, auch etwas von dem stolzen Geschlecht verschieden, so haben wir doch ebensogut Fleisch und Blut, Körper und Geist, und am Ende können es die Hunde auch gar nicht anders anfangen als wir, ihr Leben fortzusetzen. Auch Hunde müssen essen, trinken, schlafen usw., und es tut ihnen weh, wenn sie geprügelt werden.« – Was weiter! – Ich beschloss, mich dem Unterricht meines jungen vornehmen Freundes, des Pudels Ponto, hinzugeben, und, ganz mit mir einig, begab ich mich zurück in meines Meisters Zimmer; ein Blick in den Spiegel überzeugte mich, dass der bloße ernste Wille, nach höherer Kultur zu streben, schon vorteilhaft auf meine äußere Haltung gewirkt. – Ich betrachtete mich mit dem innigsten Wohlgefallen. – Gibt es einen behaglichern Zustand, als wenn man mit sich selbst ganz zufrieden ist? – Ich spann! –

Andern Tags begnügte ich mich nicht damit, vor der Türe zu sitzen, ich lustwandelte die Straße hinab, da erblickte ich in der Ferne den Herrn Baron Alzibiades von Wipp, und hinter ihm her sprang mein munterer Freund Ponto. Gelegener konnt's mir nicht kommen; ich nahm mich so viel wie möglich in Anstand und Würde zusammen und näherte mich dem Freund mit jener unnachahmlichen Grazie, die, unschätzbares Geschick der gütigen Natur, keine Kunst zu lehren vermag. – Doch! – entsetzlich! Was musste geschehen! – Sowie mich der Baron gewahrte, blieb er stehen und betrachtete mich sehr aufmerksam durch die Lorgnette, dann rief er aber: »Allons – Ponto! Huss – Huss – Katz! Katz!« – Und Ponto, der falsche Freund, sprang in voller Furie auf mich los! – Entsetzt, aus aller Fassung gebracht durch den schändlichen Verrat, war ich keines Widerstandes fähig, sondern duckte mich so tief nieder, als ich konnte, um Pontos scharfen Zähnen zu entgehen, die er mir knurrend zeigte. Ponto sprang aber mehrmals über mich hinweg, ohne mich zu fassen, und flüsterte mir in die Ohren: »Murr! Sei doch kein Tor und fürchte dich etwa! – Du siehst ja, dass es kein Ernst ist, ich tue das nur meinem Herrn zu Gefallen!« Nun wiederholte Ponto seine Sprünge und tat sogar, als packe er mich bei den Ohren, ohne mir indessen im mindesten wehe zu tun. »Jetzt«, raunte mir Ponto endlich zu »jetzt trolle dich, Freund Murr! Dort hinein ins Kellerloch!« – Ich ließ mir das nicht zweimal sagen, sondern fuhr schnell davon, wie der Blitz. – Ungeachtet der Versicherung Pontos, mir keinen Schaden zuzufügen, war mir doch nicht wenig bange, denn wissen kann man in solchen kritischen Fällen immer nicht recht, ob die Freundschaft stark genug sein wird, das angeborne Naturell zu besiegen. –

Als ich hineingehuscht war in den Keller, spielte Ponto die Komödie, die er seinem Herrn zu Ehren begonnen, weiter fort. Er knurrte und bellte nämlich vor dem Kellerfenster, steckte die Schnauze durch das Gitter, tat, als sei er ganz außer sich darüber, dass ich ihm entwischt sei und er mich nun nicht verfolgen könne. »Siehst du«, sprach aber Ponto zu mir in den Keller hinein, »siehst du, erkennst du nun aufs neue die ersprießlichen Folgen der höhern Kultur? – In dem Augenblick habe ich mich gegen meinen Herrn artig, folgsam bewiesen, ohne mir deine Feindschaft zuzuziehen, guter Murr. So macht es der wahre Weltmann, den das Schicksal bestimmt hat, Werkzeug in der Hand eines Mächtigeren zu sein. Angehetzt muss er losfahren, aber dabei so viel Geschick beweisen, dass er nur dann wirklich beißt, wenn es gerade auch in seinen eigenen Kram passt.« – In aller Schnelle eröffnete ich meinem jungen Freund Ponto, wie ich gesonnen sei, etwas von seiner höhern Kultur zu profitieren, und fragte, ob und auf welche Weise er mich vielleicht in die Lehre nehmen könne. – Ponto sann einige Minuten nach und meinte denn, am besten sei es, wenn mir gleich anfangs ein lebendiges deutliches Bild der höheren Welt aufgehe, in der er jetzt zu leben das Vergnügen habe, und dies könne nicht besser geschehen, als wenn ich ihn heute Abend zur niedlichen Badine begleite, die gerade während der Theaterzeit Gesellschaft bei sich sähe. – Badine war aber ein Windspiel in Diensten der fürstlichen Oberhofmeisterin. –

Ich putzte mich heraus, so gut ich es vermochte, las noch etwas im Knigge und durchlief auch ein paar ganz neue Lustspiele von Picard, um nötigenfalls auch mich im Französischen geübt zu zeigen, und ging dann hinab vor die Türe. Ponto ließ nicht lange auf sich warten. Wir wandelten einträchtig die Straße hinab und gelangten bald in Badinens hell erleuchtetet Zimmer, wo ich eine bunte Versammlung von Pudeln, Spitzen, Möpsen, Bolognesern, Windspielen vorfand, teils im Kreis sitzend, teils gruppenweise in die Winkel verteilt. – Das Herz klopfte mir nicht wenig in dieser fremdartigen Gesellschaft mir feindlicher Naturen. Mancher Pudel blickte mich an mit einer gewissen verächtlichen Verwunderung, als wolle er sagen: »Was will ein gemeiner Kater unter uns sublimen Leuten?« Hin und wieder fletschte auch wohl ein eleganter Spitz die Zähne, so dass ich merken konnte, wie gern er mir in die Haare gefahren wäre, hätte der Anstand, die Würde, die sittige Bildung der Gäste nicht jede Prügelei als unschicklich verboten. – Ponto riss mich aus der Verlegenheit, indem er mich der schönen Wirtin vorstellte, die mit anmutiger Herablassung versicherte, wie sehr sie sich freue einen Kater von meinem Ruf bei sich zu sehen. – Nun erst, als Badine einige Worte mit mir gesprochen, schenkte mir dieser oder jener mit wahrhaft hündischer Bonhomie mehr Aufmerksamkeit, redete mich auch wohl an und gedachte meiner Schriftstellerei, meiner Werke, die ihm zuweilen ordentlichen Spaß gemacht. Das schmeichelte meiner Eitelkeit, und ich gewahrte kaum, dass man mich fragte, ohne meine Antworten zu beachten, dass man mein Talent lobte, ohne es zu kennen, dass man meine Werke pries, ohne sie zu verstehen. – Ein natürlicher Instinkt lehrte mich antworten, wie ich gefragt wurde, nämlich ohne Rücksicht auf diese Fragen überall kurz sprechen in solch allgemeinen Ausdrücken, dass sie auf alles nur Mögliche bezogen werden konnten, durchaus keiner Meinung sein und nie das Gespräch von der glatten Oberfläche hinunterziehen wollen in die Tiefe. – Ponto versicherte mir im Vorbeistreifen, dass ein alter Spitz ihm versichert, wie ich für einen Kater amüsant genug sei und Anlagen zur guten Konversation zeige. – So etwas erfreut auch den Missmutigen! – – – Jean

Jacques Rousseau gesteht, als er in seinen »Bekenntnissen« auf die Geschichte von dem Band kommt, das er stahl, und ein armes unschuldiges Mädchen für den Diebstahl züchtigen sah, den er begangen, ohne die Wahrheit zu gestehen, wie schwer es ihm werde, über diese Untiefe seines Gemüts hinwegzukommen. – Ich befinde mich eben jetzt in gleichem Fall mit jenem verehrten Selbstbiographen. – Habe ich auch kein Verbrechen zu gestehen, so darf ich doch, will ich wahrhaft bleiben, die große Torheit nicht verschweigen, die ich am selben Abend beging, und die lange Zeit hindurch mich verstörte, ja meinen Verstand in Gefahr setzte. – Ist es aber nicht ebenso schwer, ja oft noch schwerer, eine Torheit zu gestehen als ein Verbrechen? – – Nicht lange dauerte es, so überfiel mich solch eine Unbehaglichkeit, solch ein Unmut, dass ich mich weit fort wünschte unter den Ofen des Meisters. Es war die grässlichste Langeweile, die mich zu Boden drückte, und die endlich mich alle Rücksichten vergessen ließ. Ganz still schlich ich mich in eine entfernte Ecke, um dem Schlummer nachzugeben, zu dem mich das Gespräch rundumher einlud. Dasselbe Gespräch nämlich, das ich erst in meinem Unmut vielleicht gar irrtümlich für das geistloseste, fadeste Geschwätz gehalten, kam mir nun vor wie das eintönige Geklapper einer Mühle, bei dem man sehr leicht in ein ganz angenehmes gedankenloses Hinbrüten gerät, dem dann der wirkliche Schlaf bald folgt. – Eben in diesem gedankenlosen Hinbrüten, in diesem sanften Delirieren war es mir, als funkle plötzlich ein helles Licht vor den geschlossenen Augen. Ich blickte auf, und dicht vor mir stand ein anmutiges schneeweißes Windspielfräulein, Badines schöne Nichte, Minona geheißen, wie ich später erfuhr.

»Mein Herr«, sprach Minona mit jenem süßlispelnden Ton, der nur zu sehr widerklingt in des feurigen Jünglings erregbarer Brust, »mein Herr, Sie sitzen hier so einsam, Sie scheinen sich zu ennuyieren? – Das tut mir leid! – Aber freilich, ein großer tiefer Dichter wie Sie, mein Herr, muss, in höhern Sphären schwebend, das Treiben des gewöhnlichen sozialen Lebens schal und oberflächlich finden.«

Ich erhob mich etwas bestürzt, und es tat mir weh, dass mein Naturell, stärker als alle Theorien des gebildeten Anstandes, mich zwang, wider meinen Willen den Rücken hoch zu erheben, einen sogenannten Katzenbuckel zu machen, worüber Minona zu lächeln schien.

Gleich mich zur bessern Sitte erholend, fasste ich aber Minonas Pfote, drückte sie leise an meine Lippen und sprach von begeisterten Augenblicken, denen der Dichter oft erliege. Minona hörte mich an mit solchen entscheidenden Zeichen der innigsten Teilnahme, mit solcher Andacht, dass ich mich selbst immer höher steigerte zur ungemeinen Poesie und zuletzt mich selbst nicht recht verstand. – Minona mochte mich ebensowenig verstehen, aber sie geriet ins höchste Entzücken und versicherte, wie oft es schon ihr inniger Wunsch gewesen, den genialen Murr kennenzulernen, und dass einer der glücklichsten, herrlichsten Momente ihres Lebens der gegenwärtige sei. – Was soll ich sagen! – Bald fand sich's, dass Minona meine Werke, meine sublimsten Gedichte gelesen – Nein! Nicht nur gelesen, sondern in der höchsten Bedeutung aufgefasst hatte! Mehreres davon wusste sie auswendig und sagte es her mit einer Begeisterung, mit einer Anmut, die mich in einen ganzen Himmel voll Poesie versetzte, vorzüglich, da es meine Verse waren, die die Holdeste ihres Geschlechts mir anzuhören gab. – »Mein bestes«, rief ich ganz hingerissen, »mein bestes, holdestes Fräulein, Sie haben dies Gemüt verstanden! Sie haben meine Verse auswendig gelernt; o all ihr Himmel! Gibt es eine höhere Seligkeit für den aufwärtsstrebenden Dichter?«

»Murr«, lispelte Minona, »genialer Kater, können Sie glauben, dass ein fühlendes Herz, ein poetisch gemütliches Gemüt Ihnen entfremdet bleiben kann?« – Minona seufzte nach diesen Worten aus tiefer Brust, und dieser Seufzer gab mir den Rest. – Was anders? – Ich verliebte mich in das schöne Windspielfräulein dermaßen, dass ich, ganz toll und verblendet, nicht bemerkte, wie sie mitten in der Begeisterung plötzlich abbrach, um mit einem kleinen Zierbengel von Mops gänzlich fades Zeug zu schwatzen, wie sie mir den ganzen Abend auswich, wie sie mich auf eine Art behandelte, die mich hätte deutlich erkennen lassen sollen, wie sie mit jenem Lobe, mit jenem Enthusiasmus niemand anders gemeint, als sich selbst. – Genug, ich war und blieb ein verblendeter Tor, lief der schönen Minona nach, wie und wo ich nur konnte, besang sie in den schönsten Versen, machte sie zur Heldin mancher anmutig verrückten Geschichte, drängte mich in Gesellschaften ein, wo ich nicht hingehörte, und erntete dafür so manchen bitteren Verdruss, so manche Verhöhnung, so manches kränkende Ungemach.

Oft in kühlen Stunden trat mir selbst die Albernheit meines Beginnens vor Augen; dann kam mir aber wieder närrischerweise der Tasso und mancher neuere Dichter von ritterlicher Gesinnung ein, dem es an einer hohen Herrin liegt, der seine Lieder gelten, und die er aus der Ferne anbetet wie der Manchaner seine Dulzinea, und da wollt' ich denn wieder nicht schlechter und unpoetischer sein als dieser und schwur dem Gaukelbild meiner Liebesträume, dem anmutigen weißen Windspielfräulein, unverbrüchliche Treue und Ritterdienst bis in den Tod. Einmal von diesem seltsamen Wahnsinn erfasst, fiel ich aus einer Torheit in die andere, und selbst mein Freund Ponto fand es für nötig, sich, nachdem er mich ernstlich vor den heillosen Mystifikationen gewarnt, in die man mich überall zu verstricken suchte, von mir zurückzuziehen. Wer weiß, was noch aus mir geworden wäre, wenn nicht ein guter Stern über mich gewaltet! – Dieser gute Stern ließ es nämlich geschehen, dass ich einst am späten Abend zur schönen Badine hinschlich, nur um die geliebte Minona zu sehen. Ich fand indessen alle Türen verschlossen, und alles Warten, alles Hoffen, bei irgendeiner Gelegenheit hineinzuschlüpfen, blieb ganz vergebens. Das Herz voll Liebe und Sehnsucht, wollte ich der Holden wenigstens meine Nähe kundtun und begann unter dem Fenster eine der zärtlichsten spanischen Weisen, die jemals empfunden und gedichtet worden sind. Es muss gar lamentabel anzuhören gewesen sein!

Ich hörte Badine bellen, auch Minonas süße Stimme knurrte etwas dazwischen. Ehe ich aber mir's versah, wurde das Fenster rasch geöffnet und ein ganzer Eimer eiskaltes Wasser über mich ausgeleert. Man kann sich denken, mit welcher Schnelle ich abfuhr in meine Heimat. Die volle Glut im Innern und Eiswasser auf dem Pelz harmonieren so schlecht miteinander, dass unmöglich jemals Gutes, aber doch wenigstens ein Fieber daraus entstehen kann. So ging es mir. Im Haus meines Meisters angekommen, schüttelte mich der Fieberfrost tüchtig. Der Meister mochte aus der

Blässe meines Antlitzes, aus dem erloschenen Feuer meiner Augen, aus der brennenden Glut der Stirn, an meinem unregelmäßigen Puls meine Krankheit ahnen. Er gab mir warme Milch, die ich da mir die Zunge am Gaumen klebte vor Durst, eifrig verzehrte; dann wickelte ich mich ein in die Decke meines Lagers und gab ganz der Krankheit nach, die mich erfasst. Erst verfiel ich in allerlei Fieberphantasien von vornehmer Kultur, Windspielen usw., nachher wurde mein Schlaf ruhiger und endlich so tief, dass ich ohne Übertreibung glauben muss, ich habe drei Tage und drei Nächte hintereinander fort geschlafen.

Als ich endlich erwachte, fühlte ich mich frei und leicht, ich war von meinem Fieber und – wie wundervoll, auch von meiner törichten Liebe ganz genesen! Ganz klar wurde mir die Narrheit, zu der mich der Pudel Ponto verleitet, ich sah ein, wie albern es war, mich als einen geborenen Kater unter Hunde zu mischen, die mich verhöhnten, weil sie nicht meinen Geist zu erkennen vermochten, und die sich bei der Bedeutungslosigkeit ihres Wesens an die Form halten mussten, mir also nichts bieten konnten als eine Schale ohne Kern. – Die Liebe zur Kunst und Wissenschaft erwachte in mir mit neuer Stärke, und meines Meisters Häuslichkeit zog mich mehr an als je. Die reiferen Monate des Mannes kamen, und weder Katzbursch noch kultivierter Elegant, fühlte ich lebhaft, dass man beides nicht sein dürfe, um sich gerade so zu gestalten, wie es die tieferen und bessern Ansprüche des Lebens erfordern.

Mein Meister musste verreisen und fand es gut, mich für die Zeit seinem Freunde, dem Kapellmeister Johannes Kreisler, in Kost zu geben. Da mit dieser Veränderung meines Aufenthalts eine neue Periode meines Lebens anfängt, so schließe ich die jetzige, aus der du, o Katerjüngling, so manche gute Lehre für deine Zukunft entnommen haben wirst. – – –

(Mak. Bl.) – als schlügen entfernte dumpfe Töne an sein Ohr, und er höre die Mönche durch die Gänge schreiten. Als Kreisler sich völlig aus dem Schlaf emporraffte, gewahrte er denn auch aus seinem Fenster, dass die Kirche erleuchtet, und vernahm den murmelnden Gesang des Chors. Die Mitternachtshora war vorüber, es musste daher irgend etwas Ungewöhnliches sich ereignet haben, und Kreisler durfte mit Recht vermuten, dass vielleicht ein schneller unvermuteter Tod einen der alten Mönche dahingerafft, den man jetzt der Klostersitte gemäß in die Kirche getragen. Rasch warf der Kapellmeister sich in die Kleider und begab sich zur Kirche. – Auf dem Gang begegnete er dem Pater Hilarius, der laut gähnend und ganz schlaftrunken hin und her wankte, keines festen Schrittes mächtig, und die angezündete Kerze, statt aufrecht, abwärts zu Boden hielt, dass das Wachs prasselnd herabtropfte und jeden Augenblick drohte, das Licht zu verlöschen. »Hochehrwürdiger Herr«, stammelte Hilarius, als Kreisler ihn anrief, »hochehrwürdiger Herr Abt, das ist gegen alle bisherige Ordnung. Exequien in der Nacht! – Zu dieser Stunde – Und bloß weil Bruder Cyprianus darauf besteht! – Domine – libera nos de hoc monacho!« –

Es gelang endlich dem Kapellmeister, den halbträumenden Hilarius zu überzeugen, dass er nicht der Abt, sondern Kreisler sei, und nun erfuhr er von ihm mit Mühe, dass man in der Nacht, von woher, wisse er nicht, den Leichnam eines Fremden zum Kloster gebracht, den Bruder Cyprianus allein zu kennen schiene, und der kein gemeiner Mann gewesen sein müsste, da sich der Abt auf Cyprianus' dringendes Gesuch dazu verstanden, die Exequien auf der Stelle zu halten, damit morgen nach der ersten Hora die Exportation erfolgen könne.

Kreisler folgte dem Pater in die Kirche, die, nur sparsam beleuchtet, einen seltsamen schauerlichen Anblick gewährte. Man hatte nur die Kerzen des großen metallenen Kronleuchters, der vor dem Hochaltar von der hohen Decke herabhing, angezündet, so dass der flackernde Schein kaum das Schiff der Kirche vollkommen erhellte, in die Seitengänge aber nur geheimnisvolle Streiflichter warf, in denen die Statuen der Heiligen, zum gespenstischen Leben erwacht, sich zu bewegen und daherzuschreiten schienen. Unter dem Kronleuchter in der hellsten Beleuchtung stand der offne Sarg, in dem der Leichnam lag, und die Mönche, die ihn umringten, schienen, bleich und regungslos, selbst Tote, in der Geisterstunde den Gräbern entstiegen. Mit dumpfer heiserer Stimme sangen sie die eintönigen Strophen des Requiems, und wenn sie dazwischen schwiegen, vernahm man nur von außen her das ahnungsvolle Rauschen des Nachtwindes, und die hohen Fenster der Kirche knisterten seltsam, als klopften die Geister der Verstorbenen an das Haus, in dem sie die fromme Totenklage vernahmen. Kreisler nahte sich bis an die Reihe der Mönche und erkannte in dem Toten den Adjutanten des Prinzen Hektor. –

Da regten sich die finstern Geister, die so oft Macht hatten über ihn, und griffen schonungslos mit scharfen Krallen in seine wunde Brust. – »Neckender Spuk«, sprach er zu sich selbst, »treibst du mich her, damit jener erstarrte Jüngling bluten soll, weil man sagt, dass der Leichnam blute, wenn der Mörder sich nahe? – Hoho! Weiß ich denn nicht, dass er all sein Blut wegbluten musste in den schlimmen Tagen, als er seine Sünden abbüßte auf dem Siechbett? – Er hat keinen bösen Tropfen mehr übrig, mit dem er seinen Mörder vergiften könnte, käme er ihm auch in die Nähe, den Johannes Kreisler aber am wenigsten, denn der hat mit der Natter nichts zu schaffen, die er zu Boden trat, als sie schon die spitze Zunge ausgestreckt zur Todeswunde! – Schlag' die Augen auf, Toter, damit ich dir fest ins Antlitz blicke, damit du gewahrst, dass die Sünde keinen Teil hat an mir! – Aber du vermagst es nicht! – Wer hieß dich das Leben einsetzen gegen das Leben? Warum spieltest du trügerisches Spiel mit dem Morde und warst nicht gefasst, es zu verlieren? – Aber deine Züge sind sanft und gut, du stiller blasser Jüngling, der Todesschmerz hat jede Spur verruchter Sünde weggelöscht von deinem schönen Antlitz, und ich könnte sagen, der Himmel hätte dir sein Gnadentor geöffnet, weil die Liebe in deiner Brust gewesen, wenn sich das jetzt ziemte. – Doch wie! – Wenn ich mich in dir geirrt? – Wenn nicht du, kein böser Dämon, nein, wenn mein guter Stern deinen Arm gegen mich erhoben, um mich dem entsetzlichsten Verhängnis zu entreißen, das im schwarzen Hintergrund auf mich lauert? – Nun magst du die Augen aufschlagen, blasser Jüngling, nun magst du mit einem Blick der Versöhnung alles, alles entdecken, und sollt' ich untergehen in Wehmut um dich oder aus entsetzlicher furchtbarer Angst, dass der schwarze Schatten, der hinter mir schleicht, mich nun gleich erfassen wird. – Ja! Schau mich an, – doch! Nein, nein, du könntest mich anblicken wie Leonhard Ettlinger, ich könnte glauben, du seist er selbst, und da müsstest du mit mir hinab in die Tiefe, aus der ich oft seine hohle Geisterstimme vernehme. –

Doch wie, du lächelst? – Deine Wangen, deine Lippen färben sich? Trifft dich nicht die Waffe des Todes? – Nein, nicht noch einmal will ich mit dir ringen, aber – «

Kreisler, der während dieses Selbstgesprächs unbewusst auf einem Knie gelegen, beide Ellbogen auf das andere gestützt und die Hände unter das Knie gestemmt hatte, fuhr hastig auf und würde gewiss Seltsames, Wildes begonnen haben; doch im selben Augenblick schwiegen die Mönche, und die Knaben auf dem Chor intonierten mit sanfter Begleitung der Orgel das »Salve regina«. Der Sarg wurde verschlossen, und die Mönche schritten feierlich von dannen. – Da ließen die finstern Geister ab von dem armen Johannes, und ganz aufgelöst in Wehmut und Schmerz folgte er mit gebeugtem Haupt den Mönchen. Eben wollte er hinausschreiten zur Türe, als sich in einem finstern Winkel eine Gestalt erhob und hastig auf ihn losschritt.

Die Mönche standen still, und der volle Schein ihrer Lichter fiel auf einen großen stämmigen Burschen, der etwa achtzehn bis zwanzig Jahre alt sein mochte. Sein Antlitz, nichts weniger als hässlich zu nennen, trug den Ausdruck des wildesten Trotzes; die schwarzen Haare hingen ihm struppig um den Kopf, das zerrissene Wams von buntgestreifter Leinwand bedeckte kaum seine Blöße, und ebensolche Schifferhosen gingen nur bis an die bloßen Waden, so dass der herkulische Bau seines Körpers völlig sichtbar. »Du Verdammter, wer hieß dich meinen Bruder ermorden?« So schrie der Bursche wild auf, dass es in der Kirche widerhallte, sprang wie ein Tiger auf Kreisler los und packte ihn mit einem mörderischen Handgriff bei der Kehle. Doch ehe Kreisler, ganz entsetzt über den unerwarteten Angriff, an Gegenwehr denken konnte, stand schon Pater Cyprianus bei ihm und sprach mit starker gebietender Stimme: »Giuseppe, verruchter sündhafter Mensch, was machst du hier? Wo hast du die Altmutter gelassen? – Pack dich augenblicklich fort! – Hochehrwürdiger Herr Abt, lasst die Klosterknechte herbeirufen, sie sollen den mörderischen Buben zum Kloster hinauswerfen!«

Der Bursche hatte, sowie Cyprianus vor ihm stand, sogleich von Kreisler abgelassen. »Nun, nun«, rief er mürrisch, »macht nur nicht gleich ein solches tolles Wesen davon, wenn man sein Recht behaupten will, Herr Heiliger! – Ich geh' ja schon von selbst, Ihr dürft keine Klosterknechte auf mich loshetzen.« – Damit sprang der Bursche schnell davon durch eine Pforte, die man zu verschließen vergessen, und durch die er wahrscheinlich sich in die Kirche geschlichen hatte. Die Klosterknechte kamen, man fand aber keinen Anlass, den Verwegenen in tiefer Nacht weiter zu verfolgen.

Es lag in Kreislers Natur, dass gerade die Spannung des Außerordentlichen, des Geheimnisvollen wohltätig auf sein Gemüt wirkte, sobald er den Sturm des Augenblicks, der ihn zu vernichten drohte, siegreich bekämpft. So geschah es, dass dem Abt die Ruhe wunderbar und befremdlich vorkommen musste, mit der Kreisler andern Tags vor ihm stand und von dem erschütternden Eindruck sprach, den unter solchen seltsamen Umständen der Anblick des Leichnams dessen auf ihn gemacht, der ihn ermorden wollen, und den er in gerechter Notwehr erschlagen.

»Weder«, sprach der Abt, »weder die Kirche noch das weltliche Gesetz kann Euch, lieber Johannes, irgendeine strafbare Schuld an dem Tode jenes sündhaften Menschen beimessen. Doch werdet Ihr aber lange nicht die Vorwürfe einer innern

Stimme verwinden können, die Euch sagt, es sei besser gewesen, selbst zu fallen als den Gegner zu töten, und dies beweist, dass der ewigen Macht das Opfer des eignen Lebens wohlgefälliger ist als seine Erhaltung, kann diese nur durch eine rasche blutige Tat geschehen. – Doch lasst uns zurzeit davon abbrechen, da ich anderes, Näherliegendes mit Euch zu reden habe.

Welcher sterbliche Mensch ermisst, wie der kommende Augenblick die Gestaltung der Dinge ändern kann. – Nicht lange ist es her, als ich fest überzeugt war, dass dem Heil Eurer Seele nichts zuträglicher sein könne, als der Welt zu entsagen und in unsern Orden einzutreten. – Ich bin jetzt anderer Meinung und würde Euch raten, so lieb und wert Ihr mir auch geworden, die Abtei recht bald zu verlassen. – Werdet nicht irre an mir, lieber Johannes! Fragt mich nicht, warum ich meiner Gesinnung entgegen dem Willen eines andern, der alles umzustoßen droht, was ich mit Mühe geschaffen, mich unterwerfe. – Tief müsstet ihr in die Geheimnisse der Kirche eingeweiht sein, um mich zu verstehen, wollt' ich auch mit Euch über die Motive meiner Handlungsweise reden. – Doch freier kann ich wohl mit Euch sprechen als mit jedem andern. Vernehmt also, dass in kurzer Zeit der Aufenthalt in der Abtei Euch nicht mehr die wohltätige Ruhe gewähren wie bisher, ja, dass Euer innerstes Streben einen tödlichen Stoß erhalten und das Kloster Euch ein öder, trostloser Kerker dünken wird. Die ganze Klosterordnung ändert sich, die mit frommer Sitte vereinbare Freiheit hört auf, und der finstre Geist fanatischer Möncherei herrscht bald mit unerbittlicher Strenge in diesen Mauern. – O mein Johannes, Eure herrlichen Gesänge werden nicht mehr unsern Geist erheben zur höchsten Andacht, der Chor wird abgeschafft, und bald hört man nichts als die eintönigen Responsorien, von den ältesten Brüdern mühsam gelallt mit heiserer unreiner Stimme.« – »Und«, fragte Kreisler, »und all dies geschieht auf Anlass des fremden Mönchs Cyprianus?«

»Es ist«, erwiderte der Abt beinahe wehmütig, indem er die Augen niederschlug, »es ist dem so, guter Johannes, und dass es nicht anders sein kann, daran bin ich nicht schuld. – Doch«, setzte der Abt nach kurzem Stillschweigen mit erhöhter feierlicher Stimme hinzu, »doch alles, wodurch der feste Bau, der Glanz der Kirche befördert werden kann, muss geschehen, und kein Opfer ist zu groß!« – »Wer ist«, sprach Kreisler unmutig, »wer ist denn der hohe mächtige Heilige, der über Euch gebietet, der imstande war, durch das bloße Wort mir jenen mörderischen Burschen vom Leibe zu schaffen?« – »Ihr seid«, erwiderte der Abt, »Ihr seid, lieber Johannes, in ein Geheimnis verflochten, ohne es zurzeit ganz zu kennen. Doch bald erfahrt ihr mehr, vielleicht mehr, als ich selbst davon weiß, und zwar durch den Meister Abraham. – Cyprianus, den wir noch jetzt unsern Bruder nennen, ist einer der Erkorenen. Er wurde gewürdigt, mit den ewigen Mächten des Himmels in unmittelbare Berührung zu treten, und wir müssen schon jetzt in ihm den Heiligen verehren. – Was jenen verwegenen Burschen betrifft, der sich während der Exequien in die Kirche geschlichen hatte und Euch mörderisch anpackte, so ist er ein verlaufener, halb wahnsinniger Zigeunerbube, den unser Vogt schon einigemal hat derb auspeitschen lassen, weil er den Leuten im Dorf die fetten Hühner aus den Ställen gestohlen. Um den zu vertreiben, bedurfte es eben nicht eines besondern Mirakels.« – Indem der Abt die letzten Worte sprach, zuckte ein leises ironisches Lächeln in den Mundwinkeln und verschwand ebenso schnell. – Kreisler erfüllte der tiefste bitterste Unmut; er sah ein, dass der Abt bei allen Vorzügen seines Geistes, seines Verstandes lügnerische Gaukelei trieb, und dass alle Gründe, die er damals anführte, um ihn zum Eintritt ins Kloster zu bewegen, ebenso nur einer versteckten Absicht zum Vorwand dienen sollten als diejenigen, die er nun für das Gegenteil aufstellte. – Kreisler beschloss, die Abtei zu verlassen und sich aller bedrohlichen Geheimnisse, die ihn bei längerem Bleiben noch verstricken konnten in ein Gewebe, dem nicht mehr zu entrinnen, völlig zu entschlagen. Als er aber nun gedachte, wie er ja gleich zurückkehren könne nach Sieghartshof zum Meister Abraham, wie er sie ja wiedersehen, wieder hören könne, sie, seinen einzigen Gedanken, da fühlte er in der Brust jene süße Beklemmung, in der sich die glühendste Liebessehnsucht kundtut. –

Ganz vertieft wandelte Kreisler den Hauptgang des Parks hinab, als ihn der Pater Hilarius ereilte und sogleich begann: »Ihr wart beim Abt, Kreisler, er sagte Euch alles! – Nun, hatte ich recht? – Wir sind alle verloren! – Dieser geistliche Komödiant – es ist heraus, das Wort, wir sind unter uns! – Als er – Ihr wisst, wen ich meine – in der Kutte nach Rom kam, ließ ihn die päpstliche Heiligkeit sogleich zur Audienz. Er fiel nieder auf die Knie und küsste den Pantoffel. Ohne einen Wink aufzustehen, ließ ihn aber die päpstliche Heiligkeit eine ganze Stunde lang liegen. ›Das sei deine erste kirchliche Strafe‹, fuhr die Heiligkeit ihn an, als er sich endlich erheben durfte, und hielt nun eine lange Predigt über die sündlichen Irrtümer, in die Cyprianus verfallen. – Nachher erhielt er langen Unterricht in gewissen geheimen Gemächern und zog dann aus! – Es hat lange keinen Heiligen gegeben! – Das Mirakel – Nun, Ihr habt das Bild gesehen, Kreisler – das Mirakel, sage ich, hat erst in Rom seine wahre Gestalt erhalten. – Ich bin nichts als ein ehrlicher Benediktiner-Mönch, ein tüchtiger praefectus chori, wie Ihr mir einräumen werdet, und trinke der alleinseligmachenden Kirche zu Ehren gern ein Gläschen Nierensteiner oder Bocksbeutel, aber! – Mein Trost ist, dass er nicht lange hier bleiben wird. – Herumziehen muss er. Monachus in claustro non valet ova duo: sed quando est extra, bene valet triginta. – Er wird denn auch wohl Wunder tun – Seht, Kreisler, seht, da kommt er den Gang herauf – Er hat uns erblickt und weiß, wie er sich gebärden muss.« –

Kreisler erblickte den Mönch Cyprianus, der langsam feierlichen Schrittes, den stieren Blick zum Himmel gerichtet, die Hände gefaltet, wie in einer frommen Ekstase begriffen, den Laubgang hinaufkam.

Hilarius entfernte sich schnell, Kreisler blieb aber verloren in den Anblick des Mönchs, der in seinem Antlitz, in seinem Wesen etwas Seltsames, Fremdartiges trug, das ihn unter allen übrigen Menschen auszuzeichnen schien. Ein großes ungewöhnliches Verhängnis lässt lesbare Spuren zurück, und so mocht' es auch sein, dass ein wunderbares Geschick des Mönchs äußere Erscheinung gestaltet hatte, wie sie sich nun eben zeigte. Der Mönch wollte vorüberschreiten, ohne in seiner Verzückung Kreislern zu bemerken, der fühlte sich aber aufgelegt, dem strengen Abgesandten des Oberhaupts der Kirche, dem feindlichen Verfolger der herrlichsten Kunst in den Weg zu treten.

Er tat es mit den Worten: »Erlaubt, ehrwürdiger Herr, dass ich Euch meinen Dank abstatte. Ihr befreitet mich durch Euer kräftiges Wort zur rechten Zeit aus den

Händen des groben Lümmels von Zigeunerbuben, er hätte mich erwürgt wie ein gestohlenes Huhn!« –

Der Mönch schien aus einem Traum zu erwachen, er fuhr mit der Hand über die Stirn und blickte Kreislern lange starr an, als müsse er sich auf ihn besinnen. Dann verzog sich aber sein Antlitz zum furchtbaren durchbohrenden Ernst, und, Flammen des Zorns in den Augen, rief er mit starker Stimme: »Verwegener frevelhafter Mensch, Ihr hättet verdient, dass ich Euch hinfahren ließ in Euern Sünden! Seid Ihr nicht der, der den heiligen Kultus der Kirche, die vornehmste Stütze der Religion, profaniert durch weltlichen Klingklang? Seid Ihr es nicht, der hier durch eitle Kunststücke die frömmsten Gemüter betörte, dass sie sich abwandten von dem Heiligen und weltlicher Luft frönten in üppigen Liedern?« Kreisler fühlte sich durch diese wahnsinnigen Vorwürfe ebenso verletzt als erhoben durch den albernen Hochmut des fanatischen Mönchs, der mit so leichten Waffen zu bekämpfen.

»Ist es«, sprach Kreisler sehr ruhig und dem Mönch fest ins Auge blickend, »ist es sündhaft, die ewige Macht zu preisen in der Sprache, die sie uns selbst gab, damit das Himmelsgeschenk die Begeisterung der brünstigsten Andacht, ja die Erkenntnis des Jenseits in unserer Brust erwecke, ist es sündhaft, sich auf den Seraphsfittichen des Gesanges hinwegzuschwingen über alles Irdische und in frommer Sehnsucht und Liebe hinaufzustreben zum Höchsten, so habt Ihr recht, ehrwürdiger Herr, so bin ich ein arger Sünder. Erlaubt aber, dass ich der entgegengesetzten Meinung bin und fest glaube, dass dem Kultus der Kirche die wahrhafte Glorie der heiligsten Begeisterung fehlen würde, wenn der Gesang schweigen sollte.«

»So flehet«, erwiderte der Mönch strenge und kalt, »so flehet zur heiligen Jungfrau, dass sie die Decke von Euern Augen nehmen und Euch den verdammlichen Irrtum erkennen lassen möge.«

»Ein Komponist« [Joseph Haydn], sprach Kreisler sanft lächelnd, »wurde von jemandem gefragt, wie er es denn anfange, dass seine geistlichen Kompositionen durchaus andächtige Begeisterung atmeten. ›Wenn es‹, erwiderte darauf der fromme kindliche Meister, ›mit dem Komponieren nicht so recht fort will, so bete ich, im Zimmer auf und ab gehend, einige Ave, und dann kommen mir die Ideen wieder.‹ Derselbe Meister sagte von einem andern großen geistlichen Werk [»Die Schöpfung«]: ›Erst als ich zur Hälfte in meiner Komposition vorgerückt war, merkte ich, dass sie geraten wäre; ich war auch nie so fromm als während der Zeit, da ich daran arbeitete; täglich fiel ich auf meine Knie nieder und bat Gott, dass er mir Kraft zur glücklichen Ausführung dieses Werkes verleihen möge.‹ – Mich will bedünken, ehrwürdiger Herr, als wenn weder dieser Meister noch der alte Palestrina sich um Sündhaftes bemüht, und dass nur ein in asketischer Verstocktheit erkaltetes Herz nicht zu der höchsten Frömmigkeit des Gesanges entflammt werden kann.«

»Menschlein«, fuhr der Mönch zornig auf, »wer bist du denn, dass ich mit dir, der du dich hinwerfen müsstest in den Staub, rechten soll? – Fort aus der Abtei, damit du nicht länger das Heilige verstörst!« – Tief empört über des Mönchs gebieterischen Ton, rief Kreisler heftig: »Und wer bist du denn, wahnsinniger Mönch, dass du dich erheben willst über alles, was menschlich? – Bist du frei geboren von der Sünde? – Hast du nie über Gedanken der Hölle gebrütet? Bist du nie ausgewichen auf dem schlüpfrigen Pfad, den du wandeltest? Und wenn die heilige Jungfrau dich wirklich gnadenvoll dem Tod entriss, den du vielleicht irgendeiner grauenvollen Tat verdanktest, so geschah es, dass du, in Demut deine Sünde erkennen und sie büßen, nicht aber mit freveliger Prahlerei dich der Gnade des Himmels, ja der heiligen Krone rühmen solltest, die du niemals erwerben wirst.«

Der Mönch stierte Kreislern an mit Tod und Verderben sprühenden Blicken, indem er unverständliche Worte lallte. »Und«, fuhr Kreisler fort mit steigendem Affekt, »und, stolzer Mönch, als du noch diesen Rock trugst – « Damit hielt Kreisler das Bild, das er vom Meister Abraham erhalten, dem Mönch vor Augen; doch sobald dieser es erblickte, schlug er sich wie in wilder Verzweiflung mit beiden Fäusten vor die Stirn und stieß einen herzzermalmenden Schmerzenslaut aus, als träfe ihn ein Todesstreich – »Fort mit dir«, rief nun Kreisler, »fort mit dir aus der Abtei, du verbrecherischer Mönch! – Hoho, mein Heiliger, wenn du vielleicht auf den Hühnerdieb stößest, mit dem du in Gemeinschaft, so sage ihm, du könntest und wolltest ein andermal mich nicht wieder schützen, doch solle er sich in acht nehmen und von meiner Kehle wegbleiben, sonst würde ich ihn spießen wie eine Lerche oder wie seinen Bruder, denn aufs Spießen – « Kreisler entsetzte sich in diesem Augenblick vor sich selber; der Mönch stand vor ihm starr, regungslos, noch immer beide Fäuste vor die Stirn gedrückt, keines Wortes, keines Lautes mächtig, es war Kreislern, als rausche es im nahen Gebüsch, als werde gleich der wilde Giuseppe auf ihn losstürzen. Er rannte von dannen; die Mönche sangen eben im Chor die Abendhora, und Kreisler begab sich in die Kirche, weil er hoffte, dort sein tief aufgeregtes, tief verletztes Gemüt zu beruhigen.

Die Hora war geendet, die Mönche verließen den Chor, die Lichter verlöschten. Kreislers Sinn hatte sich zu den alten frommen Meistern gewandt, deren er in dem Streit mit dem Mönch Cyprianus gedacht. – Musik – fromme Musik war aufgegangen in ihm, Julia hatte gesungen, und nicht mehr brauste der Sturm in seinem Innern. Er wollte fort durch eine Seitenkapelle, deren Tür in den langen Gang ging, welcher zu einer Treppe und hinauf in sein Zimmer führte.

Als Kreisler in die Kapelle trat, erhob sich ein Mönch mühsam vom Boden, auf dem er ausgestreckt vor dem wundertätigen Marienbilde gelegen hatte, das dort aufgestellt war. In dem Schein der ewigen Lampe erkannte Kreisler den Mönch Cyprianus, aber matt und elend schien er eben aus einer Ohnmacht zu sich selbst gekommen. Kreisler leistete ihm hilfreiche Hand; da sprach der Mönch mit leiser wimmernder Stimme: »Ich erkenne Euch – Ihr seid Kreisler! Habt Barmherzigkeit, verlasst mich nicht, helft mir zu jenen Stufen, ich will mich dort niederlassen, aber setzt Euch zu mir, dicht zu mir, nur die Gebenedeite darf uns hören. – übt Mitleiden«, fuhr nun der Mönch fort, als beide auf den Stufen des Altars saßen, »übt Mitleiden, Gnade, vertraut mir, ob Ihr nicht das verhängnisvolle Bildnis von dem alten Severino erhieltet, ob Ihr um alles, um das ganze furchtbare Geheimnis wisset?«

Frei und offen versicherte Kreisler, dass er das Bildnis vom Meister Abraham Liscov erhalten, und erzählte ohne Scheu alles, was sich in Sieghartshof begeben, und wie er nur aus mancherlei Kombinationen auf irgendeine Gräueltat schließe, deren lebhafte Erinnerung sowie die Furcht des Verrats das Bildnis wecke. Der

Mönch, der bei einigen Momenten in Kreislers Erzählung tief erschüttert geschienen, schwieg jetzt einige Augenblicke. Dann begann er ermutigt mit festerer Stimme: »Ihr wisst zuviel, Kreisler, um nicht alles erfahren zu müssen. Vernehmt, Kreisler, jener Prinz Hektor, der Euch auf den Tod verfolgte, es ist mein jüngerer Bruder. Wir sind Söhne eines fürstlichen Vaters, dessen Thron ich geerbt haben würde, hätte ihn nicht der Sturm der Zeit umgeworfen. Wir nahmen, da eben der Krieg ausgebrochen, beide Dienste, und der Dienst war es, der zuerst mich und dann auch meinen Bruder nach Neapel brachte. – Ich hatte mich damals aller bösen Lust der Welt hingegeben, und vorzüglich die wilde Leidenschaft zu den Weibern riss mich ganz und gar hin. Eine Tänzerin, ebenso schön als verrucht, war meine Geliebte, und überdem lief ich den liederlichen Dirnen nach, wo ich sie fand.

So geschah es, dass ich eines Tages, als es schon zu dunkeln begann, auf dem Molo ein paar Geschöpfe dieser Art verfolgte. Beinahe hatte ich sie erreicht, als dicht neben mir eine Stimme gellend rief: ›Was das Prinzchen doch für ein allerliebster Taugenichts ist! – Da läuft er gemeinen Dirnen nach und könnte in den Armen der schönsten Prinzessin liegen!‹ – Mein Blick fiel auf ein altes abgelumptes Zigeunerweib, die ich vor wenigen Tagen in der Straße Toledo von den Sbirren wegführen gesehen, weil sie einen Wasserverkäufer, so kräftig er schien, im Zank mit ihrer Krücke zu Boden geschlagen. ›Was willst du von mir, alte Hexe?‹ So rief ich das Weib an, die mich aber in dem Augenblick mit einem Strom der abscheulichsten niedrigsten Schimpfreden überschüttete, so dass das müßige Volk bald sich um uns versammelte und über meine Verlegenheit ausbrach in ein tolles Gelächter. – Ich wollte fort, da hielt mich aber das Weib beim Kleide fest, ohne vom Boden aufzustehen, und sprach, plötzlich mit den Schimpfreden einhaltend, leise, indem sich ihr abscheuliches Antlitz zum grinsenden Lächeln verzog: ›Ei, mein süßes Prinzlein, willst du denn nicht bei mir bleiben? Willst du nichts hören von dem schönsten Engelskinde, das in dich vernarrt ist?‹ – Damit erhob sich das Weib mühsam, indem sie sich an meinen Armen festklammerte, und zischelte mir von einem jungen Mädchen in die Ohren, das schön und anmutig wie der Tag und noch unschuldig sei. – Ich hielt das Weib für eine gemeine Kupplerin und wollte mich, da gerade mein Sinn nicht danach stand, ein neues Abenteuer anzuknüpfen, mit ein paar Dukaten von ihr losmachen. Sie nahm aber das Geld nicht und rief, als ich mich entfernte, mir laut lachend nach: ›Geht nur, geht, mein feiner Herr, Ihr werdet mich bald aufsuchen mit großem Kummer und Weh im Herzen!‹ – Einige Zeit war vergangen, ich hatte nicht mehr an das Zigeunerweib gedacht, als eines Tages auf dem Spaziergang, Villa reale genannt, eine Dame vor mir herging, die mir in ihrem Wesen so wunderbar anmutig schien, wie ich noch keine gesehen. Ich eilte ihr voraus, und als ich ihr Antlitz erblickte, war es mir, als öffne sich der leuchtende Himmel aller Schönheit. – So dachte ich nämlich damals als ein sündiger Mensch, und dass ich den frevelhaften Gedanken wiederhole, mag Euch statt aller Beschreibung des Liebreizes, mit dem die ewige Macht die holde Angela geschmückt hatte, um so mehr dienen, als mir jetzt nicht geziemen und auch wohl nicht gelingen würde, viel zu reden über irdische Schönheit. Zur Seite der Dame ging oder hinkte vielmehr an einem Stabe eine sehr alte, ehrbar gekleidete Frau, die nur durch ihre ganz ungewöhnliche Größe und seltsame Unbehilflichkeit auffiel. Trotz des völlig veränderten Anzuges, trotz der tiefen Haube, die einen Teil des Antlitzes verhüllte, erkannte ich in der alten Frau doch augenblicklich das Zigeunerweib vom Molo. Das fratzenhafte Lächeln der Alten, ihr leises Kopfnicken bewies mir, dass ich mich nicht irrte. – Ich konnte den Blick nicht abwenden von dem anmutigen Wunder; die Holde schlug die Augen nieder, der Fächer entfiel ihrer Hand. Schnell hob ich ihn auf; indem sie ihn nahm, berührte ich ihre Finger; sie zitterten; da loderte das Feuer meiner verdammlichen Leidenschaft in mir auf, und ich ahnte nicht, dass die erste Minute der schrecklichen Prüfung gekommen, die mir der Himmel auferlegt. Ganz betäubt, ganz im Sinn verwirrt, stand ich da und bemerkte kaum, dass die Dame mit ihrer alten Begleiterin in eine Kutsche stieg, die am Ende der Allee gehalten hatte. Erst als der Wagen fortrollte, kam ich zur Besinnung und stürzte nach wie ein Rasender. Ich kam noch zu rechter Zeit, um zu sehen, dass der Wagen vor einem Haus in der engen kurzen Straße hielt, die nach dem großen Platz Largo delle Piane führt. Beide, die Dame und ihre Begleiterin, stiegen aus, und da der Wagen sogleich fortfuhr, als sie in das Haus getreten, konnte ich mit Recht vermuten, dass dort ihre Wohnung. Auf dem Platz Largo delle Piane wohnte mein Bankier, Signore Alessandro Sperzi, und selbst weiß ich nicht, wie ich auf den Einfall geriet, diesen Mann jetzt gerade heimzusuchen. Er glaubte, ich käme Geschäfte halber, und begann sehr weitläufig über mein Verhältnis zu reden. Mein ganzer Kopf war aber erfüllt von der Dame, ich dachte, ich hörte nichts anders, und so kam es, dass ich dem Signor Sperzi statt aller Antwort das anmutige Abenteuer des Augenblicks erzählte. Signor Sperzi wusste mir mehr von meiner Schönen zu sagen, als ich hatte ahnen können. Er war es, der jedes halbe Jahr von einem Handelshaus in Augsburg eine ansehnliche Rimesse für eben jene Dame erhielt. Sie wurde Angela Benzoni genannt, die Alte aber mit dem Namen Frau Magdala Sigrun bezeichnet. Signor Sperzi musste dagegen dem Augsburger Handelshaus über das ganze Leben des Mädchens die genaueste Nachricht geben, so dass er, da es ihm auch früher obgelegen, ihre ganze Erziehung, sowie jetzt ihren Haushalt zu leiten, in gewisser Art als ihr Vormund anzusehen. Der Bankier hielt das Mädchen für die Frucht eines verbotenen Verhältnisses unter Personen des vornehmsten Standes. – Ich bezeigte dem Signor Sperzi meine Verwunderung darüber, dass man ein solches Kleinod einem so zweideutigen Weibe anvertraue, als die Alte sei, die sich in schmutzigen zerlumpten Zigeunerkleidern auf den Straßen herumtreibe und vielleicht gar die Kupplerin spielen wollte. Der Bankier versicherte dagegen, dass es keine treuere, sorgsamere Pflegerin gebe als die Alte, die mit dem Mädchen hergekommen, als es erst zwei Jahre alt gewesen. Dass die Alte sich zuweilen als Zigeunerin vermumme, sei eine wunderliche Grille, die man ihr wohl in diesem Lande der Maskenfreiheit nachsehen könne. – Ich darf, ich muss kurz sein! – Die Alte suchte mich bald auf in ihrem Zigeunerhabit und führte mich selbst zu Angela, die mir, in holder jungfräulicher Scham hocherrötend, ihre Liebe gestand. Noch immer hatte ich in meinem verirrten Wesen geglaubt, die Alte sei eine ruchlose Nährerin der Sünde, aber bald wurde ich des Gegenteils überführt. Angela war keusch und rein wie Schnee, und da, wo ich sündhaft zu schwelgen gedachte, lernte ich an eine Tugend glauben, die ich freilich jetzt für ein höllisches Blendwerk des Teufels erkennen muss. In ebendem Grade, als meine Leidenschaft höher und höher stieg, neigte ich mich auch mehr und mehr der Alten hin, die mir unaufhörlich in die Ohren raunte, dass ich mich mit Angela vermählen sollte. Müsste dies auch zur Zeit heimlich geschehen, so käme doch wohl der Tag, an dem ich öffentlich der Gemahlin das fürstliche Diadem auf die Stirn drücken würde. – Angelas Geburt sei der meinigen gleich. –

Wir wurden in einer Kapelle der Kirche San Filippo getraut. – Ich glaubte den Himmel gefunden zu haben, ich entzog mich allen Verbindungen, ich gab den Dienst auf, man sah mich nicht mehr in jenen Kreisen, in denen ich sonst frevelnd allen Lüsten gefrönt. – Eben diese veränderte Lebensweise verriet mich. Jene Tänzerin, von der ich mich losgesagt, forschte aus, wohin ich mich jeden Abend begab, und ahnend, dass daraus sich vielleicht der Keim ihrer Rache entwickeln könne, entdeckte sie meinem Bruder das Geheimnis meiner Liebe. – Mein Bruder schlich mir nach, überraschte mich in Angelas Armen. – Mit einer scherzhaften Wendung entschuldigte Hektor seine Zudringlichkeit und machte mir Vorwürfe, dass ich, gar zu selbstsüchtig, ihm nicht einmal das Vertrauen eines aufrichtigen Freundes geschenkt; doch ich merkte nur zu deutlich, wie betroffen er war über Angelas hohe Schönheit. Der Funke war gefallen, die Flamme der wütendsten Leidenschaft angefacht in seinem Innern. – Er kam oft, wiewohl nur in den Stunden, wenn er mich zu finden wusste. – Ich glaubte zu bemerken, dass Hektors wahnsinnige Liebe erwidert wurde, und alle Furien der Eifersucht zerfleischten meine Brust. – Da war ich dem Graus der Hölle verfallen! – Einst, als ich eintrat in Angelas Gemach, glaubte ich Hektors Stimme im Nebenzimmer zu vernehmen. – Den Tod im Herzen, blieb ich angewurzelt stehen. Doch plötzlich stürzte Hektor aus dem Nebengemach hinein mit glutrotem Antlitz und wildrollenden Augen wie ein Rasender. ›Verdammter, du sollst mir fernerhin nicht in den Weg treten!‹ So rief er schäumend vor Wut und stieß mir den Dolch, den er schnell hervorgezogen, in die Brust bis ans Heft. – Der herbeigerufene Chirurgus fand, dass der Stoß durch das Herz gegangen. – Die Gebenedeite hat mich gewürdigt, mir das Leben wieder zu schenken durch ein Mirakel.« –

Die letzten Worte sprach der Mönch mit leiser, zitternder Stimme und schien dann in trübes Sinnen verloren.

»Und«, fragte Kreisler, »und was wurde aus Angela?« »Als«, erwiderte der Mönch mit hohler geisterartiger Stimme, »als der Mörder die Früchte seiner Gräueltat genießen wollte, da erfasste die Geliebte der Todeskrampf, und sie verschied in seinen Armen. – Gift – «

Dies Wort gesprochen, fiel der Mönch nieder aufs Gesicht und röchelte wie ein Sterbender. – Kreisler setzte durch die Glocke, die er anzog, das Kloster in Bewegung. Man eilte herbei und schaffte den ohnmächtigen Cyprianus in den Krankensaal. –

Kreisler fand am andern Morgen den Abt in ganz besonders heitrer Laune. »– Ha ha«, rief er ihm entgegen, »ha ha, mein Johannes, Ihr wollt an kein Mirakel der neuesten Zeit glauben, und Ihr habt gestern in der Kirche selbst das Wunderbarste Mirakel bewirkt, das es nur geben mag. – Sagt, was habt Ihr mit unserm stolzen Heiligen gemacht, der daliegt wie ein reuiger zerknirschter Sünder und uns alle in kindischer Todesangst höchlich um Verzeihung gebeten hat, dass er sich über uns hat erheben wollen! – Habt Ihr ihn, der von Euch nun Beichte verlangte, vielleicht selbst beichten lassen?« –

Kreisler fand gar keine Ursache, auch nur das mindeste von dem zu verschweigen, was sich mit ihm und dem Mönch Cyprianus begeben. Er erzählte daher umständlich alles, von der freimütigen Strafpredigt an, die er dem eingebildeten Mönch gehalten, als er die heilige Tonkunst herabgewürdigt, bis auf den schrecklichen Zustand, in den er verfallen, als er das Wort: »Gift!« ausgesprochen. Dann erklärte Kreisler, dass er eigentlich doch noch immer nicht wisse, warum das Bild, habe sich auch Prinz Hektor davor entsetzt, gleiche Wirkung auf den Mönch Cyprianus hervorgebracht. Ebenso sei er darüber noch ganz im Dunkeln geblieben, auf welche Weise Meister Abraham in jene grauenvolle Begebenheit verflochten. »In der Tat«, sprach der Abt anmutig lächelnd, »in der Tat, mein lieber Sohn Johannes, wir stehen jetzt ganz anders gegenüber als noch vor wenigen Stunden. Ein standhaftes Gemüt, ein fester Sinn, vorzüglich aber wohl ein tiefes richtiges Gefühl, das wie eine wunderbar wahrsagende Erkenntnis in unserer Brust verborgen, richtet vereint mehr aus als der schärfste Verstand, der geübteste, alles scheidende Blick. Du hast es bewiesen, mein Johannes, indem du die Waffe, die man dir in die Hand gab, ohne dich ganz über ihre Wirkung zu belehren, so geschickt im richtigen Moment zu gebrauchen wusstest, dass du auf der Stelle den Feind zu Boden schlugst, den vielleicht der durchdachteste Plan nicht so leicht aus dem Felde getrieben haben würde. Ohne es zu wissen, hast du mir, dem Kloster, vielleicht auch der Kirche überhaupt einen Dienst erwiesen, dessen ersprießliche Folgen nicht zu übersehen sind. – Ich will, ich darf jetzt gegen dich ganz aufrichtig sein, ich wende mich ab von denen, die mir Falsches vorspiegeln wollten zu deinem Nachteil, du kannst auf mich rechnen, Johannes! – Dass der schönste Wunsch, der in deiner Brust ruht, erfüllt werde, dafür lass mich sorgen. Deine Cecilia, du weißt, welches holde Wesen ich meine – doch still jetzt davon! – Das, was du noch von jener entsetzlichen Begebenheit in Neapel zu wissen verlangst, ist mit wenigen Worten gesagt. – Fürs erste hat es unserm würdigen Bruder Cyprianus beliebt, in seiner Erzählung einen kleinen Umstand zu übergehen. – Angela starb an dem Gift, das er ihr beigebracht in dem höllischen Wahnsinn der Eifersucht. – Meister Abraham befand sich damals in Neapel unter dem Namen Severino. Er glaubte Spuren seiner verlornen Chiara zu finden und fand sie wirklich, da ihm jene alte Zigeunerin in den Weg kam, Magdala Sigrun geheißen, die du schon kennst. An den Meister wandte sie sich, als das Schrecklichste geschehen, und ihm vertraute sie, ehe sie Neapel verließ, jenes Bildnis an, dessen Geheimnisse du noch nicht kennst. Drücke den stählernen Knopf an dem Rande, dann springt Antonios Bildnis, das nur einer Kapsel zum Deckel dient, auf, und du erblickst nicht allein Angelas Bildnis, sondern dir fallen auch noch ein paar Blättchen in die Hände, die von der äußersten Wichtigkeit sind, da sie dir den Beweis des doppelten Mordes liefern. – Du siehst nun, warum dein Talisman so kraftvoll wirkt. – Meister Abraham soll noch mit dem Bruderpaar in mancherlei Berührung gekommen sein, doch davon wird er dir selbst noch besser erzählen können als ich. – Lass uns jetzt hören, Johannes, wie es um den kranken Bruder Cyprianus steht!« – »Und das Mirakel?« So fragte Kreisler, indem er den Blick auf die Stelle der Wand über dem kleinen Altar warf, wo er selbst mit dem Abt das Bild, dessen sich der geneigte Leser wohl noch erinnert, befestigt hatte. Nicht wenig verwunderte er sich aber, als er statt dieses Bildes wieder Leonardo da Vincis heilige Familie erblickte, die ihren alten Platz eingenommen. – »Und das Mirakel?« – fragte Kreisler zum zweiten Mal. »Ihr meint«, erwiderte der Abt mit seltsamem Blick, »Ihr meint das schöne Bild, welches sonst hier aufgehängt war? – Ich habe es unterdessen im Krankensaal aufstellen lassen. Vielleicht stärkt der Anblick unseren armen Bruder Cyprianus, vielleicht hilft ihm die Hochgebenedeite zum zweiten Mal.« –

Kreisler fand auf seinem Zimmer ein Schreiben des Meisters Abraham des Inhalts:

»Mein Johannes!

Auf! – auf! – verlasst die Abtei, eilt her, so schnell Ihr könnt! – Der Teufel hat hier zu seiner Lust eine ganz besondere Hetzjagd angestellt! – Mündlich mehr, das Schreiben wird mir blutsauer, denn es steckt mir alles im Halse und droht mich zu ersticken. Von mir, von dem Hoffnungsstern, der mir aufgegangen, nicht ein Wort. Nur so viel in aller Eil'. – Die Rätin Benzon findet Ihr nicht mehr, wohl aber die Reichsgräfin von Eschenau. Das Diplom aus Wien ist angekommen und die künftige Heirat Julias mit dem würdigen Prinzen Ignaz so gut wie erklärt. Fürst Irenäus beschäftigt sich mit der Idee des neuen Throns, auf dem er sitzen wird als regierender Herr. Die Benzon oder vielmehr die Gräfin von Eschenau hat ihm das versprochen. Prinz Hektor hat indessen Versteckens gespielt, bis er nun wirklich fortmusste zur Armee. – Bald kehrt er wieder, und dann soll eine Doppelhochzeit gefeiert werden. – Es wird lustig sein. – Die Trompeter spülen sich schon die Gurgeln aus, die Fiedler schmieren die Bogen, die Lichtzieher in Sieghartsweiler gießen die Fackeln – aber! – – Nächstens ist der Namenstag der Fürstin, da unternehm' ich Großes, aber Ihr müsst hier sein. Kommt nur lieber gleich auf der Stelle, wenn Ihr dies gelesen habt! Lauft, was Ihr könnt. Bald seh' ich Euch. – Apropos! – Nehmt Euch doch vor den Pfaffen in acht, aber den Abt lieb' ich sehr. – Adieu!«

So kurz und so inhaltsreich war dies Brieflein des alten Meisters, dass – – –

Nachschrift des Herausgebers [E. T. A. Hoffmanns]

Am Schluss des zweiten Bandes ist der Herausgeber genötigt, den geneigten Lesern eine sehr betrübte Nachricht mitzuteilen. – Den klugen, wohlunterrichteten philosophischen, dichterischen Kater Murr hat der bittre Tod dahin gerafft mitten in seiner schönen Laufbahn. Er schied in der Nacht vom neunundzwanzigsten bis zum dreißigsten November nach kurzen, aber schweren Leiden mit der Ruhe und Fassung eines Weisen dahin. – So gibt es wieder einen Beweis, dass es mit den frühreifen Genies immer nicht recht fort will; entweder sie steigen in einem Antiklimax hinab zur charakter- und geistlosen Gleichgültigkeit und verlieren sich in der Masse, oder sie bringen es in Jahren nicht hoch. – Armer Murr! Der Tod deines Freundes Muzius war der Vorbote deines eignen, und sollt ich dir den Trauersermon halten, er würde mir ganz anders aus dem Herzen kommen als dem teilnahmelosen Hinzmann; denn ich hab' dich lieb gehabt und lieber als manchen – Nun! – schlafe wohl! – Friede deiner Asche! –

Schlimm ist es, dass der Verblichene seine Lebensansichten nicht geendet hat, die also Fragment bleiben müssen. Dagegen haben sich in den nachgelassenen Papieren des verewigten Katers noch so manche Reflexionen und Bemerkungen gefunden, die er in der Zeit aufgeschrieben zu haben scheint, als er sich bei dem Kapellmeister Kreisler befand. Ferner war aber auch noch ein guter Teil des von dem Kater zerrissenen Buches vorhanden, welches Kreislers Biographie enthält.

Der Herausgeber findet es daher der Sache nicht unangemessen, wenn er in einem dritten Bande, der zur Ostermesse erscheinen soll, dies von Kreislers Biographie noch Vorgefundene den geneigten Lesern mitteilt und nur hin und wieder an schicklichen Stellen das einschiebt, was von jenen Bemerkungen und Reflexionen des Katers der weitern Mitteilung wert erscheint.

Nachwort des Herausgebers Joerg K. Sommermeyer

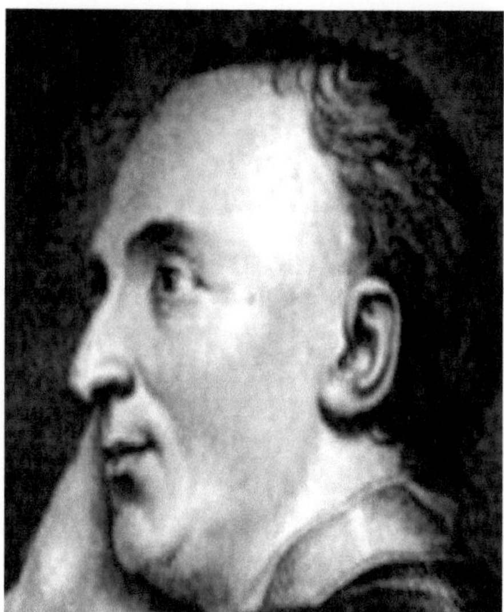

Denis Diderot (Gravur von Pierre Chenu, 1760, nach Jean-Baptiste Garand)

Deist, Pantheist, Atheist und Materialist, ein polarisierenden Freigeist und Universalgelehrter, der ein knappes Jahrfünft vor der großen französischen Revolution versterben wird, lebt Denis Diderot die meiste Zeit seines Lebens unter der Ägide des absolutistischen Ancien Régime der bourbonischen Könige Louis XV. (1710-1774) und Louis XVI. (1754-1793).

Ostfranzösischen Handwerkerfamilien von religiösen Messerschmieden und Gerbern entstammend, wird er, als ältestes von sechs Geschwistern (zwei versterben im Kindesalter; zur Schwester Denise, 1715-1797, hat er zeitlebens ein gutes, zum Bruder Didier-Pierre, 1722-1787, Geistlicher und Stiftsherr von Langres, ein schlechtes Verhältnis; seine Schwester Angélique Diderot, 1720-1749, Ursulinerin, die psychisch verwirrt im Kloster stirbt, wird ihn zu *„La Religieuse"*, um 1780 verfasst, veröffentlicht postum 1796, inspirieren), am 5. Oktober 1713 in Langres/Champagne geboren, am nächsten Tag in der Gemeindekirche Saint-Pierre-Saint-Paul nach römisch-katholischem Ritus getauft. Da sein jansenistischer Vater für ihn eine theologische Laufbahn vorsieht, besucht er die Jesuitenschule in Langres. Am 22. August 1726 erhält er vom Bischof von Langres Tonsur und niedere Weihen. Später soll er die Kanonikus-Pfründe seines Onkels mütterlicherseits, Charles Vigneron, an der Kathedrale Saint-Mammès de Langres, übernehmen. Zunächst wechselt er ans Pariser Lycée Louis-le-Grand, dann ans jansenistisch orientierte Collège d'Harcourt. Am 2. September 1732 erwirbt er seinen Magister Artium, nimmt freilich das geplante Theologiestudium nicht mehr auf, sondern schließt an der Sorbonne am 6. August 1735 als Bakkalaureus ab. 1736 wird er Anwaltsgehilfe bei dem aus Langres stammenden Louis Nicolas Clément de Ris, avocat au Parlament de Paris, gibt diese Stelle aber bald gegen seines Vaters Willen, der ihm die Geldzuwendungen streicht, auf, betätigt sich schriftstellerisch, schreibt Predigten für Geistliche, arbeitet als Hauslehrer, führt schließlich, unter chronischem Geldmangel leidend, das Leben eines Bohemiens, lernt Englisch, begeistert sich für das Theater und die Mathematik, besucht 1738 Vorlesungen von Pierre Le Guay de Prémontval (1716-1764; Mathematiker, Philosoph) und Louis-Jacques Goussier (1722-1799; Mathematiker, Illustrator, Grafiker, Enzyklopädist) sowie, 1740, Anatomie- und Medizinvorlesungen bei César Verdier, liest *Essais* von Michel de Montaigne (1533-1592), schreibt Artikel für den Mercure de France und die Observations sur les écrits modernes und übersetzt aus dem Englischen ins Französische, u. a. 1745 die nicht nur für die französische Aufklärung bedeutsame Untersuchung Shaftesburys (1671-1713) *An Inquiry Concerning Virtue or Merit von* 1699 (*Essai sur le Mérite et la Vertu*). Freundschaft mit Jean Baptiste le Rond d'Alembert (1717-1783; Mathematiker, Physiker, Philosoph der Aufklärung; gemeinsam mit Diderot Herausgeber der Encyclopédie), Étienne Bonnot de Condillac (1714-1780; Abbé von Mureau, Philosoph im Zeitalter der Aufklärung; sensualistische Erkenntnistheorie) und Friedrich Melchior Grimm (1723-1807; Schriftsteller, Journalist, Theater- und Musikkritiker, Diplomat; Herausgeber der *Correspondance littéraire, philosophique et critique*). Mit Jean-Jacques Rousseau, den er im Sommer 1742 kennenlernt, und Condillac trifft er sich häufig (im Hôtel du Panier Fleuri in der Nähe des Palais Royal).

Als Diderot 1743 die vermögenslose Anne-Antoinette Champion (Nanette; 1710-1796) heiraten will, schickt ihn sein Vater in ein Karmeliterkloster bei Troyes, seine lebenslange Abneigung gegen Kirche und Kloster befördernd. Erst Wochen später vermag er nach Paris zu fliehen, um (mit 30 Jahren endlich ehemündig!) Nanette heimlich am 6. November 1743 in der Kirche von Saint-Pierre-aux-Bœufs zu ehelichen (vier Kinder, aber nur seine Tochter Marie-Angélique, 1753-1824, überlebt das Kindesalter). Das Glück des Paares bleibt nicht lange ungetrübt. Schon 1745 pflegt Diderot eine Liaison mit Madeleine d'Arsant de Puisieux (1720-1798; Schriftstellerin, „frühe Feministin"; Adressatin von Diderots *Brief über die Blinden*); Liebschaften seit 1755 mit Sophie Volland (1716-1784; Épistolière / Briefschreiberin; aufgeklärte Intellektuelle) und 1769-1771 mit Jeanne-Catherine Quinault (1725-1812) folgen.

Im Café de la Régence am Place du Palais-Royal spielt Diderot mit François-André Danican Philidor (1726-1795; Philidor-Verteidigung), dem besten Spieler seiner Zeit, Schach. Er pflegt Umgang mit der Salonnière Louise d'Épinay (1726-1783) und Paul-Henri Thiry d'Holbach (1723-1789; religionskritischer, atheistischer Philosoph der französischen Aufklärung) und gesellt sich zur „Holbachschen Clique" (Coterie holbachique; „chez le baron", „les cheiks de la rue Royale"; regelmäßige Treffen über Jahrzehnte, zu Abendessen bei Holbach, mit freiem Diskutieren).

1746 publiziert er, freilich anonym, eine Sammlung religionskritischer Aphorismen, *Pensées philosophiques*, welche verurteilt und öffentlich verbrannt werden. Seine weitere Entwicklung vom vernunftgeprägten Theismus zum Materialismus machen *La promenade du sceptique*, 1747, und *Lettre sur les aveugles à l'usage de ceux qui voient*, 1749, sowie *Pensées sur l'interprétation de la nature*, 1753, deutlich.

1746-1748, übersetzt er zusammen mit Marc-Antoine Eidous (um 1724-1790; Enzyklopädist bzgl. Heraldik, Hufschmiede- und Reitkunst) und François-Vincent Toussaint (1715-

1772; Rechtsanwalt, Übersetzer, Enzyklopädist; Les Mœurs, 1748) *A medicinal dictionary, including physic, surgery, anatomy, chimistry and botany* von Robert James (1703-1776).
1747 Beginn der intensiven Arbeit (bis 1765) an der Encyclopédie, als Verfasser tausender Artikel und Herausgeber, zunächst gemeinsam mit d'Alembert (1717-1783), ab 1760 dann mit Louis de Jaucourt (1704-1779; Arzt, Schriftsteller im Zeitalter der Aufklärung).
1748 libertiner Roman *Les Bijoux indiscrets*. Bekanntschaft mit Jean-Philippe Rameau (1683-1764), den er bei der Redaktion seiner *Démonstration du principe de l'harmonie*, 1750, unterstützt.
1749 wird Diderot über 3 Monate lang wegen seiner religionskritischen, materialistischen Schriften als „gottloser, sehr gefährlicher Mensch" im Château de Vincennes inhaftiert und muss sich verpflichten, keine blasphemischen Schriften herauszugeben. Sein Hafttrauma zwingt ihn zu äußerster Vorsicht und Zurückhaltung; viele seiner Schriften werden erst postum entdeckt und veröffentlicht.
Während Diderot in den 20 Jahren seiner Arbeit an der Encyclopédie von den Zahlungen der Verleger und Buchhändler seinen Lebensunterhalt bestreiten kann, bleiben nach Beendigung des monumentalen Werks entsprechende Gelder aus. Dimitri Alexejewitsch Golizyn (1734-1803; Diplomat, Vulkanologe, Mineraloge) und Friedrich Melchior Grimm vermitteln den Verkauf von Diderots Bibliothek (Übergabe erst nach dessen Tod; 1786 nach St. Petersburg gesandt) an Katharina II. von Russland für 16000 Livre. Sie besoldet ihn zudem als Bibliothekar seiner eigenen Bibliothek mit tausend Livre jährlich und zusätzlichen Mitteln für Neuanschaffungen. Juni 1773 - Oktober 1774 begibt er sich zur Zarin nach St. Petersburg, unterbrochen von Zwischenaufenthalten in La Haye auf der Hin- und Rückreise. Krank kehrt er zurück; Herz- und Kreislaufprobleme, geschwollene Beine, Kurzatmigkeit. Diderot verkündet Sophie Volland seine Todeserwartung „in zehn Jahren". Am 19. Februar 1784 erleidet er einen Zusammenbruch, begleitet von Herzinsuffizienz. Er stirbt am 31. Juli 1784, beim Mittagessen.
Diderots Werk ist umfangreich: Romane, Erzählungen, Theaterstücke, Dialoge, Essays, Gedichte, Kritiken, Berichte, Artikel für die Encyclopédie, politische, wissenschaftliche, journalistische Schriften, Übersetzungen, Briefe. Dreiunddreißig Bände *Œuvres complètes, édition critique et annotée*; herausgegeben von Jean Fabre, Herbert Dieckmann, Jacques Proust, Jean Varloot (DPV); Éditions Hermann, Paris 1975 ff. – Neben den oben bereits erwähnten Werken sind beispielsweise zu nennen: *Lettre sur les sourds et muets*, 1751; *Pensées sur l'interprétation de la nature*, 1751; *Le Fils naturel ou les Épreuves de la vertu*, 1757; *Éloge de Richardson*, 1762; *Le Rêve de D'Alembert*, 1769; *Les Deux Amis de Bourbonne*, 1770; *Regrets sur ma vieille robe de chambre ou Avis à ceux qui ont plus de goût que de fortune*, 1772; *Ceci n'est pas un conte*, 1773; *Jacques le fataliste et son maître*; 1776; *Le Neveu de Rameau intitulée la Satire seconde sur le manuscrit, dialogue philosophique*, 1761-1782/1805.

Jean-François Rameau (1716-1777), „Rameaus Neffe", *„Er"* im Dialog, Sohn von Claude Rameau, einem Bruder des berühmten französischen Komponisten, Cembalovirtuosen, Organisten und Musiktheoretikers Jean-Philippe Rameau (1683-1764), war ein friedloser, impulsiver („d'un caractère peu sociable et difficile à dompter"), wenig erfolgreicher Musiker, der sich seinen Lebensunterhalt als ein durch Frankreich reisender Gesangs- und Klavierlehrer verdiente und sich später als bettelnder Bohemien durchschlagen musste. Der Dialog *Le Neveu de Rameau* berührt, die Seele des gescheiterten Künstlers porträtierend, Vernunft und Unvernunft, moralische, künstlerische und philosophische Fragen sowie den Widerspruch zwischen bürgerlicher Tugend und realer Gesellschaft. *Er* (der Neffe) ist ein beredter, gestenreicher, charmanter Zyniker, ohne jegliches Schamgefühl seine parasitäre Existenz und Amoralität offenlegend, zugleich enthüllend, dass Verstellung und Niedertracht in der Gesellschaft sich auszahlen. Als verkanntes Talent, leidenschaftlich, überheblich und maßlos, bleibt er freilich vom harsch kritisierten Kulturbetrieb und der Gunst seiner Gönner abhängig, überlebt nur als ein die reiche Gesellschaft belustigender Narr. Und der empfindsame *Ich*-Erzähler, ein Philosoph, setzt ihm seine aufklärerische Menschenliebe entgegen.

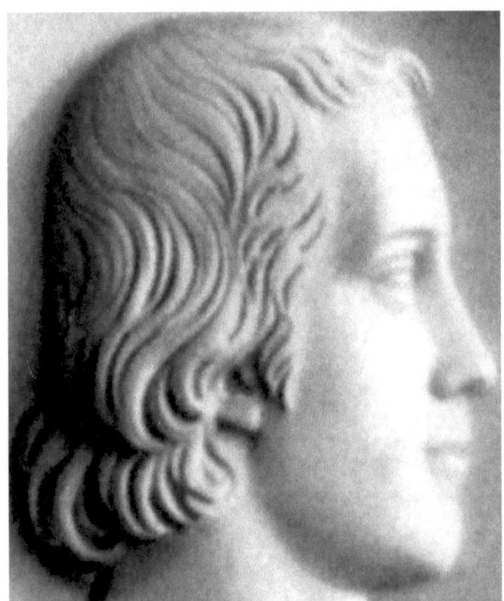

W. H. Wackenroder (Reliefdarstellung auf einem Marmortondo v. C. F. Tieck)

Wilhelm Heinrich Wackenroder wird am 13. Juli 1773 in Berlin als einziges Kind des Geheimen Kriegsrates und Justizbürgermeisters Christoph Benjamin Wackenroder geboren.

1786-1792 besucht er das Friedrichwerdersche Gymnasium in Berlin. Freundschaft mit dem Mitschüler Ludwig Tieck (alias Peter Lebrecht, Gottlieb Färber; 1773-1853; Schriftsteller, Herausgeber, Übersetzer der Romantik). Musikunterricht bei Carl Friedrich Christian Fasch (1736-1800; Leiter der Berliner Singakademie). 1789 Vorlesungen von Karl Philipp Moritz (1756-1793; Philosoph, Kunsttheoretiker, Schriftsteller des Sturm und Drang, der Berliner Aufklärung, Weimarer Klassik und Frühromantik; *Anton Reiser*, 1785 ff.; *Über die bildende Nachah-*

mung des Schönen, 1788) über Kunstgeschichte und Altertumskunde. Im Frühjahr 1792 Abitur. Beginn seines lebenslangen Briefwechsels mit Tieck. Häusliche Vorbereitung auf das Universitätsstudium. Im September Reise nach Wörlitz, Dessau, Halle, Leipzig, Meißen, und Dresden. Er hört Vorlesungen von Erduin Julius Koch (1764-1834; Literaturhistoriker, Altphilologe; *Compendium der deutschen Literatur-Geschichte*, 1790) zur Geschichte der deutschen Literatur. Bekanntschaft mit David Gilly (1748-1808; Architekt, Baureformer zu Beginn der Epoche des Klassizismus). Im April 1793 reist Wackenroder mit Tieck über Leipzig, Naumburg, Jena, Weimar, Erfurt, Gotha und Coburg nach Erlangen zum Jurastudium. Auf gemeinsamen Kunstwanderungen nach Bamberg, Nürnberg und Pommersfelden beschäftigen sich Wackenroder und Tieck mit altdeutscher Baukunst, begeistern sich für den „deutschen Europäer" Albrecht Dürer (1471-1528). Studium der Rechte an der Landesuniversität in Erlangen. Pfingstreise mit Tieck ins Fichtelgebirge. Reisen nach Nürnberg, Altdorf, Bamberg, Nürnberg und Fürth mit Tieck und Wilhelm Friedrich Theodor von Burgsdorff (1772-1822; Schulkamerad von Wackenroder und Tieck; Mäzen), Ansbach und Nürnberg. Ab Oktober setzen Wackenroder und Tieck ihr Studium in Göttingen fort. Johann Dominik Fiorillo (1748-1821; deutscher Maler und Kunsthistoriker italienischer Abstammung, Begründer der Kunstgeschichte als Hochschulfach in Deutschland) macht Wackenroder mit Vasaris Künstlerbiographien bekannt, fördert seine Hinwendung zur Kunst der christlich inspirierten Renaissance. Die Aufsätze *Schilderung der dramatischen Arbeiten des Meistersängers Hans Sachs* und *Über die Minnesänger* entstehen.

Nach zwei Semestern Studium verlässt Wackenroder 1794 Göttingen und kehrt mit Tieck nach Berlin zurück. Ihre Reise führt über Braunschweig, wo sie Johann Joachim Eschenburg (1743-1820; Literaturhistoriker, Shakespeare-Übersetzer) begegnen. In Hamburg besuchen sie Friedrich Gottlieb Klopstock (1724-1803; Empfindsamkeit). Wackenroder wird Jurist im preußischen Staatsdienst; 1795 Auskultator beim Berliner Stadtgericht. Bekanntschaft mit Carl Friedrich Zelter (1758-1832; Komponist, Dirigent, Musikpädagoge mit kulturpolitischem Einfluss). Reise mit Johann Friedrich Zöllner (1753-1804; Berliner Pfarrer; Freimaurer, Nationalgroßmeister der Großen National-Mutterloge „Zu den drei Weltkugeln"; seine Frage *„Was ist Aufklärung?"*, Berlinische Monatsschrift, Dezember 1783, bewirkt Immanuel Kants Beantwortung) nach Rügen, Greifswald, Stralsund und Rostock. 1796 erscheint Wackenroders Übersetzung von Richard Warners Ritter- und Schauerroman *Das Kloster Netley*. Reise mit Tieck nach Dresden.

Im Herbst gibt Tieck anonym Wackenroders Aufsätze über Kunst, Malerei und Musik *Herzensergießungen eines kunstliebenden Klosterbruders* (erstes Manifest romantischer Kunstreligion) heraus (datiert auf 1797). Am Beispiel Michelangelos, Raffaels, Dürers u. a. plädiert Wackenroder für eine sakrale Rezeption der Malerei, weil sie eine kontemplative Wirkung ausübe wie Andacht und Gebet. Kunst als Ausdruck freier Kreativität erbaue *„einen neuen Altar zu Ehren Gottes"* und heile zugleich kraft „göttlichen Beistandes" die desperate Innerlichkeit des Publikums. *Das merkwürdige musikalische Leben des Tonkünstlers Joseph Berglinger* thematisiert einerseits den Glauben an den transzendenten Charakter der Musik, in deren ekstatischen Momenten der Mensch sich über sich selbst erhebe, andererseits den Streit zwischen „Poesie des Herzens" und „Prosa der Verhältnisse" (Hegel), Identitäts- und Sinn-

zweifel, die existentielle Krise des modernen Musikers, dessen heilige Ideale an gewöhnlichen Lebensnöten scheitern.
1797 Referendar am Kammergericht. *Phantasien über die Kunst für Freunde der Kunst* gemeinsam mit Tieck (1799 postum publiziert). Bekanntschaft mit Friedrich Schlegel (1772-1829; Kulturphilosoph, Kunstkritiker, Historiker, Altphilologe, Sprachtypologe, Indologe; Jenaer Frühromantik; Verbindung von Philosophie, Prosa, Poesie, Genialität und Kritik; progressive Universalpoesie, romantische Ironie, neue Mythologie). Wackenroder erkrankt, erholt sich aber noch einmal. Am 13. Februar 1798 stirbt er in Berlin 24-jährig an Typhus.

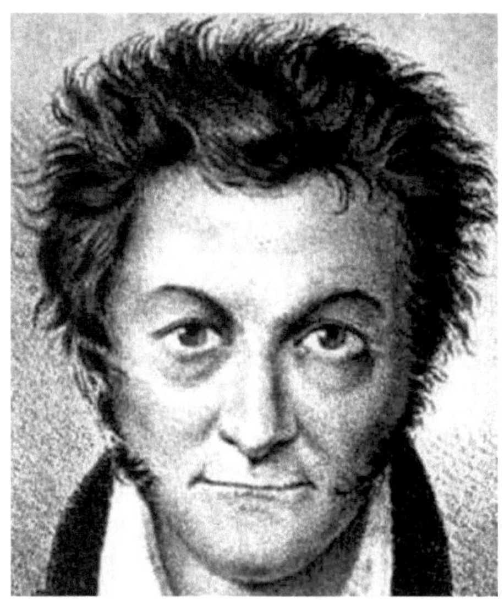

E. T. A. Hoffmann (Selbstporträt, vor 1822)

Ernst Theodor Wilhelm Hoffmann wird am 24. Januar 1776 in Königsberg als Sohn des Hofgerichtsadvokaten Christoph-Ludwig Hoffmann und seiner Frau Louise Albertine, geb. Doerffer, geboren. Nach Scheidung seiner Eltern, 1778, lebt er mit seiner Mutter bei der Großmutter. 1782-1792 besucht er die Königsberger reformierte Burgschule. 1786 Beginn der lebenslangen Freundschaft mit Theodor Gottlieb von Hippel (der Jüngere; 1775-1843; preußischer Staatsmann, Freimaurer, Mitarbeiterkreis der preußischen Reformer). Von Christian Podbielski (1741-1792; Domorganist) erhält Hoffmann, 1790, Musik-, von Johann Christian Saemann (1753-1799; Landschaftsmaler) Zeichenunterricht. 1792 beginnt Hoffmann an der Universität Königsberg sein Jurastudium. Liebe zur neun Jahre älteren, verheirateten Dora Hatt. Ein dreibändiger Roman *Cornaro* (verschollen) entsteht. 1795 Erstes Juristisches Staatsexamen; in Königsberg Auskultator und Gerichtsreferendar. Er besucht die Mozarts Oper *Don Giovanni*, liest Lawrence Sterne (1713-1768; *The Life and Opinions of Tristram Shandy, Gentleman*, 1759 ff.; *A Sentimental Journey Through France and Italy*, 1768), Jean Paul, William Shakespeare (1564-1616), Jean-Jacques Rousseau (1712-1778; Genfer Schriftsteller, Philosoph, Pädagoge, Naturforscher und Komponist der Aufklärung; *Discours sur l'origine et les fondements de l'inégalité parmi les hommes*, 1755; *Julie ou la Nouvelle Héloïse*, 1761; *Émile ou De l'éducation*, 1762; *Du contrat social*, 1762; *Les Confessions*, 1770). Im März 1796 stirbt seine Mutter; im Juni übersiedelt er nach Glogau zu seinem Oheim. Bekanntschaft mit dem Maler Aloys Molinary und Schriftsteller Julius von Voß (1768-1832; Berliner Lokalposse). 1797 befreundet er sich mit dem Komponisten Johannes Hampe. Im April stirbt sein Vater. Im Mai reist er nach Königsberg, wo er zum letzten Mal Dora Hatt trifft. Er verlobt sich, 1798, mit seiner Kusine Minna Doerffer. Zweites Juristisches Staatsexamen. Tätigkeit am Kammergericht in Berlin. Hoffmann lernt das Glücksspiel kennen. Reise nach Dresden. Kompositionsunterricht bei Johann Friedrich Reichardt (1752-1814; Komponist, Kritiker, Musikschriftsteller). Freundschaft mit Franz Ignaz von Holbein (alias Fontano; 1779-1855; österreichischer Abenteurer, Gitarrist, Schauspieler, Bühnendichter, Theaterdirektor). 1800 Assessor in Posen. Bekanntschaft mit Jean Paul (Johann Paul Friedrich Richter; 1763-1825; Dichter zwischen Klassik und Romantik). 1801 komponiert er das Singspiel *Scherz, List und Rache* (nach Goethe), dessen Partitur Jean Paul an Goethe sendet, und welches im gleichen Jahr in Posen uraufgeführt wird. Im März 1802 löst er die Verlobung mit Minna Doerffer, heiratet im Juli Mischa (Maria Thekla Michalina Rorer-Trzcinska). Wegen Karikaturen von preußischen Offizieren wird er ins polnische Plock an der Weichsel strafversetzt. *Schreiben eines Klostergeistlichen an seinen Freund in der Hauptstadt* wird 1803 in *Der Freimüthige oder Berlinische Zeitung für gebildete, unbefangene Leser* veröffentlicht. 1804 Reise nach Königsberg und Leistenau. Im März Versetzung als Regierungsrat nach Warschau. Freundschaft mit Julius Eduard Hitzig (Isaac Elias Itzig; 1780-1849; Jurist, Verleger, Schriftsteller). Hoffmann nennt sich auf dem Titelblatt der Partitur zu *Die lustigen Musikanten* (nach Clemens Brentano) aus Verehrung für Mozart zum ersten Mal Ernst Theodor *Amadeus* Hoffmann. 1805 Bekanntschaft mit Zacharias Werner (Friedrich Ludwig Zacharias Werner; 1768-1823; Dichter und Dramatiker der Romantik; seit 1814 katholischer Priester und Prediger). Im Mai wird Hoffmann Vizepräsident und Sekretär der von ihm mitgegründeten *Musikalischen Gesellschaft*. Im Juli Geburt seiner Tochter Cäzilia. 1806 tritt Hoffmann erstmalig bei einem von der Musikalischen Gesellschaft organisierten Konzert als Dirigent auf. Als im November die französische Armee Warschau besetzt, wird die preußische Verwaltung aufgelöst, Hoffmann entlassen. Im Juni 1807 zieht er nach Berlin; Mischa bleibt mit Cäzilia bei ihrer Mutter in Posen; im August stirbt Cäzilia. 1808 begibt sich Hoffmann mit seiner Frau nach Bamberg, wo er eine Stelle als Kapellmeister und Theaterkomponist antritt. Reise nach Glogau und Posen. 1809 muss das Bamberger Theater wegen Misswirtschaft des Direktors geschlossen werden. Bekanntschaft mit Adalbert Friedrich Marcus (1753-1816; Arzt, Förderer von Kunst und Wohlfahrt der Stadt Bamberg). Im März lernt er Carl Friedrich Kunz (alias Zacharias Funck; 1785-1849; Weinhändler, Leihbibliothekar, Verleger, Schriftsteller), seinen späteren Verleger, kennen. 1810 übernimmt Franz von Holbein die Direktion des Bamberger Theaters und stellt Hoffmann als Direktionsgehilfe, Hauskomponist, Bühnenarchitekt und Kulissenmaler ein. Hoffmann beginnt mit der Niederschrift seiner *Kreisleriana* [siehe oben S. 84 ff.], kurzen Skizzen, Essays und Erzählungen, in deren Mittelpunkt die Figur des Komponisten Johannes Kreisler steht. 1811 gibt er die Tätigkeit als Direktionsgehilfe am Bamberger Theater auf. Unglückliche Liebe zur sechzehnjährigen Julia

Mark (Julie Marc), die seine Gesangsschülerin ist. Bekanntschaft mit Carl Maria von Weber (1786-1826; *Der Freischütz*, 1821). 1812 Reise nach Würzburg. Hoffmann gerät in höchste Geldnot. Julia Mark heiratet den Kaufmann Graepel. Hoffmann beschäftigt sich mit Naturphilosophie und *tierischem Magnetismus*. Die Theatertruppe Joseph Secondas (1761-1820) in Leipzig und Dresden engagiert ihn als Musikdirektor. 1813 wird *Don Juan. Eine fabelhafte Begebenheit, die sich mit einem reisenden Enthusiasten zugetragen* in der Allgemeinen Musikalischen Zeitung gedruckt; in der Zeitung für die elegante Welt erscheint *Beethovens Instrumental-Musik*. 1814 überwirft sich Hoffmann mit Seconda und wird aus dem Theater entlassen. Im März beginnt er den Roman *Die Elexiere des Teufels. Nachgelassene Papiere des Bruders Medardus, eines Kapuziners*. Die ersten beiden Bände der *Fantasiestücke in Callots Manier* (darin enthalten u. a.: Der goldene Topf, Nachricht von den neuesten Schicksalen des Hundes Berganza, Ritter Gluck) erscheinen. Im August beendet Hoffmann die Oper *Undine* nach Friedrich de la Motte-Fouqué (1777-1843), der auch das Libretto verfasst. Umzug nach Berlin, wo Hoffmann eine Anstellung als Staatsbeamter ohne Gehalt annimmt. 1815 arbeitet Hoffmann als Expedient im Justizministerium. Bekanntschaft mit Clemens Brentano (1778-1842; Heidelberger Romantik) und Joseph von Eichendorff (1788-1857; *Aus dem Leben eines Taugenichts*, 1826). Der dritte und vierte Band der *Fantasiestücke in Callots Manier* (darin enthalten u. a.: *Die Abenteuer der Silvesternacht*, zweite Abteilung *Kreisleriana*) erscheinen. Innige Freundschaft mit Ludwig Devrient (1784-1832; Schauspieler, Träger des Iffland-Rings), mit dem er später Stammgast im Berliner Weinhaus Lutter und Wegner wird. *Die Elexiere des Teufels* kommen heraus. 1816 Rat am Kammergericht. *Undine* wird uraufgeführt. *Nachtstücke*, eine zweibändige Sammlung von Prosatexten (darin enthalten u. a.: *Das Majorat* und *Der Sandmann*). 1818 Neugründung des *Serapinenordens*, die *Serapionsbrüder* treffen sich in Hoffmanns Wohnung. Im *Taschenbuch für das Jahr 1819 der Liebe und Freundschaft gewidmet* Hoffmanns Erzählung *Doge und Dogaresse*. 1819 wird der erste Band der Erzählungssammlung *Die Serapionsbrüder* (mit *Die Bergwerke zu Falun*) publiziert. Im Mai beginnt Hoffmann den zweibändigen [ein geplanter dritter Band kommt nicht zur Ausführung] Roman *Lebensansichten des Katers Murr nebst fragmentarischer Biographie des Kapellmeisters Johannes Kreisler in zufälligen Makulaturblättern*. Hoffmann erkrankt. Genesungsreise nach Schlesien und Prag. Das Märchen *Klein Zaches genannt Zinnober* in der Berliner Zeitschrift Flora. Hoffmann wird Mitglied der Immediat-Commission zur Ermittlung hochverräterischer Verbindungen und anderer gefährlicher Umtriebe. *Das Fräulein von Scuderi. Erzählung aus dem Zeitalter Ludwigs des Vierzehnten* wird im *Taschenbuch für das Jahr 1820 der Liebe und Freundschaft gewidmet* abgedruckt. Hoffmann protestiert im Februar 1820 gegen die Verhaftung des „Turnvaters“ Friedrich Ludwig Jahn (1778-1852). Im März erhält er einen anerkennenden Brief Ludwig van Beethovens. Das Märchen *Prinzessin Brambilla* im Morgenblatt für gebildete Stände. Zweiter und dritter Band der *Serapionsbrüder*. 1821 erwirkt Hoffmann seine Entlassung aus der Immediat-Commission zur Ermittlung hochverräterischer Verbindungen und anderer gefährlicher Umtriebe. Vierter Band der *Serapionsbrüder* (mit *Signor Formica*). Im Oktober wird Hoffmann Richter des Oberappellationssenates am Kammergericht. 1822 schwere

Erkrankung. Das Manuskript von *Meister Floh* wird beschlagnahmt, weil der preußische Polizeidirektor in der Figur des Knarrpanti eine Satire auf seine Person vermutet. Völlige Lähmung Hoffmanns. Im April diktiert er noch die Erzählung *Des Vetters Eckfenster*, die in *Der Zuschauer* erscheint. Er stirbt am 25. Juni 1822 in Berlin.

E T. A. Hoffmanns (Alter Ego?) Kapellmeister Johannes Kreisler wird in der *Kreisleriana* berührt und gesteigert von einer anderen, höheren Welt, in der die beengenden Normen des Hier und Jetzt nicht gelten. Sein Wahnsinn, seine Exzentrik und Abnormität erwachsen, gefangen im Kunstbetrieb, aus einer verzweiflungsvollen Abhängigkeit und ausweglosen Bindung ans bürgerliche Publikum, welches manchmal gebildet und beflissen staunt, aber meist engstirnig und verständnislos den Wert des Genies nicht anerkennt, es bloß duldet oder gar für unzurechnungsfähig erklärt.

Auch in den *Lebens-Ansichten des Katers Murr nebst fragmentarischer Biographie des Kapellmeisters Johannes Kreisler in zufälligen Makulaturblättern* scheitert der Musiker / Künstler Kreisler an der profanen besitztümlichen Gesellschaft. Der wie ein Mensch sprechende, denkende und gebildete Ich-Erzähler und Autobiograph, Kater Murr, belehrt mit Kommentaren und Reflexionen *„wie man sich zum großen Kater bildet“* [vgl. oben S. 117]. Seine Geschichte und die „versehentlich mit abgedruckten, beigebundenen Fragmente“ des Kapellmeisters Kreisler unterbrechen sich unvermittelt wechselseitig, als ob William S. Burroughs (1914-1997; Beat Generation) mit Cut-up ein bisschen zugange gewesen wäre. Hoffmann schien seiner literarischen Epoche weit vorauszueilen. Die Teile sind freilich insofern aufeinander bezogen als Kreislers idealistisches Streben, sein Leiden an der Realität und der narzisstische, pedantische, autobiografische Ordnungssinn Murrs sich kontradiktorisch spiegeln.

Joerg K. Sommermeyer, Berlin, 21. Mai 2018

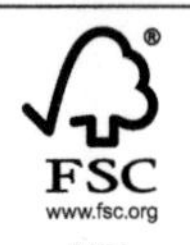
FSC
www.fsc.org